中国应急管理年鉴

（2019 年卷）

中华人民共和国应急管理部 编

应急管理出版社

·北 京·

编 写 说 明

2019 年是应急管理部门组建到位后全面履职的第一年，是应急管理体系和能力建设整体谋划布局之年，也是各类灾害事故风险挑战明显上升的一年。一年来，全国应急管理工作在以习近平同志为核心的党中央坚强领导下，各地区、各有关部门和单位深入学习贯彻习近平新时代中国特色社会主义思想和党的十九大及十九届二中、三中、四中全会精神，认真贯彻落实习近平总书记关于应急管理重要论述和党中央、国务院各项决策部署，着力防范化解重大安全风险，不断强化防灾减灾救灾能力，切实提升安全生产和抢险救援工作水平，有力有序有效应对处置了一系列灾害事故，系统推进了应急管理事业创新发展，为维护人民群众生命财产安全和社会稳定作出了积极贡献。

应急管理部组织编撰的《中国应急管理年鉴（2019 年卷）》(简称《年鉴》）紧紧围绕应急管理部党组中心工作任务，全景式记录了 2019 年我国应急管理事业创新发展和重要工作进展情况。主要内容以全国应急管理系统各单位报送的材料为基础，并参阅主流媒体、部委门户网站和《中国应急管理报》等媒体的公开报道，进行整理、编辑和加工，最终形成此稿，共计约 57 万字。同时，文中还配置了一些照片和图、表。具体说明如下：

一、《年鉴》编写工作坚持权威、全面、系统、准确的原则，力求做到宗旨明确、重点突出、系统完整、层次清晰、客观记载、行文规范，以使之真正起到记载过往、鉴启未来的作用。

二、《年鉴》内容共十一篇，包括党中央、国务院重大部署，应急管理综述，安全生产，防灾减灾救灾，应急救援，基础能力，党的建设，英雄模范，地方应急管理，典型事故案例和附录。

三、考虑到《年鉴》为公开出版发行图书，事故案例均引用已结案批复的事故调查报告内容或可公开的事故案例。

四、《年鉴》重点收录了应急管理系统 2019 年的主要工作信息。

所涉信息除特殊注明外，时间均为 2019 年。

五、为方便读者阅读和使用，并克服纸质版容量有限等问题，文中加载了部分重要文件和媒体报道内容的二维码，可供读者扫码阅读。

六、《年鉴》编写工作由应急管理部办公厅牵头，会同应急管理部信息研究院及应急管理出版社共同完成，并得到了应急管理部机关各司局、应急管理部属各单位和各省级应急管理部门、单位的大力支持。

《中国应急管理年鉴》编写组

2020 年 6 月

目　　录

第一篇　党中央、国务院重大部署

第二篇　应急管理综述

第三篇　安全生产

第四篇　防灾减灾救灾

第五篇　应　急　救　援

第六篇　基　础　能　力

第七篇　党　的　建　设

第八篇　英　雄　模　范

第九篇　地方应急管理

第十篇　典型事故案例

第十一篇　附　　录

第一篇

党中央、国务院重大部署

第一章 重 大 决 策

一、中共中央政治局就我国应急管理体系和能力建设进行第十九次集体学习

2019 年 11 月 29 日，中共中央政治局就我国应急管理体系和能力建设进行第十九次集体学习（图 1-1-1）。中共中央总书记习近平在主持学习时强调，应急管理是国家治理体系和治理能力的重要组成部分，承担防范化解重大安全风险、及时应对处置各类灾害事故的重要职责，担负保护人民群众生命财产安全和维护社会稳定的重要使命。要发挥我国应急管理体系的特色和优势，借鉴国外应急管理有益做法，积极推进我国应急管理体系和能力现代化。健全风险防范化解机制，坚持从源头上防范化解重大安全风险，真正把问题解决在萌芽之时、成灾之前。加强应急救援队伍建设，建设一支专常兼备、反应灵敏、作风过硬、本领高强的应急救援队伍。强化应急管理装备技术支撑，优化整合各类科技资源，推进应急管理科技自主创新，依靠科技提高应急管理的科学化、专业化、智能化、精细化水平。各级党委和政府要切实担负起“促一方发展、保一方平安”的政治责任，严格落实责任制。

二、中国共产党第十九届中央委员会第四次全体会议关于应急管理方面的工作部署

2019 年 10 月 28—31 日，中国共产

图 1-1-1 2019 年 11 月 29 日，中共中央政治局就我国应急管理体系和能力建设进行第十九次集体学习

党第十九届中央委员会第四次全体会议在京举行，通过《中共中央关于坚持和完善中国特色社会主义制度 推进国家治理体系和治理能力现代化若干重大问题的决定》。《决定》提出，健全公共安全体制机制，完善和落实安全生产责任和管理制度，建立公共安全隐患排查和安全预防控制体系。构建统一指挥、专常兼备、反应灵敏、上下联动的应急管理体制，优化国家应急管理能力体系建设，提高防灾减灾救灾能力。

三、省部级主要领导干部坚持底线思维着力防范化解重大风险专题研讨班强调要切实落实保安全、护稳定各项措施

2019 年 1 月 21 日，省部级主要领导干部坚持底线思维着力防范化解重大风险专题研讨班在中央党校开班（图 1-1-2）。中共中央总书记、国家主席、中央军委主席习近平在开班式上发表重要讲话，强调坚持底线思维，增强忧患意识，提高防控能力，着力防范化解重大风险，保持经济持续健康发展和社会大局稳定。习近平指出，维护社会大局稳定，要切实落实保安全、护稳定各项措施，下大气力解决好人民群众切身利益问题，全面做好就业、教育、社会保障、医药卫生、食品安全、安全生产、社会治安、住房市场调控等各方面工作，不断增加人民群众获得感、幸福感、安全感。防范化解重大风险，是各级党委、政府和领导干部的政治职责，要坚持守土有责、守土尽责，把防范化解重大风险工作做实做细做好。要强化风险意识，常观大势、常思大局，科学预见形势发展走势和隐藏其中的风险挑战，做到未雨绸缪。要提高风险化解能力，透过复杂现象把握本质，抓住要害、找准原因，果

图 1-1-2 2019 年 1 月 21 日，省部级主要领导干部坚持底线思维着力防范化解重大风险专题研讨班在中央党校开班

断决策，善于引导群众、组织群众，善于整合各方力量、科学排兵布阵，有效予以处理。中共中央政治局常委李克强主持开班式，中共中央政治局常委栗战书、汪洋、王沪宁、赵乐际、韩正出席开班式。

四、中央全面深化改革委员会第七次会议审议《关于深化消防执法改革的意见》

2019 年 3 月 19 日，中共中央总书记、国家主席、中央军委主席、中央全面深化改革委员会主任习近平主持召开中央全面深化改革委员会第七次会议并发表重要讲话。中共中央政治局常委、中央全面深化改革委员会副主任李克强、王沪宁、韩正出席会议。会议审议通过《关于深化消防执法改革的意见》等文件。会议强调，要深化消防执法改革，创新监管方式，强化源头治理，深化简政放权，坚决破除各种不合理的门槛和限制，加强事中事后监管，规范执法行为，推行消防执法事项全部向社会公开，构建消防监督管理体系，确保消防安全形势持续稳定向好。

第二章 重要会议活动

一、李克强到应急管理部考察并主持召开防汛抗旱工作会议

2019 年 7 月 19 日，中共中央政治局常委、国务院总理李克强到应急管理部考察并主持召开防汛抗旱工作会议，部署当前和下一阶段防汛抢险救灾工作（图 1-2-1）。李克强指出，当前正进入“七下八上”主汛期的关键阶段，国家防总各单位和相关地方要继续全力做好防汛抗旱工作，并做好应对汛情变化带来挑战的充分准备，确保群众生命安全，最大程度减少灾害损失。防汛抗旱要强化统筹协调和统一指挥，相关部门和地方要增强责任感，各司其职，齐心协力，扎实周密做好各项工作。胡春华、王勇、肖捷、何立峰参加上述活动。

二、国务院常务会议听取国家防汛抗旱总指挥部关于防汛抗旱工作情况的汇报

2019 年 6 月 5 日，国务院常务会议会议听取国家防汛抗旱总指挥部关于防汛抗旱工作情况的汇报。强调防汛抗旱事关经济社会发展大局和人民生命财产安全，现在已进入主汛期，防汛抗旱任务艰巨，要立足防大汛、抗大旱，加强国家防总统一指挥，各地要层层压实已确定的属地责任、落实行政首长负责制，各部门要衔接有序、形成合力；加强监测预报预警，做好资金、物资、抢险队伍等准备，科学调度防洪工程，确保大江大河、重点水库等安全度汛，严密防范山洪、泥石流、滑坡、台风和城市内涝灾害；排查病险水

图 1-2-1 2019 年 7 月 19 日，中共中央政治局常委、国务院总理李克强到应急管理部考察并主持召开防汛抗旱工作会议

库、地质灾害等隐患，做好转移避险预案；指导旱区做好应对方案，落实抗旱措施，保障生产生活用水。

三、国务院常务会议听取江苏响水天嘉宜化工有限公司“3·21”特别重大爆炸事故调查情况汇报

2019 年 11 月 13 日，国务院总理李克强主持召开国务院常务会议，听取江苏响水天嘉宜化工有限公司“3·21”特别重大爆炸事故调查情况汇报和责任追究审查调查工作情况通报，部署对安全生产尤其是危险化学品生产管理等问题开展专项整治。会议指出，2019 年 3 月 21 日江苏响水天嘉宜化工有限公司发生特别重大爆炸事故，暴露出有关地方和部门落实安全生产职责不到位、管业务与管安全脱节、对非法违法行为打击不力和企业主体责任不落实、违法违规、诚信缺失等突出问题，教训极其深刻。对负有直接责任、监管责任、领导责任等所有责任人都要依法依规依纪严肃追责和惩处，事故调查报告和责任人处理结果及时向社会公开。会议部署国务院安全生产委员会办公室和应急管理部会同有关部门，组织力量对江苏省安全生产尤其是危化品生产管理等问题依法依规开展专项整治。同时在全国开展危化品安全专项督查，各地要严格开展自查自纠，切实消除生产、储存、运输、废弃处置等各环节安全隐患。

四、韩正出席深入学习贯彻习近平总书记为国家综合性消防救援队伍授旗训词精神座谈会

2019 年 11 月 5 日，在习近平总书记为国家综合性消防救援队伍授旗致训词一周年之际，应急管理部召开座谈会，进一步深入学习贯彻习近平总书记授旗训词精神，总结交流应急救援能力建设和应急管理体制改革工作。中共中央政治局常委、国务院副总理韩正出席座谈会并讲话（图 1-2-2）。韩正充分肯定一年来国家

图 1-2-2　2019 年 11 月 5 日，中共中央政治局常委、国务院副总理韩正出席深入学习贯彻习近平总书记为国家综合性消防救援队伍授旗训词精神座谈会

综合性消防救援队伍建设和应急管理工作取得的成绩，强调推进应急管理体制改革、组建国家综合性消防救援队伍，是推进国家治理体系和治理能力现代化的一次深刻变革。要坚持以习近平新时代中国特色社会主义思想为指导，深入学习贯彻党的十九届四中全会精神，学习贯彻习近平总书记重要授旗训词精神，不忘初心、牢记使命，奋发有为、锐意进取，不断开创应急管理事业新局面。国务委员王勇参加相关活动并主持座谈会。

五、刘鹤出席全国安全生产电视电话会议

2019 年 7 月 26 日，国务院安委会召开全国安全生产电视电话会议，中共中央政治局常委、国务院总理李克强作出重要批示。批示指出，安全生产关系重大，责任重大，安全生产工作必须常抓不懈，不能有丝毫放松。各地区、各相关部门要坚持以习近平新时代中国特色社会主义思想为指导，认真贯彻党中央、国务院决策部署，牢固树立以人民为中心的发展思想，践行安全发展理念，筑牢安全生产防线。要警钟长鸣，深刻吸取已发生的各类事故教训，举一反三，进一步加强安全生产责任体系建设，全面落实部门监管责任和企业主体责任，细化实化各层级、各环节责任，狠抓安全生产基础建设、隐患排查、专项整治和宣传教育，完善执法体系，着力防范化解危险化学品、矿山等重点行业领域系统性安全风险，坚决遏制重特大事故发生，保障人民群众生命财产安全。国务院副总理、国务院安委会主任刘鹤出席会议并讲话，国务委员、国务院安委会副主任王勇主持会议。会议强调，要结合“不忘初心、牢记使命”主题教育，进一步提高政治站位，着力强化保民平安的职责使命，严格落实安全生产监管责任，形成齐抓共管合力，着力防控化解重点行业领域安全风险，完善安全监管体制机制，提升安全生产支撑保障能力，坚决防范遏制重特大事故。要高度重视汛期安全生产工作，加强值班值守和应急响应，严防自然灾害引发安全事故。

2019 年 11 月 22 日，国务院安委会召开全国安全生产电视电话会议，中共中央政治局常委、国务院总理李克强作出重要批示。批示指出，安全生产，重于泰山。一些地区和危化品等行业领域事故多发，造成人民群众生命财产重大损失和严重社会影响，教训极其深刻。各地区、各有关部门和单位要坚持以习近平新时代中国特色社会主义思想为指导，认真贯彻党中央、国务院决策部署，牢固树立以人民为中心的发展思想，牢固树立生命至上、安全第一的理念，进一步明确和层层压实每一个行业领域、每一个生产经营单位、每一个环节的安全生产责任，细化强化安全生产工作，坚决遏制重特大事故发生。要切实抓好在全国开展的危化品安全专项督查，各地要严格自查自纠，全面排查整治安全隐患，确保整出成效。要切实加强安全基础建设，加快推进安全生产治理体系和治理能力现代化。岁末年初临近，要坚决克服麻痹思想，强化应急值守和应急准备，切实保障人民群众生命财产安全。国务院副总理、国务院安委会主任刘鹤出席会议并讲话，国务委员、国务院安委会副主任王勇主持会议。会议要求，深入学习贯彻习近平总书记关于安全生产重要指示精神和党的十九届四中全会精神，按照李克强总理重要批示要求，抓细抓实安全生产工作，强化岁末年初安全防范责任落

实，推动安全生产形势持续稳定好转。要深刻吸取江苏响水“3·21”事故教训，全面整治化解危化品及相关领域系统性安全风险，严格按照化工园区和危化品企业“两个导则”，针对突出重大危险源实施最严格的治理整顿，抓好源头管控，加快推进化工产业升级，强化危险废物监管，完善危险废物由产生到处置的各环节监管体系。要举一反三切实加强安全防范工作，整顿治理风险突出的重点地区，深化煤矿、消防、交通运输、建筑施工、城市燃气、烟花爆竹等重点行业领域安全整治，严厉打击违法违规行为，全力做好应急处置准备，完善和落实安全生产制度措施，为全面建成小康社会创造稳定的安全环境。

六、王勇出席相关会议

2019 年 4 月 25 日，国务委员王勇出席省部级干部提高自然灾害防治能力专题培训班座谈会。王勇强调，要全面学习贯彻习近平总书记关于加强应急管理和自然灾害防治工作的重要论述，认真落实党中央、国务院决策部署，按照“两个坚持、三个转变”的总体要求，加强组织领导，狠抓责任落实，强化协调联动，深化改革创新，加快构建中国特色高效科学的应急管理和自然灾害防治体制。要瞄准防灾减灾救灾短板，加快推进自然灾害防治重点工程建设，健全法规预案标准，强化人才科技支撑，加强科普宣传教育，提升干部队伍能力素质，健全优势互补、梯次跟进的应急救援体系，全面提升自然灾害综合防范和应急抢险救援能力。

2019 年 4 月 10 日，2018 年度省级政府安全生产和消防工作考核巡查动员会在京召开，国务委员王勇出席会议并讲话。王勇强调，要深入学习贯彻习近平总书记关于加强安全生产和消防工作的重要指示精神，坚持底线思维和红线意识，扎实开展考核巡查，查责任、查作风、查措施，把党中央、国务院决策部署落到实处。要突出考核巡查风险隐患整改情况，对吸收事故教训不深刻、问题隐患整改不到位、类似事故重复发生的，要严肃问责。要专项巡查危化品安全综合治理和隐患排查整治，深入检查煤矿、非煤矿山、交通运输、建筑施工和消防等重点行业领域安全监管落实情况，推动严格落实监管责任和防范措施，从根本上遏制各类安全事故发生。

2019 年 3 月 28 日，全国森林草原防灭火和防汛抗旱工作电视电话会议在京召开。中共中央政治局常委、国务院总理李克强作出重要批示。国务委员、国家森林草原防灭火指挥部总指挥、国家防汛抗旱总指挥部总指挥王勇出席会议并讲话。王勇强调，要深入贯彻落实习近平总书记关于防范化解重大风险、提高自然灾害防治能力的重要指示精神，按照李克强总理重要批示要求，坚持底线思维，增强忧患意识，更加扎实做好综合防控和应急救援工作，最大限度减少森林草原火灾和水旱灾害损失。

第三章 重要法律法规

一、中华人民共和国消防法（2019 年修改）

2019 年 4 月 23 日，第十三届全国人民代表大会常务委员会第十次会议通过《全国人民代表大会常务委员会第十次会议关于修改〈中华人民共和国建筑法〉等八部法律的决定》，2019 年 4 月 23 日中华人民共和国主席令第 29 号公布，自 2019 年 11 月 1 日起施行。此决定对《中华人民共和国消防法》作了部分修改。《中华人民共和国消防法》的修改调整完善了应急管理部门及消防救援机构、公安机关、住房和城乡建设部门、市场监管部门的消防工作职责，消防管理职能不再隶属于公安机关，构建了新的消防监督管理体系，应急管理部门被赋予新的职能。具体体现在三个方面：一是原由消防机构承担的建设工程消防设计审核和消防验收许可或备案职能划转至住房和城乡建设部门，其相应的对建设工程行政处罚职能由消防机构划转至住房和城乡建设部门；二是新的称谓变化，在新法中分别用“消防救援机构”和“国家综合性消防救援队”取代了原法中的“公安机关消防机构”和“公安消防队”，用“应急管理部门”取代了原法中的“公安机关”，统一了改革后新机构的称谓；三是公安派出所继续承担消防监督管理职责，新法第五十三条保留了公安派出所可以负责消防监督检查和开展消防宣传教育的职责。

二、中华人民共和国森林法（2019 年修订）

2019 年 12 月 28 日，第十三届全国人民代表大会常务委员会第十五次会议表决通过新修订的《中华人民共和国森林法》，自 2020 年 7 月 1 日起施行。新《森林法》明确国家综合性消防救援队伍承担国家规定的森林火灾扑救任务和预防相关工作。

三、生产安全事故应急条例

2019 年 2 月 17 日，国务院令第 708 号公布《生产安全事故应急条例》，该条例经 2018 年 12 月 5 日国务院第 33 次常务会议通过，自 2019 年 4 月 1 日起施行。《生产安全事故应急条例》共 5 章 35 条，根据《安全生产法》和《突发事件应对法》的立法精神、法律原则、基本要求，总结凝练长期以来生产安全事故应急实践成果，明确县级以上人民政府统一领导、行业监管部门分工负责、综合监管部门指导协调的应急工作体制；强化应急准备工作，细化应急救援预案的制定和演练要求，明确应急救援队伍建设和保障，以及建立应急救援装备和物资储备、应急值班值守制度等要求；规范现场应急救援工作，详细规定 16 项应急救援措施，创新事故现场指挥部和总指挥制度等。

四、自然灾害救助条例（2019 年修改）

2019 年 3 月 2 日，国务院令第 709 号公布《国务院关于修改部分行政法规的决定》，自 2019 年 3 月 2 日起施行。此决定对《自然灾害救助条例》作了部分修改，将原条例第三条、第十六条、第十七条第一款、第二十一条第二款、第二十二条、第二十四条第二款、第三十条、第三十一条、第三十三条中的“民政部门”修改为“应急管理部门”，第十条第一款修改为：“国家建立自然灾害救助物资储备制度，由国务院应急管理部门分别会同国务院财政部门、发展改革部门、工业和信息化部门、粮食和物资储备部门制定全国自然灾害救助物资储备规划和储备库规划，并组织实施。其中，由国务院粮食和物资储备部门会同相关部门制定中央救灾物资储备库规划，并组织实施。”将第十三条、第十九条第三款、第二十条中的“民政等部门”修改为“应急管理等部门”，将第二十六条第一款、第二十八条中的“民政、财政等部门”修改为“应急管理、财政等部门”。

五、地震安全性评价管理条例（2019 年修改）

2019 年 3 月 2 日，国务院令第 709 号公布《国务院关于修改部分行政法规的决定》，自 2019 年 3 月 2 日起施行。此决定对《地震安全性评价管理条例》作了部分修改，将原条例第二章名称修改为“地震安全性评价单位”，删去第六条、第八条、第十条、第二十条，第七条改为第六条，并对第六条、第七条、第十七条、第十八条等内容进行了修改。

第二篇

应急管理综述

第一章 2019年中国应急管理综述

2019年是应急管理部门组建到位后全面履职的第一年，是应急管理体系和能力建设整体谋划布局之年。面对错综复杂的国内外形势和艰巨繁重的改革发展任务，在以习近平同志为核心的党中央坚强领导下，各地区、各有关部门和单位坚持以习近平新时代中国特色社会主义思想为指导，全面贯彻党的十九大和十九届二中、三中、四中全会精神，认真贯彻落实习近平总书记关于应急管理重要论述和党中央、国务院决策部署，深入开展“不忘初心、牢记使命”主题教育，增强“四个意识”、坚定“四个自信”、做到“两个维护”，以改革为动力、以关键带全局，着力防范化解重大安全风险，有效维护人民群众生命财产安全，系统推进应急管理事业创新发展，新部门新机制新队伍的综合管理优势日益显现，为保持经济持续健康发展和社会大局稳定，全面建成小康社会创造了良好的安全环境。

——安全生产形势总体稳定。2019年，全国共发生各类生产安全事故44609起、死亡29519人，同比分别下降13.2%和13.3%。其中，发生较大事故488起、死亡1838人，同比分别下降9.5%和13.9%；发生重特大事故18起、死亡336人，同比事故起数减少1起、下降5.3%，死亡人数增加107人，上升46.7%。事故总量、较大事故、重特大事故起数保持“三个继续下降”，事故死亡人数首次降到3万人以下，19个省份没有发生重特大事故，大部分地区和行业领域安全生产形势有所好转。

——自然灾害损失较近5年同期减轻。2019年，全国各种自然灾害共造成1.3亿人次受灾，因灾死亡失踪909人，紧急转移安置528.6万人次，房屋倒塌12.6万间，严重损坏28.4万间，一般损坏98.4万间；农作物受灾面积19256.9千公顷，其中绝收2802千公顷；直接经济损失3270.9亿元。全国因灾死亡失踪人数、倒塌房屋数量、直接经济损失较近5年均值分别下降25%、57%和24%。

——灾害事故应对有力有序有效。2019年，启动重特大事故灾害应急响应58次，组织会商研判293次，派出工作组383个。出动消防救援指战员1348万人次，营救和疏散群众66.1万人，抢救保护财产价值242亿元；出动森林消防队伍12万人次，其中，扑救森林草原火灾318起，遂行跨区域灭火增援42起，执行其他综合救援任务100起；出动安全生产救援队伍18.8万人次承担抢险救援和企业风险排查等任务。有效应对处置了风雨强度大、影响时间长、波及12省市的历史罕见超强台风“利奇马”，江苏响水天嘉宜化工有限公司“3·21”特别重大爆炸事故，贵州水城“7·23”特大山体滑坡、山西乡宁“3·15”山体滑坡，四川长宁6.0级地震，山西沁源“3·29”森林火灾、广东佛山“12·5”森林火灾，四川珙县“12·14”煤矿透水等重大灾害事故。启动国家救灾应急响应18

次，协调下拨中央自然灾害救灾资金 118 亿元，上一年全国因灾倒损民房整体重建已基本完成，修缮已全部完成。

一、科学谋划改革发展

深入学习贯彻习近平总书记关于应急管理重要论述，深刻理解党中央组建应急管理部的战略意图和深谋远虑，围绕改革发展路径、健全体制机制等重大问题，积极主动提出政策建议，充分发挥参谋助手作用（图 2-1-1）。一是整体谋划应急管理体系和能力建设。深入开展调查研究，多次召开专家座谈会听取意见，认真总结经验教训，研究借鉴国外经验做法，为中央深化应急管理体制机制改革、完善中国特色应急管理制度作了充分准备。认真贯彻习近平总书记在中央政治局第十九次集体学习时就我国应急管理体系和能力建设作的重要讲话精神，组织起草了深入推进应急管理事业改革发展的意见。全面启动应急管理“十四五”规划体系研究，在国家层面建立“1+2+10”应急管理规划格局①。二是系统谋划防范突出安全风险。深刻吸取江苏响水特别重大爆炸事故教训，全面摸底、深入研判危险化学品领域安全状况，及时报告该领域系统性安全风险，提请出台全面加强危险化学品安全生产工作的意见。认真贯彻落实习近平总书记重要指示精神，对重点地区安全生产问题组织开展专项督查，强化政治督导、责任督导、措施督导和效能督导。三是推动消防救援和森林消防两支队伍改革政策落地和安全监管体制改革。举办习近平总书记授旗训词一周年活动，中央办公厅、国务院办公厅出台《关于深化消防执法改革的意见》，消防救援、森林消防队伍

图 2-1-1　2019 年 11 月 1 日，应急管理部党组书记黄明先后主持召开党组专题会和部系统动员部署会，传达党的十九届四中全会精神

① “1+2+10”应急管理规划格局：“1”指国家应急管理体系和能力建设规划，“2”指国家安全生产规划和国家综合防灾减灾规划，“10”指煤矿安全生产规划、国家综合性消防救援队伍建设规划等 10 个重点领域规划。

“三定”规定及17项改革配套政策实施，新招录3.5万余名消防员，中国消防救援学院组建后招生1292名，队伍认同感荣誉感显著增强。认真研究提出了推进改革完善危险化学品安全监管体制、矿山安全监察体制和应急管理综合行政执法体系的方案。四是积极理顺“防”与“救”的职责。牵头建立自然灾害防治工作部际联席会议制度，加强9项重点工程建设的统筹协调，积极推进实施国家区域应急救援中心建设工程，抓好区域应急救援中心规划布局。完善森林草原防灭火体制机制，推动加强防火工作力量，制定印发《国家森林草原防灭火指挥部工作规则》。推进防汛抗旱职责任务落实，强化防汛抗旱统筹协调指挥，制定印发《国家防汛抗旱总指挥部工作规则》和成员单位任务分工。同时，各地也结合实际深入推进改革，加强应急管理机构建设，健全完善地方应急管理体制机制。

二、狠抓重大安全风险防控

始终把有效防控风险作为重大政治责任，作为推动改革发展的良好条件。一是狠抓关键节点。以“防风险、保安全、迎大庆”为主线，对岁末年初、全国“两会”、新中国成立70周年大庆、第二届中国国际进口博览会、第二届“一带一路”国际合作高峰论坛、博鳌亚洲论坛年会等期间风险防范专门部署，汛期（图2-1-2）和防火期每日会商、节假日每日调度，为庆祝新中国成立70周年营造了良好安全环境。二是狠抓重点防控。围绕化解化工领域“灰犀牛”风险，印发实施化工园区和危险化学品企业安全风险排查治理“两个导则”①，对重点县完成两轮专家指导服务。配合工业和信息化部稳步推进危险化学品生产企业搬迁改造工作，718家企业完成搬迁改造。广泛开展“四不两直”② 明查暗访，对1474处高风险煤矿开展“体检式”监察，对38处采深超千米灾害严重矿井进行安全论证，对2716座金属非金属地下矿山和11个尾矿库重点省区开展专项执法，集中整治大型商业综合体、博物馆及文物建筑、“多合一”等9类重点场所风险，整改易燃可燃彩钢板、消防通道、用火用电等突出火灾隐患979万余处。深入开展烟花爆竹、钢铁、铝加工等行业领域隐患排查治理，有效防范油气增储扩能重大安全风险，强化油气管道高后果区重点管控。协调推动有关部门开展道路交通、建筑施工、城市燃气等行业领域专项整治，联合开展督查检查，防范遏制重特大事故。加大安全监管执法和“黑名单”联合惩戒力度，严肃约谈17个地方政府和2家中央企业负责人。三是狠抓监测预警。建立健全灾害综合监测预警制度体系，组织开展风险监测预警系统（一期）项目建设，启动第一次全国自然灾害综合风险普查试点，建设全球灾害数据库。建立健全部际灾情会商研判机制，及时上报和发布灾情信息。危险化学品安全生产风险监测预警系统全面应用，全国2300余家一、二级重大危险源实现数据联网，启动尾矿库安全生产风险监测预警系统建设。整合完善防汛抗旱风险管理系统，初步实现全国气象、水旱和雨雪冰冻等自然灾害动态监测。加强新疆、甘肃、四川和云南等重点地区震情监视跟踪。实施100个地震台站

① “两个导则”指《化工园区安全风险排查治理导则（试行）》《危险化学品企业安全风险隐患排查治理导则》。

② “四不两直”指不发通知、不打招呼、不听汇报、不用陪同接待、直奔基层、直插现场。

图 2-1-2　国家防汛抗旱总指挥部持续调度部署超强台风“利奇马”防范应对工作

标准化改造。完成青藏高原 72 个站址勘选和 11 个高原高寒试验站建设，西藏西部、青海西部、新疆西南部地震监测能力由 3.5 级提升到 3.0 级。全面启动国家地震烈度速报与预警工程，福建、四川等地区初步具备地震预警服务能力。四是狠抓责任落实。认真履行国务院安全生产委员会、国家减灾委员会、国家防汛抗旱总指挥部、国家森林草原防灭火指挥部、国务院抗震救灾指挥部等议事协调机构办公室职责，组织开展全国安全生产集中整治、省级政府安全生产和消防工作考核巡查、危险化学品安全专项巡查，地方党政领导责任进一步得到落实，部门监管责任达成合力，强化企业主体责任达成上下共识；对重点地区重点时段加强防汛抗旱、森林草原防灭火工作督导，落实全国省、市级防汛抗旱防台风行政责任人 2226 名，排查整改森林火灾隐患 19.3 万处。督促有关部门和地方严格落实自然灾害防治责任，提高监测预警、隐患排查和抗灾设防能力。

三、全面加强应急救援能力建设

按照“全灾种、大应急”要求，全面推进以国家综合性消防救援队伍为主力、以专业救援队伍为协同、以军队和武警部队为突击、以社会力量为辅助的应急救援力量体系建设（图 2-1-3）。一是加快消防救援队伍转型升级。面对改革后消防救援任务人均增加 30% 以上、森林消防队伍任务总量增加近 3 倍的实际，积极推进救援理念、指挥联动、专业训练、保障机制改革创新，开展大练兵、大比武，提高能力素质。在全国布点建设 27 支地震、山岳、水域、空勤专业队，在各省组建机动支队、抗洪抢险救援队，在边境线组建 6 支跨国境森林草原灭火队，各地同步组建 246 支工程机械救援队、2800 余支各类专业队，形成了多灾种抢险救援机动拳头力量。举办首届“火焰蓝”救援技能对抗比武暨国际消防救援技术交流竞赛，首次组队参加世界消防救援锦标赛、世界警察和消防员运动会，中国救援队赴

图 2-1-3 国家综合性消防救援队伍比武

莫桑比克完成首次国际救援任务并通过联合国国际重型救援队测评和复测。二是加强专业救援力量建设。积极推进国家级安全生产应急救援队伍"一专多能"建设，充分发挥安全生产应急救援队伍在矿山、危险化学品、隧道、地震、滑坡、洪涝等灾害事故救援中的专业作用。将中国安能建设集团有限公司纳入国家应急救援力量体系，组建自然灾害工程应急救援中心。整合航空应急资源，制定并实施国家航空应急救援体系建设方案。加强安全生产和自然灾害等重大境外突发事件的国际应急救援力量建设。三是支持社会应急力量发展。组织开展社会应急力量摸底普查，建立社会力量参与抢险救援网上申报系统，成功举办全国首届社会应急力量技能竞赛，组织开展社会应急力量能力分类分级测评试点，研究建立应急救援征用和补偿机制。会同交通运输部建立社会车辆跨区域抢险救灾公路通行服务保障机制。此外，协调军队预置工程抢险、航空运输、卫生防疫、通信保障、森林灭火、水上搜救等应急力量；依托中央企业预置工程抢险等力量，推进各类救援力量充分整合。四是健全应急救援指挥体系和工作机制。发挥各议事协调机构统筹协调作用，第一时间牵头组织各相关部门联合会商、调度研判。制定完善覆盖 15 个灾种的特别重大灾害"1+15+6"应急响应工作手册①，建立军地抢险救援协调联动机制，与中国红十字总会、中国民航局、国铁集团和有关中央企业建立应急联动或对接机制，会同国家发展改革委、财政部联合印发《关于做好特别重大自然灾害灾后恢复重建工作的指导意见》，健全灾后恢复重建新机制。推进京津冀、长三角地区等区域建立应急协作机制，组织修订《国家防汛抗旱应急预案》，编制重点地区重特大地震应对预案和长江、黄河、淮河流域重特大江（湖）堤防决口险情工程抢险方案，并多次开展实战演练。通过一年来的磨炼，应急救援"扁平化"指挥模式、防范救援救灾"一体化"运作模式、"一个窗口"对外信息发布模式以及一整套行之有效的抢险救援技战术打法已探索形成。

四、快速提升应急保障水平

一是强化依法应急。大力推进法治建

① "1+15+6"应急响应工作手册："1"指《应急管理部特别重大灾害应急响应工作手册（总册）》，"15"指 15 个分灾种手册，"6"指 6 个保障机制分册。

设，《中华人民共和国消防法》《自然灾害救助条例》《地震安全性评价管理条例》修改施行，《中华人民共和国安全生产法》修正草案提请国务院审议，《生产安全事故应急条例》公布施行，组织修订国家突发事件总体应急预案及专项预案，集中发布 59 项国家和行业标准。联合公安部、最高人民法院、最高人民检察院出台《安全生产行政执法与刑事司法衔接工作办法》。扎实推进应急管理“放管服”改革，制定行政许可实施程序暂行规定，建立行政审批“好差评”制度，取消 19 项部门规章、规范性文件设定的证明事项（第二批），16 项涉企经营许可事项纳入自贸区“证照分离”改革全覆盖试点，制定改进作风服务基层 15 项措施和服务群众服务企业服务社会 10 项举措，解决了一批长期以来积累的突出问题和群众最急最忧最盼的诉求。二是加快推进信息化建设。建成应急管理云计算平台和应急指挥信息网，建立了全国统一的应急管理地理信息系统，应急管理大数据应用平台投入使用，网络安全保障体系初步构建，应急管理信息化迈入大数据时代。视频指挥调度系统直通部、省、市、县应急管理部门和各级消防队伍。应急指挥“一张图”上线运行。统筹建设一体化在线政务服务平台和“互联网+监管”系统，“一网通办”能力显著增强，“一网通管”模式基本形成。三是强化科技装备和人才支撑。推进国家科技重大专项论证，组织开展国家重点研发计划“重大自然灾害监测预警与防范”“公共安全风险防控与应急技术装备”等重点专项项目研究。组建国家自然灾害防治研究院，共建国家安全科学与工程研究院。加大先进适用应急救援装备配备力度，极端条件下应急通信保障能力建设初见成效。协调安排中央投资 33.5 亿元支持应急管理和地震、煤监系统基础建设。启动高危行业领域安全技能提升行动计划，全国培训考核“三项岗位人员”① 610 万人次。推动开展省、市、县、乡、村五级灾害信息员培训，确保灾情报告系统平稳过渡。四是推动社会共治。开通全国统一的安全生产网上举报平台，出台《安全生产责任保险事故预防技术服务规范》等制度，以市场化推动社会专业力量参与安全风险防控。创建全国综合减灾示范社区 976 个，印发《国家安全发展示范城市评价与管理办法》，提高城市安全保障水平。扎实开展全国防灾减灾日、“安全生产月”“全国消防日”“追梦火焰蓝”等主题宣传活动，加强与中央主要媒体战略合作，讲好应急故事，大力宣传应急管理系统先进典型，积极营造良好社会氛围。五是加强国际交流与合作。积极推动建立“一带一路”自然灾害防治和应急管理国际合作机制，深入参与联合国、国际和区域组织框架下安全生产、防灾减灾、应急救援等领域国际合作，为国际减灾事业发挥中国作用，作出中国贡献。认真研究借鉴俄罗斯、日本等世界主要国家应急管理有益经验和举措，为应急管理体系和能力现代化建设发挥积极作用。

当前应急管理面临的形势严峻复杂。安全生产仍处于爬坡过坎期，安全发展理念尚未牢固树立，各类风险隐患交织叠加，重特大事故时有发生，防范化解重大安全风险的任务十分艰巨；受全球气候变化影响，我国极端天气总体呈增多增强趋势，自然灾害风险进一步加剧，防灾减灾

① “三项岗位人员”：指生产经营单位主要负责人、安全管理人员、特种作业人员。

救灾能力水平亟待提升；一些长期存在的深层次矛盾问题仍未从根本上解决，应急管理体系基础薄弱，还存在认知短板、制度短板、能力短板，与党中央、国务院的要求和广大人民群众的期待相比仍有很大差距，推进应急管理体系和能力现代化任重而道远。

第二章　应急管理部重要会议活动

一、全国应急管理工作会议在京召开

2019 年 1 月 17—18 日，全国应急管理工作会议在京召开，应急管理部党组书记黄明出席会议并讲话。黄明强调，全国应急管理系统坚持以习近平新时代中国特色社会主义思想为指引，奋力开创新时代应急管理事业改革发展新局面。会议充分肯定了 2018 年应急管理工作的成功实践，力争通过三到四年努力，基本形成统一指挥、专常兼备、反应灵敏、上下联动、平战结合的中国特色应急管理体制，基本完成统一领导、权责一致、权威高效的国家应急能力体系构建，基本健全应急管理法律制度体系，安全生产形势稳定好转，自然灾害防治能力建设明显见效，应急救援队伍形成一套完整的制度、走出中国特色新路子，系统党风政风全面改善，应急管理能力和水平显著提升，为满足人民日益增长的安全需要提供有力保障。

二、应急管理部召开全国应急管理系统党风廉政建设工作视频会议

2019 年 2 月 13 日，应急管理部召开全国应急管理系统党风廉政建设工作视频会议，应急管理部党组书记黄明出席会议并讲话。黄明强调，要以习近平新时代中国特色社会主义思想为指导，推动应急管理系统全面从严治党向纵深发展。政治部主任许尔锋主持会议。中央纪委、国家监委驻部纪检监察组组长艾俊涛传达习近平总书记在十九届中央纪委三次全会上的重要讲话精神和全会精神。

三、中国共产党应急管理部机关第一次代表大会在京召开

2019 年 5 月 16—17 日，中国共产党应急管理部机关第一次代表大会在京召开（图 2-2-1）。中央和国家机关工委副书记、纪检监察工委书记侯凯到会祝贺并讲话，应急管理部党组书记黄明出席大会并讲话。应急管理部党组成员、政治部主任许尔锋主持会议，并就《应急管理部机关基层党支部标准化规范化建设细则》的起草情况作出说明。黄明指出，机关党的建设紧跟机构改革步伐，着力推进“一个带头、三个表率”模范机关建设。要聚焦任务要求，全面提高机关党的建设水平。牢记职责使命，发挥党员领导干部表率作用。大会闭幕后，中共应急管理部机关第一届委员会和中共应急管理部机关纪律检查委员会分别召开了第一次全体会议。会议分别选举出应急管理部机关党委书记、常务副书记、副书记，机关纪委书记、副书记。

四、应急管理部“不忘初心、牢记使命”主题教育系列会议

2019 年 6 月 6 日，应急管理部系统召开“不忘初心、牢记使命”主题教育

图 2-2-1　2019 年 5 月 16—17 日，中国共产党应急管理部机关第一次代表大会在京召开

动员部署会。会议强调，要深入学习贯彻习近平总书记重要讲话精神和主题教育工作会议精神，认真贯彻落实党中央决策部署和要求，紧密结合应急管理实际，高质量开展主题教育，切实做到理论学习有收获、思想政治受洗礼、干事创业敢担当、为民服务解难题、清正廉洁作表率，不断增强“四个意识”、坚定“四个自信”、做到“两个维护”，以保民平安、为民造福的实际行动践行初心使命。

2019 年 7 月 4 日，应急管理部举办“不忘初心、牢记使命”主题教育专题党课报告会。应急管理部党组书记黄明以“坚定信念、不畏艰难、敢于斗争、化解风险、在守初心担使命中奋力推进新时代应急管理事业”为题，为部系统党员干部讲专题党课。黄明强调，要始终保持对党忠诚的政治本色，始终锤炼纪律严明的过硬作风，始终发扬赴汤蹈火的革命精神，始终涵养竭诚为民的真挚情怀。

2019 年 7 月 11 日，应急管理部召开“不忘初心、牢记使命”主题教育专题座谈会。充分听取有关省、市、县三级应急管理部门和基层一线干部对部党组和党组同志改进作风、改进工作方面的意见建议，进一步检视剖析、查摆问题，扎实推进主题教育深入开展。应急管理部党组书记黄明出席会议并讲话。黄明指出，要认真贯彻落实习近平总书记关于“不忘初心、牢记使命”主题教育的重要指示精神，紧密结合主题教育深入学习，以强烈的自我革命精神正视问题解决问题，确保主题教育取得实效。

五、部党组理论学习中心组（扩大）学习贯彻党的十九届四中全会精神视频报告会

2019 年 12 月 19 日，应急管理部党组书记黄明主持召开部党组理论学习中心组（扩大）学习视频报告会，深入学习

贯彻党的十九届四中全会精神。中央宣讲团成员、全国人大常委会法工委主任沈春耀应邀到会作宣讲报告。沈春耀围绕习近平总书记重要讲话精神和党的十九届四中全会作出的重大部署，深刻阐述了坚持和完善中国特色社会主义制度、推进国家治理体系和治理能力现代化的重要意义，系统阐释了中国特色社会主义制度和国家治理体系的显著优势，深刻解读了《中共中央关于坚持和完善中国特色社会主义制度 推进国家治理体系和治理能力现代化若干重大问题的决定》提出的总体要求、总体目标和重点任务。黄明指出，全系统各级党组织和广大党员干部要更加深入、系统、全面学习领会四中全会精神，深刻把握丰富内涵和精神实质，用以指导和推进新时代应急管理工作。

六、国务院江苏安全生产专项整治督导工作动员会和专题辅导

2019 年 11 月 26 日，国务院江苏安全生产专项整治督导工作动员会在江苏南京召开。国务院江苏安全生产专项整治督导组组长、应急管理部党组书记黄明作动员讲话，对做好专项整治督导工作提出要求。专项整治督导分为 3 个阶段：第一阶段集中督导，从 2019 年 11 月 26 日开始到 2020 年 2 月底共 3 个月时间，督导组分赴市县指导帮助查找问题、完善整改措施，督导重点行业领域突出问题专项整治；第二阶段整改提升，从 2020 年 3 月到 11 月共 9 个月时间，督促落实整改措施，着力完善制度、建立长效机制，并总结形成可复制推广的经验做法；第三阶段考核评估，形成专项整治督导工作报告，安排在 2020 年 12 月。黄明强调，要强化政治责任，着力解决问题，加强统筹协调，严肃工作纪律，坚决完成党中央交办的专项整治任务。

2019 年 12 月 2 日，国务院江苏安全生产专项整治督导组组长、应急管理部党组书记黄明为江苏省委理论学习中心组作专题辅导报告。黄明要求，要以高度的政治自觉抓整治抓落实，务必整出实效。围绕重大风险隐患抓整治抓落实，进行全覆盖排查，突出重点难点问题，开展专业化治理。强化组织领导抓整治抓落实，善抓风险研判，敢于动真碰硬，配强班子队伍。突出分类指导抓整治抓落实，针对企业不同情况分类开展治理整顿，抓住企业法人和管理团队这一危险化学品企业的整治关键，同时坚决整治安全生产的中介机构。充分发挥政治优势、制度优势、体制优势，集中力量打一场安全生产专项整治的合成战、解决重大风险隐患的攻坚战、提升本质安全的持久战，实现提高安全红线意识、提高风险防控效能、提高安全管理能力、提高事故防范效果、提高安全治理水平“五个提高”，探索形成更加成熟更加定型的制度体系，积极推进应急管理体系和能力现代化。

七、应急管理部召开全国应急管理科技和信息化工作会议

2019 年 5 月 23 日，全国应急管理科技和信息化工作会议在京开幕，应急管理部党组书记黄明出席会议并讲话。黄明强调，要紧紧依靠科技信息化提升防范化解重大安全风险能力，聚焦需求、突出重点，着力构筑应急管理核心能力。找准监测重点，构建监测预警网络，创新预测预警技术，着力提升监测预警能力。明确监测内容、建设路径和任务重点，推进危化

品安全风险监测预警系统建设；积极探索“互联网+监管”模式、运用科技信息技术规范执法行为、运用大数据发现系统性问题，着力提升监管执法能力；强化应急基础信息资源汇聚、现场信息获取、灾情研判等能力，着力提升辅助指挥决策能力；改进装备，打造救援尖兵利器，着力提升救援实战能力；着力提升社会动员和科技支撑能力。

八、自然灾害防治工作部际联席会议第一次会议在京召开

2019 年 4 月 19 日，自然灾害防治工作部际联席会议第一次会议在京召开。根据 2019 年 3 月 29 日国务院办公厅印发的《国务院办公厅关于同意建立自然灾害防治工作部际联席会议制度的函》，建立了由应急管理部、国家发展改革委、财政部共同牵头的自然灾害防治工作部际联席制度。会议深入学习习近平总书记关于提高自然灾害防治能力的重要讲话精神，传达中央关于落实自然灾害防治工作的任务要求，听取 9 项重点工程牵头部门的工作进展情况汇报。与会同志围绕自然灾害防治重点工程立项和实施、深入推进防灾减灾救灾体制机制改革等进行了讨论。联席会议召集人、应急管理部党组书记黄明主持会议并讲话，联席会议召集人、国家发展改革委副主任连维良，财政部副部长余蔚平在会上讲话。

九、应急管理部自然灾害工程应急救援中心挂牌成立

2019 年 9 月 27 日，应急管理部自然灾害工程应急救援中心在中国安能建设集团有限公司挂牌成立，国务委员王勇出席挂牌成立仪式并讲话（图2-2-2）。王勇强调，建立自然灾害工程应急救援中心，是贯彻落实习近平总书记关于加强应急管理和自然灾害防治工作重要指示精神、完善国家应急救援力量体系的具体措施。要充分发挥中国安能集团的力量优势、技术优势和人才优势，健全完善指挥体系、队伍体系、装备体系，努力成为执行国家应

图 2-2-2 2019 年 9 月 27 日，应急管理部自然灾害工程应急救援中心挂牌

急救援任务的骨干力量。深入研究自然灾害致灾机理、抢险救援战术战法，承担起工程救援孵化基地功能，辐射带动全国工程救援力量转型升级。要积极适应应急管理新要求，整合优化应急资源，提高应急响应能力，确保在各类灾害面前拉得出、冲得上、打得赢，切实维护人民群众生命财产安全和国家安全稳定。

十、国家综合性消防救援队伍比武竞赛暨灭火救援实战演习在浙江绍兴举行

2019 年 11 月 10 日，应急管理部在位于浙江绍兴的浙江省消防救援总队培训基地举行国家综合性消防救援队伍比武竞赛暨灭火救援实战演习（图 2-2-3）。国务委员王勇出席演习活动并讲话，应急管理部党组书记、消防救援总监黄明主持。王勇强调，要始终牢记使命担当，增强“四个意识”，坚定“四个自信”，做到“两个维护”，永远做党和人民的忠诚卫士。深化改革转型，加快健全科学高效的应急救援体系，实现从处置“单一灾种”向应对“全灾种大应急”转变，充分发挥应急救援体制机制新优势。强化基础能力建设，完善配套保障体系和优待政策，增强消防救援队伍战斗力、凝聚力，更好保障人民群众生命财产安全。部党组书记黄明在主持时指出，国家综合性消防救援队伍是习近平总书记亲自缔造的一支全新的人民队伍，此次比武竞赛和实战演练，是这支队伍转型重构后第一次向党中央、国务院汇报队伍建设发展的新成果，第一次向全国人民乃至国际社会展示中国应急救援主力军、国家队的新形象。黄明强调，全国应急管理部门和消防救援队伍要深入学习贯彻习近平新时代中国特色社会主义思想，更加坚定地以习近平总书记授旗训词精神为指引，全面推进应急管理体系和能力现代化。整个活动共分为消防救援技能对抗比武、消防救援技术交流竞赛和实战演习 3 个部分。

图 2-2-3　2019 年 11 月 10 日，国家综合性消防救援队伍比武竞赛暨灭火救援实战演习在浙江绍兴举行

十一、国家自然灾害防治研究院在京成立

2019年12月30日，应急管理部和中国科学院在京召开国家自然灾害防治研究院成立启动会，签署联合共建国家自然灾害防治研究院协议和战略合作协议，国家自然灾害防治研究院正式挂牌。会议指出，成立国家自然灾害防治研究院，是贯彻落实习近平总书记和党中央、国务院关于应急管理和自然灾害防治工作重要决策部署的重大举措，是加强自然灾害综合应对、履行应急管理综合职能的客观要求，是优化整合各类科技资源、推进应急管理科技自主创新的迫切需要，对于依靠科技提高应急管理的科学化、专业化、智能化、精细化水平，提升自然灾害防治能力，有效保护人民群众生命财产安全和维护社会稳定，具有重要意义。国家自然灾害防治研究院是我国第一家国家级自然灾害综合性防治研究院，主要承担自然灾害防治重大政策、基础理论、关键技术、重要装备研究，以及科技成果转化和应用示范等工作。

十二、中俄预防和消除紧急情况合作联合委员会第一次会议举行

2019年10月3—7日，应俄罗斯紧急情况部部长济尼切夫上将邀请，应急管理部党组书记黄明率团赴俄罗斯访问。双方共同举行了中俄预防和消除紧急情况合作联合委员会第一次会议，并签署了联合委员会章程和会议纪要（图2-2-4）。黄明指出，长期以来，两国应急管理部门开展了良好合作，双方应充分发挥联委会机制的牵头和顶层设计作用，进一步加强两部领导互访和各领域各层级人员交流，深化在应急指挥体系、应急救援队伍建设等方面的交流与合作，完善双方边境地区灾害信息共享等合作机制，并加强在上海合作组织等多边框架下的合作。中方愿与俄方一道落实好会议纪要和

图2-2-4　2019年10月3—7日，应急管理部党组书记黄明访问俄罗斯并签署中俄预防和消除紧急情况合作联合委员会章程和会议纪要

未来两年合作的联合行动计划，也愿与俄方在应急管理体制机制法制建设方面加强交流互鉴。

十三、与国际劳工组织总干事莱德签署南南合作谅解备忘录

2019 年 4 月 27 日，应急管理部党组书记黄明在京会见国际劳工组织总干事莱德一行。双方就在“一带一路”框架下深化安全生产领域合作进行友好交流，并签署《在“一带一路”框架下开展安全生产领域南南合作谅解备忘录》。黄明强调，应急管理部高度重视与国际劳工组织的交流合作，赞赏其在促进改善安全生产条件和保障劳动者职业安全方面所做的开创性工作。多年来，双方开展了一系列务实合作，取得丰硕成果。中方愿继续加强双方交流与合作，特别是在安全生产能力建设和人员培训等领域。中方高度赞赏国际劳工组织在“一带一路”框架下加强与应急管理部合作的愿望，希望在安全生产等方面积极开展三方合作，助力“一带一路”沿线发展中国家安全生产水平提升。

第三章　2019年重大应急救援行动

江苏响水天嘉宜化工有限公司“3·21”特别重大爆炸事故救援

2019年3月21日14时48分许，江苏省盐城市响水县生态化工园区天嘉宜化工有限公司旧固废库房发生特别重大爆炸事故，造成78人死亡、76人重伤，640人住院治疗，直接经济损失19.86亿元。

事故发生后，党中央、国务院高度重视。正赴国外访问途中的中共中央总书记、国家主席、中央军委主席习近平立即作出重要指示，要求江苏省和有关部门全力抢险救援，搜救被困人员，及时救治伤员，做好善后工作，切实维护社会稳定。中共中央政治局常委、国务院总理李克强作出批示。受习近平总书记、李克强总理委派，国务委员王勇代表党中央、国务院，率国务院有关部门负责同志赴爆炸事故现场，指导事故救援和应急处置工作，看望慰问受伤群众。

应急管理部会同江苏省启动特别重大事故应急响应，成立现场指挥部。部党组书记黄明率工作组紧急赶赴现场，指导应急救援等相关处置工作（图2-3-1）。消防救援队伍930名指战员、200余辆救援

图2-3-1　2019年3月21日深夜，应急管理部党组书记黄明到达江苏响水天嘉宜化工有限公司爆炸事故现场指导救援

车辆、20台大型工程机械火速赶赴现场，第一时间深入核心区，抢抓72小时黄金救援期，开展“地毯式、全覆盖、全时段”排查搜救。经过80多个小时连续奋战，7轮不间断搜救，在爆炸核心区搜救出遇险人员164人（其中86人生还），累计监护输转近百种10万余吨危险化学品。事故救援中，当地党委、政府统一领导，充分发挥体制优势，消防、应急、公安、环保、卫生、军队、武警等各方力量全力以赴形成合力，最大程度降低了事故损失。

山西沁源“3·29”森林火灾救援

2019年3月29日12时56分，山西省沁源县王陶乡王陶村因一养鸡场使用架空铝绞线碰撞打火引发森林火灾，威胁附近6个乡镇40个村的人民群众和企业。接报后，应急管理部启动应急响应，部党组书记黄明和值班领导保持与现场指挥部视频连线，调度了解火灾情况，指导火灾扑救工作。

应急管理部持续调度，并立即派出工作组赴现场指导协调扑救工作，跨省调派森林消防队伍和航空救援力量增援扑救，及时转移安置群众（图2-3-2）。此次扑救共投入森林消防、解放军、武警官兵、消防和专业队伍等救援力量约1.5万人，调集飞机14架、消防车辆80台、灭火炮8门、挖掘机等大型机械200余台，以及各类车辆、装备上千台（套）。

经过7个昼夜连续奋战，明火于4月5日10时30分全部扑灭。火灾造成受害森林面积约1272公顷，无人员伤亡，无房屋被毁和企业受损。

图2-3-2　山西沁源“3·29”森林火灾救援

上海长宁“5·16”建筑坍塌事故救援

2019 年 5 月 16 日 11 时 10 分左右，上海市长宁区昭化路 148 号二期改造建筑工程发生坍塌，造成 12 人死亡、10 人重伤、3 人轻伤，坍塌面积约 1000 平方米，直接经济损失约 3430 万元。

应急管理部党组书记黄明立即到部指挥中心与现场连线、视频调度，指挥抢险救援工作，派出工作组赶赴现场，指导救援和事故调查处置工作。经 300 余名消防救援队员 14 小时全力救援，搜救出全部被埋压人员，其中 12 人死亡、13 人生还。国务院安委会对该起事故查处实行挂牌督办。

上海市应急管理局和消防救援总队接到报警后，立即调集 41 辆消防车、300 余名指战员、8 头搜救犬和 10 台工程机械赶赴现场救援。同时，启动应急联动机制，协调公安、住建、医疗救护等力量到场协同处置（图 2-3-3）。伴随着坍塌建筑局部结构严重变形，随时可能发生再次坍塌的危险情况，救援人员果断采取“询情与检测同步、搜索与救助并行”的救援方案，将坍塌现场划分为 4 个作业区域，实施交叉搜救。在 14 小时内搜救出 25 名被埋压人员，其中 13 人生还。

此次救援行动第一时间协调各有关力量到场，针对坍塌建筑变形严重、情况复杂且随时可能发生再次坍塌的危险，组织建筑结构等专家科学评估现场灾情，划片搜救、开辟通道，机械与人工救援相结合，为短时间成功处置创造了条件。

图 2-3-3　上海长宁“5·16”建筑坍塌事故救援

黑龙江黑河市逊克县翠宏山铁矿“5·17”透水事故救援

2019 年 5 月 17 日 3 时许，黑龙江省黑河市逊克县翠宏山矿业有限公司翠宏山铁多金属矿发生透水事故，造成 43 人被困。经过全力救援，36 人获救安全升井，7 人失踪。

事故发生后，国务院领导同志作出重要批示，要求抓紧搜救井下失联人员，科学施救，确保安全，尽快查明原因，依法依规严肃查处相关责任人，强化安全生产责任落实，认真督查检查、排除各类隐患，坚决防范重特大事故发生。应急管理部党组书记黄明第一时间视频调度指导应急处置，派出工作组赴现场指导抢险救援工作，并及时从鹤岗、鸡西等地调集专业救援力量参加抢险救援（图 2-3-4）。

救援过程中，由于事故现场连日来的强降水，河水水位上涨过快，给井下搜救工作造成阻碍。根据救援方案，利用大型机械设施挖掘引流渠对河水进行引流改道，使用大功率水泵对塌陷区积水实施强排作业。在库尔滨河透水点成功导流后，经多次井下探查，最终完成救援任务。

图 2-3-4　黑龙江黑河市逊克县翠宏山铁矿“5·17”透水事故救援

四川长宁 6.0 级地震救援

2019 年 6 月 17 日 22 时 55 分，四川省宜宾市长宁县（北纬 28. 34 度，东经 104. 90 度）发生 6. 0 级地震，震源深度 16 公里。此后又相继发生 4 次 5 级以上余震。地震灾害造成四川省宜宾、乐山 2 市 16 个县（市、区）35. 9 万人次受灾，13 人死亡，9. 5 万人次紧急转移安置，3500 余间房屋倒塌，22. 3 万间不同程度损坏，直接经济损失56.2亿元。

地震发生后，中共中央总书记、国家主席、中央军委主席习近平高度重视并作出重要指示，要求全力组织抗震救灾，把搜救人员、抢救伤员放在首位，最大限度减少伤亡。解放军、武警部队要支持配合地方开展抢险救灾工作。注意科学施救，加强震情监测，防范发生次生灾害，尽快恢复水电供应、交通运输、通信联络，妥善做好受灾群众避险安置等工作。当前正值汛期，全国部分地区出现强降雨，引发洪涝、滑坡等灾害，造成人员伤亡和财产损失,相关地区党委和政府要牢固树立以人民为中心的思想,积极组织开展防汛抢险救灾工作,切实保障人民群众生命财产安全。

中共中央政治局常委、国务院总理李克强作出批示，要求抓紧核实地震灾情，全力组织抢险救援和救治伤员，尽快抢修受损的交通、通信等基础设施。及时发布灾情和救灾工作信息，维护灾区社会秩序。水利部、应急管理部、自然资源部要指导协助相关地方切实做好汛期强降雨引发各类灾害的防范和应对。

应急管理部立即启动重特大地震灾害三级应急响应，派出工作组赶赴灾区指导救援救灾。相关部门和地方全力组织抗震救灾，把搜救人员、抢救伤员放在首位，同时妥善做好受灾群众避险安置等工作。各有关方面紧急响应，主动出击，科学研判，整体推进（图2-3-5）。

图2-3-5 四川长宁6.0级地震救援

贵州水城“7·23”特大山体滑坡救援

2019年7月23日21时20分许，贵州省六盘水市水城县鸡场镇坪地村岔沟组发生特大山体滑坡灾害，造成43人死亡、9人失踪、11人受伤，700余人紧急转移安置，600余人需紧急生活救助，100余间房屋倒塌，2300余间不同程度损坏，直接经济损失 1.9 亿元。

灾害发生后，习近平总书记高度重视并作出重要指示，李克强总理作出批示。应急管理部立即部署抢险救援工作，指导地方科学施救，全力搜救被困人员，做好伤员救治、受灾群众安置、遇难者家属安抚等工作；以国家防总名义发出紧急通知，向各地防指传达中央领导同志重要指示批示精神，要求认真开展风险隐患排查整治，加强监测预警，做好各项灾害防范准备；同时迅速派出工作组，督导重点地区落实工作责任，加强山洪、滑坡、泥石流等灾害防御。应急管理部党组书记黄明带领联合工作组连夜抵达贵州水城山体滑坡现场，指导救援处置工作（图 2-3-6）。

在现场指挥部的统一部署下，各有关方面通力协作，及时收集掌握灾情信息，控制救援现场秩序，充分利用信息化手段和先进应急救援技术进行实时监测、科学施救。

图 2-3-6　2019 年 7 月 24 日，应急管理部党组书记黄明带领联合工作组连夜抵达贵州水城特大山体滑坡现场指导抢险救援工作

1909 号超强台风“利奇马”救援

2019 年 8 月 10 日 1 时 45 分，1909 号超强台风“利奇马”在浙江省温岭市沿海登陆，后持续北上，先后影响 12 个省份，风雨强度大、持续时间长、影响范围广。据统计，超强台风“利奇马”是 1949 年以来登陆我国大陆地区强度第五位超强台风，共造成浙江、山东、江苏、安徽、辽宁、上海、福建、河北、吉林 9 省（市）64 市 403 个县（市、区）1402.4 万人受灾，因灾死亡 66 人，失踪 4 人，紧急转移安置 209.7 万人；1.5 万间房屋倒塌，13.3 万间不同程度损坏；农作物

受灾面积 1137 千公顷，其中绝收 93.5 千公顷；直接经济损失 515.3 亿元。

8 月 8 日上午 10 时，国家防总副总指挥、应急管理部党组书记黄明召开国家防总视频会议，会商研判台风发展态势及其可能带来的影响，调度台风防御工作准备情况，部署下一步防台风工作。国家防总、应急管理部会同有关地方和部门提前会商研判、提早动员部署，并迅速启动防台风Ⅱ级应急响应，每日两次调度会商，指导调度各地开展台风防御应对和抢险救援工作（图 2-3-7），组派由部领导带队的多个联合工作组分赴防台风一线，紧急下拨中央自然灾害救助和防汛防台风补助资金 6.5 亿元，调拨 3.7 万床被子、2.3 万张折叠床和 6000 顶帐篷等中央救灾物资，支持和协助有关省份做好台风防范应对和抢险救援救灾各项工作。

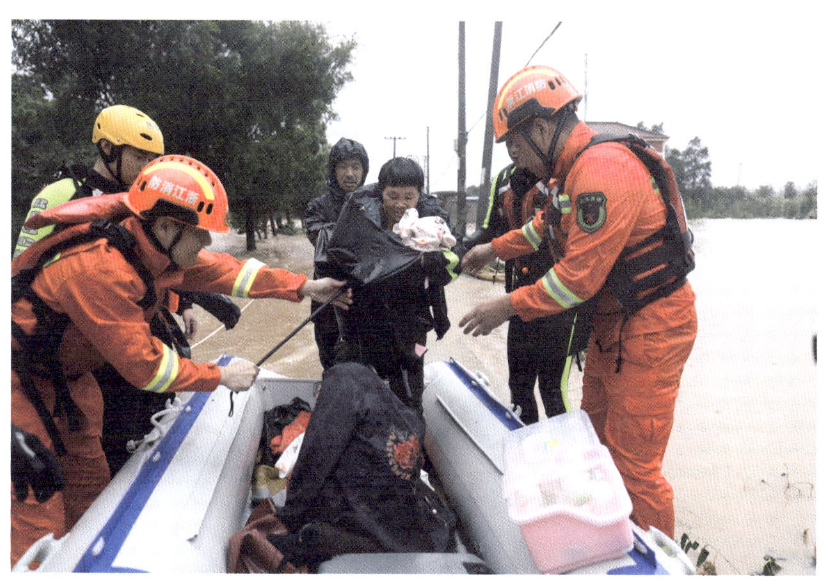

图 2-3-7　超强台风“利奇马”侵袭浙江、上海、江苏，消防救援队伍营救疏散被困群众

四川龙潭水电站险情处置

2019 年 8 月 20 日，四川省阿坝州普降大到暴雨，强降雨导致岷江支流渔子溪爆发特大山洪泥石流，灾害造成龙潭水电站大坝电源中断，泄洪闸未全部开启，发生漫坝险情。大坝上游 119 名群众一度被困，同时坝体面临失稳溃决风险，严重威胁下游约 5000 人生命安全。

险情发生后，应急管理部启动应急响应，第一时间派出工作组赶赴现场，14 天全过程指导督导处置（图 2-3-8）。当地党委、政府立即转移下游受威胁群众，同时积极组织营救上游被困人员，至 8 月 23 日全部被困人员获救。应急管理部积极协调各方力量，在中国安能集团、国家能源集团、水利、气象、交通、通信等部门共同努力下，9 月 3 日，2 号闸门爆破破拆成功，龙潭水电站险情解除。

龙潭水电站险情的成功处置主要得益于统一领导、权责一致、权威高效、上下联动的国家应急能力体系的建立，各部门密切配合，在安全风险巨大、施工环境复杂、救援条件恶劣等情况下，有力有序有效完成了抢险救援任务。

图 2-3-8　四川龙潭水电站除险

四川芙蓉集团实业有限责任公司杉木树煤矿“12·14”透水事故救援

2019 年 12 月 14 日 15 时 26 分，四川芙蓉集团实业有限责任公司杉木树煤矿发生透水事故，造成 18 人被困井下。经过连续 88 小时的全力救援，成功救出井下被困矿工 13 名，搜救出遇难人员 5 名。

事故发生后，应急管理部党组书记黄明第一时间通过视频连线调度了解情况，对救援工作提出要求，工作组立即赶赴事故现场指导抢险救援。

现场指挥部组织制定了科学、合理、有针对性的救援方案和安全技术保障措施，救援工作围绕加强排水、瓦斯排放、巷道清理以及安全防护等工作开展。现场指挥部调集专业救护队、排水队伍共 13 支、256 人实施救援，调配大型排水设备、局部通风设备、保障供电设备等应急资源，采取导流、分流和抽排等措施降低井下水位上涨对被困人员的威胁，利用井下压风管道输送压缩空气保障被困区域巷道打钻，清淤巷道进行人员搜救，有力有序实现了科学救援、安全救援、快速救援（图 2-3-9）。

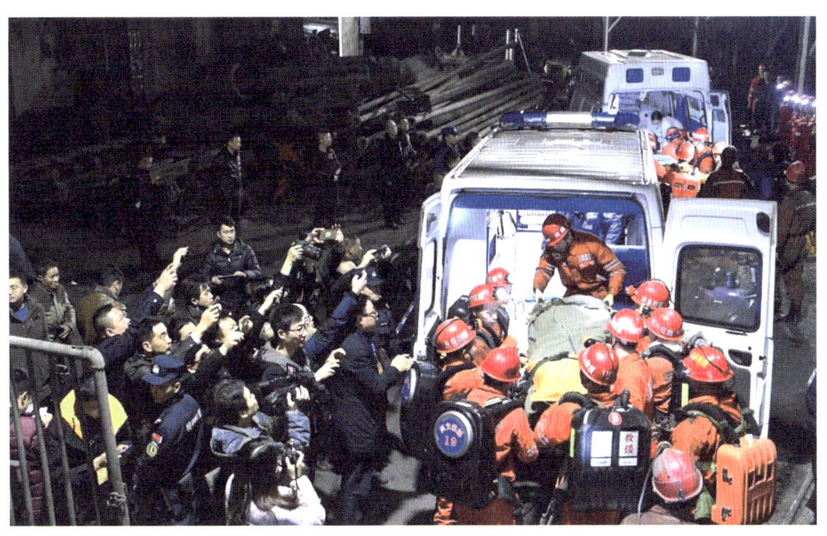

图 2-3-9 四川芙蓉集团实业有限责任公司杉木树煤矿“12·14”透水事故救援

第四章 重 要 文 件

一、中华人民共和国应急管理部公告（2019 年第 2 号）《关于国家综合性消防救援队伍面向社会招录消防员的公告》

2019 年 1 月 24 日，应急管理部第 2 号公告发布《关于国家综合性消防救援队伍面向社会招录消防员的公告》。这是国家综合性消防救援队伍首次面向社会公开招录消防员，共公开招录消防员 18665 名，其中，消防救援队伍招录 11880 名，森林消防队伍招录 6785 名。公告列出了具体招录计划、条件与范围、职业发展与保障等。

二、中华人民共和国应急管理部令（2019 年第 1 号）《安全评价检测检验机构管理办法》

2019 年 3 月 20 日，应急管理部令第 1 号公布《安全评价检测检验机构管理办法》，自 2019 年 5 月 1 日起施行。《办法》共 6 章 32 条，将《安全生产检测检验机构管理规定》《安全评价机构管理规定》有关内容进行整合，合并制定为一部规章。按照国务院“放管服”改革精神，合并精简许可事项，包括取消安全评价检测检验机构的甲、乙级分级设置和分级审批，取消安全评价检测检验机构从业地域限制和计划性数量限制，优化资质许可管理范围，进一步简化程序、简政放权，将资质有效期由 3 年延长至 5 年。科学设置机构准入条件，强化事中事后监管，强化资质保持、属地监管、日常监督检查和联合惩戒，引导行业规范发展。

三、应急管理部 公安部 最高人民法院 最高人民检察院关于印发《安全生产行政执法与刑事司法衔接工作办法》的通知

2019 年 4 月 16 日，应急管理部、公安部、最高人民法院、最高人民检察院联合印发《安全生产行政执法与刑事司法衔接工作办法》（应急〔2019〕54 号），自 2019 年 4 月 6 日起施行。《办法》共 6 章 33 条，包括总则、日常执法中的案件移送与法律监督、事故调查中的案件移送与法律监督、证据的收集与使用、协作机制和附则，适用于应急管理部门（含煤矿安全监察机构、消防机构）、公安机关、人民法院、人民检察院办理的生产经营单位及有关人员涉嫌安全生产犯罪案件。《办法》对日常执法和事故调查中的案件移送与法律监督分别作出规定，总体形成了日常执法中的案件移送、立案、立案监督程序“闭环”，强化了事故调查中各部门从立案到协调解决意见分歧的全过程协调配合，对实践中存在争议的此类案件的证据收集和使用问题作出规定，着力构建安全生产行政执法与刑事司法衔接工作常态化协作机制。

四、应急管理部印发《关于建立健全自然灾害监测预警制度的意见》

2019年6月22日，应急管理部印发《关于建立健全自然灾害监测预警制度的意见》（应急〔2019〕63号）。为加强我国自然灾害综合监测预警工作，规范自然灾害监测预警活动，提升自然灾害监测预警能力，为应急管理提供及时、准确、权威的信息支撑，保障人民权重生命财产安全，就建立健全自然灾害监测预警制度提出意见。《意见》分为6个部分，包括总体要求、推动健全自然灾害分类检测和分级预警体系、建立自然灾害监测预警信息共享和报送制度、建立自然灾害综合风险会商研判制度、健全自然灾害预警信息发布和预警响应制度、保障措施等。

五、应急管理部关于印发《应急管理标准化工作管理办法》的通知

2019年7月7日，应急管理部印发《应急管理标准化工作管理办法》（应急〔2019〕68号）。《办法》共6章62条，内容涉及应急管理国家标准和行业标准修订，以及应急标准贯彻实施与监督管理等，对应急标准制修订目的及依据、适用范围、主要任务、基本原则、组织管理、标准制修订程序和要求、技术要求、奖惩机制、基础研究、国际交流等方面作出规定。

六、应急管理部印发关于《化工园区安全风险排查治理导则（试行）》和《危险化学品企业安全风险隐患排查治理导则》的通知

2019年8月12日，应急管理部印发《化工园区安全风险排查治理导则（试行）》和《危险化学品企业安全风险隐患排查治理导则》（应急〔2019〕78号）。“两个导则”突出了领导干部带头组织风险排查管控，和“全员、全过程、全方位、全天候”风险隐患排查治理，明确了适用范围、基本原则，列明排查项目，并分别设置对应的《化工园区安全风险排查治理检查表》和《危险化学品企业安全风险隐患排查表》，解决了怎么查、查什么、谁来查、查后如何闭环管理的问题。

七、应急管理部、中组部等多部委关于做好国家综合性消防救援队伍人员有关优待工作的通知

2019年8月14日，应急管理部、中组部等多部委印发《关于做好国家综合性消防救援队伍人员有关优待工作的通知》（应急〔2019〕84号）。《通知》明确了对消防救援人员的13项优待政策，包含游览景区、就业培训扶持、自主创业税费优惠、报考国家公务员、退出、入职、生活福利、医疗、子女教育、住房保障等优待政策。

八、应急管理部 人力资源和社会保障部 教育部 财政部 国家煤矿安全监察局关于高危行业领域安全技能提升行动计划的实施意见

2019年10月28日，应急管理部、人力资源和社会保障部、教育部、财政部、国家煤矿安全监察局印发《关于高危行业领域安全技能提升行动计划的实施意见》（应急〔2019〕107号）。《意见》提出，从现在开始至2021年底，重点在化工危险化学品、煤矿、非煤矿山、金属

冶炼、烟花爆竹等高危行业企业实施安全技能提升行动计划，推动从业人员安全技能水平大幅度提升。

九、应急管理部　人力资源社会保障部关于印发《注册安全工程师职业资格制度规定》和《注册安全工程师职业资格考试实施办法》的通知

2019 年 1 月 25 日，应急管理部、人力资源社会保障部印发《注册安全工程师职业资格制度规定》和《注册安全工程师职业资格考试实施办法》，自 2019 年 3 月 1 日起施行。《制度规定》和《考试实施办法》将注册安全工程师设置为初级、中级、高级 3 个级别，划分 7 个专业类别；明确应急管理部、人力资源社会保障部共同制定注册安全工程师职业资格制度，负责注册安全工程师职业资格制度的实施与监管，增加了住房城乡建设部、交通运输部编制相应类别考试大纲、负责相应类别注册初审等职责；调整了中级注册安全工程师职业资格考试报名条件、考试科目和考试成绩滚动周期，扩大了中级注册安全工程师职业资格考试部分科目免试人员范围；明确了相关条款。

十、应急管理部、中国红十字会总会防灾减灾救灾联动工作机制合作协议

2019 年 6 月 12 日，应急管理部、中国红十字总会签署《应急管理部、中国红十字会总会防灾减灾救灾联动工作机制合作协议》。《协议》明确双方在信息共享、应急联动、能力提升、国际合作等方面开展务实合作，建立健全数据共享共用、信息通报、统一指挥调度、资源协调保障等机制，共同提升应急医疗救援、航空应急救援、基层防灾减灾等能力，引导社会应急力量发展，积极开展国际交流和国际救援，联合开展培训演练，并指导地方完善联动机制。应急管理部救援协调局和中国红十字总会赈济救护部为双方联络责任单位，负责日常联络和沟通协调工作。

十一、应急管理部关于印发《消防技术服务机构从业条件》的通知

2019 年 8 月 29 日，应急管理部印发《消防技术服务机构从业条件》。《条件》的制定是深入贯彻落实中共中央办公厅、国务院办公厅《关于深化消防执法改革的意见》，深化消防执法改革、优化营商环境的重要举措。《条件》大幅降低了企业从事消防技术服务活动的限制，符合《条件》的企业取得营业执照后即可开展从业活动。

十二、应急管理部　民政部　国务院扶贫办关于防灾减灾救灾助力脱贫攻坚的意见

2019 年 10 月 7 日，应急管理部、民政部、国务院扶贫办联合印发《关于防灾减灾救灾助力脱贫攻坚的意见》(应急〔2019〕102 号)。《意见》明确了 11 项政策措施，进一步支持贫困地区特别是“三区三州”深度贫困地区做好防灾减灾救灾工作，保障好受灾群众基本生活，切实防止因灾致贫返贫，有效助力 2020 年全面脱贫和巩固脱贫攻坚成果。

十三、应急管理部　民政部关于进一步加强衔接配合做好受灾群众基本生活保障工作的意见

2019 年 11 月 13 日，应急管理部、民政部联合印发《关于进一步加强衔接

配合做好受灾群众基本生活保障工作的意见》(应急〔2019〕120 号)。《意见》要求立足应急管理、民政部门各自职责，通过及时通报工作情况、加强灾后工作衔接、加强冬春期间工作衔接、提高受灾群众保障水平、强化重点人群生活保障、引导社会力量参与 6 个方面的重点措施，进一步加强受灾人员救助政策与相关社会救助政策的有效衔接，不断提升保障水平，确保受灾群众基本生活得到妥善保障。

十四、国务院安全生产委员会关于印发《国家安全发展示范城市评价与管理办法》的通知

2019 年 11 月 8 日，国务院安全生产委员会印发《国家安全发展示范城市评价与管理办法》(安委〔2019〕5 号)。《办法》明确，参加国家安全发展示范城市创建的范围为副省级城市、地级行政区以及直辖市所辖行政区县，参评城市聚焦以安全生产为基础的城市安全发展体系建设。《办法》主要内容包括源头治理、风险防控、监督管理、保障能力、应急救援 5 个方面。

十五、国务院安全生产委员会印发《全国安全生产集中整治工作方案》

2019 年 11 月 23 日，国务院安全生产委员会印发《全国安全生产集中整治工作方案》。决定在全国范围内对危险化学品等重点行业领域开展为期 3 个月的安全生产集中整治。全国安全生产集中整治针对政治站位不高、红线意识不强、安全责任缺位、隐患排查不扎实、监管执法宽松软等问题进行综合整治。突出加强危险化学品领域整治，全面整治化解系统性安全风险，针对源头管理失控、监管责任悬空、安全管理制度不落实等问题进行重点整治。同时，深化煤矿、非煤矿山、消防、交通运输、建筑施工、城市燃气、烟花爆竹等其他重点行业领域安全整治。

十六、国务院安全生产委员会关于危险化学品重点县聘任化工专家工作的指导意见

2019 年 4 月 5 日，国务院安全生产委员会印发《关于危险化学品重点县聘任化工专家工作的指导意见》(安委〔2019〕3 号)。制定《意见》的目的在于充分利用企业单位化工专业人才资源，加强危险化学品重点县安全监管能力建设，快速提升危险化学品安全监管专业化水平，有效防范和坚决遏制较大以上事故，全力维护人民群众生命财产安全和社会稳定。《意见》提出了重点县聘任专家工作的必要性，专家基本条件、职责和待遇，专家聘任工作的原则和程序，专家日常管理要求，保障措施等。

十七、国务院安委会办公室关于开展危险化学品重点县专家指导服务工作的通知

2019 年 1 月 2 日，国务院安委会办公室印发《关于开展危险化学品重点县专家指导服务工作的通知》(安委办〔2019〕1 号)，决定自 2019 年 1 月至 2021 年 12 月，组织对 53 个危险化学品重点县开展为期 3 年的专家指导服务。要求突出重点，查找企业存在的安全生产共性问题及重大风险；明确目标，推动企业提升安全生产科学化水平；加强安全教育

培训，提升化工和危险化学品安全监管人员及企业安全管理人员能力；培育标杆，形成一批安全生产标杆企业和安全监管示范县；推动化工和危险化学品企业加快转型升级。

十八、国务院安委会办公室关于印发《国家安全发展示范城市评价细则（2019版）》的通知

2019 年 11 月 28 日，国务院安委会办公室印发《国家安全发展示范城市评价细则（2019 版）》（安委办〔2019〕16 号）。要求各地区切实加强组织领导，以国家安全发展示范城市创建工作为抓手，推动全面提高城市安全保障水平。《细则》制定并细化了城市安全源头治理、城市安全风险防控、城市安全监督管理、城市安全保障能力、城市安全应急救援、城市安全状况 6 个方面的指标，为国家安全发展示范城市创建、省级复核及国家评议提供量化指引。

十九、国务院安委会办公室关于开展2019 年全国“安全生产月”和“安全生产万里行”活动的通知

2019 年 5 月 8 日，国务院安委会办公室印发《关于开展 2019 年全国“安全生产月”和“安全生产万里行”活动的通知》（安委办〔2019〕10 号）。要求牢固树立安全发展理念，以防范化解重大风险、及时消除安全隐患、有效遏制生产安全事故为目标，增强全民安全生产意识，提升公众安全素质，推动基层和企业严格安全管理，落实安全生产责任，突出重点行业领域问题整改、典型宣传、隐患曝光和网络宣传、知识普及、有奖举报等内容，开展既有声势又有实效的宣传教育活动，促进安全生产水平提升和安全生产形势持续稳定好转，不断增强人民群众获得感、幸福感、安全感，为新中国成立 70 周年营造良好的安全生产环境。

二十、国家减灾委员会关于做好2019 年全国防灾减灾日有关工作的通知

2019 年 4 月 5 日，国家减灾委员会印发《关于做好 2019 年全国防灾减灾日有关工作的通知》（国减电〔2019〕1 号）。要求突出“提高灾害防治能力，构筑生命安全防线”主题，积极开展防灾减灾活动；普及防灾减灾知识技能，提升宣传教育的实际效果；加强灾害事故风险防范，深入开展灾害事故隐患排查治理；修订完善应急预案，广泛开展防灾减灾救灾演练；开展专项宣传教育和整治，确保生命通道畅通。

二十一、国家减灾委员会办公室关于印发《全国灾害综合风险普查总体方案》的通知

2019 年 12 月 6 日，国家减灾委员会办公室印发《全国灾害综合风险普查总体方案》（国减办发〔2019〕17 号）。《方案》提出，通过组织开展第一次全国灾害综合风险普查，摸清全国灾害风险隐患底数，查明重点区域抗灾能力，客观认识全国和各地区灾害综合风险水平，为国家和地方各级政府有效开展自然灾害防治和应急管理工作、切实保障社会经济可持续发展提供权威的灾害风险信息和科学决策依据。《方案》包括 9 项内容，分别是：总体目标与主要任务，实施原则，普查范围与内容，总体技术路线与方法，空间信

息制备与数据库、软件系统建设，质量管理，普查成果与成果汇交，组织实施，保障措施。

二十二、国务院安委会办公室　国家减灾委办公室　应急管理部关于加强应急基础信息管理的通知

2019 年 4 月 18 日，国务院安委会办公室、国家减灾委办公室、应急管理部印发《关于加强应急基础信息管理的通知》（安委办〔2019〕8 号）。《通知》要求依托互联网、云计算、大数据等技术，整合各方应急基础信息资源，推进共享共用，实现对重点行业企业以及各种类自然灾害风险和隐患的智能监控和大数据监控，全面提升监管执法精细化、科学化、规范化水平。根据《中华人民共和国突发事件应对法》关于“国务院建立全国统一的突发事件信息系统”的规定，应急管理部牵头规划建设全国应急管理大数据应用平台。《通知》就依托该平台加强应急基础信息的监测、报送、接入、发布等管理活动作出明确规定。

二十三、国家防汛抗旱总指挥部关于防汛抗旱行政责任人的通报

2019 年 5 月 29 日，国家防汛抗旱总指挥部印发《关于防汛抗旱行政责任人的通报》（国汛〔2019〕2 号），通报了全国防汛抗旱行政责任人，大江大河、大型及防洪重点中型水库、主要蓄滞洪区、重点防洪城市、南水北调东线及中线工程沿线防汛行政责任人和沿海地区防台风行政责任人名单。

二十四、国家防汛抗旱总指挥部关于印发《地方各级人民政府行政首长防汛抗旱工作职责》的通知（2019 年修订）

2019 年 6 月 13 日，国家防防汛抗旱总指挥部印发《地方各级人民政府行政首长防汛抗旱工作职责》（国汛〔2019〕4 号）。规定地方各级人民政府行政首长负责组织制定本行政区域防汛抗旱相关法律、政策，并做好宣传贯彻工作。根据依规批准的江河流域综合规划、防灾减灾综合规划、防洪规划、抗旱规划等，动员社会力量，筹集资金，加快防洪、抗旱、防台风工程体系建设，维护工程体系良好状态。

二十五、国家防汛抗旱总指挥部关于印发国家防总巡堤查险工作规定的通知

2019 年 6 月 23 日，国家防汛抗旱总指挥部印发《国家防总巡堤查险工作规定》（国汛〔2019〕5 号）。要求巡堤查险工作实行各级人民政府行政首长负责制，各级防汛指挥机构加强巡堤查险工作的监督检查，堤防保护区任何单位和个人均有承担巡堤查险的义务。堤防工程管理部门负责划分巡堤查险任务和区段，地方防汛指挥机构按照管理权限责成有关部门按划定的任务和区段落实巡堤查险责任人和队伍。堤防工程日常巡堤查险工作由管理单位负责。各级防汛指挥机构组织有关部门和单位成立巡堤查险督导组，开展巡堤查险督察。

第三篇

安 全 生 产

综 述

2019年，各地区、各有关部门和单位坚持以习近平新时代中国特色社会主义思想为指导，深入贯彻落实习近平总书记关于安全生产的重要指示，按照李克强总理、刘鹤副总理，王勇、赵克志国务委员等领导同志批示要求，根据国务院安委会统一部署，深化安全生产领域改革发展，狠抓安全生产各项责任措施落实，全力维护人民群众生命财产安全，全国安全生产形势总体稳定，事故总量、较大事故和重特大事故起数实现“三个继续下降”。事故死亡人数首次降到3万人以下，19个省份没有发生重特大事故，煤矿连续37个月没有发生特别重大事故。

一、强化风险意识，压实安全责任

把学习贯彻习近平总书记关于防范化解重大风险重要论述贯穿“不忘初心、牢记使命”主题教育全过程，部党组同志带队深入基层开展调研，研究防范化解重大安全风险、遏制重特大事故对策措施。集中开展2018年度省级政府安全生产和消防工作考核巡查，组织省部级领导干部就防控重大安全风险进行专题培训，推动落实《地方党政领导干部安全生产责任制规定》。对重点地区安全生产问题组织开展专项督查，强化政治督导、责任督导、措施督导和效能督导。牵头组织调查江苏响水天嘉宜化工有限公司“3·21”特别重大爆炸事故、长深高速江苏无锡段“9·28”特别重大道路交通事故，约谈事故多发地区和企业负责人，及时督促建议有关部门强化行业监管责任落实。联合公安部、最高人民法院、最高人民检察院制定出台《安全生产行政执法与刑事司法衔接工作办法》，倒逼企业严格落实主体责任。

二、全力化解危险化学品领域“灰犀牛”风险

深刻吸取江苏响水天嘉宜化工有限公司“3·21”特别重大爆炸事故教训，全面摸底、深入研判危险化学品领域安全状况，及时报告危险化学品领域系统性安全风险，提请出台全面加强危险化学品安全生产工作的意见。以国务院安委会名义组织实施危险化学品专项巡查，印发实施《化工园区安全风险排查治理导则（试行）》和《危险化学品企业安全风险隐患排查治理导则》。深入开展油气储备基地等重点单位“排险除患”行动，对14个省份开展“四不两直”明查暗访，对53个危险化学品重点县开展专家指导服务，对近4万名化工园区和危险化学品生产企业主要负责人进行法制教育，对重点县企业负责人和安全管理人员组织专题培训，开设线上化工企业安全专业知识培训。深入推进危险化学品综合治理，建成危险化学品重大危险源在线监测和远程监控系统，深化氯碱、氯乙烯、罐区等安全专项整治，强化油气管道人员密集型高后果区风险管控，配合工业和信息化部稳步推进危险化学品生产企业搬迁改造工程。

三、加强重点行业领域风险防控

国务院安委会组织在全国范围内对重点行业领域开展为期 3 个月的安全生产集中整治，成立 16 个督导组对各省开展综合督导。以“防风险、保安全、迎大庆”为主线，抓好新中国成立 70 周年大庆、世界园艺博览会、第七届世界军人运动会等重大活动和重点时段安全防范工作，突出强化北京及周边地区隐患排查治理。组织对 1474 处高风险煤矿开展“体检式”重点监察，对 38 处采深超千米矿井进行安全论证，分类提出限产、划定禁采区、关闭退出等措施。对 2716 座地下金属非金属矿山和 11 个尾矿库重点省区开展专项执法，以高含硫天然气和页岩气开发为重点定期研判油气增储扩能风险。集中整治大型商业综合体、“多合一”等 9 类重点场所风险，整改火灾隐患 979 万余处。

四、深化改革举措，提升安全基础

修订施行《中华人民共和国消防法》，加快《中华人民共和国安全生产法》《中华人民共和国危险化学品安全法》等制修订。出台 12 项消防执法改革措施，在自由贸易试验区试行公众聚集场所投入使用、营业消防安全告知承诺制度。创新安全监管执法方式，规范明查暗访工作，推行企业“承诺制”，实施分级分类监管，防止简单化、一刀切。推动事故防治重大科技专项立项，助力研发煤矿井下机器人等智能装备，建成智能化采掘工作面 270 多个，健全安全标准化体系，落后产能有序淘汰退出。在煤矿、危险化学品等 8 个高危行业强制实施安全生产责任保险，规范事故预防技术服务，以市场化机制推动社会专业力量参与安全风险防控。健全安全生产诚信体系，对“黑名单”企业实施多部门联合惩戒。印发《国家安全发展示范城市评价与管理办法》，推进提升城市安全保障水平。配合工业和信息化部完善投融资服务体系等措施，引导安全产业集聚发展。出台《生产安全事故应急条例》，加强事故预案管理和应急演练，国家综合性消防救援力量和专业队伍在多起重大涉险事故抢险救援中发挥重要作用。实施高危行业领域安全技能提升行动计划，建立人民网安全生产网上统一举报平台，加大全媒体宣传和警示曝光力度，深入开展“安全生产月”“119 消防宣传周”等活动。

第一章 全国安全生产形势总体情况

2019年，全国发生各类生产安全事故44609起、死亡29519人，同比减少6764起、4527人，分别下降13.2%和13.3%。

从行业领域情况看：12个重点统计的行业领域中，农业机械、渔业船舶、煤矿、金属非金属矿山、烟花爆竹、冶金机械八行业、铁路运输、道路运输、水上运输9个行业领域事故总量同比“双下降”，占75.0%；化工、建筑业2个行业领域事故起数同比下降，死亡人数同比上升；航空运输事故起数同比上升，死亡人数同比下降。其中：农业机械发生事故351起、死亡49人，同比减少212起、25人，分别下降37.7%和33.8%；渔业船舶发生事故102起、死亡131人，同比减少49起、12人，分别下降32.5%和8.4%；煤矿发生事故170起、死亡316人，同比减少54起、17人，分别下降24.1%和5.1%；金属非金属矿山发生事故367起、死亡419人，同比事故起数减少13起、死亡人数增加13人，分别下降3.4%和上升3.2%；化工发生事故164起、死亡274人，同比事故起数减少10起、死亡人数增加47人，分别下降5.7%和上升20.7%；烟花爆竹发生事故13起、死亡30人，同比减少11起、1人，分别下降45.8%和3.2%；冶金机械八行业发生事故1535起、死亡1505人，同比减少600起、394人，分别下降28.1%和20.7%；建筑业发生事故3591起、死亡3749人，同比事故起数减少59起，死亡人数增加55人，分别下降1.6%和上升1.5%；铁路运输发生事故1036起、死亡772人，同比减少102起、87人，分别下降9.0%和10.1%；道路运输发生事故34543起、死亡19499人，同比减少5324起、3857人，分别下降13.4%和16.5%；水上运输发生事故106起、死亡140人，同比减少31起、108人，分别下降22.6%和43.5%；航空运输发生事故16起、死亡8人，同比事故起数增加3起、死亡人数减少7人，分别上升23.1%和下降46.7%。

2019年全国生产安全事故情况（按行业分）见表3-1-1。

在各行业领域事故中，交通运输业事故起数和死亡人数最多，分别占80.5%和69.8%；其次是建筑业事故起数和死亡人数，分别占8.0%和12.7%；商贸制造业事故起数和死亡人数分别占6.4%和9.9%；采矿业事故起数和死亡人数分别占1.2%和2.5%；农林牧渔业事故起数和死亡人数分别占1.2%和1.0%；其他行业事故起数和死亡人数分别占2.6%和4.1%。2019年各行业领域生产安全事故起数占比、死亡人数占比分别如图3-1-1、图3-1-2所示。

一、全国较大事故情况

2019年，全国发生较大事故488起、死亡1838人，同比减少51起、296人，分别下降9.5%和13.9%。

从行业领域情况看：12个重点统计的行业领域中，化工、烟花爆竹、冶金机械八行业、道路运输、水上运输5个行业

表3-1-1　2019年全国生产安全事故情况表（按行业分）

行业		起数（起）	同比增减		死亡（人）	同比增减	
			起	%		人	%
合计		44609	-6764	-13.2	29519	-4527	-13.3
A农林牧渔业	小计	556	-279	-33.4	283	-66	-18.9
	其中：1. 农业机械	351	-212	-37.7	49	-25	-33.8
	2. 渔业船舶	102	-49	-32.5	131	-12	-8.4
	其他	103	-18	-14.9	103	-29	-22.0
B采矿业	小计	556	-63	-10.2	747	-12	-1.6
	其中：1. 煤矿	170	-54	-24.1	316	-17	-5.1
	2. 金属非金属矿山	367	-13	-3.4	419	13	3.2
	其他	19	4	26.7	12	-8	-40.0
C、F、H 商贸制造业	小计	2833	-724	-20.4	2915	-362	-11.0
	其中：1. 化工	164	-10	-5.7	274	47	20.7
	2. 烟花爆竹	13	-11	-45.8	30	-1	-3.2
	3. 冶金机械八行业	1535	-600	-28.1	1505	-394	-20.7
	其他	1121	-103	-8.4	1106	-14	-1.3
E建筑业	小计	3591	-59	-1.6	3749	55	1.5
	其中：1. 房屋建筑及市政工程	1774	6	0.3	1813	84	4.9
	2. 交通建设工程	491	71	16.9	575	109	23.4
	其他	1326	-136	-9.3	1361	-138	-9.2
G交通运输业	小计	35915	-5480	-13.2	20614	-4094	-16.6
	其中：1. 铁路运输	1036	-102	-9.0	772	-87	-10.1
	2. 道路运输	34543	-5324	-13.4	19499	-3857	-16.5
	3. 水上运输	106	-31	-22.6	140	-108	-43.5
	4. 航空运输	16	3	23.1	8	-7	-46.7
	其他	214	-26	-10.8	195	-35	-15.2
D、I-T其他行业		1158	-159	-12.1	1211	-48	-3.8

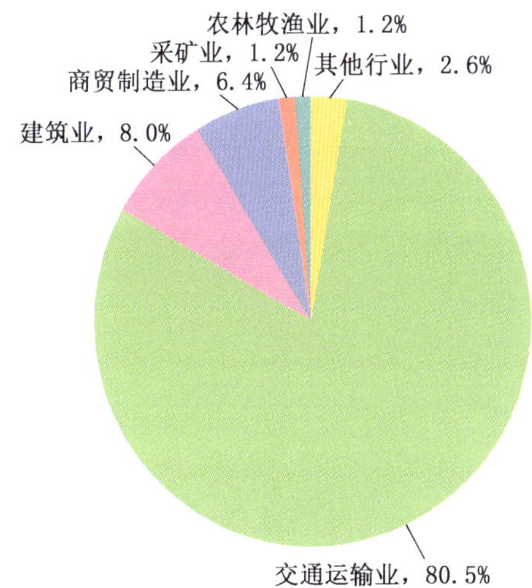

图 3-1-1 2019 年各行业领域生产安全事故起数占比

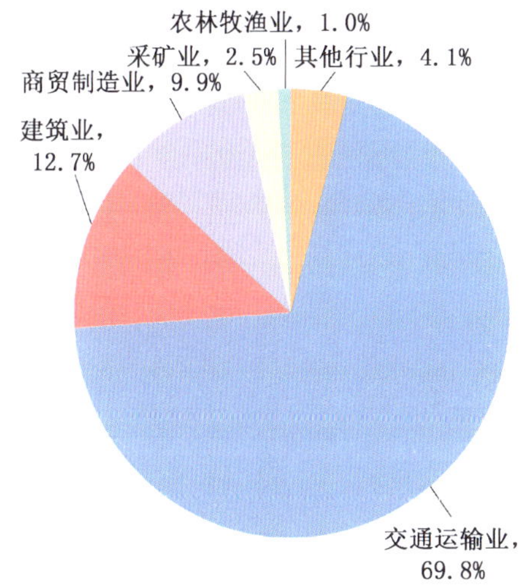

图 3-1-2 2019 年各行业领域生产安全事故死亡人数占比

领域较大事故同比“双下降”；农业机械和航空运输没有发生较大事故；渔业船舶、煤矿和铁路运输 3 个行业领域较大事故同比“双上升”。其中：渔业船舶发生较大事故 11 起、死亡 47 人，同比增加 7 起、16 人；煤矿发生较大事故 22 起、死亡 105 人，同比增加 5 起、36 人；金属非金属矿山发生较大事故 8 起、死亡 34 人，同比事故起数减少 2 起、死亡人数增加 2 人；化工发生较大事故 9 起、死亡 35 人，同比减少 2 起、11 人；烟花爆竹发生较大事故 2 起、死亡 7 人，同比减少 1 起、5 人；冶金机械八行业发生较大事故 28 起、死亡 113 人，同比减少 1 起、13 人；建筑业发生较大事故 66 起、死亡 245 人，同比事故起数增加 2 起，死亡人数减少 4 人；铁路运输发生较大事故 2 起、死亡 7 人，同比增加 2 起、7 人；道路运输发生较大事故 268 起、死亡 985 人，同比减少 51 起、238 人；水上运输发生较大事故 12 起、死亡 47 人，同比减少 12 起、63 人。

2019 年全国较大生产安全事故情况（按行业分）见表 3-1-2。

在各行业领域较大事故中，交通运输业较大事故起数和死亡人数最多，分别占 58.4% 和 56.9%；其次是建筑业，较大事故起数和死亡人数分别占 13.5% 和 13.3%；商贸制造业较大事故起数和死亡人数分别占 12.7% 和 13.3%；采矿业较大事故起数和死亡人数分别占 6.1% 和 7.6%；农林牧渔业较大事故起数和死亡人数分别占 2.5% 和 2.8%；其他行业较大事故起数和死亡人数分别占 6.8% 和 6.2%。

2019 年各行业领域较大生产安全事故起数占比、死亡人数占比分别如图 3-1-3、图3-1-4 所示。

从地区情况看，全国 32 个省级统计单位中，有 17 个单位实现同比“双下降”。发生较大事故的单位中，事故起数居前三位的分别是四川 35 起，广东 33 起，广西 30 起；事故起数居后三位的分别是新疆生产建设兵团 3 起，宁夏 3 起，上海 3 起。死亡人数居前三位的分别是广东 126 人，四川 123 人，广西 113 人；死亡人数居后三位的分别是新疆生产建设兵

表3-1-2 2019年全国较大生产安全事故情况表（按行业分）

行业		起数（起）	同比增减		死亡（人）	同比增减	
			起	%		人	%
合计		488	-51	-9.5	1838	-296	-13.9
A农林牧渔业	小计	12	1	9.1	51	-8	-13.6
	其中：1. 农业机械						
	2. 渔业船舶	11	7	175.0	47	16	51.6
	其他	1	-6	-85.7	4	-24	-85.7
B采矿业	小计	30			139	27	24.1
	其中：1. 煤矿	22	5	29.4	105	36	52.2
	2. 金属非金属矿山	8	-2	-20.0	34	2	6.3
	其他		-3	-100		-11	-100
C、F、H 商贸制造业	小计	62	-8	-11.4	244	-60	-19.7
	其中：1. 化工	9	-2	-18.2	35	-11	-23.9
	2. 烟花爆竹	2	-1	-33.3	7	-5	-41.7
	3. 冶金机械八行业	28	-1	-3.4	113	-13	-10.3
	其他	23	-4	-14.8	89	-31	-25.8
E建筑业	小计	66	2	3.1	245	-4	-1.6
	其中：1. 房屋建筑及市政工程	24	-3	-11.1	95		
	2. 交通建设工程	18	9	100	70	37	112.1
	其他	24	-4	-14.3	80	-41	-33.9
G交通运输业	小计	285	-63	-18.1	1045	-304	-22.5
	其中：1. 铁路运输	2	2		7	7	
	2. 道路运输	268	-51	-16.0	985	-238	-19.5
	3. 水上运输	12	-12	-50.0	47	-63	-57.3
	4. 航空运输		-2	-100		-6	-100
	其他	3			6	-4	-40.0
D、I-T其他行业		33	17	106.3	114	53	86.9

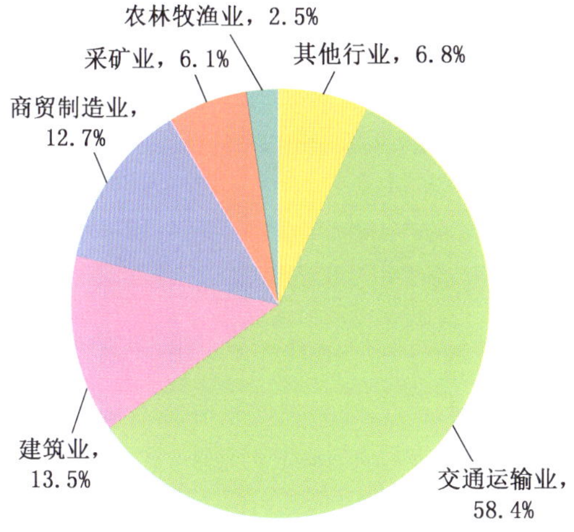

图 3-1-3 2019 年各行业领域较大生产安全事故起数占比

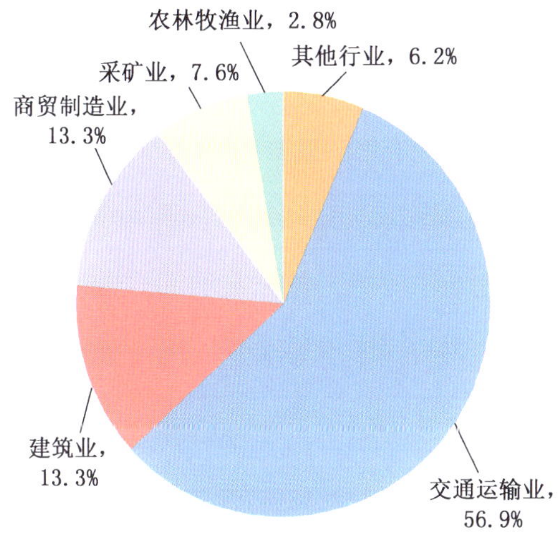

图 3-1-4 2019 年各行业领域较大生产安全事故死亡人数占比

团 3 人，上海 6 人，北京 11 人。

2019 年全国较大生产安全事故情况（按地区分）见表 3-1-3。

二、全国重特大事故情况

（一）重大事故情况

2019 年，全国发生重大事故 16 起、死亡 222 人，同比减少 2 起、7 人，分别下降 11.1% 和 3.1%。

从行业领域情况看：农业机械、渔业船舶、铁路运输、水上运输和航空运输没有发生重大事故，煤矿、金属非金属矿山、烟花爆竹、建筑业重大事故起数和死亡人数同比“双上升”，冶金机械八行业、道路运输重大事故起数和死亡人数同比“双下降”。其中：煤矿发生重大事故 3 起、死亡 52 人，同比增加 1 起、18 人；金属非金属矿山发生重大事故 2 起、死亡 35 人，同比增加 1 起、21 人；化工发生重大事故 2 起、死亡 25 人，同比事故起数持平，死亡人数减少 18 人；烟花爆竹发生重大事故 1 起、死亡 13 人，同比增加 1 起、13 人；冶金机械八行业发生重大事故 1 起、死亡 10 人，同比减少 3 起、22 人；建筑业发生重大事故 3 起、死亡 35 人，同比增加 2 起、23 人；道路运输发生重大事故 1 起、死亡 10 人，同比减少 4 起、54 人。

2019 年全国重大生产安全事故情况（按行业分）见表 3-1-4。

在各行业领域重大事故中，农林牧渔业未发生重大事故，商贸制造业和采矿业重大事故所占比例较大，事故起数占 68.7%，死亡人数占 73.9%。其中：商贸制造业重大事故起数和死亡人数分别占 37.5% 和 34.7%；采矿业重大事故起数和死亡人数分别占 31.2% 和 39.2%；建筑业重大事故起数和死亡人数分别占 18.8% 和 15.8%；交通运输业重大事故起数和死亡人数分别占 12.5% 和 10.4%。

2019 年各行业领域重大生产安全事故起数占比、死亡人数占比分别如图 3-1-5、图3-1-6 所示。

从地区情况看，全国 32 个省级统计单位中，北京、天津、辽宁、吉林、黑龙江、江苏、安徽、福建、江西、湖北、广东、

表 3-1-3　2019 年全国较大生产安全事故情况表（按地区分）

地区	起数（起）	同比增减		死亡（人）	同比增减		地区	起数（起）	同比增减		死亡（人）	同比增减	
		起	%		人	%			起	%		人	%
北京	4	-2	-33.3	11	-10	-47.6	湖北	15	-5	-25.0	51	-20	-28.2
天津	8			30	4	15.4	湖南	17	-9	-34.6	61	-40	-39.6
河北	15	-2	-11.8	65	-6	-8.5	广东	33	-3	-8.3	126	-32	-20.3
山西	25	3	13.6	91	14	18.2	广西	30	4	15.4	113	11	10.8
内蒙古	16	4	33.3	55	5	10.0	海南	8	-3	-27.3	28	-6	-17.6
辽宁	13	-14	-51.9	59	-50	-45.9	重庆	7	-11	-61.1	25	-42	-62.7
吉林	14	1	7.7	67	14	26.4	四川	35	6	20.7	123	9	7.9
黑龙江	8	-7	-46.7	31	-30	-49.2	贵州	22	4	22.2	101	32	46.4
上海	3	-5	-62.5	6	-24	-80.0	云南	22	-8	-26.7	83	-34	-29.1
江苏	18	-16	-47.1	82	-63	-43.4	西藏	6	-4	-40.0	23	-19	-45.2
浙江	14	1	7.7	49	-3	-5.8	陕西	21	-1	-4.5	77	-5	-6.1
安徽	25	3	13.6	92	10	12.2	甘肃	19	8	72.7	68	29	74.4
福建	14	2	16.7	50	4	8.7	青海	12	8	200	46	30	187.5
江西	29	12	70.6	99	41	70.7	宁夏	3			13	1	8.3
山东	10	-12	-54.5	37	-70	-65.4	新疆	4	-8	-66.7	14	-31	-68.9
河南	15	-9	-37.5	59	-44	-42.7	新疆兵团	3	3		3	3	

表 3-1-4　2019 年全国重大生产安全事故情况表（按行业分）

行业		起数（起）	同比增减		死亡（人）	同比增减	
			起	%		人	%
合计		16	-2	-11.1	222	-7	-3.1
A 农林牧渔业	小计		-1	-100		-10	-100
	其中：1. 农业机械						
	2. 渔业船舶		-1	-100		-10	-100
	其他						
B 采矿业	小计	5	2	66.7	87	39	81.3
	其中：1. 煤矿	3	1	50.0	52	18	52.9
	2. 金属非金属矿山	2	1	100	35	21	150.0
	其他						

表 3-1-4（续）

行业		起数（起）	同比增减		死亡（人）	同比增减	
			起	%		人	%
C、F、H商贸制造业	小计	6			77	2	2.7
	其中：1. 化工	2			25	-18	-41.9
	2. 烟花爆竹	1	1		13	13	
	3. 冶金机械八行业	1	-3	-75.0	10	-22	-68.8
	其他	2	2		29	29	
E 建筑业	小计	3	2	200	35	23	191.7
	其中：1. 房屋建筑及市政工程	1	1		11	11	
	2. 交通建设工程	1			12		
	其他	1	1		12	12	
G 交通运输业	小计	2	-5	-71.4	23	-61	-72.6
	其中：1. 铁路运输						
	2. 道路运输	1	-4	-80.0	10	-54	-84.4
	3. 水上运输		-2	-100		-20	-100
	4. 航空运输						
	其他	1	1		13	13	
D、I-T 其他行业							

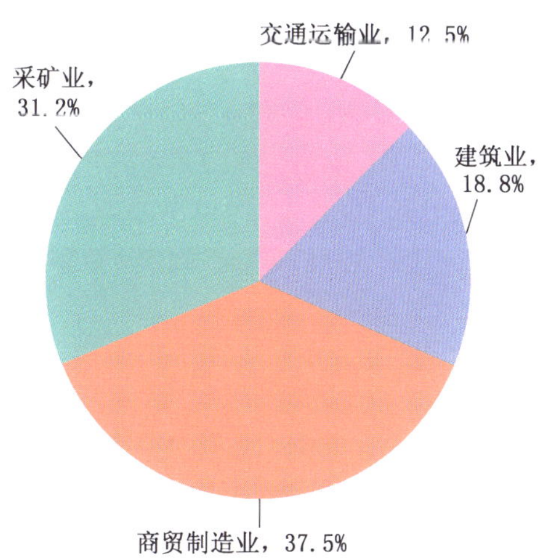

图 3-1-5 2019 年各行业领域重大生产安全事故起数占比

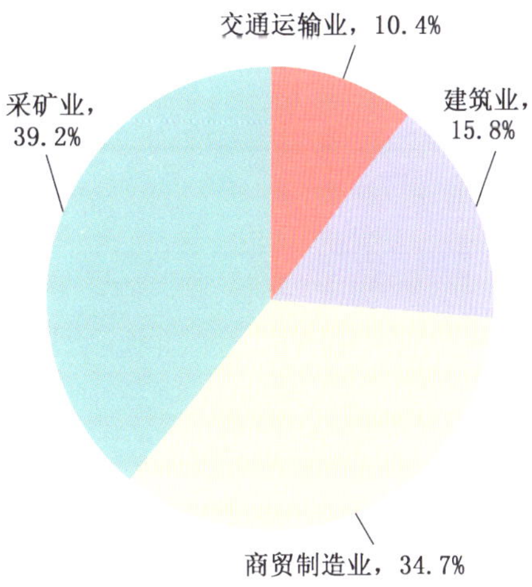

图 3-1-6 2019 年各行业领域重大生产安全事故死亡人数占比

海南、重庆、四川、西藏、甘肃、青海、宁夏、新疆和新疆生产建设兵团 20 个单位未发生重大事故，占 62.5%。在发生重大事故的 12 个单位中，浙江、山东、湖南、贵州各发生 2 起重大事故。浙江和贵州的死亡人数最多，均为 29 人，其次是湖南，为 23 人。

2019 年全国重大生产安全事故情况（按地区分）见表 3-1-5，2019 年全国重大事故简要情况见表 3-1-6。

表 3-1-5　2019 年全国重大生产安全事故情况表（按地区分）

地区	起数（起）	同比增减		死亡（人）	同比增减		地区	起数（起）	同比增减		死亡（人）	同比增减	
		起	%		人	%			起	%		人	%
北京							湖北		-1	-100		-10	-100
天津		-1	-100				湖南	2	1	100	23	5	27.8
河北	1			11	-13	-54.2	广东		-1	-100		-12	-100
山西	1	1		15	15		广西	1	1		13	13	
内蒙古	1	1		22	22		海南						
辽宁		-2	-100		-24	-100	重庆						
吉林							四川		-2	-100		-20	-100
黑龙江		-1	-100		-20	-100	贵州	2	1	100	29	16	123.1
上海	1	-1	-50	12	-8	-40.0	云南	1	1		12	12	
江苏							西藏						
浙江	2	2		29	29		陕西	1			21	11	110.0
安徽							甘肃		-1	-100		-15	-100
福建							青海						
江西		-1	-100		-11	-100	宁夏						
山东	2	1	100	20	-1	-4.8	新疆						
河南	1			15	4	36.4	新疆兵团						

表 3-1-6　2019 年全国重大事故简要情况表

序号	发生时间	事故发生地点或单位	死亡（人）	事故简要情况
1	1 月 12 日	陕西省榆林市神木市，百吉矿业公司李家沟煤矿	21	发生煤尘爆炸事故，造成 21 人死亡
2	2 月 23 日	内蒙古自治区锡林郭勒盟西乌旗，银漫矿业有限公司	22	通勤车向井下运送工人过程中，车辆失去控制与巷道帮相撞，造成 22 人死亡
3	4 月 15 日	山东省济南市历城区，齐鲁天和惠世制药有限公司	10	有限空间内管道维修过程中，电焊火花引燃旁边堆放的乙二醇缓蚀剂，产生大量有毒烟雾，造成 10 人死亡

表 3-1-6（续）

序号	发生时间	事故发生地点或单位	死亡（人）	事故简要情况
4	4月25日	河北省衡水市桃城区，翡翠华庭建筑项目	11	1号楼丙单元北面电梯东轿厢违规乘坐13人，上升至9层处，电梯主架体连接处断裂，轿厢摔落至地面，造成11人死亡
5	5月16日	上海市长宁区，上汽进出口公司出租厂房施工工地	12	发生坍塌事故，造成12人死亡
6	5月23日	贵州省黔西南州贞丰县境内	13	一艘载有29人的自用船行至北盘江贞丰县鲁容乡板绕村河段时发生侧翻，造成13人死亡
7	5月25日	山东省威海市荣成市，西霞口修船厂	10	维修一艘福建省海运集团有限责任公司“金海翔”号货轮时，船载消防系统发生二氧化碳泄漏事故，造成10人死亡、19人受伤
8	7月19日	河南省三门峡市义马市，河南省煤气（集团）有限责任公司义马气化厂	15	空分装置发生爆炸事故，造成15人死亡
9	9月22日	湖南省湘潭市湘潭县境内	10	一辆装载砂石的中型货车撞向正在赶集的人群，造成10人死亡
10	9月29日	浙江省宁波市宁海县，宁波锐奇日用品有限公司	19	厂房发生火灾，造成19人死亡
11	10月28日	广西壮族自治区河池市南丹县，南丹庆达惜缘矿业投资有限公司大坪村矿区锌银铅锑锡铜矿2号隆口	13	发生坍塌事故，造成2人死亡、11人被困
12	11月18日	山西省晋中市平遥县，二亩沟煤矿	15	发生瓦斯爆炸事故，造成15人死亡、9人受伤
13	11月26日	云南省临沧市凤庆县	12	在建云凤高速安石隧道发生突水突泥，造成13人被困，其中1人获救、12人死亡
14	12月3日	浙江省嘉兴市海宁市，龙洲印染有限责任公司	10	污水罐倒塌，砸中邻近的都彩纺织有限公司、亿隆纺织有限公司的部分车间，造成10人死亡、12人受伤（其中3人重伤）
15	12月4日	湖南省长沙市浏阳市，碧溪烟花制造有限公司	13	发生爆炸事故，造成13人死亡、13人受伤（经调查，其中瞒报6人）
16	12月16日	贵州省黔西南州安龙县，广隆煤矿	16	发生煤与瓦斯突出事故，造成16人死亡

（二）特别重大事故情况

2019 年，全国发生特别重大事故 2 起、死亡 114 人。其中，化工发生 1 起特别重大事故，死亡 78 人，同比增加 1 起、78 人；道路运输发生 1 起特别重大事故，死亡 36 人，同比增加 1 起、36 人。

2019 年 3 月 21 日，江苏省盐城市响水县生态化工园区的天嘉宜化工有限公司发生特别重大爆炸事故，造成 78 人死亡、76 人重伤，直接经济损失 198635.07 万元。

2019 年 9 月 28 日，江苏省无锡市宜兴市境内 G25 长深高速 2154 公里处，一辆大客车驶入对向车道，与一辆半挂货车相撞，造成 36 人死亡、36 人受伤。

（三）生产安全事故简要分析

一是事故总量同比持续“双下降”。2019 年，事故起数和死亡人数分别下降 13.2% 和 13.3%，已连续 17 年保持同比“双下降”。

二是较大事故同比持续“双下降”。2019 年，较大事故起数和死亡人数分别下降 9.5% 和 13.9%，已连续 15 年保持同比“双下降”。

三是重特大事故得到有效遏制。2019 年，重大事故起数和死亡人数分别下降 11.1% 和 3.1%，已连续 9 年保持同比“双下降”。

四是大部分行业领域安全状况好转。农业机械、渔业船舶、煤矿、烟花爆竹、冶金机械八行业、铁路运输、道路运输、水上运输事故起数和死亡人数同比“双下降”。渔业船舶、铁路运输、水上运输等行业领域全年未发生重特大事故，农业机械、航空运输未发生较大以上事故。

五是事故总量仍然偏大。2019 年，尽管事故总量实现连续同比“双下降”，但事故总量仍然偏大，全年发生 4.46 万起事故，造成 2.95 万人死亡，平均每天仍有 122 起事故发生，造成 81 人死亡，安全风险仍然偏高，安全生产形势依然严峻。

六是部分行业领域和地区安全状况不容乐观。从行业领域看，2019 年交通运输业事故起数和死亡人数仍均居第一位，分别占 80.5% 和 69.8%；化工事故起数同比下降 5.7%、死亡人数同比上升 20.7%；航空运输业事故起数同比上升 23.1%、死亡人数同比下降 46.7%；金属非金属矿山事故起数同比下降 3.4%、死亡人数同比上升 3.2%；建筑业事故起数同比下降 1.6%、死亡人数同比上升 1.5%。从地区情况看，全年共有 13 个单位发生重特大事故，11 个单位较大事故同比“双上升”。

七是防范化解重特大事故风险仍是重中之重。全年重大事故起数和死亡人数同比分别下降 11.1% 和 3.1%，发生 2 起特别重大事故，造成 114 人死亡，防范化解重特大事故风险仍是重中之重。

八是一些时段事故较为频发多发。2019 年二、三季度安全生产形势较严峻，其中二季度事故起数、三季度事故死亡人数分别居各季度之首。从月度趋势分析看，5 月事故起数和死亡人数最多。

三、国务院安委会办公室、应急管理部部署安全生产工作

（一）国务院安委会办公室、应急管理部部署春节前后安全防范工作

2019 年 1 月 31 日，国务院安委会办公室、应急管理部召开 2019 年春节前后安全防范工作视频会议，认真贯彻落实习近平总书记在省部级主要领导干部坚持底线思维着力防范化解重大风险专题研讨班上的重要讲话精神，就抓好春节前后的安全防范工作作出部署。国务院安委会副主任、应急管理部党组书记黄明主持会议

并讲话。应急管理部党组副书记、副部长付建华通报了安全生产形势并对近期工作作出部署。会议要求，各地区、各有关部门要切实做好春节前后重点行业领域、重大风险隐患、重要时间节点的安全防范工作，全力抓好节日期间安全防范和应急处置。毫不放松地抓好自然灾害防范应对，加强灾情监测和会商研判，及时发布预警信息和安全提示，做好救灾资金、物资、装备、力量准备，根据灾情发展及时启动应急响应。

（二）国务院安委会办公室、应急管理部召开全国“两会”期间安全防范工作视频会议

2019 年 2 月 27 日，国务院安委会办公室、应急管理部召开全国“两会”期间安全防范工作视频会议，国务院安委会副主任、应急管理部党组书记黄明出席会议并讲话。会议强调，要认真学习贯彻习近平总书记关于安全生产重要指示精神，按照李克强总理等中央领导同志重要批示要求，紧紧围绕防范化解重大安全风险、坚决遏制重特大事故，深刻汲取近期事故教训，以最高标准、最严措施全力抓好安全防范工作，为全国“两会”顺利召开创造安全稳定的社会环境。

（三）国务院安委会办公室、应急管理部召开进一步加强安全生产工作视频会议

2019 年 3 月 27 日，国务院安委会办公室、应急管理部召开进一步加强安全生产工作视频会议，学习贯彻落实习近平总书记重要指示精神和李克强总理等中央领导同志重要批示要求，通报江苏响水天嘉宜化工有限公司“3・21”特别重大爆炸事故情况，深刻吸取事故教训，就当前安全生产重点工作进行安排部署。国务院安委会副主任、应急管理部党组书记黄明出席会议并讲话。会议要求，全面开展危险化学品安全隐患集中排查整治，各地区要把危化品安全摆在更加突出的位置，严抓严防严控，集中力量打歼灭战、攻坚战。加强矿山等其他行业领域安全治理，对煤矿、非煤矿山、消防、道路交通、建筑施工及其他相关领域开展针对性安全隐患排查整治，严防事故发生。

（四）、国务院安委会办公室、应急管理部召开全国安全防范工作视频会议

2019 年 9 月 6 日，国务院安委会办公室、应急管理部召开全国安全防范工作视频会议，对当前防范化解重大安全风险进行再动员再部署。国务院安委会副主任、应急管理部党组书记黄明强调，要围绕“防风险、保安全、迎大庆”，进一步强化政治担当，狠抓各项安全防范责任措施，坚决防范遏制重特大事故发生，为庆祝新中国成立 70 周年营造安全稳定环境。

（五）国务院安委会办公室、应急管理部召开全国安全防范暨专项督查工作视频会议

2019 年 12 月 20 日，国务院安委会办公室、应急管理部召开全国安全防范暨专项督查工作视频会议，深入分析当前安全生产形势，全面部署做好安全生产集中整治和国务院安委会安全生产专项督查工作。国务院安委会副主任、应急管理部党组书记黄明强调，要认真贯彻落实习近平总书记关于安全生产工作的重要指示精神，坚持以人民为中心的发展思想，坚持问题导向、目标导向和结果导向，深刻分析和吸取近期事故多发教训，突出重点地区和行业领域，部署开展安全生产专项督

查，推动深化集中整治，狠抓各项责任措施落实，着力防范化解重大安全风险，坚决遏制重特大事故发生，确保岁末年初安全稳定。

四、全国安全生产集中整治情况

为深入贯彻习近平总书记关于安全生产重要指示精神，按照李克强总理等中央领导同志的部署要求，深刻汲取江苏响水天嘉宜有限公司“3·21”特别重大爆炸事故教训，国务院安委会自 2019 年 11 月中旬至 2020 年 2 月中旬，在全国范围内部署开展以危险化学品安全为重点、为期 3 个月的全国安全生产集中整治行动，坚决遏制重特大事故发生，切实保障人民群众生命财产安全。

（一）强化组织领导，集中整治全面铺开

吉林、安徽、福建、江西、河南、陕西、甘肃等地党委主要负责同志对集中整治工作提出明确要求，强调要结合实际认真抓好贯彻落实，确保取得成效。河北、内蒙古、广西等地政府主要负责同志审定实施方案，确保集中整治工作抓细抓实。辽宁、山西、湖南等地政府负责同志带队检查，要求相关部门强化安全生产隐患排查治理，推动企业严格落实安全生产责任和各项措施。北京、黑龙江、上海、广东、重庆、贵州、云南、西藏、宁夏等地派出专项督导组或结合考核巡查工作，深入基层一线开展集中整治工作督导检查。江苏在国务院督导组的帮助指导下深入开展集中整治工作。浙江、海南、青海、新疆等地结合实际部署开展集中整治工作。北京聘请专家编制 14 个行业领域中 47 个业态的事故隐患目录解决“不会查、查什么”的问题。广东将集中整治督导与年度考核巡查工作相结合，把集中整治工作落实情况作为考核巡查评定的依据。山东明确未完成集中整治目标的单位不得被推荐为评先树优对象，相关责任人在影响期内不得被表彰奖励或晋升职务、级别。

（二）落实部门责任，重点行业深入推进

国务院安委会有关成员单位紧密结合岁末年初安全生产规律特点，扎实开展重点行业领域集中整治。公安部将集中整治与冬季交通安全整治专项行动相结合，赴江苏、广西等 8 个地区进行督导。交通运输部、国家铁路局、应急管理部结合春运安全工作，部署对广东、重庆等 6 个重点地区开展督导检查。自然资源部将化工园区规划不符合当地总体规划、超越批准的矿区范围采矿等违法违规行为作为重点整治内容。住房和城乡建设部针对冬季安全生产特点，在建筑施工、城镇燃气、城市公用设施运行、城市监督管理、危房改造和房屋使用 5 个环节开展集中整治。市场监管总局围绕危险化学品相关设备、液化石油气瓶、吊运熔融金属起重机械、大型游乐设施等特种设备重点进行集中整治。国家能源局明确电力行业危险化学品安全、建设施工安全、生产作业安全、系统运行安全、应急管理等 7 个方面重点整治内容。国家煤矿安监局派出 6 个督导工作组，对 8 个地区和龙煤集团、陕煤化集团、川煤集团芙蓉公司 3 家企业进行督导检查“开小灶”。其他部门也制定集中整治方案，适时开展督导检查，推动本系统、本行业领域全面深入开展集中整治工作。

（三）狠抓整治落实，重点地区重点督导

国务院安委会组织 16 个专项督查组，由部级领导同志带队，对安全风险隐患集

中、事故防控压力较大的16个省份开展专项督查。督查组采取明查暗访、突击检查、随机抽查等“四不两直”方式，注重现场查处和问题曝光，督导检查16个省级政府、42个市级政府、91个县级政府、413家企业，重点督导各地开展安全生产集中整治工作的作风意识、动员部署以及重点行业领域安全风险隐患排查整改等情况，共查处问题隐患2045项，其中重大隐患80项，关闭取缔企业1家，责令停产停业整顿27家。通过这些问题隐患，倒查属地管理责任、行业监管责任，督促政府及有关部门提高自主性、自觉性，更加扎实地抓好集中整治。同时，邀请中央电视台、新华社、人民日报等中央媒体进行跟踪报道，《中国应急管理报》曝光问题隐患和典型案例29个，中央主要媒体曝光问题隐患和典型案例5个。

五、江苏安全生产专项整治督导工作情况

党中央、国务院高度重视专项整治督导工作，2019年11月底，经国务院批准，成立由应急管理部、国家发展改革委、公安部、交通运输部等11个部门组成的国务院江苏安全生产专项整治督导组，分1个综合组和7个工作组，由副部级领导带队，常驻江苏集中督导3个月，全面督导江苏13个地市以及危险化学品、建筑施工、消防等重点行业领域专项整治。督导组进驻江苏省后，督导组组长、应急管理部党组书记黄明与江苏省委、省政府主要负责人见面座谈，召开全省动员大会，传达习近平总书记重要指示精神和李克强总理等中央领导同志批示要求，对做好专项整治督导工作提出要求（图3-1-7）。督导期间，黄明3次赴江苏省指导调研专项整治工作，听取各工作组专题汇报，对督导工作把方向、明目标、定重点。督导组常务副组长、副部长孙华山始终驻地统筹协调，发改、工信、公安、交通、住建、生态环境等部门领导同志和全体督导组成员认真履职尽责。先后与地方各级党政领导干部见面谈话3000多人次，举办辅导

图3-1-7 2019年11月26日，国务院江苏安全生产专项整治督导工作动员会在江苏南京召开

报告、培训讲座70余场，召开座谈会550多次，调研检查企业480多家，发放调查问卷1400份，转办信访举报848件，查找问题和隐患3800多个，圆满完成第一阶段集中督导任务。

（一）坚持政治督导，着力提高领导干部政治站位

督导组组长、应急管理部党组书记黄明为江苏省委理论学习中心组作专题辅导报告，深刻解读习近平总书记关于安全生产重要论述的思想内涵、精神实质；结合江苏省经济发展、产业结构、事故特点，用数据对比、案例分析，从思想认识、体制机制等方面深刻剖析安全生产深层次矛盾和问题。督导组先后4次与江苏省委、省政府主要负责人员沟通见面，与54个省级政府部门和13个地市、96个县（区、市）党委、政府主要负责人座谈交流，指导推动江苏省、市、县层层发动，组织3万余名党员干部结合实际专题学习。通过督导，江苏省上下对专项整治思想认识显著提高，责任感显著增强。江苏省委书记娄勤俭、省长吴政隆同为专项整治第一责任人，主持召开6次会议专题研究安全生产问题，以上率下深入基层调研指导。江苏省委、省政府召开专题民主生活会进行对照检查，江苏省政府将安全生产列入2020年全省经济社会发展主要目标，把专项整治作为十大重点工作之一进行全面部署。市、县两级党委常委会、常务会专题组织学习习近平总书记重要指示精神300余场次，各市2020年政府工作报告将安全生产作为重点内容作出安排。

（二）坚持责任督导，着力压紧压实三个责任

一是健全制度，细化责任。指导推动江苏省自上而下健全完善党政领导干部安全生产责任制度，出台《江苏省委省政府领导班子成员2020年安全生产重点工作清单》、省级部门职责任务清单，建立各市、各部门党委（党组）书记安全生产年度述职制度，全省上下同步制定、同步落实。二是把关方案，明晰责任。指导帮助江苏省逐一修改完善全省专项整治总方案、27个重点行业领域子方案和385个市级整治方案，突出针对性和实操性，防止一般化和形式主义，在危废处置、城镇燃气等重点领域逐一明确各部门职责分工。三是深入督查，压实责任。聚焦危险化学品、危废处置、道路运输等领域存在的重大风险，组织84名专家深入重点领域和重点企业进行解剖式检查，一对一“把脉问诊”。针对企业主体责任不落实突出问题，指导江苏省开展专项行动，重点检查20项责任内容，倒逼企业把责任落实到位。

（三）坚持措施督导，着力防范化解重大安全风险

一是找准风险问题，摸清底数。全面查找出江苏省化工和危险化学品、粉尘涉爆、交通运输、城镇燃气、高温熔融金属与冶金煤气等重点行业领域重大风险26个，梳理总结出制约安全生产深层次以及企业典型问题48个，总结形成制度成果和典型做法96个，研究提出专项整治23项重点任务。推动江苏省全面摸清重点行业底数、问题，重点排查危险化学品生产企业重大危险源、环保设施改造带来的风险、危废处置结构性矛盾等系统性风险因素。二是综合施策、系统治理。指导帮助江苏省制定为期1年的危险化学品综合治理方案和提升危险化学品企业本质安全水平指导意见，组织宣讲团，推动化工重点市、县加快危化产业转型升级，实施高风险产品和高危险工艺替代。针对粉尘涉

爆、危废处置行业领域突出问题，指导帮助江苏省制定粉尘涉爆等行业领域安全生产3个指导意见，淘汰不安全的设备设施。三是利用信息化手段，强化技防。推动江苏省吸取事故教训，建立全省液化气瓶二维码信息化“全程追溯”安全监管制度；在全省398个高速公路收费站安装称重设备，全部实施入口拒超；无锡市创新研发治超预警信息系统，全面构建货运超限超载感知网；盐城市在餐饮经营场所等人员密集场所全面推广燃气预警系统。四是健全工作机制，强化合力。督促指导江苏省生态环境厅和应急管理厅建立废弃危险化学品等危废处置和环境治理设施安全监管联防联治机制；江苏省公安厅和交通运输厅建立客货运输车辆使用性质提前联动核定机制；江苏省住房和城乡建设厅与生态环境厅建立建筑施工与大气污染轮值会商机制，解决建筑项目非正常停工带来的安全风险。

（四）坚持成效督导，着力解决问题、消除隐患

一是盯住体制问题，攻坚破冰。推动江苏省实行省、市、县三级安委办“实体化”运行和增加市、县负有安全监管职责部门的安监机构编制数量，增设处室2673个，增加行政编制4289个。确定化工监管重点市、县，明确监管力量配备标准。二是抓住典型问题，动真碰硬。向江苏省政府分3批反馈督办21个代表性问题和隐患，追责问责责任人84人，约谈镇江市政府、连云港东海县；专题调研中石化南化公司和全省煤矿存在的重大风险，向江苏省委、省政府提出中石化南化公司搬迁转型升级和全省退出煤炭产业的工作建议，并向国务院领导同志作了专报。三是排查面上问题，逐项整改。及时将发现的3800多个具体问题和848个举报问题移交地方政府整改。对重点行业领域17个深层次问题专题调查，着力查找“痛点”根源，提出对策措施。四是强化指导推动，巩固成效。加强对江苏省各地区专项整治工作的指导监督，发挥专项整治主体作用。江苏省新排查发现问题和隐患1.23万个，已整改9902个，整改率80.5%。行政执法处罚3.6亿元，关闭取缔2353家，停产整顿4957家。

（五）坚持统筹谋划，着力以点带面破解全局难题

统筹分析研究江苏省安全生产个性问题与全国共性问题，点上突破、面上推进，联动解决安全生产全局性问题。一是试点企业风险报告制度。针对隐性安全风险“企业很清楚、政府不知道、监管不精准”问题，研究建立企业安全风险报告制度，指导推动江苏省先行先试。二是树立典型模范企业。以常州朗盛公司创建安全生产新模式等一批企业安全管理好经验、好做法作为标杆，组织在全国各相关行业领域推广。三是完善标准和改革许可制度。针对督导中发现的化工安全技术标准滞后缺失、危险化学品安全许可范围重大风险不聚焦等问题，推动加快国家层面相关标准制修订步伐，试点改革调整危险化学品安全许可范围。四是研究治理能力现代化系统方案。联合江苏省政府开展安全生产治理体系和能力现代化课题研究，系统性提出相关制度、方法和措施，为加强安全生产顶层设计，推进全国安全生产治理体系和能力现代化探路。

第二章 煤 矿 安 全

一、基本情况

2019 年，全国共有煤矿 5600 处，煤矿单井规模平均 92 万吨。煤矿全年发生死亡事故 170 起、死亡 316 人，同比减少 54 起、17 人，分别下降 24.1% 和 5.1%。其中，一般事故 145 起、死亡 159 人，分别占 85.3%、50.3%；较大事故 22 起、死亡 105 人，分别占 12.9%；33.2%；重大事故 3 起、死亡 52 人，分别占 1.8%、16.5%；连续 3 年零 1 个月没有发生特别重大事故；百万吨死亡率 0.083，同比下降 10.8%。

1999—2019 年全国煤矿事故总量和百万吨死亡率如图 3-2-1 所示。

从事故类别看，瓦斯、顶板、运输事故死亡人数排前三位。其中，瓦斯事故 27 起、死亡 118 人，分别占 15.9%、37.3%；顶板事故 51 起、死亡 90 人，分别占 30.0%、28.5%；运输事故 49 起、死亡 52 人，分别占 28.8%、16.5%。

2019 年全国煤矿不同事故类别统计如图3-2-2 所示。

从事故煤矿所有制看，国有重点煤矿发生事故 53 起、死亡 93 人，分别占 31.2%、29.4%；地方国有煤矿发生事故 33 起、死亡 47 人，分别占 19.4%、14.9%；乡镇煤矿发生事故 84 起、死亡 176 人，分别占 49.4%、55.7%。

2019 年全国不同所有制煤矿事故死亡人数统计如图 3-2-3 所示。

从事故发生时间看，全国 2 月事故总量最少，发生事故 7 起、死亡 8 人；7 月事故总量最多，发生 28 起、死亡 42 人；煤矿较大以上事故集中于 3 月中旬、7 月底至 8 月初、10 月下旬至 11 月下旬。

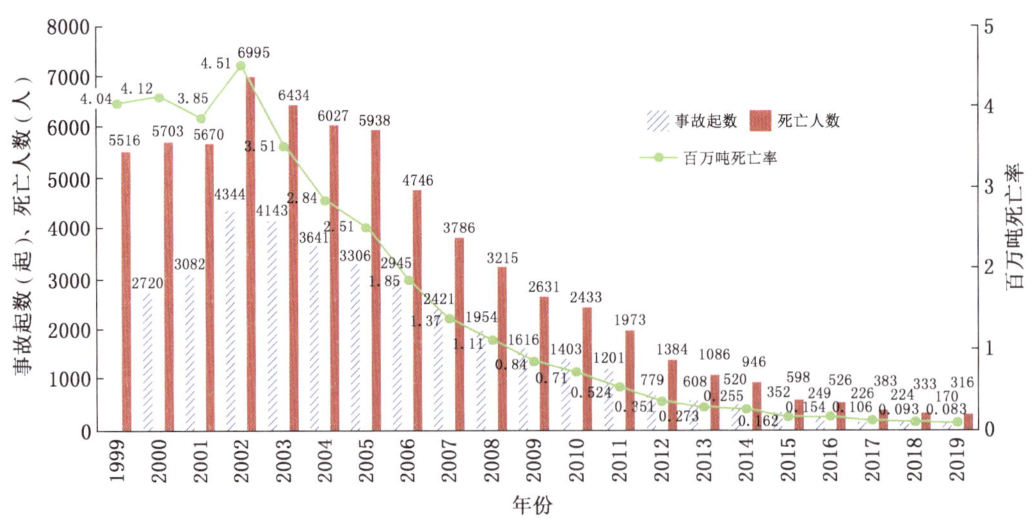

图 3-2-1 1999—2019 年全国煤矿事故总量和百万吨死亡率

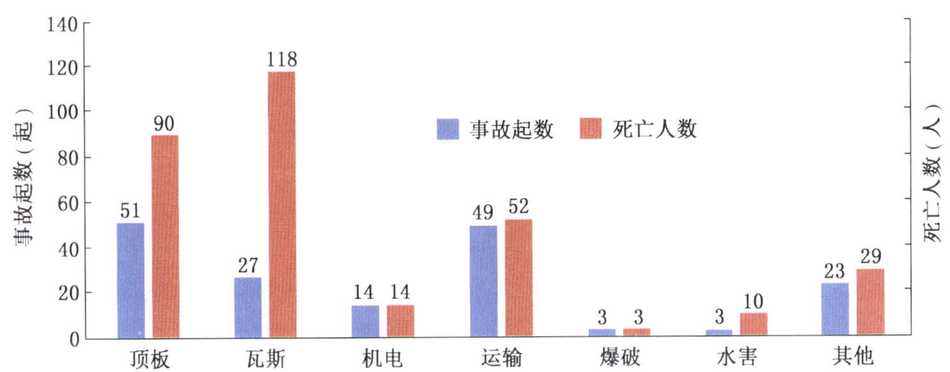

图 3-2-2　2019 年全国煤矿不同事故类别统计图

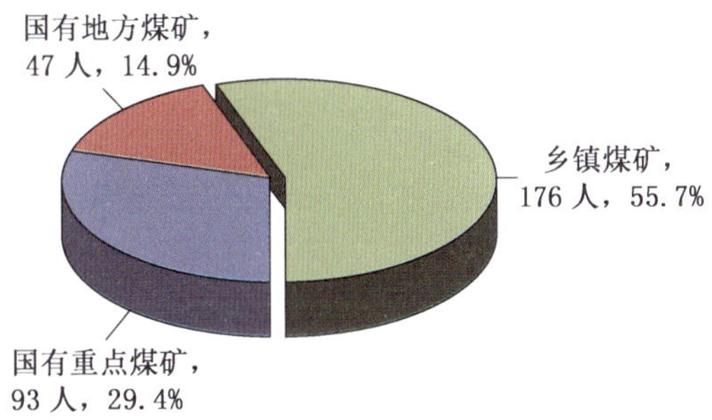

图 3-2-3　2019 年全国不同所有制煤矿事故死亡人数统计图

2019 年全国不同月份煤矿事故统计如图 3-2-4 所示。

从事故矿井类型看，25 起较大以上事故中，生产矿井发生 19 起、死亡 118 人，分别占 76% 和 75.2%；非生产矿井发生 6 起、死亡 39 人，分别占 24% 和 24.8%。

2019 年全国不同矿井类型较大以上事故起数统计如图 3-2-5 所示。

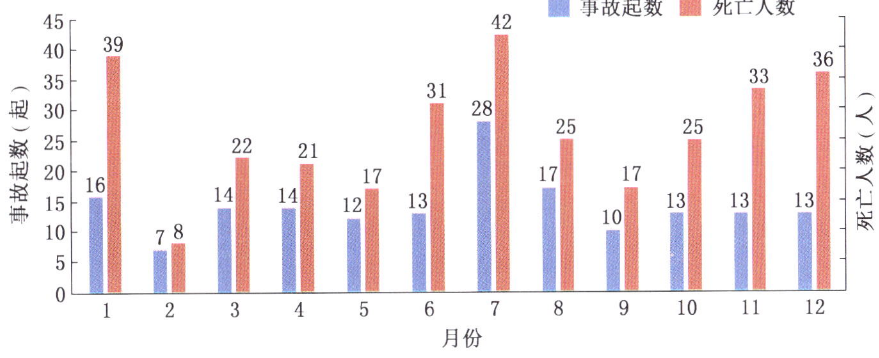

图 3-2-4　2019 年全国不同月份煤矿事故统计图

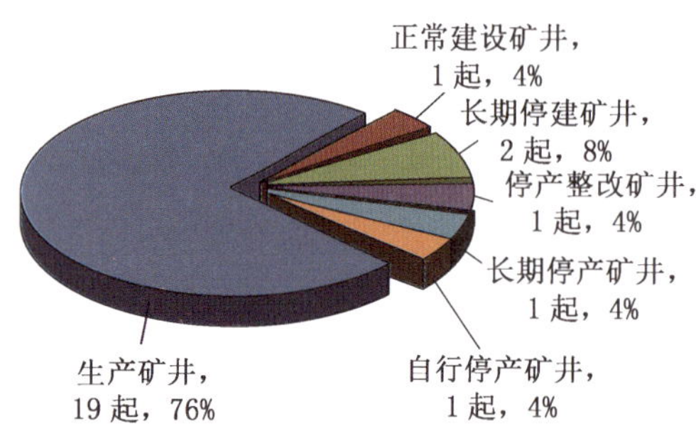

图 3-2-5　2019 年全国不同矿井类型较大以上事故起数统计图

二、重点工作

（一）狠抓制度措施落实

制定《贯彻落实习近平总书记重要指示批示精神工作规则》，完善学习贯彻、调查研究、督办落实的工作机制。组织全国 38 处采深超千米灾害严重煤矿进行安全论证，核减产能 1509 万吨/年，采取限产措施 33 处，划定缓采区 7 处，划定禁采区 11 处，制定减人方案、采取限人措施 33 处，退出煤矿 2 处。针对习近平总书记关于江苏响水“3·21”特别重大爆炸事故重要指示，组织对 3319 处煤矿开展专项执法检查，年底启动为期 3 个月的集中整治，对 8 个地区和 3 家企业派出工作组“开小灶”。协调推进煤炭行业供给侧结构性改革，联合有关部门制定《2019 年煤炭行业化解过剩产能工作要点》，对 30 万吨/年以下煤矿实施分类处置，退出煤矿 650 处、产能 1.01 亿吨/年，批复核增产能煤矿 27 处、释放优质产能 4490 万吨/年。

（二）提高监管监察执法效能

严格安全准入，全年开展煤矿建设项目安全核准 47 处，安全设施设计 374 处，安全设施竣工验收监督核查 205 处，完成安全生产许可证新办、延期、变更等各类审查 2086 次。对 6 类 1474 处高风险煤矿开展安全“体检”，抽调 9 个省局对 8 个地区开展两次“靶向”异地监察。聚焦企业主体责任落实开展专项监管监察，2019 年，全国煤矿安全监管监察部门共检查煤矿 11.29 万矿次，查处隐患 76.6 万项（其中重大隐患 1629 项），行政处罚 15.56 亿元，依法责令停止采掘作业 9406 矿次，停产整顿 1349 矿次，纳入安全生产失信联合惩戒“黑名单”49 家。

（三）推进执法规范化信息化

印发《煤矿安全监察执法工作量化评价办法（试行）》等，建立行政执法公示制度、执法全过程记录制度、重大执法决定法制审核制度，初步形成以一张清单、一本手册、一套文书、一部汇编、一本基准、一个指导意见和两个试行办法为“四梁八柱”的执法工作制度体系。编制完成监管监察信息化建设总体发展规划，煤矿安全生产风险监测预警系统已与 25 个省级煤矿安监局联网贯通、接入 1300 余处煤矿在线监测数据，监察执法系统全面普及应用，安全核准等 4 个子系统上线运行，各级安监信息系统整合工作如期完成，为远程监管监察提供了技术支撑。

（四）强化防范化解煤矿安全风险

在瓦斯防治上，召开煤矿瓦斯防治视频会，全面实施瓦斯“零超限”、煤层“零突出”目标管理，推动《防治煤与瓦斯突出细则》宣贯落实。在冲击地压治理上，印发《加强煤矿冲击地压防治工作的通知》，组织专家对 32 处典型冲击地压矿井现场进行调研，推动《防治煤矿冲击地压细则》等措施落实。在水害防治上，印发《关于进一步加强煤矿防汛应急工作的通知》，召开煤矿水害防治工作视频会议，举办煤矿防治水专题培训班，对标《煤矿防治水细则》抓整改，落实“三专两探一撤”措施，针对极端天气及时发送水害预警信息 23 次，受众 38 万人次。

（五）提升煤矿技术装备水平

组织“煤矿安全科技进山东”活动，开展煤矿安全先进适用技术装备遴选工作，发布《煤矿安全监控系统通用技术要求》（AQ 6201—2019）、《煤矿安全监控系统及检测仪器使用管理规范》（AQ 1029—2019）和《煤矿安全监控系统升级改造验收规范》，举办宣贯会、视频讲座。召开全国煤矿安全科技装备暨安全监控系统升级改造推进会，全国 2045 处矿井完成升级改造。

（六）加快煤矿智能化建设

发布《煤矿机器人重点研发目录》，将 3 种煤矿机器人列入 2020 年度“智能机器人”重点专项申报范围。举办 2019 年世界机器人大会煤矿机器人专题论坛，将煤矿智能装备和机器人研发应用纳入煤矿安全改造中央预算内专项投资、煤矿安全生产先进适用技术装备遴选范围、产业结构调整指导目录等政策支持范围，积极推进跨界合作和产学研用横向合作，与中国航天科技集团签订战略合作框架协议。采煤工作面机器人群、钻锚机器人、选矸机器人和巡检机器人已在煤矿井下应用（图 3-2-6、图 3-2-7），全国已建成 270 余个智能化采掘工作面。

（七）加强应急处置和事故查处

大力组织宣贯《生产安全事故应急条例》，修订《重特大事故灾害应急响应工作手册（煤矿分册）》，成功指导救援黑龙江东荣二矿、山东梁宝寺煤矿、四川杉木树煤矿等 5 起事故，34 名被困人员获救。针对全年 25 起较大以上事故，国

图 3-2-6 矿井环境探测巡检机器人

图 3-2-7 集中工业硐室巡检机器人

家煤矿安监局和省级煤矿安监局分别对属地政府、企业进行约谈、督办、警示和通报，对近 3 年 6 起重大事故整改措施落实情况进行评估。举办煤矿事故调查专题培训班，对事故调查法律法规、报告编写、追责案例等进行培训。

（八）夯实煤矿安全基础

严格煤矿安全生产标准化考核定级和现场抽查，2019 年申报一级安全生产标准化煤矿的 116 处煤矿中，74 处煤矿考核通过，通过率为 64%。截至 2019 年底，全国有 3020 处正常生产煤矿考核定级，其中，达到一级标准化的 433 处，达到二级标准化的 1519 处，达到三级标准化的 1068 处；全年抽查 1624 处达标煤矿，有 171 处被降级或撤销等级。出台《煤矿整体托管安全管理办法》，明确托管方式、准入和双方安全责任。对 6 处较大事故复工复产煤矿实施抽查，有 3 处煤矿未达到

复工复产条件被依法停产整顿。制定《关于高危行业领域安全技能提升行动计划的实施意见》，召开全国煤矿安全培训现场会，开展煤矿安全培训专项检查，推进全面提升从业人员专业素质，厚植煤矿安全发展基础。

（九）完善煤矿安全法规标准体系

组织起草《煤矿安全条例》，修订发布《防治煤与瓦斯突出细则》。健全完善行政规范性文件合法性审核机制，印发《国家煤矿安监局行政规范性文件管理办法》和《国家煤矿安监局关于全面推行行政规范性文件合法性审核机制的实施意见》，积极协调国家标准化管理委员会下达《矿山救护规程》《煤矿用自救器》等 11 项强制性国家标准制修订计划。组织开展煤矿安全标准和煤炭行业标准制修订工作，下达 5 项安全行业标准和 29 项煤炭行业标准制修订计划项目，发布 2 项安全行业标准和 33 项煤炭行业标准。

第三章 非煤矿山安全

一、基本情况

2019年，全国共有非煤矿山42033座，其中，金属非金属矿山33207座，石油天然气企业3379家，其他矿山5447座；尾矿库7278座；地质勘探单位1129个，采掘施工单位979个。金属非金属矿山方面，按开采方式分，地下矿山8331座，占25.1%；露天矿24876座，占74.9%。按开采规模分，大型矿山1591座，占4.8%；中型矿山2910座，占8.8%；小型矿山28706座，占86.4%。金属非金属矿山数量排名前十的省份为云南、湖南、辽宁、贵州、河北、内蒙古、江西、四川、山西、甘肃。尾矿库方面，“头顶库”991座，尾矿库数量排名前十的省份为河北、辽宁、内蒙古、云南、湖南、河南、山西、江西、陕西、福建。

2019年，全国非煤矿山共发生生产安全事故367起、死亡419人，同比事故起数减少13起、下降3.4%，死亡人数增加13人、上升3.2%。其中，较大事故8起、死亡34人，同比事故起数减少2起、下降20.0%，死亡人数增加2人、上升6.3%；重大事故2起、死亡35人，同比增加1起、21人，上升100.0%、150.0%；未发生特别重大事故。

2015—2019年非煤矿山事故变化趋势如图3-3-1所示。

二、重点工作

(一) 夯实防范化解重大安全风险的法制基础

强化顶层设计，按照统筹规划、纵横结合、以纵为主的原则，构建非煤矿山领域规章标准体系框架，部署三年制修订计划。开展非煤矿山安全分标委换届工作，修订章程和工作细则，完善设计、评价、

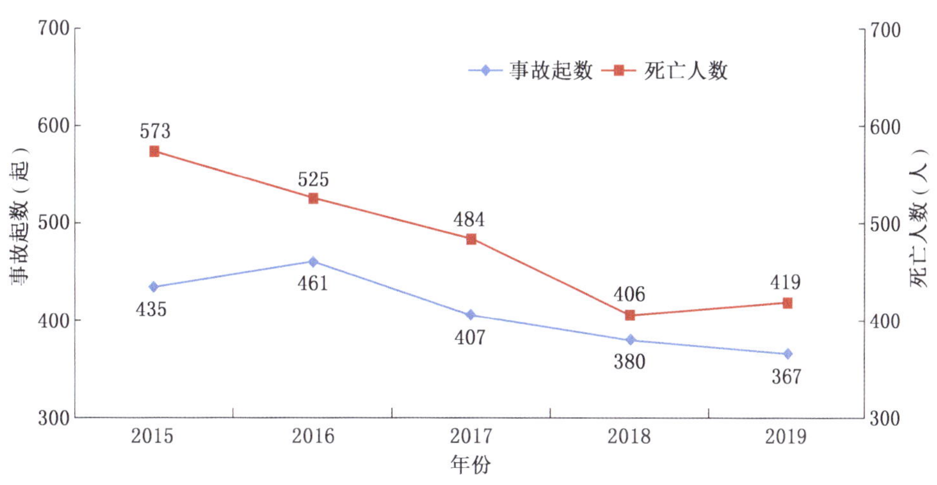

图3-3-1 2015—2019年非煤矿山事故变化趋势图

科研、企业、协会等单位全方位参与的规章标准制修订工作机制。明晰法律依据，全面梳理非煤矿山领域规范性文件，形成非煤矿山已废止和主要有效规范性文件目录，为依法行政提供明确依据。推进重点计划，完成《尾矿库安全监督管理规定》《海洋石油安全生产监督管理规定》等规章修订稿，发布《金属非金属地下矿山无轨运人车辆安全技术要求》等 8 项行业标准，形成《金属非金属矿山安全规程》等 14 项标准送审稿。

（二）建立企业防范化解重大安全风险管控制度

试点先行，推进安全风险分级管控工作。组织制定金属非金属矿山企业安全风险分级管控工作指南，明确建设工作要求、工作流程和工作方法，指导企业开展安全预防控制体系建设。委托 3 家技术服务机构对 15 家试点企业进行指导，推动试点企业总结经验做法，以点带面、逐步铺开。规范改进，推进安全生产标准化工作，全面摸清安全生产标准化工作情况，提出改进规范措施。

（三）提升重点领域防范化解重大安全风险能力

一是防范化解尾矿库安全风险，提升尾矿库安全保障水平。牵头起草并报经国务院同意，与国家发展改革委、财政部、自然资源部等八部委联合印发《防范化解尾矿库安全风险工作方案》，提出 5 个方面的系统防范化解尾矿库安全风险工作措施。组织召开重点地区防范化解尾矿库安全风险工作座谈会，对湖南、山东等重点地区尾矿库企业安全生产进行明查暗访，推动各地落实尾矿库安全风险防控措施和尾矿库“头顶库”治理任务，大幅提升尾矿库安全保障水平。二是坚决推动关闭不具备安全生产条件的非煤矿山，严格管控底线风险。针对小型非煤矿山占比高、事故高发的突出问题，国务院安委会办公室印发《关于做好关闭不具备安全生产条件非煤矿山工作的通知》，部署 2019 年关闭 1000 处以上不具备安全生产条件非煤矿山（含尾矿库）。强化督促指导，定期跟踪调度，推动分解落实目标任务，实际共关闭矿山 1568 座，超额完成任务，从源头上化解了非煤矿山重大安全风险。

（四）提高安全生产应急管理能力

一是强化事故调查处理，严格落实整改措施。挂牌督办内蒙古锡林郭勒盟西乌珠穆沁旗银漫矿业有限责任公司“2·23”井下车辆伤害重大生产安全事故、广西河池南丹庆达惜缘矿业投资有限公司“10·28”重大坍塌事故，发函督办黑龙江翠宏山铁矿“5·17”透水事故，跟踪 28 起事故查处，强化提升事故调查质量，严厉事故查处。对内蒙古自治区锡林郭勒盟行政公署、广西壮族自治区河池市人民政府及相关部门主要负责人组织实施安全生产约谈，督促地方切实吸取事故教训，严格落实整改措施，防止同类事故发生。二是把握事故规律教训，有效推动工作落实。科学分析近年来非煤矿山领域事故规律、原因，为对症下药、科学施策提供技术支撑。将内蒙古锡林郭勒盟西乌珠穆沁旗银漫矿业有限责任公司“2·23”井下车辆伤害重大生产安全事故和黑龙江翠宏山铁矿“5·17”透水事故等 4 起事故通报全国，推动各地深刻吸取事故教训，坚决淘汰禁止使用的设备及工艺，严格落实金属非金属地下矿山防治水措施。指导内蒙古、江西等地方将典型较大以上事故制作成警示教育片，定期发布事故警示信息，警钟长鸣，用事故教训推动工作。

第四章 危险化学品安全

一、基本情况

2019 年，我国石油和化工行业规模以上企业有 26271 家，取得危险化学品安全生产许可证的生产企业有 1.37 万家，取得危险化学品经营许可证的经营企业有 20.18 万家。全国危险化学品生产企业由最高峰时期 2008 年的 2.4 万家，缩减至 2019 年的 1.37 万家，降幅近 43%。

2019 年，全国共发生化工事故 164 起、死亡 274 人，同比事故起数减少 10 起、下降 5.7%，死亡人数增加 47 人、上升 20.7%。其中，较大事故 9 起、死亡 35 人，同比减少 2 起、11 人，分别下降 18.2% 和 23.9%；重大事故 2 起、死亡 25 人，同比起数持平，死亡人数减少 18 人、下降 41.9%；特别重大事故 1 起、死亡 78 人，同比增加 1 起、78 人，均上升 100%。

2006—2019 年化工事故变化趋势如图 3-4-1 所示。

从事故发生地区分布看，重点地区事故占比大，山东、辽宁、山西、四川、江苏、河南、宁夏、黑龙江、安徽、甘肃、广东、湖北、广西、青海 14 个省份事故起数共占 2019 年事故总起数的 75%。江苏、河南、辽宁、山东、四川、宁夏 6 个省份事故死亡人数共占 2019 年死亡总人

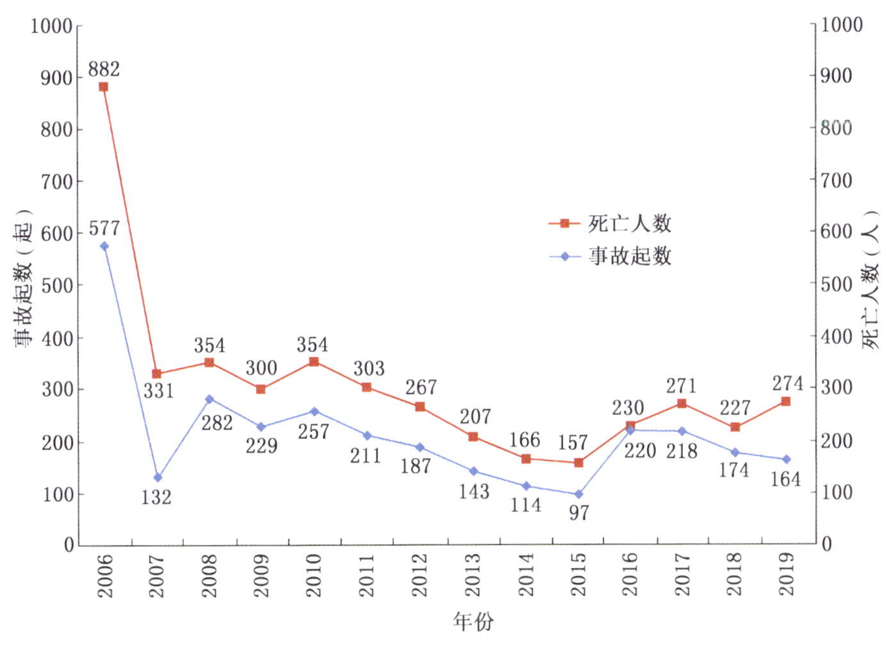

图 3-4-1 2006—2019 年化工事故变化趋势图

数的68.7%。从事故类型看，爆炸事故死亡人数最多（占46.2%），其次是中毒窒息（占17.1%），两类事故死亡人数占比63.3%。

二、重点工作

（一）深入推进防范化解重大安全风险工作

督促各地区认真吸取江苏响水天嘉宜化工有限公司“3·21”特别重大爆炸事故教训，制定印发安全生产集中整治方案，对江苏省开展为期3个月的专项督导，起草危险化学品安全提升行动方案（初稿）。以国务院安委会名义组织开展危险化学品安全专项巡查，对32个省级统计单位、53个地级市、106个县（区）、52个化工园区进行巡查，共计抽查294家危险化学品从业单位，发现问题隐患1556个，其中政府及有关部门问题231个，企业问题隐患1325个（含重大隐患89个）。组织起草印发《化工园区安全风险排查治理导则（试行）》和《危险化学品企业安全风险隐患排查治理导则》，并召开全国宣贯解读视频会议。研究起草全面加强危险化学品安全生产工作的意见，制定拟联合生态环境部印发的《加强废弃危险化学品监督管理工作意见（修改稿）》。指导中国氯碱工业协会制定印发《氯乙烯气柜安全运行规程》和《氯乙烯气柜安全保护措施改进方案》。组织8批、对24个省份的190家企业开展危险化学品安全明查暗访，共发现隐患问题1900余项。召开全国危险化学品安全监管工作交流会议，解读有关国家标准和硝化企业安全风险管控要点，通报危险化学品安全明查暗访发现的主要问题，制定危险化学品“排险除患”专项行动方案。完成江苏响水天嘉宜化工有限公司“3·21”特别重大爆炸事故调查工作，对山东济南齐鲁天和惠世制药有限公司“4·15”重大着火中毒事故、河南三门峡河南省煤气（集团）有限责任公司义马气化厂“7·19”重大爆炸事故两起重大事故实施挂牌督办，约谈山东济南、河南义马等多个地方政府，对2019年发生的较大及以上化工事故进行梳理，督促有关地区将所有事故企业纳入联合惩戒“黑名单”。

（二）全面开展危险化学品重点县专家指导服务和聘任化工专家工作

组织专家741人次对53个重点县400余家（次）企业开展两轮专家指导服务工作，发现隐患1.9万余项，其中重大隐患589项。有关地方政府、应急管理部门和企业参与服务反馈近1.5万人，涉及企业近6000家，开展260多场辅导培训，参加培训人员超过11万人次，同时带动全国对261个省级重点县开展专家指导服务。以国务院安委会名义印发《关于危险化学品重点县聘任化工专家工作的指导意见》（安委〔2019〕3号），明确危险化学品重点县应急管理部门聘请驻局专家的相关要求，指导推动地方政府加强专业能力建设，快速提升危险化学品安全监管专业化水平。截至2019年底，全国共确定312个重点县，与466家企业合作，聘任914名化工专家。

（三）深入推进危险化学品安全综合治理工作

通过考核、通报、督导、约谈等方式加快推动危险化学品安全综合治理各项工作落实，特别管控危险化学品目录、重大危险源管控、生产企业搬迁改造、化工园区风险排查和管控、信息化建设、法制体制机制建设等重点工作取得新的进展。部署开展氯碱行业安全专项提升行动，组织召开氯乙烯气柜安全技术研讨会。对深刻吸取河南三门峡河南省煤气（集团）有限责任公司义马气化厂“7·19”重大爆炸事故教训，防范遏制空分装置事故提出系统性解决方案。督促各地区深入开展氯乙烯等易燃易爆有毒气体风险排查治理、罐区等储存场所管理、动火等特殊作业管控、安全设计诊断、自动化改造、精细化工安全、硝化装置安全、装卸车安全、化工企业下水管网安全和周边安全、反“三违”等化工专项整治，全面排查并消除隐患。组织对化工领域“灰犀牛”风险管控、氢能源安全、加油站扫码支付安全等进行深入研究。配合工业和信息化部稳步推进危险化学品生产企业搬迁改造工作，共同向国务院领导报送有关进展情况报告，派员对部分重点地区进行督导。2019 年，全国 1176 家需搬迁改造的危险化学品生产企业中，678 家完成搬迁改造，完成率为 58%。组织梳理长江经济带 11 个省份长江干流及主要支流岸线 1 公里范围内化工生产储存企业情况，督促指导长江经济带 11 个省份确定搬迁改造生产企业名单，加快推动长江经济带危险化学品生产企业搬迁改造工作。

（四）加强安全监管法治、信息化、人才和科技强安工作

完善《危险化学品安全法》，就《特别管控危险化学品目录》达成一致并向社会公开征求意见，配合交通运输部完善印发《危险货物道路运输安全管理办法》和《内河禁运危险化学品目录（2019 版）》，组织制定《化学品生产单位特殊作业安全规范（征求意见稿）》和《硝酸铵安全技术规范（征求意见稿）》国家标准并向社会公开征求意见。在全国全面展开推进危险化学品重大危险源信息化建设。督促指导各地根据《危险化学品重大危险源辨识》（GB 18218—2018）开展重大危险源辨识，及时更新重大危险源数据库，完善危险化学品安全风险“一张图一张表”。起草印发《国务院安委会办公室 应急管理部关于加快推进危险化学品安全生产风险监测预警系统建设的指导意见》，并召开全国现场推进及视频推动会，加快推进危险化学品安全生产风险监测预警系统建设，建成全国联网的 2372 家一级、二级危险化学品（罐区）重大危险源监测预警系统。

2019 年危险化学品重大危险源统计如图 3-4-1 所示。

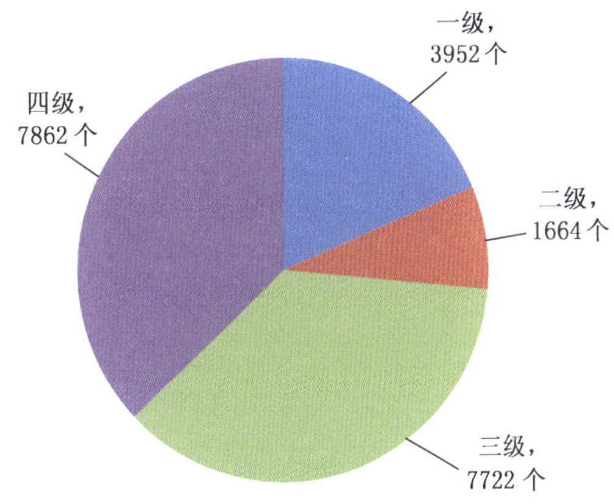

图 3-4-1 2019 年危险化学品重大危险源统计图

举办危险化学品安全管理技术能力提升高级研修班，举办中央企业化工安全复合型人才高级研修班，推动江苏、辽宁、浙江、广东等地开办高级研修班。开展摸底调研，五部门联合印发《关于高危行业领域安全技能提升行动计划的实施意见》。进一步完善危险化学品安全行政许可改革思路与方案，组织深入论证；积极配合做好自由贸易试验区“证照分离”改革全覆盖试点工作，将危险化学品许可事项纳入自由贸易试验区“证照分离”改革范围。大力推广化工过程安全管理、微通道反应器、硝化反应自动化控制、安

全仪表系统、高风险特殊作业移动监测监控系统、危险与可操作性分析、定量风险评估等先进方法技术，完善安全管理理念模式，大幅降低高危岗位现场作业人员数量，提高本质安全水平和安全保障能力。在江苏省开展危险化学品安全执法专项调研，汇总编制危险化学品安全执法典型案例汇编，推进“互联网+监管”和《安全生产监管执法手册》修订，明确监管事项，规范流程，统一标准，实现信息共享。对危险化学品领域实施执法检查全覆盖，将重大隐患判定标准作为执法的核心和重点，指导地方提升执法规范化、精准化、高效化水平。

（五）圆满完成国家重大活动安保工作

注重本质安全，强化协作配合与督导值守，指导做好危险化学品安全监管工作。督促指导北京市、海南省等地圆满完成第二届中国国际进口博览会、第二届“一带一路”国际合作高峰论坛、博鳌亚洲论坛年会安保有关工作，有序推进冬奥会安保有关工作。

（六）加强非药品类易制毒化学品监管工作

筹备召开非药品类易制毒化学品重点地区座谈会，组织制定《非药品类易制毒化学品生产、经营许可办法（修订征求意见稿）》并征求各省份意见。认真做好芬太尼列管相关工作，对芬太尼生产企业进行调研，及时对α-乙酰乙酰苯胺等4种化学品提出进行国际管制意见。精心筹划开展“6·26”国际禁毒日活动，对广东省2019年度禁毒工作进行督导。

第五章　烟花爆竹安全

一、基本情况

2019年底，全国取得烟花爆竹安全生产许可证的企业有1747家（分布在12个省份），取得烟花爆竹经营许可证的批发企业有4443家、零售单位有26.3万家。累计取缔数以万计的家庭作坊和生产工区，全国烟花爆竹生产企业由最高峰时期2007年的7000多家，缩减至2019年的1747家，降幅达71%，已有21个省份退出生产，烟花爆竹产业实现快速转型升级。

2019年，全国共发生烟花爆竹生产经营事故13起、死亡30人，同比减少11起、1人，分别下降45.8%和3.2%，连续第9年事故起数和死亡人数"双下降"。其中，一般事故10起、死亡10人，同比减少11起、9人，分别下降52.4%和47.4%；较大事故2起、死亡7人，同比减少1起、5人，分别下降33.3%和41.7%；重大事故1起、死亡13人，同比增加1起、13人；未发生特别重大事故。

2006—2019年全国烟花爆竹事故变化趋势如图3-5-1所示。

从事故发生地区分布看，江西、湖南、广西、四川、陕西5个省份发生烟花爆竹事故，发生事故的省份数量同比减少1个。其中，湖南发生1起重大事故，江西、四川各发生1起较大事故，陕西事故起数和死亡人数同比"双上升"，江西同比"双下降"。从事故发生环节看，烟花爆竹事故全部发生在生产企业，同比事故起数减少10起、死亡人数增加3人，分别下降43.5%、上升11.1%。烟花爆竹经营

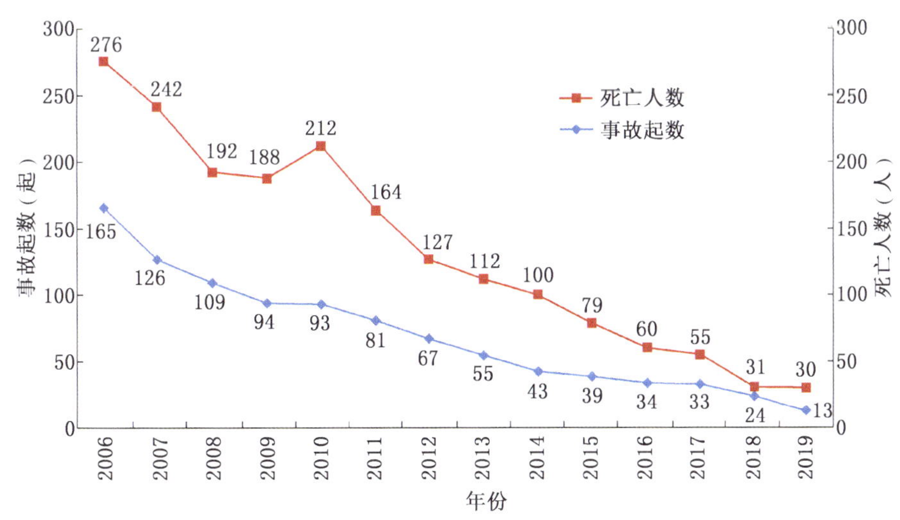

注：相关部门对2018年数据作了修正。

图3-5-1　2006—2019年全国烟花爆竹事故变化趋势图

环节未发生事故，同比减少 1 起、4 人；未发生统计口径内的非法生产经营事故，同比减少 1 起、4 人。

二、重点工作

（一）推进烟花爆竹专项整治

推动烟花爆竹企业改造升级，组织印发《烟花爆竹生产工程设计指南（暂行）》并进行宣贯，规范明晰有关工作要求。强化烟花爆竹经营安全整治，颁布《烟花爆竹零售店（点）安全技术规范》（AQ 4128—2019）行业标准，组织制作烟花爆竹零售经营安全宣传片，开展烟花内筒瀑布式装药、擦炮生产、组合烟花“假大空”、单基火药等方面专题调研，将单基药生产企业情况通报公安部和中国兵器公司，强化单基药管控。对湖南长沙浏阳碧溪烟花制造有限公司“12·4”重大爆炸事故实施挂牌督办。

（二）强化烟花爆竹旺季和夏季安全生产工作

研究制定烟花爆竹生产经营旺季安全监管工作方案，组织召开全国烟花爆竹旺季安全生产工作会议。发挥烟花爆竹安全监管部际联席会议作用，专题研究烟花爆竹生产经营旺季安全监管工作并进行全面部署。对北京、河北、安徽、江西、湖南、重庆、四川等重点地区春节和生产经营旺季烟花爆竹安全工作进行专项督导调研，以媒体专访、滚动字幕、宣传挂图等多种形式开展烟花爆竹生产经营旺季安全知识常识宣传，通报春节期间烟花爆竹安全生产情况，保障元旦、春节期间烟花爆竹安全生产形势总体稳定。汇总分析春节后烟花爆竹库存情况，指导各地引导烟花爆竹生产企业理性面对市场形势，合理安排生产计划，将高温、雷雨季节停产延长至国庆之后；督导湖南、江西等省份烟花爆竹复产复工、全国“两会”期间安全生产工作。及早部署夏季烟花爆竹安全生产措施，对重点省份进行督导检查，要求烟花爆竹产区各级应急管理部门和烟花爆竹生产企业制定夏季烟花爆竹安全生产工作方案。

（三）加强安全监管法治和信息化工作

印发《烟花爆竹零售店（点）安全技术规范》（AQ 4128—2019）、《烟花爆竹 化工原材料使用安全规范》（AQ 4129—2019）、《烟花爆竹生产过程名词术语》（AQ/T 4130—2019）等行业标准，启动修订《烟花爆竹工程设计安全规范》（GB 50161），推进《烟花爆竹安全与质量》（GB 10631）修订工作。指导升级完善烟花爆竹流向管理信息系统，部署各地对烟花爆竹生产经营企业信息进行确认，研发烟花爆竹企业重点部位和重大危险源监控系统并在 4 个烟花爆竹产区重点县市的 498 家企业进行试点，实现对超员超量作业的监控报警。聚焦重大安全风险管控，进一步完善烟花爆竹安全行政许可改革思路与方案，将烟花爆竹许可事项纳入改革范围，明确改革方式，细化事中事后监管措施。继续大力推广烟花爆竹机械化、自动化、智能化生产等先进方法技术，提高本质安全水平和安全保障能力。启动《烟花爆竹新技术应用安全管理办法》制定工作，组织开展专题调研。

（四）圆满完成国家重大活动安保工作

强化协作配合与督导值守，督促指导北京市、湖南省、江西省圆满完成新中国成立 70 周年大庆、世界园艺博览会等安保有关工作。

第六章 油气管道安全

一、基本情况

2019年，我国在役陆上油气输送管道总里程16.6万公里，分布在全国31个省份及新疆生产建设兵团。从输送介质看，原油管道占19.2%，成品油管道占17.8%，天然气管道占63.0%；从运行时间看，运行10年以内的管道占总里程的52.5%，运行10年以上的管道占总里程的47.5%；从所属企业情况看，中央企业所属油气输送管道占总里程的72.3%，地方及私营企业所属油气输送管道占总里程的27.7%。陆上油气输送管道没有发生较大以上生产安全事故。

2019年全国油气管道统计如图3-6-1所示。

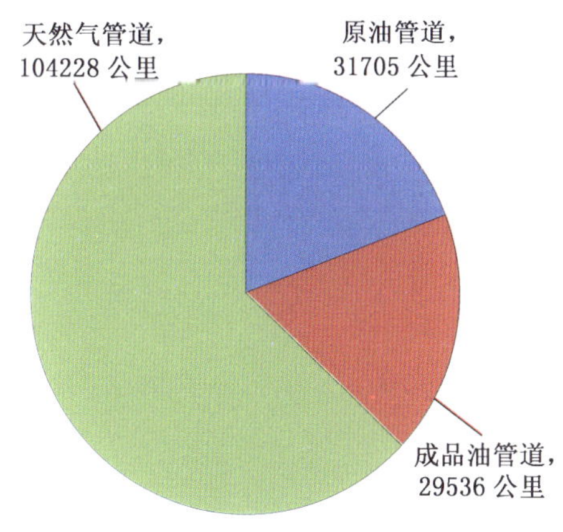

图3-6-1 2019年全国油气管道统计图

二、重点工作

（一）加强高后果区安全风险管控

起草制定《推动全面落实油气管道人员密集型高后果区管道保护和安全生产责任制通知（征求意见稿）》，并多次征求相关部门和各地、企业意见，推动高后果区管道保护和安全生产责任制落实。督促深刻吸取墨西哥"1·18"成品油管道泄漏爆炸事件教训，分析原因和我国发生类似事件的可能性，以国务院安委办名义下发通知要求各地区深刻吸取教训，强化人员密集型高后果区成品油管道保护和安全监管。组织有关中央企业召开油气管道安全生产工作专题会议和高后果区安全管理交流会，会同国务院相关部门组织召开油气管道安全生产警示会，通报山东潍坊泰青威天然气管道"3·20"燃爆事故，督促加快事故调查、完成油气管道环焊缝缺陷、沿线地质灾害排查治理工作。赴贵州督导中石油中缅天然气管道安全风险再评估工作情况。

（二）推动环焊缝焊接质量缺陷排查治理

每月调度央企环焊缝缺陷排查治理情况，组织赴河北、山东、浙江3省督导中央企业天然气管道安全生产工作，督促各有关中央企业对在役、在建油气管道共复核600多万道环焊缝底片，排查出需修复环焊缝2157道，已修复2061道，修复完成率96%。以国务院安委办名义向市场监管总局发函推动研究加强油气管道焊接及检验检测监督管理，加快研究解决X80钢级天然气管道存在的环焊缝质量问题。

（三）加快完善相关标准规定

认真总结油气管道建设项目安全审查

规范性文件实施情况和效果，推动将试行的有关规范性文件转化为行业标准。推动印发《陆上油气管道建设项目安全设施设计导则》（AQ/T 3055—2019）、《陆上油气管道建设项目安全验收评价导则》（AQ/T 3056—2019）、《陆上油气管道建设项目安全评价导则》（AQ/T 3057—2019）3 个行业标准，为进一步健全规范有关要求提供了标准依据。

（四）严格油气管道建设项目安全审查

严格规范跨省陆上油气管道建设项目安全审查，从可行性研究、初步设计阶段对强化油气管道本体以及周边环境安全风险进行辨识评价。突出高后果区安全管理和环焊缝质量管控，提出针对性防控措施要求，并优化审批程序，缩短审查时限。组织开展 9 次跨省陆上油气管道建设项目安全审查，对中石油油气管道建设项目安全设施竣工验收工作进行核查。协调推动天然气管道互联互通项目有序快速推进，中俄东线天然气管道如期投产通气。积极配合完成国家油气管网公司组建工作，督促有关中央企业认真做好安全生产工作，确保安全平稳过渡衔接。

第七章　海洋石油安全

一、基本情况

2019年，海上钻井量同比增加44%，海洋油气开采领域发生一般生产安全事故1起、死亡1人，同比减少1起、1人，杜绝了较大及以上事故，安全生产形势保持稳定。

二、重点工作

（一）强化海洋石油安全监管

积极推动“企业全面负责、第三方监督支撑、政府精准监管”的安全监管新模式健全完善，压实企业主体责任，落实重大风险管控措施。印发《关于海洋石油安全监管机构更名有关事项的通知》，推动“三大石油公司”确定各分部和地区监督处机构、人员编制和干部配备。组织召开海洋石油安全生产工作会议，总结交流海洋石油安全生产工作经验，分析研判当前安全生产风险，研究针对性对策措施（图3-7-1）。4—7月组织开展海洋石油增储扩能和防台风安全生产专项检查执法，组织5个督查组对海油安监办所属3个分部9个监督处辖区有关单位进行督查。重点围绕安全生产责任制落实、台风季极端气候防范应对、强化增储扩能安全生产保障、防范化解重大安全风险及生产设施发证检验等内容，发现并督促整改隐患问题254项。指导各海洋石油企业科学防台，督促企业超前部署，完善应急预案，充实应急物资，提前关停高风险设施，撤离生产作业人员，及时科学处

图3-7-1　中海油锦州25-1南油气田

置险情，成功应对包括超强台风“利奇马”“玲玲”在内的10个台风，累计撤台超过1万人次。

（二）精准防范化解油气增储扩能安全生产风险

建立并运行风险会商研判机制，组织召开防范化解石油天然气开采安全生产风险和油气增储扩能安全生产风险分析研判及防控情况专题汇报会议，分别听取重点地区和石油天然气企业油气开采安全生产工作专题汇报，分析研判油气增储扩能安全生产风险，研究部署强化安全生产保障的系统措施。印发《关于切实强化油气增储扩能安全生产保障的通知》，组织开展油气增储扩能安全风险防控专题调研督导，一对一指导“三大石油公司”系统分析七年增储扩能过程中的风险，督导油气增储扩能安全生产保障工作，调研防范化解油气增储扩能安全生产风险情况及存在问题。

（三）强化海洋石油安全生产基础保障

组建由决策咨询支持、安全风险管控、现场应急指导3个类别、100名专家组成的海洋石油应急管理专家团队，建立一人一档专家库，强化海洋石油安全应急技术支撑。完善海洋石油安全生产标准体系建设，系统梳理研究海洋石油安全有关136个文件规定废改立框架，编制《海洋石油安全生产规章标准体系建设规划》。研究起草国家标准《海洋石油天然气开采安全规程　总则（征求意见稿）》、行业标准《老龄化海上固定式生产设施主结构安全评估导则（征求意见稿）》和《海洋石油生产设施发证检验工作通则（征求意见稿）》。开展海洋石油生产安全事故分析研究工作，全面收集并深入分析全球海洋石油勘探开发历史上发生的159起事故和险情案例，为精准把控海洋石油风险、提升工作针对性和前瞻性提供有力支撑。梳理提出20类海洋石油勘探开发生产安全事故情景，结合增储扩能现状重点评估海洋石油深水开采救援机制和能力差距。

第八章 工贸行业安全

一、基本情况

2019年，全国冶金、有色、建材、机械、轻工、纺织、烟草、商贸等工贸行业共发生生产安全事故1535起、死亡1505人，同比减少600起、394人，分别下降28.1%和20.7%。其中，较大事故28起、死亡113人，同比减少1起、13人，分别下降3.4%和10.3%；重大事故1起、死亡10人，同比减少3起、22人，分别下降75.0%和68.8%；未发生特别重大事故。总体上，工贸行业安全生产形势保持了稳定好转的发展趋势。

二、重点工作

（一）夯实防范化解重大安全风险的法制基础

强化顶层设计，按照统筹规划、纵横结合、以纵为主的原则，构建工贸行业规章标准体系框架，部署三年制修订计划。完成冶金、有色等安全分标委换届，修订章程和工作细则，完善设计、评价、科研、企业、协会等单位全方位参与的规章标准制修订工作机制。明晰法律依据，全面梳理工贸行业领域规范性文件，形成工贸行业已废止和主要有效规范性文件目录，为依法行政提供明确依据。

（二）建立企业防范化解重大安全风险管控制度

试点先行，推进安全风险分级管控工作。组织制定冶金和建材企业安全风险分级管控工作指南，明确建设工作要求、工作流程和工作方法，指导企业开展安全预防控制体系建设。委托3家技术服务机构对15家试点企业进行指导，推动试点企业总结经验做法以点带面、逐步铺开。推进安全生产标准化工作，开展工贸行业安全生产标准化一级企业评审单位重新申报确定工作，对10家工贸企业安全生产标准化运行情况进行抽查，督促企业持续运行改进。

（三）提升重点领域防范化解重大风险能力

盯住钢铁企业煤气安全突出问题开展专项治理，防范化解钢铁企业煤气安全风险。针对钢铁企业易发生事故的环节，4—11月，组织开展全国煤气安全管理、煤气设备设施、煤气作业3个方面专项整治，排查治理安全设备设施缺失等12项突出问题。定期调度进展情况，压实责任落实，全国共查处整改各类隐患3.6万项，行政罚款600余万元。

（四）组织开展钢铁、铝加工行业安全生产执法抽查督导

针对钢铁企业较大事故多发和暴露出的问题以及一些企业增效益抢产量带来的安全风险，印发《应急管理部办公厅关于开展钢铁、铝加工行业安全生产执法抽查工作的通知》(见二维码)。11月下旬至12月中旬，组织开展了钢铁、铝加工企业安全生产执法抽查督导（图3-8-1、图3-8-2）。对钢铁企业数量多、粗钢产量大、风险大的河北、山

西、内蒙古、辽宁、浙江、江西、山东、河南、广东 9 个省份进行了抽查。共计抽查钢铁、铝加工企业 31 家，查出涉及 6 个检查项的重大违法行为 35 项，实施行政处罚 168.97 万元，并对执法抽查发现的典型问题印发了通报。

图 3-8-1 钢铁企业生产现场

图 3-8-2 铝加工企业生产现场

第九章 消 防 安 全

一、基本情况

2019年，全国共接报火灾25.6万起（不含森林、草原、军队、矿井地下部分及铁路、交通港航系统火灾，下同），死亡1369人、受伤889人，直接财产损失40.3亿元，同比火灾起数上升5.2%，死亡人数下降6.4%，受伤人数上升5.5%，损失上升9.5%，总体保持稳定态势。全年发生较大火灾75起（含15起放火），同比增加4起；发生重大火灾1起，同比减少4起；未发生特别重大火灾，特别重大火灾连续4年实现了零发生。

（一）人员密集场所火灾防控成效显著，高层建筑火灾呈多发之势

全年通过开展冬春火灾防控、夏季消防检查两大专项工作和新中国成立70周年大庆消防安保，围绕各类人员密集场所强化消防安全综合治理，火灾形势得到有效遏制。其中，商业场所发生火灾6458起，同比下降1.6%；娱乐场所发生火灾404起，同比下降17.6%；宾馆饭店发生火灾6524起，学校发生火灾801起，医院发生火灾340起，均与2018年同期基本持平。此外，也有个别类型的火灾同比有所上升。其中，高层建筑发生火灾7517起，同比上升19.3%；建筑工地发生火灾3030起，同比上升13.7%。这两类场所主要分布在城镇地区。据有关部门公布的数据，我国每年在建建筑面积130多亿平方米，高层建筑已达62万多栋，开通地铁等轨道交通的城市已有40座、里程6700多公里，城市火灾的防控压力及难度仍将持续增大。

（二）城乡居民住宅火灾亡人占比大，电气因素及老幼病残等弱势群体应引起重点关注

城乡居民住宅火灾虽然只占总数的44.9%，但全年共造成1077人死亡，占总数的78.7%，超过其他场所亡人的总和。住宅火灾中，电气引发的火灾居高不下，各类家用电器、电动车、电气线路等引发的火灾越来越突出，仅电动自行车引发的较大火灾就有7起。全国城乡电动自行车的保有量已达2.5亿辆，新能源汽车保有量达到381万辆，由此引发火灾的概率还将增大。同时，随着我国人口老龄化的加快，火灾亡人的老龄人口所占比例已从2009年的29%提升至2019年的36.8%，远高于老龄人口占总人口16.2%的比例，而住宅火灾中该比例更达到43.2%，瘫痪、残疾、精神病人等群体的比例达到44.3%（与年龄分别统计）。

（三）冬春季节火灾相对多发，夜间火灾亡人集中亟需加强应对

从2019年火灾发展趋势看，冬春季节每天火灾基本在800起以上，几个突出的火灾高峰也集中在冬春季节，夏秋季节每天火灾基本在500起上下，无大幅波动。从火灾的24小时分布看，由于夜间22时至次日6时发生的火灾往往发现迟、报警晚，人员逃生自救不及，造成的亡人最多，夜间22时至次日6时共发生火

灾5.3万起、死亡660人，其中起数占总数的20.8%，亡人占总数的48.2%，平均每80起火灾造成1人死亡，而其他时段平均每285起火灾造成1人死亡。

（四）东部地区火灾危害大，流动人口和小场所成为难点

东部地区人口聚集、产业集中、经济总量大，全年火灾占总数的34.7%，伤亡人数分别占总数的37.8%和40.3%，损失占总数的44.7%，较大火灾和重大火灾分别占总数的44%和100%，除火灾起数所占比例略低于西部地区外，其他比例均为4个片区最高。从经济发达地区的火灾亡人情况看，浙江有41.7%为外来流动人口，上海有38.6%为外来流动人口，广东、江苏、福建等东部省份的外来流动人口比例也分别达到20.4%、15.2%和12.9%。这些流动人口往往居住在城中村、出租屋及“三合一”“多合一”场所内，就业于小作坊、小商店等小单位，都是火灾防范的难点和重点。根据第四次全国经济普查发布的数据，全国的中小微企业已有1807万家，且有61.7%集中在东部地区，从业人员共有2.3亿人，平均每个企业从业人员不足13人，基本为非消防安全重点单位，多由基层网格、派出所等力量实施监管，火灾防控压力大。

2019年全国火灾情况见表3-9-1。

二、专项工作

（一）消防安全执法检查专项行动

2019年4—10月，在全国部署开展“防风险、保平安、迎大庆”消防安全执法检查专项行动，集中整治商场市场、劳动密集型企业、公共娱乐等9类重点场所和违规使用易燃可燃材料装修、消防设施损坏停用等9类突出风险，落实9项工作措施，有效防范化解重大风险，遏制群死群伤火灾事故。

2019年4月15日，国务院安委会办公室召开消防安全执法检查专项行动视频部署会。强调要全面压实各级政府、行业部门、社会单位责任，大力推动专项行动深入开展。地方各级政府要发挥主导作用，建立专项行动工作机构和协调机制。各级行业部门要充分履行条线监管职责，逐类场所、逐类风险进行排查。社会单位要全面开展“三自主两公开一承诺”活动。各级消防部门要加强执法检查，对严重失信、隐患久拖不改的单位及其负责人，推动纳入安全生产和消防安全失信“黑名单”。

（二）出租屋及校园周边经营场所、电动自行车消防安全综合治理

2019年6月、9月，针对2019年广西桂林“5·5”出租屋较大亡人火灾事故，会同教育部、公安部、住房和城乡建设部、工业和信息化部、市场监管总局等部委，先后两次联合发文，部署开展出租屋及校园周边经营场所、电动自行车消防安全综合治理，明确部门监管职责，健全长效工作机制。

（三）文博单位火灾隐患排查整治

2019年7—9月，联合国家文物局在全国文物系统部署开展文博单位火灾隐患排查整治工作，组织对文物建筑消防安全大检查进行“回头看”，重点整治文物建筑内用火用电、烧香烧纸、危险物品、设施设备等方面存在的隐患问题，督促文物保护单位落实主体责任。

（四）大型商业综合体消防安全专项整治“回头看”

2019年10—12月，部署开展大型商业综合体消防安全专项整治“回头看”

表 3-9-1　2019 年全国火灾情况表

地区	火灾概况						较大火灾				重大火灾				特别重大火灾			
	起数（起）	死亡（人）	受伤（人）	损失			起数（起）	死亡（人）	受伤（人）	直接损失（万元）	起数（起）	死亡（人）	受伤（人）	直接损失（万元）	起数（起）	死亡（人）	受伤（人）	直接损失（万元）
				直接损失（万元）	烧毁建筑（平方米）	受灾户数（户）												
合　计	255625	1369	889	402992. 2	16755106	78520	75	266	81	19451. 5	1	19	3	2380. 4				
北　京	3034	27	29	7170. 7	23507	65	3	6		2907. 1								
天　津	1570	14	17	4163. 0	36637	291												
河　北	4001	32	26	20711. 1	2841936	1553	1	4		17. 5								
山　西	4625	51	25	8446. 6	452408	820	1	6	1	5. 8								
内蒙古	5421	30	13	8113. 0	747990	558	2	6		24. 4								
辽　宁	17576	99	19	12665. 1	638606	4030	4	13	1	106. 6								
吉　林	6984	34	14	4956. 5	1744829	1346	1	3	5	28. 9								
黑龙江	10530	32	25	10215. 1	1155896	1882	1	3		14. 8								
上　海	3988	44	43	13850. 7	76890	304	3	3	1	7653. 0								
江　苏	12866	92	67	30123. 5	249306	2229	4	17		482. 3								
浙　江	10545	60	56	26091. 3	293462	4980	2	6	5	22. 1	1	19	3	2380. 4				
安　徽	9698	44	31	16689. 8	667267	1120	4	17	3	141. 7								
福　建	7116	93	37	14204. 6	273308	1656	6	20	6	56. 5								
江　西	9342	34	32	22329. 5	249532	7619	2	7	4	148. 3								
山　东	19010	52	21	19075. 0	636137	5905	6	18	3	107. 6								

表 3-9-1（续）

地区	火灾概况						较大火灾				重大火灾				特别重大火灾			
	起数（起）	死亡（人）	受伤（人）	损失			起数（起）	死亡（人）	受伤（人）	直接损失（万元）	起数（起）	死亡（人）	受伤（人）	直接损失（万元）	起数（起）	死亡（人）	受伤（人）	直接损失（万元）
				直接损失（万元）	烧毁建筑（平方米）	受灾户数（户）												
河南	10122	30	25	13854. 8	703997	3566	3	13		12. 5								
湖北	14907	20	4	11918. 6	167323	5657	3	3		5231. 6								
湖南	7419	78	69	18104. 9	252650	3181	5	17	1	113. 9								
广东	25048	98	58	41594. 4	446749	3380	8	36	5	1379. 1								
广西	5315	47	42	10213. 8	360070	2690	5	17	9	15. 5								
海南	1590	6	4	3078. 5	153669	73												
重庆	6474	64	33	12440. 3	159176	2265	1	6		46. 9								
四川	14248	63	91	16658. 8	194345	3314	1	4	24	350. 1								
贵州	5580	43	42	10530. 9	175381	1845	6	24	13	126. 1								
云南	7486	78	30	14262. 4	515965	5862	1	6		16. 7								
西藏	149			1904. 5	14656	82												
陕西	8136	59	19	13407. 6	216201	3686	1	7		5. 1								
甘肃	7979	10	9	4475. 0	553595	1243												
青海	1556	10	1	1842. 1	1537966	242	1	4		437. 4								
宁夏	4652	2	1	2744. 5	422520	2952												
新疆	8658	23	6	7155. 5	793135	4134												

工作，聚焦重大隐患问题，推动落实大型商业综合体及行业系统、集团总部安全责任，大力开展消防安全达标创建工作，进一步健全完善大型商业综合体消防安全管理长效机制。

（五）冬春火灾防控

2019 年 11 月，在全国部署开展冬春火灾防控工作，聚焦高层建筑和大型商业综合体、学校医院、养老机构以及“多合一”、群租房、老旧小区、民俗客栈、小微企业、电动自行车等 11 类重点场所领域，深入开展火灾隐患排查整治和消防宣传教育，有效维护消防安全形势整体稳定。

三、重点工作

（一）强力推动责任落实

强化政府领导责任，完成省级政府安全生产和消防工作合并后首考，考核结果通报省级政府和相关部委，有效解决一批消防安全突出问题。强化部门监管责任，分系统、分领域研判消防安全风险隐患，主动走访民政、教育、住建等 5 个部委，落实“一部门一建议”“一行业一对策”，推动将消防安全嵌入行业系统日常管理体系，强化条线监管。联合民政部等部委部署开展为期两年的民办养老机构消防安全达标提升工程，开展第八批“国保”单位联合检查，挂牌督办整改 33 家重大火灾隐患文博单位。强化单位主体责任，量身定制社会单位“三自主两公开一承诺”管理模式，培树大型综合体消防安全管理示范单位，配套制定高层建筑、文博单位、“多合一”场所 3 个排查治理导则和 11 类重点场所领域指导手册，累计向社会公开消防安全责任人、管理人 60 万余名，探索建立长效管理机制。针对部分地区火灾多发、问题突出的情况，先后派出 10 个工作组开展明查暗访，就加强小微企业和生产加工作坊消防安全监管工作，提出纳入国家推进基层社会治理改革大局统筹考虑，研究制定 7 项防范应对举措，推进基层消防安全治理模式转型和能力升级。

（二）聚焦风险精准治理

精准实施“靶向性”治理，坚持问题导向，组织分析近 10 年 35 起群死群伤火灾，梳理出商场市场、劳动密集型企业、公共娱乐等 9 类重点场所和违规使用易燃可燃材料装修、消防设施损坏停用等 9 类突出风险，制定 9 项工作措施，系统性提出防控策略。接续开展“防风险、保平安、迎大庆”、大型商业综合体整治“回头看”、冬春火灾防控等专项行动，共检查单位 655 万余家，督改火灾隐患 934 万余处，整改销案重大隐患 7026 家。精准开展“预警式”指导（图 3-9-1）。落实“周研判、月调度”常态机制，针对传统节日、重大活动以及广西桂林“5·5”出租屋较大亡人火灾事故、浙江宁波锐奇日用品有限公司“9·29”重大火灾事故等有影响火灾，通过发出工作提示、事故通报等形式，及时预警风险。在陕西西安、吉林长春两个地区召开片区会，专题部署执法检查专项行动，研讨执法改革走向，指导火灾防控工作。精准落实

图 3-9-1　消防安全监督检查

“信用型”管理，紧跟国家推进社会信用体系建设战略，引入信用监管理念，研究制定《消防安全领域信用管理暂行办法》，规范消防安全领域信用管理及失信判定方法，综合运用失信黑名单、联合惩戒等市场化手段有效倒逼市场主体积极参与消防治理。

（三）深入推进执法改革

落实“放管服”要求，提请全国人大修改《中华人民共和国消防法》，启动《中华人民共和国消防救援人员法》立法工作。分解落实 12 项改革任务，顺利移交消防建审验收职责，取消消防技术服务机构资质许可，放开消防产品认证检验市场。全面推行“双随机、一公开”监管机制，强化火灾事故“一案三查”，在自贸区实行公众聚集场所检查告知承诺制。申报制修订国家和行业消防标准 51 项，已发布实施 38 项，加快消防工作法治化规范化建设。会同市场监管总局印发公告，取消 13 类消防产品的强制性认证管理，改为自愿性认证，最大限度地放宽消防产品市场准入限制。指导消防产品认证检验机构注销强制性认证证书 7 万余张，制定发布消防产品自愿性认证规则，利用信息化技术及时有效完成证书换证工作。向社会开放认证检验市场，开放强制性认证指定实验室 2 家，开放自愿性认证、检验机构近 30 家。

（四）精心护航重大活动

以新中国成立 70 周年庆祝活动消防安保为中心，圆满完成 15 项重大安保任务。构建统一指挥、前后方协同配合的消防安保指挥体系，成立消防安保总指挥部，实体化运行安保办公室，及时掌握上级部署安排，主动对接大安保组及主责消防救援总队提前介入、及时跟进。结合重大活动各阶段工作部署，从实战阶段“周调度”到决战阶段“日调度”，梯次趋紧、密集调度。针对新中国成立 70 周年庆祝活动、第二届“一带一路”国际合作高峰论坛、世界园艺博览会、亚洲文明对话大会、第七届世界军人运动会、第二届中国国际进口博览会等重大活动规模特点，逐一制发消防安保方案，指导北京、上海、湖北等消防救援总队依靠党委、政府，细化目标、措施、任务和要求，梯次加压、稳扎稳打，发动行业部门和群防群治力量，全面落实“点线面”严防严控措施。成立前方工作组靠前指挥、一线驻守，实地指导重大活动消防安保工作。抽调专家和骨干力量增援一线，组织举办业务培训交流，督促属地强化主战主责，落实高效精确联合指挥、督导检查跟踪问效、多元力量联防联控、党建引领保障等战时机制，严格挂图作战、清单督办、混编联防、实名检查、核心守护、重点盯防等超常措施，确保重大活动消防安全。

（五）拓展建强宣传阵地

召开全国消防宣传工作会议，制定印发《关于加强消防宣传队伍建设的意见》《关于总队全媒体工作中心建设的意见》《消防救援队伍应急宣传工作规则》3 个宣传文件，实行消防宣传常态化联络制度，建立全国季度视频会和局机关宣传月例会机制。召开中央级新闻媒体通气会，组织开展“媒体记者走进消防”采访活动。在中央电视台《新闻联播》《焦点访谈》、中央人民广播电台《全国新闻联播》《新闻纵横》等重点栏目播出消防新闻、专题 3900 余条，消防安全提示 2100 余条（次）；在《人民日报》、新华社、《光明日报》《经济日报》《中国青年报》等中央主流媒体刊发消防稿件 1500 余篇，推出消防专版 13 个。拓宽新媒体传播渠道，形成以“中国消防”微博、“中国消防”微信、“学习强国”“今日头条”“抖音”“快手”“一点资讯”“微视”“央视频”“知乎”“澎湃”“企鹅”12 个新媒体账号为主体的中国消防政务新媒体矩阵。“中国消防”新媒体粉丝嘉年华活动在山西平遥举行，“中国消防”官方微博获评“2019 年十大科普自媒体”“微博十年特别贡献矩阵”“2019 年金牌政务主编”等荣誉。消防系统短视频流量占“抖音”平台政务号 4 成以上，2019 年共创造 332 亿播放量的视听资源，“中国消防”强国号是首家入驻“学习强国”学习平台的中央国家机关官方强国号，“中国消防”官方微信粉丝突破 160 万，推出 30 余条阅读量超 10 万的作品。

（六）精心筹划主题宣传

结合“3・15”国际消费者权益日、“5・12”防灾减灾周等重要宣传节点，部署开展“打通生命通道”“火灾隐患大家找”等主题宣传活动。提早谋划部署“119 消防宣传月”活动，以“防范火灾风险、建设美好家园”为主题，广泛开展消防宣传“七进”和“全民消防我体验”“平安消防大走访”“消防文创大征集”等活动。消防宣传月期间，开通全国消防体验场馆预约平台，上线以来预约参观人数超 30 万；联合支付宝“答答星球”平台，开展消防安全知识答题，吸引网友答题超 8 亿场次，协调美团、京东公司开展“消防安全进千万家”活动，发放各类宣传资料 5000 余万份，邀请消防宣传公益使者、国内演员杨紫拍摄消防科普短剧，各地通过举办消防趣味运动会、城市大型灯光秀、张贴明星代言海报以及演播消防综艺节目、小品、情景剧、儿童音乐剧、广播剧等文艺作品，集中掀起活动热潮。将消防宣传“进学校”作为年度重点工作，组织召开全国中小学校消防安全宣传教育工作现场会，与教育部联合下发关于做好全国中小学生寒假、暑假消防安全教育工作的通知，部署开展消防安全教育“四个一”、消防安全主题班会、儿童消防绘画作文征集等活动，印发 27 万册《小学生消防安全读本》免费赠送西部贫困地区小学。据统计，全年全国共有 2.1 亿在校学生接受教育，形成强大辐射带动效应。

（七）大力夯实火灾调查工作基础

推动火灾调查机制改革创新，制定《关于开展火灾延伸调查强化追责整改的指导意见》，明确火灾延伸调查范围和组织实施，细化工程建设、中介服务、产品质量和使用管理主体责任，以及调查处理方式和途径。指导各总队开展轻微火灾登记试点工作，论证火灾调查“繁简分流”可行性，探索推行消防救援中队轻微火灾简易登记制度，积极应对江苏响水天嘉宜化工有限公司“3・21”特别重大爆炸事故、四川成都武侯区佳灵路“3・6”火灾事故、首都国际机场“8・27”起火事故、浙江宁波锐奇日用品有限公司“9・29”重大火灾事故等重大爆炸和有影响火灾事故，第一时间启动应急响应，组织专家赶赴现场开展调查，最大限度还原事故原貌，及时拿出权威调查结论，为事故后续处理提供可靠依据。征集近 10 年全国较大以上火灾案例，深度分析火灾规律特点和事故教训，推进建立火灾调查基础数据库。

（八）着力抓实产品监管

完善消防产品质量认证检验和监督执法相结合的使用领域消防产品监督抽查工作机制，协调市场监管总局将消防产品纳入《假冒伪劣重点领域治理工作方案（2019—2021）》重点整治产品，分别于 3 月、7 月在全国范围内部署开展消防产品质量监督抽查专项行动。将消防产品质量各方主体责任纳入火灾事故倒查追责和“黑名单”管理，依法实施联合惩戒，进一步强化事中事后监管。部署开展消防产品质量地方监督抽查工作，推动各地开展消防产品监督执法网上考评，及时发现和纠正执法中出现的不规范问题。部署开展消防产品认证检验工作规范化检查和廉洁自律教育活动，指导评定中心、国家消防工程技术研究中心召开公正性保障委员会会议，进一步提升认证、检验业务能力和服务质量。强化获证产品证后监督力度，及时处理持证造假行为，严把消防产品市场准入关，暂停 648 家企业生产的不合格产品证书 3038 张，撤销 44 家企业生产的不合格产品证书 154 张。

（九）深入推进科技创新

完善消防科技工作机制，组织制修订《应急管理部消防救援局科技计划项目管理办法》《应急管理部消防救援局科技创新奖励办法》《应急管理部消防救援局科技成果推广应用管理办法（试行）》，编制年度科研计划和信息化发展四年规划。坚持“科技兴消”理念，组织对“堰塞湖灾害应急救援技术与装备研究”等 65 个项目开展攻关研究，与相关单位共同修改完善“重大灾害事故防治”国家重大科技专项申报材料，编写“智慧消防风险监测预警”国家重点专项申报材料，修改完成“自然灾害防治技术装备工程化攻关目录”。指导哈龙回收管理中心落实回收体系的建设、运行、管理以及组织协调等日常工作。深入推进 PFOS 类灭火技术淘汰与替代工作。2019 年，部属消防研究所共获专利授权 97 项，其中发明专利 35 项、实用新型专利 62 项，软件著作权 28 项。获科技奖励 15 项，其中四川省科技进步二等奖 1 项，中国消防协会科学技术创新一等奖 1 项、二等奖 6 项、三等奖 4 项，广东省土木建筑学会科学技术奖励一等奖 1 项。101 项消防科技成果转化应用到实战，上海消防研究所牵头申报的“应急救援现场感知与协同指挥关键装备技术研究及应用”荣获国家科技进步二等奖。

（十）全面加强人才建设

结合全员岗位练兵工作，推动防火监督队伍建设。制定印发《防火岗位大练兵工作方案》，采取集体培训、专家指导、座谈研讨、实操演示等多种方式开展防火岗位大练兵活动，集中组织比武竞赛，以练促建、以比促学，着力营造防火岗位学业务、比能力的浓厚氛围。推动火调专业队伍建设，全面统计全国火调人员实力，针对性制定专业培养计划。组织第五批全国火灾调查专业技术人才培养工作，300 名业务骨干分赴天津、沈阳、上海和四川消防研究所进行跟班实习。组织开展火灾调查技术服队下基层帮扶活动，1000 余名基层专兼职火调人员参与相关指导学习工作，帮扶提升一线火调人员的工作能力。推动宣传人才队伍建设，指导各地依据《关于加强消防宣传队伍建设的意见》，进一步吸纳宣传人才、保留宣传骨干，为宣传工作提供强有力的人才支撑，部署各级做好宣传岗位练兵工作，不定期对各级宣传人员开展业务拉练考核，组织宣传人员随战训、信通等演练同步随队宣传。举办应急宣传摄像培训班，提升基层摄像员应急宣传能力和随队作战业务水平。

第十章 其他部门负责的重点行业领域安全

一、道路运输安全

（一）基本情况

【公路里程及运量】2019年，我国公路通车总里程达到501.3万公里，比2018年增加16.6万公里；公路密度52.2公里/百平方公里，增加1.73公里/百平方公里。公路养护里程495.3万公里，占公路总里程的98.8%。其中，高速公路达到15.0万公里，新增0.7万公里；高速公路车道里程66.9万公里，增加3.61万公里。国道里程36.6万公里；省道里程37.5万公里；农村公路总里程达420.1万公里，其中，县道里程58.03万公里、乡道里程119.8万公里、村道里程242.2万公里。新改建农村公路29万公里。近5年全国公路里程数呈逐年增长态势，2019年公路通车总里程和高速公路里程比2015年增加43.6万公里和2.6万公里，分别增长9.5%和20.9%。

2015—2019年公路通车里程统计见表3-10-1，发展趋势如图3-10-1所示。

2019年，全国公路货运量、货物周转量分别约为343.6亿吨、59636.4亿吨公里，比2015年分别提高9.1%和2.9%；客运量、旅客周转量分别为130.1亿人、8857.1亿人公里，比2015年分别下降19.6%和17.6%。近年来，随着人民群众生活水平的提高，以及高铁、民航和自驾等出行方式日益多样化，公路旅客运输得到了一定的分流，全国公路客运量、旅客周转量从2014年开始连续6年出现下降。

2015—2019年全国公路货运量、客运量及周转量统计见表3-10-2，全国公路货运量、货物周转量发展趋势如图3-10-2所示，全国公路客运量、旅客周转量发展趋势如图3-10-3所示。

表3-10-1 2015—2019年公路通车里程统计表　　万公里

年 份	公路通车里程	高速公路里程
2015	457.7	12.4
2016	469.6	13.1
2017	477.4	13.6
2018	484.7	14.3
2019	501.3	15.0
比2015年	43.6	2.6
五年变化幅度（%）	9.5	20.9

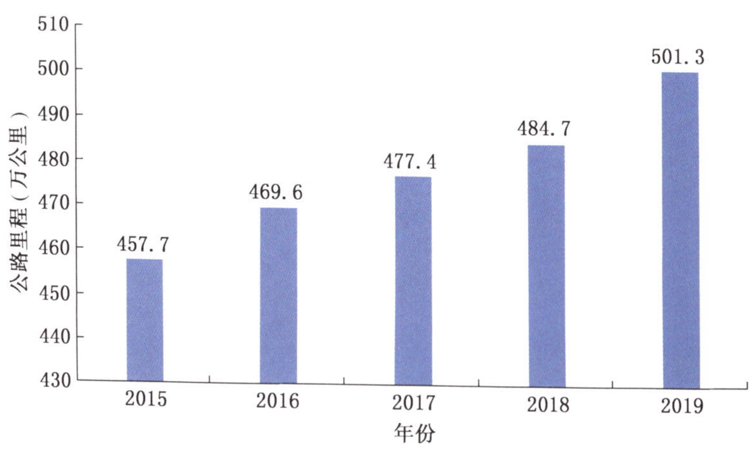

图 3-10-1　2015—2019 年全国公路通车里程发展趋势图

表 3-10-2　2015—2019 年全国公路货运量、客运量及周转量统计表

年　份	公路货运量（亿吨）	货物周转量（亿吨公里）	客运量（亿人）	旅客周转量（亿人公里）
2015	315.0	57955.7	161.9	10742.7
2016	334.1	61080.1	154.3	10228.7
2017	368.0	66712.5	145.9	9765.1
2018	395.7	71249.2	136.7	9279.7
2019	343.6	59636.4	130.1	8857.1
比 2015 年	28.6	1680.7	-31.8	-1885.6
五年变化幅度（%）	9.1	2.9	-19.6	-17.6

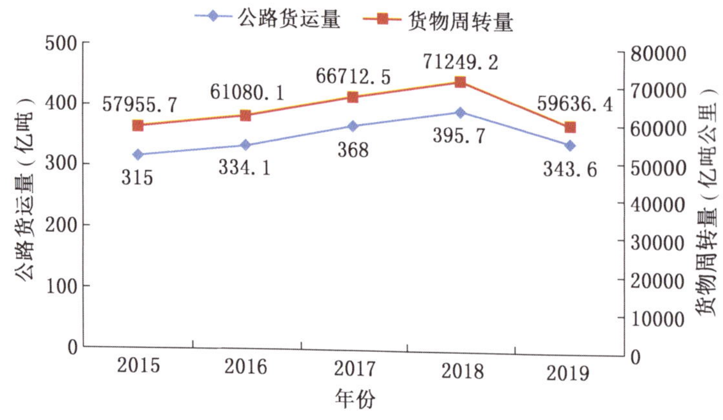

图 3-10-2　2015—2019 年全国公路货运量、货物周转量发展趋势图

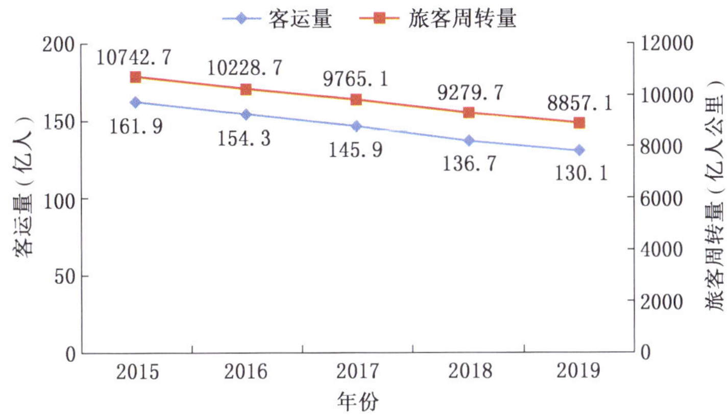

图 3-10-3 2015—2019 年全国公路客运量、旅客周转量发展趋势图

【机动车保有量】2019 年，全国机动车保有量为 3.5 亿辆，比 2015 年增加 0.7 亿辆，增长 25.0%，呈逐年增加趋势。其中，汽车保有量 2.6 亿辆，占总量的 74.3%，较 2015 年增加 0.9 亿辆，增长 52.9%，已成为机动车构成主体。从车辆类型看，小型载客汽车保有量达 2.2 亿辆，比 2018 年增加 1926 万辆，增长 9.4%，是汽车保有量增长的主要组成部分。2019 年，私家车（私人小微型载客汽车）保有量首次突破 2 亿辆，达 2.1 亿辆，近 5 年年均增长 1966 万辆。

2015—2019 年全国机动车保有量及驾驶人数量统计见表3-10-3，发展趋势如图 3-10-4 所示。

2019 年，全国有 66 个城市的汽车保有量超过 100 万辆，30 个城市超 200 万辆，其中，北京、成都、重庆、苏州、上海、郑州、深圳、西安、武汉、东莞、天津 11 个城市超 300 万辆。全国新能源汽车保有量达 381 万辆，占汽车总量的 1.5%，与 2018 年相比增加 120 万辆，增长 46.1%；其中，纯电动汽车保有量 310 万辆，占新能源汽车总量的 81.2%。新能源汽车增量连续两年超过 100 万辆，呈快速增长趋势。

表 3-10-3 2015—2019 年全国机动车保有量及驾驶人数量统计表

年 份	机动车保有量（亿辆）		机动车驾驶人数量（亿人）
	总量	汽车	
2015	2.8	1.7	3.3
2016	2.9	1.9	3.6
2017	3.1	2.2	3.9
2018	3.3	2.4	4.1
2019	3.5	2.6	4.4
比 2015 年	0.7	0.9	1.2
五年变化幅度（%）	25.0	52.9	37.5

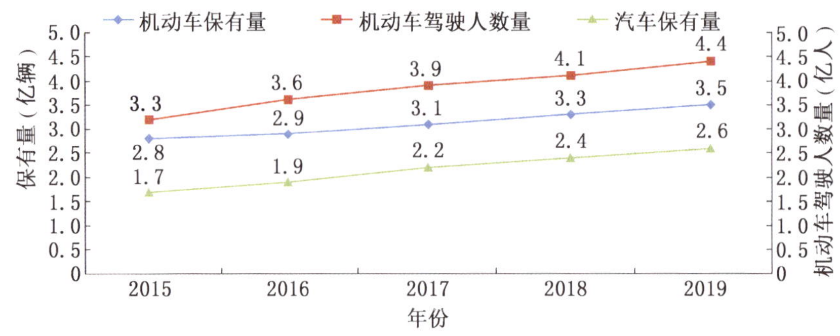

图 3-10-4　2015—2019 年全国机动车保有量及驾驶人数量发展趋势图

【驾驶人数量】随着机动车保有量的持续快速增长，全国机动车驾驶人数量也呈现迅猛增长的趋势。2019 年，全国机动车驾驶人数量将近 4.35 亿人，汽车驾驶人达 3.97 亿人，占驾驶人总数的 91.3%。

（二）安全形势

2019 年，全国共发生道路运输事故 34543 起、死亡 19499 人，同比减少 5324 起和 3857 人，分别同比下降 13.4% 和 16.5%。在全年汽车增加 2000 万辆、驾驶人增加 3000 万人的情况下，全国重特大道路运输事故起数继续保持在 10 起以下，共发生 1 起重大事故、1 起特别重大事故，全国范围内总体呈平稳态势。

2019 年全国道路运输事故总量区域分布统计见表 3-10-4，2015—2019 年重特大道路运输事故统计见表 3-10-5。

表 3-10-4　2019 年全国道路运输事故总量区域分布统计表

地区	起数（起）	同比增减		死亡（人）	同比增减		地区	起数（起）	同比增减		死亡（人）	同比增减	
		起	%		人	%			起	%		人	%
合计	34543	-5324	-13.4	19499	-3857	-16.5	湖北	1386	-298	-17.7	947	-223	-19.1
北京	326	-34	-9.4	348	-40	-10.3	湖南	265	-37	-12.3	271	-20	-6.9
天津	1338	-148	-10.0	477	-21	-4.2	广东	4861	-284	-5.5	2231	-125	-5.3
河北	1165	-115	-9.0	871	-77	-8.1	广西	3277	-257	-7.3	1584	-238	-13.1
山西	620	-491	-44.2	557	-295	-34.6	海南	141	-37	-20.8	99	-7	-6.6
内蒙古	235	-130	-35.6	234	-96	-29.1	重庆	890	232	35.3	662	9	1.4
辽宁	753	-402	-34.8	496	-224	-31.1	四川	552	-332	-37.6	575	-240	-29.4
吉林	1420	118	9.1	384	-124	-24.4	贵州	1043	-112	-9.7	709	-177	-20.0
黑龙江	282	-245	-46.5	223	-112	-33.4	云南	626	-181	-22.4	583	-169	-22.5
上海	306	82	36.6	234	15	6.8	西藏	275	39	16.5	125	1	0.8
江苏	5414	-98	-1.8	2244	-412	-12.2	陕西	549	-230	-29.5	331	-97	-22.7
浙江	1110	-657	-37.2	897	-549	-38.0	甘肃	580	-96	-14.2	438	-74	-14.5
安徽	982	-247	-20.1	818	-106	-11.5	青海	320	-3	-0.9	176	2	1.1
福建	1128	-330	-22.6	533	-81	-13.2	宁夏	131	-21	-13.8	76	-14	-15.6
江西	1778	-45	-2.5	976	-13	-1.3	新疆	1014	270	36.3	363	30	9.0
山东	1050	-655	-38.4	633	-176	-21.8	新疆兵团	42	-9	-17.6	19	-7	-26.9
河南	684	-226	-24.8	385	-146	-27.5							

注：部分特殊事故未纳入地区统计。

表 3-10-5　2015—2019 年重特大道路运输事故统计表

年　份	起数（起）	死亡（人）
2015	12	189
2016	8	135
2017	9	144
2018	5	64
2019	2	46
合计	36	578
五年降幅（%）	83.3	75.7

2019 年，全国道路运输安全形势呈现“一个下降、一个保持、一反复”的特点。

“一个下降”：事故总量继续下降。2019 年全国道路运输事故起数和死亡人数同比分别减少 5324 起和 3857 人，下降 13.4% 和 16.5%。

“一个保持”：事故防控工作整体水平继续保持平稳。2019 年重大道路运输事故起数继续保持在 10 起以下，仅发生 1 起重大道路运输事故。

“一反复”：道路运输事故发生的风险并未完全得到遏制，2019 年发生 1 起特别重大道路运输事故，造成 36 人死亡，2018 年未发生特别重大事故。

（三）重点工作

一是强化警示震慑，严肃认真开展特大事故调查工作。2019 年 9 月 28 日，长深高速公路江苏无锡段发生一起特别重大道路交通事故，经报国务院批准，应急管理部牵头成立国务院事故调查组迅速开展事故调查工作。事故调查组制定了详细的调查方案，细化责任分工，紧紧围绕人、车、路、管理等因素，赴江苏、河南、安徽、浙江 4 省深入细致开展现场勘察、检验鉴定、调阅资料、问询谈话等调查取证，全面查明事故情况、技术原因、管理原因，彻底查清企业、管理部门和地方政府在道路交通安全管理方面的问题，提出针对性的整改措施建议，形成事故调查报告。

二是加强事故督办，督促落实整改措施。会同公安部、交通运输部、农业农村部等部门做好湖南常德“3·22”旅游包车起火爆炸事件、浙江台州“5·12”重大农用车翻坠事故、湖南湘潭“9·22”重大道路交通事故现场督导工作，以国务院安委会名义挂牌督办湖南湘潭“9·22”重大道路交通事故，督促湖南省全面开展事故调查工作，采取针对性措施，加紧排查整治安全隐患。会同公安部、交通运输部对 2018 年甘肃兰州“11·3”、陕西西安“11·13”重大道路交通事故调查报告进行联合审核，督促吸取事故教训，切实落实问题整改。会同公安部、交通运输部赴陕西、河南、四川对 2017 年陕西安康京昆高速“8·10”特大事故整改措施落实情况进行评估，强化问题整改。

三是加强联合督导检查，推动行业安全监管。会同公安部、交通运输部对广东、广西、辽宁、内蒙古等重点地区营运车辆动态监控及营运客车安全带使用工作情况实施专项督导。会同交通运输部、国家铁路局联合对黑龙江、吉林等省道路、铁路领域春运安全工作开展督查检查，强化春运期间交通运输安全监管。会同公安部、交通运输部对江西道路交通安全工作进行明查暗访，发现深层次问题、提出针对性整改要求。

四是严格开展约谈工作，督促落实整改要求。会同公安部、交通运输部、住房和城乡建设部，以国务院安委办名义对江西抚州、福建泉州 6 个月内发生 3 起较大事故的情况进行联合约谈。配合交通运输部、公安部等 6 部委以交通运输新业态协同监管部际联席会议办公室名义联合约谈滴滴出行等 8 家网约车顺风车平台公司，要求平台公司必须严守安全底线，及时有效处理突发应急事件，保障驾驶员和搭乘人员的安全和合法权益。

五是加强道路交通安全隐患排查，强化重特大事故预防。会同国家发展改革委做好 2019 年春运工作，联合印发通知、召开全国电视电话会和新闻发布会，开展春运安全检查，督促各地排查整治安全隐患，切实保障人民群众春运期间出行安全。支持配合公安部、交通运输部开展“除隐患、防事故、保大庆”交通安全整治攻坚战和安全生产风险防控和隐患排查治理百日行动，着力防范化解重大风险、排查治理重大隐患，确保国庆期间全国道路交通安全形势持续稳定。协调配合交通运输部深入推进公路安全生命防护工程建设，突出急弯陡坡、临水临崖等重点路段，督促各地加强资金筹措，全年完成乡道及以上公路安全生命防护工程约 24 万公里。

六是加强顶层设计，完善法律法规标准体系。会同交通运输部牵头的交通强国建设纲要起草组提请党中央、国务院印发《交通强国建设纲要》，构建安全、便捷、高效、绿色、经济的现代化综合交通体系。提请国务院办公厅转发《关于加快道路货运行业转型升级促进高质量发展的意见》，保障道路货运行业安全稳定高质量发展。配合支持交通运输部完成《城市公共交通管理条例》《危险货物道路运输安全管理办法》等法规的制修订工作，进一步健全完善交通运输行业法律法规体系。协调支持公安部、交通运输部、国家铁路局等部门制定修改《机动车安全运行技术条件》《营运货车安全技术条件　第2 部分》《城市公共汽电车车辆专用安全设施技术要求》《汽车客运站安全生产规范》《高速铁路安全防护设计规范》等标准规范，强化交通安全技术支撑。

二、铁路运输安全

（一）基本情况

2019 年，全国铁路营业里程达到 13.9 万公里，同比增长 6.1%，其中，高铁 3.5 万公里，同比增长 20.7%。全国铁路完成旅客发送量 36.6 亿人，同比增长 8.4%。全国铁路旅客周转量 14706.6 亿人公里，同比增长 4.0%。全国铁路货物发送量 43.9 亿吨，同比增长 7.2%。全国铁路货物周转量 30182.0 亿吨公里，同比增长 4.7%。

2015—2019 年全国铁路、高铁营业里程趋势如图 3-10-5 所示，全国铁路旅客发送量、周转量趋势如图 3-10-6 所示，全国铁路货物发送量、周转量趋势如图 3-10-7 所示。

（二）安全形势

2019 年，全国铁路运输事故总量持续下降，全年发生铁路运输事故 1036 起、死亡 772 人，同比减少 102 起、87 人，分别下降 9.0% 和 10.1%。较大事故呈现

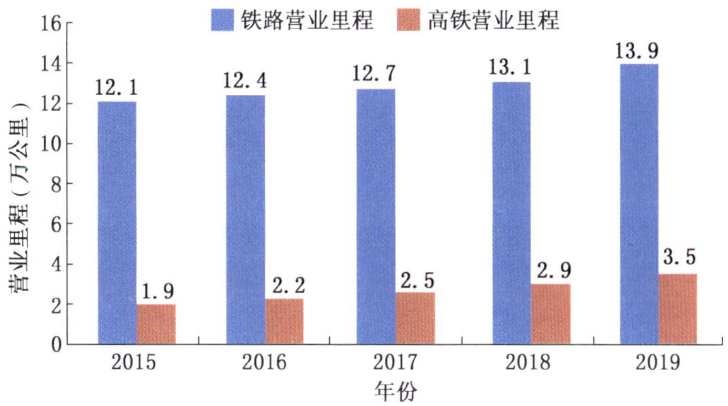

图 3-10-5 2015—2019 年全国铁路、高铁营业里程趋势图

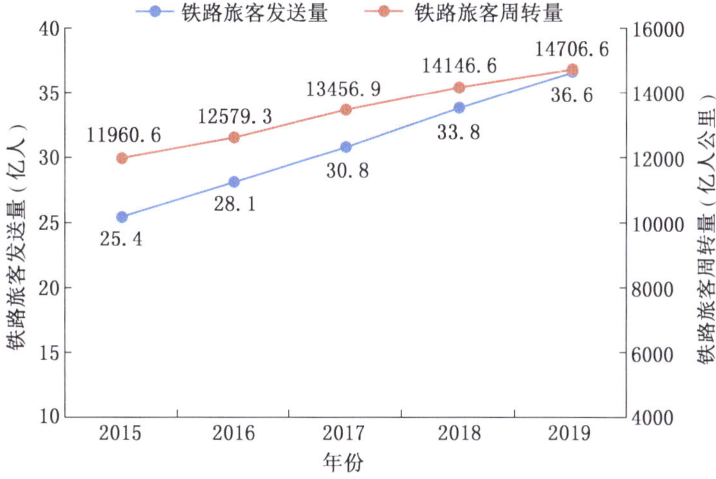

图 3-10-6 2015—2019 年全国铁路旅客发送量、周转量趋势图

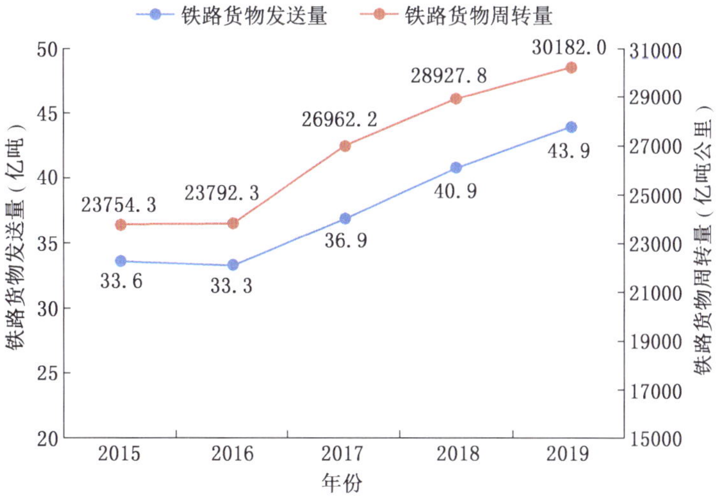

注：相关部门对 2018 年数据作了修正。

图 3-10-7 2015—2019 年全国铁路货物发送量、周转量趋势图

增长趋势，全年发生铁路运输较大事故 2 起、死亡 7 人，同比增加 2 起、7 人。全国未发生铁路运输重特大事故，自 2012 年起连续 8 年重特大事故零发生。

2015—2019 年铁路运输事故起数及死亡人数趋势如图 3-10-8 所示，2019 年铁路运输事故起数及死亡人数区域分布统计见表 3-10-6。

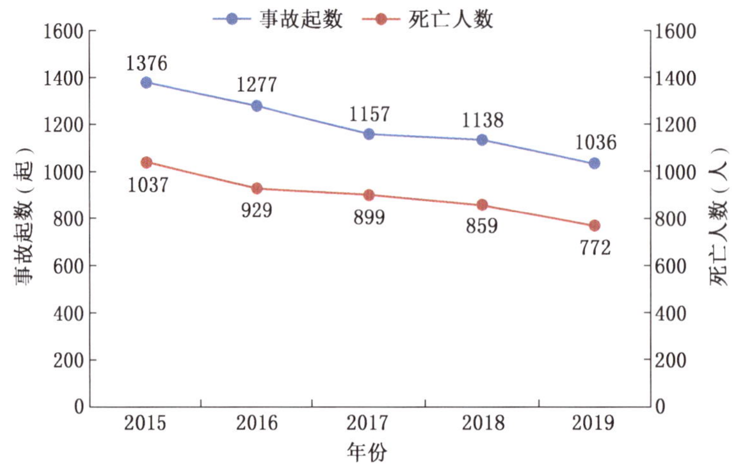

图 3-10-8　2015—2019 年铁路运输事故起数及死亡人数趋势图

表 3-10-6　2019 年铁路运输事故起数及死亡人数区域分布统计表

地　区	起数（起）	死亡（人）	地　区	起数（起）	死亡（人）
合计	1036	772	河南	40	35
北京	23	16	湖北	47	38
天津	12	8	湖南	133	108
河北	64	57	广东	28	22
山西	39	33	广西	42	33
内蒙古	51	25	海南	0	0
辽宁	43	27	重庆	38	28
吉林	43	27	四川	80	63
黑龙江	56	28	贵州	65	47
上海	1	1	云南	24	20
江苏	11	7	西藏	0	0
浙江	12	9	陕西	21	17
安徽	36	30	甘肃	13	11
福建	31	28	青海	6	0
江西	47	31	宁夏	7	5
山东	17	13	新疆	6	5

（三）重点工作

积极会同国家铁路局、交通运输部、国铁集团等部门安排部署铁路沿线环境综合整治工作，排查高铁沿线环境安全隐患，扎实推进标准化规范建设，高度重视重点时段的安全生产工作，不断提高铁路运输安全。

一是联合有关部门加强安全督查。会同交通运输部、国家铁路局联合对黑龙江、吉林等省道路、铁路领域春运安全工作开展督查检查，强化春运期间交通运输安全监管，确保重点时段铁路运输安全。

二是联合有关部门加强铁路沿线环境整治。会同国家铁路局、住房和城乡建设部、交通运输部、国铁集团联合召开铁路沿线环境综合整治推进会，开展京广高铁沿线重点地区环境综合整治情况现场督导检查，督促有关方面成立组织、制定方案，全面排查整治高铁沿线环境安全隐患问题，取得阶段性成效，有力带动了全国铁路沿线环境整治相关工作。

三、水上交通安全

（一）基本情况

【内河航道】2019 年，全国内河航道通航里程 12.73 万公里，同比增加 172 公里。等级航道里程 6.67 万公里，占总里程的 52.4%，提高 0.2%。三级及以上航道里程 1.38 万公里，占总里程的 10.9%，提高 0.3%。

各等级内河航道通航里程分别为：一级航道 1828 公里，二级航道 4016 公里，三级航道 7975 公里，四级航道 11010 公里，五级航道 7398 公里，六级航道 17479 公里，七级航道 17044 公里，等外航道里程 6.05 万公里。

2019 年全国内河航道通航里程构成如图 3-10-9 所示。

各水系内河航道通航里程分别为：长江水系 64825 公里，珠江水系 16495 公里，黄河水系 3533 公里，黑龙江水系 8211 公里，京杭运河 1438 公里，闽江水系 1973 公里，淮河水系 17472 公里。

2019 年全国各水系内河航道通航里程构成如图 3-10-10 所示。

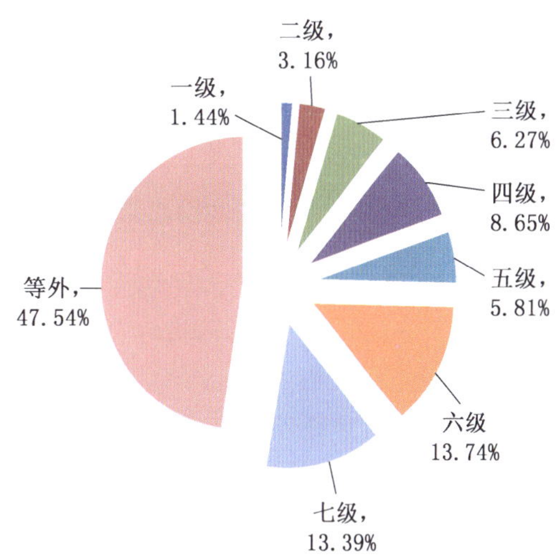

图 3-10-9 2019 年全国内河航道通航里程构成

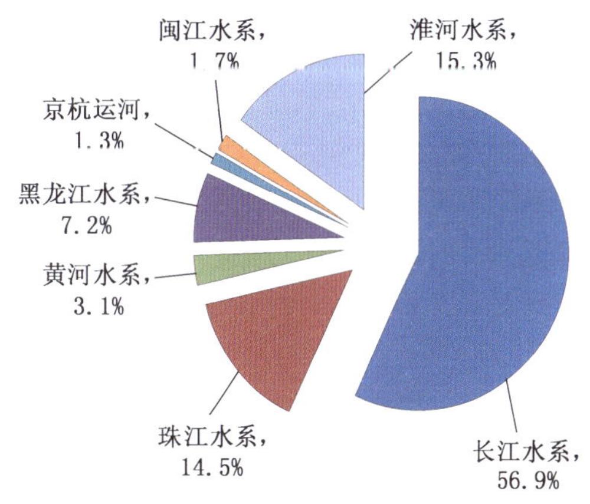

图 3-10-10 2019 年全国各水系内河航道通航里程构成

【港口】2019 年，全国港口有生产用码头泊位 22893 个，同比减少 1026 个。

其中，沿海港口生产用码头泊位5562个，减少172个；内河港口生产用码头泊位17331个，减少854个。2019年，全国港口有万吨级及以上泊位2520个，同比增加76个（表3-10-7）。其中，沿海港口万吨级及以上泊位2076个，增加69个；内河港口万吨级及以上泊位444个，增加7个。

2019年全国万吨级及以上泊位中，专业化泊位1332个，同比增加35个；通用散货泊位559个，同比增加28个；通用件杂货泊位403个，同比增加7个（表3-10-8）。

【运输船舶】 2019年，全国水上运输船舶13.16万艘，同比下降4.0%；净载重量25684.97万吨，同比增长2.3%；载客量88.58万客位，同比下降8.0%；集装箱箱位223.85万标准箱，同比增长

表3-10-7　2019年全国港口万吨级及以上泊位数量构成表　个

泊位吨级	全国港口	同比增减	沿海港口	同比增减	内河港口	同比增减
合计	2520	+76	2076	+69	444	+7
1万~3万吨级（不含3万吨）	859	+14	670	+14	189	
3万~5万吨级（不含5万吨）	421	+5	297	+3	124	+2
5万~10万吨级（不含10万吨）	822	+36	703	+31	119	+5
10万吨级及以上	418	+21	406	+21	12	

表3-10-8　2019年全国万吨级及以上泊位构成表（按主要用途划分）　个

泊位用途	2019年	2018年	同比增减
专业化泊位	1332	1297	35
集装箱泊位	352	338	14
煤炭泊位	256	252	4
金属矿石泊位	84	85	-1
原油泊位	85	82	3
成品油泊位	143	140	3
液体化工泊位	226	217	9
散装粮食泊位	39	41	-2
通用散货泊位	559	531	28
通用件杂货泊位	403	396	7

13.8%（表3-10-9）。2015—2019年，全国水上运输船舶数量和净载重量总体呈逐年下降趋势（图3-10-11）。

【船员】2019年，全国共有注册船员165.92万人，同比增长5.3%，其中，女性25.07万人。海船船员78.43万人，同比增长6.3%；内河船舶船员87.48万人，同比增长4.4%。2019年，活跃海船船员377016人，占海船船员总数的48.1%。

2019年各类别注册船员数量占比情况如图3-10-12所示。

表3-10-9 2019年水上交通船舶信息统计表

指标	实绩	同比增减（%）
内河运输船舶		
运输船舶数量（万艘）	11.95	-3.9
净载重量（万吨）	13080.08	1.3
载客量（万客位）	62.72	-12.4
集装箱箱位（万标准箱）	39.17	15.8
沿海运输船舶		
运输船舶数量（艘）	10364	-0.1
净载重量（万吨）	7079.98	2.8
载客量（万客位）	23.49	3.6
集装箱箱位（万标准箱）	63.26	11.7
远洋运输船舶		
运输船舶数量（艘）	1664	-26.1
净载重量（万吨）	5524.91	4.0
载客量（万客位）	2.37	14.9
集装箱箱位（万标准箱）	121.41	14.2

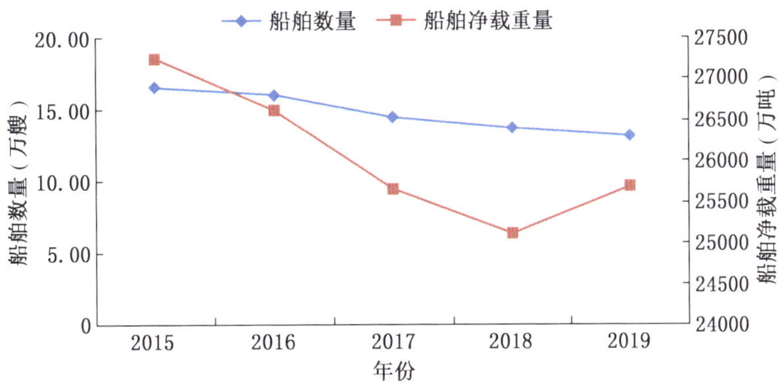

图3-10-11 2015—2019年全国水上运输船舶数量、净载重量

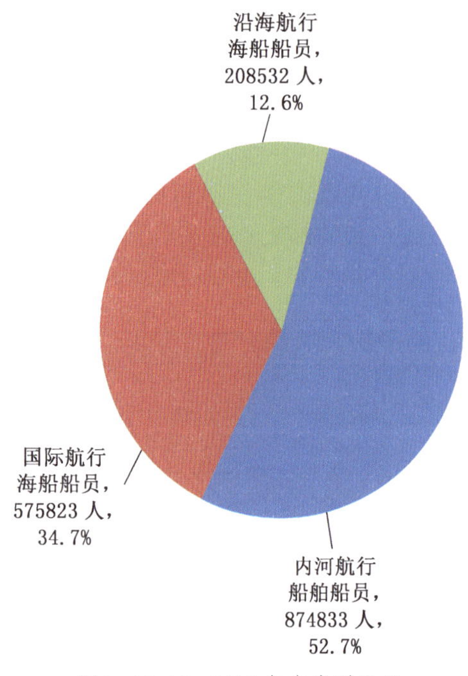

图 3-10-12　2019 年各类别注册船员数量占比情况

【水路运输情况】

（1）水路客运量旅客运输量。2019 年，完成水路客运量 2.73 亿人、旅客周转量 80.22 亿人公里，同比分别下降 2.6%、增长 0.8%。

（2）水路货运量和货物周转量。2019 年，完成水路货运量 74.72 亿吨、货物周转量 103963.04 亿吨公里，同比分别增长 6.3% 和 5.0%。其中，内河运输完成货运量 39.13 亿吨、货物周转量 16302.01 亿吨公里，沿海运输完成货运量 27.27 亿吨、货物周转量 33603.56 亿吨公里，远洋运输完成货运量 8.32 亿吨、货物周转量 54057.47 亿吨公里。

（3）港口旅客吞吐量。2019 年，全国港口完成旅客吞吐量 0.87 亿人，同比下降 6.7%。其中沿海港口完成 0.82 亿人，同比下降 6.5%；内河港口完成 0.05 亿人，同比下降 10.7%。全年我国邮轮旅客运输量 221.4 万人，同比增长 11.7%。

（4）港口货物吞吐量。2019 年，全国港口完成货物吞吐量 139.51 亿吨，同比增长 4.5%。其中，沿海港口完成 91.88 亿吨，同比下降 0.3%；内河港口完成 47.63 亿吨，同比增长 15.6%。2015—2019 年，全国内河港口与沿海港口货物吞吐量呈逐年增加趋势（图 3-10-13）。

全国港口完成外贸货物吞吐量 43.21 亿吨，同比增长 4.7%。其中，沿海港口完成 38.55 亿吨，同比增长 4.8%；内河港口完成 4.65 亿吨，同比增长 4.3%。2015—2019 年，全国港口外贸货物吞吐量呈逐年增加趋势（图 3-10-14）。

全国港口完成集装箱吞吐量 2.61 亿标准箱，同比增长 4.4%。其中，沿海港口完成 2.31 亿标准箱，同比增长 3.9%；内河港口完成 3015 万标准箱，同比增长 8.5%。全国规模以上港口完成集装箱铁水联运量 516 万标准箱，同比增长 14.2%，占规模以上港口集装箱吞吐量的 1.97%。2015—2019 年，全国港口集装箱吞吐量呈逐年增加趋势（图 3-10-15）。

【运价指数情况】

（1）国际运价指数情况。2019 年，波罗的海干散货运价指数（BDI）全年均值为 1328.92 点，同比下降 1.7%，全年最小值 658 点，最大值 2378 点，中位数 1354 点（与 2018 年中位数 1356 点基本持平）。

（2）国内运价指数情况。2019 年，沿海（散货）运价平均指数为 1059.98 点，同比下降 7.8%。

【重点船舶和重点水域】

（1）“四类重点船舶”：客船、危险品船、砂石船和易流态化固体散装货物运输船。

（2）“六区一线”重点水域：“六区”为渤海水域（含成山角及以北水域）、长

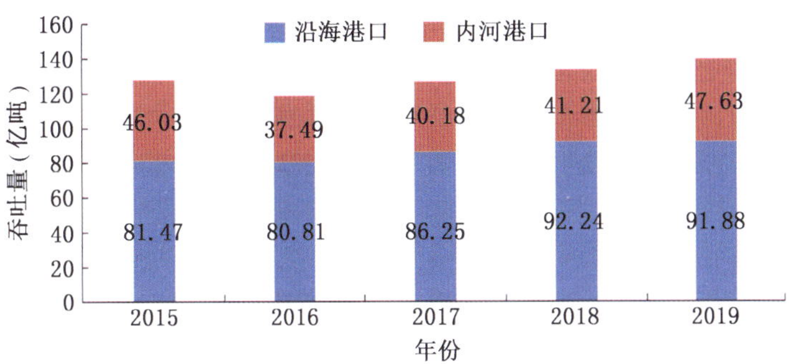

注：相关部门对部分数据作了修正。

图 3-10-13 2015—2019 年全国港口货物吞吐量

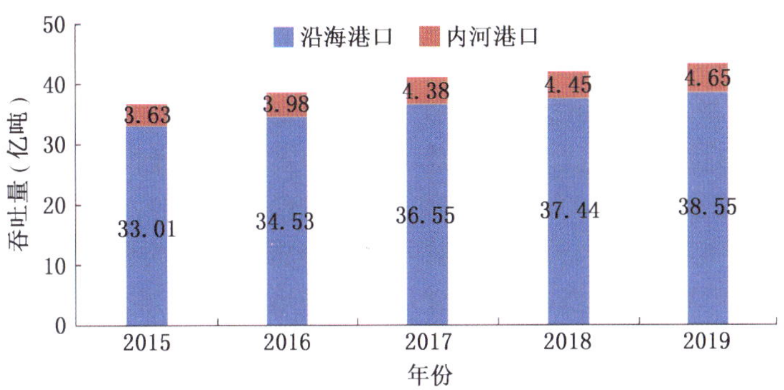

图 3-10-14 2015—2019 年全国港口外贸货物吞吐量

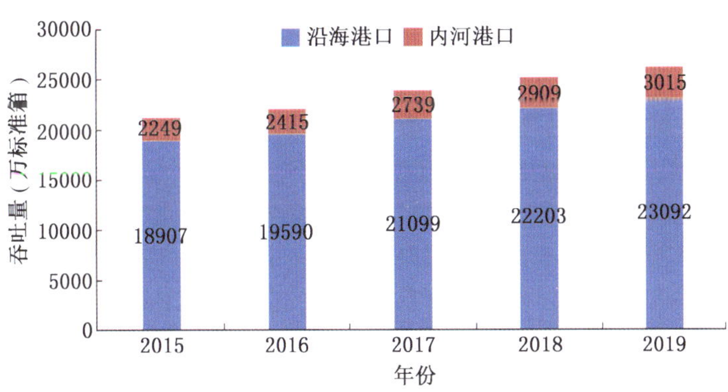

图 3-10-15 2015—2019 年全国港口集装箱吞吐量

江口水域、舟山群岛水域、台湾海峡水域、珠江口水域、琼州海峡水域，“一线”为长江一线水域（含西南山区水域）。

（二）安全形势

2019 年，我国共发生一般等级以上中国籍运输船舶水上交通事故 137 起、死亡失踪 155 人，同比分别下降 27.5% 和 34.6%，水上交通安全形势总体可控。

2019 年，水上交通安全形势总体可控，主要有以下特点：

一是水上交通安全形势基本稳定。在国际运价指数继续上涨、航运市场（特别是货运）依然活跃的背景下，水上交通安全形势总体可控，水上交通事故起数下降 27.5%，并连续第四年控制在 200 起以下。

二是特别重大事故得到有效遏制。未发生特别重大水上交通事故，水上交通行业连续 12 年未发生特别重大事故。

三是重点水域风险持续存在。“六区一线”重点监管水域事故依然较为集中，江苏、广东、上海、浙江、广西、福建等省份事故高发。

四是其他类事故有所抬头。其他类事故 49.5 件（占 36.1%），同比上升 50.0%；死亡失踪 51 人（占 32.9%），同比上升 45.7%。其他类事故是 2019 年各类事故中事故件数和死亡失踪人数均最多的事故种类，且同比上升，船员在船安全管理有待提高。

五是砂石运输船事故比较突出。在当年人员死亡失踪总数中，砂石运输船事故死亡失踪人数占 45.2%。砂石运输船事故起数占较大水上交通事故起数的 31.8%，砂石运输船事故需引起高度重视并重点防范。

（三）重点工作

切实推动海事部门进一步深化专项整治和监管执法工作，强化对“四类重点船舶”和“六区一线”重点水域的安全监管，严格事故调查处理，发挥事故警示教育作用，不断增强救援能力建设，防范遏制水上交通事故。

一是强化事故督导跟踪作用。对水上交通发生的 12 起较大事故进行督导，其中，对贵州黔西南州“5·23”重大乡镇自用船舶倾覆事故进行现场督导，对广西北海海域“3·23”客轮搁浅事故、山东烟台海域“5·9”客轮火灾事故、韩国仁川海域“7·15”客船火灾事故、黑龙江松花江水域“7·20”客船碰撞事故、山东日照港区水域“8·16”船舶倾覆事故等进行跟踪督导。

二是积极防范化解重大安全风险。面对涉客类船舶事故频发，特别是乡镇自用船舶重大安全风险凸显的情况，督促地方政府和海事部门进一步明确乡镇自用船舶安全监管职责，加强渡运客运重点水域的现场监管和涉客类船舶的动态监管。对长江干线重点水域进行调研，形成课题研究报告，推动相关部门进一步加强重点水域水上交通安全监管。

三是协调推动相关领域积极开展专项整治工作。推动交通运输部开展长期脱管船舶和内河船舶非法从事涉海运输专项治理，严厉打击船舶证书不全、配员不足、超载、超航区航行等违法违规行为。

四是日常综合协调工作。对各有关部门征求《海上交通安全法》《国内水路运输管理规定》《河道采砂管理条例》《公务船船员培训、考核和发证办法》等法律法规意见情况进行回复。

四、民航安全

（一）基本情况

【运输航空】

（1）运输周转量。2019 年，全行业完成运输总周转量 1292.7 亿吨公里，同比增长 7.1%。

2015—2019 年民航运输总周转量统计如图 3-10-16 所示。

全行业完成旅客周转量 11705.1 亿人公里，同比增长 9.3%。分航线看，国内航线完成 8520.2 亿人公里，同比增长 8.0%；国际航线完成 3185.0 亿人公里，同比增长 12.8%。

2015—2019 年民航旅客周转量统计如图 3-10-17 所示。

全行业完成货邮周转量 263.2 亿吨公里，同比增长 0.3%。分航线看，国内航线完成 78.6 亿吨公里，同比增长 4.1%；国际航线完成 184.6 亿吨公里，同比减少 1.3%。

2015—2019 年民航货邮周转量统计如图 3-10-18 所示。

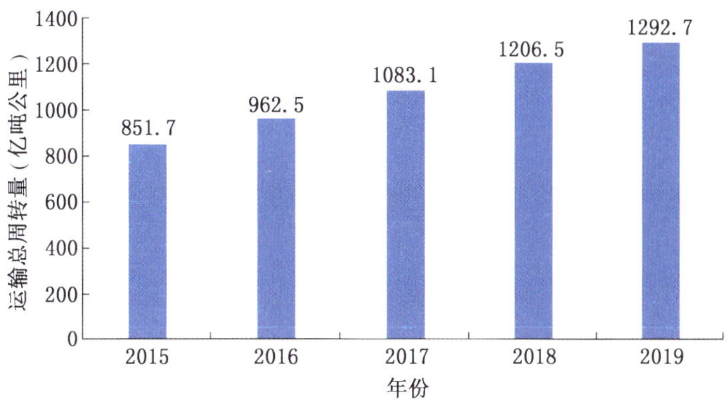

图 3-10-16　2015—2019 年民航运输周转量统计图

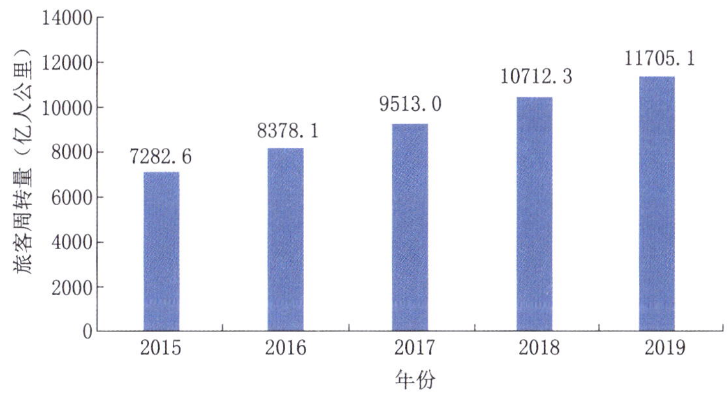

图 3-10-17　2015—2019 年民航旅客周转量统计图

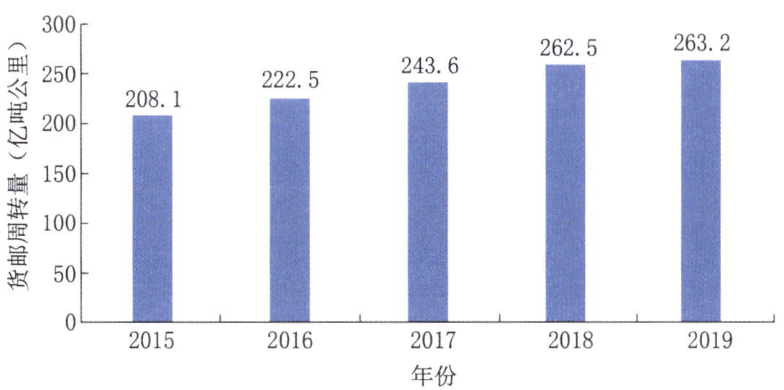

图 3-10-18　2015—2019 年民航货邮周转量统计图

（2）旅客运输量。2019 年，全行业完成旅客运输量 6.6 亿人次，同比增长 7.9%。分航线看，国内航线完成 5.9 亿人次，同比增长 6.9%；国际航线完成 0.7 亿人次，同比增长 16.6%。

2015—2019 年民航旅客运输量统计如图 3-10-19 所示。

（3）货邮运输量。2019 年，全行业完成货邮运输量 753.2 万吨，同比增长 2.0%。分航线看，国内航线完成 511.2 万吨，同比增长 3.1%；国际航线完成 242.0 万吨，同比减少 0.3%。

2015—2019 年民航货邮运输量统计如图 3-10-20 所示。

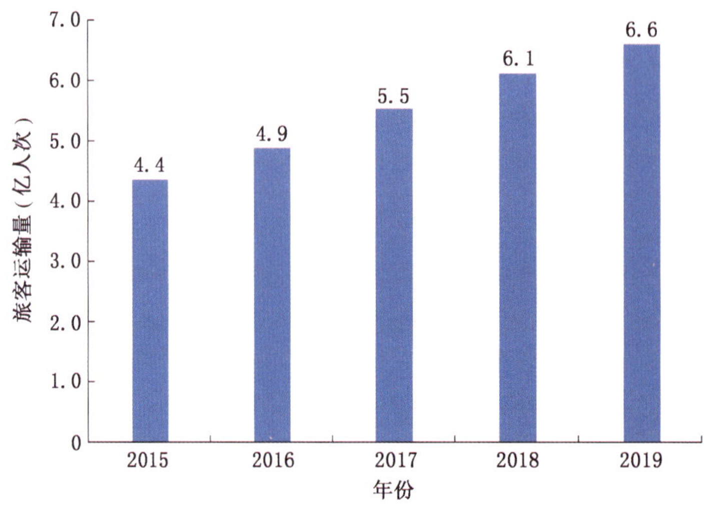

图 3-10-19　2015—2019 年民航旅客运输量统计图

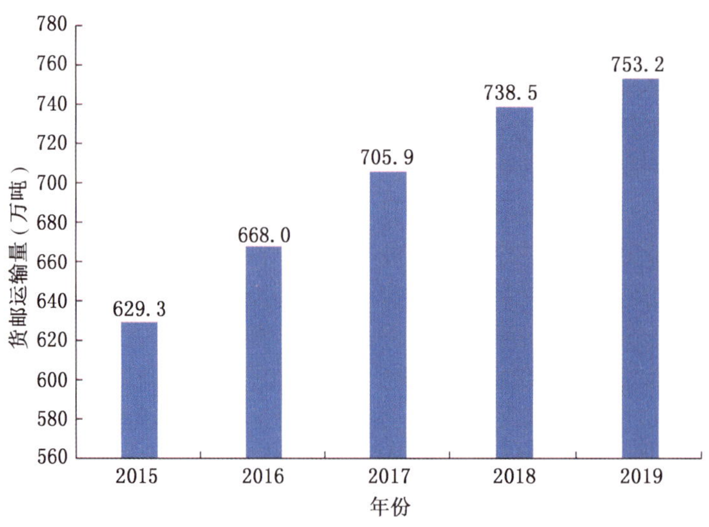

图 3-10-20　2015—2019 年民航货邮运输量统计图

（4）机场业务量。2019 年，全年旅客吞吐量超过 13 亿人次，完成 13.5 亿人次，同比增长 6.9%。分航线看，国内航线完成 12.1 亿人次，同比增长 6.5%（其中，内地至香港、澳门和台湾地区航线完成 2784.8 万人次，同比减少 3.1%）；国际航线完成 1.4 亿人次，同比增长 10.4%。

2015—2019 年民航运输机场旅客吞吐量统计如图 3-10-21 所示。

全年完成货邮吞吐量 1710.0 万吨，同比增长 2.1%。分航线看，国内航线完成 1064.3 万吨，同比增长 3.3%（其中，内地至香港、澳门和台湾地区航线完成 94.5 万吨，同比减少 4.9%）；国际航线完成 645.7 万吨，同比增长 0.4%。

2015—2019 年民航运输机场货邮吞吐量统计如图 3-10-22 所示。

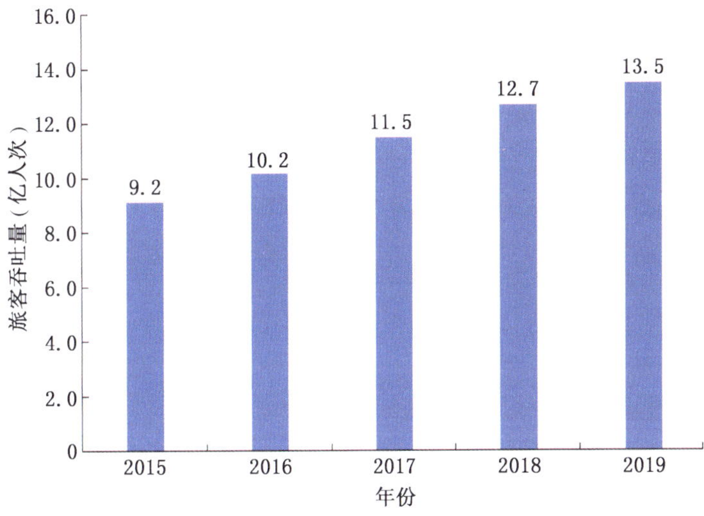

图 3-10-21 2015—2019 年民航运输机场旅客吞吐量统计图

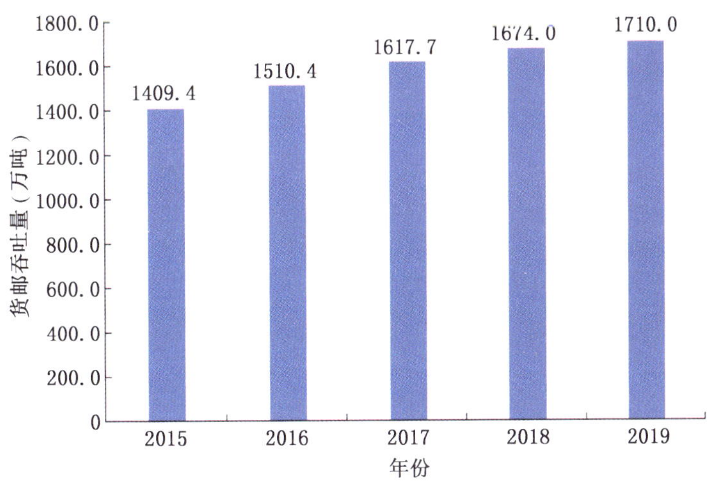

图 3-10-22 2015—2019 年民航运输机场货邮吞吐量统计图

全国民航运输机场完成飞机起降 1166.0 万架次，同比增长 5.2%（其中，运输架次 986.8 万架次，同比增长 5.3%）。分航线看，国内航线完成 1066.4 万架次，同比增长 5.0%（其中，内地至香港、澳门和台湾地区航线完成 19.6 万架次，同比减少 0.3%）；国际航线完成 99.6 万架次，同比增长 6.8%。分地区看，东部地区完成起降 528.3 万架次，中部地区完成 173.8 万架次，西部地区完成 388.8 万架次，东北地区完成 74.6 万架次。

2015—2019 年民航运输机场起降架次统计如图 3-10-23 所示。

（5）运输机队。2019 年，民航全行业运输飞机在册架数 3818 架，同比增加 179 架，增速为 4.91%，较上年有所回落。

2010—2019 年中国民航运输飞机数量趋势如图3-10-24 所示。

（6）机场数量。截至 2019 年底，我国共有颁证民用航空机场 238 个，同比增加 3 个，其中，定期航班通航机场 237 个，定期航班通航城市 234 个。年旅客吞吐量达到 100 万人次以上的通航机场 106 个，同比增加 11 个，年旅客吞吐量达到 1000 万人次以上的 39 个，同比增加 2 个。年货邮吞吐量达到 10000 吨以上的 59 个，同比增加 6 个。

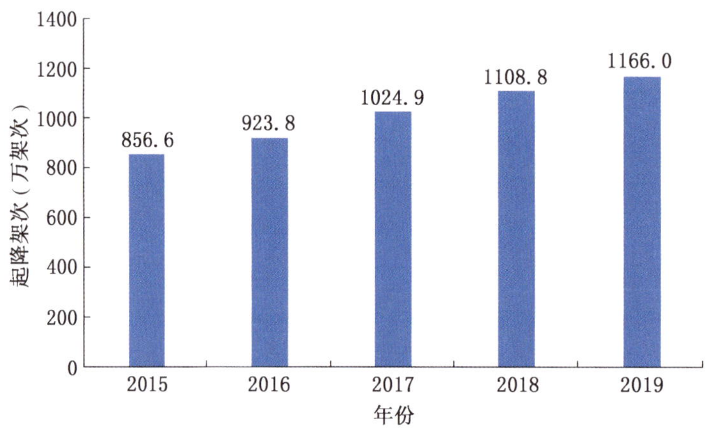

图 3-10-23　2015—2019 年民航运输机场起降架次统计图

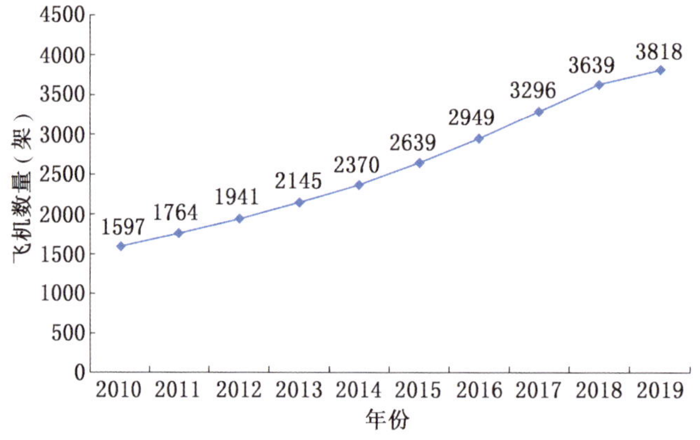

图 3-10-24　2010—2019 年中国民航运输飞机数量趋势图

（7）飞行员数量。2019 年，中国民航航空器驾驶员有效执照总数为 67953 本，其中，运动驾驶员执照（SPL）1173 本，私用驾驶员执照（PPL）4352 本，商用驾驶员执照（CPL）35329 本，多人制机组驾驶员执照（MPL）193 本，航线运输驾驶员执照（ATPL）26906 本。无人驾驶航空器有效驾驶员执照 67218 本。

【通用及小型运输】

（1）通用及小型运输企业。2019 年，我国有 426 家实际在运行的通用及小型运输航空公司，暂停或终止运行种类的通用及小型运输航空公司累计 80 家。

（2）机队规模。2019 年，我国通用及小型运输航空公司航空器数量共计 2368 架，其中，华北地区 534，华东地区 532 架，中南地区 574，西南地区 197 架，东北地区 307 架，西北地区 130 架，新疆地区 94 架。另外，飞行学院航空器数量 243 架。按航空器种类划分，实际用于运行的通用及小型运输公司，其飞行作业的航空器主要为飞机类、直升机类等，其中，飞机 1268 架，直升机 925 架，运动类 175 架。

（3）飞行员数量。2019 年，我国从事通用及小型运输的飞行员总计 3599 人，其中，华北地区 655 人，华东地区 846 人，中南地区 985 人，西南地区 358 人，东北地区 471 人，西北地区 150 人，新疆地区 134 人。从持有驾驶员执照类型上看，我国通用及小型运输航空飞行员多数持有商用驾驶员执照，其中，持有商用驾驶员 3159 人，航线驾驶员 414 人，运动类驾驶员 26 人。

（4）运行时间。2019 年，通用及小型运输航空公司运行时间总计 1091756 小时。

（5）无人机情况。2019 年，全行业无人驾驶航空器驾驶员执照数量 22645 本。在运行的无人机云提供商共计 10 家，其中接入无人机云交换系统中的云提供商 8 家，无人机云系统中交换运行数据 125 万小时。

（二）安全形势

2019 年，全行业未发生运输航空事故，同比减少 1 起；未发生通用航空较大事故，同比减少 2 起；发生通用航空一般事故 15 起，同比增加 2 起。全行业发生事故征候 583 起，同比减少 25 起，其中，运输航空事故征候 570 起，同比减少 13 起；通用航空事故征候 13 起，同比减少 12 起。发生运输航空严重事故征候 12 起，占运输航空事故征候总数的 2.11%，同比减少 4 起。运输航空事故征候万时率 0.463，同比下降 8.37%；运输航空严重事故征候万时率 0.010，同比下降 29.71%；运输航空人为原因事故征候万时率 0.023，同比下降 30.94%。运输航空机械原因事故征候万时率 0.020，同比上升 23.32%。地面事故征候万架次率 0.009，同比下降 54.41%；空管原因事故征候万架次率 0.003，同比下降 8.83%；机场原因事故征候万架次率 0.026，同比下降 42.26%；油料原因事故征候万架次率 0，同比下降 100%。

2019 年与 2018 年安全指标目标与实际值情况见表 3-10-10，事故征候按类型统计见表 3-10-11。

1. 安全飞行创纪录

2019 年，中国民航完成运输飞行 1230.9 万小时、496.5 万架次，旅客运输量 6.6 亿人次，同比分别增长 6.7%、5.8% 和 7.9%，航班正常率达到 81.65%。运输航空实现连续安全飞行 112 个月、8068 万小时，运送旅客 42 亿人次，并连续 17 年保证空防安全。通用航空飞行

表 3-10-10　2019 年与 2018 年安全指标目标与实际值情况表

指标名称	目　标	2019 年	2018 年	同比增减（%）	占比（%）
运输航空百万小时重特大事故率十年滚动值	≤0.15	0.0119	0.0131	-9.36	7.94
运输航空亿客公里死亡人数十年滚动值	≤0.014	0.00056	0.00063	-11.42	4.00
运输航空重大以下事故率三年滚动值	≤0.38	0.0290	0.0316	-8.17	7.64
空防事故	防止事故	0	0	0	0
通用航空事故万架次率	≤0.36	0.0621	0.0738	-15.79	17.25
通用航空死亡事故万架次率	≤0.18	0.0207	0.0393	-47.37	11.50
重大航空地面事故	防止事故	0	0	0	0
特大航空器维修事故	防止事故	0	0	0	0
重大以下航空抵免事故万架次率	≤0.03	0	0	0	0
运输航空事故征候万时率	≤0.60	0.4631	0.5054	-8.37	77.19
运输航空人为原因事故征候万时率	≤0.14	0.0227	0.0329	-30.94	16.25
严重事故征候万时率	≤0.10	0.0097	0.0139	-29.71	9.75
机械原因事故征候万时率	≤0.16	0.0203	0.0165	23.32	12.70
地面事故征候万架次率	≤0.10	0.0095	0.0208	-54.41	9.49
空管原因事故征候万架次率	≤0.05	0.0027	0.0030	-8.83	5.42
机场原因事故征候万架次率	≤0.08	0.0257	0.0446	-42.26	32.18
油料原因事故征候万架次率	≤0.01	0	0.0059	-100	0

注：1. 2019 年十年滚动值时间是从 2010 年到 2019 年，2019 年十年滚动值时间是从 2009 年到 2018 年。

2. 相关部门对 2018 年数据作了修正。因统计口径不同，保留原同比数据。

表 3-10-11　2019 年与 2018 年事故征候按类型统计表

类　型	2019 年事故征候（起）	2018 年事故征候（起）	同比	
			起	%
合　计	583	608	-25	-4.1
鸟击	306	286	20	7.0
外来物击伤	128	167	-39	-23.4
雷击、电击	52	39	13	33.3
航空器撞障碍物	14	26	-12	-46.2
发动机停车	14	22	-8	-36.4
部件脱落、损坏、磨损	13	12	1	8.3
空中颠簸	7	5	2	40.0
航空器（内）起火、冒烟、火警	6	4	2	50.0

表 3-10-11（续）

类 型	2019 年事故征候（起）	2018 年事故征候（起）	同比	
			起	%
爆胎、轮胎脱层、扎破	5	5	0	0
失压、紧急下降	4	5	-1	-20.0
擦尾、擦发动机、擦翼尖、擦机腹	4	4	0	0
冲/偏出跑道	4	4	0	0
冰击	4	7	-3	-42.9
其他	22	22	0	0

注：相关部门对 2018 年数据作了修正。

112.5 万小时，经营类无人机飞行 125 万小时，同比分别增长 13.8% 和 26.4%。

2. 安全指标好于世界平均水平

2019 年，中国民航亿客公里死亡人数十年滚动值为 0.00056，同比下降 11.42%；百万小时重大事故率十年滚动值为 0.0119，同比下降 9.36%。两项指标均好于世界平均水平。

3. 事故征候时有发生

从 2015—2019 年 5 年整体趋势看，2019 年事故征候数量较 2018 年和 2017 年略有下降，较 2018 年事故征候总数下降 4.11%，较 2017 年下降 3.00%。依据事故征候类型统计，鸟击引起的事故征候所占比例最大，且呈上升趋势。事故征候的主要原因为天气意外、地面保障、机械、机组等。

4. 一般事件

2019 年，我国民航一般事件 11522 起，与 2018 年同期相比，增长 11.92%。2019 年，共收集到运输航空一般事件信息 11001 起，其中，7 月和 8 月收集事件最多，分别达到 1176 起和 1145 起；1 月和 2 月收集到的信息少于 700 起，1 月最少，仅为 659 起；其余月份收集事件为 700~1100 起。2019 年，共收集到通用航空一般事件 521 起，与 2016—2018 年均值相比可以发现，除 10 月比过去 3 年均值少外，其余各月一般事件数量均超过过去 3 年均值，尤其是 4 月超出最多。

5. 安全风险水平显著下降

2019 年，我国民航总体风险水平比 2018 年同期显著下降，达到近 5 年中最低水平。

（三）重点工作

积极协调解决民航安全领域重点难点问题，协助江苏省相关部门完善民航领域专项整治方案，对民航领域发生的事故进行督导，推动中国民航局针对跑道安全、可控飞行撞地和飞机失控三大风险开展整治，对责任人进行严肃问责。针对民航领域发生的客机货舱地面起火事故以及一系列不安全事件和事故征候，进行分析并提出对策、建议。

五、建筑施工安全

（一）基本情况

【建筑业规模】2019 年，全社会固定资产投资总额为 56.1 万亿元，同比减少 8.5 万亿元，近 5 年来首次出现负增长。其中，建筑业企业完成建筑业总产值约 24.8 万亿元，同比增长 5.7%，增速同比降低 4.2 个百分点，连续两年下降。建筑业总产值占固定资产投资的比例为 44.3%，同比增长7.9%。房地产开发投资13.2万亿元，同比增长9.9%，其中，住宅投资9.7万亿元，办公楼6163亿元，商业营业用房1.3万亿元。建筑业增加值7.1万亿元，同比增长5.6%。从近5年的发展趋势看，建筑业增加值在国内生产总值中的占比逐年增加，2019年，建筑业增加值占国内生产总值的比例约为7.2%，同比增加0.1个百分点；随着我国经济由高速发展转变为高质量发展，建筑业增加值的增速逐渐放缓，2019年，建筑业增加值增速为5.6%，同比增长0.8个百分点，比国内生产总值增速低0.5个百分点，与国内生产总值的增速偏差收窄，建筑业作为支柱产业的地位保持稳固。

2015—2019年我国建筑业总产值统计见表3-10-12，发展趋势如图3-10-25所示，我国建筑业增加值与国内生产总值统计见表3-10-13，关系趋势如图3-10-26所示。

表3-10-12　2015—2019年我国建筑业总产值统计表

年份	总产值（亿元）	产值增速（%）	固定资产投资（亿元）	建筑业投资占比（%）
2015	180757	2.3	561999.8	32.2
2016	193567	7.1	606465.7	31.9
2017	213954	10.5	641238.4	33.4
2018	235086	9.9	645675.0	36.4
2019	248446	5.7	560874.3	44.3

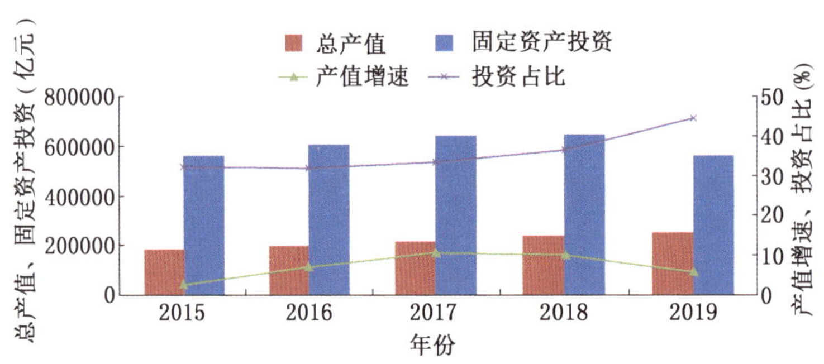

图3-10-25　2015—2019年我国建筑业总产值发展趋势图

表3-10-13　2015—2019年我国建筑业增加值与国内生产总值统计表

年　份	国内生产总值（亿元）	国内生产总值增速（%）	建筑业增加值（亿元）	建筑业增加值增速（%）	建筑业增加值在国内生产总值中占比（%）
2015	688858.2	6.9	47761.3	7.3	6.9
2016	746395.1	6.7	51498.9	7.7	6.9
2017	832035.9	6.8	57905.6	3.9	7.0
2018	919281.1	6.6	65493.0	4.8	7.1
2019	990865.1	6.1	70904.3	5.6	7.2

注：相关部门对部分数据作了修正。

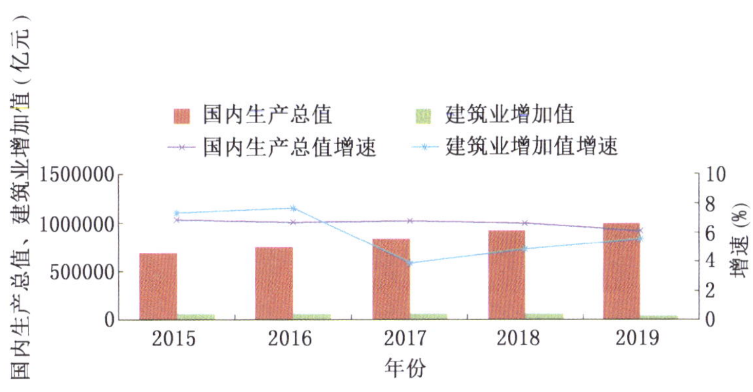

图 3-10-26 2015—2019 年我国建筑业增加值与国内生产总值关系趋势图

【在建规模】房屋建筑方面：2019 年，全年房屋建筑施工面积为 144.2 亿平方米，同比增长 2.3%。近 5 年来，我国房屋建筑施工面积平稳增长，从 2015 年的 124.0 亿平方米增加到 2019 年的 144.2 亿平方米，增幅达 16.3%。建筑施工面积的增速波动较大，2019 年的建筑施工面积增速为 2.3%。

2015—2019 年我国建筑业建筑施工面积统计见表 3-10-14，建筑施工面积及增速发展趋势如图 3-10-27 所示。

基础设施方面：2019 年，全国基础设施投资增长 3.8%，其中，道路运输业投资增长 9.0%，水利建设投资增长 1.4%，铁路运输业投资下降 0.1%。截至 2019 年底，全国共有 56 个城市在建轨道交通工程，在建线路 279 条（段）、车站 4512 座，在建长度 6902.5 公里（其中地下线 5632.8 公里），全年完成投资额 5958.9 亿元，同比增长 8.9%。

【企业和从业人员数量】2019 年，我国共有施工活动的建筑业企业 103814 家，同比增长 8.8%。其中，国有及国有控股建筑业企业 6927 个，同比增加 47 个，占建筑业企业总数的 6.7%，同比下降 0.5 个百分点。

2019 年，我国建筑业从业人员 5427.4 万人，同比减少 135.9 万人、下降 2.4%；建筑业从业人员数占全社会就业人员总数的 7.0%，同比下降 0.16 个百分点。

表 3-10-14 2015—2019 年我国建筑业建筑施工面积统计表

年 份	建筑施工面积（亿平方米）	建筑施工面积增速（%）
2015	124.0	-0.6
2016	126.4	1.9
2017	131.8	4.2
2018	140.9	7.0
2019	144.2	2.3

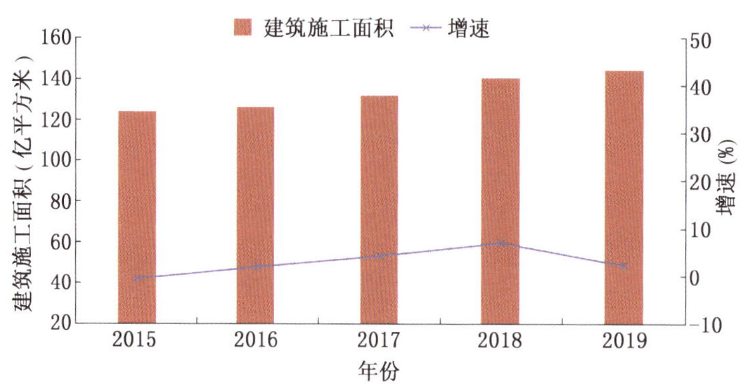

图 3-10-27　2015—2019 年我国建筑施工面积及增速发展趋势图

2015—2019 年我国建筑业企业数量和从业人员统计见表 3-10-15，从业人员变化及占比趋势如图 3-10-28 所示。

（二）安全形势

2019 年，全国共发生建筑施工事故 3591 起，同比减少 59 起、下降 1.6%，死亡 3749 人，同比增加 55 人、上升 1.5%。共发生较大建筑施工事故 66 起，同比增加 2 起、上升 3.1%，死亡 245 人，同比减少 4 人、下降 1.6%。十万从业人员死亡率、千万平方米死亡率、百亿元产值死亡率 3 项相对指标分别为 6.9、2.6、1.5。

2019 年建筑施工事故区域分布统计见表 3-10-16，2015—2019 年较大建筑施工事故发展趋势如图 3-10-29 所示，建筑施工事故相对指标发展趋势如图 3-10-30 所示。

表 3-10-15　2015—2019 年我国建筑业企业数量和从业人员统计表

年　份	企业数量（家）	从业人员（万人）	建筑业从业人员占比（%）
2015	80911	5093.7	6.6
2016	83017	5184.5	6.7
2017	88074	5536.9	7.1
2018	95400	5563.3	7.2
2019	103814	5427.4	7.0

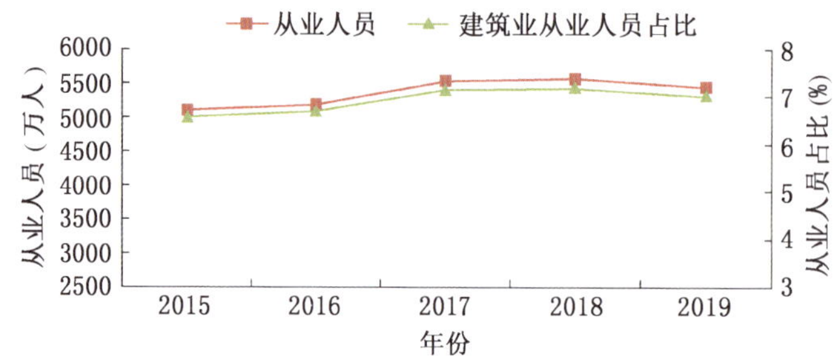

图 3-10-28　2015—2019 年我国建筑行业从业人员变化及占比趋势图

表 3-10-16 2019 年建筑施工事故区域分布统计表

地区	起数（起）	同比增减		死亡（人）	同比增减		地区	起数（起）	同比增减		死亡（人）	同比增减	
		起	%		人	%			起	%		人	%
合计	3591	-59	-1.6	3749	55	1.5	湖北	165	3	1.9	186	23	14.1
北京	50	-3	-5.7	51	-4	-7.3	湖南	79	-5	-6.0	91	0	0.0
天津	27	-9	-25.0	27	-11	-28.9	广东	464	25	5.7	421	-13	-3.0
河北	15	-24	-61.5	32	-16	-33.3	广西	225	24	11.9	200	26	14.9
山西	37	-26	-41.3	51	-22	-30.1	海南	34	-5	-12.8	34	-9	-20.9
内蒙古	75	23	44.2	88	32	57.1	重庆	190	-23	-10.8	194	-25	-11.4
辽宁	59	-21	-26.3	62	-13	-17.3	四川	373	-8	-2.1	380	1	0.3
吉林	80	22	37.9	91	30	49.2	贵州	55	11	25.0	69	6	9.5
黑龙江	68	-15	-18.1	70	-11	-13.6	云南	190	35	22.6	219	47	27.3
上海	54	-8	-12.9	54	-4	-6.9	西藏	21	1	5.0	21	5	31.3
江苏	420	-32	-7.1	431	-41	-8.7	陕西	70	-1	-1.4	88	-6	-6.4
浙江	55	-30	-35.3	63	-17	-21.3	甘肃	93	-4	-4.1	107	12	12.6
安徽	201	33	19.6	215	43	25.0	青海	26	7	36.8	28	10	55.6
福建	117	27	30.0	122	24	24.5	宁夏	22	5	29.4	22	3	15.8
江西	126	20	18.9	139	23	19.8	新疆	35	-11	-23.9	37	-12	-24.5
山东	110	-54	-32.9	86	-7	-7.5	新疆兵团	7	-1	-12.5	7	-1	-12.5
河南	48	-15	-23.8	63	-18	-22.2							

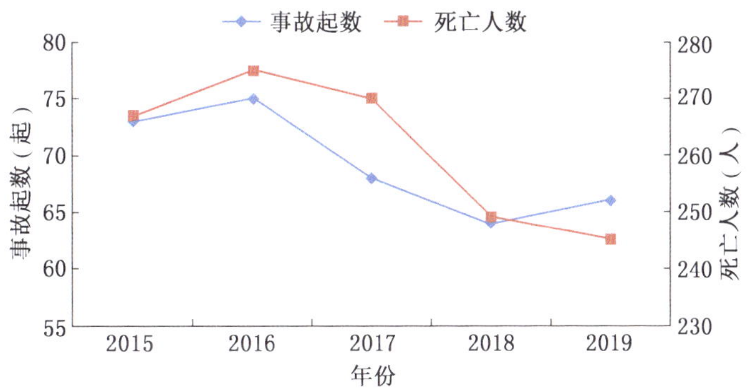

图 3-10-29 2015—2019 年较大建筑施工事故发展趋势图

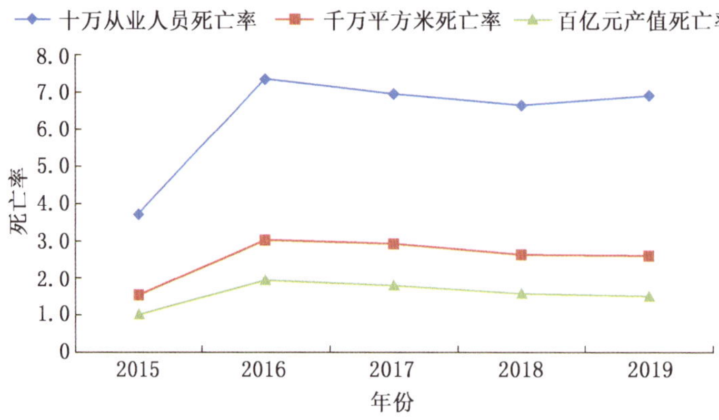

图 3-10-30　2015—2019 年建筑施工事故相对指标发展趋势图

2019 年，我国建筑业安全生产形势总体来看仍然较为严峻复杂，主要呈现以下特点：

一是建筑业事故总量和较大事故出现反复。2019 年，全国建筑施工事故起数和较大事故死亡人数有所下降，降幅都为 1.6%，死亡人数和较大事故起数有所上升，增幅分别为 1.5% 和 3.1%。

二是重特大事故仍未杜绝。全年共发生 3 起重大事故，造成 35 人死亡，没有发生特别重大事故，事故起数同比上升 2 起，死亡增加 23 人。

三是西南和西北地区的建筑施工较大事故呈现上升趋势。从事故发生的地区来看，全国发生较大事故最多的省份为四川、云南和甘肃，3 个省份较大事故总量和死亡人数合计占比分别为 27.3% 和 25.3%。

（三）重点工作

一是组织开展专项治理，强化预防措施落实。对建筑施工和城镇燃气等重点行业领域强化专项治理，及时消除安全隐患。推动住房和城乡建设部、交通运输部、国家能源局、中国民航局等有关部门组织开展建筑施工安全专项治理，会同住房和城乡建设部对四川、安徽、重庆等省份建筑施工安全开展明查暗访。推动住房和城乡建设部牵头组织开展工程建设领域专业技术人员职业资格“挂证”等违法违规行为专项整治。推动市场监管总局开展电梯重要部件专项监督抽查。组织各地区和住房和城乡建设部、交通运输部、商务部、市场监管总局等有关部门开展瓶装液化石油气安全专项治理，严厉查处瓶装液化石油气经营、储存、充装、运输、使用等环节中各类违法违规行为。

二是协调推动重点工作，化解重大安全风险。推进城市安全发展工作制定并以国务院安委办名义印发《国家安全发展示范城市评价细则（2019 版）》。督促河北省全面排查整改高碑店市白沟新城瓶装液化气安全隐患，会同住房和城乡建设部等部门组成 3 个组赴 7 省份督导调研并专题研究工作措施。督促甘肃省认真整改西北师范大学兰天学生公寓安全隐患。组织开展有限空间作业安全宣传教育，制定宣传教育工作方案、宣传彩页和视频等。推动市场监管总局开展电梯质量安全追溯信息平台试点工作。

三是推动完善规章制度，健全长效管理机制。推动住房和城乡建设部、市场监管总局、国家铁路局等部门组织编写《房屋市政工程安全生产标准化指导图册》《建筑工程施工发包与承包违法行为认定查处管理办法》《特种设备生产和充装单位许可规则》《铁路建设工程质量安全监督机构和人员考核管理办法》等，健全安全生产长效管理机制。针对“脆皮安全帽”事件，会同市场监管总局、住房和城乡建设部印发通知，进一步明确工作机制和职责分工，加强安全帽、安全带等特种劳动防护用品监督管理。

四是严格事故调查处理，推动落实企业主体责任。对3起重大、1起典型较大建筑施工事故和1起山体滑坡事件进行现场督导，指导督促地方政府成立事故调查组，查明技术原因，严格责任追究。对4起重大事故进行挂牌督办，对全年约15起较大事故进行跟踪督办，会同住房和城乡建设部对3起重大建筑事故调查报告初稿进行联合审核。会同住房和城乡建设部印发《关于加强建筑施工安全事故责任企业人员处罚的意见》，将26家事发企业纳入安全生产联合惩戒“黑名单”进行管理，提高企业事故成本，推动企业切实落实主体责任。

五是约谈重点地区和企业，督促抓好安全生产工作。针对发生的重大事故和典型较大事故，会同住房和城乡建设部、工业和信息化部等有关部门以国务院安委办名义约谈河北衡水、上海长宁、广西百色、山东威海、江苏无锡等地级市政府。对事故多发的中建、中国铁建进行约谈，督促其吸取事故教训，落实整改措施。按季度召开中央建筑施工企业安全生产季度例会，通报全国建筑业安全生产形势和中央建筑企业事故情况，研究提出针对性工作措施。

六、渔业生产安全

（一）基本情况

【渔船】2019年，全国渔船总数73.12万艘、总吨位1040.24万吨。其中，机动渔船46.83万艘、总吨位1004.84万吨、总功率1990.53万千瓦，非机动渔船26.29万艘、总吨位为35.39万吨。机动渔船中，生产渔船45.15万艘、总吨位898.82万吨、总功率1765.20万千瓦，辅助渔船1.68万艘、总吨位106.03万吨、总功率225.34万千瓦。

2019年我国渔船数量构成如图3-10-31所示，吨位构成如图3-10-32所示。

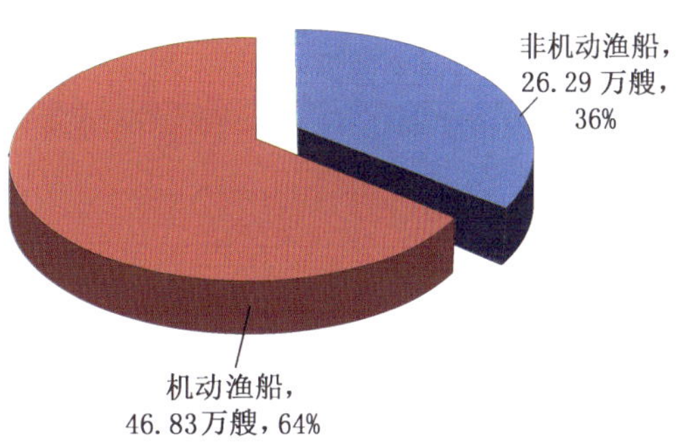

图3-10-31 2019年我国渔船数量构成

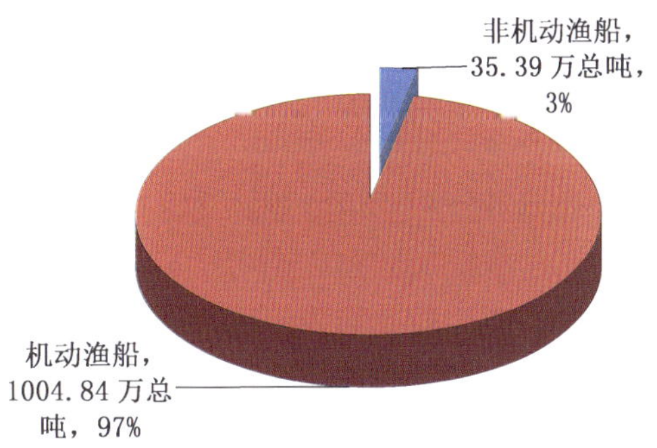

图3-10-32 2019年我国渔船吨位构成

【渔业人口和渔业从业人员】2019年，全国渔业人口1828.20万人，同比减少50.47万人、下降2.69%。渔业人口中传统渔民600.50万人，同比减少17.79万人、下降2.88%。渔业从业人员1291.70万人，同比减少34.03万人、下降2.57%。

2015—2019年，我国渔业人口和渔业从业人员呈连年下降趋势，见表3-10-17。

【渔业经济总产值】2019年，按当年价格计算，全社会渔业经济总产值26406.50亿元，其中，渔业产值12934.49亿元，渔业工业和建筑业产值5899.17亿元，渔业流通和服务业产值7572.83亿元，3个产业产值的比例为49.0：22.3：28.7。渔业流通和服务业产值中，休闲渔业产值963.68亿元，同比增长6.81%。

渔业产值中，海洋捕捞产值2116.02亿元，海水养殖产值3575.29亿元，淡水捕捞产值398.09亿元，淡水养殖产值6186.60亿元，水产苗种产值658.49亿元。渔业产值中（不含苗种），海水产品与淡水产品的产值比例为46.4：53.6，养殖产品与捕捞产品的产值比例为79.5：20.5。

【渔业灾情（自然灾害）】2019年，由于渔业灾情造成水产品产量损失84.22万吨，受灾养殖面积741.83千公顷，沉船199艘，死亡失踪和重伤人数8人，直接经济损失156.37亿元。

表3-10-17　2015—2019年我国渔业人口数量变化情况表

年份	渔业人口（万人）	同比增减		传统渔民（万人）	同比增减		渔业从业人员（万人）	同比增减	
		万人	%		万人	%		万人	%
2015	2017.0	-18.1	-0.9	678.5	-7.9	-1.2	1414.9	-14.2	-1.0
2016	1973.4	-43.6	-2.2	661.1	-17.4	-2.6	1381.7	-33.1	-2.3
2017	1931.85	-41.55	-2.11	652.14	-8.97	-1.36	1359.39	-22.3	-1.61
2018	1878.68	-53.17	-2.75	618.29	-33.85	-5.19	1325.72	-33.67	-2.48
2019	1828.20	-50.50	-2.69	600.50	-17.80	-2.88	1291.70	-34.0	-2.57

（二）安全形势

2019年，全国共发生渔业船舶生产安全事故102起、死亡失踪131人，同比减少11起、40人，分别下降9.7%、23.4%。发生较大渔业船舶生产安全事故11起、死亡失踪47人，同比减少1起、8人，分别下降8.3%、14.5%。未发生重大渔业船舶事故，同比减少1起、10人。未发生特别重大渔业船舶事故。

（三）重点工作

一是开展事故督导跟踪工作。对渔业船舶行业发生的重大、较大事故进行督导。其中，对海南省琼海市“7·11”渔船重大险情进行现场督导，对长江口东北80海里海域“3·12”商渔船碰撞事故进行跟踪督导。

二是积极防范化解行业重大安全风险。渔业船舶方面，针对海南省赴南海潜捕作业渔船及休闲渔业存在的重大安全风险，联合农业农村部赴海南开展专项督导，督促海南省压紧压实各地各相关部门安全管理责任，开展全省渔业安全专项整治。

三是协调推动相关领域积极开展专项整治工作。推动农业农村部开展“中国渔政亮剑2019”专项行动，严厉打击超员超载、休渔期违规作业、渔船异地挂靠、脱检、船证不符等违法行为。

第四篇

防灾减灾救灾

综 述

2019年，应急管理部深入学习领会习近平总书记关于提高自然灾害防治能力重要讲话的丰富内涵和精神实质，准确把握核心要义和工作要求，牢固树立灾害风险管理和综合减灾理念，不断强化“两个坚持、三个转变”工作方针，落实责任、完善体系、整合资源、统筹力量，努力提高防灾减灾救灾工作的制度化、规范化、现代化水平，为保护人民群众生命财产安全和国家安全提供有力保障。

一、切实加强防灾减灾救灾的统筹协调

建立自然灾害防治工作部际联席会议制度并召开全体会议，对统筹实施自然灾害防治九项重点工程作出安排部署。组织编制工程总体工作方案，在加快既有项目建设的同时，积极推进重大项目立项。指导25个省份和新疆生产建设兵团出台提高自然灾害防治能力实施意见或计划，所有省份建立协调工作机制。建立重点工程建设领导小组制度，制定工程任务方案，明确工作要求，主要负责同志定期听取进展汇报，强化督促落实。各相关牵头司局分别组建工作专班，建立工程实施协调机制，加强与发展改革、财政等部门沟通协调，积极推进国家应急指挥部总部、第一次全国自然灾害综合风险普查等重大项目立项实施。

二、着力提升应急救援救灾效率

高效应对重特大自然灾害，会同气象局、水利部、自然资源部等定期开展年度、月度和汛期每日会商，并针对突发重特大灾害开展应急会商293次。根据灾情险情科学指挥调度，指导协助有关地方成功应对山西乡宁“3·15”山体滑坡灾害、四川长宁6.0级地震、贵州水城“7·23”特大山体滑坡灾害、超强台风“利奇马”等重特大灾害。切实保障受灾群众基本生活，全年启动国家应急响应58次，协调下拨中央自然灾害救灾资金118亿元，并紧急调拨中央救灾物资。会同国家发展改革委、财政部联合印发《关于做好特别重大自然灾害灾后恢复重建工作的指导意见》。加快建设国家应急救援关键力量，在全国布点建设地震、山岳、水域、空勤专业队，各地同步组建工程机械救援队及专业队。加快推动国家区域应急救援中心建设，制定并实施《应急救援航空体系建设方案》，组建应急管理部自然灾害工程应急救援中心和自然灾害工程救援基地。

三、不断增强自然灾害综合防范能力

加强自然灾害综合监测预警，建立健全灾害综合监测预警制度体系，部署应急管理“一张图”、大数据平台等基础项目，加强灾害相关信息互联互通。启动实施第一次全国自然灾害综合风险普查，制定普查总体方案和实施方案，编制技术规范。提高抗震设防水平，积极推进地震易发区房屋设施加固工程实施，梳理抗震加固各类技术标准规范，组织编制工程技术

指南大纲，支持地震高烈度设防地区开展农房抗震改造试点。加快应急物资储备和装备配备，启动编制应急物资保障“十四五”规划。实施自然灾害防治技术装备现代化工程，编制并实施灭火救援装备建设三年规划。

四、深入推进体制机制改革，加快完善自然灾害防治法律法规体系

推动军地协同和区域联动，部署加强与解放军、武警、预备役部队的应急协同配合。推动京津冀签署《北京市天津市河北省应急救援协作框架协议》，长三角地区三省一市签订《长三角一体化应急管理协同发展备忘录》。完善社会力量参与救援支持体系，会同交通运输部建立社会力量车辆参与抢险救灾公路通行服务保障机制。修订完善自然灾害防治法律法规制度，《消防法》《地震安全性评价管理条例》修订实施，《森林防火条例》《草原防火条例》《自然灾害救助条例》等启动修订。巨灾保险条例、建设工程抗震条例等立法工作稳步推进。研究起草自然灾害防治法、地震预警管理办法等，组织修订国家突发事件总体应急预案及专项预案。启动编制国家综合防灾减灾“十四五”规划。

五、扎实推进综合减灾能力建设

加强基层防灾减灾能力建设，命名 2019 年度全国综合减灾示范社区 976 个。策划全国防灾减灾日、国际减灾日主题，协调各地、各部门积极组织开展活动。推进防灾减灾宣传进企业、进农村、进社区、进学校、进家庭，增强公众风险意识，提升应急避险和自救互救技能。加强自然灾害防治基础理论研究，组织实施国家重点研发计划“重大自然灾害监测预警与防范”重点专项等课题研究。进一步整合资源和力量，组建国家自然灾害防治研究院、安全科技与工程研究院等机构。推进国际减灾合作，参加第六届全球减灾平台大会，推进“一带一路”自然灾害防治和应急管理国际合作，建设全球灾害数据库。赴莫桑比克开展国际人道主义救援行动。

第一章 全国自然灾害形势总体情况

一、基本情况

2019年，我国自然灾害以洪涝、台风、干旱、地震、地质灾害为主，森林草原火灾和风雹、低温冷冻、雪灾等灾害也有不同程度发生。经核定，全年各种自然灾害共造成1.3亿人次受灾，909人死亡失踪，528.6万人次紧急转移安置；12.6万间房屋倒塌，28.4万间严重损坏，98.4万间一般损坏；农作物受灾面积19256.9千公顷，其中绝收2802千公顷；直接经济损失3270.9亿元。与近5年均值相比，2019年全国因灾死亡失踪人数、倒塌房屋数量和直接经济损失分别下降25%、57%和2%。

2019年全国自然灾害分灾种损失情况统计见表4-1-1，全国自然灾害情况对比分析见表4-1-2，全国自然灾害损失情况统计见表4-1-3。

二、全国自然灾害特征

（一）洪涝灾害“南北多、中间少”，中南、西南地区地质灾害高发

全国大部降水偏多，总体呈现“南北多、中间少”，其中，长江、黄河、淮河、珠江、松辽、太湖六大江河流域共发生14次编号洪水，超警超保河流条数为1998年以来最多。其中，6—8月，南方地区多轮降雨过程集中且重叠，主雨带始终在广西、江西、湖南等地徘徊，导致广西、江西、湖南、贵州、四川5省（自治区）发生严重洪涝灾害，造成较重人员伤亡和严重直接经济损失，5省（自治区）洪涝灾害直接经济损失占全国洪涝灾害总损失的46%。7—8月，西北、东北等地出现持续性较强降雨，黑龙江、松花江等多条河流超警戒水位，农作物大面积受灾，陕西、甘肃等地阶段性降雨量超历史同期5~8成，黑龙江、陕西、甘肃3省洪涝灾害直接经济损失占全国洪涝灾害总损失的12%。江苏、安徽、湖北、河南、山东等长江以北至黄河流域多省汛期降雨量较常年同期明显偏少，洪涝灾情为近年同期低值水平。此外，受强降雨等因素影响，据统计全国共发生地质灾害6181起，较近5年均值减少21%，其中，中南地区地质灾害数量最多，西南地区地质灾害造成的灾害损失最重、因灾死亡失踪人数最多，贵州水城“7·23”特大山体滑坡等造成较大损失。2019年洪涝和地质灾害造成的损失呈下降趋势，因灾死亡失踪人数较2000年以来均值下降50%。

（二）台风生成多、登陆少，超强台风“利奇马”影响大

西北太平洋和南海共有29个台风生成，较多年平均（26.8个）多2.2个，其中，5个登陆我国，较多年平均（7个）少2个。5个登陆台风平均登陆风速30.6米/秒（11级），小于多年平均值（32.6米/秒，12级），强度整体偏弱，但第9号超强台风“利奇马”极端性特征明显，是1949年以来登陆我国大陆地区强度居第五位的超强台风，登陆时中心附近最大风力达16级（52米/秒），浙江、安徽、江苏、山东部分地区降雨量达

表 4-1-1 2019 年全国自然灾害分灾种损失情况统计表

灾害种类	人员受灾情况			农作物受灾情况		房屋倒损情况			直接经济损失（亿元）
	受灾（万人次）	死亡失踪（人）	紧急转移安置（万人次）	受灾面积（千公顷）	绝收面积（千公顷）	倒塌（万间）	严重损坏（万间）	一般损坏（万间）	
合计	13759	909	528.6	19256.9	2802	12.6	28.4	98.4	3270.9
洪涝和地质灾害	4766.6	658	263.2	6680.4	1321.5	10.3	14.8	45.9	1922.7
干旱灾害	6030.2	—	—	7838.0	1113.6	—	—	—	457.4
台风灾害	1659.2	74	246.9	1924.4	159.3	1.6	2.5	11.2	588.7
风雹灾害	1027.3	92	3.4	2228.4	171.4	0.3	1.1	17.9	183.4
地震灾害	60.9	17	14.0	—	—	0.4	10.0	23.4	91.0
低温冷冻和雪灾	214.8	4	1.1	585.7	36.2	—	—	—	27.7
森林火灾	—	64	—	—	—	—	—	—	—

注：台风灾害损失包括台风风暴潮。

表 4-1-2 2019 年全国自然灾害情况对比分析表

同期比较	人员受灾情况			农作物受灾情况		房屋倒损情况		直接经济损失（亿元）
	受灾（万人次）	死亡失踪（人）	紧急转移安置（万人次）	受灾面积（千公顷）	绝收面积（千公顷）	倒塌（万间）	损坏（万间）	
2019 年	13759	909	528.6	19256.9	2802	12.6	126.8	3270.9
2018 年	13553.9	635	524.5	20814.3	2585	9.67	143.91	2644.7
较 2018 年增减数量	205.1	274	4.1	-1557.4	217	2.93	-17.11	626.2
较 2018 年增减比例	2%	43%	1%	-7%	8%	30%	-12%	24%
2014—2018 年均值	17977.5	1210	641.2	22434.7	2527.4	29.4	248.1	3354.7
较 2014—2018 年均值增减数量	-4218.5	-301	-112.6	-3177.8	274.6	-16.8	-121.3	-83.8
较 2014—2018 年均值增减比例	-23%	-25%	-18%	-14%	11%	-57%	-49%	-2%

表 4-1-3　2019 年全国自然灾害损失情况统计表

地区	人员受灾情况				农作物受灾情况		房屋倒损情况			直接经济损失（亿元）
	受灾（万人次）	死亡（人）	失踪（人）	紧急转移安置（万人次）	受灾面积（千公顷）	绝收面积（千公顷）	倒塌（万间）	严重损坏（万间）	一般损坏（万间）	
合计	13759	816	93	528.6	19256.9	2802	12.6	28.4	98.4	3270.9
北京	6.4	1	0	0.1	2.5	0.1	0	0	0.1	5.2
天津	0	0	0	0	0	0	0	0	0	0
河北	289.2	3	0	0	314.7	51.6	0	0	1.3	23.2
山西	953	38	0	0.2	1473.7	314.2	0.2	0.2	0.6	124
内蒙古	220.7	8	0	0.2	1453.5	110.8	0	0.1	0.5	46.8
辽宁	171.4	6	0	16.6	324.7	35.1	0	0.3	2.2	47.5
吉林	177.7	2	0	5.9	536.2	64.3	0.1	0.5	2.1	51.7
黑龙江	397.6	2	0	13.2	3540.7	737.5	0.3	2.4	3.5	221.4
上海	18.9	0	0	15.9	8.7	0.1	0	0	0	1.9
江苏	145.9	9	0	1.5	224.2	18.1	0	0.6	2.8	15.6
浙江	896	62	2	171.9	353.8	45.7	0.8	1.7	10	552.6
安徽	789.1	12	3	4.6	958	123.7	0.2	0.2	1.4	85
福建	139.8	7	0	21.7	123.1	21.6	0.8	0.4	1.9	117.7
江西	1545.9	55	1	82.8	1200.7	216.8	1.7	2	8.8	333.6
山东	1126.6	20	1	41.4	1340.7	198.7	2.7	2.9	5.3	425.3
河南	1221.9	6	0	0.2	969.8	97.4	0	0	0.2	41.9
湖北	1281.6	47	2	1.9	1429.8	202	0.2	0.4	3.4	100.7
湖南	1173.9	28	3	65	997.8	179.5	1.9	1.9	8.5	243.1
广东	103.8	52	2	10.1	144.7	4.5	0.6	0.3	0.6	55.8
广西	356	96	8	14.4	247.8	24.9	0.7	0.3	5.3	100.5
海南	12.9	8	0	3.4	3.6	0.5	0	0	0	1.7
重庆	145.9	25	2	1.3	78.3	12.7	0.3	0.4	1.2	19.6
四川	487.6	124	35	35.6	323.8	33.2	1.3	11.5	24	340.9
贵州	277.2	61	15	10.9	141	23.9	0.1	0.5	4.4	47
云南	949.4	62	8	1.2	1568.9	122.7	0.1	0.3	4.5	102.1
西藏	11.4	7	0	0.2	5.5	0.4	0.1	0.1	0.1	1.7
陕西	458.8	43	9	5	645.1	109	0.3	0.5	1.8	58.8
甘肃	224.5	20	2	0.4	173.6	8.3	0.2	0.5	1.9	46.5
青海	86.9	9	0	1.3	70.3	5.9	0	0.4	1.1	14.3
宁夏	14.6	3	0	0	29.1	3.6	0	0	0	2.9
新疆	58.9	0	0	1.7	355.7	24.4	0	0	0.9	29.7
新疆兵团	15.5	0	0	0	216.9	10.8	0	0	0	12.2

到350~600 毫米，远超当地历史极值，造成浙江、安徽、福建、山东等 9 省份 209.7 万人次紧急转移安置，14.9 万间房屋倒损。深入内陆西行台风少，除 8 月超强台风“利奇马”和 10 月台风“米娜”给浙江、江苏等地带来较强降雨外，无其他台风深入长江中下游等地，一定程度上缺少台风降雨，加剧了长江中下游地区旱情发展。

（三）旱情阶段性、区域性发生，南方地区夏秋冬连旱严重

相继发生冬春旱、夏秋冬旱两次阶段性和区域性干旱过程。2—5 月，东北地区遭遇春旱，云南大部、四川南部等地出现冬春旱，云南省旱灾峰值时造成 170 余万人次因旱需生活救助。5—8 月，江淮、黄淮等地温高少雨，其中，山西、河南等地旱情较重，出现阶段性夏伏旱，山西省旱灾峰值时造成 195 万人次因旱需生活救助。7 月下旬以来，湖北东部、湖南中东部、江西大部、安徽南部、福建中北部等地降水量较常年同期偏少5~9 成，为 1961 年以来历史同期最少，同时上述大部地区气温较常年同期偏高，造成湖北、湖南、江西、安徽等地发生近 40 年来最为严重的伏秋连旱，旱灾峰值时 4 省因旱需救助人数达 650 万人、直接经济损失 182 亿元，分别占全国旱灾总损失的 51%和 40%。总体来看，干旱虽造成部分地区经济作物和粮食作物有所减产，但全国总体降水、水库蓄水情况较好（6920 座水库总蓄水量 4733 亿立方米，较常年同期偏多 13%），有灌溉条件、没受灾的中晚稻，因光照条件好、病虫害发生轻、结实率高，增减相抵能够弥补因旱损失。与近 5 年均值相比，2019 年全国因旱需生活救助人口增加 65%，农作物受灾面积和直接经济损失分别减少 22%和 4%。

（四）西部地区地震活动较为活跃，四川地震损失较重

我国大陆地区共发生 20 次 5 级以上地震，较近 5 年均值（16 次）增加 4 次，但总体强度偏弱，其中 6 级以上地震 2 次，未发生 7 级以上地震。西部地区 5 级以上地震占全国总数的 85%，其中，4 月 24 日西藏墨脱 6.3 级地震，是 2019 年震级最高的地震，造成墨脱县少量房屋裂缝损坏。6 月 17 日四川长宁 6.0 级地震（此后又相继发生 4 次 5 级以上余震），是 2019 年灾情最重的地震，造成 13 人死亡，3500 余间房屋倒塌，22.3 万间房屋不同程度损坏。9 月 8 日四川威远 5.4 级地震也造成一定人员伤亡和损失。总体看，2019 年四川省受地震影响较重，共造成 16 人死亡、直接经济损失 64 亿元，分别占全国地震灾害总损失的 94%和 70%。

（五）风雹灾害时空分布相对集中，低温冷冻和雪灾显著偏轻

全国共出现 37 次强对流天气过程，较近 5 年均值偏少，风雹灾害时空分布较为集中。时间集中发生在 4—8 月，区域集中在华东、华中和华北等地，内蒙古、河北、天津、北京、辽宁等地都曾遭遇超 10 级大风，造成局部地区损失较重。低温冷冻和雪灾灾情主要集中在 2019 年初，影响西北地区东部、东北、黄淮、江淮、江汉等地，青海、山西、内蒙古、陕西、湖南、云南部分地区，农作物遭受低温冻害和雪灾影响。与近 5 年均值相比，低温冷冻和雪灾灾情显著偏轻，农作物受灾面积、直接经济损失分别减少 70%和 84%。

（六）森林草原火灾态势总体平稳

全国共发生森林火灾 2345 起，其中，

重大火灾 8 起、特大火灾 1 起，受害森林面积 13505 公顷。与 2018 年相比，森林火灾次数减少 133 起、降幅 5.4%，受害森林面积减少 2804 公顷、降幅 17.2%。

全国共发生草原火灾 45 起，其中，重大火灾 1 起、特大火灾 2 起，均为境外火烧入引发，受害草原面积约 66705 公顷。

第二章　风险监测和综合减灾

一、统筹实施自然灾害防治重点工程

（一）发挥自然灾害防治工作部际联席会议制度作用

为加强自然灾害防治重点工程实施的统筹协调，报请国务院同意，建立由应急管理部、国家发展改革委、财政部共同牵头的自然灾害防治工作部际联席会议制度。组织召开 1 次联席会议、3 次联络员会议、4 次办公室会议，调度工作进展，研究协调解决各重点工程实施遇到的困难和问题，研究审议通过 9 项重点工程总体工作方案，推动急需项目立项。按照中央改革办意见，调整《中共中央　国务院关于推进防灾减灾救灾体制机制改革的意见》主要任务分工，指导督促各有关部门和地方抓好责任落实。

（二）指导支持地方实施自然灾害防治重点工程

在抓好中央层面工程实施的同时，注重发挥地方积极性，指导各省（自治区、直辖市）认真贯彻落实中央财经委第三次会议精神。会同国家发展改革委、财政部联合印发《关于推进实施提高自然灾害防治能力重点工程有关事项的通知》。截至 2019 年底，天津、河北、山西等 19 个省份出台落实意见或行动计划，大多数省份建立了联席会议制度，其中，河南、湖北、湖南等省份由政府主要领导或常务副省长作为召集人。

（三）推进全国自然灾害综合风险普查

建立部际协调工作组和技术组，编制印发《全国灾害综合风险普查总体方案》，推进《第一次全国自然灾害综合风险普查实施方案》编制并征求地方意见，完成前期准备与试点阶段经费测算并报财政部审批。组织召开试点工作启动会，初步选择 86 个市、县开展试点准备工作。开展普查试点工作培训，指导各地建立工作机制，组建技术队伍，编制实施方案。

二、扎实做好综合监测预警和风险评估

（一）初步建立综合监测预警分级制度体系

印发《应急管理部关于建立健全自然灾害监测预警制度的意见》，并以制度落实为牵引，不断完善综合监测预警工作机制，风险监测业务体系初步构建。组织、指导和督促各地建立健全省级自然灾害监测预警制度，切实加强综合监测预警和会商研判工作。指导地方开展隐患排查和群防群控，推进破解预警信息发布“最后一公里”问题。指导北京、山西、吉林等 18 个省份建立灾害综合风险会商研判工作机制，积极推进重大安全生产风险监测预警和评估论证机制研究。

（二）有序开展综合灾害风险会商研判

会同气象、水利、自然资源等部门，组织开展 12 次年（月）度灾害综合风险会商研判、4 次年（季）度安全生产风险形势会商，并将会商研判成果及时上报中

央办公厅、国务院办公厅。推动建立主汛期每日灾害综合会商机制，遇重特大灾害加密会商，参加会商调度200余次，及时针对全国每日和重大灾害风险作出研判和汇报。针对新中国成立70周年大庆活动，做好综合会商研判。

（三）风险监测评估业务建设初见成效

会同中国气象局、中科院空天院、清华大学等科研院所和单位，持续开展国内外灾害综合风险监测业务，卫星遥感应用机制得到拓展，科研专家力量初步凝聚。编制每日灾害风险综合监测信息近300期、重大灾害快速评估报告数十次、两江流域综合风险监测报告12期、国际灾害事故信息周报20余期，印发汛期全国和分省综合风险评估报告。开展青海盐湖遥感监测、南方地区旱情及发展趋势分析、西北地区暖干化趋势分析与对策建议研究、全球灾害特点总结、全球风险报告总结分析、日本防范应对超强台风“海贝思”分析总结和有关决策参考专题分析等。组织开展风险监测预警系统（一期）项目建设，完成综合会商研判、监测预警评估和全球灾害数据库等年度建设任务，建立全球灾害评估报告编发机制，推进实施自然灾害监测预警信息化工程。

三、统筹协调综合减灾工作

（一）统筹谋划综合防灾减灾工作

召开国家综合减灾“十四五”规划编制启动会，组建规划编制工作领导小组及工作组，委托相关课题研究，编制工作进展顺利。开展《自然灾害防治法（草案）》研究论证。继续做好国家综合减灾“十三五”规划组织实施工作。组织召开年度自然灾害应对等工作总结会，总结汛期以来防灾减灾救灾工作经验。参与和牵头落实推进粤港澳大湾区发展、支持深圳先行示范区建设、西部大开发形成新格局、有关地区重大自然灾害防治调研、与教育部共建北师大减灾院等各项工作。

（二）开展防灾减灾宣传教育活动

组织开展2019年全国防灾减灾日活动，活动主题为“提高灾害防治能力，构筑生命安全防线”。制定并实施中央层面全国防灾减灾宣传教育活动方案，在全国范围内开展丰富多彩的防灾减灾活动。开展2019年国际减灾日活动，围绕“加强韧性能力建设，提高灾害防治水平”主题，加强基层综合减灾能力建设，切实增强全社会抵御灾害的韧性能力。

（三）加强监测减灾业务培训

组织召开全国风险监测和综合减灾工作会议，安排部署年度工作。会同中组部、中央党校（国家行政学院）举办省部级干部提高自然灾害防治能力专题培训班（图4-2-1）和厅局级干部风险防范和综合减灾培训班。举办两期风险监测和综合减灾业务培训班，培训各省及重点市监测减灾部门业务骨干近200人。

（四）提升基层减灾能力

研究修改完善《全国综合减灾示范社区创建管理暂行办法》，整合安全示范社区、地震安全示范社区，与气象、地震等部门联合指导和督促各地开展年度全国综合减灾示范社区创建工作，开展8个省份专题调研，命名2019年度全国综合减灾示范社区976个。研究制定《全国综合减灾示范县创建管理暂行办法》，组织召开全国综合减灾示范县创建工作座谈会。确定13个县（市、区）为首批全国综合减灾示范县创建试点单位。起草印发贯彻落实乡村振兴战略规划分工方案，汇总报告中央一号文件落实、乡村振兴、脱

图 4-2-1　2019 年 4 月 22 日，应急管理部党组书记黄明为省部级干部提高自然灾害防治能力专题培训班开班式作辅导报告

贫攻坚等工作进展情况，为决胜全面小康提供决策依据。

（五）开展防灾减灾国际交流合作

参加全球减灾平台大会、国际民防组织第 52 届执行理事会、联合国外空局第 62 届会议、人道主义援助地区会议、东北亚减灾技术论坛、第二届中韩灾害管理合作会议、联合国利用天基技术减轻灾害风险国际会议、联合国减灾办亚太伙伴关系论坛、联合国减灾三十年回顾国际研讨会等外事活动。出访俄罗斯，深入研究俄紧急状态部的运作。完成 2018 年度我国主要灾害损失数据的整理分析，并按要求完成《仙台减灾框架》监测系统填报。参与筹备“一带一路”自然灾害防治和应急管理国际合作部长论坛。

第三章　地震与地质灾害

一、地震灾害

（一）地震灾害情况

1. 地震灾害统计情况

2019 年，我国大陆共发生地震灾害事件 15 次，造成 17 人死亡、425 人受伤，直接经济损失 91 亿元。其中，6 月 17 日四川长宁 6.0 级地震为较大地震灾害事件，其他均为一般地震灾害事件。2019 年，我国震情总体平稳，共发生 5.0 级以上地震 32 次，其中大陆地震 20 次，14 次发生在年度地震重点危险区及其边缘，震级最大的地震是西藏墨脱 6.3 级地震。

2019 年我国大陆地震灾害情况见表 4-3-1，2019 年我国 5 级以上地震情况见表 4-3-2。

表 4-3-1　2019 年我国大陆地震灾害情况表

序号	发震时间	震中位置	震级	人员伤亡（人）		直接经济损失（万元）
				死亡	受伤	
1	1 月 3 日 08:48	四川宜宾市珙县	5.3	0	1	6000
2	2 月 24 日 05:38	四川自贡市荣县	4.7	2	13	17700
	2 月 25 日 08:40	四川自贡市荣县	4.3			
	2 月 25 日 13:15	四川自贡市荣县	4.9			
3	3 月 28 日 05:36	青海海西州茫崖市	5.0	0	0	66700
4	4 月 24 日 04:15	西藏林芝市墨脱县	6.3	—	—	—
5	5 月 18 日 06:24	吉林松原市宁江区	5.1	0	0	5100
6	6 月 17 日 22:55	四川宜宾市长宁县	6.0	13	299	561700
	6 月 17 日 23:36	四川宜宾市珙县	5.1			
7	7 月 21 日 20:23	云南丽江市永胜县	4.9	0	0	8100
8	9 月 8 日 06:42	四川内江市威远县	5.4	1	82	58200
9	9 月 16 日 20:48	甘肃张掖市甘州区	5.0	0	0	4700
10	10 月 2 日 20:04	贵州铜仁市沿河县	4.9	0	0	860
11	10 月 12 日 22:55	广西玉林市北流市	5.2	0	0	1300
12	10 月 28 日 01:56	甘肃甘南州夏河县	5.7	0	7	161900
13	11 月 25 日 09:18	广西百色市靖西市	5.2	1	5	12200
14	12 月 18 日 08:14	四川内江市资中县	5.2	0	18	4900
15	12 月 26 日 18:36	湖北孝感市应城市	4.9	0	0	1500
合计				17	425	910860

注：6 月 17 日四川长宁 6.0 级地震灾害含余震。

表 4-3-2　2019 年我国 5 级以上地震情况表

序号	发震时间	纬度（度）	经度（度）	深度（公里）	震级	发震地点
1	1 月 3 日 08:48:06	28.20	104.86	15	5.3	四川宜宾市珙县
2	1 月 12 日 12:32:02	39.57	75.59	10	5.1	新疆喀什地区疏附县
3	1 月 20 日 22:28:33	30.09	87.77	10	5.0	西藏日喀则市谢通门县
4	1 月 30 日 13:21:34	23.77	122.43	20	5.2	台湾花莲县海域
5	2 月 2 日 05:54:41	46.73	83.34	16	5.2	新疆塔城地区塔城市
6	3 月 8 日 10:32:14	22.46	121.34	11	5.3	台湾台东县海域
7	3 月 28 日 05:36:31	38.28	90.89	9	5.0	青海海西州茫崖市
8	4 月 3 日 09:52:56	22.95	120.87	12	5.7	台湾台东县
9	4 月 4 日 09:56:55	22.99	120.85	10	5.1	台湾台东县
10	4 月 9 日 23:13:22	23.96	121.61	10	5.0	台湾花莲县海域
11	4 月 18 日 13:01:05	24.02	121.65	24	6.7	台湾花莲县海域
12	4 月 24 日 04:15:48	28.40	94.61	10	6.3	西藏林芝市墨脱县
13	5 月 18 日 06:24:48	45.30	124.75	10	5.1	吉林松原市宁江区
14	6 月 4 日 17:46:16	22.82	121.75	9	5.8	台湾台东县海域
15	6 月 17 日 22:55:43	28.34	104.90	16	6.0	四川宜宾市长宁县
16	6 月 17 日 23:36:01	28.43	104.77	16	5.1	四川宜宾市珙县
17	6 月 18 日 07:34:33	28.37	104.89	17	5.3	四川宜宾市长宁县
18	6 月 22 日 22:29:56	28.43	104.77	10	5.4	四川宜宾市珙县
19	7 月 4 日 10:17:58	28.41	104.74	8	5.6	四川宜宾市珙县
20	7 月 13 日 08:57:41	29.15	128.26	230	6.0	东海海域
21	7 月 19 日 17:22:14	27.67	92.89	10	5.6	西藏山南市错那县
22	8 月 8 日 05:28:02	24.52	121.96	30	6.4	台湾宜兰县海域
23	8 月 18 日 12:05:14	23.74	121.57	6	5.0	台湾花莲县
24	9 月 5 日 21:58:35	14.77	116.16	20	5.2	南海海域
25	9 月 8 日 06:42:13	29.55	104.79	10	5.4	四川内江市威远县
26	9 月 16 日 20:48:39	38.60	100.35	11	5.0	甘肃张掖市甘州区
27	10 月 12 日 22:55:24	22.18	110.51	10	5.2	广西玉林市北流市
28	10 月 17 日 19:44:31	24.02	122.58	16	5.1	台湾花莲县海域
29	10 月 27 日 13:29:45	41.21	78.82	11	5.0	新疆阿克苏地区乌什县
30	10 月 28 日 01:56:48	35.10	102.69	10	5.7	甘肃甘南州夏河县
31	11 月 25 日 09:18:19	22.89	106.65	10	5.2	广西百色市靖西市
32	12 月 18 日 08:14:05	29.59	104.82	14	5.2	四川内江市资中县

2. 地震应急响应

2019年，开展重点危险区地震灾害损失预评估11项，完成国内外地震应急响应处置64次。针对2019年历次显著有感及破坏性地震，震后第一时间组织协调开展指挥协调、快速评估、信息收集研判等应急处置工作，协调指导包括四川长宁6.0级地震、甘肃夏河5.7级地震、西藏墨脱6.3级地震等20次国内5.0级以上地震（及灾害性地震事件）的应急救援处置行动。积极开展快速评估、趋势会商、烈度评定、新闻宣传和舆情引导等工作，为抗震救灾提供信息服务和技术支持。按照“全灾种、大应急”体制要求，修订地震应急响应预案。

3. 主要灾情

【四川珙县5.3级地震】2019年1月3日8时48分，四川宜宾市珙县发生5.3级地震，震中位于北纬28.20度，东经104.86度，震源深度15公里。宜宾震感强烈，重庆、乐山、泸州、成都等地均有明显震感。地震造成1人轻伤，3100余间房屋不同程度损坏，受灾人口近5300人，紧急转移安置300余人，部分公路等基础设施损坏，直接经济损失6000余万元。

【四川长宁6.0级地震】2019年6月17日22时55分，四川宜宾市长宁县发生6.0级地震，震中位于北纬28.34度，东经104.90度，震源深度16公里。地震造成13人死亡，3500余间房屋倒塌，22.3万间房屋不同程度损坏，直接经济损失56.2亿元。

【四川威远5.4级地震】2019年9月8日6时42分，四川内江市威远县发生5.4级地震，震中位于北纬29.55度，东经104.79度，震源深度10公里。地震造成1人死亡、82人受伤，房屋倒塌132间、严重损坏161间、轻微受损4880间。

（二）重点工作

1. 做好地震灾害防范准备工作

一是时刻紧盯震情，做好应急准备。关注地震灾害应急新技术新发展，指导相关单位及专家严格执行应急备班工作制度，密切跟踪震情，紧盯节假日和重要活动期间应急值守工作，圆满完成全年的地震安保工作。组织并参与“竭诚为民2019地震应急救援演练”，先后2次演练任务分工。

二是强化灾害防范，加强基础工作。针对部分时段全国部分地区出现的震情形势紧张情况，对相关重点地区地震应急防范准备工作进行指导，协助做好年度地震重点地区预评估。编制完成《特别重大地震、地质灾害应急响应工作手册》《地震灾害应急处置应知应会》等，推动研究应急避难场所相关工作，推进“地震易发区房屋加固工程”，跟进“国家烈度速报与预警工程”。

三是认真履行国务院抗震救灾指挥部职能。召开国务院防震减灾工作联席会议，印发工作意见和任务分解方案，推动全国各地和各有关部门做好防震减灾工作。在甘肃夏河5.7级、广西靖西5.2级等较大地震中，及时响应，提供各方信息和措施。组织4个调研组赴辽宁、四川、新疆等7个省份开展调研，指导地方抗震救灾指挥机构建设。

2. 提升地震监测预报预警能力

地震速报能力不断提升，地震正式速报平均用时572秒，比2018年减少88秒；自动速报平均用时111秒，比2018年减少22秒；自动速报震级平均偏差0.21级，相比2018年精度提高22%。完成青藏高原72个站址勘选和11个高原高寒试验站建设，西藏西部、青海西部、新疆西南部地震监测能力由 3.5 级提升到 3.0 级。实施 100 个地震台站标准化改造。实施冬奥会地震监测能力提升一期工程。累计建成 23 个监测实验室和比测台站，完成 162 个型号地震监测设备定型。建立完善非天然地震监测业务，为江苏响水天嘉宜化工有限公司“3·21”特别重大爆炸事故、贵州水城“7·23”特大山体滑坡等 60 余起事件处置提供决策依据。健全重点危险区地震预报滚动会商、开放会商研判机制，邀请科研院所、高校专家 200 余人次联合开展会商研判，发展了地震风险概率预报。启动国家地震烈度速报与预警工程（图 4-3-1），编制 23 项技术规范，累计安装烈度仪 5000 余套，福建、四川等地区初步具备地震预警服务能力。

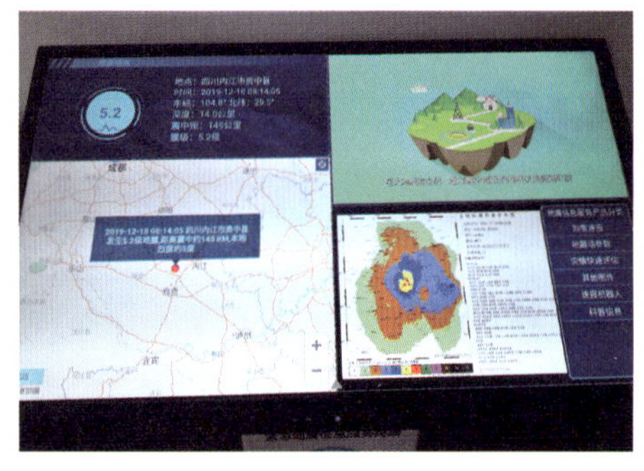

图 4-3-1　快速预报地震烈度

3. 加强地震灾害风险防治

会同国家发展改革委等 15 个部门加强项目统筹协调，组建工程协调工作组、技术专家组，编印总体工作方案，推进地震易发区房屋设施加固工程。编制地震灾害风险调查和重点隐患排查工程实施方案，编制地震灾害风险普查技术规范，开展地震灾害风险普查试点。组织全国地震动参数区划图执行情况检查，推进制定地震巨灾保险条例，发布新版地震巨灾风险模型。与河北省人民政府共同推进唐山市建设防震减灾示范城市。完成区域性地震安全性评价 126 项，开展川藏铁路、大唐海南核电等重大工程地震安全性评价工作。四川、江苏、河南等省的城市活动断层探测全面铺开，吉林延吉、海南海口等 40 个城市活动断层探测工作取得进展。福建省开展陆地与海洋地震风险基础探测。建立活动断层探察数据中心和备份中心。

4. 加强国际合作和科技创新

“一带一路”地震减灾合作机制纳入第二届“一带一路”国际合作高峰论坛成果清单。中国救援队 65 名队员携带 20 吨救援设备物资赴莫桑比克开展国际人道主义救援行动。中国地震科学实验场建设稳步推进。联合北京大学、中国科技大学等 17 个单位共同完成科学设计，28 个科研团队承担科研任务，开展千米深井钻探，启动深井、宽频带地震观测。承担川藏铁路重大科技攻关重点任务。推进“地球深部探测”国家重大科技项目立项。成立国家地震科学数据中心，北京白家疃地球观象台等 8 个国家野外科学观测研究站通过科技部评估。广东省地震局、浙江省地震局、江西省地震局、湖北省地震局和中国地震灾害防御中心等单位与地方科研单位联合组建科技协同创新平台。

5. 推进法治建设和公共服务

开展《地震安全性评价管理条例》修订和地震监测预警部门规章起草，安徽、宁夏等 16 个省份出台区域性地震安全性评价管理办法，山西省出台地震预警政府规章。发布 1 项地震国家标准，审查通过 16 项地震行业标准。为港珠澳大桥、云南龙江特大桥等 10 余项重大工程提供地震安全监测服务，为雄安新区 59 项工程提供抗震设防技术服务。减隔震技术逐步纳入各类建筑抗震设计规范，北京大兴国际机场作为世界最大单体隔震建筑投入运营。福建初步建成地震预警信息服务体系，布设信息发布终端1.2万余套，依法依规发布4次地震预警信息。“中国地震区划”APP上线运行。举办全国防震减灾科普作品大赛、讲解大赛和全国中学生防震减灾知识大赛。

6. 推进新时代防震减灾现代化建设

印发新时代防震减灾现代化建设纲要和任务分工方案，开展纲要解读和宣讲，初步建立现代化指标体系。将天津、福建、山东、广东4省（直辖市）地震局和中国地震台网中心、中国地震灾害防御中心列为现代化试点，编制三年行动方案。联合国家发展改革委、河北省人民政府编制印发雄安新区地震安全专项规划和实施意见。落实省级“十三五”规划项目73个。编制地震信息化建设管理办法和标准体系表。推进中国地震台网中心地震云计算大数据平台和地震数据资源池原型建设，完成地震监测预警预报业务大厅建设和系统集成，完善分析会商技术系统。应用人工智能技术研发自动编目系统。全面启动地震观测图纸抢救工作。

二、地质灾害

（一）地质灾害情况

1. 地质灾害统计情况

2019年，全国共发生地质灾害6181起，其中，滑坡4220起、崩塌1238起、泥石流599起、地面塌陷121起、地裂缝1起和地面沉降2起，分别占地质灾害总数的68.27%、20.03%、9.69%、1.96%、0.02%和0.03%。共造成211人死亡、13人失踪、75人受伤，直接经济损失27.7亿元。与2018年同期相比，地质灾害发生数量、死亡失踪人数和直接经济损失分别增加108.4%、100.0%和88.4%。全国共成功预报地质灾害948起，涉及可能伤亡人员24478人，避免直接经济损失8.3亿元。与2014—2018年均值相比，2019年地质灾害数量减少21.4%，死亡失踪人数减少28.2%，直接经济损失减少14.2%。

2014—2019年地质灾害情况见表4-3-3，灾害数量、死亡失踪人数、直接经济损失情况如图4-3-2至图4-3-4所示。2019年造成人员死亡失踪的地质灾害情况见表4-3-4。

2. 主要灾情

【山西乡宁“3·15”山体滑坡】2019年3月15日18时10分许，山西省临汾市乡宁县枣岭乡卫生院北侧发生山体滑坡，导致枣岭乡卫生院一栋家属楼和一座简易用房、信用社一栋家属楼、一座小型洗浴中心垮塌。因灾死亡20人、受伤100余人，转移安置群众100余人，直接经济损失2100余万元。

表4-3-3 2014—2019年地质灾害情况表

年份	2014	2015	2016	2017	2018	2019	2014—2018年平均值
数量（起）	10907	8224	9710	7521	2966	6181	7867
死亡失踪（人）	400	287	405	354	112	224	312
直接经济损失（亿元）	54.1	24.9	31.7	35.9	14.7	27.7	32.26

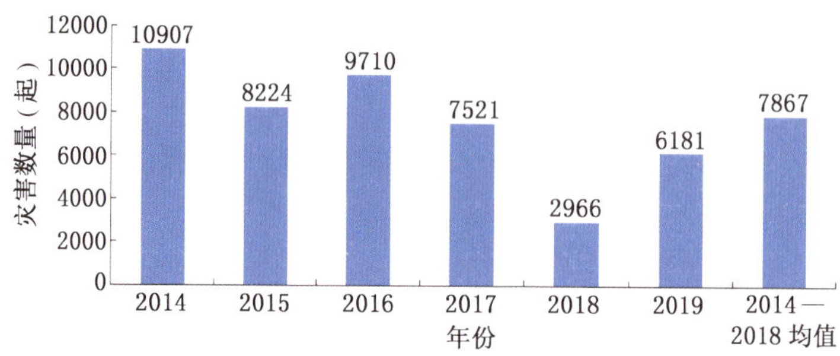

图 4-3-2　2014—2019 年地质灾害数量情况

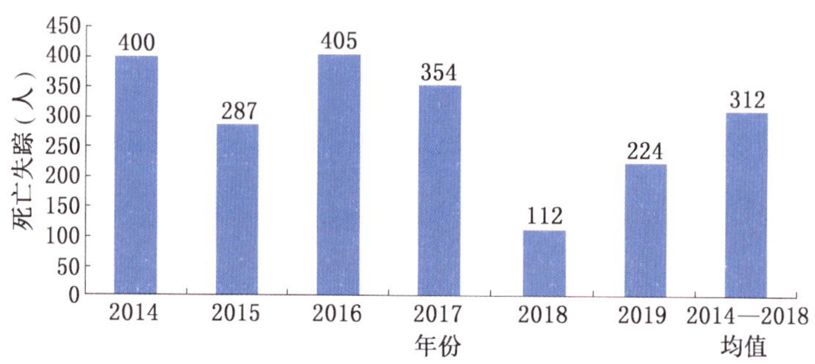

图 4-3-3　2014—2019 年地质灾害造成死亡失踪人数情况

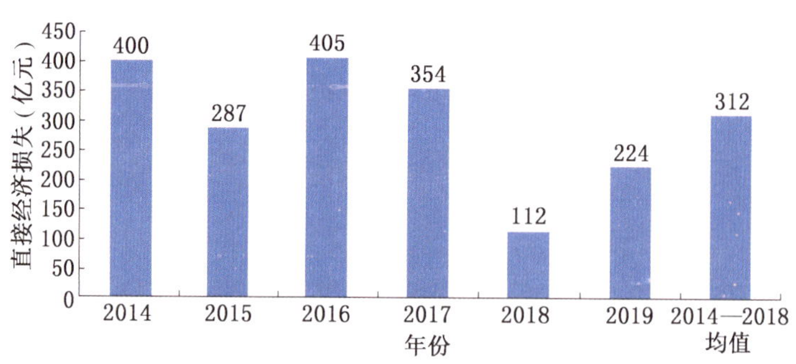

图 4-3-4　2014—2019 年地质灾害造成直接经济损失情况

表 4-3-4 2019 年造成人员死亡失踪的地质灾害情况表

序号	发生日期	地 点	灾害类型	死亡失踪(人)
1	1 月 11 日	江西吉安市永丰县中村乡高家地村里坪源组	崩塌	1
2	1 月 12 日	广西桂林市龙胜各族自治县龙脊镇平安村平安一组	滑坡	1
3	1 月 13 日	甘肃平凉市庄浪县大庄镇老山沟村二社	崩塌	1
4	1 月 18 日	重庆市辖区（重庆）万州区万云南路 S105K455+300 米处	崩塌	2
5	2 月 25 日	江西九江市永修县柘林镇司马村张家组	滑坡	1
6	3 月 15 日	山西临汾市乡宁县枣岭乡卫生院北侧	滑坡	20
7	3 月 27 日	山西吕梁市兴县康宁镇寨牛湾月儿沟	崩塌	2
8	3 月 29 日	广西柳州市柳南区洛满镇古洲村汶村屯	崩塌	1
9	4 月 17 日	广西河池市凤山县乔音乡龙相村塘邦屯	崩塌	1
10	4 月 19 日	重庆市辖区（重庆）万盛经开区关坝镇凉风村芝麻土社	滑坡	4
11	4 月 20 日	甘肃定西市通渭县榜罗镇张湾村史庙社	崩塌	2
12	4 月 30 日	广西贺州市昭平县五将镇恭城村大岸组	崩塌	1
13	5 月 2 日	甘肃兰州市市辖区西固区金沟乡熊子湾村熊子湾社 33 号	崩塌	1
14	5 月 5 日	广东河源市龙川县黎咀镇龙潭村委会张沙村邹胜贤屋后	崩塌	2
15	5 月 8 日	青海玉树藏族自治州玉树市下拉秀乡叶吉尼玛村 1 社	滑坡	2
16	5 月 27 日	广西桂林市灌阳县灌阳镇仁合村委蒋家屯	泥石流	2
17	5 月 27 日	广西河池市环江毛南族自治县东兴镇平安村平乐屯	滑坡	1
18	5 月 28 日	广西河池市凤山县江洲乡凤平村蛮肥屯	崩塌	1
19	6 月 2 日	广东阳江市阳春市春湾镇大岗坪村委会沙螺坑村在建开春高速五标段	滑坡	6
20	6 月 5 日	广东河源市龙川县上坪镇上坪村下坪自然村	崩塌	1
21	6 月 6 日	浙江衢州市江山市贺村镇礼贤村万青山自然村	泥石流	2
22	6 月 7 日	江西吉安市吉安县天河镇毛田村湾里组	泥石流	2
23	6 月 7 日	广西河池市南丹县吾隘镇同贡村平畴屯	滑坡	1
24	6 月 9 日	江西赣州市兴国县 S450 方太乡富坑村观音坳路段	滑坡	1
25	6 月 10 日	广东梅州市兴宁市大坪镇朱坑村塘唇自然村燕子石	崩塌	1
26	6 月 10 日	广东河源市和平县贝墩镇河溪村塘尾片区自然村	崩塌	1
27	6 月 10 日	广东河源市龙川县龙母镇洋田村学田墩	崩塌	1
28	6 月 12 日	广东河源市龙川县细坳镇细坳村车莱耄	崩塌	2
29	6 月 12 日	广东河源市龙川县贝岭镇米贝村水口组	滑坡	2
30	6 月 12 日	广东河源市龙川县贝岭镇上盘村	滑坡	1
31	6 月 12 日	广东河源市龙川县细坳镇半径村板昌	滑坡	1
32	6 月 12 日	广东河源市龙川县贝岭镇米贝村水口组	滑坡	1
33	6 月 13 日	广西桂林市恭城瑶族自治县莲花镇黄泥岗村单地冲屯	泥石流	3
34	6 月 13 日	广西贺州市昭平县富罗镇富罗街供销社旅舍后原职工食堂后山	崩塌	3

表 4-3-4（续）

序号	发生日期	地　　点	灾害类型	死亡失踪(人)
35	6 月 13 日	广东梅州市五华县横陂镇罗陂村新坐向东水库三级电站	滑坡	2
36	6 月 13 日	广西桂林市恭城瑶族自治县三江乡洗脚岭村老屋冲屯	崩塌	2
37	6 月 13 日	福建龙岩市武平县平川镇	滑坡	1
38	6 月 13 日	湖南永州市江华瑶族自治县水口镇黄沙村东鲁组至黄竹院组道路旁	滑坡	1
39	6 月 13 日	广东河源市和平县礼士镇澄心村	崩塌	1
40	6 月 13 日	广西桂林市恭城瑶族自治县莲花镇蒲源村蒲二源屯	崩塌	1
41	6 月 13 日	广西来宾市忻城县果遂镇北丹村北丹屯	崩塌	1
42	6 月 13 日	广西贺州市八步区桂岭镇均洞村 4 组届角屯	崩塌	1
43	6 月 13 日	云南大理白族自治州剑川县象图乡江头村竹箐地质灾害治理项目施工现场	泥石流	1
44	6 月 17 日	广西百色市凌云县伶站乡九民水库管理房	滑坡	1
45	6 月 17 日	广西百色市凌云县下甲镇峰洋村梁峰坳屯	滑坡	1
46	6 月 17 日	广西河池市南丹县六寨镇才怀村巴尧屯	滑坡	1
47	6 月 23 日	湖南娄底市新化县洋溪镇上龙村龙岩洞片	滑坡	2
48	6 月 23 日	广西河池市都安瑶族自治县隆福乡崇山村龙王屯	崩塌	1
49	6 月 26 日	青海果洛藏族自治州玛沁县雪山乡 8 社东龙沟	泥石流	1
50	7 月 5 日	浙江衢州市江山市虎山街道协里村	泥石流	1
51	7 月 8 日	广西河池市南丹县吾隘镇纳定村纳定新屯	崩塌	1
52	7 月 8 日	贵州黔东南苗族侗族自治州台江县排羊乡岩寨村六组	滑坡	1
53	7 月 9 日	江西宜春市袁州区新坊镇礼洪村上敖沅组	崩塌	2
54	7 月 9 日	湖南株洲市攸县网岭镇灯笼桥村陈家场组	崩塌	1
55	7 月 17 日	湖北省直辖县级行政区划神农架林区阳日镇 307 省道 K70+400 米处	崩塌	1
56	7 月 23 日	贵州六盘水市水城县鸡场镇坪地村岔沟组	滑坡	52
57	7 月 24 日	云南红河哈尼族彝族自治州金平苗族瑶族傣族自治县金河镇永平村委会旧寨村	滑坡	3
58	7 月 25 日	云南怒江傈僳族自治州泸水市称杆乡双奎地村哈堵来组	泥石流	2
59	7 月 27 日	云南昭通市永善县黄华镇黄华社区龙冲河沟	滑坡	3
60	7 月 30 日	陕西安康市紫阳县城关镇会仙桥居委会	崩塌	1
61	8 月 5 日	云南怒江傈僳族自治州泸水市六库镇新寨村老窝河口新寨桥	崩塌	1
62	8 月 7 日	云南曲靖市会泽县大井双车村委会树林小组	滑坡	1
63	8 月 9 日	陕西汉中市洋县溢水镇西河村七组	滑坡	1
64	8 月 10 日	浙江台州市临海市东塍镇桐坑村	泥石流	3
65	8 月 10 日	陕西汉中市洋县黄家营镇华沟村魏家沟组	崩塌	1
66	8 月 14 日	重庆城口县龙田乡四湾村一社	滑坡	7

表 4-3-4（续）

序号	发生日期	地　　点	灾害类型	死亡失踪(人)
67	8 月 15 日	新疆喀什地区塔什库尔干塔吉克自治县布伦木沙河谷	泥石流	6
68	8 月 20 日	四川雅安市宝兴县蜂桶寨乡青坪村秤杆组	泥石流	1
69	8 月 20 日	四川阿坝藏族羌族自治州汶川县卧龙镇转经楼村 1 组	泥石流	1
70	9 月 5 日	云南昭通市巧家县小河镇马鞍村	滑坡	9
71	9 月 13 日	甘肃临夏回族自治州东乡族自治县龙泉镇中岭村卡浪社	滑坡	3
72	9 月 14 日	宁夏固原市原州区和泉村四组	崩塌	2
73	9 月 15 日	甘肃陇南市礼县王坝镇金阳村袁阳组	崩塌	2
74	9 月 16 日	广西河池市大化瑶族自治县板升乡弄立村弄结屯	崩塌	1
75	9 月 19 日	甘肃定西市通渭县碧玉镇阳凸村殷家湾	崩塌	2
76	9 月 30 日	云南昭通市盐津县盐井镇椒子村至中和镇一带	泥石流	8
77	10 月 9 日	重庆城口县明通镇大塘村 1 社	滑坡	2
78	10 月 15 日	甘肃定西市通渭县平襄镇店子村贾河社	崩塌	4
79	10 月 26 日	陕西榆林市佳县木头峪镇高李家沟村	崩塌	3
80	11 月 21 日	甘肃平凉市静宁县西山沟村老曲组	滑坡	4
81	11 月 25 日	广西崇左市大新县下雷镇中信大锰矿区	崩塌	1
合计				224

【贵州水城“7·23”特大山体滑坡】 2019 年 7 月 23 日 21 时 20 分许，贵州省六盘水市水城县鸡场镇坪地村岔沟组发生一起特大山体滑坡灾害。灾害共造成 43 人死亡、9 人失踪、11 人受伤，直接经济损失 1.93 亿元。滑坡体积约 200 万立方米，为特大型滑坡。

（二）重点工作

1. 灾害准备

一是积极应对台风、强降雨等极端天气，强化应急值守。汛期每日进行防汛会商研判，分析雨情水情灾情形势，汇总全国地质灾害情况，加强风险趋势研判，指导地方有针对性做好工作。派出工作组前往贵州、福建、广西、江西、云南、青海、黑龙江、山东等地，查看地质灾害险情灾情，指导地方做好防范工作，强化应急准备，最大限度避免和减少地质灾害造成的损失。

二是密切联系自然资源部，健全完善部门联动协同工作机制，在机制建设、现场应急处置、应急准备、气象预警会商等方面加强沟通、研讨、调研。

三是多措并举夯实基础，强化应急准备工作。编制印发《应急管理部特别重大灾害应急响应工作手册（地质灾害分册）》。会同自然资源部启动《国家突发地质灾害应急预案》修订工作。编制完成《重大地质灾害应急响应工作手册》《地质灾害应急基本处置应知应会》。强化演练测试，提升地质灾害现场监测预警能力，组织多家高新技术企业携带无人小飞机、地基 SAR、三维激光扫描仪等先进装备设备，在四川茂县、贵州水城等地开展地质灾害现场监测预警野外试验和演练。召开全国性地质灾害应急管理会议，总结交流各地机构改革后地质灾害应急管理工作情况，理清部门职责，明确工作任务、角色、定位。

2. 灾害应对

一是有力处置重大地质灾害。启动地质灾害应急响应 2 次，派出现场工作组 4 批次，有效应对了山西乡宁“3・15”山体滑坡、贵州水城“7・23”特大山体滑坡（图 4-3-5）、甘肃舟曲牙豁口滑坡、四川汶川群发山洪泥石流 4 次重大地质灾害灾情险情。

二是防范次生地质灾害。派出工作组赴贵州、福建、广西、江西、云南、青海、黑龙江、山东等地，深入暴雨洪涝、台风重灾区，实地查看地质灾害险情灾情，指导地方做好风险隐患排查和治理工作。

三是积极协调下拨地质灾害救灾资金。共向四川、贵州、江西、湖南、重庆、云南、甘肃、广西、青海等省份下拨特大型地质灾害救灾资金 9.12 亿元。

图 4-3-5 贵州水城“7・23”特大山体滑坡灾害现场采用边坡雷达监测预警

第四章　防汛抗旱防台风

一、基本情况

2019年，全国洪涝、台风和干旱灾害共造成1.2亿人次受灾，600人死亡失踪，510.1万人次紧急转移安置；11.9万间房屋倒塌，17.3万间严重损坏；农作物受灾面积16442.9千公顷，其中绝收2594.3千公顷；直接经济损失2968.8亿元。与近5年同期均值相比，2019年全国洪涝、台风灾害因灾死亡失踪人数、紧急转移安置人次和倒塌房屋数量分别减少13%、15%和50%。

（一）洪涝

1. 降雨

2019年，全国共出现37次大范围强降水过程，平均降水量610毫米，较常年同期偏多3.2%，其中，黑龙江、浙江降水量分别为1961年以来历史同期最多和次多。广东、广西、湖南、江西、贵州等地多次出现暴雨过程，7月3—10日，南方出现入汛之后最强降雨过程，江西、湖南多站突破历史极值。

2. 汛情

6—9月，长江、黄河、淮河、珠江、松辽、太湖六大江河流域干流共发生14次编号洪水，长江中下游干流及两湖超警3~13天，黄河上游甘肃、宁夏、内蒙古河段大流量持续30多天。黑龙江干流乌云至抚远江段超警11~47天，同江、抚远江段超保11~28天。全国有25个省份615条河流发生超警以上洪水，较1998年以来同期超警河流明显偏多，广西桂江、湖南湘江资水、黑龙江干流等119条河流发生超保洪水，35条中小河流发生超历史洪水。与同等测报条件下的2017年、2018年相比，超警河流条数明显偏多。

3. 洪灾过程

6月6—13日，江南、华南北部等地出现持续强降雨天气过程。其中，湖南中南部、江西、浙江南部、福建、广西北部、广东中东部等地累计降雨超过100毫米，广西桂林和柳州，江西吉安、赣州、抚州和上饶、浙江衢州，福建南平、三明和龙岩，广东广州、河源、韶关等地部分地区250~400毫米，广西桂林最大降雨量832毫米，江西吉安758毫米。此次强降雨导致广西、广东、江西、浙江、福建、湖南等地遭受洪涝、风雹、滑坡、泥石流等灾害，造成上述6省（自治区）45市（自治州）249县（市、区）577.8万人次受灾，91人死亡、7人失踪，42.1万人次紧急转移安置，18.2万人需紧急生活救助；1.9万间房屋倒塌，8.3万间不同程度损坏；农作物受灾面积419.4千公顷，其中绝收60.2千公顷；直接经济损失231.8亿元。

7月3—17日，长江中下游地区连续遭受2轮强降雨袭击，其中，7月3—10日，南方出现入汛以后最强降雨过程，江西萍乡（497.3毫米）、峡江（461.4毫米），以及湖南耒阳（396毫米）、衡东（348.4毫米）4站连续降水量突破历史极值。长江干流九江至大通河段和鄱阳湖、洞庭湖以及多条支流发生超警戒水位洪水，其中，湘江发生超过 50 年一遇的特大洪水。灾害造成安徽、江西、湖北、湖南 4 省 31 市（自治州）196 县（市、区）1031.9 万人次受灾，37 人死亡、3 人失踪，114.9 万人次紧急转移安置；2.1 万间房屋倒塌，2.2 万间严重损坏，7.4 万间一般损坏；农作物受灾面积 776.9 千公顷，其中绝收 171 千公顷；直接经济损失 324.3 亿元。

（二）干旱

2019 年，共出现 4 次较大范围的气象干旱过程，主要分布在黄淮、江淮、长江中下游等地。特别是长江中下游在 7 月上旬洪涝之后转为夏秋冬连旱。干旱灾害造成全国 21 个省份 6030.2 万人次受灾，560.2 万人次饮水困难；农作物受灾面积 7838 千公顷，其中绝收 1113.6 千公顷；饮水困难大牲畜 292.8 万头（只）；直接经济损失 457.4 亿元。

（三）台风

2019 年，西北太平洋及南海共生成 29 个台风，比常年同期偏多 2.1 个；有 5 个台风在我国登陆，比常年同期偏少 2 个。

1909 号超强台风“利奇马”于 8 月 4 日 9 时在菲律宾以东洋面上生成，5 日 18 时加强为强热带风暴级，6 日 21 时加强为台风级，7 日 9 时加强为强台风级，7 日 15 时加强为超强台风级。在 24 小时内由强热带风暴级快速增强至超强台风级。8 月 10 日 1 时 45 分，超强台风“利奇马”在浙江省温岭市沿海登陆，登陆时中心附近最大风力为 16 级（52 米/秒），中心最低气压为 930 百帕。此后于 11 日 20 时 50 分在山东省青岛市沿海二次登陆，登陆时中心附近最大风力为 9 级（23 米/秒），中心最低气压为 980 百帕，13 日 0 时 0 分减弱为热带低压，中央气象台 13 日 6 时对其停止编号。据统计，超强台风“利奇马”是 1949 年以来登陆我国大陆地区强度第五位超强台风，共造成浙江、山东、江苏、安徽、辽宁、上海、福建、河北、吉林 9 省（直辖市）64 市 403 个县（市、区）1402.4 万人次受灾，因灾死亡 66 人、失踪 4 人，紧急转移安置 209.7 万人次；1.5 万间房屋倒塌，13.3 万间不同程度损坏；农作物受灾面积 1137 千公顷，其中绝收 93.5 千公顷；直接经济损失 515.3 亿元。

（四）险情

2019 年，全国防洪工程累计出险 11200 余处，各地投入抢险救援人力共计 255 万余人次。7 月上旬，湖北荆江大堤出现管涌险情，湖南湘江下游干支流堤防决口 4 处，江西抚河支流堤防出现滑坡决口险情。8 月下旬，四川卧龙保护区内的龙潭水电站大坝发生漫坝险情。全国因洪涝台风灾害紧急转移安置 507.9 万人次，抗洪抢险和人员解困救援任务艰巨。

二、防汛抗旱防台风工作

（一）调整国家防汛抗旱总指挥部组成人员

2019 年 3 月 13 日，国务院办公厅印发《关于调整国家防汛抗旱总指挥部组成人员的通知》（国办发〔2019〕12 号）。调整国务委员王勇任总指挥，应急管理部党组书记黄明、水利部部长鄂竟平、中央军委联合参谋部副参谋长马宜明、国务院副秘书长孟扬任副总指挥，水利部副部长兼应急管理部副部长叶建春任秘书长。

（二）国务委员、国家防汛抗旱总指挥部总指挥王勇赴各地调研防汛抗旱抢险救灾工作

2019年4月11—12日，赴湖南、湖北调研。王勇强调，要全面贯彻习近平总书记关于防汛抗洪救灾和防范化解重大风险的重要指示精神，按照党中央、国务院决策部署，立足防大汛、抢大险、救大灾，着力查隐患补短板，扎实做好应对防范工作，全力以赴确保防洪安全。要统筹做好抗旱工作，切实保障人民群众生活和工农业生产用水。各流域防总要统筹流域全局，加强指挥协调，发挥专业优势，完善与流域各省信息共享、会商研判、协调联动工作机制，统筹做好水库群和防洪控制工程联合调度，指导协助地方做好排险抢险和应急救援工作，确保关键时刻发挥关键作用，千方百计保护人民群众生命财产安全。

2019年7月15—16日，赴湖南考察。王勇强调，要认真落实习近平总书记关于防汛救灾工作的重要指示精神，按照党中央、国务院有关决策部署，坚持把保障群众生命安全放在首位，要全面落实行政首长负责制，完善各级指挥决策和调度机制，切实加强县乡村基层防洪体系，确保提前发出预警信息到户、到人，及时转移危险区人员。密切监视汛情灾情发展，加强多部门联合会商研判。落实巡查制度，加强薄弱地段、险工险段重点防守，坚决避免发生重要堤段溃口性重大险情。要加强科学调度，充分发挥防洪工程拦洪、削峰、错峰作用，最大限度发挥防灾减灾效益。

2019年7月22—23日，赴河南调研。王勇强调，当前正值“七下八上”防汛关键期，各地各部门要不忘初心、牢记使命，牢固树立以人民为中心的思想，夯实防汛抗旱责任，加强团结协作，完善信息共享、组织协调、应急联动工作机制。要加强预测预报预警，科学调度防洪工程，强化巡查排险和应急抢险准备，统筹防大汛、抗大洪与防范台风、泥石流、山体滑坡、城市内涝等各类灾害。一旦发生险情，要快速响应、果断处置，全力做好受灾和转移群众的安置救助工作。要强化流域抗旱水量调度和科学管理，确保城乡居民和工农业生产用水，最大程度降低洪涝干旱灾害损失。

2019年7月31日至8月1日，赴黑龙江调研。王勇强调，要深入贯彻落实党中央、国务院关于防汛抗旱抢险救灾的决策部署，密切关注当前汛情发展，以对人民极端负责的精神狠抓防汛抗旱责任落实，加强统筹协调和统一指挥，压实行政首长负责制，确保思想到位、组织到位、行动到位。保持预警预报体系高效畅通，确保预警信息地域全覆盖、人员无遗漏，第一时间到户到人。加强江河洪水防御和骨干水库科学调度，以中小河流、小水库和山洪灾害为重点，全面排查风险隐患。

（三）全国重点地区防汛抗旱工作会议在江西南昌召开

2019年6月21日，全国重点地区防汛抗旱工作会议在江西南昌召开。中共中央政治局常委、国务院总理李克强作出重要批示。批示指出，各地区、各部门要把防汛抗旱摆在更加突出的位置，进一步明确责任分工，加强协调配合，扎实做好防御抢险救灾各项工作。国家防总要切实加强统筹指导，协调相关部门、各流域防总和省级防指，强化监测预警和分析研判，加强江河防洪调度和巡查防守，认真抓好病险水库、山洪灾害、城市内涝等薄弱环节防范应对，及时做好危险区群众转移避险和重大险情抢险救援。国务委员、国家防汛抗旱总指挥部总指挥王勇出席会议并讲话。王勇强调，要深入贯彻习近平总书记关于防汛抗旱和减灾救灾的重要指示精神，认真落实李克强总理批示要求，立足防大汛、抗大洪、抢大险、救大灾，狠抓责任措施落实，深入排查各类风险隐患，更加扎实做好防范应对，最大程度减轻灾害损失。

（四）汛前准备

落实全国省、市级防汛抗旱防台风行政责任人 2226 名。修订印发《地方各级人民政府行政首长防汛抗旱工作职责》和《国家防总巡堤查险工作规定》。在安徽省蚌埠市和江西省九江市组织开展防汛抗洪抢险综合演习（图 4-4-1），与国家粮食和物资储备局联合开展中央防汛抗旱物资应急调用演练（图 4-4-2）。对接军委联参落实 8 个区域部队 6.6 万人、协调中央企业 400 多支队伍参与抢险预置布防机制。商财政部下达 1.6 亿元专项资金支持长江中下游省份补充抢险物料。针对机构改革和地方行政领导、专业干部队伍调整较大的情况，指导协调各级防指开展基层防汛抗旱指挥长和专业干部专题培训 5000 余班次、参训 24 万余人次。

图 4-4-1　2019 年长江中下游抗洪抢险实战演练在江西九江举行

图 4-4-2　中央防汛抗旱应急物资应急调用演练

（五）隐患排查

国家防汛抗旱总指挥部汛期组织 7 个检查组，对七大江河流域 15 个重点省份的防汛抗旱防台风工作进行检查，组织相关部门开展本行业的汛前检查。组织调研组赴各地调研了解各级防指转隶和工作机制情况。召开全国防汛抗洪与灾害隐患排查防范电视电话会议，部署各地夯实基层防御责任，各有关部门全面加强安全度汛风险隐患排查，加强城市、山丘区、旅游景区等重点地区、重要部位和突发性暴雨洪涝的预测预报，第一时间预警并及时果断转移危险区人员。

（六）洪涝灾害应对

国家防汛抗旱总指挥部汛期每日会商，重大汛情组织相关成员单位联合会商，提早发出通知安排部署洪水防御。水利部及时开展水情监测预报，修复 4.1 万处水毁工程，加强水库超汛限运行监管和防洪工程调度，各级水利部门科学调度骨干水库 2690 座，共拦蓄洪水 1518 亿立方米。各地水利部门共发布县级山洪灾害预警 6.4 万次，发送预警短信 2195 万条，启动预警广播 55 万次，指导督促有关地区安排足巡查值守人员，做好拉网式巡查值守。自然资源部汛期组织群测群防员及专业队伍排查隐患 87.5 万余点次。气象局联合发布山洪灾害气象预警 125 期，发布气象预警 20 万余条，预警短信约 16.2 亿人次。

（七）抗洪抢险救援

国家防汛抗旱总指挥部派出 60 个工作组，启动国家防汛抗旱总指挥部各级应急响应 6 次（表 4-4-1），商财政部累计下达防汛抗旱防台风补助资金 28.3 亿元，支持各地抢险救援。国家发展改革委安排下达救灾应急补助中央预算内投资 11.58 亿元，专项用于灾区基础设施和公益性设施应急恢复建设。贵州水城“7·23”特大山体滑坡灾害发生后，发出紧急通知，传达贯彻习近平总书记重要指示和李克强总理批示精神，督导重点地区落实工作责任，加强山洪、滑坡、泥石流等灾害防御。成功应对四川龙潭水电站漫坝、湖北荆江大堤管涌、长江干堤崩岸、湖南湘江堤防决口、浙江永嘉救援等险情。积极支援山东弥河丹河等决口堵复，调用米-26 重型直升机参与抢险。

表 4-4-1　2019 年国家防汛抗旱总指挥部应急响应启动表

序号	响应时间	响应类型	响应级别	响应范围	事　件
1	7 月 9 日 11 时至 7 月 20 日 10 时	防汛	Ⅳ级	内蒙古、浙江、安徽、福建、江西、湖北、湖南、广东、广西、贵州、甘肃、宁夏、青海	南方暴雨洪涝灾害，黄河上游发生第二次编号洪水
2	8 月 8 日 11 时至 8 月 9 日 16 时	防台风	Ⅲ级	上海、江苏、浙江、山东、河北、天津、辽宁、黑龙江、吉林、福建	防御第 9 号台风“利奇马”
	8 月 9 日 16 时至 8 月 16 日 8 时	防台风	Ⅱ级		
3	8 月 23 日 17 时至 8 月 26 日 12 时	防台风	Ⅳ级	浙江、福建、江西、湖南、广东、广西、海南	防御第 11 号台风“白鹿”
4	8 月 28 日 17 时至 8 月 30 日 12 时	防台风	Ⅳ级	海南、广西、广东	防御第 12 号台风“杨柳”
5	9 月 6 日 12 时至 9 月 8 日 18 时	防汛 防台风	Ⅳ级	天津、河北、辽宁、吉林、黑龙江、上海、江苏、浙江、福建、山东	防御第 13 号台风“玲玲”
6	9 月 29 日 17 时至 10 月 2 日 17 时	防台风	Ⅳ级	上海、江苏、浙江、福建、山东	防御第 18 号台风“米娜”

（八）抗旱减灾

针对云南省春夏旱，山东、内蒙古夏旱，长江中下游地区夏秋冬连旱，国家防汛抗旱总指挥部及时安排部署，先后派出 5 个抗旱工作组，协助旱区开展抗旱救灾。指导抗旱保供水工作，组织各类各级力量开展应急调水、拉水送水，全力保障城乡居民饮水安全。商财政部下达应急抗旱补助资金 5.9 亿元，支援受旱省区开展抗旱工作。

（九）防御台风

针对8月生成台风密集、接连登陆的不利形势，国家防汛抗旱总指挥部组织相关部门和受台风威胁城市滚动会商研判，指导督促各地做好台风防御。在应对第9号超强台风“利奇马”过程中，国家防汛抗旱总指挥部副总指挥、应急管理部党组书记黄明连续7天组织相关部门和有关省份召开13次视频调度会议，指导督促防御工作；国家防总8月8日11时启动防台风Ⅲ级应急响应，9日16时将应急响应提升至Ⅱ级，派出11个工作组指导各地开展防台风工作。

（十）部门联动

中央宣传部、广电总局及时发布预警信息，宣传防灾避险、自救互救知识。国家发展改革委、财政部积极推动防汛抗旱水利提升工程建设，及时安排建设资金和中央自然灾害救灾资金。教育部组织各级各类学校修订完善应急预案，强化应急保障。工业和信息化部发送预警信息13亿条，抢修基站17.5万站次、光缆3.6万公里。公安部汛期投入警力48万余人次，营救群众4.24万人次。交通运输部组织协调救援行动744次，搜救遇险船舶587艘。住房和城乡建设部派出督查组对8省份城市排水防涝工作进行督查，安排20亿元支持排水防涝设施建设。农业农村部下达24.04亿元农业生产救灾资金。水利部持续开展全国小型水库安全度汛、水库调度运用和山洪灾害防御“四不两直”暗访督查，累计暗访6549座小型水库。商务部筹措生活必需品47万余件、5万吨。文化和旅游部组织开展汛期旅游安全检查，及时发布旅游安全提示。国家卫生健康委指导各地出动1.8万余名医护人员，救治伤病员8800余人次。国家能源局组织国家电网、中电建等单位累计出动4万余人参与抢险，投入各类抢险设备9000余台次。国家铁路局派出检查组391次，排查防洪重点路段14650处。解放军和武警部队及时出动兵力和机械装备，积极参与抗洪抢险行动。国铁集团出动应急抢险职工29万人次，累计抢修受损线路228公里、桥涵521座。中国安能集团预置18支突击队共3029人、1239台套抢险装备，全力参与完成湖南湘江决口、四川龙潭水电站漫坝等15次重大抢险任务。应急管理部充分发挥综合性消防救援队伍主力军和国家队作用，累计参加抗洪抢险2.1万次，出动指战员17.5万人次，营救遇险被困群众2.99万人。

第五章 森林草原防灭火

一、火情

（一）森林火灾

2019 年，全国共发生森林火灾 2345 起（其中，一般森林火灾 1534 起、较大森林火灾 802 起、重大森林火灾 8 起、特大森林火灾 1 起），受害森林面积约 13505 公顷，因灾造成人员伤亡 76 人（其中，死亡 64 人）。与 2018 年相比，森林火灾起数、受害森林面积分别下降 5.4%、17.2%，伤亡人数上升 94.9%。与前 3 年（2016—2018 年）均值相比，火灾起数、受害森林面积分别下降 9.0% 和 13.9%，伤亡人数上升 88.4%。与前 5 年（2014—2018 年）均值相比，火灾起数、受害森林面积分别下降 18.4% 和 14.6%，伤亡人数上升 46.7%。与前 10 年（2009—2018 年）均值相比，火灾起数、受害森林面积分别下降 47.2% 和 40.2%，伤亡人数上升 18.0%。与 1988 年以来（1988—2018 年）均值相比，火灾起数、受害森林面积、伤亡人数分别下降 65.7%、80.6% 和 50.2%。与新中国成立以来（1950—2018 年）均值相比，火灾起数、受害森林面积、伤亡人数分别下降 80.2%、97.6% 和 84.5%。

2019 年，森林火灾发生率（起火灾/10 万公顷森林）为 1.06，森林火灾控制率（公顷受害森林面积/每起森林火灾）为 5.76，森林火灾受害率（受害森林面积/森林总面积）为 0.06‰（按全国森林面积 22045 万公顷计算）。

2019 年全国森林火灾按月统计见表 4-5-1，按地区统计见表4-5-2，火灾起数与历年火灾起数比较情况如图 4-5-1 所示，受害森林面积与历年受害森林面积比较情况如图 4-5-2 所示，伤亡人数与历年伤亡人数比较情况如图 4-5-3 所示。

2019 年，已查明起火原因的森林火灾 1849 起、占比 78.8%，未查明起火原因的森林火灾 496 起、占比 21.2%。在已查明的起火原因中：农事用火 567 起、祭祀用火 558 起、雷击火 120 起、野外吸烟 102 起、炼山造林 69 起、电线短路 50 起、野外生活用火 43 起、施工作业和外省市县烧入各 37 起、痴呆弄火 32 起、纵火 24 起、未成年人玩火 19 起、境外火烧入 2 起，其他原因 189 起。

2019 年森林火灾起火原因占比如图 4-5-4 所示。

（二）草原火灾

2019 年，全国共发生草原火灾 45 起（其中，重大草原火灾 1 起、特大草原火灾 2 起，均为境外火烧入引发），受害草原面积约 66705 公顷，无人员伤亡。与 2018 年比较，草原火灾起数、受害草原面积分别上升 15.4% 和 2515.6%，伤亡人数持平；与前 3 年（2016—2018 年）均值相比，火灾起数下降 11.8%，受害草原面积上升 370.6%，伤亡人数持平；与前 5 年（2014—2018 年）均值相比，草原火灾起数、伤亡人数分别下降 43.6% 和 100.0%，受害草原面积上升 66.8%；与前 10 年（2009—2018 年）均值相比，火

表 4-5-1　2019 年全国森林火灾按月统计表

月份	森林火灾起数（起）					火场总面积（公顷）	受害森林面积（公顷）			人员伤亡（人）			
	合计	一般火灾	较大火灾	重大火灾	特大火灾		合计	其中		合计	轻伤	重伤	死亡
								公益林	商品林				
累计	2345	1534	802	8	1	39704.8	13505.0	8925.6	4579.4	76	4	8	64
1	65	47	18	0	0	421.5	149.6	62.8	86.8	0	0	0	0
2	223	157	66	0	0	1756.0	526.4	311.5	214.9	1	0	0	1
3	336	234	100	1	1	15333.3	2396.2	1905.2	491.0	51	2	7	42
4	680	445	231	4	0	9331.5	4193.4	3108.1	1085.3	8	0	1	7
5	131	88	42	1	0	2101.6	1233.0	1030.8	202.2	2	0	0	2
6	64	34	29	1	0	2377.6	1263.9	1235.3	28.6	1	0	0	1
7	57	24	33	0	0	259.2	242.9	227.0	15.9	2	1	0	1
8	24	21	3	0	0	109.1	15.4	8.0	7.4	0	0	0	0
9	170	116	54	0	0	2189.4	669.9	170.8	499.1	3	0	0	3
10	257	171	86	0	0	1730.4	754.0	173.5	580.5	4	0	0	4
11	139	86	53	0	0	916.1	345.2	107.7	237.5	1	0	0	1
12	199	111	87	1	0	3179.0	1715.1	584.9	1130.2	3	1	0	2

表 4-5-2　2019 年全国森林火灾按地区统计表

地区	森林火灾起数（起）					火场总面积（公顷）	受害森林面积（公顷）			损失林木		人员伤亡（人）			
	合计	一般火灾	较大火灾	重大火灾	特大火灾		合计	其中		成林蓄积（立方米）	幼林株数（万株）	合计	轻伤	重伤	死亡
								公益林	商品林						
累计	2345	1534	802	8	1	39704.75	13505.0	8925.6	4579.4	473735.4	1390.85	76	4	8	64
北京	8	2	6	0	0	68.09	5.6	5.6	0	0	0	0	0	0	0
天津	0	0	0	0	0	0	0	0	0	0	0	0	0	0	0
河北	41	36	5	0	0	556.26	110.1	26.1	84.0	1772.5	1.23	0	0	0	0
山西	34	16	17	1	0	14081.67	1897.3	1854.0	43.3	256956.39	469.06	7	1	0	6
内蒙古	230	92	135	3	0	4181.01	3291.8	2369.3	922.5	753.72	381.87	1	0	0	1

表 4-5-2（续）

地区	森林火灾起数（起）					火场总面积（公顷）	受害森林面积（公顷）			损失林木		人员伤亡（人）			
	合计	一般火灾	较大火灾	重大火灾	特大火灾		合计	其中 公益林	其中 商品林	成林蓄积（立方米）	幼林株数（万株）	合计	轻伤	重伤	死亡
辽宁	63	35	26	2	0	2023.21	1441.4	1343.5	97.9	16917.32	41.42	0	0	0	0
吉林	46	36	10	0	0	138.5	62.7	43.1	19.6	993.17	13.53	2	0	0	2
黑龙江	10	9	1	0	0	11.4	4.7	3.9	0.8	0	0	0	0	0	0
江苏	7	7	0	0	0	11.19	0.7	0.7	0	6.03	0	0	0	0	0
浙江	30	12	18	0	0	217.78	115.5	62.8	52.7	1141.75	2.97	0	0	0	0
安徽	43	34	9	0	0	178.01	42.4	3.1	39.3	671.96	0.6	0	0	0	0
福建	26	6	20	0	0	328.4	217.4	44.2	173.2	8064.6	8.17	2	1	0	1
江西	60	35	25	0	0	1199.17	489.1	255.7	233.4	3952.35	13.06	0	0	0	0
山东	6	6	0	0	0	4.84	2.9	2.9	0	76.3	0.14	0	0	0	0
河南	156	144	12	0	0	595.83	59.7	47.0	12.7	410.5	13.28	2	0	0	2
湖北	200	169	31	0	0	1489.3	385.9	131.7	254.2	5029.44	34.63	3	0	0	3
湖南	272	171	101	0	0	1815.7	864.9	196.2	668.7	17732.3	40.49	0	0	0	0
广东	126	72	53	1	0	2050.2	1118.6	373.4	745.2	38784.48	12.18	1	0	0	1
广西	387	273	114	0	0	2613.8	918.0	250.2	667.8	24669.26	31.04	10	1	0	9
海南	32	12	20	0	0	78.36	54.0	8.9	45.1	1118.41	0.27	0	0	0	0
重庆	8	4	4	0	0	46.73	35.2	14.6	20.6	2033.81	0.76	0	0	0	0
四川	138	105	31	1	1	2476.51	661.1	575.8	85.3	30063.78	168.57	31	0	0	31
贵州	10	8	2	0	0	139.52	18.8	11.5	7.3	341.07	0.17	0	0	0	0
云南	104	50	54	0	0	2899.81	1023.8	649.5	374.3	55261.27	98.07	1	0	0	1
西藏	2	2	0	0	0	0	0	0	0	0	0	0	0	0	0
陕西	202	115	87	0	0	1908.09	444.2	423.0	21.2	6111.58	13.77	14	1	8	5
甘肃	15	10	5	0	0	73.29	67.0	56.7	10.3	769.15	0.62	2	0	0	2
青海	18	9	9	0	0	162.62	80.3	80.3	0	0	4.61	0	0	0	0
宁夏	48	43	5	0	0	341.1	80.4	80.4	0	0	30.82	0	0	0	0
新疆	23	21	2	0	0	13.86	11.5	11.5	0	104.26	9.52	0	0	0	0

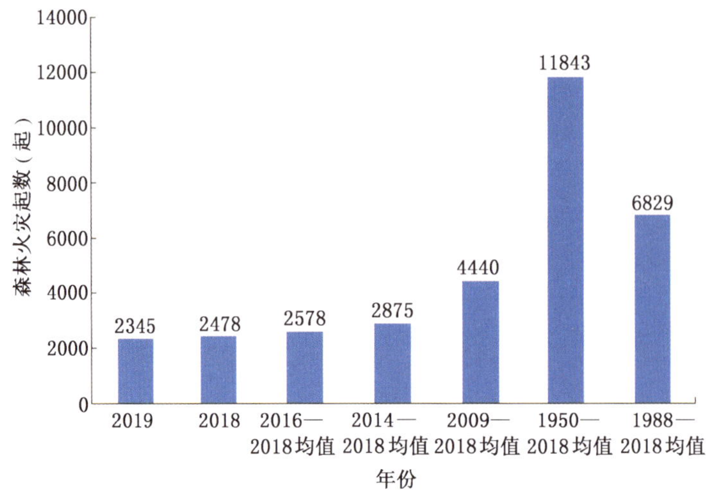

图4-5-1　2019年全国森林火灾起数与历年火灾起数比较情况

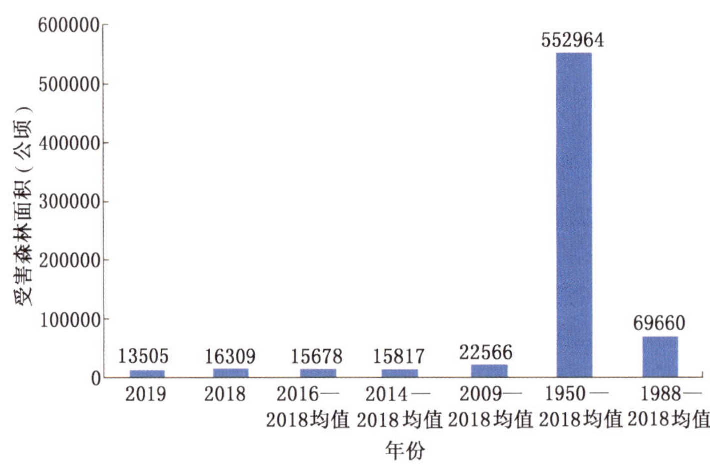

图4-5-2　2019年全国森林火灾受害森林面积与历年受害森林面积比较情况

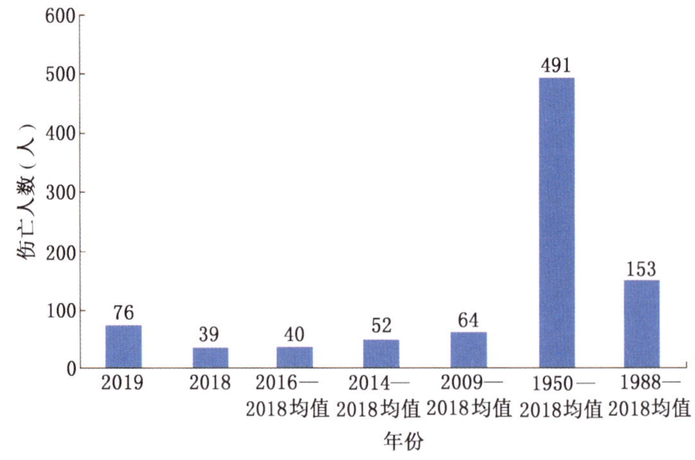

图4-5-3　2019年全国森林火灾伤亡人数与历年伤亡人数比较情况

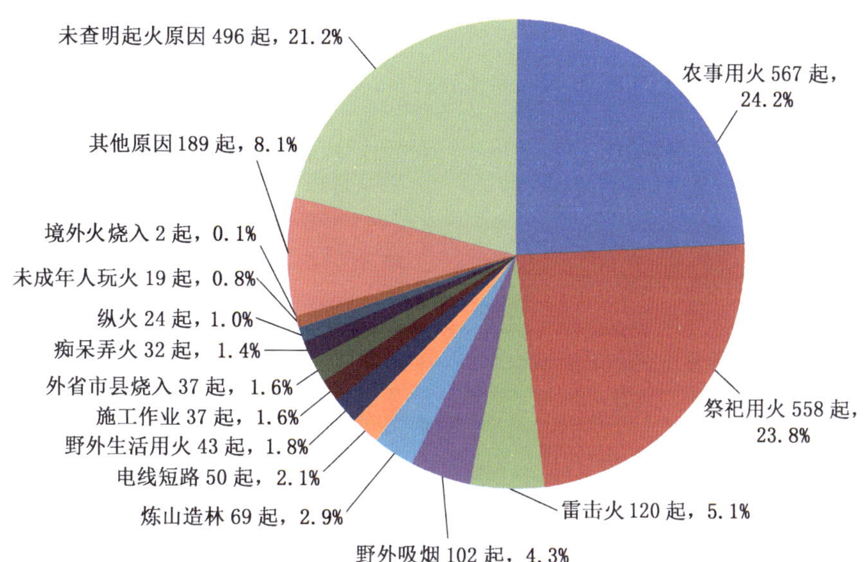

图 4-5-4 2019 年全国森林火灾起火原因占比图

灾起数、伤亡人数分别下降 54.2% 和 100.0%，受害草原面积上升 62.8%。

2019 年全国草原火灾情况见表 4-5-3，火灾起数与历年火灾起数比较情况如图 4-5-5 所示，受害草原面积与历年受害草原面积比较情况如图 4-5-6 所示，伤亡人数与历年伤亡人数比较情况如图 4-5-7 所示。

表 4-5-3 2019 年全国草原火灾情况表

地 区	火灾起数（起）	受害原面积（公顷）	伤亡人数（人）	参加扑火人工日（工日）	经济损失估算（万元）
合计	45	66704.5	0	1173	10949.7
河北	0	0	0	0	0
山西	0	0	0	0	0
内蒙古	33	66560.8	0	0	10947.7
辽宁	0	0	0	0	0
吉林	1	30	0	0	0
黑龙江	0	0	0	0	0
山东	0	0	0	0	0
四川	7	55.6	0	1173	2.0
西藏	0	0	0	0	0
陕西	0	0	0	0	0
甘肃	2	30.3	0	0	0
青海	0	0	0	0	0
宁夏	1	12.0	0	0	0
新疆	1	15.8	0	0	0
新疆兵团	0	0	0	0	0
黑龙江农垦	0	0	0	0	0

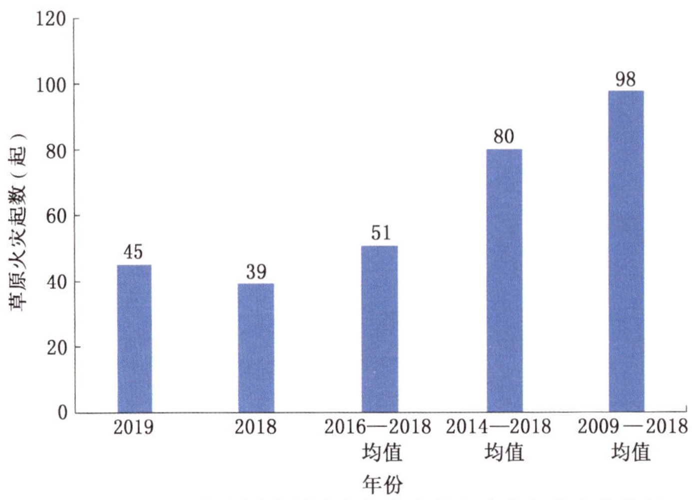

图 4-5-5　2019 年全国草原火灾起数与历年火灾起数比较情况

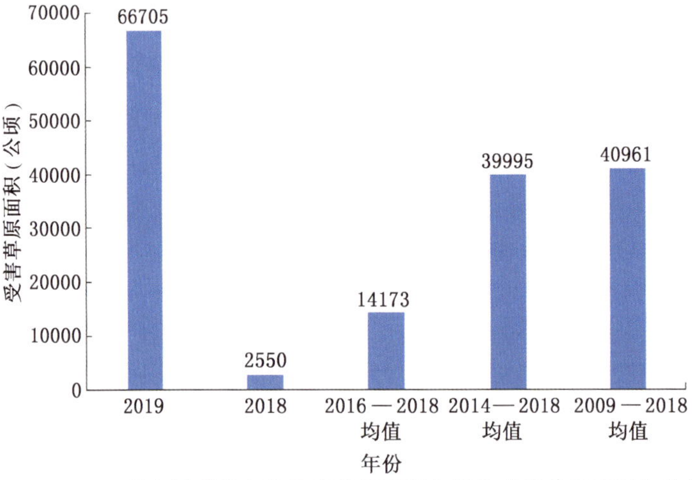

图 4-5-6　2019 年全国草原火灾受害草原面积与历年受害草原面积比较情况

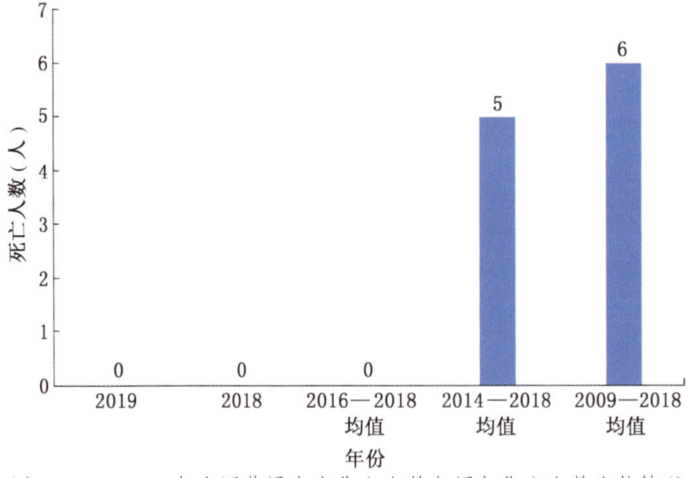

图 4-5-7　2019 年全国草原火灾伤亡人数与历年伤亡人数比较情况

2019 年，上坟烧纸引发草原火灾 12 起、占比 26.7%，越境火引发草原火灾 5 起、占比 11.1%，电线短路、取暖做饭、机械作业失火引发草原火灾各 2 起、分别占比 4.4%，吸烟、烧秸秆、机动车跑火、放鞭炮引发草原火灾各 1 起、分别占比 2.2%，未查明和其他原因引发草原火灾 18 起、占比 40.0%。

2019 年全国草原火灾起火原因占比如图 4-5-8 所示。

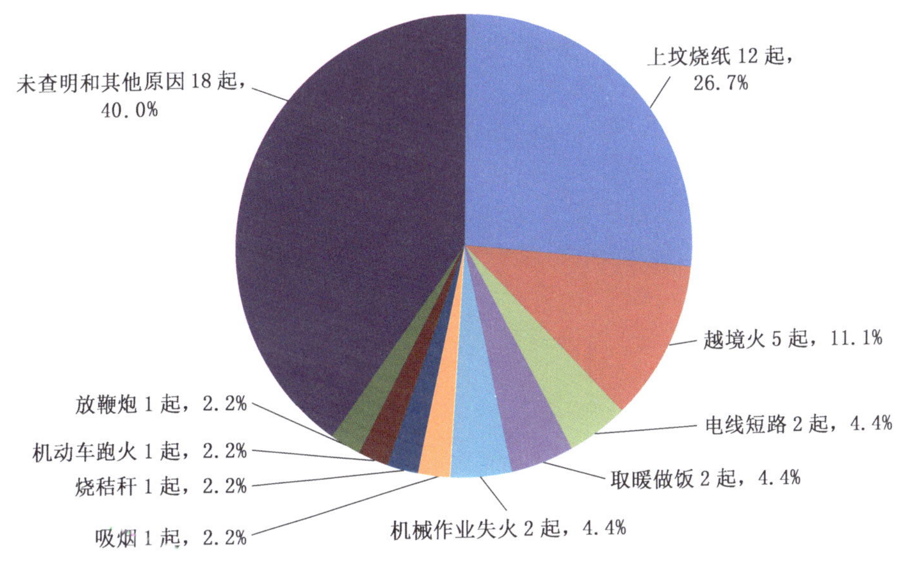

图 4-5-8　2019 年全国草原火灾起火原因占比图

二、防灭火工作

（一）国务委员、国家森林草原防灭火指挥部总指挥王勇在内蒙古、黑龙江调研森林草原防灭火工作

2019 年 6 月 2—4 日，国务委员、国家森林草原防灭火指挥部总指挥王勇在内蒙古、黑龙江调研森林草原防灭火工作。王勇强调，要全面贯彻习近平总书记关于防范化解重大风险、提高自然灾害防治能力的重要指示精神，按照党中央、国务院决策部署，坚持预防为主、防灭结合，着力查隐患、防风险、建机制、补短板，扎实落实防控责任措施，全力做好森林草原防灭火工作。王勇强调，各地区、各有关部门和单位要按照“党政同责、一岗双责、齐抓共管、失职追责”的总体要求，加强组织领导，密切协同配合，把责任逐级逐项压实到岗位和人头，推动各项工作部署落实落地。要突出重要时段和重点区域，完善应急预案，开展隐患排查，加强队伍装备和基础设施建设，强化防火宣传教育和日常巡护，做好信息共享、联合会商和分析研判，确保火险早预报、火情早发现，第一时间采取防灾避险措施。要坚持关口前移、靠前驻防，加强应急值班值守，一旦发生火情迅速启动应急响应，协调各方力量扑救，有效维护国家森林草原生态和人民群众生命财产安全。

（二）全国秋冬季森林草原防灭火工作电视电话会议在京召开

2019 年 9 月 6 日，全国秋冬季森林

草原防灭火工作电视电话会议在京召开。中共中央政治局常委、国务院总理李克强作出重要批示。批示指出，森林草原防灭火工作事关重大，当前，全国大部分地区将陆续进入秋冬季森林草原防火期，各相关部门和地方要坚持以习近平新时代中国特色社会主义思想为指导，认真贯彻落实党中央、国务院决策部署，把森林草原防灭火工作摆在更加突出位置，坚持预防为主、防灭结合、高效扑救的方针，层层压实各方责任，全面提升综合防控能力。进一步加强防灭火机构和队伍建设，扎实做好防灭火教育、火源管控、隐患治理、防火设施建设等基础工作，加强监测预警，完善应急救援体系，筑牢安全屏障。完善指挥体系和协调机制，加强科学指挥，优化力量配置，坚持“打早、打小、打了”，坚决防范发生重特大森林草原火灾，有力有效维护人民群众生命财产安全和国家生态安全。国务委员、国家森林草原防灭火指挥部总指挥王勇出席会议并讲话。

（三）国家森林草原防灭火指挥部调整国家森林草原防灭火指挥部组成单位和人员

2019 年 9 月 11 日，国家森林草原防灭火指挥部印发《关于调整国家森林草原防灭火指挥部组成单位和人员的通知》（国森防发〔2019〕3 号）。调整公安部为国家森林草原防灭火指挥部副总指挥单位，由分管森林公安工作的公安部副部长任副总指挥；增加自然资源部为国家森林草原防灭火指挥部成员单位；调整军委联合参谋部副参谋长任国家森林草原防灭火指挥部副总指挥；同时对其他指挥部成员单位相关成员变动情况进行调整。

（四）强化防灭火责任

随着机构改革的持续深入、体制机制的不断理顺，各级森林草原防灭火责任逐步压紧压实，进一步明确了各部门的职责边界和责任分工。全年共协调组成 43 个工作组，赴各重点省区开展督查。对山西、四川等地森林火灾频发和造成人员伤亡情况发出 17 个督办函。将森林草原防灭火工作纳入省级政府安全生产和消防工作考核，压实各级政府防灭火责任。

（五）提升火灾监测防控效能

严格执行 24 小时在岗值班、“有火必报”和热点核查“零报告”制度。周密部署重点时段的应急值守、预警监测工作，确保火情信息畅通。先后组织 5 次全国火险形势会商，11 次重点时段和敏感时期会商。下发高森林火险预警信息 15 期，发布高森林火险天气警报 252 期，气象服务专报 175 期，加强火灾防控指导力度。建立信息共享平台并上线运行，实现跨部门、跨层级、跨地区的防灭火信息共用共享。

（六）深入排查整治火灾隐患

通过开展全国风险隐患排查整治和秋冬季防灭火工作专项检查，召开专题会议研究输配电线路频繁引发森林火灾问题，邀请国家发展改革委等 9 部委调研解决“树线矛盾”等措施，最大程度消除火灾隐患。

（七）完善法律法规制度

开展《森林防火条例》《草原防火条例》修订工作，启动修订《国家森林草原火灾应急预案》，制定《国家森林草原防灭火指挥部运行机制》，完善《国家森林草原防灭火指挥部工作规则》，编制森林草原防灭火工作约谈、重大火灾督办、特大火灾调查处理 3 个暂行办法，启动修订中俄、中蒙联防协定，进一步完善工作机制，规范各项工作开展。

（八）积极推动项目建设

编制《2020年中央预算内投资计划草案》，组织各地申报应急能力提升、航空护林场站、应急指挥通信三大类57个项目。组织编制《全国森林防火规划（2016—2025年）》调整方案。参与“自然灾害防治技术装备现代化工程”推进工作。推动争取地方专业扑火队伍建设专项补助资金，编制地方森林灭火专业应急救援队伍建设专项方案，组织汇总全国地方专业森林消防队伍基础信息。

三、森林消防重点工作

2019年，森林消防队伍积极适应新体制、新任务、新标准、新要求，探索研究中心工作特点规律，狠抓战备落实，加强实战化训练，持续强化能力建设，实现了任务完成好、稳中有提升的目标。全年累计动用11.4万余人次，扑救森林草原火灾310起、执行综合救援任务98起（任务总量是2018年同期的3倍），开展防火执勤2600次，累计派出6400余名指战员、4个直升机组，赴15个省份97处重点火险区靠前驻防。

（一）提升队伍战斗力和应急处置能力

加强平时、重要时节和节日战备工作落实，明确专项指挥机构编成和应急响应机制，确保随时处于临战状态。指导队伍加大靠前驻防力度，合理调整重点火险区力量、装备、指挥编成，加强无人机、全地形车等新装备实战运用，提升全队伍新形势下应急处置能力。组织经常性检查调研，加强战备工作检查指导，确保战备秩序正规、各项制度有效落实。督导各级深入分析研判灭火、地震、洪涝灾害等各类灾情，修订完善灭大火和地震、洪涝灾害抢险救援等重大任务方案，明确各项任务力量调动使用。逐级依案开展指挥所要素、紧急拉动、实兵实装演练演习，确保全队伍在不经准备的情况下依案有序行动。派出工作组深入西南、东北重点林区开展防火督查调研、现地组织任务对接。

（二）加强制度建设

修订完善《应急管理部特别重大灾害应急响应工作手册》《国家森林草原防灭火指挥部特别重大森林草原火灾调查处置暂行办法》《国家森林草原防灭火指挥部森林草原防灭火工作约谈暂行办法》《国家森林草原防灭火指挥部重大森林草原火灾责任追究督办暂行办法》《关于国家森林草原防灭火机制和森林消防队伍建设的建议》。总结推广黑龙江总队“四项机制”建设试点工作经验做法，以点带面抓战备规范、组织指挥、任务安全、协同配合。督查调研防火基础设施建设、林下可燃物清理工作，防控化解森林草原火灾重大风险隐患。

（三）紧盯重大任务抓落实

关注东北、华北和西南等重点方向，以及春节、清明、“五一”“十一”等防火紧要期，深入开展以“三项勤务”“三个进入”为主体的各类防火勤务，深入开展靠前驻防、林政执勤等工作。密切关注队伍驻地灾情动态，做好自身安全隐患排查，做好灾害防范和应急救援准备。成功扑救山西沁源、北京密云、陕西韩城、吉林中俄边境、内蒙古中俄中蒙边境、内蒙古大兴安岭金河、四川凉山、云南安宁、云南大理、新疆中哈边境、湖北孝感等多起急难险重森林草原火灾（图4-5-9、图4-5-10）。在山西沁源“3·29”、北京密云“3·30”两起大火接连发生、举国关注的紧要时刻，调集内蒙古、吉林、甘肃总队和机动支队1740名兵力多点向心、远程增援扑救，在较短的时间内成功扑灭。

图 4-5-9　扑救内蒙古森林火灾

图 4-5-10　大理基地 M－26 直升机在火场上空洒水

（四）加大解决服务基层解难题力度

积极与自然资源部、中央军委联参战场环境保障局协调，为全队伍申领配备基础地理信息数据和重点省区纸质版军事地形图，理顺保障渠道，满足任务所需，改变了队伍遂行任务无地图保障的被动局面。

（五）推进宣传报道聚人心

着眼改革转制实际，紧紧围绕“三个紧贴”（紧贴党委决策部署、紧贴中心任务、紧贴基层鲜活实践）开展宣传，与中央广播电视总台、新华社现场云、人民网人民视频、中青报等签订战略合作协议，设立微信公众号、“抖音”“快手”、微博、“央视频”“今日头条”等官方账号。将习近平总书记关于应急管理重要论述融入宣传教育、研究阐释、新闻报道、舆论引导全过程，在新媒体平台组织推出 8 个批次系列报道，中央主流媒体立体宣传全队伍“不忘初心、牢记使命”主题教育开展情况，先后刊发各级党委和指战员理论文章 260 篇。围绕庆祝新中国成立 70 周年这条主线，组织 50 余家媒体分 3 个批次开展“壮丽 70 年　奋斗新时代”“追梦火焰蓝”和“队伍组建一周年”大型主题采访，覆盖全队伍 72% 的基层单位，刊播各类稿件 600 余篇，15 次登上《新闻联播》和《焦点访谈》；“119 消防宣传月”期间在中央电视台 7 个频道播出专题片 14 部，《新闻直播间》播出专题报道 22 次。

第六章　救灾和物资保障

一、灾情管理

2019年，全国在册灾害信息员近70万名，编写报告灾情信息600余期，撰写专题分析报告60余件，全年累计接收地方各级报送灾情8.2万条，较近5年均值增加23.4%。

2019年国家救灾应急响应启动情况见表4-6-1。

（一）加强灾情管理制度建设

制定出台《健全完善灾情管理机制工作方案》《特别重大自然灾害损失评估工作方案》，进一步规范灾情管理各环节工作。组织修订《自然灾害情况统计调查制度》《特别重大自然灾害损失统计调查制度》，为完善灾情管理体系奠定了坚

表4-6-1　2019年国家救灾应急响应启动情况表

序号	响应编号	启动响应时间	工作组出发时间	受灾省份及地市	灾种	响应级别
1	Ⅳ级1号	2月18日15时	2月18日17时	青海玉树、果洛等	雪灾	Ⅳ级
2	Ⅳ级2号	5月29日16时30分	5月29日14时	广西桂林、崇左、河池等	暴雨洪涝	Ⅳ级
3	Ⅳ级3号	6月9日10时	6月9日10时	江西吉安、上饶、鹰潭等	暴雨洪涝	Ⅳ级
4	Ⅳ级4号	6月14日12时	6月14日14时	广东河源、梅州、韶关等	暴雨洪涝	Ⅳ级
5	Ⅲ级1号	6月17日23时50分	6月18日7时	四川宜宾长宁	6.0级地震	Ⅲ级
6	Ⅳ级5号	7月9日11时	7月9日18时	湖南株洲、湘潭等	暴雨洪涝	Ⅳ级
7	Ⅳ级6号	7月9日11时	7月9日18时	江西抚州、吉安等	暴雨洪涝	Ⅳ级
8	Ⅳ级7号	7月9日11时	7月9日18时	贵州毕节、六盘水等	暴雨洪涝	Ⅳ级
9	Ⅳ级8号	7月9日11时	7月9日18时	广西桂林等	暴雨洪涝	Ⅳ级
10	Ⅳ级9号	8月10日12时	8月8日13时	浙江台州、温州、宁波等	台风“利奇马”	Ⅳ级
11	Ⅳ级10号	8月10日12时	8月8日16时	上海	台风“利奇马”	Ⅳ级
12	Ⅳ级11号	8月12日12时	8月9日17时	山东临沂、潍坊、滨州等	台风“利奇马”	Ⅳ级
13	Ⅳ级12号	8月13日14时	8月10日18时	辽宁葫芦岛、鞍山、大连等	台风“利奇马”	Ⅳ级

表 4-6-1（续）

序号	响应编号	启动响应时间	工作组出发时间	受灾省份及地市	灾种	响应级别
14	Ⅳ级 13 号	8 月 20 日 23 时	8 月 20 日	四川阿坝、雅安等	洪涝和地质灾害	Ⅳ级
15	Ⅳ级 14 号	8 月 22 日	8 月 22 日	湖北武汉、黄石、十堰等	干旱	Ⅳ级
16	Ⅳ级 15 号	9 月 3 日	9 月 4 日	山西临汾、长治、忻州等	干旱	Ⅳ级
17	Ⅳ级 16 号	10 月 21 日	10 月 22 日	安徽阜阳、安庆、六安等	干旱	Ⅳ级
18	Ⅳ级 17 号	10 月 21 日	10 月 22 日	江西鹰潭、吉安、九江、宜春等	干旱	Ⅳ级

实的制度基础。

（二）加强全国灾害信息员队伍建设

加快推进灾害信息员队伍建设，到河南、江西等省开展灾害信息员专题调研，研究针对性解决措施和方案。在北京举办 3 期全国灾害信息员师资培训班，共培训全国省级、地市级及部分多灾易灾县灾害信息员师资力量 600 人。指导各地逐级开展灾害信息员培训、逐级定岗定人，地方各级共培训灾害信息员约 19 万人，乡镇及以上实现全覆盖。

（三）组织开展灾情会商核定

进一步健全完善灾情会商核定机制，全年组织 18 个部委和单位召开部际灾情会商会 12 次，认真核定月度、季度、年度全国灾情，并统一对外发布。

二、物资保障

2019 年，商国家粮食和物资储备局完成中央救灾物资采购项目，共采购 1 万顶单帐篷、2. 1 万顶棉帐篷、10 万件棉大衣、20 万床棉被、15 万条毛毯和 10 万条毛巾被，总价值 1. 141 亿元。其中，新增加了毛毯和毛巾被等两个中央救灾物资品种，改善了棉大衣和棉被的品质。截至 2019 年底，全国共有中央救灾物资储备库 20 个，储备救灾帐篷 38. 3 万顶、棉被 82. 5 万床、棉大衣 46. 3 万件、折叠床 15. 1 万张等物资。加强救灾物资标准制定工作，完成棉被、毛毯、毛巾被、高寒棉大衣、防寒服 5 个应急行业标准计划项目立项。

2019 年，累计组织调拨 11 批次中央救灾物资，包括 1. 8 万顶帐篷、10. 7 万床棉被、6. 6 万张折叠床、1. 6 万套折叠桌凳等。

2019 年重大灾害物资调拨情况见表 4-6-2。

三、灾害救助

（一）高效有序开展灾害救助

针对各地雨情、汛情、震情、险情和灾情，及时启动国家救灾应急响应 18 次（含Ⅳ级响应 17 次、Ⅲ级响应 1 次），协调派出 18 个救灾工作组、11 个其他工作组紧急赶赴灾区，商财政部及时安排下拨中央自然灾害救灾资金 80. 1 亿元（其中，中央应急救灾资金 27. 66 亿元、冬春资金 52. 44 亿元），组织调拨中央救灾物资，指导和支持地方做好受灾群众紧急转移安置、过渡期生活救助、倒损民房恢复重建和冬春救助等工作，有效保障受灾群众的基本生活。

有关重大灾害中央自然灾害救灾资金下拨情况如下：

表 4-6-2　2019 年重大灾害物资调拨情况表

序号	灾情信息	调拨时间	具体情况
1	江西暴雨洪涝灾害	6 月 9 日	从中央救灾物资长沙库向江西省部分暴雨洪涝灾区紧急调拨 2000 顶帐篷、2 万床棉被、1 万张折叠床等中央救灾物资
2	广西暴雨洪涝灾害	6 月 11 日	从中央救灾物资南宁库向广西壮族自治区暴雨洪涝灾区紧急调拨 2000 顶帐篷、1 万床棉被、6000 张折叠床、2000 套折叠桌凳等中央救灾物资
3	四川长宁 6.0 级地震	6 月 18 日 6 月 21 日	从中央救灾物资成都库向四川省地震灾区紧急组织调拨 7000 顶帐篷、2.5 万床棉被、1.4 万张折叠床等中央救灾物资
4	湖南暴雨洪涝灾害	7 月 12 日 7 月 16 日	从中央救灾物资长沙库和合肥库向湖南省部分暴雨洪涝灾区紧急调拨 1000 顶帐篷、1.5 万床棉被、1.3 万张折叠床、1.4 万套折叠桌凳等中央救灾物资
5	台风“利奇马”	8 月 11 日 8 月 12 日 8 月 13 日	从中央救灾物资合肥库向浙江省紧急组织调拨 1 万张折叠床等中央救灾物资，从中央救灾物资合肥库和北京库向山东省紧急组织调拨 6000 顶帐篷、3 万床棉被、1.2 万张折叠床等中央救灾物资，从中央救灾物资合肥库向安徽省紧急组织调拨 7000 床棉被、1000 张折叠床等中央救灾物资

【青海玉树、果洛等地雪灾】 3 月 13 日，财政部、应急管理部向青海省拨付中央自然灾害救灾资金 1 亿元，主要用于支持做好青海省玉树、果洛等地严重雪灾受灾群众救助工作，保障受灾群众基本生活。

【广西、江西、广东暴雨洪涝灾害】 6 月 24 日，财政部、应急管理部向江西、广东、广西 3 省（自治区）拨付中央自然灾害救灾资金 3.6 亿元，其中江西 2 亿元、广东 5000 万元、广西 1.1 亿元，主要用于 5 月底至 6 月中旬 3 省（自治区）严重暴雨洪涝灾害受灾群众紧急转移安置、过渡期生活救助、倒损民房恢复重建、因灾遇难人员家属抚慰等受灾群众生活救助需要。

【四川长宁 6.0 级地震】 6 月 19 日，财政部、应急管理部向四川省预拨中央自然灾害救灾资金 1 亿元，用于支持做好四川长宁 6.0 级地震抗震救灾工作，帮助地方保障受灾群众基本生活。7 月 23 日，财政部、应急管理部再次向四川省拨付中央自然灾害救灾资金 3.5 亿元，主要用于四川长宁 6.0 级地震灾区受灾群众过渡期生活救助和因灾倒损民房恢复重建等救灾需要（图 4-6-1）。

图 4-6-1　2019 年 6 月四川长宁 6.0 级地震灾区受灾群众集中安置点

【湘赣黔桂闽暴雨洪涝灾害】 7 月 30 日，财政部、应急管理部向湖南、江西、贵州、广西、福建 5 省（自治区）拨付中央自然灾害救灾资金8.3亿元，其中湖南3.6亿元、江西2.9亿元、贵州1亿元、广西4000万元、福建4000万元，主要用于支持和帮助地方做好遭受7月上中旬严重洪涝灾害的群众紧急转移安置、过渡期生活救助、倒损民房恢复重建、因灾遇难人员家属抚慰等工作。

【超强台风“利奇马”灾害】8月11日，财政部、应急管理部向浙江省紧急预拨中央自然灾害救灾资金3000万元。9月16日，财政部、应急管理部向辽宁、浙江（含宁波）、山东3省拨付中央自然灾害救灾资金6.01亿元，其中辽宁5300万元、浙江3.8亿元（含宁波7000万元）、山东16815万元，支持地方做好超强台风“利奇马”灾害受灾群众生活救助工作。

【湖北旱灾】9月16日，财政部、应急管理部向湖北省拨付中央自然灾害救灾资金6400万元，支持地方做好旱灾受灾群众生活救助工作。11月7日，财政部、应急管理部向湖北省追加拨付3600万元，用于受灾群众救助工作。

【四川阿坝州等地洪涝地质灾害】9月19日，财政部、应急管理部向四川省拨付中央自然灾害救灾资金9100万元，主要用于支持帮助做好阿坝州等地严重洪涝和地质灾害受灾群众生活救助、倒损民房恢复重建、因灾遇难人员家属抚慰等救灾工作。

【山西旱灾】10月14日，财政部、应急管理部向山西省拨付中央自然灾害救灾资金7200万元，主要用于支持帮助山西省严重旱灾受灾群众生活救助工作。

【江西、安徽旱灾】11月7日，财政部、应急管理部向江西、安徽等省拨付中央自然灾害救灾资金1.32亿元，其中安徽7100万元、江西6100万元，支持地方做好旱灾受灾群众生活救助工作。

（二）扎实做好全国受灾群众冬春救助工作

据统计，全国2019—2020年冬春期间因灾生活困难需救助近5500万人。12月12日，应急管理部会同财政部向25个省（自治区、直辖市）和新疆生产建设兵团下拨2019—2020年度中央冬春救灾资金52.4437亿元，帮助各地解决受灾群众冬春期间口粮、衣被取暖等基本生活困难。同时，针对高寒寒冷地区、边疆偏远地区、少数民族地区、集中连片贫困地区特别是“三区三州”等深度贫困地区相关省份给予重点支持。

（三）加强灾害救助政策创制

2019年10月7日，应急管理部、民政部、国务院扶贫办联合出台《关于防灾减灾救灾助力脱贫攻坚的意见》，结合应急管理、民政、扶贫三部门职责，明确了11项政策措施，进一步支持贫困地区特别是“三区三州”深度贫困地区做好防灾减灾救灾工作，保障好受灾群众基本生活。加大对地方防灾减灾救灾助力脱贫攻坚工作的指导，河北、福建、安徽、河南、海南、广西、贵州、云南、西藏9个省份出台贯彻落实意见，湖南、重庆、四川、陕西等省份和新疆生产建设兵团转发了文件。

会同民政部建立协同机制，联合印发《关于进一步加强衔接配合做好受灾群众基本生活保障工作的意见》，要求各级应急管理和民政部门立足各自职责，通过及时通报工作情况、加强灾后工作衔接、加强冬春期间工作衔接、提高受灾群众保障水平、强化重点人群生活保障、引导社会力量参与6个方面的重点措施，进一步加强受灾人员救助政策与相关社会救助政策的有效衔接，不断提升保障水平，确保受灾群众基本生活得到妥善保障。

四、灾后重建

（一）积极推进倒损民房恢复重建

继续牵头指导推进因灾倒损民房恢复重建工作，完善部际协调机制，加强对地方工作的督促和指导，定期统计和通报进度。截至 2019 年底，2018 年全国因灾倒损民房需重建 7.5 万户，需修缮 30.5 万户，整体重建完成率已超过 90%，修缮完成率达 99.2%。

（二）加强重特大灾害灾后重建政策制定

会同国家发展改革委、财政部制定印发《关于做好特别重大自然灾害灾后恢复重建工作的指导意见》。健全完善中央统筹指导、地方作为主体、灾区群众广泛参与的特别重大自然灾害灾后恢复重建机制，确立特别重大自然灾害灾后恢复重建总体要求、指导思想和基本原则，确定中央统筹指导的程序和内容，明确地方发挥主体作用的职责和任务以及保障措施。

附：中国自然灾害报告

第一章 自然灾害概况

第一节 致灾背景特征

一、气温特点

（一）全国平均气温为历史第五高

2019 年，全国平均气温 10.34 ℃，较 2000—2019 年平均值偏高 0.30 ℃，较 2018 年偏高 0.25 ℃，为 1951 年以来第 5 暖年。从空间分布看，除新疆局部地区、青海、甘肃东南部、陕西南部、四川盆地、重庆、西藏南部、广西中南部等地的气温略偏低外，全国其余地区气温均偏高，其中，黑龙江中部、吉林中部、内蒙古东北部部分地区、云南东部、海南大部等地偏高 1~2 ℃。

2019 年，除重庆、西藏和甘肃气温较 2000—2019 年平均值略偏低外，全国其余 28 个省份气温均偏高，其中，云南、广东、河南、海南 4 省为历史最高，福建、山东和辽宁为次高，天津、河北、吉林和黑龙江为第三高。

2019 年，全国平均冬季气温较 2000—2019 年平均值偏低，其余季节气温均偏高，春秋明显偏暖；春夏季节转换偏早、秋冬偏晚。

年内，2 月、5 月和 7 月全国平均气温较 2000—2019 年平均值偏低，其余月份气温均偏高，其中，4 月偏高 1.1 ℃，为历史同期次高。

（二）高温日数为历史次多，极端高温事件偏多

2019 年，全国平均高温（日最高气温≥35.0 ℃）日数 11.8 天，较 2000—2019 年平均值偏多 1.9 天，为历史次多，仅少于 2017 年。华北东南部、黄淮中西部、江淮西部、江汉、江南、华南及重庆、云南南部和东北部、海南、内蒙古西北部、新疆南部和东部等地高温日数有 20~30 天，其中，江南大部、华南大部及河北南部、河南北部、湖北大部、新疆东部等地超过 30 天。

与 2000—2019 年平均值相比，我国中东部大部地区及新疆东部和西部局地、云南东北部和南部等地高温日数偏多 5~10 天，江汉东部、江南中部和西部、华南中北部及河北南部、山东西部、四川南部、云南东北部和南部、海南等地偏多 10 天以上。

2019 年，全国极端高温事件站次比为 0.38，较 2000—2019 年平均值和 2018 年分别偏多 0.26 和 0.08；年内，全国共有 348 站日最高气温达到极端事件监测标准，其中，云南元江（43.1 ℃）等 64 站日最高气温突破历史极值，主要分布在云南、贵州和四川等地。全国极端连续高温事件站次比为 0.38，较 2000—2019 年平均值（0.22）偏多；年内，全国有 509 站连续高温日数达到极端事件监测标准，其中，湖北云梦（39 天）、江西丰城（36 天）和新建（36 天）等 94 站突破历史极值。

二、降水特点

（一）全国平均降水量偏多，北方大部降水偏多、南方接近平均值或偏少

2019 年，全国共出现 41 次强降雨过程，为 2013 年有强降水过程记录以来第 2 多，全国平均降水量 645.5 毫米，较 2000—2019 年平均值偏多 1.7%，比 2018 年偏少 4.2%，为 2012 年以来连续第 8 个多雨年。2—4 月及 7—8 月降水量偏多，其中 2 月偏多 45%；5 月和 11—12 月降水量偏少，其中 11 月偏少 37%；1 月、6 月和 10 月接近常年同期。并且，冬春夏降水偏多，秋季偏少。

2019 年，江南大部、华南及四川东北部、重庆西北部、贵州南部、云南西部等地降水量有 1200～2000 毫米，广西东北部局地、广东南部和福建北部超过 2000 毫米；东北、华北大部、西北地区东南部、黄淮、江淮、江汉、江南北部、西南地区中东部大部及内蒙古东北部等地有 400～1200 毫米；内蒙古大部、宁夏中部和北部、甘肃中西部、青海中部、西藏中西部、新疆北部等地有 100～400 毫米；新疆中南部、青海西北部等地不足 100 毫米。广东阳江（3055.2 毫米）和广西东兴（2984.7 毫米）年降水量分别为全国最多和次多；新疆吐鲁番（1.9 毫米）和托克逊（3.3 毫米）为全国最少和次少。

与 2000—2019 年平均值相比，北方大部降水偏多，南方接近平均值或偏少，其中，东北大部及甘肃大部、内蒙古西部、新疆中南部、西藏西部、陕西西南部、四川东北部等地偏多 20%～50%，黑龙江东北部、甘肃西部、内蒙古西部等地偏多 5 成至 1 倍；全国其余大部地区降水量接近平均值。

（二）降水日数接近平均值

2019 年，全国平均降水（日降水量 ≥0.1 毫米）日数为 101.7 天，与 2000—2019 年平均值（101.2 天）基本持平。东北地区东部和北部、西北地区东南部、江汉、江南、华南、西南地区中东部等地年降水日数在 100 天以上，其中，江南中南部、华南大部及四川中部和西北部、重庆南部、贵州大部、西藏东部等地有 150～200 天；全国其余大部地区降水日数少于 100 天，其中，新疆南部、内蒙古西部、甘肃西部、青海西北部、西藏西北部等地不足 50 天。

与 2000—2019 年相比，黑龙江中部、青海中南部、甘肃中部和南部、四川北部和东南部、贵州大部、广西北部等地降水日数偏多 10～20 天，局地超过 20 天；华北东部、黄淮大部、江淮、江汉东部及内蒙古东北部、新疆北部、广东西南部等地偏少 10～20 天，四川南部、贵州西部、云南大部、海南偏少 20 天以上；全国其余大部地区降水日数接近常年。

（三）暴雨日数偏多

2019 年，全国共出现暴雨（日降水量 ≥50.0 毫米）6354 站日，较 2000—2019 年平均值偏多 2.9%。浙江、福建、广东大部、江西南部、湖南东南部、广西西部和东北部、海南、四川东部局地暴雨日数在 5 天以上，其中，福建北部、江西中部、广东中南部、广西东北部、海南东部等地有 7～10 天，局地 10 天以上。全国大部暴雨日数接近常年，黑龙江东北部、浙江东部、福建北部、江西中部、湖南南部等地的局地偏多 3～5 天。

三、水情特点

长江、黄河、淮河、珠江、松花江、太湖六大江河流域发生 14 次编号洪水，长江洞庭湖水系湘江发生特大洪水，黄河

上游持续大流量近 1 个月；黑龙江超警达 53 天，为 2013 年以来最长；共有 615 条河流超警、119 条河流超保，为 1998 年以来最多。

四、地震活动特点

2019 年，我国共发生 32 次 5 级以上地震（附表 1-1-1），其中大陆地区 20 次，大陆地区发生 2 次 6 级以上地震地区，分别为 4 月 24 日西藏墨脱 6.3 级地震和 6 月 17 日四川长宁 6.0 级地震；台湾及近海 12 次，最大为 4 月 18 日台湾花莲县海域 6.7 级地震。

2019 年，我国大陆地区 5 级以上地震接近年均 24 次的平均水平，与 2000 年以来的平均水平相当。2019 年 4 月 24 日西藏墨脱 6.3 级地震打破我国大陆地区 522 天的 6 级以上地震平静。

从我国各个省份的情况来看，台湾及近海 5 级以上地震数量和强度在全国各省中排名第一；大陆地区，西藏地区地震强度最高，四川地区地震频次最高、强度第二，广西地区地震频次和强度在大陆东部各省（区）排名第一。

附表 1-1-1　2019 年我国 5 级以上地震目录

序号	发震时刻	纬度（度）	经度（度）	深度（公里）	震级	参考地名
1	2019-01-03 08:48	28.20	104.86	15	5.3	四川宜宾市珙县
2	2019-01-12 12:32	39.57	75.59	10	5.1	新疆喀什地区疏附县
3	2019-01-20 22:28	30.09	87.77	10	5.0	西藏日喀则市谢通门县
4	2019-01-30 13:21	23.77	122.43	20	5.2	台湾花莲县海域
5	2019-02-02 05:54	46.73	83.34	16	5.2	新疆塔城地区塔城市
6	2019-03-08 10:32	22.46	121.34	11	5.3	台湾台东县海域
7	2019-03-28 05:36	38.28	90.89	9	5.0	青海海西州茫崖市
8	2019-04-03 09:52	22.95	120.87	12	5.7	台湾台东县
9	2019-04-04 09:56	22.99	120.85	10	5.1	台湾台东县
10	2019-04-09 23:13	23.96	121.61	10	5.0	台湾花莲县海域
11	2019-04-18 13:01	24.02	121.65	24	6.7	台湾花莲县海域
12	2019-04-24 04:15	28.40	94.61	10	6.3	西藏林芝市墨脱县
13	2019-05-18 06:24	45.30	124.75	10	5.1	吉林松原市宁江区
14	2019-06-04 17:46	22.82	121.75	9	5.8	台湾台东县海域
15	2019-06-17 22:55	28.34	104.90	16	6.0	四川宜宾市长宁县
16	2019-06-17 23:36	28.43	104.77	16	5.1	四川宜宾市珙县
17	2019-06-18 07:34	28.37	104.89	17	5.3	四川宜宾市长宁县
18	2019-06-22 22:29	28.43	104.77	10	5.4	四川宜宾市珙县
19	2019-07-04 10:17	28.41	104.74	8	5.6	四川宜宾市珙县
20	2019-07-13 08:57	29.15	128.26	230	6.0	东海海域
21	2019-07-19 17:22	27.67	92.89	10	5.6	西藏山南市错那县
22	2019-08-08 05:28	24.52	121.96	30	6.4	台湾宜兰县海域

附表 1-1-1（续）

序号	发震时刻	纬度（度）	经度（度）	深度（公里）	震级	参考地名
23	2019-08-18 12：05	23. 74	121. 57	6	5. 0	台湾花莲县
24	2019-09-05 21：58	14. 77	116. 16	20	5. 2	南海海域
25	2019-09-08 06：42	29. 55	104. 79	10	5. 4	四川内江市威远县
26	2019-09-16 20：48	38. 60	100. 35	11	5. 0	甘肃张掖市甘州区
27	2019-10-12 22：55	22. 18	110. 51	10	5. 2	广西玉林市北流市
28	2019-10-17 19：44	24. 02	122. 58	16	5. 1	台湾花莲县海域
29	2019-10-27 13：29	41. 21	78. 82	11	5. 0	新疆阿克苏地区乌什县
30	2019-10-28 01：56	35. 10	102. 69	10	5. 7	甘肃甘南州夏河县
31	2019-11-25 09：18	22. 89	106. 65	10	5. 2	广西百色市靖西市
32	2019-12-18 08：14	29. 59	104. 82	14	5. 2	四川内江市资中县

第二节　灾情时空特征

一、全国灾情概况

2019 年，我国自然灾害以洪涝、台风、干旱、地震、地质灾害为主，风雹、低温冷冻、雪灾和森林草原火灾等灾害也有不同程度发生。全年相继发生青海玉树雪灾、四川木里森林火灾、山西乡宁和贵州水城滑坡、四川长宁 6. 0 级地震、超强台风“利奇马”、主汛期南方多省暴雨洪涝、南方地区夏秋冬连旱等重大自然灾害（附表 1-2-1）。

经核定，全年各种自然灾害造成 30 个省份共计 1. 3 亿人次受灾，909 人死亡失踪（其中 816 人死亡、93 人失踪），528. 6 万人次紧急转移安置；12. 6 万间倒塌，28. 4 万间房屋严重损坏，98. 4 万间一般损坏；农作物受灾面积 19256. 9 千公顷，其中绝收 2802 千公顷；直接经济损失 3270. 9 亿元。2019 年，全国因灾死亡失踪人数、倒塌房屋数量、直接经济损失占 GDP 比例较近 5 年均值分别下降 25%、57% 和 27%；较 2000—2018 年均值[①]分别下降 60%、90%、65%。

从灾种发生看，洪涝和地质灾害造成的死亡失踪人数和直接经济损失均最为严重（附图 1-2-1、附图 1-2-2）。洪涝和地质灾害造成的死亡失踪人数占比高达 72. 4%；其次是风雹和台风灾害，依次为 10. 1% 和 8. 1%。洪涝和地质灾害造成的直接经济损失占比为 58. 8%；其次为台风灾害和干旱灾害，占比分别为 18% 和 14%，风雹灾害、地震灾害、低温冷冻和雪灾的占比相对较小。

二、灾情时空分布特点

（一）洪涝灾害“南北多、中间少”，中南、西南地区地质灾害高发

2019 年，全国大部降水偏多，总体呈现“南北多、中间少”，其中，长江、黄河、淮河、珠江、松辽、太湖六大江河流域共发生 14 次编号洪水，超警超保河流条数为 1998 年以来最多。其中，6—8

① 2000—2018 年均值不包括 2008 年巨灾年份数据。

附表 1-2-1　2019 年我国十大自然灾害事件

十大灾害事件	死亡失踪（人）	直接经济损失（亿元）
1909 号超强台风“利奇马”	70	515.3
6 月上中旬广西、广东、江西等 6 省份洪涝灾害	98	231.8
贵州水城“7·23”特大山体滑坡灾害	52	1.9
四川“8·20”强降雨特大山洪泥石流灾害	45	158.9
7 月上中旬长江中下游洪水	40	324.3
南方地区夏秋冬连旱		189.9
四川长宁 6.0 级地震	13	56.2
四川木里“3·30”森林火灾	31	
山西乡宁“3·15”滑坡灾害	20	0.21
青海玉树等地雪灾		2.1
十大灾害损失合计	369	1480.6
全国全年总损失	909	3270.9
十大灾害损失占比	41%	45%

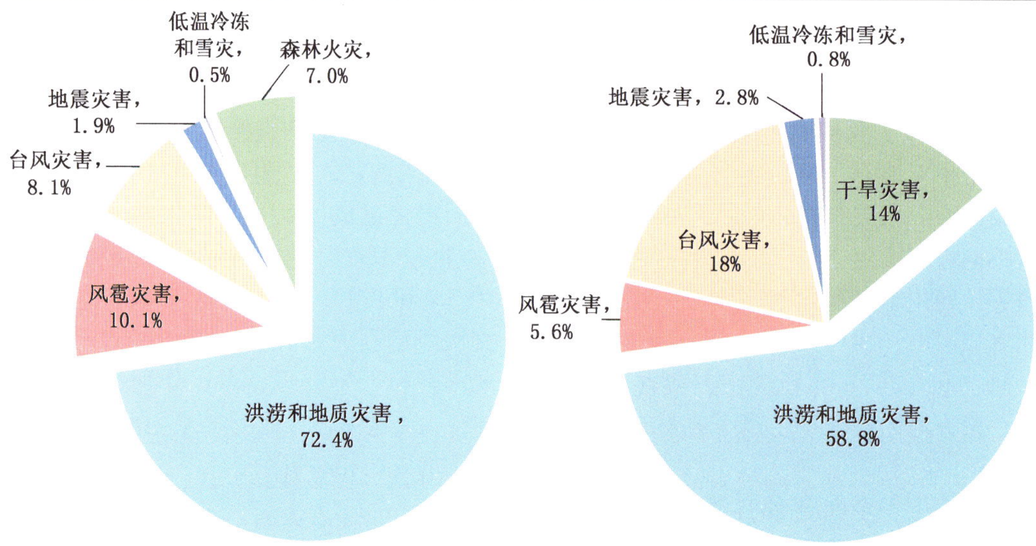

附图 1-2-1　2019 年我国因灾死亡失踪人数分灾种占比情况

附图 1-2-2　2019 年我国因灾直接经济损失分灾种占比情况

月，南方地区多轮降雨过程集中且重叠，主雨带始终在广西、江西、湖南等地徘徊，导致广西、江西、湖南、贵州、四川 5 省（自治区）发生严重洪涝灾害，造成较重人员伤亡和严重直接经济损失，5 省（自治区）洪涝灾害直接经济损失占全国洪涝灾害总损失的 46%。7—8 月，西北、东北等地出现持续性较强降雨，黑龙江、松花江等多条河流超警戒水位，农作物大面积受灾，陕西、甘肃等地阶段性降雨量超历史同期 5～8 成，黑龙江、陕西、甘肃 3 省洪涝灾害直接经济损失占全国洪涝灾害总损失的 12%。江苏、安徽、湖北、河南、山东等长江以北至黄河流域多省汛期降雨量较常年同期明显偏少，洪涝灾情为近年同期低值水平。此外，受强降雨等因素影响，据统计全国共发生地质灾害6181起，较近5年均值减少21%，其中，中南地区地质灾害数量最多，西南地区地质灾害造成的灾害损失最重、死亡失踪人数最多，贵州水城山体滑坡等造成较大损失。总的看，2019年洪涝和地质灾害造成的损失呈下降趋势。

（二）台风生成多、登陆少，超强台风“利奇马”影响大

2019年，西北太平洋和南海共有29个台风生成，较多年平均（26.8个）偏多2.2个，其中5个登陆我国，较多年平均（7个）偏少2个。5个登陆台风平均登陆风速30.6米/秒（11级），小于多年平均值（32.6米/秒，12级），强度整体偏弱，但第9号超强台风“利奇马”极端性特征明显，是1949年以来登陆我国大陆地区强度第5位超强台风，登陆时中心附近最大风力达16级（52米/秒），浙江、安徽、江苏、山东部分地区降雨量达到350～600毫米，远超当地历史极值，造成浙江、安徽、福建、山东等9省（市）209.7万人次紧急转移安置，14.9万间房屋倒损。此外，2019年深入内陆西行台风少，除8月超强台风“利奇马”和10月台风“米娜”给浙江、江苏等地带来较强降雨外，无其他台风深入长江中下游等地，一定程度上缺少台风降雨，加剧了长江中下游地区旱情发展。

（三）旱情阶段性、区域性发生，南方地区夏秋冬连旱严重

2019年，相继发生冬春旱、夏秋冬旱两次阶段性和区域性干旱过程。2—5月，东北地区遭遇春旱，云南大部、四川南部等地出现冬春旱，云南省旱灾峰值时造成170余万人次因旱需生活救助。5—8月，江淮、黄淮等地温高少雨，其中，山西、河南等地旱情较重，出现阶段性夏伏旱，山西省旱灾峰值时造成195万人次因旱需生活救助。7月下旬以来，湖北东部、湖南中东部、江西大部、安徽南部、福建中北部等地降水量较常年同期偏少5～9成，为1961年以来历史同期最少，同时上述大部地区气温较常年同期偏高，造成湖北、湖南、江西、安徽等地发生近40年来最为严重的伏秋连旱，旱灾峰值时4省因旱需救助人数达650万人、直接经济损失182亿元，分别占全国旱灾总损失的51%和40%。总的看，干旱虽造成部分地区经济作物和粮食作物有所减产，但全国总体降水、水库蓄水情况较好（6920座水库总蓄水量4733亿立方米，较常年同期偏多13%），有灌溉条件、没受灾的中晚稻，因光照条件好、病虫害发生轻、结实率高，增减相抵能够弥补因旱损失。与近5年均值相比，2019年全国因旱需生活救助人口增加65%，农作物受灾面积和直接经济损失分别减少22%和4%。

（四）西部地区地震活动较为活跃，四川地震损失较重

2019年，我国大陆地区共发生20次5级以上地震，较近5年均值（16次）增加4次，但总体强度偏弱，其中，6级以上地震2次，未发生7级以上地震。西部地区5级以上地震占全国总数的85%，其中，4月24日西藏墨脱6.3级地震，是2019年震级最高的地震，造成墨脱县少量房屋裂缝损坏。6月17日四川长宁6.0级地震（此后又相继发生4次5级以上余震），是2019年灾情最重的地震，造成13人死亡，3500余间房屋倒塌，22.3万间房屋不同程度损坏。9月8日四川威远5.4级地震也造成一定人员伤亡和损失。此外，2月24—25日四川荣县4.7

级、4.3级和4.9级地震，5月18日吉林松原5.1级地震、10月28日甘肃夏河5.7级地震、11月25日广西靖西5.2级地震、12月26日湖北应城4.9级地震等也造成一定损失。总的看，2019年四川省受地震影响较重，共造成16人死亡、直接经济损失64亿元，分别占全国地震灾害总损失的94%和70%。

（五）风雹灾害时空分布相对集中，低温冷冻和雪灾显著偏轻

2019年，全国共出现37次强对流天气过程，较近5年均值偏少，风雹灾害时空分布较为集中。时间集中发生在4—8月（损失占比88%），区域集中在华东、华中和华北等地，内蒙古、河北、天津、北京、辽宁等地都曾遭遇超10级大风，造成局地损失较重（7月3日辽宁省铁岭市开原经济开发区龙卷风造成6人死亡）。低温冷冻和雪灾灾情主要集中在年初，影响西北地区东部、东北、黄淮、江淮、江汉等地，青海、山西、内蒙古、陕西、湖南、云南部分地区，农作物遭受低温冻害和雪灾影响。与近5年均值相比，低温冷冻和雪灾灾情显著偏轻，农作物受灾面积、直接经济损失分别减少70%和84%。

（六）森林草原火灾态势总体平稳

2019年，全国共发生森林火灾2345起，其中重大火灾8起、特大火灾1起，受害森林面积13505公顷。与2018年相比，森林火灾次数减少133起、降幅5.4%，受害森林面积减少约2804公顷、降幅17.2%。全国共发生草原火灾45起，其中重大火灾1起、特大火灾2起，均为境外火烧入引发，受害草原面积约66705公顷。

三、省级行政区受灾情况

（一）基于年度综合灾情指数，江西、湖南、山东、四川、浙江、湖北、云南、山西、广西、安徽的灾情严重程度位列全国前十位

综合来看，2019年，江西、湖南、山东、四川、浙江、湖北、云南、山西、广西、安徽10省（自治区）灾情相对较重，其中，江西、湖南、山东、四川灾情严重程度更明显重于其他省份。但与2000—2018年均值①相比，全国仅山东省灾情略重于近年平均水平（年度综合灾情指数距平均百分率增长0.3%），其余省份较近年平均水平均基本持平或偏轻。

（二）全国有28个省份出现因灾死亡失踪人口

全国除天津、上海、新疆外，其余省份均出现数量不等的因灾死亡失踪人口（附图1-2-3）。其中，14省（自治区）死亡失踪人口超过20人；四川、广西、贵州、云南、浙江、江西、广东、陕西8省（自治区）死亡失踪人口超过50人，尤其是四川、广西2省（自治区）均超过100人。

（三）全国有11个省份因灾直接经济损失超过百亿元

全国共有30个省份出现因灾直接经济损失（附图1-2-4）。其中，浙江、山东、四川、江西、湖南、黑龙江、山西、福建、云南、湖北、广西11省（自治区）直接经济损失均超过百亿，其直接经济损失合计值占全国因灾直接经济损失的8成多，尤其是浙江、山东、四川、江西直接经济损失均超过300亿元。

① 2000—2018年度综合灾情指数均值不包括2008年巨灾年份数据。

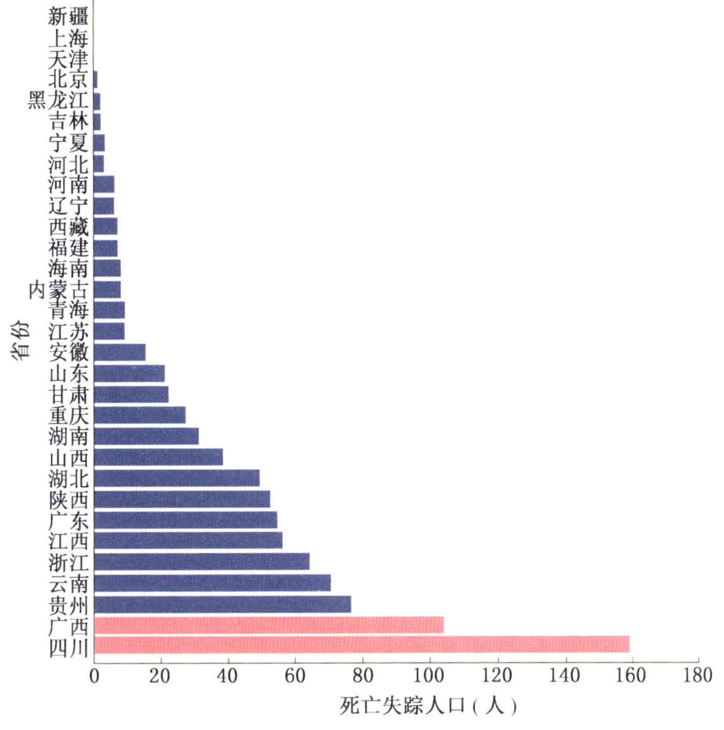

附图 1-2-3 2019 年全国因灾死亡失踪人口分省情况

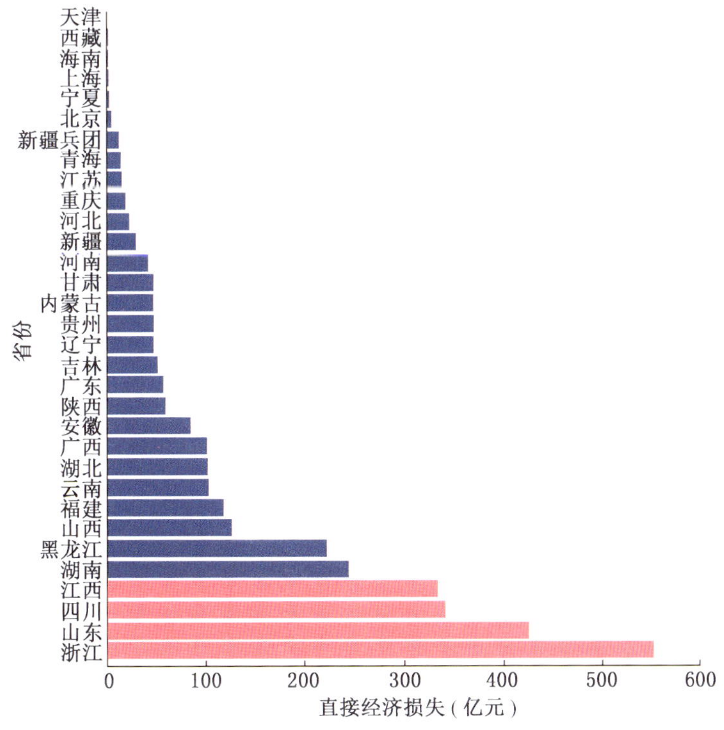

附图 1-2-4 2019 年全国因灾直接经济损失分省情况

第二章　主要灾害及影响评估

第一节　干旱灾害及其影响

一、致灾特点

2019 年，我国区域性和阶段性干旱明显。年内，华北、黄淮、江淮等地出现阶段性春旱，云南遭遇春夏连旱，长江中下游地区遭遇严重夏秋冬连旱。

3—4 月，西南、华北及东北降水偏少，部分地区出现春旱。5—8 月，江淮、黄淮地区降水偏少 2～5 成，山东、河南、安徽及江苏出现阶段性干旱。8—12 月，长江中下游地区持续少雨，江西、福建、湖北、安徽降水量分别偏少 64%、56%、47%和 37%，列 1961 年以来同期降水量最少第 1 位、第 2 位、第 4 位和第 6 位；江西北部、安徽南部等地部分地区连续无有效降水日数达 80 天，近 90 县区出现土壤中度以上缺墒；洞庭湖、鄱阳湖各水系来水偏少 3～7 成，江西赣江、抚河、信江、饶河等河流有 14 站水位创历史新低。

二、灾情特点

2019 年，干旱灾害造成全国 21 个省份共计 6030.2 万人次受灾，560.2 万人次饮水困难；农作物受灾面积 7838 千公顷，其中绝收 1113.6 千公顷；饮水困难大牲畜 292.8 万头（只）；直接经济损失 457.4 亿元。总的看，2019 年全国干旱灾害灾情较 2000—2018 年均值水平偏轻，受灾人口、农作物受灾面积和绝收面积均偏少 5 成以上。

（一）长江中下游地区遭遇夏秋冬连旱，西行台风偏少加剧旱情发展

7 月下旬至 11 月中旬，浙江、安徽、江西、河南、湖北、湖南等长江中下游地区平均降水量为 1961 年以来同期最少；平均气温为历史同期最高，持续雨少温高天气导致当地发生严重伏秋连旱，造成上述 6 省全年旱情合计较 2000—2018 年均值偏重，因旱绝收面积增长近 5 成，尤其是湖北和江西农作物绝收面积增长 1.4 倍和 1.2 倍，两省为 2000 年以来第三和第四高值。在伏秋连旱期间，仅 8 月台风“利奇马”和 10 月台风“米娜”给浙江、江苏等地带来较强降雨过程外，无其他登陆台风深入长江中下游地区，而历年台风对长江中下游地区的年降水量平均贡献率为近 20%，缺少西行台风带来的降雨，在一定程度上加剧了 2019 年长江中下游地区伏秋旱的发展，鄱阳湖等江河湖泊提前进入枯水期。

（二）北方阶段性春旱影响有限，内蒙古、东北粮食主产区大幅增产

2019 年，北方地区的山西、内蒙古、河南、山东、陕西出现阶段性春旱，进入 6 月初雨季，春旱基本缓解；而河北、辽宁局地零星出现夏旱，旱情轻微。北方地区共有 7 省（自治区）遭受干旱影响，农作物受灾面积和绝收面积仅占全国干旱总数的近 3 成和 4 成。尤其是内蒙古、东北地区等传统旱区降雨充沛，进入夏季，以“利奇马”为代表的北上台风给旱情初显的北方带来了较多降水，旱情明显轻于历年水平。据统计，内蒙古和东北地区因干旱导致的农作物受灾、绝收面积较 2000—2018 年均值偏少 8 成以上，内蒙古农作物受灾面积为 2000 年以来最低值，东北地区农作物受灾面积和绝收面积均为 2000 年以来最低值。受雨水充沛和旱情偏轻的因素影响，全国粮食总产量增幅创历史最高水平，内蒙古和东北等北方粮食主产区共计增加 58 亿千克，占全国粮食增加量的 97.2%。

（三）云南省遭遇严重春夏连旱，春耕和群众饮水影响较重

4—6 月，云南平均降水量较常年同期偏少 4 成以上，为 1961 年以来同期最少；平均气温偏高 1.9 ℃，为历史同期最高，持续高温少雨导致云南大部发生严重春夏连旱，春耕生产和群众饮水受到严重影响。据统计，全年云南旱情共影响 16 市（自治州）97 个县（市、区），影响范围为 2014 年以来同期最高值，近 7 成农作物绝收面积集中在中部的大理、西双、普洱、楚雄等市（自治州）；农作物受灾面积和绝收面积较 2000—2018 年均值均偏多 8 成以上，农作物受灾面积为 2000 年以来第三高值（仅次于 2005 年和 2010 年），农作物绝收面积为第五高值；因旱需救助人口和饮水困难人口较 2014—2018 年均值水平增长 8 成和 3 成，为 2014 年以来的最高值和次高值。

第二节 洪涝灾害及其影响[①]

一、致灾特点

（一）强降水过程多暴雨强度大，东北汛期降水多、江南降水“前多后少”

2019 年，东北、西北、江南、华南等地降水偏多，江淮、黄淮等地降水偏少；有 54 个县市最大日降雨量突破当地历史极值，最大日雨量为浙江温州乐清福溪水库 8 月 9 日 882 毫米，突破浙江省历史极值（乐清碘头 804 毫米，2004 年）。东北 5—9 月持续阴雨天气，黑龙江降水量偏多 46%，为 1961 年以来最多；江南 1—7 月降水量偏多 3~5 成，8 月以来偏少 5~8 成，其中江西、福建偏少 67%、58%，分别为 1961 年以来同期最少和第 2 少。

（二）华西秋雨开始早结束晚，雨量大、雨日多

华西秋雨开始偏早 4 天，结束偏晚 29 天。秋雨期间，华西大部地区降水量较常年同期偏多 2~5 成，部分地区偏多 5 成以上；降水日数较常年同期偏多，其中，陕西南部、四川中部、重庆西北部等地偏多 8~12 天，局地偏多 12 天以上。受强降雨影响，陕西、四川、重庆、贵州、甘肃等地部分河流水位上涨，农田被淹，城镇出现严重内涝，局地还遭受滑坡、泥石流等灾害。

（三）六大江河流域发生编号洪水，超警河流多、洪水频次高、持续时间长

长江、黄河、淮河、珠江、松辽、太湖六大江河流域共发生 14 次编号洪水，全国 25 个省份 615 条河流超警，119 条河流超保，35 条河流超历史，超警超保河流条数为 1998 年以来最多，超历史河流条数列 2009 年以来第 4 位，其中，福建闽江、广西桂江、江西昌江、湖南湘江等河流超警 4~11 次。长江中下游干流及两湖超警 3~13 天，湖南湘江下游发生超 50 年一遇特大洪水；黄河上游发生 1989 年以来 6 月同期最大洪水，兰州站流量维持 3000 立方米/秒以上天数达 26 天，中游及渭河发生秋汛；黑龙江、松花江、嫩江超警 24~53 天，为 2013 年以来超警历时最长。

二、灾情特点

2019 年，洪涝灾害共造成全国 30 个省份共计 4766.6 万人次受灾，573 人死亡、85 人失踪，263.2 万人次紧急转移安置；10.3 万间房屋倒塌，14.8 万间严重损坏，45.9 万间一般损坏；农作物受灾面积 6680.4 千公顷，其中绝收 1321.5 千

① 本节的洪涝灾害灾情数据包括因洪涝灾害引发的地质灾害灾情数据。

公顷；直接经济损失 1922.7 亿元。2019 年，全国洪涝灾害灾情较 2000—2018 年均值水平偏轻，尤其是人口和房屋等灾情指标均大幅度减少，其中，受灾人口、死亡失踪人口和紧急转移安置人口减少 5 成左右，倒损房屋数量减少 7 成以上。

（一）洪涝灾情呈现“东北、华南、江南重，华北、西北、西南轻”的空间分布格局

5 月下旬至 8 月，华南、江南和东北相继出现强降雨过程，强降雨过程多暴雨强度大，华南地区因灾死亡失踪人口和直接经济损失较 2014—2018 年均值水平增长近 1 倍，其中，两广地区死亡失踪人口为 2014 年以来最高值；江南地区受夏季暴雨叠加影响，直接经济损失增长 9 成左右，其中，江西死亡人口和直接经济损失为 2014 年以来最高值；东北地区夏季受黑龙江上游来水和冷涡天气影响，受灾人口和直接经济损失增长 1 倍左右，其中，黑龙江直接经济损失为 2014 年以来最高值。6—10 月，华北、西北和西南地区大范围强降雨过程明显偏少，仅 8 月西南和西北局地山洪泥石流致灾重，华北地区因灾死亡失踪人口和直接经济损失较 2014—2018 年均值减少 6~9 成；西北地区因灾死亡失踪人口和直接经济损失较 2014—2018 年均值减少 3~6 成；西南地区因灾死亡失踪人口和紧急转移安置人口较 2014—2018 年均值减少 1~5 成。

（二）华南前汛期降雨强灾情重，华西秋雨灾情集中川渝两地

华南前汛期较常年同期偏早发生，降雨过程集中、持续时间长，5 月下旬至 6 月初，华南地区连续出现 2 次强降雨过程，华南北部降水量较常年同期偏多 2~4 成，局地雨量较常年偏多 1~2 倍。多轮过程重叠造成两广地区 145 人死亡失踪（含暴雨引发的地质灾害等），死亡失踪人数较近年同期水平偏多 5 成以上。受华西秋雨影响，陕西、四川、重庆、贵州、甘肃等 233 个县（市、区）不同程度遭受雨涝灾害，近 8 成经济损失集中在四川、重庆两地，尽管华西秋雨开始早结束晚，雨量大、雨日多，但由于大范围强降雨过程偏少，华西地区灾情较 2014—2018 年均值偏轻，死亡失踪人口、紧急转移安置人口和倒损房屋数量减少 3~8 成。

（三）重大洪涝和地质灾害事件频发，地质灾害、溺水是造成人员死亡失踪的主要因素

2019 年，造成重大人员伤亡的洪涝和地质灾害事件共计 13 次（死亡失踪人口大于或等于 15 人），为 2014 年以来最高值（与 2016 年并列），较 2014—2018 年均值增长 5 成以上，主要分布在山西、湖北、广西、四川、贵州等 10 个省（自治区）。其中，3 月 15 日山西乡宁县枣岭乡滑坡灾害、6 月上旬广西大部洪涝灾害、7 月 23 日贵州水城特大滑坡灾害、8 月上旬湖北西部洪涝灾害、8 月下旬四川阿坝州山洪泥石流灾害均造成大量人员伤亡。2019 年，地质灾害、溺水仍然是洪涝灾害人员死亡失踪的主要因素。滑坡和泥石流掩埋、石岩崩塌等地质灾害导致的死亡失踪人数占比达 37%，溺水致死占比为 30%，两者持续位于较高水平；雷击、高空坠物、树木广告牌倒压、触电等其他原因致死占比从 2010 年的 2% 上升至 2019 年的 19%；房屋或构筑物倒塌致死占比从 2012 年最高值 40% 下降至 2019 年的 14%。

第三节　台风灾害及其影响

一、致灾特点

2019 年，西北太平洋和南海共有 29

个台风（中心附近最大风力≥8级）生成，较常年（25.5个）偏多3.5个，其中，“木恩”“韦帕”“利奇马”“白鹿”“米娜”5个台风登陆我国，较常年（7.2个）偏少2.2个（附表2-3-1）。初台登陆时间较常年偏晚8天，终台登陆时间偏早5天。登陆台风强度总体偏弱，但超强台风“利奇马”致灾重。

（一）秋季台风生成个数显著偏多

秋季（9—11月），西北太平洋和南海共生成16个台风，占2019年台风总生成数的55%，比常年同期（10.8个）偏多5.2个；其中，11月生成6个，为1949年以来同期最多（与1991年11月并列）。

（二）登陆强度总体偏弱

登陆我国的5个台风中，除“利奇马”登陆时达超强台风级别外，其余4个均为热带风暴或强热带风暴级；平均登陆强度为27.4米/秒（10级），较常年（30.7米/秒，11级）偏弱。

（三）“利奇马”强度强、雨量大

“利奇马”于8月10日以超强台风（16级，52米/秒）在浙江省温岭市沿海登陆，是2019年登陆我国的最强台风，为1949年以来登陆我国大陆的第五强台风，也是登陆浙江的第三强台风。“利奇马”登陆后移动缓慢，在陆地时间长达44小时，具有登陆强度强、陆上滞留时间长、风雨强度大、影响范围广、灾情重的特点。“利奇马”降雨总量达1532.6亿立方米，是台风平均降雨总量的5.1倍，为1949年以来影响我国降雨总量最大的台风；山东过程平均降雨量158毫米，超过了2018年“温比亚”台风降雨量（135.5毫米），为有记录以来的过程降雨量最大值；浙江过程平均降雨量165毫米，温州乐清福溪水库过程雨量达904毫米，列登陆浙江台风最大点降雨量第二位（第一位为2004年第17号台风“云娜”的乐清砩头916毫米）。台风北上影响长江、太湖、淮河、黄河、海河、松辽6个流域，致使139条河流超警、54条河流超保、10条河流超历史，山东沂河和沭河、松花江发生编号洪水，山东弥河发生重现期近50年的大洪水。

附表2-3-1 2019年登陆我国台风简表

台风编号名称	登陆地点	登陆日期	登陆时最大风力（风速）	影响省份
1904“木恩”	海南万宁	2019-07-03	8级（18米/秒）	
1907“韦帕”	海南文昌 广东湛江 广西防城港	2019-08-01 2019-08-01 2019-08-02	9级（23米/秒） 9级（23米/秒） 9级（23米/秒）	广东、广西、海南
1909“利奇马”	浙江温岭 山东青岛	2019-08-10 2019-08-11	16级（52米/秒） 9级（23米/秒）	河北、辽宁、吉林、上海、江苏、浙江、安徽、福建、山东
1911“白鹿”	台湾屏东 福建东山	2019-08-24 2019-08-25	11级（30米/秒） 10级（25米/秒）	福建、江西、湖南、广东、广西
1918“米娜”	浙江舟山	2019-10-01	10级（30米/秒）	上海、浙江

二、灾情特点

2019 年，台风灾害共导致我国 15 个省份 1569.2 万人次受灾，70 人死亡，4 人失踪，246.9 万人次紧急转移安置；农作物受灾面积 1924.4 千公顷，其中绝收 159.3 千公顷；1.59 万间房屋倒塌，2.51 万间严重损坏，11.2 万间一般损坏；直接经济损失 588.7 亿元。与 2000—2018 年均值相比，2019 年我国因台风灾害造成的死亡失踪人口、倒塌房屋、损坏房屋均减少 6 成以上。

（一）深入内陆台风偏少，福建及华南地区灾情显著偏轻

在 2019 年影响我国的 6 个台风中（超强台风“玲玲”和热带风暴“剑鱼”未登陆我国，但对我国部分地区产生影响），仅有强热带风暴“白鹿”影响江西、湖南，西进深入内陆的台风数量少，强度弱，导致长江中下游部分地区，尤其江西、安徽、湖北、湖南等省发生了严重旱情。此外，仅有“木恩”“韦帕”“白鹿”3 个台风登陆华南地区，强度明显偏弱，仅为热带风暴或强热带风暴级；福建和华南地区灾情明显偏轻，受灾人口、死亡失踪人口、紧急转移安置人口、农作物受灾面积、农作物绝收面积、直接经济损失等各项灾情指标均为 2000 年以来最低值，同 2000 年以来均值相比均偏少 9 成以上。

（二）北上台风偏多，北方地区受台风影响明显偏重

影响我国的 6 个台风中，超强台风“利奇马”和“玲玲”均为北上台风，给我国北方地区带来丰沛降雨，造成山东、河北、辽宁、吉林、黑龙江省 662.1 万人次受灾，12 人死亡，54.7 万人次紧急转移安置，直接经济损失 121.2 亿元，上述指标均为 2000 年以来第三高值。

（三）超强台风“利奇马”重创浙江、山东

台风“利奇马”是 2000 年以来登陆我国强度位列第三位的超强台风（前两位为 1409“威马逊”和 0608“桑美”），共造成河北、辽宁、吉林、上海、江苏、浙江、安徽、福建、山东 9 省（直辖市）353 个县（市、区）受灾，死亡失踪人口、倒塌房屋、损坏房屋占全年台风灾害总损失比例均超过 94%，其中，遭受“利奇马”重创的浙江、山东两省的受灾人口、死亡失踪人口、直接经济损失等指标占“利奇马”台风总损失的 8 成左右。“利奇马”台风造成浙江堤防决口 87 处；造成山东弥河、沙河、小清河及支流孝妇河均出现超历史洪水，其中，弥河发生近 50 年一遇大洪水。与 2000 年以来登陆我国超强台风造成的损失情况相比，“利奇马”台风造成的因灾死亡失踪人口位列 0608 号台风“桑美”（560 人）、1601 号台风“尼伯特”（105 人）、1409 号台风“威马逊”（88 人）之后的第四位；“利奇马”台风造成的直接经济损失折算值[①]位列 1409 号台风“威马逊”（折算值为 624.4 亿元）、0608 号台风“桑美”（折算值为 567.4 亿元）之后的第三位。

第四节 地震灾害及其影响

一、致灾特点

（一）多震区地震活动差异明显

西藏地区发生 3 次 5 级以上地震，地

① 直接经济损失的折算值计算方法是以 2019 年为基准，采用国内生产总值指数进行折算，其值包含了通胀因素对货币值的影响。

震数量与2018年相当，地震强度有所增强，发生了2019年我国大陆地区震级最高的墨脱6.3级地震。

四川地区2019年发生8次5级以上地震，其中1次6.0级地震，为6月17日长宁6.0级地震。2019年四川地区地震数量显著高于2018年，强度有所增强。2018年12月16日兴文5.7级地震以来，四川盆地东南部5级以上地震持续活跃，2019年四川发生的8次5级以上地震均位于川东南地区。

新疆地区地震活动水平持续较低，2018年发生4次5级地震，最大为2018年9月4日伽师5.5级地震，2019年仅发生3次5级以上地震，最大为2月2日新疆塔城5.2级地震。

云南地区2019年未发生5级以上地震，2018年发生3次5级地震，其中，9月8日墨江5.9级地震为2018年我国大陆地区最大地震。云南地区自2014年已经连续5年没有发生6级以上地震，7级地震平静近24年，均超过1900年以来的平均发震间隔。

（二）部分弱震地区地震活跃

2019年，我国大陆部分地震活动较弱的区域发生“破纪录”的地震，如8月20日海南三亚4.2级，10月2日贵州沿河4.9级，12月26日湖北应城4.9级地震。广西地区5级地震活跃，发生2次5级以上地震，分别为10月12日北流5.2级和11月25日靖西5.2级地震，地震数量显著高于年均0.1次（每10年1次）的活动水平。

（三）台湾及近海7级以上地震持续平静

2019年，台湾发生10次5级以上地震，最大为4月18日花莲县海域6.7级地震。2018年，台湾发生15次5级以上地震，最大为2018年2月6日花莲县海域6.5级地震。台湾自2006年12月26日台湾恒春海域7.2级地震后，台湾及近海地区7级以上地震持续平静近13年，为1900年以来的最长平静时段。

二、灾情特点

2019年，地震造成10个省份59.4万人次受灾，17人死亡失踪，14万人次紧急转移安置；3900余间房屋倒塌，33.4万间不同程度损坏；直接经济损失91亿元（附表2-4-1）。同2000—2018年均值①相比，2019年我国地震灾害主要灾情指标均减少5成以上，其中，死亡失踪人口、倒塌房屋减少9成以上。

全年主要呈现以下特点：

（一）我国大陆地区未发生重特大地震灾害事件，地震灾害损失明显偏轻

死亡失踪人口和直接经济损失均低于2000年以来均值水平，但高于2018年水平。倒塌房屋、受灾人口分别为2000年以来第三低值和第四低值。

（二）我国大陆地区有10个省份受灾，损失主要集中在四川省

四川、甘肃、青海、广西、云南、吉林、湖北、广东、贵州、西藏10省（自治区）不同程度遭受地震灾害影响，其中，四川省死亡失踪人口、受伤人口、倒塌房屋均占全国地震总损失的9成以上，损坏房屋占比为8成以上，直接经济损失占比为7成以上。

（三）传统地震灾害重灾区新疆、云南等地灾情显著偏轻

2019年，新疆发生3次5级以上地

① 2000—2018年均值中不包括2008年巨灾年份数据。

震，但均未造成损失，是 2000 年以来第 3 个无损失的年份。云南没有发生 5 级以上地震，灾情明显偏轻，未造成死亡失踪人口、倒塌房屋，紧急转移安置人口、损坏房屋、直接经济损失均为 2000 年以来第二低值。

（四）台湾及海域地区多次发生 5 级以上地震

台湾及海域地区发生 10 次 5.0 级以上地震，其中 6.0 级以上地震 2 次，最大地震为台湾花莲县海域 6.7 级地震，造成 1 人死亡、16 人受伤。

附表 2-4-1　2019 年我国大陆主要地震灾害一览表

<table>
<tr><th rowspan="2">序号</th><th rowspan="2">日期</th><th rowspan="2">北京时间</th><th rowspan="2">震中位置</th><th rowspan="2">震级</th><th colspan="2">人员伤亡（人）</th><th rowspan="2">直接经济损失（万元）</th></tr>
<tr><th>死亡</th><th>受伤</th></tr>
<tr><td>1</td><td>2019-01-03</td><td>08：48</td><td>四川宜宾市珙县</td><td>5.3</td><td>0</td><td>1</td><td>6000</td></tr>
<tr><td rowspan="3">2</td><td>2019-02-24</td><td>05：38</td><td>四川自贡市荣县</td><td>4.7</td><td rowspan="3">2</td><td rowspan="3">13</td><td rowspan="3">17700</td></tr>
<tr><td rowspan="2">2019-02-25</td><td>08：40</td><td>四川自贡市荣县</td><td>4.3</td></tr>
<tr><td>13：15</td><td>四川自贡市荣县</td><td>4.9</td></tr>
<tr><td>3</td><td>2019-03-28</td><td>05：36</td><td>青海海西州茫崖市</td><td>5.0</td><td>0</td><td>0</td><td>66700</td></tr>
<tr><td>4</td><td>2019-04-24</td><td>04：15</td><td>西藏林芝市墨脱县</td><td>6.3</td><td>—</td><td>—</td><td>—</td></tr>
<tr><td>5</td><td>2019-05-18</td><td>06：24</td><td>吉林松原市宁江区</td><td>5.1</td><td>0</td><td>0</td><td>5100</td></tr>
<tr><td rowspan="2">6</td><td rowspan="2">2019-06-17</td><td>22：55</td><td>四川宜宾市长宁县</td><td>6.0</td><td rowspan="2">13</td><td rowspan="2">299</td><td rowspan="2">561700</td></tr>
<tr><td>23：36</td><td>四川宜宾市珙县</td><td>5.1</td></tr>
<tr><td>7</td><td>2019-07-21</td><td>20：23</td><td>云南丽江市永胜县</td><td>4.9</td><td>0</td><td>0</td><td>8100</td></tr>
<tr><td>8</td><td>2019-09-08</td><td>06：42</td><td>四川内江市威远县</td><td>5.4</td><td>1</td><td>82</td><td>58200</td></tr>
<tr><td>9</td><td>2019-09-16</td><td>20：48</td><td>甘肃张掖市甘州区</td><td>5.0</td><td>0</td><td>0</td><td>4700</td></tr>
<tr><td>10</td><td>2019-10-02</td><td>20：04</td><td>贵州铜仁市沿河县</td><td>4.9</td><td>0</td><td>0</td><td>860</td></tr>
<tr><td>11</td><td>2019-10-12</td><td>22：55</td><td>广西玉林市北流市</td><td>5.2</td><td>0</td><td>0</td><td>1300</td></tr>
<tr><td>12</td><td>2019-10-28</td><td>01：56</td><td>甘肃甘南州夏河县</td><td>5.7</td><td>0</td><td>7</td><td>161900</td></tr>
<tr><td>13</td><td>2019-11-25</td><td>09：18</td><td>广西百色市靖西市</td><td>5.2</td><td>1</td><td>5</td><td>12200</td></tr>
<tr><td>14</td><td>2019-12-18</td><td>08：14</td><td>四川内江市资中县</td><td>5.2</td><td>0</td><td>18</td><td>4900</td></tr>
<tr><td>15</td><td>2019-12-26</td><td>18：36</td><td>湖北孝感市应城市</td><td>4.9</td><td>0</td><td>0</td><td>1500</td></tr>
<tr><td>合计</td><td></td><td></td><td></td><td></td><td>17</td><td>425</td><td>910860</td></tr>
</table>

第五节　地质灾害及其影响①

一、致灾特点

2019 年，全国大陆地区共发生地质灾害 6181 起，造成 224 人死亡失踪，直接经济损失 27.7 亿元。

（一）分类分级

按灾害类型统计，滑坡 4220 起、崩塌 1238 起、泥石流 599 起、地面塌陷 121

① 基础数据来源于 2019 年全国各省（自治区、直辖市）地质灾害月报。

起、地裂缝1起、地面沉降2起，各类灾害数量分别为灾害总数的68.27%、20.03%、9.69%、1.96%、0.02%、0.03%。按灾情等级统计，特大型地质灾害25起、大型37起、中型262起、小型5857起，各级灾害数量分别为灾害总数的0.40%、0.60%、4.24%、94.76%①（附表2-5-1）。与近5年（2014—2018年）全国地质灾害灾情统计均值相比，发生数量降幅21.4%，因灾死亡失踪人数降低28.2%，因灾直接经济损失减少14.2%。

（二）空间分布

附表2-5-1　全国地质灾害分级灾情统计表

灾情等级	灾害数量（起）	死亡失踪（人）	直接经济损失（亿元）
特大型	25	53	13.4
大型	37	26	2.2
中型	262	67	5
小型	5857	78	7.1
总计	6181	224	27.7

全年上海、天津无地质灾害发生。在其余29个省份中，发生数量排前五位的省份依次为湖南、江西、四川、浙江、广西；因灾死亡失踪人数最多的五省依次为贵州、云南、广西、广东、山西；因灾直接经济损失排前五位的省份依次为四川、甘肃、湖南、贵州、广西；在全国范围之内，因灾直接经济损失排在前十位的县依次为四川汶川县、甘肃舟曲县、四川宝兴县、贵州水城县、四川金川县、四川理县、四川九龙县、广东龙川县、广西全州县和四川九寨沟县。

（三）时间规律

汛前（1—4月），灾害发生数量、因灾直接经济损失、因灾死亡失踪人数分别占全年的7.9%、2.4%、16.5%。汛期（5—9月），灾害发生数量、因灾直接经济损失、因灾死亡失踪人数分别占全年的89.8%、95.6%、77.2%，其中，7月1—15日灾害发生数量占全年的41.0%。汛后（10—12月），灾害发生数量、因灾直接经济损失、因灾死亡失踪人数分别占全年的2.3%、2.0%、6.3%。

二、灾情特点

（一）造成人员死亡失踪的灾害数量降低

全年造成人员死亡失踪的地质灾害共81起，占灾害总数的1.3%，数量较近5年均值降低22%，有17起灾害造成3人（含）以上死亡失踪。

（二）受极端降水和台风影响，局部地区集中爆发

7月上中旬，广西、湖南、江西一线受强降雨影响，地质灾害集中爆发，仅湖南集中爆发1800起，造成直接经济损失1.9亿元。8月20—22日，四川雅安、阿坝地区特大暴雨，造成汶川、宝兴、理

① 依据《地质灾害防治条例》中第四条对灾情等级划分的规定。

县、茂县、松潘县和卧龙等地 3 日内集中爆发地质灾害 170 多起，直接经济损失达 8.5 亿元。8 月 10—13 日，“利奇马”台风过境期间，造成浙江、安徽、山东地质灾害集中爆发 400 多起，直接经济损失 1 亿元，其中，浙江杭州、温州地区仅 8 月 10 日单日地质灾害达 230 多起。

（三）强震山区大中型地质灾害多发

全年地震事件引发地质灾害情况轻微，仅四川长宁 6.0 级地震引发 2 起崩塌灾害，共造成 1 人死亡。但是，在受近年来强烈地震破坏的山区，降雨引发的大中型地质灾害发生较多，如 2019 年汛期，仅川西地区就因暴雨引发大中型地质灾害 150 多起，发生数量占全年大中型灾害总数的 46%。

第六节　风雹灾害及其影响

一、致灾特点

2019 年，全国共出现 37 次强对流天气过程，较近 5 年平均值偏少。强对流天气过程主要出现在 4—8 月，占全年总数的 80%以上。春季，北方地区共出现 10 次沙尘天气过程，比常年同期（17 次）偏少 7 次，其中沙尘暴和强沙尘暴过程共 3 次。

二、灾情特点

2019 年，我国相继遭受大风、冰雹、龙卷风、雷电等局地强对流天气影响。据统计，风雹灾害共造成全国 29 个省份共计 1027.3 万人次受灾，88 人死亡、4 人失踪，3.4 万人次紧急转移安置；倒塌房屋 0.3 万间，严重损坏 1.1 万间，一般损坏 17.9 万间；农作物受灾面积 2228.4 千公顷，其中绝收 171.4 千公顷；直接经济损失 183.4 亿元。与 2000—2018 年均值水平相比，2019 年我国风雹灾害灾情明显偏轻，受灾人次、死亡失踪人口和农作物绝收面积均为 2000 年以来的最低值，农作物受灾面积、倒塌房屋和损坏房屋数量均为次低值；受灾人次、死亡失踪人口、紧急转移安置人次、倒塌房屋数量和损坏房屋数量等灾情指标较 2000—2018 年均值水平减少 7 成以上。

（一）风雹灾害影响集中在 4—8 月

4—8 月风雹灾害发生县次占全年风雹灾害总县次的 84.5%，主要灾情指标均占全年风雹灾害总损失的 80%以上，其中，受灾人次、紧急转移安置人次、农作物受灾面积、绝收面积和直接经济损失均占全年风雹灾害总损失的 9 成左右，死亡失踪人口占全年总损失的近 8 成。

（二）风雹灾害受灾范围和频次显著减少

从 2010 年以来看，全国因风雹灾害导致的受灾县范围和频次均呈现下降态势。2019 年全国 40.3%的县级行政区遭受风雹灾害影响，灾害发生县次为 2046 县次，较 2010—2018 年均值水平均显著下降，受灾县域数量占比、发生县次的降幅达 9.7%和 21%。另外，华北、华东、华南、西北、西南地区灾害发生县次均呈现明显下降趋势，其中，处于风雹灾害高发区域的华北、西南、华东地区 2019 年灾害发生县次较 2010—2018 年均值水平分别下降 8.9%、11.1%、20.3%。

（三）雷击是造成风雹灾害人员死亡的主要因素

2019 年，因雷击造成的死亡失踪人数占风雹灾害死亡失踪人数的比例高达 41%，因房屋或构筑物倒塌导致的死亡失踪人数占比为 28%，因树木广告牌倒压、高空坠物、触电等其他原因导致的死亡失踪人数占比为 31%。

第七节　低温冷冻和雪灾及其影响

一、致灾特点

2019年，全国共出现18次大范围冷空气过程，其中，1—2月，大范围低温雨雪天气影响西北地区东部、东北、黄淮、江淮、江汉等地；5月中下旬，受雨雪天气影响，西北、华北等地灾情偏重；12月上旬，受降温降雪天气影响，云南等地大量农作物遭受低温冻害。

二、灾情特点

2019年，低温冷冻和雪灾共造成全国20个省份共计214.8万人次受灾，因灾死亡4人，1.1万人次紧急转移安置；农作物受灾面积585.7千公顷，其中农作物绝收面积36.2千公顷；直接经济损失27.7亿元。与2000—2018年均值相比，2019年我国低温冷冻和雪灾灾情明显偏轻，受灾人次、死亡失踪人口、农作物受灾面积和直接经济损失均为2000年以来次低值，农作物绝收面积均为最低值；受灾人次、死亡失踪人口、农作物绝收面积等灾情指标较2000—2018年均值水平减少9成以上，农作物受灾面积、直接经济损失均减少8成以上。

（一）低温冷冻和雪灾受灾范围和发生频次明显减小，灾情集中在华北、西北和西南地区

2019年，全国有256个县级行政区遭受低温冷冻和雪灾影响，受灾县域数量明显低于2010—2018年均值水平（590个），减少近6成。全年灾害发生频次为336县次，远远小于2010—2018年均值水平（786县次），减少近6成。2019年，低温冷冻和雪灾主要影响华北、西北和西南地区，其灾害发生频次合计值占全国总发生次数的85.4%，其受灾人次、农作物受灾面积、农作物绝收面积和直接经济损失合计值均占全国低温冷冻和雪灾总损失的8成左右。

（二）低温冷冻和雪灾局地灾情较重，对畜牧业、农业影响较大

山西、内蒙古、湖南、云南、陕西、青海等省（自治区）低温冷冻和雪灾灾情相对突出。其中，年初受连续性降雪影响，青海玉树、果洛等地发生严重雪灾，导致牲畜转场及觅食困难，共造成5.3万头（只）大牲畜冻死或饿死，当地畜牧业受到较大影响；2月中旬和5月中下旬受低温雨雪和寒潮天气影响，山西、内蒙古、湖南、陕西等省（自治区）大面积农作物受灾，农业生产受到较大影响；12月上中旬，云南省出现大范围明显降温，出现霜冻现象，大量作物遭受低温冻害；2月、4月，西藏相继出现雪崩事件，造成4人因灾死亡（2019年仅西藏有因灾死亡人口）。

第八节　海洋灾害及其影响

一、致灾特点

2019年，我国风暴潮、海浪、海冰灾害发生15次，其中风暴潮灾害5次，海浪灾害10次。与近20年相比，2019年海洋灾害发生次数低于平均值（34.1次）。

（一）风暴潮灾害造成的最大风暴增水极值偏小

2019年度风暴潮灾害造成的最大风暴增水极值为300厘米，略低于近20年平均值（319.28厘米）。

（二）发生灾害性海浪①次数略偏高

2019年度发生灾害性海浪过程次数39次，略高于近20年平均值（36.5次）。

（三）海冰灾害偏轻

2018—2019年度海冰最大冰厚35厘米，略低于近20年平均值（38.75厘米），辽东湾浮冰外缘线离岸最大距离52厘米，低于近20年平均值（70.4厘米），冰级较常年明显偏轻（1.5级），未对辽宁、河北、天津和山东等地造成影响。

二、灾情特点

2019年，我国海洋灾害对沿海经济社会发展和海洋生态环境带来了诸多不利影响，共造成直接经济损失117.03亿元（附表2-8-1）。2019年度海洋灾害主要呈现以下特点：

（一）2019年各类海洋灾害造成的损失偏轻

与近20年平均状况相比，2019年海洋灾害导致的直接经济损失略低于平均值。其中，风暴潮灾害直接经济损失略高于平均值，海浪灾害直接经济损失低于平均值，海冰灾害为2008年以来唯一一次没有造成损失的年度。

（二）风暴潮灾害直接经济损失最重

风暴潮灾害造成直接经济损失占海洋灾害总损失的99%。

附表2-8-1　2019年我国海洋灾害损失情况

灾害种类	直接经济损失（亿元）
风暴潮灾害	116.38
海浪灾害	0.34
海冰灾害	0
赤潮灾害	0.31
合计	117.03

第九节　森林草原火灾

一、总体情况

据统计，全国共发生森林火灾2345起（其中重大火灾8起、特大火灾1起），受害森林面积约13505公顷，因森林火灾伤亡76人（其中死亡64人）。发生草原火灾45起（其中重大火灾1起、特大火灾2起，均为境外火烧入引发），受害草原面积约66705公顷，无人员伤亡。

二、主要特点

（一）森林火灾次数、受害森林面积双下降

与2018年比，火灾次数减少133起、降幅5.4%，受害森林面积减少2804公顷、降幅17.2%。

（二）人员伤亡增加

与2018年比，伤亡人数增加37人、升幅94.9%，其中死亡人数增加41人、升幅178.3%。

① 灾害性海浪指有效波高大于或等于4米的波浪。

（三）春季仍为森林火灾的高发期，且重大火灾多

森林火灾集中发生于3—6月，尤其是4月为全年火灾最多月份，春季仍为森林火灾的高发期。重大火灾多发生于春季，2019年共发生重大森林火灾8起，其中7起发生于3—6月，仅广东佛山市的重大火灾发生于秋冬季。

（四）秋冬季森林火灾略有增加

2019年秋冬季（9—12月）发生森林火灾765起，较往年有大幅增加，增幅达238%。

（五）部分省区突破常年

北京、山西、内蒙古和西北部分省（自治区、直辖市）森林火灾较往年大幅增多。

（六）人为因素是森林草原火灾的主因

2019年已查明原因的森林火灾1849起，人为因素占93%以上，是引发森林火灾的主要原因；已查明原因的草原火灾均系人为引发。

（七）草原火灾次数上升，境外火烧入较2018年有所增加

与2018年比，草原火灾次数增加6起、升幅15.4%；2019年发生的草原火灾中，5起为境外火烧入引发，包括1起特大草原火灾、2起重大草原火灾。

第五篇

应 急 救 援

综　　述

2019年，应急管理部认真贯彻落实党中央、国务院重大决策部署，守初心、担使命，坚持底线思维，强化风险管控，扎实推进各项应急准备，有力有序有效开展救援。

一、形成高效、统一的指挥体系

部领导带头与机关工作人员一起，全年365天、每天24小时在岗在位值班备勤，始终保持枕戈待旦应急状态。发挥议事协调机构作用，牵头组织各相关部门第一时间集中会商、第一时间调度指挥，实现研判更加快速、决策更加科学。深化应急联动机制，建立军地抢险救灾协调联动机制，与中国红十字会总会、中国民航局、国铁集团和有关央企建立应急联动或相关对接机制，推进京津冀等区域协作，一些地区也积极对接有关部门，建立协作机制，形成整体合力。

二、积极推进应急预案体系建设

报请国务院修订印发国家突发事件总体应急预案，制定了覆盖15个灾种的应对特别重大灾害应急响应工作手册，制定应对长江、黄河、淮河流域重特大江（湖）堤防决口险情工程抢险方案，制定重点地区重特大地震应对方案。

三、进一步加强应急力量建设

加强国家综合性消防救援队伍在水灾、旱灾、台风、地震、泥石流等自然灾害和交通、危险化学品事故救援等领域救援力量建设。积极推进应急救援中心建设工程，统筹专业应急救援力量发展，扎实推进国家应急救援航空体系建设，依托中国安能集团组建应急管理部自然灾害工程应急救援中心。协调军队预置工程抢险、航空运输、卫生防疫、通信保障、森林灭火、水上搜救等应急力量，依托央企预置工程抢险等力量，推进各类救援力量充分整合，形成科学高效、强有力的应急力量体系。

四、积极引导社会应急力量健康发展

成功举办全国首届社会应急力量技能竞赛，组织浙江省公羊会公益促进会、深圳市公益救援志愿者联合会两支队伍进行能力分类分级测评试点，探索社会应急力量专业化建设标准体系。组织社会应急力量摸底普查，推动、参与跨省区抢险救灾公路免费通行政策落地见效，修改完善社会力量参与抢险救灾网上申报系统，动员社会应急力量参与灾害事故现场处置及后方支持工作，为社会应急力量健康发展提供更好服务保障。

五、广泛开展抢险救援实战演练

着眼指导全国大江大河地区防洪抢险工作，组织中国安能集团有关队伍在长江九江段进行抗洪抢险实战演练，练指挥、练协同、练战法、练保障。指导甘肃、福建、四川等多地开展地震地质灾害和大面积断电抢险救援演练。组织重型直升机首次在长江武汉段进行防汛备勤，开展吊装和重载训练演练，在封堵山东寿光弥河决口等任务中发挥了关键作用。

一年来，累计组织灾害事故视频会商 293 次，启动重特大灾害事故响应 58 次，派出工作组 383 个，成功处置了四川长宁 6.0 级地震、贵州水城“7·23”特大山体滑坡、四川木里“3·30”森林火灾、超强台风“利奇马”等灾害，以及江苏响水天嘉宜化工有限公司“3·21”特别重大爆炸事故等重特大事故灾难，探索形成了救援“扁平化”组织指挥模式、防范救援救灾一体化运作模式、“一个窗口”对外信息发布模式，以及一整套行之有效的抢险救援技战术打法，新部门新机制新队伍的优势日益显现。

第一章 应急指挥系统建设

一、建立完善应急联动机制

建立完善应急联动机制，与军委联合参谋部、中国民航局、中国红十字会总会分别建立应急联动工作机制，与国铁集团等8家中央企业建立了应急协调工作机制，推动京津冀签署《北京市天津市河北省应急救援协作框架协议》。健全完善常态灾情交流机制、联合指挥协调机制和资源共享调度机制，为发挥有关部门和央企专业优势、加强区域应急协调联动、共同应对特别重大灾害提供了制度机制保障。强化央地协作联动应对重特大灾害事故工作机制，在甘肃省进行救援协调和预案管理工作试点并召开全国现场会，组织应急救援业务培训，经过上下共同努力，形成全国“一盘棋”开展工作的良好局面。制定《应急指挥协调运行机制》（试行），制定国家综合性消防救援力量调动审批（备案）办理流程，与武警总部作战勤务中心建立日常沟通联络机制。

二、建立完善会商调度研判机制

建立会商调度研判机制，重大灾害事故、灾害性天气过程和重要时间节点均持续性组织会商研判，及时向受威胁地区发出预警提示。“周密部署 全力防范 最大程度降低灾害损失——2018年超强台风‘玛莉亚’‘山竹’成功应对纪实”主题教育案例入选中组部《贯彻落实习近平新时代中国特色社会主义思想 在改革发展稳定中攻坚克难案例》。

三、加强信息系统平台建设

一是组织完成指挥大厅音视频提升工程和应急会商指挥中心改造工程建设，实现应急管理系统部、省、市、县视频会商系统的全覆盖、扁平化调度功能。二是建设国家应急指挥综合业务系统，采用全国统建、集中部署模式，升级完善相关功能，实现全国信息报送“一张网”、通讯录一键调度、通知公告一键下发等功能，为各级应急管理工作提供便捷化的辅助手段。国家应急指挥综合业务系统横向连通国务院有关部委、应急管理系统各单位，纵向贯通应急、地震、煤监、森防、消防五大体系。三是应急指挥辅助决策系统（应急指挥“一张图”）投入使用，形成突发事件管理、灾情分析、信息综合、指挥调度四大功能模块145个子功能，汇聚数据并接入监控视频，已开始试运行。推动接入公安、消防等视频监控资源。

四、强化应急值守工作

增强信息汇总的“枢纽港”能力，加强与中央办公厅、国务院办公厅汇报沟通，及时准确向党中央、国务院报送灾害事故信息。举行应急视频调度会议活动275次，启动应急响应58次，接报处理灾害事故信息8000多件，向党中央、国务院报送《应急管理部值班信息》460期，编发《值班日报》351期。

第二章　应急预案体系建设

一、推动国家层面应急预案制修订

组织修订国家突发事件总体应急预案，经征求各有关部门、各省级应急管理部门意见后报国务院。启动地质灾害等自然灾害类专项应急预案制修订工作，就防汛抗旱应急预案、自然灾害救助应急预案和森林草原火灾应急预案向有关部门（单位）征求意见。配合国家核应急办、生态环境部、粮食和物资储备局、市场监管总局等部门（单位）推进国家核应急预案、突发环境事件应急预案、粮食应急预案、食品安全事件应急预案等修订工作。

二、组织开展各类应急演练和培训

会同江西省人民政府，在江西省九江市举办 2019 年长江中下游抗洪抢险实战演练，最大限度模拟实战状态，练指挥、练协同、练战法、练保障（图 5-2-1）。指导甘肃省在全国救援协调和预案管理现场会期间举行重特大地震应急处置综合性演练，指导做好全国首届社会应急力量技能竞赛和综合演练。举办全国应急预案培训班和全国应急预案编制与管理高级研修班，深入分析应急预案体系建设遇到的新形势新任务新问题，研讨应急预案、应急演练等相关理论和方法，交流地方经验做法，进一步提升应急预案编制与管理干部队伍的业务能力。

三、抓好应急预案体系建设

突出重点领域重点风险防控，修订印发《生产安全事故应急预案管理办法》，进一步精简应急预案备案相关材料，方便生产经营单位备案，推动提高安全生产类

图 5-2-1　2019 年 6 月 20 日，2019 年长江中下游抗洪抢险实战演练在江西省九江市举办

应急预案的针对性、操作性、实用性。明确在国家突发事件总体应急预案修订、专项应急预案和部门应急预案制修订、组织开展应急演练等方面的职责任务，并抄送地方应急管理部门提供工作借鉴和参考。制修订《应急管理部特别重大灾害应急响应工作手册》，组织编制了大江大河大库重特大险情工程抢险方案、重点地区7.0级以上地震预案等30个，覆盖“全灾种”的应急预案体系基本形成。指导江苏、西藏等地应急管理部门积极推进地方应急预案体系建设有关工作。

第三章　应急救援力量建设

一、消防救援力量

2019 年，全国消防救援队伍共接警出动 130.96 万起，出动指战员及其他消防人员 1348.3 万人次、消防车辆 238.1 万辆次，从各类灾害事故中营救遇险被困人员 16 万余人，疏散转移人员近 50 万人，抢救财产价值 183 多亿元。其中，出动起数、出动人次、出警辆次分别比 2018 年增加 11.7%、4.8% 和 7.4%。在灭火救援战斗中，有 7 名消防指战员和 2 名专职消防员牺牲，16 名消防人员受伤。

（一）强化专业指挥

全面修订执勤备战、应急响应、专家智库、通信保障等制度规定，完善通信指挥体系，研究特种灾害处置，健全与解放军、武警及气象、地质、水利等部门的应急响应和信息共享机制。一是修订应急响应预案。落实“一战一评”要求，组织分析近 5 年来地震地质和台风洪涝灾害，对 27 个重点区域和四大类灾害分级编制响应预案，修订重特大地震灾害应急预案，开展跨区域应急救援拉动演练。二是组织重大课题攻关。研究攻关 8 类重大灭火救援课题，编制高层建筑、石化企业、洪涝灾害等特殊灾害事故救援指导手册，提升专业指挥和精准救援能力。三是完善应急指挥系统建设。打造消防“一张图”，实时共享灭火救援关键信息，新增人员机构、车辆装备、道路水源、周边环境信息 380 万条，汇聚气象、地震、水利等行业资源 1.5 亿条，辅助应急启动、信息收集、力量调度、现场指挥全过程。四是试点建设国家现场指挥部。按照关于“极端恶劣条件下，依托消防救援队伍快速建设中央指挥部”的指示，充分借鉴国内外先进理念，指导四川总队形成“1+3+N”指挥部建设方案，实现可视化指挥调度、多部门联合会商、大数据汇聚分析、“一张图”辅助决策。

（二）建强专业力量

按照少而精的原则和“一专多能、专常兼备、辐射区域、形成网络”的思路，指导建设各类专业救援队伍。一是建强中国救援队。依托北京市消防救援总队特勤支队组建中国救援队，圆满完成赴莫桑比克国际救援任务，通过联合国国际重型救援队能力测评和复测。二是推进 27 支国家级专业队建设。在 17 个消防救援总队特勤队伍和 2 个搜救犬基地的基础上，分为水域、山岳、地震、空勤和搜救犬专业队 5 种类型（图 5-3-1），按照建设标准推进国家级专业队建设，27 支国家级专业队全部完成建队。三是加快省级

图 5-3-1　水域救援机动队

综合救援机动队建设。指导各总队建立200~300人的抗洪抢险救援队，组建山岳、高层、地下等专业救援队2808个，工程机械救援队246个，地震重型、轻型救援队511支，依托社会资源采取“政府购买服务”等方式组建30支空勤救援专业队。四是打造“轻骑兵”前突通信队伍。在地震高风险地区，探索县、乡、村基层应急通信力量建设，建立志愿消防速报员和“轻骑兵”前突小队机制，打造极端条件下应急通信保障基层力量建设“样板”。

（三）加强通信保障

坚持战斗力标准，不断完善响应机制、队伍建设、训练演练和协同保障，充分发挥应急救援通信保障国家队、主力军作用。一是健全响应机制，根据《应急管理部特别重大灾害应急响应工作手册（指挥通信保障分册）》，指导各级分灾种制修订通信保障预案，明确保障规程，细化保障要点，总结提炼形成22条应急通信保障守则。二是深化通信岗位练兵。制定年度训练计划，配套印发4类10项训练操法和5项比武科目。开展多部门联合通信演练，组织测试考核，推动应急通信练兵工作由“注重过程”向“成果检验”转型。三是打赢实战保障攻坚战。积极探索，大胆创新，在实战中形成空中反向覆盖、“无人机+直升机”协同作战等新战法，在重大灭火救援、重大灾害救援和勤务安保中发挥了重要支撑作用（图5-3-2）。四是提升服务效能。整合现有指挥系统和通信手段，研发融合通信系统，满足移动视频会商需求。完成消防卫星专网转星升级，有效缓解了消防卫星专网带宽和容量不足。

图5-3-2　无人机测试

（四）提升消防救援队伍信息化建设水平

主动融入应急管理信息化发展战略，按照新时期消防救援队伍职责使命，扎实开展顶层设计和项目建设，全力打造新时代信息化体系“四梁八柱”。厘清发展思路，制定《消防救援队伍信息化发展规划（2019—2022）》，确定“四横四纵”（四横，即感知网络、应急通信网络、大数据支撑体系、业务应用体系；四纵，即信息化工作机制、标准规范体系、运行保障体系、科技力量汇集机制）的总体架构和技术路线，明确建设思路和目标任务。出台《消防救援队伍信息化建设项目管理办法》，明确职责分工，规范“全周期、闭环式”管理。探索新型建设模式，按照“先试点、后推广”的思路，打造“业务、技术、标准”三条战线，发挥业务引领和技术支撑作用，探索建立“团队作战、统分结合、试点先行”的新型建设模式。助推消防执法改革，组织研发“双随机、一公开”系统和公众聚集场所告知承诺系统，高标准、高质量完成消防执法改革“配套工程”，确保改革举措在规定时间内落地见效。完成公安网络割接，适应队伍发展和改革转制需要，指导全国消防救援队伍完成公安网络切割、政务外网接入，以及各类信息系统迁移工作，按计划完成公安网络资源移交。

（五）推进“全灾种、大应急”指挥调度平台与机制建设

依托大平台，分析大数据，研判大灾情，应对大安保。收集整理警情火情数据及气象、交通、文旅、工贸、森林、地震、地质等基础信息，组织专题会商研判，畅通信息沟通渠道，提供全面、准确、及时的信息支撑。组织建立了重特大灾害事故辅助指挥决策“三个一”工作模式（即一幅态势标绘图、一份指挥决策参阅稿、一张通信联络表），持续开展视频抽查督导工作，确保各级消防救援队伍时刻处于应急战备状态，当好领导决策指挥的参谋助手。编制分析研判报告 11 份，参阅材料 310 余份，标图绘图 270 余幅。

（六）开展专业培训

聚焦瓶颈问题，着力推动应急抢险救援工作转型升级，加大专业培训力度，从处置单一灾种向处置“全灾种”转变。一是举办救援技术培训。先后在辽宁沈阳、江苏淮安、海南三亚举办全国消防救援队伍冰上救援、重型车辆事故救援、潜水救援技术培训，为全国消防救援队伍培养 260 余名师资骨干。二是召开专题研讨会。举办了 4 期战例大讲堂、年度灭火与应急救援战例研讨班、指挥中心建设专题研讨会和台风灾害应急救援研讨会，研究编制了高层建筑、石油化工、洪涝灾害等灾害事故处置手册和安全行动规程、应急响应工作流程等，从理论到实践层面促进队伍逐步实现六个转型升级要求。三是深化通信骨干培训。组织两期全国培训班，培养应急通信师资骨干 323 人，指导各地开展无人机飞手培训，新增无人机驾驶员 1349 名、机长 85 名；督促各地开展全员轮训，累计培训 16418 人，普训率达 93.7%。四是推进国际交流合作。派员赴俄罗斯、法国等地参加交流培训，举办上海合作组织、东盟等框架下的消防救援技术研讨，组队参加第十五届世界消防救援锦标赛。

二、森林消防力量

（一）国家森林消防队伍力量

2019 年，应急管理部森林消防局辖 9 个总队、39 个支队、159 个大队、362 个中队。队伍驻防区域主要部署在北京、内蒙古、吉林、黑龙江、福建、四川、云南、西藏、甘肃、新疆、安徽、江西、湖北、湖南 14 个省（自治区、直辖市），分布在 74% 的国土面积和 92.6% 的边境线上，其中，有 6 个国有重点林区、8 个原始林区、18 个世界自然文化遗产地、265 个国家级野生动植物自然保护区，主要担负以森林防火灭火为中心的综合性应急救援任务。

1. 做好科学系统规划

认真落实《组建国家综合性消防救援队伍框架方案》，按照“一专多能、多能一体”战略要求，积极推动跨区域应急救援机动力量建设，制定《森林消防队伍跨区域应急救援机动力量建设规划》，全力推动“10＋2”特种救援队、200 人省级综合救援队和 6 支跨国境救援队建设。“10+2”特种救援大队初步形成规模，6 支跨国境救援队通过考核验收。制定印发《灭火安全工作规定》《灭火行动规定》《大中队指挥员灭火指挥手册》《灭火安全手册》《分队灭火专业能力建设标准》《靠前驻防工作暂行办法》，加强遂行任务法制化、标准化、规范化建设。优化编成 1 万人地震灾害跨区域机动救援力量，组织 4 次检验性拉动演练，有效提升队伍大规模跨区域救援能力。

2. 加强装备体系建设

研究制定《森林消防装备现代化专

项规划》，编制2019—2022年装备购置经费预算。加强装备配备，补充缺编装备，更新老旧装备，引进新特装备，为两个大兴安岭支队配备新型履带式特种车辆，为内蒙古自治区森林消防总队锡盟支队配备山猫无人草原灭火车、林下有毒可燃气体监测仪等新型装备。联合地方科研机构研制新型履带式特种车，完成6类44种1.6万余件（套）装备采购。

3. 着力推动信息化建设

研究制定《森林消防队伍信息化发展三年规划》，融入全国“四横四纵”应急管理信息化体系。研发浮空通信中继平台，积极推进指挥信息网、数字短波网和应急指挥系统、卫星通信系统建设，组织22套卫星便携站招标采购和旧式指挥通信车改造，采购110个华为云视频账号并配发至支队单位，实现公网覆盖范围内音视频全时通联，为遂行任务通联提供有力支撑。

4. 抓好空中力量建设

着力提高实战能力，立足第一时间响应、第一时间到达、第一时间投送，由执行单一森林防灭火任务向承担多灾种航空应急救援任务转变，由相对固定区域救援向全域机动救援转变，由空中输送灭火向空地一体救援转变。依托直升机支队组织空地协同指挥培训，培养空中观察指挥专业人才，积极探索完善“飞机加消防员”的灭火模式，不断提高队伍扑救重特大森林火灾的能力（图5-3-3）。加大实战训练力度，在东北和西南重点林区组织多机巡航试飞，赴西藏地区开展高原适应性飞行训练，积极推动明确航空器属性问题，逐步理顺航空救援体制机制，指导直升机支队认真做好发动机更换、航空装备采购（维修）等工作。大力加强实战化训练，大庆航空救援支队综合应急救援能力有效提升，昆明航空救援支队初步形成战斗力。2019年春秋防期间，直升机支队共派出4个机组分赴东北重点林区靠前驻防，先后5次执行西南林区森林灭火任务。任务期间，共遂行载人巡护等任务23次，飞行34小时39分、34架次，空中灭火作业时间累计84小时18分、333架次，洒水831吨。在参加国家综合性消防救援队伍比武竞赛暨灭火救援实战演习期间，直升机支队3架机自10月13日从

图5-3-3 森林消防局航空救援支队

大庆直升机场起飞，至 11 月 23 日在昆明直升机场安全着陆，共历时 42 天，飞行 111 小时 17 分、56 架次，总航程 5058 公里。这是直升机支队组建以来首次参加国家级演训活动，首次与地方通航直升机联训联演，首次实施野外自主保障，首次跨越北部、中部、东部、南部四大战区执行任务。

5. 推进专业人才建设

加强指挥人才建设，积极拓展国内外培训。推动森林消防队伍训练向专业化、职业化、正规化方向发展。组织森林消防队伍综合应急救援中级培训，对标应急救援主力军国家队的定位，进一步提升队伍遂行多样化任务综合能力，加快推进队伍转型升级。协调解放军第 83 集团军 161 旅为队伍现任参谋和拟任参谋开展为期 66 天的参谋业务培训，促进参谋队伍能力素质整体提升，为转型升级、提质强能提供人才支撑。依托凤凰岭国家地震救援培训基地，抓好综合救援中级指挥员培训，督导队伍借助消防和民间救援力量开展专项培训，先后有 2500 余人取得应急救援技术等级资格证书。组织森林消防队伍 2019 年“火焰蓝”专业技能尖子比武，派员参加全国首届社会应急救援力量技能竞赛、全国消防救援队伍第五届消防搜救犬技术比武竞赛、水上救援培训，观摩学习联合国国际重型救援队能力测评。派员赴俄罗斯观摩全俄“最佳森林消防员”竞赛、新加坡民防学院参加城市搜索与救援培训、巴西参加世界林火大会、印度新德里参加上海合作组织城市地震搜救联合演练，参加中法森林消防作战指挥技术交流活动。

（二）森林灭火专业应急救援队伍

森林灭火专业应急救援队伍主要包括地方政府和企业森林灭火专业应急救援队伍。截至 2019 年底，全国共建有森林灭火专业应急救援队伍 2000 多支，共计 10 万余人，主要承担日常巡护、扑救火灾、清理看守火场等任务。近 10 年来，共参与处置森林火灾 4 万多起，为实现森林火灾“打早、打小、打了”的目标作出了重要贡献。

（三）航空应急救援力量

航空应急救援力量主要由政府部门、企业和社会组织航空力量等组成。

应急管理部所属航空力量，主要是应急管理部森林消防局直升机支队，编制 470 人，拥有 18 架大型直升机和 2 个机场，在大庆、昆明各部署 1 个大队，担负森林和草原火灾扑救、抢险救援及特种灾害救援任务。南方航空护林总站编制 129 人，辖 6 个直属航站，建成 5 个应急救援专用直升机场，业务管理 16 个省属航站；北方航空护林总站编制 169 人。南方航空护林总站、北方航空护林总站均为公益一类事业单位，主要担负组织、指导、协调辖区内航空护林工作，管理消防训练基地、森林防火物资储备库等任务。

全国企业和社会组织航空力量共有航空运输企业 51 家，配有客货运输机 3600 余架；通用航空企业 435 家，配有起飞重量在 10 吨以上的大型直升机约 70 架，中小型直升机 830 余架及部分无人机。全国有 229 个民用运输机场和 183 个颁证通用机场。企业和社会组织航空力量主要担负客货运输、飞行作业等任务，紧急状态下可以提供运输、救援、测绘等航空应急服务。

三、安全生产应急救援专业力量

安全生产专业应急救援队伍主要有两类：一是国家级队伍。截至 2019 年底，中央财政、地方财政和依托企业共同投资建有91支安全生产应急救援队伍，其中，矿山应急救援队伍38支、危险化学品应急救援队伍35支、隧道类应急救援队伍4支、油气管道应急救援队伍6支、油气田井控应急救援队伍1支、水上应急救援队伍2支、其他类安全生产应急救援队伍5支；共有专职应急救援人员1.95万余人，配备了较为先进适用的救援装备，可跨区域开展救援工作。二是地方及企业自有队伍。各级地方政府、企业组建了各类安全生产应急救援队伍，截至2019年底，全国共有地方（企业）专职矿山应急救援队伍392支、危险化学品应急救援队伍396支、油气管道应急救援队伍8支、油气田应急救援队伍2支；共有专职队员6.3万余人，配备了常规救援装备。

国家安全生产应急救援队伍全年共参与事故（灾害）救援出动6222次、6160队次（小队）、49893人次、10991车次，抢救人员617人（其中生还346人）。涉及生产安全事故救援3608次、3573队次（小队）、27021人次、5163车次，社会救援2614次、2587队次（小队）、22872人次、5828车次，特别是在江苏响水天嘉宜化工有限公司“3·21”特别重大爆炸事故、四川杉木树煤矿“12·14”透水事故等事故抢险救援中发挥了重要作用。

（一）队伍日常管理逐步正规化

一是规范队伍调度管理。制定《指挥调度国家安全生产应急救援队伍工作规范（内部试行）》《关于切实加强安全生产应急救援队伍应急准备与响应工作的通知》，建立国家队指挥员微信群，坚持每日值班视频电话点名，强化国家队值班备勤和国家队出动信息管理。二是推进队伍基础建设。组织设计制作安全生产应急救援标志标识，逐步推进安全生产应急救援形象建设。在社会力量参加抢险救援网上申报系统中增加安全生产模块，推动解决国家队救援车辆公路快速通行工作。三是强化队伍新闻宣传。建立国家队新闻宣传信息报送机制，组织媒体加强国家队建设成效和先进事迹等宣传报道，优选47支队伍、44名指战员和24个典型救援案例，组织编写安全生产应急救援风采录，基层救援队伍的荣誉感得到提升。注重正向引导作用，发布《关于广西河池南丹县庆达惜缘投资有限公司冒顶事故应急处置及10月份应急响应情况的通报》，对国家队参加抢险救援工作通报表扬。四是突出抓好队伍建设改革。广泛开展队伍调研，认真梳理制约队伍发展的基础性、根源性问题，从队伍建设规划、统一指挥调度、正规化建设和政策保障等方面提出了改革意见。

（二）队伍科技装备水平持续提高

一是制定《国家安全生产应急救援队伍建设总体规划》，统筹危险化学品、矿山等领域应急力量建设，持续加大国家队应急救援装备投入。二是组织实施区域重特大灾害事故救援专用装备物资储备库（北京）建设等4个项目，推进安全生产应急救援基地项目建设。三是完成全部具备建设条件的19支新建队伍调度管理系统的建设和对接工作，80支队伍建成调度管理系统；加强国家队卫星视频联通工作，组织完成10支队伍11辆卫星车的维修和调试，持续做好应急值班室与国家队的视频联通测试、应急单兵多功能通信系统试用，基础保障不断健全。四是组织发布《安全生产应急救援先进适用技术装备目录（2018年度）》，编制国家矿山、隧道应急救援队装备配备指导目录，组织开展2019年度先进技术装备申报。

（三）队伍实战能力不断增强

一是狠抓技战术培训。推动矿山救护

培训网络考核平台建设，开发国家矿山应急救援队伍培训考核系统，组织举办 3 期矿山救护大（中）队指挥员培（复）训班和 2 期全国危险化学品指挥员高级实训演练班，培（复）训学员 395 人。二是强化技战术交流。组织召开矿山救援案例分析视频会，研究部署矿山救护队能力建设；组织矿山（隧道）应急救援技战术交流会、国家矿山应急救援队伍能力建设研讨会，编制《矿山（隧道）应急救援技战术研究和训练专题论文集》。三是继续做好救援队伍标准化建设。对全国 74 支矿山救护队标准化建设进行抽查检查，标准化建设水平不断提升。四是强化实战化应急演练。组织救援队伍开展应急演练，提高实战技能，全年累计应急演练出动 6440 次、4325 队次、94924 人次、23422 车次。

（四）队伍防控风险工作不断深化

一是组织队伍开展“防风险、保安全、迎大庆”活动，召开专题视频会进行部署，推进各国家队前置应急救援力量，做好国庆期间重大安全风险防范化解工作。二是组织队伍开展为期一个半月的“学训词、强作风、保安全、迎大庆”专题活动，引导推动国家队强化政治建设，以大练兵、大备战强化国庆安保工作。三是指导国家队开展预防性检查。全年开展预防性检查 21707 次，重大危险源靠前预防 1827 次，危险作业监护 14991 次，为企业有效防范安全风险作出应有贡献。

四、地震灾害救援力量

地震地质灾害应急救援队伍主要有两类：一是国家级救援队伍。包括中国国际救援队，有队员 480 人；中国救援队，核心队伍规模 200 人（不包括专业模块和保障团队）；以及能够承担地震地质灾害救援任务的 8 个国家陆地搜寻和救护基地。二是地方各级地震地质灾害应急救援队伍。截至 2019 年底，全国 31 个省（自治区、直辖市）均建立了省级地震灾害救援队，总计 77 支 1.4 万余人；市、县依托区域内的综合性消防救援队伍建立了地震地质灾害应急救援队伍。

（一）以演练完善应急救援工作机制

开展重特大地震应急响应实战拉动演练方案编制工作，印发《重特大地震应急响应拉动演练实施方案》，明确部内职责分工和工作机制。组织开展应急管理部机关地震应急救援桌面演练，有脚本与无脚本相结合，提高了应对重特大地震灾害能力，检验了相关预案和工作手册的适用性。组织开展地震应急响应实战拉动演练、地震应急响应信息汇总研判机制分项拉动演练，取得预期成效。

（二）开展地震应急救援力量调研

结合地震灾害应急管理工作，针对应急管理系统队伍大、种类多、分布广的特点，围绕机构改革后省级地震灾害紧急救援指挥调动、日常训练、装备配备等方面变化情况，通过座谈、函询应对重特大地震灾害抢险救援工作方案等方式，调研全国省级地震应急救援力量情况，并提出了今后发展方向和措施。

（三）中国救援队和中国国际救援队顺利通过联合国国际重型救援队测评和复测

开展中国救援队和中国国际救援队联合国国际重型救援队测评和复测工作。经过一年多的前期筹备和近 40 小时高强度、不间断的地震搜救实战演练，中国救援队和中国国际救援队顺利通过联合国国际重型救援队能力测评专家组的测评和复测。

（四）加强培训

2019 年 10 月 21—25 日，为进一步加强地震应急技术人员专业水平，提升地震应急响应处置能力，组织举办全国地震应急技术高级培训班，培训 53 人。培训内容主要包括“全灾种、大应急”体制下地震应急管理新要求、地震信息化框架下应急业务的应用、大数据和地震传感器网络等新技术应用、地震应急快速评估新方法与新技术、大震产出的智慧化服务、四川长宁 6.0 级地震和内江 5.4 级地震应急工作等。2019 年 10 月 27 日至 11 月 1 日，为提高地震应急技术人员在地震应急遥感应用方面水平，兼顾地震风险评估（含预评估）和震后快速响应需要，组织举办地震应急遥感技术培训班，培训 44 人。培训内容主要包括国家中长期防灾减灾救灾科技创新发展思考、卫星遥感防灾减灾与应急管理、地球大数据支撑“一带一路”数字减灾、地震应急无人机遥感数据快速处理技术与实训、震害遥感提取与评估方法及应用、地震应急遥感评估技术标准、全国地震灾害综合风险普查与空间技术应用、年度预评估与应急响应遥感应用、雷达遥感在地震和地质灾害监测评估中的应用、震害遥感分析处理与评估实训。

五、防汛抗旱救援力量

防汛抗旱救援队伍主要包括应急管理部自然灾害工程救援中心（依托中国安能集团）、解放军抗洪抢险专业应急队伍、武警交通部队、水利部门支持建设的抗洪抢险专业队伍，以及由省、市、县各级政府根据自身需要支持建设的地方防汛抢险队。截至 2019 年，共有省级防汛抗洪抢险队伍 210 支约 2.8 万人；市级防汛抗洪抢险队伍 8000 余支 37.2 万人；县级防汛抗洪抢险队伍 2.75 万支 127.9 万人；社会力量防汛抗洪抢险队伍 2.2 万支约 141 万人。

六、专业应急救援力量建设

（一）筹划启动国家区域应急救援中心工程建设

充分调研论证国家区域应急救援中心工程建设需求，编制和印发了国家区域应急救援中心建设指导性文件，系统规划了工程的功能定位和建设目标、任务，以及相关基础设施建设和装备器材配备参照标准。加强与相关中央国家机关和相关地区的沟通协调，多次组织专题调研、论证、汇报，理清申报程序、明确建设模式，完成了工程选址，落实了建设用地指标，展开了相关项目可行性研究报告编制工作。

（二）筹划启动应急救援航空体系建设

推动应急救援航空体系建设，印发《应急救援航空体系建设方案》，提出利用 3 年时间，按照统筹谋划、推进实施、整改完善 3 个阶段，完成构建应急救援航空指挥平台、完善应急救援航空网络、建设应急救援航空关键力量、完善应急救援航空保障条件四大项 29 小项重点建设任务。制定《2020 年度应急救援航空力量布局方案》，按照“掌握关键力量、突出重点地区、发挥国家和地方两个积极性”的思路，优化应急救援航空力量布局，通过购买服务等形式在全国部署关键航空机型，形成国家层面掌握的应急救援关键力量。

（三）规划建设重点专业应急救援力量

会同国铁集团研究提出加强川藏铁路隧道应急救援队伍建设方案，为川藏铁路建设施工提供安全保障。为有效发挥中国安能集团在自然灾害工程应急救援中的作用，经商国资委同意，依托中国安能集团组建应急管理部自然灾害工程应急救援中心，2019 年 9 月 27 日正式挂牌。依托中国安能集团下设的唐山、常州、武汉、成都、厦门、贵阳、深圳、西安、长春 9 个分公司组建应急管理部自然灾害工程救援基地，承担工程抢险救援和基础理论研究、新装备技术研发应用、专业人才培养等任务。

七、社会应急力量

社会应急力量主要协助政府有关部门开展灾情勘察、风险排查、灾情信息报送、灾害事故救援、灾后安置等活动，参与重大活动及赛事保障、扶贫帮困、医疗急救及心理咨询等志愿服务活动，在突发事件应急救援中发挥重要辅助作用。据不完全统计，截至 2019 年底，在民政部门登记成立的、群众组织指导管理的社会应急力量 1700 余支，共计 62 万余人，其中全职人员 1048 人、骨干队员 19 万余人、普通队员 43 万人，共参与救援救灾 42 万次，累计出动 244 万人次。

（一）成功举办全国首届社会应急力量技能竞赛

5 月 10 日，由应急管理部、民政部、共青团中央、重庆市人民政府联合主办的全国首届社会应急力量技能竞赛（简称竞赛）落幕（图 5-3-4）。竞赛以“提升能力、共筑平安”为主题，得到了社会各界的广泛参与和积极响应，来自 30 个省（区、市）的 333 支社会应急力量 2600 余人踊跃报名、积极备战。经过区域选拔、技能培训、集中竞赛，27 支队伍参加全国决赛。北京市蓝天救援队、浙江省公羊会公益救援促进会、重庆市渝中区户外运动协会等 15 支队伍获得团体奖，其余 12 支参赛队伍分别获得精神文明奖和拼搏奖；北京市蓝天救援队闫伟等 30 名队员获得个人奖。

（二）规范支持社会应急力量健康发展

一是加强社会应急力量的政策引导。展开《关于进一步推进社会应急力量健康发展的意见》的起草和征求意见工作，对规范引导社会应急力量作出要求和规定，搭建起推进社会应急力量发展的顶层设计和政策框架。二是基本摸清社会应急力量的建设底数。印发调查摸底工作的通知，完成社会应急力量调查摸底工作，系统梳理活跃在防灾减灾救灾领域的 1700 余支队伍的登记情况、地域分布、能力水平等信息，为提高灾害现场指挥调度工作的针对性奠定了基础。三是初步探索强化能力建设的有效抓手。广东、浙江两省社会应急力量能力分类分级测评试点工作取得良好效果（图 5-3-5），初步建立城市搜救能力测评的技术体系，探索全面推广测评工作的方法路子。四是逐步推开社会

图 5-3-4 2019 年 5 月 10 日，应急管理部联合民政部、共青团中央、重庆市政府组织全国首届社会应急力量技能竞赛和综合演练

应急力量的服务保障。社会应急力量参与跨省抢险救灾公路免费通行政策落地见效，全国31个省级应急管理部门全部与交通运输部门建立了省内社会力量公路免费通行机制。优化完善社会应急力量参与抢险救灾网上申报系统。五是探索发挥应急社会动员的职能作用。在灾害事故应急救援中积极发挥社会组织优势，通过社会应急力量微信平台，动员社会应急力量就近备勤、有序出动、定点支援，为超强台风“利奇马”、四川长宁6.0级地震等灾害和贵州贞丰“5·23”水上重大事故等灾害事故救援工作提供了有益补充。六是积极推进基层应急技能基础工作。修订《应急救援员职业技能鉴定实施办法》《应急救援员国家职业技能鉴定工作规程》，开发了服务于社会应急力量自身技能提升和安全知识宣传普及所需的在线培训课程体系框架和示范性课程，组织专家团队完成企业基础应急技能、社区基础应急技能、校园基础应急技能3个系列的“基础应急技能”培训课程的开发工作。

图5-3-5 2019年11月15—17日，广东、浙江两省组织开展社会应急力量能力分类分级测评试点

第四章　重大抢险救援任务

福建福州“2·16”建筑坍塌事故救援

2019 年 2 月 16 日 5 时 50 分，福建省福州市仓山区叶夏村一民房坍塌，造成 17 人被困。

应急管理部党组书记黄明立即到部指挥中心与现场连线、视频调度，指挥抢险救援工作，同时派出工作组赶赴现场，指导救援和事故调查处置工作。福建省应急管理厅和消防救援总队调派 3 支重型地震救援队、2 支轻型地震救援队、2 支搜救犬分队及信通、战勤等保障力量共 52 车、285 人、9 犬到场处置。福州市政府启动重大灾害事故应急响应机制，调集公安、应急、住建、卫健、电力等联动单位，以及建筑、地震、通信等专家技术人员和电子信号搜救辅助设备、全站型电子测距仪、氧炔切割设备和移动通信保障车、大型工程机械等装备协助处置（图 5-4-1）。

图 5-4-1　福建福州“2·16”建筑坍塌事故救援现场

一、封控现场，规范秩序

事发地位于城乡接合部，密集分布有大量老旧民房和抢建违建建筑，周边道路狭窄。事发后各单位部门相继到场，人员车辆装备集中涌入，为了规范现场秩序、防止二次险情造成人员伤亡，及时采取措施：一是加强现场管控。协调公安部门按照“人车只出不进、扩大警戒范围、管制现场低空”的原则实施外围管控，清理社会车辆，封控出入通道，疏散有效视线范围内所有毗邻建筑特别是南侧 11 层危楼内居民群众。二是合理划分区域。协调到场各单位，将现场划分为“核心作业、器材装备、作战指挥、备勤待命、人员休息、勤务保障、车辆停靠、外围警戒”等功能区域，设立现场标示，专人引导人员车辆进出。

二、询情侦察，掌握情况

由于现场埋压人员众多，前期信息极为混乱，为确保不漏一人、最大限度抢救生命，一方面，协调公安部门第一时间控制房主，向知情人员了解情况，尽可能掌握建筑内部构造、被困人员数量和分布，明确搜索救援方向。另一方面，命令各救援分队搜寻小组、搜救犬分队轮番上阵，通过“电子信号搜救辅助设备寻找手机信号、人工侦听确认手机位置、搜救犬寻找生命迹象、生命探测仪确认被困人员”等方法，相互印证、反复侦察，对现场进行全范围搜索；先后定位到的 15 名被困人员中，共10名位于搜救犬直接定位的3处范围，犬只搜索结果较为可靠。

三、专业施救，破拆救援

结合到场力量，将现场分为3个作业面，安排3个救援分队分片负责实施人工破拆搜救作业。救援人员遵循“由表及里、先易后难”的救援思路，按照被困人员埋压情况，综合采用“凿岩机破拆、气垫顶撑、液压剪扩”等方式破拆大型厚重构件、“破拆锤凿击、断电剪切割、撬棍扩张”等手段清理轻薄简易构件，多点作业、逐步推进，在救援行动展开不到5小时内，快速打通搜索救援通道11条，密集救出14名被困人员，且全部生还。

四、调用机械，逐层剥离

12时52分，现场搜救出第15名被困人员，由于伤势过重已无生命迹象。结合各方信息，判断最后两名被困人员大致位置，充分考虑埋压情况复杂、人工破拆搜救行动极为困难、现场气象条件不利等多种因素，在搜救犬、仪器反复交叉搜索仍未发现生命迹象情况下，经现场指挥部研究同意，调度3部挖掘机、1部铲车入场作业。通过采取“生命搜索逐点确认、工程机械逐层剥离”的策略，采用“分块破洞、搜索确认、碎物清理、氧炔切割、垂直起吊、平行转移”的方法，安排安全员严密监护，严格控制工程机械停靠位置和作业施力方式，在确保不会对埋压人员造成二次伤害情况下，安全高效逐层剥离楼板。经过约4小时紧张作业，完成三层以上废墟清理，打开救援作业面。随后再度展开人工搜救，经破拆开口、下洞搜寻、破拆扩张，最终在二层中部位置发现并转移出202、203室两名被困人员遗体。

至当日21时37分，经过近16小时的艰苦鏖战，现场消防救援队伍成功搜救出全部17名被困人员，其中14人生还，3人遇难。

山西乡宁“3·15”滑坡救援

2019年3月15日18时10分许，山西省临汾市乡宁县枣岭乡卫生院北侧发生山体滑坡（图5-4-2），致卫生院一栋家属楼（6户）、信用社一栋家属楼（8户）和一座小型洗浴中心垮塌，造成100余人受灾，20人死亡，100余人紧急转移安置，近100间房屋倒塌，直接经济损失2100余万元。

图5-4-2 山西乡宁“3·15”滑坡救援

应急管理部持续调度，派出部领导带队的工作组赴现场指导处置，山西省政府启动重大灾害事故应急响应预案，成立现场指挥部，消防救援、公安、自然资源、医疗救护等部门和当地驻军、武警和社会应急力量第一时间赶到现场开展救援。此次救援山西省消防总队累计投入5个支队、57辆消防车、524名指战员以及18头搜救犬、722件套抢险救援器材（13

台生命探测仪、17 件套破拆撑顶装备）、310 件套通信保障设备。

一、响应迅速、抢占先机，第一时间投入救援

3 月 15 日 18 时 11 分，乡宁县政府专职消防队接县公安局 110 转警，立即出动 3 辆消防车、23 名指战员赶赴现场，并向临汾市消防支队指挥中心报告。支队立即调派周边 7 个消防中队、12 辆消防车、96 名指战员前往增援，支队全勤指挥部遂行出动。15 日 19 时 22 分，乡宁县政府专职消防队到场迅速投入救援，截至 19 时 50 分，共救出 13 人，其中 3 人遇难。20 时 35 分，大队长带领 11 名战斗员和华晋矿山救护队 9 名队员组成 21 人的搜救组再次进入现场搜救，县政府组织 16 人在北坡开辟人行便道。20 时 15 分，山西省消防总队指挥中心接报后，立即启动《山西省消防总队处置突发灾害应急救援预案》，按照战区划分先后调动运城、晋中、太原、长治 4 个消防支队的 2 支重型地震救援队、2 支轻型地震救援队赶赴现场增援。总队全勤指挥部紧急赶往现场。21 时 26 分，临汾市消防支队全勤指挥部及襄汾中队到场，立即成立前沿指挥部，指战员按照“先易后难、由表及里”的原则，采取“破拆清障、撑顶扩张、速断剪切”等手段开辟救援通道，对被困人员进行施救。截至 23 时 5 分，成功营救 3 人（1 人经抢救无效死亡），仍有 16 人失联。

二、集结精锐、争分夺秒，紧抓战机高效救援

3 月 15 日 23 时 9 分，运城支队到场投入战斗。随后晋中、太原、长治 3 个支队分别于 16 日凌晨 3 时、4 时、5 时 30 分陆续到场。前指通过灾情侦察，迅速对增援力量下达作战任务：一是设立警戒出入口，严格管控人员进出；二是统筹指挥现场救援力量，形成战斗合力；三是将灾害现场划分为 A、B 两个作业区，采取“小规模、多批次”的方式，分区定点、垂直错位展开救援；四是提请政府做好防疫消毒工作。凌晨 3 时 35 分，成功救出 1 人。技术专家组通过走访询问知情人，了解建筑结构及灾害发生时失联人员所处位置，辨识现场家具、生活用品及装修材料等参照物，并结合搜救犬、生命探测仪搜索情况，基本判断出其他被困人员的大致方位。经过分析研判，决定将 A 区作为重点搜救区域，命令各支队轮流作战，加快搜救进度。对灾害现场上方约 200 吨的建筑残留底座用槽钢和钢丝绳捆绑固定，并进行牵引加固，防止松动下滑。各支队轮流作业，进行地毯式、全覆盖搜救。截至 17 日 12 时，在 A 区搜寻出 6 名遇难者，仍有 10 人失联。

三、科学研判、划片分区，精准定位全力攻坚

3 月 17 日 12 时 10 分，抢险救援指挥部安排 2 台挖掘机修建救援道路，为后期大型机械设备进场做好准备。16 时，根据抢险救援指挥部工作部署，将现场调整划分为 4 个作业区，按照“安全评估、分片作业、重点搜救”原则全力攻坚。18 时，抢险救援指挥部综合分析研判，采取挖掘机与指战员“1+5”捆绑救援模式进行搜寻，紧盯挖掘、倾倒两个环节。经过 12 小时搜寻，确定无被困人员。随后，挖掘机进入 3 号、4 号区清理建筑构件，通过表层剥离进行搜寻。截至 18 日 19 时，在 3 号区搜寻出 2 名遇难者，仍有 8 人失联。18 日 19 时 30 分，对二次

滑坡废墟进行排查，各支队梯次编队进入现场配合挖掘机进行搜寻。截至20日6时，搜寻出6名遇难者，仍有2人失联。20日8时10分，在悬崖边增设6号区，主要任务是排除险情；在4号区西北侧增设7号区，进行深层挖掘。晋中支队指战员采取由吊车悬挂吊篮进行悬空作业的方式，对6号区陡坡上残留构件进行清理，消除坠落危险。20日16时，在3号区搜寻出1名遇难者；21日11时22分，在7号区搜寻出1名遇难者，救援行动结束。此次救援33名被困人员全部被救出，其中13人生还。此次救援的主要经验是：迅速启动重大灾害事故应急响应机制，第一时间调集各有关力量到场，实施全方位有力有效救援。针对山体滑坡范围广、体量大以及地质结构不稳定特点，科学评估现场灾情，划定被埋人员搜救作业区域，利用搜救犬与侦测仪器相结合、人工搜救与工程机械相结合，抢救出全部遇险人员。

江苏响水天嘉宜化工有限公司“3·21”特别重大爆炸事故救援

2019年3月21日14时48分许，江苏省盐城市响水县生态化工园区天嘉宜化工有限公司旧固废库房发生特别重大爆炸事故，造成78人死亡、76人重伤，640人住院治疗，直接经济损失198635.07万元。

一、迅速启动应急响应

3月21日14时48分，安全生产应急救援中心值班室收到中国地震台网中心实时短信速报系统报告：江苏连云港市灌南县发生震源深度为0公里的2.2级地震(疑爆)。同时，通过网络舆情发现江苏盐城市响水县天嘉宜化工有限公司发生爆炸，第一时间向应急管理部指挥中心报告。应急管理部会同江苏省启动特别重大事故应急响应，成立现场指挥部。3月21日深夜，应急管理部党组书记黄明到达江苏盐城后，立即查看化工厂爆炸现场，前往现场指挥中心了解指导救援处置工作。3月22日上午，黄明再次深入爆炸事故现场指挥部指导救援（图5-4-3）。

二、科学开展辅助决策

通过应急平台系统查找事故企业信息，通过电话联系企业相关人员和正在现场救援的响水化工园区消防队负责人了解事故情况。通过应急平台“一张图”定位事故企业具体位置，立即调集距事发企业较近的国家危化救援扬子石化队、国家危化救援青岛炼化队和连云港化工园区消防队、盛虹石化消防队4支国家队做好跨区域远程机动作战准备，并通过专家库查找相关危化救援专家。协调调动国家化学事故应急救援技术指导中心7名化工专家和中石化2名专家赶赴现场提供技术支持。通过应急平台系统生成初步应急救援方案，修改完善并征求专家意见后提供给现场工作组参考。

三、安全生产应急救援队伍现场救援情况

国家危化救援扬子石化队、国家危化救援青岛炼化队、盛虹石化消防队出动7台消防车、30名指战员，携带各类侦检、抢险救援器材等装备，国家化学事故应急救援技术指导中心7名检测、工艺、应急专家携带红外气体成像探测仪、气质联用仪、无人机等设备，赶赴事故现场，先后开展了火场侦检、现场勘测和爆炸点确认等工作，并参与了救援方案讨论会，提出

图 5-4-3　2019 年 3 月 22 日上午，应急管理部党组书记黄明再次深入江苏响水天嘉宜化工有限公司爆炸事故现场指挥部指导救援

意见和建议。

消防救援队伍 930 名指战员、200 余辆救援车辆、20 台大型工程机械火速赶赴现场，第一时间深入核心区。针对大量人员被困废墟的情况，抢抓 72 小时黄金救援期，开展“地毯式、全覆盖、全时段”排查搜救，全力营救被困人员，同时进行 8 处火灾扑救。经过 80 多个小时连续奋战，7 轮不间断搜救，在爆炸核心区搜救出遇险人员 164 人（其中 86 人生还），累计监护输转近百种 10 万余吨危险化学品（图5-4-4）。此次救援的主要经验是：党中央、国务院高度重视，当地党委、政府统一领导，充分发挥体制优势，消防、应急、公安、环保、卫生、军队、武警等各方力量全力以赴形成合力，指挥团队专业果断，采取措施科学稳妥，特别是抢险救援人员不怕牺牲、英勇善战，现场救援、防控污染、抢救伤员、维护稳定等专项工作尽职到位，最大程度降低了事故危害和规模。

图 5-4-4　着火罐区周边有毒气体检测

山西沁源“3·29”森林火灾救援

2019 年 3 月 29 日 13 时许，山西省沁源县王陶乡王陶村因养鸡场架空铝绞线碰撞打火引发森林火灾，威胁附近 6 个乡（镇）40 个行政村 51 个自然村 18 家企业 2.47 万人。

应急管理部持续调度，并立即派出工作组赴现场指导协调扑救工作，跨省调派森林消防队伍和航空救援力量增援扑救。前线指挥部认真研判分析火场态势，细化任务分工，明确扑火作战方案。按照撤、封、控、扑、清的原则，及时转移安置群众9000余人，实施交通管控和空中侦察、地面巡防，快速打通8公里长防火隔离带，综合利用化学灭火、航空灭火、工程灭火、人工作业等多种技术手段打歼灭战，跟进开展余火清理，强化后勤保障（图5-4-5）。此次扑救共投入森林消防、解放军、武警官兵、消防和专业队伍等救援力量约1.5万人，调集飞机14架、消防车辆80台、灭火炮8门、挖掘机等大型机械200余台，以及洒水车等各类车辆、装备上千台（套）。经过7昼夜连续奋战，明火于4月5日10时30分全部扑灭。火灾造成受害森林面积约1272公顷，无人员伤亡，无房屋被毁和企业受损。

图5-4-5　山西沁源“3·29”森林火灾救援现场

四川木里“3·30”森林火灾救援

2019年3月30日18时26分，四川省凉山州木里县雅砻江镇立尔村原始森林发生火灾。火场位于雅砻江东侧约3.2公里处，主要有5个较大火点，为中低强度地表火，过火面积约20公顷。火场平均海拔约3550米，坡度70~80度，为典型的高原山地地形，沟谷纵横交错、地势异常险峻。植被以云南松、冷云杉及杂灌为主，沟深林密，且腐殖层较厚。火场天气阴晴不定，风向多变，风力最高时达7级。

3月31日凌晨2时，四川省森林消防总队凉山支队接到木里县应急管理局火情通报和力量动用申请，经报总队批准后，支队长带先遣组7人，副支队长带机关前指和西昌大队53人，并通知木里大队40人，共100人，向火场摩托化开进。10时前陆续到达立尔村村委会驻地，先后部署展开扑火行动。17时30分，西昌大队教导员赵万昆带31名指战员到达火场西侧鞍部平坦地段，实施勘察后，跟随木里县林业局局长杨达瓦和当地2名群众向导向烟点迂回接近。18时许，当接近山底烟点时，风向突变，突发林火爆燃，瞬间形成巨大火球和蘑菇云团，27名指战员和木里县林业局局长杨达瓦等3名地方干部群众壮烈牺牲，4名指战员脱险。

3月31日22时20分，森林消防局接到四川省森林消防总队报告人员失联情况后，立即要求四川省森林消防总队就近组织人员，采取一切措施展开搜救，并于22时30分向应急管理部报告人员失联情况。应急管理部立即启动应急响应，党组书记黄明第一时间视频调度，部署救援措施，并指派工作组连夜赶赴现场，指导救援处置工作。与有关方面积极配合，全力以赴、精心细致指导做好搜救、灭火和各项善后工作（图5-4-6）。组织凉山支队一线63名指战员和地方扑火队员、民兵及群众共280余人，及时赶到事发核心地域，克服山高坡陡、地势险峻等困难，经

20余小时紧张搜救，至4月1日18时25分，30具失联人员遗体全部找到。协调木里县投入600余人，徒步8小时分两批将遗体转运至山下。加强后续灭火行动指导，四川省森林消防总队和凉山支队主要领导始终坚守一线，同凉山州、木里县领导一起研判火情，协调飞机实施吊桶作业，组织力量清除火点烟点，火场及时得到控制，4月2日实现全线无明火。

图5-4-6　四川木里“3·30”森林火灾救援现场

4月4日，四川木里森林火灾扑救中英勇牺牲烈士悼念活动在西昌市举行。中共中央总书记、国家主席、中央军委主席习近平，中共中央政治局常委、国务院总理李克强，中共中央政治局常委、国务院副总理韩正等党和国家领导人向30名烈士敬献花圈。国务委员王勇出席悼念活动，代表党中央、国务院，向在扑火战斗中英勇献身的英烈们表示深切哀悼，向烈士亲属表示诚挚慰问，向参加火灾扑救的全体同志致以崇高敬意。

上海长宁“5·16”建筑坍塌事故救援

2019年5月16日11时10分许，上海市长宁区昭化路148号二期改造建筑工程发生坍塌，造成12人死亡、10人重伤、3人轻伤，坍塌面积约1000平方米，直接经济损失约3430万元。

事故发生后，应急管理部党组书记黄明立即到部指挥中心与现场连线、视频调度，指挥抢险救援工作，派出工作组赶赴现场，指导救援和事故调查处置工作。经300余名消防救援队员14小时全力救援，搜救出全部被埋压人员，其中12人死亡、13人生还。国务院安委会对该起事故查处实行挂牌督办。

一、生命至上，快速施救

上海市消防救援总队作战指挥中心接报后，一键启动建筑坍塌事故调度编成，一次性调集包括建筑坍塌救援队、特战轮值轮训队、工程机械队等精干力量，协调公安、住建、医疗、供电等救援力量协同处置。11时24分，辖区延安中队、长宁支队全勤指挥部相继到达现场，组织力量抢抓救援黄金时间，确定了“询情与检测同步、搜索与救助并行”的救援方针，安排初期到场力量组成4个搜救组，从东、西两个方向实施交叉搜索。到场10分钟发现3名被困人员并立即组织营救，到场20分钟初步确定内部有20余人。通过破拆预制板、移除瓦砾作业，救援力量到场30分钟后救出第1名被埋压人员。11时37分，根据人员被困位置将现场划分为东、中、西3个救援区域，安排片区指挥员实施分片包干，实施分组交替作业，经过约1.5小时紧张作业，现场共搜救出17名遇险人员。

二、多措并举，科学救援

按照“一片区一安全官、一点位一安全员”安排专人强化安全观察和警戒工作，采取组织专家实地踏勘、利用位移监测器监控等措施强化建筑稳定性监控，确保救援安全。现场救援行动按照“先浅层后深层、先重伤后轻伤、先救易后救难”的救援优先级，分层清理废墟，根据不同对象受困情形制定“一人一救援方案”。针对障碍物厚重程度，灵活采取凿岩机破拆、气垫顶撑、液压剪扩以及人工清理等战术措施。根据现场救援通道缺乏、作业风险高的现状，组织力量在东侧开辟第二救生通道，畅通救人、清障途径，加快救援进度。为避免救援对埋压人员造成二次伤害，对长时间埋压人员采取提前输液防止挤压综合征危及生命；对黑暗中救出的受困人员蒙住双眼以免强光伤害眼睛；对移动建筑构件可能危及被压人员安全的，综合运用机械吊升、辅助支撑和分段破拆等手段打通多条救援通道实施救人（图 5-4-7）。

图 5-4-7 上海长宁“5·16”建筑坍塌事故救援现场

三、联勤联动联保，形成救援合力

迅速形成现场组织指挥体系，紧密对接上海市政府应急指挥部，及时协调公安、医疗、住建、供电等社会应急联动力量参与救援。公安机关根据现场救援需求设置警戒范围，实施局部交通管制，利用信息化手段核对人员身份。医疗急救人员与消防救援人员混合编组，并根据伤情及时予以补液、输血、包扎等救助措施，指导做好被困人员抚慰和救护。建筑结构专家在 3 处主要施救点提供现场指导，构建稳固建筑支撑。在被埋人员数量难以确定的情况下，消防救援力量与工程机械协同作业，按照“横向到边、纵向到底”的搜救要求，实行消防指挥员、现场观察员、机械操作员结对作业，区分作业区段实施彻底清理。至 5 月 17 日 1 时 45 分，现场搜救完毕，人员全部救出，其中 13 人生还。此次救援迅速启动应急响应机制，第一时间协调各有关力量到场实施救援。针对坍塌建筑变形严重、情况复杂且随时可能发生再次坍塌的危险，组织建筑结构等专家科学评估现场灾情，划片搜救、开辟通道，机械与人工救援相结合，为短时间成功处置创造了条件。

黑龙江黑河市逊克县翠宏山铁矿“5·17”透水事故救援

2019 年 5 月 17 日 3 时许，黑龙江省黑河市逊克县翠宏山铁多金属矿发生透水事故，造成 43 人被困井下。经过全力救援，36 人获救安全升井，7 人失踪。

事故发生后，国务院领导同志作出重要批示。应急管理部党组书记黄明第一时间视频调度指导应急处置，派出工作组赴现场指导抢险救援工作。成立了现场救援指挥部，下设综合组、现场救援组、医疗救援组、宣传报道组、现场服务组、秩序保障组、后勤保障组、事故调查组 8 个工作组，组织开展抢险救援工作。

一、调集救援力量

及时调集国家矿山应急救援鹤岗队、双鸭山矿业公司救护大队、鸡西矿业公司救护大队、七台河矿业公司救护大队、黑河市一五一矿山救护队和伊春市红星区政府、黑河消防支队、齐齐哈尔消防支队、伊春消防支队、伊春森林消防支队等专业救援力量总计 500 余人赶赴现场，与翠宏山矿业有限公司救援队（系省地方骨干救援队）共同开展救援工作。调动卫星通信车、消防车、翻斗车、挖掘机、铲车、装载机、水泵等各类救援车辆和大型抢险设备 200 余台（套）参加抢险救援。

二、制定救援方案

在勘察、分析现场情况的基础上，按照“科学施救、安全施救、综合施救”的总原则，制定了救援方案和相关措施。一是恢复电力供应，保障矿井提升系统正常运行。二是分别从探矿井、斜坡道、主井和副井区域搜救被困人员。三是挖掘引流渠对河水进行引流改道。四是使用大功率水泵对塌陷区积水实施强排作业。五是对库尔滨河坍塌河道进行封堵。六是根据天气、排水和井下条件的变化及时调整优化救援措施和救援力量。

三、全力抢险救援

翠宏山矿业有限公司立即启动应急预案，有关负责人带领和组织本企业救援队员分别从探矿井、斜坡道、主井和副井 4 个方向展开搜救，井下被困人员也同时积极自救。5 月 17 日 3 时 5 分，3 名被困人员从探矿井被救出。3 时 25 分至 5 时，7 名被困人员在斜坡道区域获救。7 时 30 分，4 名被困人员从主井获救升井。自 7 时 30 分至 11 时 41 分，又成功救出遇险人员 20 人。22 时 30 分，库尔滨河透水点成功导流后，救援专家组在保障救援人员安全的情况下，组织矿山救护队多次深入井下探查。5 月 19 日 2 时 45 分和 4 时 30 分，救援人员在+70 米水平巷道区域搜救出 2 名被困人员。至此，36 名被困人员获救生还。

广西百色“5·20”建筑坍塌事故救援

2019 年 5 月 20 日 0 时许，广西壮族自治区百色市右江区东州大道 0776 酒吧发生楼顶坍塌事故，造成 69 人被困。经过 245 名消防救援队员 39 小时全力救援，搜救出全部被困人员，其中 6 人遇难。

事故发生后，应急管理部党组书记黄明立即到部指挥中心与现场连线、视频调度，指挥抢险救援工作，派出工作组赶赴现场，指导救援和事故调查处置工作。应急管理部、卫健委、住建部组织专家赶赴现场指导救援。

一、快速响应，调集力量

多次召开现场指挥部会议，组织专家会商分析，制定和调整救援方案，加快救援进度。调集南宁支队 18 车、85 人增援百色，先后调派特勤、右江、河南、田阳、田东、平果、田林 7 个中队，22 辆消防车、160 名指战员、2 头搜救犬赶赴现场救援。百色市人民政府及时启动重特大灾害事故处置应急联动机制，调派应急、公安、医疗、通信、电力、蓝天救援队、矿山救援队到场参与事故救援工作。

二、战术得当，精准救援

结合坍塌面积大、被困人员多、建筑构件交错复杂、作业面狭窄的实际，按照“先急后缓、先易后难、先重伤后轻伤”的救援原则，现场指挥部制定了“分组作业、协同处置、定期轮换”的营救方案，分6个救援小组携带液压破拆工具组、重型支撑套具、生命探测仪、搜救犬等，采取“定位、顶撑、固定、破拆、剪扩、移除”等措施，并设置安全观察哨，先后开辟6条救援通道，迅速营救被困人员。至20日6时，百色支队先后成功救出60名被困人员。6时5分，总队全勤指挥部及南宁支队增援力量陆续到场，根据现场情况，重新调整力量部署，采取了力量轮换，向下破拆、横向破拆的方式，成功营救救援6名被困人员。10时30分，现场指挥部再次派出4个搜救组，依次采取现场喊话、搜救犬搜救、雷达和蛇眼探测仪探测等方式，对坍塌废墟进行4轮全面搜寻，打开18个探测孔，未发现生命体征。12时30分，经现场指挥部研究决定，为加快救援进度，调集大型机械配合救援现场作业，移除钢筋混凝土楼板、大型广告牌等埋压构建；同时由消防救援人员采取向下破拆、向上顶撑破拆等救援方式，搜救失联人员。截至21日16时15分，公安部门确定的3名失联人员被全部搜救出现场，搜救工作进入大面积清理阶段，消防救援力量继续现场值守保护。

三、协同配合，有序救援

现场指挥部设置抢险救援、安全保卫、善后处置、后勤保障、医疗救护等8个工作组，多次召开协调会，研究协商救援方案。各级联动部门响应迅速，分工明晰，互相策应，第一时间展开了现场警戒、交通管制、医疗救护、后勤保障等工作，形成抢险救援的最大合力，强化组织指挥，明确各阶段作战重点，确保24小时战勤物资和通信保障到位，圆满完成长时间、高强度救援任务。

江苏南京“5·24”新街口金鹰中心A座火灾扑救救援

2019年5月24日21时，江苏省南京市秦淮区汉中路89号新街口金鹰中心A座发生火灾。

南京市消防救援支队指挥中心接警后，立即启动支队《高层建筑火灾灭火作战编成》，第一时间调集8个中队、22辆消防车、135名指战员，组成2个举高编队、6个灭火搜救编队、3个供水编队、1个保障编队、1个建筑消防设施操作分队到场施救，并通知正在新街口地区巡逻的消防特勤、新街口消防联防联治办公室和应急管理局等相关联动单位到场协助处置。同时，总、支队两级全勤指挥部，应急通信保障分队遂行出动赶赴现场组织指挥，并第一时间向省委、省政府，部、局指挥中心报告灾情。

一、灭搜同步，固移结合

24日21时7分，新街口专职队、侯家桥中队先后到达现场。中队指挥员进入消控室，了解起火具体部位、燃烧状态和蔓延方向，检查固定消防设施启动情况，利用应急广播，安抚商场内人员情绪，引导疏散。组织攻坚组进入着火层，控制起火点火势；组织搜救组同步开展人员搜救。

灭火战斗的同时，秦淮大队建筑消防设施操作分队和单位工程技术人员占据消控室、消防水泵房、配电房，确保固定消防设施正常运转，保障火场供水、供电、排烟及消防电梯的使用。

二、立体布控，内外夹击

24日21时30分左右，后续增援力

量陆续到场。现场指挥部根据火灾蔓延态势，采取“分段作业、高点灌注、内外夹击、多向设防”的战术措施，将现场分为内攻、外控 2 个战斗区、5 个战斗段，每个战斗段由 1 名总、支队指挥长负责指挥，立体布控扑灭火灾。战勤保障中队在外部设立保障点，做好气瓶、饮食和其他灭火物资保障。

三、反复搜救，细致收残

24 日 21 时 45 分，火势得到基本控制。现场指挥部组织力量逐层进行地毯式排查清理残火。22 时 40 分，明火被全部扑灭。现场指挥部再次进行力量调整，成立 15 个监护小组，逐个房间、逐个角落和充烟区域进行排查，确保现场不发生二次复燃，确保现场搜救工作无盲区、全覆盖。22 时 50 分，确认楼内所有人员已疏散完毕，未发现新的被困人员。23 时 55 分，经过现场指挥部和公安机关两次核对人员疏散情况，确认楼内人员全部安全疏散，无人员伤亡。现场指挥部命令，辖区中队进行火场监护，其余力量返回。

四川长宁 6.0 级地震救援

2019 年 6 月 17 日 22 时 55 分，四川省宜宾市长宁县（北纬 28.34 度，东经 104.90 度）发生 6.0 级地震，震源深度 16 公里。此后又相继发生 4 次 5 级以上余震。地震灾害造成四川省宜宾、乐山 2 市 16 个县（市、区）35.9 万人次受灾，13 人死亡，9.5 万人次紧急转移安置，3500 余间房屋倒塌，22.3 万间不同程度损坏，直接经济损失 56.2 亿元。

地震发生后，习近平总书记高度重视并作出重要指示，李克强总理作出批示。应急管理部立即启动重特大地震灾害三级应急响应，相关司局根据职责分工有序有力参与到抗震救灾工作中。针对震情灾情的变化，党组书记黄明多次对抢险救援、群众安置、次生灾害防范、新闻宣传和舆论引导、技术保障等提出明确要求，并且要求抓紧总结经验，提高能力。消防、森林消防和矿山救援队立即赶赴灾区抢险救援，尽最大可能协助灾区做好各项工作。中国地震局及时派出 73 名专家组成的现场工作队赴灾区开展烈度评定和灾害调查，并于 6 月 20 日晚发布地震烈度图，为抗震救灾、群众安置和恢复重建提供科学依据。

一、紧急响应，主动出击

宜宾市消防救援支队第一时间响应，立即调集辖区 18 车 108 人、310 余件（套）专业救援设备赶赴灾区救援。辖区长宁县大队宋家坝中队在地震发生后仅 3 分钟时间就在双河镇南街农贸市场营救出 1 人。17 日 23 时 45 分，宜宾支队全勤指挥部到达现场，依托动中通指挥车立即成立现场指挥部，现场灾情研判后决定采取“全面探测、分片作业、重点施救”战术措施，将现场划分 10 个作业点，采取人工搜索与仪器探测相结合的方式，从浅表到纵深，开展“拉网式”搜救。

四川省消防救援总队“由点及面”快速搭建指挥体系。通过地震波预警系统，总队指挥中心在地震波到达成都前 31 秒得到预警，第一时间作出应对响应，集结值班备勤人员并向系统定位区域精准核查灾情，5 分钟内总队全勤指挥部值班备勤人员集结完毕，迅疾成立信息联络、作战指挥、通信保障、政治鼓动、战勤保障、宣传报道、安全管控 7 个职能组，指挥体系在 15 分钟内完成搭建成立。17 日 23 时 20 分，总队全勤指挥部及总队通信快反分队 3 车 15 人赶赴救灾现场。“由近及远”圈层调集救援力量。通过 PGIS 消防地理信息系统地震救援模块功能，第一时间分析计算震中周边最近救援力量、受灾乡镇情况，并根据调度预案自动生成力量调度方案，规划行进路线，提供受灾乡镇基层党组织领导和派出所联系方式，为灾情获取和辅助决策提供有效支撑。首次投入实战的调度命令管理系统、重大地震灾害行动救援管理系统，第一时间将总队后方指挥部各种命令传达到支队接收端，改变以往“行进—集中—分散”的模式，实现一键式调度，多方位出动。以震中为圆心，通过灾情研判，科学划分作战半径，实现圈层调度，分 3 批次调集宜宾支队快反力量、宜宾支队主战力量、增援支队增援力量、集结支队集结力量以及社会联动力量，比原调度模式提前了近 12 小时，同时先后命令成都、自贡、泸州、内江、乐山、雅安、眉山、资阳、遂宁支队地震救援队赶赴现场救援，攀枝花、德阳、绵阳、广元、遂宁、南充、广安、达州、巴中、雅安、眉山、资阳、阿坝、甘孜、凉山支队地震救援队伍在辖区集结待命。

二、科学研判，整体推进

一是争分夺秒，快速施救。地震发生后，四川省消防救援总队后指利用 PGIS 系统第一时间圈定震中周边 20 公里内的 19 个重点乡镇，点对点联系受地震波及 20 公里范围内的乡镇负责人，详细了解人员伤亡、房屋受损、道路损毁、通信畅通等情况。1 小时内初步核准灾情，确立 10 个乡镇作为救援重点，制定“全域覆盖、分区作业、分片包干”的战略方针，采取“全面探测、分片作业、重点施救”措施，将震中及周边区域划分为 3 任务区 18 个作业点，实现救援力量遍布灾区全域，有效避免了在信息不对称情况下救援人员扎堆、搜救区域遗漏的问题（图 5-4-8）。在 14 小时内，完成了所有受灾区域的搜救任务，确保了“不遗留一处死角，不放弃一个生命”。二是统筹兼顾，协同作战。强化与武警、公安、民兵等救援力量的协同配合，综合各方力量组成搜救小组，采取边搜寻边施救的方式，逐一对每个作业点进行持续搜索、反复筛查。协调 10 余台大型机械，采取“围边打点、人装共进”的方式，逐层缩小救援圈，最大限度开辟救生通道。协调三大运营商和机动通信局保障现场通信。调集时代星光、成都腾云等无人机公司实行空域搜索，精准定位被困人员。同时，与交通、水利、气象、公安等部门联勤联动，快速获取天气、道路、地质灾害等作战信息并向各参战单位不间断推送。三是临机处置，化解风险。地震搜救过程中，注重次生、衍生灾害防范。因房屋垮塌，部分易燃易爆气瓶被掩埋，现场破拆、挖掘作业频繁，处置不慎易发生爆炸起火等次生灾害。在铜锣乡搜救处置过程中，遂宁支队及时处置了一起火灾事故，第一时间控

图 5-4-8 多方抢救被困人员

制了灾情扩大。宜宾支队在双河镇一处危房中，及时转运出 50 余具氧气瓶，提前化解了可能出现的危险。四是全程把控，确保安全。根据救援现场余震频发、视线受阻、天气多变的实际，设立专职安全员、道路引导员 36 名，携带高音喇叭、高音口哨，分作战区域监测周边情况，把控各单位安全动态。针对性做好战前安全教育、力量开拔行进、营地选择搭建、人员战时管理、车辆器材管控、网络保密防范中的安全提醒和战时纪律强调工作，合理划分安全管控阶段，确保参战指战员人身安全。

三、巡防驻守，有序撤离

6 月 18 日 12 时 8 分，四川省消防救援总队命令成都、遂宁、内江、乐山、雅安、眉山、资阳支队于 14 时开始有序撤离。宜宾、自贡、泸州支队就近帮助受灾群众疏散物资、搭建生活帐篷，成立微型消防站，做好机动处置准备，严防火灾、山体滑坡、堰塞湖等次生警情。19 日 9 时 54 分，前方指挥部在双河中学安置点召开会议，对救援力量进行再部署，优化搜救力量，对受灾区域继续开展搜救任务，保证户户村村无盲点。19 日 18 时 6 分，总队命令自贡、泸州支队救援力量于 19 时整开始有序撤离。宜宾支队负责安置点巡防驻守任务。其中，筠连专职队 1 辆水罐泡沫消防车 5 人负责巡防驻守珙县，高县专职队 1 辆水罐泡沫消防车 5 人负责巡防驻守珙县，特勤中队 1 辆抢险消防车（装备防汛抗洪和地质灾害救援等器材）5 人负责巡防驻守双河镇，兴文专职队 1 辆水罐消防车 5 人负责巡防驻守硐底镇，长顺街中队 1 辆抢险消防车 5 人负责巡防驻守双河镇，其余救援力量全部归建。

大兴安岭金河林业局秀山林场“6·19”森林火灾救援

2019 年 6 月 19 日，内蒙古大兴安岭金河林业局秀山林场、阿龙山林业局南娘河林场、乌玛林业局乌龙干林场、莫尔道嘎林业局激流河林场因干雷暴相继引发多起森林火灾，其中金河林业局秀山林场火灾受干旱和高温等天候影响，火灾迅速蔓延，短时间过火面积已达 400 多公顷。

火灾发生后，内蒙古自治区森林消防总队迅速抽调 6 个支队 1861 名兵力，动用各型车辆 135 台，携带各类装备器材 6354 件（套），分 3 个梯队紧急驰援火场（图 5-4-9）。任务单位坚持保首要、保重点、保安全，严密组织，密切协同，高效指挥，持续奋战 76 小时，于 6 月 22 日 16 时 40 分实现火场合围，外线明火全部扑灭，灭火行动取得决定性胜利。此次灭火作战，共扑打火线 108 公里，扑灭火头 20 余个，开挖防火隔离带 45 公里，清理站杆倒木 18810 余处，清理火点烟点 15240 余处，最大限度保护了大兴安岭北部林区。

图 5-4-9　大兴安岭金河林业局秀山林场“6·19”森林火灾救援

江西宜春“7·21”山洪遇险“驴友”救援

2019年7月21日14时许，江西省宜春市靖安县吕阳洞山区突降暴雨引发山洪，造成283名“驴友”遇险被困。

险情发生后，应急管理部开展调度指导，江西省应急管理厅和江西省消防救援总队启动应急响应预案，调集100余名指战员和搜救犬、无人机、水域救援等装备，赶赴现场营救被困人员。救援过程中，救援人员37批次进山搜救、12次冒险搭建水上生命通道，采取无人机巡航定位、绳索搭桥、挖掘机接应等救援方式，搜救出全部被困“驴友”。此次救援的主要经验是：迅速启动应急响应机制，实施“大面积、大区域”救援；针对地形地貌复杂以及遇险人员相对分散特点，利用手机信号定位、无人机空中侦察等技术手段，确定遇险人员准确位置，跋山涉水、分区搜索，架设人工绳桥和运用重型工程机械营救遇险人员；社会应急力量参与救援行动，野外作业经验丰富，是一支重要的救援协同辅助力量。

贵州水城“7·23”特大山体滑坡救援

2019年7月23日21时20分许，贵州省六盘水市水城县鸡场镇坪地村岔沟组发生特大山体滑坡灾害，山体滑坡总长1100米，宽200~600米，滑坡体后缘高程约1730米，前缘高程约1230米，相对高差500米左右，滑坡面积约40万平方米，滑坡平均厚度约5米，滑坡体积约200万立方米。事故造成43人死亡、9人失踪、11人受伤，700余人紧急转移安置，600余人需紧急生活救助；100余间房屋倒塌，2300余间不同程度损坏；直接经济损失1.9亿元。

山体滑坡灾害发生后，习近平总书记高度重视并作出重要指示，李克强总理作出批示。应急管理部立即部署抢险救援工作，指导地方科学施救，全力搜救被困人员，做好伤员救治、受灾群众安置、遇难者家属安抚等工作；以国家防总名义发出紧急通知，向各地防指传达中央领导同志重要指示批示精神，要求认真开展风险隐患排查整治，加强监测预警，做好各项灾害防范准备；同时迅速派出工作组，督导重点地区落实工作责任，加强山洪、滑坡、泥石流等灾害防御。7月24日，应急管理部党组书记黄明带领联合工作组连夜抵达贵州水城山体滑坡现场，冒雨查看现场救援情况，并在现场指挥部召开会议，认真贯彻落实习近平总书记重要指示和李克强总理等中央领导同志批示要求，指导抢险救援工作。7月25日，黄明与联合工作组继续查看现场救援情况，指导抢险救援工作（图5-4-10）。

一、全面侦察，掌握情报

现场指挥部第一时间采取走访询问村民、住户信息采集、现场航拍对比、技侦手机定位、搜救犬搜寻等方法多渠道、多角度、多层面收集信息，掌握受灾范围、受灾程度，了解人员埋压、地质结构、周边环境、气象变化等情况，为研究制定作战方案提供科学依据。

二、疏散警戒，控制现场

按照警戒范围宁大勿小、无关人车只出不进、紧急疏散先人后物的要求，划定2公里警戒范围，与交通、武警、民办等

图 5-4-10　2019 年 7 月 25 日，应急管理部党组书记黄明与联合工作组查看贵州水城特大山体滑坡现场救援情况，指导抢险救援工作

力量配合设置警戒，实施交通管制，严禁无关人员、车辆进入；第一时间把受到威胁的 83 名群众疏散至安全地带。根据灾害现场实际情况，设置作业区、集结区、保障区等，确保了救援现场规范有序。

三、挂图作战，准确研判

通过“知情人、大数据、技术侦察、现场比对”4 个方面相结合，分析研判被埋压房屋分布、住户密度、滑坡山体走向、房屋位移情况以及被困人员的数量和区域等重要信息，迅速绘制了现场平面图、现场还原图、埋压人员分布图、作战力量部署图、作战实力分布图和救援进度示意图，实施挂图作战、精准指挥，针对被困群众点多面广和搜救条件极度不利的实际，确定了“划分片区，突出重点，准确定位，科学施救”的原则，采取“人机配合、各有侧重”的方法，按照“1 机 4 人”模式（1 台工程机械配 1 名操作手、3 名观察员）编配救援力量，通过“机械不停、人员轮班”的方式抢时间、抓战机，救人搜寻同步进行，救援作业昼夜不间断。

四、制定战术，精准施救

现场指挥部采取无人机航拍、三维建模、对比历史图像等方式还原灾害前场景，根据地形地貌及滑坡山体冲击方向、路径，结合救援初期搜寻掌握的被埋压人员位移情况，按照先易后难、先重后轻、先急后缓的搜救原则，制定了“以房找人、以路找人、以人找人、以物找人”的战术措施，使用手机定位、仪器探测、3D 建模等技术对被埋压人员进行定位、分析、测量，采取“人工为主、机械为辅、人机结合”的方法，开展拉网式、掘进式搜救，划分片区、突出重点、轮换作业、科学施救。

五、立体搜救，提升效率

为避免遗漏和重复搜救，指挥部提出“横向层搜、纵向挖掘、立体见底”的救援思路，通过“顺坡开槽、由点拓面、网格搜寻”的战法剥开覆盖层，开展“地毯式、掘进式”搜救，确保房要见底、路要见底、沟要见底、场要见底，不留死角，全面排查；对立体搜救过的区域进行标识、消毒，避免重复搜救，防止发生疫情，提升救援效率。

六、全天候排险，确保救援安全

按照“全面排查、综合分析、主动排除、积极防御、封锁规避”的要求，对现场各类险情进行分类管理。对人员被困位置或救援人员活动区域的险情主动干预，集中力量排除，无法排除的采取有效的防范抵御措施，对埋压人员的建筑进行支撑加固。对无人员活动、风险较大、短时间内无法排除险情的区域实施警戒封闭，严禁人员进入，确保绝对安全。一是全天候利用无人机高空监测滑坡山体活动情况，跟踪掌握地基边坡扫描雷达、三维激光扫描仪、一体化裂缝检测仪、测量机器人等仪器检测情况；二是在制高点设置6名安全员和观察哨，全时段监控滑坡区域，明确白天以气体驱动喇叭、夜晚以气体驱动喇叭和信号灯为紧急撤离信号；三是由相关职能部门47名专业技术人员组成专家组开展全覆盖排查，在灾害现场周边设置核心圈、二级圈和外围圈，坚持人防和技防相结合，实行三级封控圈分级管控，对灾害现场安全性、稳定性进行全面实时监测预警，严防次生灾害发生。

1909号超强台风“利奇马”救援

2019年第9号台风“利奇马”8月10日凌晨以超强台风量级在浙江温岭沿海正面登陆，11日晚以热带风暴量级在山东青岛沿海再次登陆，风雨强度大、持续时间长，先后影响福建、浙江、上海、江苏、安徽、山东、河北、天津、北京、辽宁、吉林、黑龙江12个省份，部分地区发生了严重的洪涝灾害。据统计，超强台风“利奇马”是1949年以来登陆我国大陆地区强度第五位超强台风，共造成浙江、山东、江苏、安徽、辽宁、上海、福建、河北、吉林9省（市）64市403个县（市、区）1402.4万人受灾，因灾死亡66人，失踪4人，209.7万人紧急转移安置，3.7万人需紧急生活救助；1.5万间房屋倒塌，13.3万间房屋不同程度损坏；农作物受灾面积1137千公顷，其中绝收93.5千公顷；灾区电力、通信、交通等基础设施及厂矿企业等大面积受灾；直接经济损失515.3亿元。与历次超强台风正面登陆造成的灾害损失相比，台风“利奇马”造成的人员伤亡和洪涝灾害损失大幅下降，未发生重要堤防决口、重要基础设施出险或水库垮坝等重大险情，最大程度减轻了灾害损失。

党中央、国务院高度重视防灾减灾救灾工作，习近平总书记多次作出重要指示。李克强总理等国务院领导同志多次就防汛防台风工作作出明确批示要求。2019年第9号台风“利奇马”是机构改革防汛抗旱职能全面调整后首个正面登陆的超强台风，是对各级防汛抗旱指挥机构和应急管理部门的一次重大考验和实战练兵。国家防总超前部署、全力应对，各成员单位各司其职、密切配合、通力协作，有关省市各级党委、政府和防汛抗旱指挥部落实责任、精心组织，有力有序有效开展各项防灾减灾救灾工作。

一、加强全程指挥调度，高位推动防御工作

早在台风登陆前，8月8日国家防总

副总指挥、应急管理部党组书记黄明组织相关部门和台风影响省市召开国家防总防台风视频调度会议，动员部署防汛防台风工作。台风防御过程中，国家防总、应急管理部启动防台风每日会商研判机制，党组书记黄明 7 天主持调度会商 13 次，组织气象、水利、自然资源等部门和相关地方防指、应急管理厅、消防救援总队负责同志综合研判，指导推动各地开展防汛防台风工作。有关省市党委、政府高度重视，坚持高位推动，浙江、上海、山东等省党委主要负责同志分别带队到一线指挥督导，政府主要负责同志坐镇指挥防汛防台风工作。福建、江苏、吉林、江西等省党委、政府主要负责同志分别对防汛防台风工作作出批示，分管负责同志主持召开防台风工作会议部署防御工作。各级防指及时启动应急预案，预先防范、强化措施、狠抓落实，各项防御工作有序有力开展。

二、严密监测预报预警，及时进行风险研判

国家防总严密监视台风“利奇马”发展动向，先后 7 次发出通知有针对性地部署防御工作。气象、海洋、水文等部门强化预测预报，及时发布预警，为台风防御工作提供科学依据。中央气象台最高时发布台风红色预警、暴雨橙色预警，国家海洋预报台最高时发布海浪红色（Ⅰ级）警报和台风风暴潮红色（Ⅰ级）警报，提醒有关地区和部门采取防风避雨、防潮避浪措施。水文部门滚动提出江河汛情、水库工情等监测预报意见，及时向应急管理部通报河流超警情况，为抗洪抢险指挥决策提供科学依据。各地、各有关部门按照职责分工切实做好灾害预警，多渠道、高密度、广覆盖发布台风及强降雨预警信息，实现预警到乡、到村、到户、到人。浙江、上海、江苏、安徽、山东、辽宁等地通信和气象部门累计发送预警短信 4.8 亿条，为保障人民生命安全和减轻灾害损失发挥了重要作用。

三、及早启动应急响应，全力指导支持防灾

台风登陆前，国家防总 8 月 8 日 11 时启动防汛防台风Ⅲ级应急响应，9 日 16 时将应急响应提升至Ⅱ级，防御过程中，坚持以人为本、以防为主、科学防控、依法防控，全程保持防范等级不降级。国家防总、应急管理部先后派出 11 个工作组赴一线协助开展防汛防台风工作。受台风影响各地及时启动应急响应，浙江省防指启动防台风Ⅰ级应急响应，派出 4 个工作组赴宁波、温州、台州、舟山等地精准指导防台风工作。江苏、上海、山东、辽宁省（市）防指启动防汛防台风Ⅱ级应急响应，福建、河北、吉林省防指启动防汛防台风Ⅲ级应急响应，黑龙江省防指启动防汛Ⅳ级应急响应，各地按照预案及时有序开展防汛防台风工作。

四、突出人员转移避险，强化隐患排查整治

国家防总、应急管理部始终坚持防台风“不死人、少伤人、少损失”的目标，要求各地按照“五个百分之百”要求，突出抓好转移避险工作，紧盯到底、跟踪督办，做到“一人不漏、一船不落”。台风影响区党委、政府坚持生命至上，把确保人民群众生命安全放在首位，突出抓好出海船只回港避风和危险区群众转移安置工作（图 5-4-11），普遍落实包保责任到村到户到人，并对低洼易涝地区、中小水库及尾矿库下游区、山洪地质灾害易发区、建筑工地、高空构筑物、地下空间、

危房校舍、建筑工地、旅游景区等防灾薄弱环节进行拉网式排查。据统计，各地共转移群众 209.8 万人，组织 9.06 万艘船只回港避风。其中，浙江省转移 136 万人，为近年来转移人数最多的一次。上海市采取封桥封港、关停城市旅游等人员密集场所等应急措施。山东全省水库按汛限水位以下 1 米预留纳洪空间，拦河闸全部提起，橡胶坝塌坝运行。

图 5-4-11 超强台风“利奇马”侵袭浙江、上海、江苏，消防救援队伍营救疏散被困群众

五、科学谋划预置布防，精准高效救援救灾

应急管理部加强重点地区、关键部位救援力量布防，充分发挥应急救援“拳头”力量和“尖刀”作用。受台风影响省份消防救援总队全面进入临战状态，周边省份做好前置备勤和跨区增援准备。9 省市共成立救援突击队 525 个，设前置救援点 456 个。各地消防指战员共出动 4.2 万人，营救疏散遇险和被困群众 1.2 万人。8 月 10 日，温州市永嘉县岩坦镇山早村发生山体滑坡，温州消防救援支队调派人员装备迅速出动，现场救出人员 17 人。8 月 11 日，山东寿光弥河堤防发生决口，潍坊支队共营救疏散被困群众 506 人。浙江临海市海水倒灌古城险情发生后，应急管理部紧急协调中国铁建集团 1000 余人赶赴灾区协助处置险情。台风影响期间，应急管理部指导协调江苏、河北、安徽、山东、辽宁等省组织专业救援力量 15 万人、社会力量 3.5 万人投入抢险救援工作。针对山东寿光弥河险情，应急管理部对山东紧急启动国家救灾应急响应，应山东请求调派米-26 重型直升机参与抢险救援工作。加大资金物资支持力度，商财政部紧急下拨中央防汛防台风补助资金 4.5 亿元和中央救灾物资 10 万余件（套），全力支持帮助地方做好防汛防台风和受灾群众转移安置、生活救助等工作。受灾地区党委、政府发扬连续作战的工作作风，深入开展抗洪抢险和救灾工作，对遇难者和失联人员家属实行“三对一”安抚，妥善救助安置受灾群众，积极组织开展生产自救，努力把损失降到最低限度。

六、强化统筹协调联动，凝聚部门防救合力

各有关部门和单位在国家防总的统筹协调和统一指挥下，各司其职、密切配合，形成强大合力，防范救援救灾一体化机制高效有序运转。水利部有针对性地安排部署水库防洪调度和山洪灾害防御等工作，启动了水旱灾害防御Ⅲ级应急响应，派出 10 个工作组赴相关省市指导防御工作。自然资源部、交通运输部、农业农村部启动应急响应，派出工作组和专家组赴一线协助开展防台风和恢复重建工作（图 5-4-12）。商务部启动保障生活必需品市场供应工作联系机制。公安部强化重点部位安全守护，协调指导浙江、山东两省公安机关累计投入警力 46 万余人次，协助转移群众 158 万人次。国家能源局组织电网企业累计投入 11.27 万人开展抢修复电工作。中国气象局启动重大气象灾害

(台风) 二级应急响应，有针对性地开展监测预报预警服务。解放军、武警部队启动应急响应机制，投入 9273 人次，组织民兵 5.7 万余人次，协助搜救、转移群众 12 万余人次，积极支援地方进行决口封堵、堤坝加固、河道疏通等抢险救灾工作。教育部、卫生健康委、中国安能建设集团等成员单位按照职责分工，有序开展防汛防台风工作。

图 5-4-12　受超强台风“利奇马”影响，山东寿光菜农在蔬菜大棚里排涝

四川“8·20”强降雨特大山洪泥石流灾害救援

2019 年 8 月 20 日凌晨，四川省阿坝州东南部普降大雨，部分地区出现暴雨天气，导致境内汶川县、卧龙特区、理县、茂县、松潘县不同程度受灾，山洪泥石流造成农作物、工矿企业和基础设施严重受损，国省干道、乡村道路和都汶高速公路中断或损毁，汶川县三江镇、水磨镇、绵虒镇、卧龙特区耿达镇受灾尤为严重。据地方统计，此次灾害共造成阿坝州、乐山市和雅安市 3 个市（州）20 个县（区）38.8 万人受灾，因灾死亡 19 人（乐山市 1 人，雅安市 2 人，阿坝州 16 人），失踪 22 人（阿坝州 22 人），因灾伤病 61 人，共紧急转移安置 6.3 万人，需紧急生活救助 4.7 万人；倒塌房屋 352 户 1009 间，严重损坏房屋 1650 户 5140 间；农作物受灾面积 1.2 万公顷，其中绝收 0.2 万公顷；直接经济损失 132 亿元。

灾害应对过程中，应急管理部党组书记黄明书记多次主持会商，逐日安排部署抢险救援工作，第一时间派出工作组，致电相关部门及四川省政府主要负责同志，提出具体工作要求。

四川省各级各部门高度重视，及时启动响应，力量调度到位，救灾救助有序，部门密切协同。在各级政府的统一领导下，应急部门组织开展抢险救援协调工作，水利、气象部门加强预测预报和技术支撑，交通、通讯等部门做好道路抢通、通讯保畅等工作，国资委、能源部门配合做好出险水电站的险情排除工作。

国家防总工作组全力配合地方做好应急抢险救援救灾工作。在地方领导的指挥下，协助指导龙潭水电站各方应急除险部门和单位，全力做好各项应急处置工作。召集阿坝州政府、卧龙特区、国家能源集团、应急部门、水利部门沟通协调，理顺工作职责；积极协调救援力量及办理爆破专用炸药运输手续参与技术方案关键步骤研究讨论。工作组在四川期间，共报送 21 期工作情况报告，其中《国家防总四川工作组简报》16 期、《龙潭水电站险情处置基本情况》5 期，随时电话报告工作进展、险情要情等。

四川龙潭水电站险情处置

2019 年 8 月 20 日，四川省阿坝州普降大到暴雨，强降雨导致岷江支流渔子溪爆发特大山洪泥石流，灾害造成龙潭水电站大坝电源中断，泄洪闸未全部开启，发生漫坝险情。大坝上游119名群众一度被困，同时坝体面临失稳溃决风险，严重威胁下游约5000人的生命安全。

险情发生后，应急管理部启动应急响应，第一时间派出工作组赶赴现场，14天全过程指导督导处置。当地党委、政府立即转移下游受威胁群众，同时积极组织营救上游被困人员，一方面利用直升机转运伤员，另一方面全力打通救援道路，至8月23日全部被困人员获救。为彻底排除险情，现场指挥部科学制定3套提闸方案以及爆破和开槽导流除险方案，组织做好险情处置。应急管理部门积极协调各方力量，开展抢险救援（图5-4-13）；中国安能集团克服困难迅速打通上坝道路；国家能源集团搭建2座应急交通桥，组织突击队伍上坝除险，先后组织7次提闸，细化闸门破拆准备；水利、气象部门全程提供监测预报信息；交通、通信部门全力确保道路、通信畅通；国资委、能源部门重点督导水电站业主除险进程。经多方共同努力，9月3日，2号闸门爆破破拆成功，水位迅速降至坝顶以下，龙潭水电站险情解除。龙潭水电站险情的成功处置主要得益于统一领导、权责一致、权威高效、上下联动的国家应急能力体系的建立，各部门在统一的指挥体系下密切配合，克服安全风险巨大、施工环境复杂、救援条件恶劣等困难，全力做好抢险救援工作，整个抢险救援过程有力有序有效。

湖北孝感“10·1”森林火灾救援

2019年10月1日12时55分，湖北省孝感市孝昌县丰山镇祝河村发生山火。

火灾发生后，应急管理部党组书记黄明及时调度、研判火情，派出工作组指导协调火灾扑救工作，第一时间调动国家综合性消防救援队伍710人，与当地专业力量、消防救援队伍、驻地解放军、武警部队等2900余人投入扑救（图5-4-14）。省、市、县立即成立临时应急指挥部，组建生活保障、物资保障、舆情信息、综合材料、安全保卫、交通保障、卫生保障7个工作组。根据火情发展变化，及时果断决策，确定迎头打火、死守双峰山的扑火策略。制定地空配合、开挖防火隔离带的扑火方案，应急管理部及时调派2架直升机增援。森林消防局驻鄂四大队、湖北省消防救援总队、驻孝空降兵部队、陆军第十综合训练基地学兵训练一队、孝感军分

图5-4-13 处置险情

图5-4-14 湖北孝感“10·1”森林火灾救援

区、民兵应急分队，市、县两级武警、消防、公安干警及森林灭火专职队伍奔赴火场，协同作战。组织大型救援挖掘机 12 台（套），抓住有利时机清除茂密易燃物，开挖两条隔离带，快速控制山火燃烧区域，阻断火势蔓延。经全力扑救，火灾于 10 月 2 日 17 时 50 分扑灭。过火面积 1300 亩，未造成人员伤亡和重要设施破坏。

广西河池市南丹庆达惜缘矿业公司“10·28”坍塌事故救援

2019 年 10 月 28 日 18 时 30 分左右，广西壮族自治区河池市南丹庆达惜缘矿业公司大坪村矿区锌银铅锑锡铜矿 2 号窿口发生坍塌事故，共造成 2 人死亡、11 人失联。

事故发生后，国务院领导同志作出批示。应急管理部派工作组立即赶赴事故现场指导抢险救援。通过视频或电话多次与现场连线，要求完善救援方案和安全技术措施，确保安全高效救援。部指挥中心接报后立刻开展事故应急响应，调派国家矿山应急救援华锡队、广西矿山救援大队河池中队 2 支队伍共 44 人赴现场参与救援，同时通知周边矿山救援队伍做好支援准备。

事故发生后，救援指挥部先后调集市县应急、公安、自然资源、卫健、武警、消防等部门 200 多人，广西矿山救援队河池中队、国家矿山救援华锡队和百色、来宾、南宁救援队共 5 支救援队 126 名救援人员在现场救援。同时，广西工业设计院、广西黄金公司、华锡集团、河池市地质勘查设计院等多家单位的 15 名专家在现场为救援提供技术支持。现场还调集 7 台消防救援车、5 台通信应急保障车、2 台电力应急保障车，32 名消防救援人员携带照明灯、生命探测仪、破拆器材等设备，以及 5 台救护车及医护人员到现场待命。

救援指挥部认真制定了救援方案，通过强化通风降温、抽风排气等排险措施，不断克服各种困难，争分夺秒开展搜救工作。方案确定后，两个专业救援队立即调集风机、风筒等装备、物资进入巷道安装并鼓风通风。10 月 29 日 16 时 30 分，现场温度由 42 ℃降至 37 ℃，二氧化碳浓度由 1% 下降至 0.5%，氧气含量由 16.4% 上升至 17%，具备实施救援条件。两个专业救援队 44 人分 3 个班次轮流进入井下开展二次塌方风险监测、安全监控以及搜救施工等工作。11 月 3 日 14 时 55 分，井下事发点温度升至峰值 50 ℃，加上地压活动尚未平息，救援队暂时后撤至井下安全区域。11 月 6 日 11 时 50 分，井口上方地震流动监测台监测到坍塌区域发生若干次震动；11 时 55 分，接到井下人员报告，井下坍塌处往井口方向 10 米范围内巷道发生冒顶。经过多方面分析判断，认为被困失联人员已不具备生命存活条件，且尚未有新的技术手段改善井下救援条件，井下情况复杂多变，施工作业环境极其恶劣，对施救人员构成极大威胁，极易发生次生灾害，继续救援有可能造成新的伤亡。11 月 7 日 19 时后，对南丹“10·28”矿山坍塌事故终止施救。此次救援工作共搜救出 2 名遇难人员，11 人失联。

辽宁沈阳“12·2”高层建筑火灾扑救

2019 年 12 月 2 日 21 时 16 分许，辽宁省沈阳市浑南新区 SR 新城 102 号楼 A

座发生火灾，大量人员被困。

辽宁省应急管理厅和辽宁省消防救援总队接警后，迅速调派98辆消防车、400余名指战员到场处置。应急管理部门协调公安、卫健、住建等部门以及供电、供水、燃气等应急力量到场协同处置。因火势向上蔓延迅速，楼内居民生命安全受到严重威胁，救援人员组织内攻小组深入建筑内部，分段逐层疏散楼内遇险居民，同时铺设供水线路，内外结合全力控制火势发展蔓延。经过2小时艰苦奋战，成功扑灭大火，并在公安部门和物业单位配合下，搜救和疏散出284名居民，无人员伤亡。此次救援发挥高层建筑灭火救援专业队的尖刀作用，根据高层建筑战斗编成和展开程序，到场后快速实施灭火救援行动。针对高层建筑火灾因“烟囱效应”极易发生跳跃式或立体式燃烧，及时组织力量分层疏散人员、排烟散热、设防堵截，全力控制火势向上层发展蔓延，在较短时间内有效扑灭了火灾。

四川芙蓉集团实业有限责任公司杉木树煤矿“12·14”透水事故救援

2019年12月14日15时26分，四川芙蓉集团实业有限责任公司杉木树煤矿发生透水事故，18人被困井下。经过连续88小时的全力救援，成功救出井下被困矿工13名，搜救出遇难人员5名。

事故发生后，应急管理部党组书记黄明第一时间通过视频连线，调度了解事故情况，对救援工作提出要求，工作组立即赶赴事故现场指导抢险救援。国家安全生产应急救援中心立即派员随同工作组赶赴事故现场，并通过视频、电话等方式多次调度事故现场指导救援。

一、调集救援力量

先后调集国家矿山救援芙蓉队等专业救护队13支，出动救援车辆48辆，共22个小队、256人参与现场救援；同时，从四川省应急排水站、川南排水站、华蓥山排水站等地紧急调运16台大型排水设备；调集消防应急通信保障人员11人、成建制的井下施工人员290人，医疗救护人员62人等多方面的应急力量参与救援，当地公安机关共出动警力800余人次、警车300余台次。

二、制定救援方案

本次透水事故的特点：一是透水点有持续的大量补给水涌出，且矿井水文地质条件复杂，周围有多处已关闭的小煤矿，采空区面积大、积水量大；二是井下供电、运输、通风、通信系统遭到破坏，井下施救恢复系统功能需要的时间较长；三是设备运输距离长。紧急调运的大型排水设备由成都、重庆、广安等地运来，地面运输距离较长，事故矿井井口距透水地点约10公里；四是排水设备安装现场空间狭小，巷道淤泥、积水深，导致设备安装和排水期间的移动非常困难，难以使用大功率、大排量水泵；五是瓦斯含量高，矿井为瓦斯突出矿，绝对瓦斯涌出量为43.24立方米/分钟，排水过程中难以控制瓦斯超限。

救援指挥部认真制定救援方案，并根据救援进度和灾区实际情况及时调整。采取的主要救援方案为：一是全力搜救被困人员，确定人员被困区域；二是对已掌握的突水点，采取导流、分流措施，降低对被困区域水位上涨的威胁；三是先后调运多台不同型号的潜水泵、大排量泵，集中力量对被困区域进行排水；四是利用巷道中的管道向人员被困区域输送压缩空气，保障被困区域氧气充足；五是通风、排瓦斯，在瓦斯超限期间，杜绝引火源；六是分 4 个救援梯队，轮流进行巷道清淤、搜救工作；七是全力做好事故善后和矿区稳定工作。

三、实施救援

国家矿山救援芙蓉队共计 60 名救援人员于 12 月 14 日 16 时 28 分到达事故矿井，分 4 组先后 3 次对 N26 采区全面展开侦察搜救工作。统筹调用 13 支矿山救援队伍和排水队伍力量，并紧急协调从周边煤矿召集机电等方面的成建制队伍和熟练工人参与救援。截至 12 月 18 日 8 时，救援队伍出动 52 小队次、410 人次下井参与救援，共敷设电缆 3100 米、风筒 1250 米、排水管道 4650 米，安装机电设备 25 台，安设 550D、320D、220D 型等水泵设施 30 台，井下透水量约 18.6 万立方米，向地面最大排水量达到每小时 3000 立方米，排水量约 13.6 万立方米，清理出 2600 米救援通道，清淤 500 立方米。经过 88 小时的全力救援，搜救出 13 名被困矿工，5 人遇难，抢险救援工作顺利结束。

第五章 国际救援任务

一、跨国（境）救援工作机制制度建设情况

为规范应急管理部救援力量参加重特大生产安全事故、自然灾害等突发事件等跨国（境）应急救援工作，有序、高效开展应急救援行动，2019 年 7 月，应急管理部办公厅印发了《应急管理部跨国（境）应急救援工作方案》，主要内容包括启动响应、行动准备、行动实施、轮换和回撤、总结和后续工作等程序。

二、莫桑比克跨国救援

2019 年 3 月 15 日凌晨，非洲莫桑比克共和国东部遭受强热带气旋“伊代”袭击，暴风、强降雨引发了严重的洪涝灾害、山体滑坡和库坝决堤，造成重大人员伤亡和财产损失。灾害发生后，经党中央、国务院批准，应急管理部迅速组织派出中国救援队于 3 月 24 日赴莫桑比克开展国际救援。此次国际救援是党和国家机构改革、新的应急管理体系建立后，应急管理部第一次实施国际救援行动。

中国救援队由 65 人组成，其中，北京市消防救援总队指战员 30 名，应急总医院医疗队员 20 名。携带的救援装备和后勤保障物资共约 20 吨，其中，通信装备包括海事卫星电话 7 部、铱星电话 7 部、电台 85 部、无人机 5 架、便携式摄像机 12 台、指挥终端 2 套；搜救装备包括橡皮艇 5 艘、绳索 90 条、救生衣 50 件，雷达、蛇眼、热成像仪以及破拆、救生等器材装备若干。救援队于 3 月 24 日乘民航包机从北京首都机场起飞，飞行 1.2 万公里，于 3 月 25 日凌晨抵达莫桑比克首都马普托，后乘当地航班转飞贝拉市，开展为期 12 天的国际救援行动。

救援队在赶赴莫桑比克航班上召开会议，预先开展行动动员、制定预案、研究部署、协调联络等各项救援准备工作。到达灾区后，针对复杂、严峻、多变的灾情社情，救援队多渠道收集信息，并派出侦查分队，加强研判，多次调整行动方向和重点。

按照莫方请求，共对 12 个灾民点进行实地勘察和评估，有针对性地开展医疗诊治、防疫消杀、人员搜救、物资运送、勘察评估、物品捐赠等工作（图 5-5-1）。通过水路艰辛深入布滋“孤岛”转运伤员、运输物资，长途驱车抵达高风险灾区拉梅古施救，在拉夫特安置点连续 5 天的工作大大改善了医疗和防疫状况。

救援期间，中国救援队派出行动队 25 队次，巡诊近 12000 人，治疗 3337 人，为当地几千名灾民发放急需的药品 2900 份、饮用水 2320 升、食品 7800 份，洗消 33.08 万平方米。向莫桑比克卫生部和贝拉市相关政府部门捐赠帐篷 21 顶、冲锋舟 5 艘以及搜救、防护装备、药品、医疗器械等总价值 500 余万元人民币的物资。此次救援行动及时高效，圆满完成了各项任务，展现了中华民族“一方有难、八方支援”的大爱情怀和中国负责任的大国担当，赢得了莫桑比克政府和人民的

高度称赞，受到国际社会积极评价，有力促进了中非传统友谊，提升了中国国际影响。中国救援队作为唯一的国际救援队伍代表受邀参加莫桑比克总统接见。

救援行动中，中国救援队始终高度重视政治思想工作，成立了临时党支部，在救援过程中共召开临时党支部会议 13 次。面对灾情严重、疫情蔓延、高温酷暑等复杂情况和困难，临时党支部充分发挥了战斗堡垒作用，不断激励队伍发扬高度负责、勇挑重担、冲锋在前、不畏艰辛的精神，使大家始终保持着良好的精神面貌和高昂斗志。从准备出队伊始，全体队员都认识到肩负着重大的政治、外交责任，主动从高、从严要求自己，认真践行职责使命，展现了新时代中国应急人本色。针对救援行动影响广、任务重、疫情压力大、风险高、条件艰苦等情况，中国救援队制定行动纪律、灾区防疫、外事协调、新闻宣传、营地管理、志愿者管理等 10 余项制度 67 条要求，并严格贯彻执行，全力确保队伍安全，时刻维护国家、队伍形象。

图 5-5-1　中国救援队为莫桑比克灾民进行诊治

第六篇

基础能力

综　　述

2019年，应急管理部主要围绕五个方面不断强化应急管理基础工作。

一、强化依法应急

大力推进法治建设，《消防法》《自然灾害救助条例》《地震安全性评价管理条例》修改施行，《安全生产法》修正草案提请国务院审议，《生产安全事故应急条例》公布施行，组织修订国家突发事件总体应急预案及专项预案，集中发布59项国家和行业标准。联合公安部、最高人民法院、最高人民检察院出台《安全生产行政执法与刑事司法衔接工作办法》。扎实推进应急管理“放管服”改革，制定行政许可实施程序暂行规定，建立行政审批“好差评”制度，取消19项部门规章、规范性文件设定的证明事项（第二批），16项涉企经营许可事项纳入自贸区“证照分离”改革全覆盖试点，制定改进作风服务基层15项措施和服务群众服务企业服务社会10项举措，解决了一批长期以来积累的突出问题和群众最急最忧最盼的诉求。

二、加快推进信息化建设

建成应急管理云计算平台和应急指挥信息网，建立了全国统一的应急管理地理信息系统，应急管理大数据应用平台投入使用，网络安全保障体系初步构建，应急管理信息化迈入大数据时代。视频指挥调度系统直通部、省、市、县应急管理部门和各级消防队伍。应急指挥“一张图”上线运行。统筹建设一体化在线政务服务平台和“互联网+监管”系统，“一网通办”能力显著增强，“一网通管”模式基本形成。

三、强化科技装备和人才支撑

推进国家科技重大专项论证，组织开展国家重点研发计划“重大自然灾害监测预警与防范”“公共安全风险防控与应急技术装备”等重点专项项目研究。组建国家自然灾害防治研究院，共建国家安全科学与工程研究院。加大先进适用应急救援装备配备力度，极端条件下应急通信保障能力建设初见成效。协调安排中央投资33.5亿元支持应急管理和地震、煤监系统基础建设。启动高危行业领域安全技能提升行动计划，全国培训考核“三项岗位人员”1610万人次。推动开展省、市、县、乡、村五级灾害信息员培训，确保灾情报告系统平稳过渡。

四、推动社会共治

开通全国统一的安全生产网上举报平台，出台《安全生产责任保险事故预防技术服务规范》等制度，以市场化推动社会专业力量参与安全风险防控。创建全国综合减灾示范社区976个，印发《国家安全发展示范城市评价与管理办法》，提高城市安全保障水平。扎实开展全国防灾减灾日、“安全生产月”“全国消防日”“追梦火焰蓝”等主题宣传活动，加强与中央主要媒体战略合作，讲好应急故事，大力宣传应急管理系统先进典型，积极营造良好社会氛围。

五、加强国际交流与合作

积极推动建立“一带一路”自然灾害防治和应急管理国际合作机制，深入参与联合国、国际和区域组织框架下安全生产、防灾减灾、应急救援等领域国际合作，为国际减灾事业发挥中国作用，作出中国贡献。认真研究借鉴俄罗斯、日本等国家应急管理有益经验和举措，为应急管理体系和能力现代化建设发挥积极作用。

第一章 法治体系建设

2019年，紧紧围绕全面推进依法治国的总目标，采取有效措施，积极推进法治体系建设。

一、完善工作程序，统筹推进应急管理法规制度体系建设

（一）完善立法及规范性文件工作管理程序

印发《应急管理部立法工作管理办法》《应急管理部规范性文件管理办法》，明确法规文件起草、审核、公布、备案等程序及合法性审查、集体讨论决定等要求；明确提请审议法规文件草案及送审稿时，需对征求意见情况、意见采纳情况作出专门说明。

（二）有序推进法律法规制修订工作

完成《消防法》《生产安全事故应急条例》《自然灾害救助条例》《地震安全性评价管理条例》《社会救助暂行办法》制修订工作。推进《安全生产法》《危险化学品安全法》《自然灾害防治法》《煤矿安全条例》等法律、行政法规制修订工作。与立法机关沟通修改《固体废物污染环境防治法》《森林法》《森林防火条例》和《草原防火条例》中的有关问题，就涉及危险废弃物安全监管职责、森林草原防火职责等问题研究提出建议。各地区制定了一批地方性应急管理法规和地方政府规章，广东省颁布实施《广东省防汛防旱防风条例》，山东省出台《山东省自然灾害风险防治办法》和《山东省安全生产风险管控办法》。

（三）稳步推进标准制修订工作

协调国家标准化委员会批复同意“XF”和“YJ”分别作为消防救援、减灾救灾与综合性应急管理行业标准代号。印发《应急管理标准化工作框架方案》，构建应急管理标准化体系。印发《应急管理标准化工作管理办法》，对标准立项、组织起草、征求意见、技术审查、报批发布、宣贯实施、标准复审等各环节进行规范。加快应急管理标准计划项目立项，核准安全生产、个体防护、消防救援等国家标准、行业标准计划项目118项；报送国家标准化委员会批准发布《社会单位灭火和应急疏散预案编制及实施导则》等40项国家标准。制定发布实施《安全生产责任保险事故预防技术服务规范》等19项行业标准。全国个体防护装备标准化技术委员会提出两个个体防护装备国际标准提案，实现了我国在有关领域国家标准“零突破”。

2019年发布的应急管理国家标准见表6-1-1，应急管理行业标准见表6-1-2。

二、严格执法监督，提升执法效能

（一）加强执法规范化建设

印发《应急管理部安全生产明查暗访工作指导手册（试行）》《国家煤矿安监局机关明查暗访工作指导手册（试行）》《安全生产行政执法规范用语指引》，修订印发《煤矿安全监察执法手册》，组织修订《安全生产监管执法手册》，提升执法规范化水平。会同公安部、

表6-1-1　2019年发布的应急管理国家标准列表

序号	标准编号	项目名称	发布日期	实施日期
1	GB/T 37243—2019	危险化学品生产装置和储存设施外部安全防护距离确定方法	2019-02-25	2019-06-01
2	GB 18265—2019	危险化学品经营企业安全技术基本要求	2019-02-25	2019-11-01
3	GB/T 38301—2019	可燃气体或蒸气极限氧浓度测定方法	2019-12-10	2020-04-01
4	GB/T 38309—2019	火灾烟气流毒性组分测试 FTIR 分析火灾烟气中气体组分的指南	2019-12-10	2020-04-01
5	GB/T 38310—2019	火灾烟气致死毒性的评估	2019-12-10	2020-04-01
6	GB/T 38315—2019	社会单位灭火和应急疏散预案编制及实施导则	2019-12-10	2020-04-01
7	GB/T 14561—2019	消火栓箱	2019-12-10	2020-04-01
8	GB 19156—2019	消防炮	2019-12-31	2020-07-01
9	GB 5135. 1—2019	自动喷水灭火系统　第1部分：洒水喷头	2019-12-17	2020-07-01
10	GB 5135. 22—2019	自动喷水灭火系统　第22部分：特殊应用喷头	2019-12-17	2020-07-01
11	GB 15322. 1—2019	可燃气体探测器　第1部分：工业及商业用途点型可燃气体探测器	2019-10-14	2020-11-01
12	GB 15322. 2—2019	可燃气体探测器　第2部分：家用可燃气体探测器	2019-10-14	2020-11-01
13	GB 15322. 3—2019	可燃气体探测器　第3部分：工业及商业用途便携式可燃气体探测器	2019-10-14	2020-11-01
14	GB 15322. 4—2019	可燃气体探测器　第4部分：工业及商业用途线型光束可燃气体探测器	2019-10-14	2020-11-01
15	GB/T 9978. 2—2019	建筑构件耐火试验方法　第2部分：耐火试验试件受火作用均匀性的测量指南	2019-12-10	2020-07-01
16	GB 7956. 4—2019	消防车　第4部分：干粉消防车	2019-12-31	2020-07-01
17	GB 7956. 5—2019	消防车　第5部分：气体消防车	2019-12-31	2020-07-01
18	GB 7956. 7—2019	消防车　第7部分：泵浦消防车	2019-12-31	2020-07-01
19	GB 7956. 16—2019	消防车　第16部分：照明消防车	2019-12-31	2020-07-01
20	GB 7956. 17—2019	消防车　第17部分：排烟消防车	2019-12-31	2020-07-01
21	GB 7956. 23—2019	消防车　第23部分：供气消防车	2019-12-31	2020-07-01
22	GB/T 31540. 5—2019	消防安全工程指南　第5部分：火灾烟气运动	2019-10-18	2019-10-18
23	GB/T 38254—2019	火警受理联动控制装置	2019-12-10	2020-07-01
24	GB/T 38144. 1—2019	眼面部防护　应急喷淋和洗眼设备　第1部分：技术要求	2019-12-10	2020-07-01

表 6-1-1（续）

序号	标准编号	项 目 名 称	发布日期	实施日期
25	GB/T 38144. 2—2019	眼面部防护　应急喷淋和洗眼设备　第 2 部分：使用指南	2019-12-10	2020-07-01
26	GB/T 38228—2019	呼吸防护　自给闭路式氧气逃生呼吸器	2019-10-18	2020-05-01
27	GB/T 38230—2019	坠落防护　缓降装置	2019-10-18	2020-05-01
28	GB/T 38300—2019	防护服装　冷环境防护服	2019-12-10	2020-07-01
29	GB/T 38302—2019	防护服装　热防护性能测试方法	2019-12-10	2020-07-01
30	GB/T 38304—2019	手部防护　防寒手套	2019-12-10	2020-07-01
31	GB/T 38305—2019	头部防护　救援头盔	2019-12-10	2020-07-01
32	GB/T 38306—2019	手部防护　防热伤害手套	2019-12-10	2020-07-01
33	GB 12014—2019	防护服装　防静电服	2019-12-31	2020-07-01
34	GB 2626—2019	呼吸防护　自吸过滤式防颗粒物呼吸器	2019-12-31	2020-07-01
35	GB 20265—2019	足部防护　防化学品鞋	2019-12-31	2020-07-01
36	GB 2811—2019	头部防护　安全帽	2019-12-31	2020-07-01
37	GB 38451—2019	呼吸防护　自给开路式压缩空气逃生呼吸器	2019-12-31	2020-07-01
38	GB 38452—2019	手部防护　电离辐射及放射性污染物防护手套	2019-12-31	2020-07-01
39	GB 38453—2019	防护服装　隔热服	2019-12-31	2020-07-01
40	GB 38454—2019	坠落防护　水平生命线装置	2019-12-31	2020-07-01

表 6-1-2　2019 年发布的应急管理行业标准列表

序号	标准编号	标 准 名 称	发布日期	实施日期
1	AQ 9010—2019	安全生产责任保险事故预防技术服务规范	2019-08-12	2020-02-01
2	AQ 1029—2019	煤矿安全监控系统及检测仪器使用管理规范	2019-08-12	2020-02-01
3	AQ 6201—2019	煤矿安全监控系统通用技术要求	2019-08-12	2020-02-01
4	AQ 2068—2019	金属非金属矿山提升系统日常检查和定期检测检验管理规范	2019-08-12	2020-02-01
5	AQ 2069—2019	矿用电梯安全技术要求	2019-08-12	2020-02-01
6	AQ 2070—2019	金属非金属地下矿山无轨运人车辆安全技术要求	2019-08-12	2020-02-01
7	AQ 4128—2019	烟花爆竹零售店（点）安全技术规范	2019-08-12	2020-02-01
8	AQ 4129—2019	烟花爆竹　化工原材料使用安全规范	2019-08-12	2020-02-01
9	AQ/T 2071—2019	地质勘查安全防护与应急救生用品（用具）技术规范	2019-08-12	2020-02-01

表 6-1-2（续）

序号	标准编号	标准名称	发布日期	实施日期
10	AQ/T 2072—2019	金属非金属矿山在用电力绝缘安全工器具电气试验规范	2019-08-12	2020-02-01
11	AQ/T 2073—2019	金属非金属矿山在用高压开关设备电气安全检测检验规范	2019-08-12	2020-02-01
12	AQ/T 2074—2019	金属非金属矿山在用设备设施安全检测检验报告通用要求	2019-08-12	2020-02-01
13	AQ/T 2075—2019	金属非金属矿山在用设备设施安全检测检验目录	2019-08-12	2020-02-01
14	AQ/T 4130—2019	烟花爆竹　生产过程名词术语	2019-08-12	2020-02-01
15	AQ/T 3055—2019	陆上油气管道建设项目安全设施设计导则	2019-08-12	2020-02-01
16	AQ/T 3056—2019	陆上油气管道建设项目安全验收评价导则	2019-08-12	2020-02-01
17	AQ/T 3057—2019	陆上油气管道建设项目安全评价导则	2019-08-12	2020-02-01
18	AQ/T 9011—2019	生产经营单位生产安全事故应急预案评估指南	2019-08-12	2020-02-01
19	AQ/T 9007—2019	生产安全事故应急演练基本规范	2019-08-12	2020-02-01

最高人民法院、最高人民检察院联合印发《安全生产行政执法与刑事司法衔接工作办法》，建立健全安全生产行政执法与刑事司法衔接工作机制。会同最高人民法院、最高人民检察院建立工作联系机制，推动建立安全生产公益诉讼制度。

（二）完善执法程序

印发《应急管理部行政执法公示办法》《应急管理部重大执法决定法制审核办法》《应急管理部集中受理行政许可事项办理指南》等文件，紧紧抓住源头、过程、结果三个执法环节，统筹推进部本级行政执法公示制度、执法全过程记录制度、重大执法决定法制审核制度（简称“三项制度”）的落实，督促指导地方各级应急管理部门全面落实“三项制度”的要求。

（三）深化执法检查

组织开展安全生产专项执法行动。对2716 座金属非金属地下矿山开展专项执法，纠正违法行为并处罚款 1000 多万元；对尾矿库开展专项执法检查，督促各地落实执法闭环；对钢铁、铝加工行业开展执法抽查督导，9 个省（自治区）共查出 6 类重大违法行为 35 项，罚款 168.97 万元。组织开展危险化学品企业的明查暗访工作，分 8 批次对 24 个省（自治区）的190 家危险化学品企业明查暗访，发现并整改问题隐患 1900 余项。

（四）加强督查督导

组织开展 2018 年度省级政府安全生产和消防工作考核巡查，以国务院安委会名义组织 16 个考核巡查组，对省级政府安全生产和消防工作进行现场考核，针对发现的 2000 余项问题和隐患按程序反馈通报并督促整改。部署开展全国安全生产专项整治和江苏专项整治督导，对危险化学品等重点行业领域部署开展为期 3 个月的安全生产集中整治，针对江苏省开展为期 1 年的安全生产专项整治督导。

（五）推进“互联网+执法”系统建设

制定《应急管理部“互联网+执法”系统建设工作方案》，编制系统总体建设工作方案及地方建设任务书，以信息化缓解基层执法人少质弱问题。指导北京、安徽、湖南、甘肃等省（直辖市）应急管理部门建设行政执法信息平台。推动建立全国危险化学品重大危险源企业联网监控，强化智能运用，构建非现场执法工作模式，全国累计接入危险化学品企业2377家、一二级重大危险源（储罐区）5385处。煤矿安全监察执法信息系统建成并投入使用。

三、深化简政放权，持续优化服务

（一）推进“放管服”改革

印发《应急管理部深化“放管服”改革加强事中事后监管工作方案》，提出深化“放管服”改革工作思路、重点任务、创新举措。持续开展“减证便民”改革行动，取消了第二批19项证明事项。梳理完成安全生产领域市场准入负面清单五大类19项，纳入国家发展改革委、商务部公布的《市场准入负面清单（2019年版）》。印发《中国地震局关于加强区域性地震安全性评价管理工作的通知》《区域性地震安全性评价工作大纲（试行）》，深化地震安全性评价审批制度改革。推进煤监机构行政许可事项取消下放移交工作，全面实施煤矿安全生产行政许可网上申办。

（二）优化政务服务

印发《应急管理部关于落实“证照分离”改革全覆盖试点工作实施方案》，按照直接取消审批、审批改为备案、实行告知承诺、优化准入服务4种方式分类推进改革，将应急管理部16项涉企经营许可事项全部纳入自贸区“证照分离”改革全覆盖试点。印发《应急管理部行政许可实施程序暂行规定》《应急管理部深化“放管服”改革服务企业服务群众服务社会若干措施》，从实行“一网通办”、推行电子证照等方面提出10项具体举措，补足优化营商环境“短板”。印发《安全评价检测检验机构管理办法》《消防技术服务机构从业条件》，推动系统所属安全评价机构脱钩工作。清理涉企、中介机构收费，完成安全评价检测检验机构资质下放和综合评估工作，取消消防技术服务机构资质许可。各地应急管理部门大力推进简政放权优化服务，如北京制定了政务中心窗口工作规范，在服务企业和群众方面，建立A、B角工作机制，保证审批工作不断档、不落空；上海、江苏、浙江等地全面落实行政审批事项“一网通办”。

四、推进政务公开，有效化解社会矛盾

（一）加强行政复议应诉工作

将公平正义作为办理复议案件的基本准则，讲清法理、事理、道理，增强案件处理结果的可接受性，建立行政复议典型案例制度。2019年，部本级共办理行政复议案件34件，办理行政应诉案件18件。

（二）加强法治信访建设

对信访投诉请求事项通过法定途径进行合理分流，有效化解矛盾纠纷。引导和支持公民、法人和其他组织依法、合理表达诉求和维护权益。2019年，共受理来信来访2270件（人）次，其中来信837件次、来访1433人次，信访形势呈现总体稳定向好态势。

（三）加大信息公开力度

拓宽政府信息公开渠道，积极推进决策、执行、管理、服务和结果公开。2019

年，通过应急管理部政府网站发布各类信息6300余条，对71件有效信息公开申请件全部按照法定时限给予答复，公开纳入和移出安全生产失信联合惩戒“黑名单”企业426家。

五、强化法治教育，有力夯实法治基础

（一）加强法治教育培训

印发《中共应急管理部党组关于贯彻落实〈2018—2022年全国干部教育培训规划〉实施意见的通知》，丰富学习教育形式，举办各类培训班次42期、培训4770余人次，在网络学院举办专题培训班4期、培训1.6万人次。严格执法资格培训管理，举办两期执法资格培训班，采取“网络培训+面授培训”的模式，154人在取得网络培训合格证后参加面授培训，145人通过考试，通过率为94%；653人参加执法证到期换证网络培训，培训考核通过578人，通过率为88%。加强公职律师管理，印发《应急管理部公职律师管理办法（试行）》，向司法部申报11名公职律师，做好30名公职律师的年度考核工作。

（二）深入普法宣传工作

制定应急管理系统“谁执法谁普法”责任清单。完成应急管理系统“全国法治宣传教育基地”推荐申报工作，推动运用社会资源开展应急法治宣传教育。联合司法部、全国普法办公室举办2019年全国应急管理普法知识竞赛，在为期一个月的“全民网上答题”活动中，全国共有1300多万人参与活动，线上答题1.19亿人次，超过12.5亿人次点击浏览，取得了良好的普法效果。发挥“安全执法”等微信公众号优势，利用“安全生产月”“安全生产万里行”等载体宣传普法。

第二章 规划体系建设

2019年，坚持“边应急、边建设”，在狠抓防控重大安全风险不放松的同时，充分发挥规划的战略导向作用，用规划绘蓝图、明愿景、谋举措，强化应急管理工作的顶层设计和系统谋划，有力推动应急管理事业改革发展。成立规划编制专班，全面启动应急管理“十四五”规划前期研究工作。

一、规划编制工作基本情况

（一）完善规划格局，明确功能定位

在“十三五”时期应急管理领域“3+N”规划格局基础上，推动在“十四五”时期建立“1+2+N”的规划格局，提出“十四五”应急管理领域规划编制的具体清单，明确规划的目的、方向、作用、主要内容和重点解决的问题。确定总规划从应急管理工作全局出发，围绕推进应急管理体系和能力现代化，阐明战略意图、明确工作重点、布局重大工程项目、谋划重大改革举措；分规划主要针对特定领域，围绕落实总规划，明确相关目标、任务、工程和改革举措的实现路径、具体内容、时间安排等。

（二）理顺规划关系，形成规划合力

印发关于做好规划编制工作的通知，部署开展“十四五”规划编制工作，坚持下位规划服从上位规划、下级规划服务上级规划、等位规划相互协调，注重上下联动、统筹衔接，推动建立以国家规划为统领、部门规划为基础、地区规划为支撑，由国家、省、市、县各级规划共同组成，定位准确、边界清晰、功能互补、统一衔接的规划体系。对国家和地方应急管理领域专项规划编制工作提出总体时间、进度及工作要求，确保应急管理各类规划同步部署、同步研究、同步编制、同步实施，形成全国“一盘棋”。

（三）聚焦国家战略，做好衔接协调

积极参与《中华人民共和国国民经济和社会发展第十四个五年规划纲要》（简称《纲要》）的研究工作，推动将防灾减灾纳入中央关于“十四五”规划建议的重大研究课题；会同国家发展改革委开展了三次《纲要》联合调研，两次报送纳入《纲要》基本思路的内容建议，推动构建统一指挥、专常兼备、反应灵敏、上下联动的应急管理体制，健全国家应急管理体系，提高处理急难险重任务的能力；完善和落实安全生产责任及管理制度，建立公共安全隐患排查和安全预防控制体系，坚决遏制重特大生产安全事故、提高防灾减灾救灾能力等要求写入《纲要》基本思路，促进应急管理事业与国民经济社会发展同步同向。与“十二五”“十三五”规划纲要相比，《纲要》基本思路涉及应急管理的内容及篇幅大幅增加。

（四）深化前期研究，提高规划质量

分综合类和专业类两大类凝练提出26个重点研究课题，采取定向委托和公开遴选相结合的方式，组织中央党校、清华大学、安科院、新兴际华集团等30

余个单位开展专题研究，形成一批课题研究成果。先后两次印发通知，组织研提建议纳入“十四五”规划的重点内容。起草《“十四五”国家应急管理体系和能力建设规划基本思路》，并多次组织专家开展咨询论证，根据意见反复修改完善。做好规划与《关于推进应急管理事业改革发展的意见》的衔接，确保目标、任务、工程的相统一、相一致。

二、应急管理“十四五”规划体系

按照抓纲带目、统分结合、突出重点的要求，以《纲要》为统领，推动在国家层面建立“1+2+10”规划格局。

“1”，为《“十四五”国家应急管理体系和能力建设规划》，作为牵头抓总，负责“十四五”应急管理体系和能力建的总体布局、宏观设计，把握大方向、明确大思路。经过努力，该规划初步被纳入国家“十四五”重点专项规划。

“2”，分别为《“十四五”国家安全生产规划》和《“十四五”国家综合防灾减灾规划》，主要分别围绕防范应对自然灾害和事故灾难等两大类突发事件，明确“十四五”工作目标、重点任务和重点工程。

“10”，分别为《“十四五”应急救援力量建设规划》，主要明确各类救援队伍和力量发展方向、建设重点；《“十四五”应急物资保障规划》，主要明确强化应急物资生产、储备、运输等全体系建设的重点；《“十四五”应急管理科技创新规划》，主要明确科技发展方向、研究重点和完善相关体制机制的任务举措；《“十四五”应急管理信息化规划》，主要明确应急管理信息化建设的总体思路、主要任务和重点工程；《“十四五”应急管理装备发展规划》，主要明确装备研发、测试、配备、应用、体系构建等全过程工作重点和任务；《“十四五”国家防震减灾规划》，主要针对地震灾害，明确震害防治、监测、预警等方面任务及工程；《“十四五”煤矿安全生产规划》，主要明确煤矿领域安全生产的工作目标、任务及工程；《“十四五”防汛抗旱应急能力建设规划》，主要明确防汛抗旱领域体制机制和能力建设的重点；《“十四五”应急卫星业务发展规划》，主要研究加快卫星在安全生产和防灾减灾救援领域应用的任务及工程；《“十四五”国家综合性消防救援队伍建设规划》，主要明确优化队伍力量布局、加强标准化建设的任务和工程。

地方层面，坚持因地制宜，实事求是，充分考虑基层应急管理部门规划编制力量相对薄弱、日常性工作任务较为繁重且地方规划主要围绕落实国家规划作进一步细化及目标指标、主要任务、重点工程基本统一的实际情况，建议地方可以仅编制一部《“十四五”应急管理体系和能力建设规划》，将防灾减灾救灾、安全生产、应急管理等工作统筹纳入规划主要内容，争取列入地方重点规划，以人民政府文件发布。有条件的地区，可以考虑编制其他若干专项规划。

应急管理部“十四五”规划体系如图 6-2-1 所示。

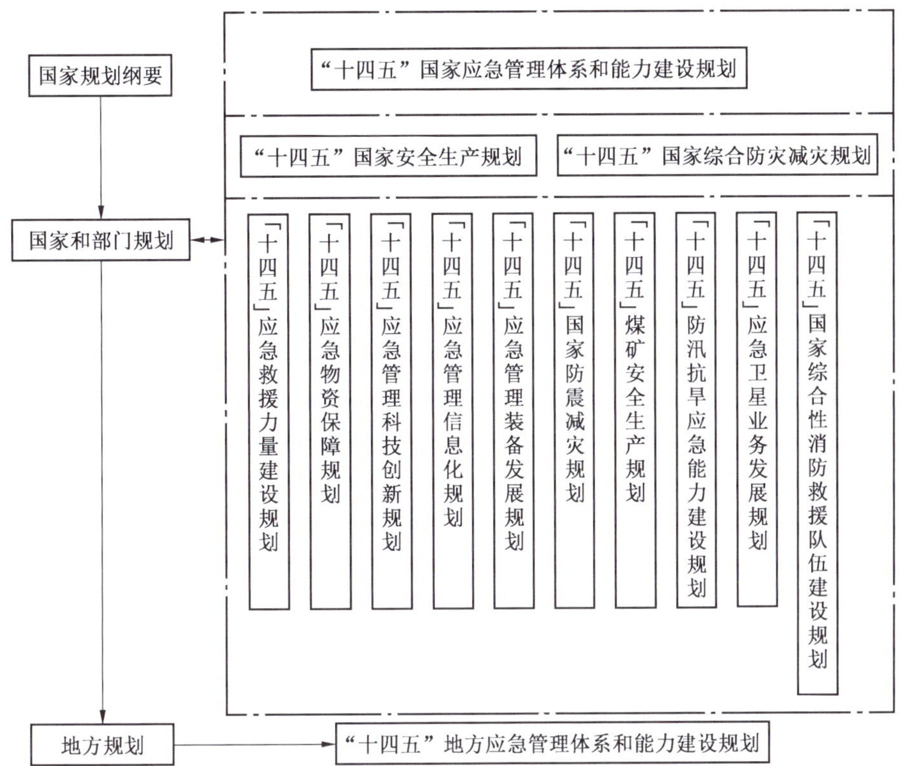

图 6-2-1 应急管理部"十四五"规划体系图

第三章　科技信息化建设

2019 年，紧紧围绕实战需要，加强顶层规划，着力打牢基础，强化业务应用，在基础网络建设、应急指挥调度、应急通信保障、危险化学品重大风险源联网监测等方面取得了历史性突破，较好发挥了科技和信息化的支撑保障作用，有力提升了应急管理能力水平，初步实现了阶段性目标。

一、初步形成全国科技信息化一体化推进格局

（一）召开全国应急管理科技和信息化会议

2019 年 5 月 23 日，召开全国应急管理科技和信息化工作会议，部署全国科技信息化任务，明确“六个坚持”总体要求和提高“六个能力”重要任务，部署了 3 个方面 15 项重点工作，明确了科技信息化工作重大方向性问题。

（二）积极规划并推进重大工程立项

启动信息化、装备、卫星 3 个“十四五”专项规划编制和应急管理中长期科技发展规划论证工作。编制完成《森林消防装备现代化规划（2019—2021）》。积极推进公共安全大数据工程（应急管理部分）、自然灾害监测预警信息化工程和自然灾害防治技术装备现代化工程，组织方案设计、立项申报等工作。

（三）统筹推进科技信息化工作落地

编制印发《2019 年地方应急管理信息化实施指南》和 12 个地方建设任务书，审核批复 32 个省（自治区、直辖市）信息化建设规划，编制下发 252 个标准规范，加快构建应急装备和信息化标准体系，明确各地重点建设任务、建设标准和时间表路线图。加强专业能力培训，利用视频会议系统先后组织 3 次全国科信业务培训班，举办 4 次全国科技信息化专题培训班，推动地方领导干部思想转变，提升全系统科信干部专业能力。

二、加快信息化基础能力建设

（一）应急指挥信息网络基本形成

建成部、省、市、县四级贯通的全国应急指挥信息网，为统一指挥调度创造了基础条件。同时，部、省、市、县通过国家电子政务外网实现四级贯通，为政务系统联网应用打下坚实基础。采用云视频技术，调动各方资源，实现部指挥中心与全国各级 3656 个应急管理部门、各级森林消防队伍的实时视频调度。部省两级视频指挥调度系统基于 IPV6 建设，系统稳定性、可靠性和音（视）频质量均大幅提升。

（二）数据中心和数据汇聚初见成效

完成北京数据中心廊坊机房和安信大厦机房建设，建成应急管理云计算平台，防汛抗旱、应急平台“一张图”、“天眼”系统等 42 个应用系统完成上云部署。开展应急管理大数据应用平台、数据治理系统（图 6-3-1）、应急管理地理信息系统（EGIS）、信息交换共享系统等建设，实现信息资源全生命周期管理，已汇聚结构化数据近 60 亿条，数据总量近 19T，累

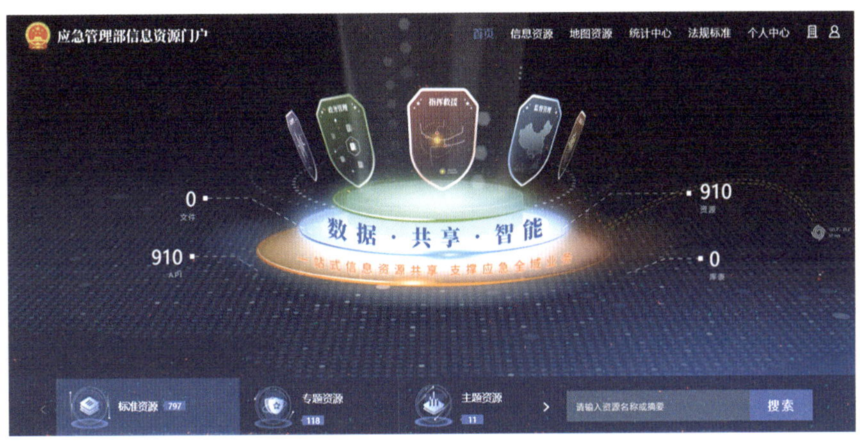

图 6-3-1 数据治理系统——信息资源门户

计为全国提供调用服务 1000 万次。

（三）应急通信基础保障工作稳步推进

协调工业和信息化部批复 39 对 370 兆赫兹应急专用无线电频率，编制应急指挥窄带无线通信网频率规划方案并指导各地申请使用。按照“一切为了实战、一切围绕实战、一切服务实战”的要求，编制大震大灾应急通信保障工作方案，确定了土洋结合、分层保底的工作思路，制定了通信装备配置标准，在四川雅安等大灾易发频发地区开展断网、断电、断路等极端条件下前突小队应急通信保障测试，保证了大震大灾应急通信保障方案的可行性。在四川甘孜基层森林消防救援队伍组织典型灾害场景下的通信保障能力试点，完成九江、兰州应急演练通信保障。

（四）安全保障体系建设同步展开

加强网络信息安全保障，启动认证授权与密码服务、移动终端安全等 6 个项目建设，完成新中国成立 70 周年关键信息基础设施网络安全保障和攻防演练，初步具备北京主数据中心安全防护和为全国移动应急应用提供安全沙箱的能力。

三、加快信息化系统建设与应用

（一）加强应急指挥辅助决策系统（应急指挥“一张图”）实战应用

应急指挥辅助决策系统（应急指挥“一张图”）迭代开发。汇聚气象、地震、道路交通、人口热力等数据约 1.7T，以及学校、医院、水库等信息累计近 3.7 亿条，接入公安、交通运输等部委 200 多万路视频监控，在历次灾害事故处置中发挥支撑作用，并在部分省市推广运行。

（二）聚焦安全生产风险监测预警系统建设应用

危险化学品安全生产风险监测预警系统全面应用。接入全国 2300 余家涉及一、二级重大危险源企业 8 万余个传感器监测数据和 1.5 万余路视频监控数据，实现风险动态分析和预警精准发布，国务院办公厅电子政务办公室将其列为国家“互联网+监管”重要示范应用。启动尾矿库安全生产风险监测预警系统建设并接入 6 个试点省份的 15 家尾矿库企业监测监控数据。安全监管信息化工程完成煤矿监察、企业基础信息管理、安全生产事故直报等 11 个系统开发和升级完善。

（三）改造完善防汛抗旱风险管理系统

改造完善防汛抗旱态势分析系统，初步实现全国气象、水旱和雨雪冰冻等自然灾害动态监测。组织贵州、湖北等地区开展试点应用，优先接入水库近 5000 个、河道水文站 1800 余个、气象雨量站 6600 余个。初步满足部、省等应急管理部门防汛抗旱的日常业务需要。

（四）大力推进政务管理应用系统建设应用

统筹建设一体化在线政务服务平台和“互联网+监管”系统，累计汇聚政务服务数据 5900 余万条，监管数据 940 余万条，基本完成与国家平台八大对接任务，“一网通办”能力显著增强，“一网通管”模式基本形成。推动政务外网办公系统应用，推广移动办公模式，部机关办公自动化程度逐步提高。

四、构建科技装备支撑体系

（一）提升科技支撑能力

一是推进与中国科学院签署联合共建国家自然灾害防治研究院协议和战略合作协议，推动我国首个国家级自然灾害综合性防治研究院即“国家自然灾害防治研究院”筹建与挂牌，探索建立新时代自然灾害防治和应急管理科研体系及科技管理机制。二是推进“重大灾害事故防治”国家科技重大专项立项论证，形成立项建议书并获得国务院领导批示支持。完成自然灾害风险监测与精准预警、安全生产风险智慧监测预警等重点专项论证。三是组织申报国家安全生产风险防控与应急技术创新中心，推进人工智能、大数据等在森林火灾监测和尾矿库监测中的应用研究。四是完成年度国家科学技术进步奖、中国专利奖申报与推荐。编制应急管理科技和信息化能力评价指标体系，完成黑龙江、山东、福建、甘肃 4 个省份试点评价。

（二）完善应急装备体系

一是组织开展无人机在应急领域应用研究，测试无人机在不同场景下侦察、投送、救援等能力，开展三维地理信息库建设试点。二是积极开展应急装备保障能力研究，编制完成冰雪灾害装备预案。三是开展装备期刊编制和装备信息网构建工作，搜集采编全球技术装备前沿资讯，编制印发《应急技术装备》，在部官网刊载前沿装备、技术、资讯，为全系统提供装备情报支撑。四是会同消防救援、森林消防组建 236 支前突通信队伍，为队伍配备天通电话、卫星终端、北斗终端等轻型便携通信装备，建立完善指挥机制，持续开展实战拉动，打通极端条件下应急通信生命线。

（三）提高卫星无线应用能力

一是发挥部卫星领导小组办公室作用，组织研究卫星工作机制。二是通信卫星网络融合项目完成部属 54 个单位 98 个站点改造，在森林消防局建设卫星地面备份站，为森林消防前突队伍配发天通卫星手持终端和宽带便携终端。三是遥感卫星监测可视化系统（“天眼”系统，图 6-3-2）投入试运行，初步具备林火、洪涝监测和卫星资源调度、比对分析能力。四是借助运营商大数据分析能力，推进“闪信”技术在灾害预警信息发布中的测试与应用，取得初步成效。

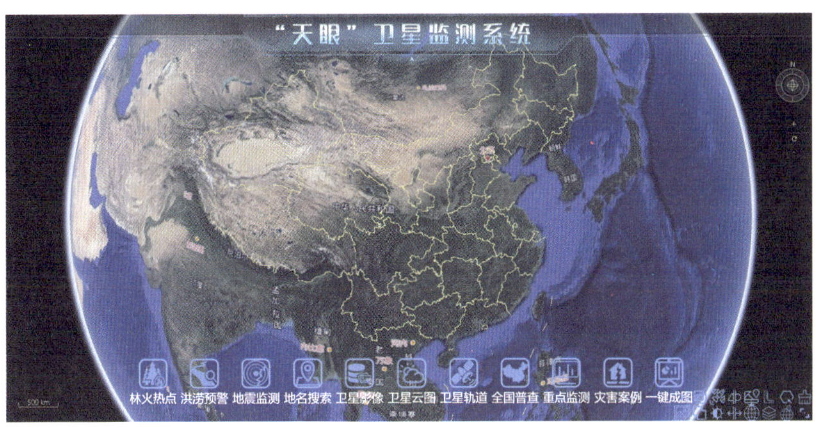

图 6-3-2 “天眼”卫星监测系统

第四章 国际交流与合作

2019 年，积极开展应急管理领域国际交流与合作，推动建立“一带一路”自然灾害防治和应急管理国际合作机制，深化应急管理双多边合作，推进国际救援能力建设，加强外事管理，服务国家应急管理能力和体系现代化建设，推动我国在灾害防治和应急管理领域的国际影响力和话语权不断提升。

一、加强应急管理对外高层往来

2019 年 10 月 3—7 日，应急管理部党组书记黄明访问俄罗斯，双方共同举行中俄预防和消除紧急情况合作联合委员会第一次会议，签署联委会章程和会议纪要，推动中俄在自然灾害和应急管理领域合作高位运行。黄明还分别会见了来访的国际劳工组织总干事、多米尼加总统府部部长、经济部长和新加坡内政部长兼律政部长等来宾。

付建华、孙华山、郑国光、黄玉治、许尔锋、尚勇 6 位部领导分别访问瑞士、克罗地亚、希腊、土耳其、印度、尼泊尔、孟加拉国、德国、乌克兰、蒙古国、阿根廷、巴西、西班牙、韩国 14 国，出席 2019 年全球减灾平台大会、上海合作组织救灾部门领导人会议、第二届联合国南南合作高级别会议和中日韩灾害管理部长级会议等重要会议；会见来访的联合国秘书长减灾事务特别代表等 10 余位外宾，积极宣介应急管理部和我国应急管理领域取得的成就和经验，发出中国声音、讲好中国故事、贡献中国智慧，有力促进了应急管理领域对外交流与合作，提高了我国在国际应急管理领域的影响力和话语权。

二、推动建立“一带一路”自然灾害防治和应急管理国际合作机制

将“一带一路”自然灾害防治和应急管理国际合作机制建设作为贯彻落实习近平外交思想和灾害防治国际合作重要指示的重大举措，科学进行顶层设计，精心制定工作方案。推动打造“一个平台、五个机制”，即“一带一路”自然灾害防治和应急管理国际合作部长论坛平台，应急管理政策和信息交流机制，防灾减灾监测预警信息共享机制，国际救援合作机制，沿线国家工业园区安全生产示范协作机制，灾害防治和应急管理培训交流机制。筹备“一带一路”自然灾害防治和应急管理国际合作部长论坛。国际社会积极响应，联合国有关机构、部分国际组织和国家通过不同方式表示支持和参与，有力促进了“一带一路”沿线国家在防灾减灾救灾、安全生产和应急管理领域的交流与合作，有效拓展了应急管理国际合作舞台。

三、务实推进多双边交流与合作

与联合国减轻灾害风险事务办公室、联合国人道主义事务协调办公室、国际劳工组织、亚太经济合作组织和上海合作组织等 30 余个国际和区域组织及俄罗斯、美国、日本、欧盟等 50 多个国家的应急管理部门建立合作关系，全方位、宽领

域、多层次国际合作网络初步建成。

一是夯实合作基础。分别与国际劳工组织、世界粮食计划署、国际移民组织和法国、瑞士、韩国、土耳其、尼泊尔、吉尔吉斯斯坦等国际组织和国家签署合作谅解备忘录，对外交流合作机制不断完善。

二是巩固多边合作。成功当选亚太经济合作组织备灾工作组联合主席，深入参与联合国减轻灾害风险事务办公室、联合国人道主义事务协调办公室、国际劳工组织、上海合作组织、亚太经济合作组织、东盟（10+3）、东盟地区论坛框架下安全生产、防灾减灾、应急救援等国际合作，召开 G20 安全监察执法工作研讨会和上海合作组织成员国搜救犬研讨会，举办联合国利用天基技术进行灾害风险管理国际会议。成功举办首届“火焰蓝”国际消防救援技术交流竞赛活动。

三是深化双边交流。开展中美、中欧安全生产对话，加强与俄罗斯、法国应急管理合作，召开中韩灾害管理合作会议。

四是加强调研培训。积极开展国外应急管理体制机制和经验做法基础研究，及时整理反映国外重大灾害事故信息，为提升应急管理能力提供信息支持和决策参考。组织开展出国培训，共派出培训团组 14 批、275 人次，学习借鉴相关国家有益经验，大力提升应急管理干部队伍素质。

四、稳步推进跨国（境）救援能力建设，积极参与国际应急救援

一是成功实施应急管理部成立来首次国际救援行动。经党中央、国务院批准，2019 年 3 月 24 日至 4 月 4 日，中国救援队赴莫桑比克灾区开展国际人道主义救援行动，赢得了莫桑比克政府和人民的高度称赞，得到了国际社会的积极评价，有力促进了中非传统友谊，有效提升了中国国际影响力，以实际行动践行构建人类命运共同体理念，展现大国担当和责任。

二是中国救援队和中国国际救援队于 2019 年 10 月 23 日高标准通过联合国国际重型救援队测评和复测（图 6－4－1），

图 6－4－1　2019 年 10 月 23 日，中国救援队和中国国际救援队顺利通过联合国国际重型救援队测评和复测

我国成为亚洲第一个拥有两支通过联合国测评的国际重型救援队的国家，国际救援能力进一步提升。

三是不断提升跨国（境）救援能力。组织开展跨国（境）救援力量调研，编制印发《应急管理部跨国（境）应急救援工作方案》和《应急管理部跨国（境）应急救援工作手册》灾种分册。加强与外交部、国际发展合作署等沟通协调，为执行跨国（境）救援任务做好机制保障。组织举办外交政策与国际救援规则、跨国（境）救援医疗、灾害医学培训班。

四是参加联合国国际搜索和救援咨询团 2019 年指导委员会会议、亚太地区年会和亚太地区地震模拟演练、上海合作组织城市地震联合搜救演练等活动，交流分享国际救援经验做法。

第五章 新 闻 宣 传

2019年，在《人民日报》、新华社、中央人民广播电台和中央电视台4家中央主要媒体刊播相关报道1900余条（篇）。其中，中央电视台播出800余条，《新闻联播》46条，《焦点访谈》《新闻调查》栏目播出专题节目12期；《人民日报》刊发稿件164篇；新华社播发近500篇；中央人民广播电台播出500余条。

一、深入宣传阐释习近平新时代中国特色社会主义思想和习近平总书记关于应急管理的重要论述

在学习宣传习近平新时代中国特色社会主义思想上持续着力，组织部属媒体开设专题专栏，及时转发习近平总书记重要会议活动报道。将习近平总书记关于应急管理重要论述自觉融汇于宣传教育、研究阐释、应急报道、舆论引导等应急管理新闻宣传工作全过程，坚持用党的创新理论武装全系统干部职工头脑。精心策划应急管理系统关于十九届四中全会、中央政治局第十九次集体学习、党和国家机构改革总结会议、中央和国家机关党的建设工作会议等重要会议精神的反响报道，协调各媒体在重要版面时段刊播。召开全国应急管理新闻宣传工作会议、全国应急管理新闻宣传工作座谈会，贯彻落实《中国共产党宣传工作条例》，印发《2019年应急管理新闻宣传工作要点》等文件，进一步加强系统主管报刊、出版社、网站、新媒体、学校、研究机构等思想舆论阵地的管理，确保正确的政治方向、舆论导向和价值取向。

二、大力宣传重要会议活动和工作部署

结合“不忘初心、牢记使命”主题教育活动和应急管理部重点工作，主动对接中央主要媒体，提供丰富素材，协调媒体持续关注报道，展示应急管理系统广大干部职工践行初心、勇担使命的时代风采以及边学习、边值守、边应急的良好形象。组织做好部主题教育宣传报道，积极推动中央主要媒体将部主题教育纳入报道计划，中央电视台《新闻联播》将应急管理部作为各部委主题教育开展情况首篇报道予以重点展示，山东煤矿安全监察局张在贵同志被中央主题教育领导小组确定为第二批主题教育先进典型进行宣传。及时充分报道部各项重要会议活动，准确传递决策部署，深入宣传贯彻全国应急管理工作会议精神，围绕重大会议、活动和部领导重要讲话指示精神，组织协调系统上下和各类宣传平台同向发力、同频共振。做好2018年度省级政府安全生产和消防工作考核巡查宣传报道，各媒体共播发相关报道1800余条，其中，中央电视台《新闻联播》《东方时空》等重点新闻栏目播出报道30余条次，策划推出一期《焦点访谈》和3集《平安365》专题节目，做好全国安全生产集中整治和国务院督导江苏安全生产专项整治报道，中央电视台《新闻联播》《晚间新闻》等栏目多次播出报道。协调中央电视台在《社会与

法》频道开设应急管理周播《应急时刻》栏目，就防御台风“利奇马”、中国救援队莫桑比克国际救援、国家综合性消防救援队伍组建一周年等主题，制作播出 11 期专题节目。

三、做好主题宣传和重要节点宣传报道

精心做好习近平总书记向国家综合性消防救援队伍授旗致训词一周年宣传报道，组织 20 多家中央主要媒体和重点新闻网站深入基层队伍开展集中采访，《人民日报》头版刊发长篇综述、政治版头条推出部党组署名文章《铭记授旗训词　不负党和人民　努力建设全面过硬的国家综合性消防救援队伍》（见二维码）；中央电视台《新闻联播》播出 3 分钟深度报道，《焦点访谈》播出专题节目，纪录片频道 11 月 9 日起连续播出应急管理部联合中央新闻纪录电影制片厂摄制的 5 集系列纪录片《追梦火焰蓝》；《社会与法》频道在 11 月 9 日晚间黄金时段首播《中国骄傲》特别节目，综合频道重播。《经济日报》推出专版，《光明日报》《中国青年报》头版刊发自采长篇综述。协调中宣部将内蒙古自治区森林消防总队大兴安岭支队奇乾中队和国家地球观象台纳入“壮丽 70 年·奋斗新时代”大型主题采访活动重点选题，其中，中央电视台《新闻联播》播出奇乾中队近 4 分钟深度报道，《人民日报》、新华社刊播多篇长篇通讯，生动反映了森林消防队伍的使命担当和战斗风貌，极大激发了广大消防救援指战员践行习近平总书记授旗训词精神的责任感使命感，在全社会引发热烈反响。组织做好庆祝新中国成立 70 周年大型成就展应急管理内容筹备工作，共有全国人民支援唐山大地震灾后重建、大兴安岭扑火救灾、抗击严重低温雨雪冰冻灾害、汶川特大地震抗震救灾和灾后恢复重建、组建国家综合性消防救援队伍 5 个条目板块、35 张图片、2 条视频、4 件实物入展。协调中央主要媒体对应急管理系统参加新中国成立 70 周年观礼的 14 名英模代表进行采访报道，中央人民广播电台录制 5 位英模人物片花，在国庆重点时段滚动播出。定期召开媒体策划会，统筹兼顾做好日常、突发事件和重要时间节点新闻宣传报道。细化落实与中央广播电视总台和新华社签署的《战略合作备忘录》（图 6-5-1），稳步推进与《人民日报》的战略合作，强化应急新闻舆论工作，不断提升传播力、影响力。

四、做好突发事件应急报道

制定突发事件应急报道工作预案，时刻做好“应大急、救大灾、打大仗”的准备，遇突发事件能够迅速进入应急状态，有力有序开展相关工作。坚持“一个窗口”发布信息原则，重点组织做好江苏响水特别重大爆炸事故、四川木里森林火灾、山西乡宁山体滑坡、四川长宁地震、贵州水城山体滑坡、台风“利奇马”等突发事件应急报道和中国救援队赴莫桑比克国际救援报道。四川木里森林火灾发生后，协调中宣部、中央网信办和新闻媒体做好新闻报道，中央电视台对西昌主会场和部机关分会场悼念活动进行连线直播，中央电视台《新闻联播》播出时长 1 分 44 秒悼念活动报道，新华社播发习近平总书记敬献花圈的新闻通稿，《人民日报》等中央各报头版头条刊发。精心做好防御超强台风“利奇马”宣传报道，7 天编发 25 篇新闻稿件，协调中央电视台在部指挥中心 5 次进行直播连线，《新闻

图 6-5-1 2019 年 4 月 18 日，应急管理部与新华社举行战略合作备忘录签署仪式和中国应急信息网上线仪式

联播》连续播出 9 次，播出字幕近 30 条；协调新华社连续播发通稿、《人民日报》连续 5 天在要闻版头条刊发报道，及时深入宣传国家防总、应急管理部重要工作部署。

五、做好应急管理系统先进典型宣传

会同中宣部共同举办“最美应急管理工作者”宣传发布活动，集中宣传推介蔡瑞、侯正超、张之奎、肖文儒、张在贵、王念法和上海消防救援车站中队等 11 个先进典型，中央电视台综合频道、《社会与法》频道分别播出（见二维码），新华社、《人民日报》《光明日报》等主流媒体分别刊发先进事迹通讯稿，中央人民广播电台《新闻和报纸摘要》、中央电视台《新闻直播间》《新闻 30 分》等播发消息（图 6-5-2）。推荐四川森林消防凉山支队西昌大队入选中央电视台“感动中国”年度人物，颁奖典礼在中央电视台综合频道黄金时段播出。录制《中国骄傲》专题节目，中央电视台综合频道、《社会与法》频道分别播出。在国务院新闻办公室举行应急管理系统先进典型代表中外记者见面会，重点宣传蔡瑞、侯正超等 5 人的先进事迹，《人民日报》《光明日报》《经济日报》《科技日报》《工人日报》等主要媒体和腾讯新闻、搜狐视频、红星新闻等商业媒体进行了广泛报道。在全系统遴选 70 名先进典型，通过各种形式、各类媒体平台分批推出、持续宣传。联合人民网开设《新时代应急先锋》专题，协调央视网在《中国梦实践者》开设《应急先锋》专栏，对先进典型事迹进行集中宣传，新华网、中国文明网、“学习强国”“今日头条”、腾讯等平台均在首页大图以“图文+视频”方式进行推送。在部属媒体开设《先进典型风采录》专栏，充分展现了新时代应急管理系统广大干部职工和救援队伍的风采形象。

图6-5-2　2019年11月4日，最美应急管理工作者发布仪式

六、深入开展全国“安全生产月”活动

2019年全国“安全生产月”活动以危险化学品安全为重点，以“防风险、除隐患、遏事故”为主题，采取网络视频会的形式启动，人民网同步直播，各地、各部门给予广泛好评。创新开展“公众开放日”活动，全国共有上万家企业举办安全生产公众开放日共1.5万余场，近400万人次参加。全国“安全生产月”官网点击量达6.8亿余人次，“安全生产月”官方微信公众号关注人数达590余万。中央电视台累计播出安全类新闻35条，《新闻联播》3次进行报道；新华社播发综述文章报道“安全生产月”活动开展情况；协调《人民日报》在重要版面策划推出《安全生产怎么抓》5篇系列报道；在国务院新闻办公室新闻发布会上专题介绍“安全生产月”活动有关情况。中央主要媒体累计报道450余篇，取得良好宣传效果。

七、建立完善应急管理新闻发布机制

建立新闻发布制度，全年共举行16场发布会，其中在国务院新闻办公室举行10场（图6-5-3），部内和重要活动现场举行6场，部级领导出席9人次，司局级负责人出席38人次，中国网、中国应急信息网全程图文、视频直播。建立发布会协调准备机制，新浪微博开辟“应急管理部新闻发布会”话题，累计阅读人次达到2000万。提前制作图说图解11幅、新闻通稿39篇、短视频22条，实现发布要点全落地、各类媒体平台全覆盖。指导应急管理系统加强新闻发言人队伍建设，全国有27个省级应急管理厅（局）设立新闻发言人。

八、大力开展应急科普宣传

以“科技强国、科普惠民”为主题，组织开展应急管理部首次全国应急科技周活动。做好突发事件应急科普，采取专家访谈、互动答疑等方式，及时权威回应社

图 6-5-3 2019 年 1 月 22 日，国务院新闻办公室就应急管理部组建以来改革和运行情况举办发布会

会关切。在全国范围开展应急管理科普作品征集评选活动，共征集优秀作品 1100 余件，建立应急科普资料库。依托中国应急信息网科普栏目、新华网应急知识科普馆和相关媒体建立应急科普传播矩阵，制作发布系列科普短视频，全年累计制作首发科普信息 1000 余条。协调中央电视台、新华网等中央主要媒体共同策划打造应急科普品牌，围绕消防、地震、燃气安全、森林防火、有限空间作业安全等，在中央电视台《原来如此》推出 5 期专题节目。策划的微博科普话题“木里火灾确认为雷击火”，讨论量达 1.7 万条，阅读量达 3.8 亿次。“抖音”科普话题“抖除隐患抖出安全”，参与视频量达 8000 条，播放量高达 10.8 亿次。与全国总工会、共青团中央等部门联合开展全国“安康杯”竞赛和“青年安全生产示范岗”活动。

九、做大做强应急管理网上宣传

创建中国应急信息网，作为国内权威的综合性防灾减灾救灾信息发布平台、社会动员平台、专业服务平台和互动引导平台。中国应急信息网于 4 月 18 日正式上线后，共制作发布 35 个专题，刊播稿件 1.6 万余篇，取得良好社会宣传效果，被评为 2019 年度中国最具影响力党务政务网站。做好部政府网站改版升级，全年共制作发布专题 11 个，发布信息 6300 余条。做好部官方微信、微博运维管理，全年共发稿 4511 条，微信“10 万+”稿件 24 篇，微博“百万+”稿件 50 余篇；部官方微博粉丝突破百万，获得“微博十年特别贡献・力量”荣誉；应急管理部澎湃号获得澎湃政务号 2019 年度“最佳政务传播奖”。联合中央网信办开展“追梦火焰蓝”大型网络主题采访活动，30 余家网络媒体深入 21 个消防救援和森林消防总队基层一线采访报道，全网推出专题专栏 100 余个，刊发、转载相关报道 2.3 万余篇；策划推出《我来》《我是中国火焰蓝》等重磅微视频，在全网首页置顶推送，形成“现象级”刷屏效应。木里森林火灾后，在微博开设“逆火英雄”互动话题，话题阅读量超过 8.6 亿次。围绕习近平总书记向国家综合性消防救援队授旗致训词一周年，发起“火焰蓝一周年”互动话题，微博话题阅读总量达 40.7 亿次，“抖音”视频播放量达 7 亿次，“快手”短视频播放量达 21.8 亿次。与新华社、中央广播电视总台、人民日报社等单位所属新媒体以及新浪微博、“今日头条”等新媒体平台开展合作和互动，实现重要信息的重点推送和多点传播，及时解疑释惑，有效引导正向舆论。

第六章 支 撑 保 障

森林防火预警监测信息中心

2019年，森林防火预警监测信息中心加强火险预警和火情监测工作，积极开展火险形势会商。坚持每日、每周、每月与气象部门进行会商，高火险时段以及新中国成立70周年大庆等敏感时段组织专家进行会商，通过国家森林草原防灭火信息指挥系统等国家级信息发布平台，多手段、多渠道及时发布火险信息。认真开展卫星林火监测。严格执行24小时值班制度，不间断接收处理卫星监测图像，制作发布监测成果，发现热点及时通知各省级防火部门核查反馈。2019年接收过境卫星数据1.7万余轨，提交监测图像1.3万余幅，报告热点3322个，反馈为各类林内草原用火1773起（其中林火307起，草原火13起），热点核查反馈率为99.94%（其中2小时反馈率为94.1%）。同时，优化舆情监测系统，全年制作并提交全国森林防火舆情监测报告28期，通过舆情监控发现森林火灾19起。

加强应急值守和火情处置工作。全年严格执行领导24小时带班、“有火必报”和热点核查“零报告”制度，根据机构改革后的新情况，及时调整值班模式和值班工作流程，优化火灾应急处置过程，制定值班职责、值班制度和值班手册，强化应急处置水平，提升快速反应能力。全年紧密跟踪卫星监测热点3200余个，接报森林草原火灾800余起，参与处置了山西沁源“3·29”、四川木里“3·30”、四川冕宁“4·7”、内蒙古陈巴尔虎旗“4·17”、内蒙古大兴安岭金河“6·19”、广东佛山“12·5”等多起领导关心、社会关切、舆论关注的重特大森林草原火灾。

加强灾后评估和火灾统计工作。组织对四川九龙、山西沁源、四川木里等10起重特大森林火灾进行初步评估。高质量完成森林草原火灾统计分析工作，升级全国森林火灾统计系统，多次对各类、各阶段的森林草原火灾数据进行比对分析，与以往相比，火灾统计的次数、分析的深度都有所加强。

加强支撑体系和保障能力建设。积极推进森林草原防灭火信息化建设工作，迅速组织搭建了覆盖全国，集森林火险预警、卫星林火监测、森林防火地理信息系统、信息网络系统、应急处置移动系统等为一体的信息共享平台。提出建设“森林草原防灭火综合指挥平台（一期工程）项目”方案，并在短时间内完成项目可行性研究报告（代初步设计）的编制工作。

北方航空护林总站

2019年，北方航空护林总站精心组织，完成各项航空应急救援任务。组织签订租用航空应急救援飞机协议，落实航空护林飞机，完成各项航空应急救援任务。2019年，共租用飞机164架次，累计飞行 6550 小时 10 分，空中发现火场 51 个，参与扑救火场 73 个。

强化管理，确保航空应急救援飞行安全。在航管、气象、油料、机场保卫、适航状态等方面严格按规定和程序管理，确保安全。全年共处理报文 28920 份，保证安全飞行 4158 架次。

充分准备，出色完成森林火灾航空扑救任务。充分发挥火场侦察、信息传输、调度指挥等方面优势，圆满完成沈阳棋盘山“4·17”、内蒙古金河秀山林场“6·19”等多起森林火灾的航空应急救援任务。

恪尽职守，充分发挥卫星林火监测的“天眼”作用。全年共发布卫星林火监测卫星图像 2634 幅，发现热点 465 个，为实现“打早、打小、打了”奠定了坚实基础。

强化管理，全力做好物资储备和调拨工作。全年入库 9 类防火物资 5168 件，出库防火物资 4560 件，保证了防灭火物资应急所需。

积极探索，向多灾种航空应急救援转变。派出工作组，组织 3 架直升机赴湖北武汉执行长江流域抗洪抢险备勤任务。在备勤期间，完成吊挂装备、精准抛投等 10 个科目的训练，执行了山东寿光台风“利奇马”抢险救援、湖北咸宁通山县洪港镇贾家源村森林火灾扑救任务，以及湖北恩施、十堰两次人员搜救紧急待命任务，开拓了多灾种航空应急救援的新局面。

勇于实践，提高全时段航空应急救援能力。为解决林航飞机夜不能航的问题，在多地开展夜航飞行训练，取得了较好效果。东北地区主要航站均可进行全天候航空应急救援任务。

狠抓落实，积极做好项目立项和建设工作。东北内蒙古重点林区森林防火应急装备建设项目建设完成，北方航空护林飞行灭火信息管理系统设备购置项目建设完成，物资储备库建设项目和航空调度指挥中心建设项目初设完成，北方航空应急救援综合通信指挥车建设项目可研完成，总站综合航空救援能力得到提升。

南方航空护林总站

2019 年，南方航空护林总站超前谋划，靠前驻防，主动应对南方林区，尤其是西南林区严峻的森林防火形势，完成各项森林航空消防工作。

南方 12 个省（自治区、直辖市）的 16 个航站 30 个基地共租用飞机 89 架（次）开展森林航空消防作业，其中直升机 87 架、固定翼 2 架，累计安全飞行 3212 架次 6361 小时 13 分；发现、警示、处置火情 253 起，对其中 153 起火灾实施了吊桶洒水扑救，吊桶洒水灭火飞行 690 架次 1529 小时 36 分，洒水 6047 桶，约 19422 吨。春航期间，总站调集机群重点处置云南、四川、广东等地多起森林火灾，跨省、跨战区调动飞机 18 架次，跨驻防地调动飞机 74 架次；夏航期间，调派山东省航空护林站 M-26 直升机抗击台风“利奇马”，转场潍坊寿光执行吊运物料封堵河流决口任务；秋冬航期间，调派 1 架 M-26 直升机从广西前往四川凉山，执行吊运大型机械设备任务，助力打通大凉山最后一条通村公路。

西南卫星林火监测分中心新增新疆、甘肃、宁夏、陕西、青海 5 省区监测工作，监测范围从 11 省区增加到 16 省区，全年监测发现 2 像素以上卫星热点 1776 个，反馈为林火和草原火的 190 起。南方森林防火协调中心累计派出工作组 9 批次 28 人次，参与 9 起重大森林火灾支援扑救任务。西南森林防火物资储备中心及时完成物资采购、调拨工作。

已开航的浙江、福建、广东、河南、湖南、江西、山东、湖北、重庆9个省级航空护林机构已有7个完成转隶，其中福建省明确不转隶，湖北省职能转隶但机构编制未划转。

编制上报“南方航空护林总站森林防火协调指挥中心设施设备更新改造”和“南方森林航空消防火场侦查及移动通信指挥系统”项目获得批复。5月，民航西南管理局向江川直升机场、丽江白沙直升机场、保山长岭岗直升机场、盐源直升机场颁发“通用机场使用许可证”。

中国地震应急搜救中心

2019年，中国地震应急搜救中心时刻保持应急状态，迅速有序应对灾害事件。快速响应53次国内地震和45次国外强震以及巴黎圣母院火灾等国际重大灾害事故，开展灾害快速评估与对策分析、现场灾情搜集，全年上报部指挥中心和相关司局灾情简报140期，为地震拉动演练提供大震快速评估结果和决策建议。积极发挥在国际救援领域的优势，承担救援行动规划、信息保障、装备集成、海关通关、行动基地建设、现场通信、后勤服务等各项支撑保障工作。派出救援、通信与装备后勤专家参与救援，完成莫桑比克国际救援支撑保障任务。及时修订中心工作预案和工作手册，细化人员、装备出队方案，组织开展地震桌面推演和拉动演练，做好应对大震大灾的准备。组织开展高海拔地区救援人员、通信和救援装备的野外适应性测试，强化极端条件下的支撑保障能力。

全力以赴保障国家综合性消防救援队伍建设。为中国救援队和中国国际救援队参加联合国国际重型救援队测评提供核心支撑保障，圆满完成测评和复测任务。推进技术装备革新升级，加强技术装备的先进性与标准化、规范化建设，及时跟踪、引进KA波段海事卫星通信、淋浴洗消系统等先进装备。研发先进的队伍行动信息管理系统、救援现场智能废墟安全监控系统。

积极拓展地质灾害与综合风险防控新业务。积极承接部地质灾害应急处置和综合风险防控工作，组织开展地质灾害风险调查、现场监测装备测试和演练等工作。承担风险调查重点工程减灾资源与能力调查组工作，牵头完成救援队伍和政府应急能力调查技术规范初稿编制。积极推进改革措施落地。组建跨国（境）救援队伍外事保障、地质灾害技术支撑工作团队。积极拓展地质灾害与山岳、水域救援训练业务。

积极推进科技创新和标准化工作。承担和申报多项国家重点研发计划项目、课题，承担部司局3项科研任务，完成两项自然科学基金、两项地震星火计划和一项成果转化试点项目。协助开展装备现代化工程调研和多项通讯保障规范的编制。组织开展两项国家标准、一项行业标准的编制工作。

服务地方和社会应急救援能力建设。为部国家区域应急救援中心建设可行性方案编制和四川、甘肃等区域应急救援中心建设提供专家与技术支持。指导地方应急管理厅（局）开展地震应急演练、进行队伍培训训练。指导地方开展地震灾害预评估、风险评价、应急准备能力建设等工作。全年培训社会救援力量骨干9期465人次。积极支持和参与部首届全国社会应急力量技能竞赛、社会力量分级测评。

国家减灾中心

2019 年，国家减灾中心全力支撑重大自然灾害应对工作。应对第 9 号超强台风“利奇马”、6 月上中旬江南华南地区洪涝、贵州水城“7・23”特大山体滑坡等 20 余次重大自然灾害事件，加强应急值守，开展灾情获取分析、灾害损失评估、灾害遥感监测等业务支撑工作，提供各类信息分析和决策支持产品近百份，派骨干力量参加 13 个部应急响应工作组，赴吉林、江西、广西等地了解灾区现场情况，开展技术服务，为部防灾减灾救灾业务提供支撑保障。

大力提升综合风险监测能力。完善“天—空—地”一体化综合风险监测预警体系，提高风险预警和应急响应水平。一是提供监测产品服务。共制作灾害风险综合监测产品 250 期、地震第一张图产品 20 期，制作灾害监测产品图件 790 期，最快响应时间 3 小时。二是推进减灾卫星建设工作。持续跟踪 16 米光学业务卫星、5 米 S-SAR 卫星研制工作，紧密跟踪 19 颗卫星的研制和应用工作。三是提升航空遥感能力。加强重大灾害无人机应急监测合作机制建设，启动重大灾害无人机应急响应工作 5 次，制作无人机遥感监测图件 10 余幅。四是强化灾害评估。共开展 55 次重特大灾害预警与损失快速评估、倒损房屋重建需求评估，编制《重特大自然灾害调查评估办法》，完成 2019 年度全国及各省灾害风险评估报告、2019—2020 年度全国自然灾害冬春救助需求评估报告，并配合完成江西南昌新建区“9・22”森林火灾调查评估工作。

推动持续提升灾情管理业务能力。共编发《昨日灾情》365 期、《灾情手机报》160 余期。升级全国报灾系统，实现对 76 万名灾害信息员的动态管理，共接收灾情信息 8.1 万条，审核处理灾情快报近 9000 份。做好灾情会商工作，召开灾情会商会 10 次，编写《会商简报》12 期，配合修订《自然灾害情况统计制度》。推进灾情大数据应用，建立共建共享、互联互通的数据产品体系，服务于全球灾害数据库以及综合监测预警信息化系统，编制 2019 年中国自然灾害报告。

完善信息支撑条件。通过统筹各类项目资金，实施系统硬件、终端硬件、基础环境软硬件更新换代。中心业务专线增至 11 条，调整信息点 87 个，完成应急管理指挥网设备安装、部署、调试及骨干网 IPV6 视频专线搭建工作。规范中心机房存储设备维保服务工作，确保中心 20 余个业务系统（模块）、内外网 8 套存储设备 400TB 在线及 300TB 近线数据稳定运转。

国际交流合作中心

2019 年，国际交流合作中心开展国外信息研究工作。完成“‘一带一路’安全生产国际合作研究报告”“国外安全生产经验报告”等 4 个国外信息研究课题。编译国外主要国家应急管理、安全生产法律法规等资料，为应急管理外事工作提供了智力支撑。

开展国际交流合作项目。组织实施中小企业可持续发展项目（SCORE）在北京市房山区 15 家企业的试点工作，积极推进 SCORE 的本地融合。组织实施中欧高危行业职业安全项目化工过程安全管理（PSM）试点成果推广活动。实施中日煤矿安全技术培训项目，邀请国外知名专家来华培训，分别在贵阳和昆明开展 5 期煤矿安全管理培训班，培训985人次。

为应急管理体制机制改革做好支撑服务。与中国机构编制研究会共同举办“国家治理体系和应急管理治理体系”研讨会，围绕政府职责体系构建、应急管理体系构建、基层应急能力提升和高危行业安全监管体制等议题进行交流讨论，取得积极成效。

承担出国（境）培训工作。完成14个出国（境）培训团组，就安全生产、防灾减灾、应急管理赴国外学习调研，编印《2018年安全生产出国培训报告汇编》。

承担全国个体防护装备标准化技术委员会秘书处工作。承办2019国际标准化组织个体防护技术委员会（ISO/TC94）全体成员国年会和防护服装分会（ISO/TC94/SC13）、呼吸防护分会（ISO/TC94/SC15）年会工作。

举办多边双边国际交流活动。主办首届中国国际城市安全发展研讨会、第四届中国国际化工过程安全研讨会，承办第七届中美安全生产对话、G20职业安全健康工作组会议和安全生产执法工具研讨会、第二届中韩灾害管理合作会议、中法森林消防作战指挥培训班等多个国际会议。

建立在华外资企业安全专家工作组。牵头成立在华外资企业安全专家工作组，首批工作组成员单位由3M、通用电气、巴斯夫等35家在华外资企业组成。

宣传教育中心

2019年，宣传教育中心强化公益宣传服务支撑，传播应急管理正能量。在中央电视台科教频道《应急攻略》栏目推出5期专题节目，“今日头条”、网易、腾讯等多平台同步刊播。承办由应急管理部、司法部、全国普法办联合主办的全国普法知识竞赛活动，参与线上答题人次超过1.19亿。参与撰写的《应急管理部全国应急管理普法知识竞赛活动的探索与实践》入选中国普法办十大“2019年全国普法依法治理创新案例”。完成新中国成立70周年成就展应急管理部参展内容设计。

强化应急科普服务支撑，阐释应急管理知识。精心做好中国应急信息网“科普馆”内容建设。围绕有限空间作业安全、燃气安全、煤改气安全、雨雪冰冻灾害预防、烟花爆竹生产燃放等重点内容制作百余种科普产品，向全国53个危险化学品生产重点县及企业免费发放安全知识宣传画、挂图，设计制作国家综合性消防救援专用车辆宣传画和高速贴，在高速公路收费站等公共场所广泛张贴宣传。在宣教中心新媒体平台持续推送科普宣传作品，承办应急管理科普作品征集评选工作和应急科技周活动，开发完成5部防灾减灾科普动画。

强化宣教活动服务支撑，营造共治共享的良好氛围。创新开展2019年“安全生产月”“安全生产万里行”活动，成立“安全生产月”活动工作小组，将“安全生产月”纳入国新办新闻发布会重点内容。举办全国“安全生产月”活动启动仪式，采用网络直播和视频连线方式展示“安全生产大讲堂”“公众开放日”等活动现场。766多万人次参与全国“安全生产月”官网知识竞赛活动，“抖音”创作话题“抖除隐患抖出安全”播放量超过10亿次。制作推出“安全生产月”公益广告，在中央电视台、网络平台、高铁车厢电子屏和候车厅滚动播出；设计推出“安全生产月”主题宣传画和公益宣传画。

强化安全文化服务支撑，提升软实力。提升安全文化研究能力，做好应急管理特色文化研究，完成近9万字的研究报告，积极开展“十四五”应急文化建设及趋势研究。积极推进《体验式安全宣传教育基地通用要求》国家标准立项工作。

培训中心

2019年，培训中心围绕应急管理，积极组织培训。参加研究制定“全国应急管理干部大培训总体方案”，具体组织开展应急管理干部培训、安全生产师资培训等各类培训班共54期5594人。围绕应急管理主业，开展防汛抗旱应急管理、安全生产监管人员执法资格、部机关新任职公务员、直属机关党务干部、事业单位养老保险工资管理等培训课程设计与组织管理工作，培训组织管理能力和服务水平显著提升。

开展网络培训。建成应急管理干部网络学院，开发网络课程120门。承办“深入学习贯彻习近平新时代中国特色社会主义思想和应急管理知识”“应急管理与安全生产风险防范”等6期网上专题培训班。开展安全监管执法人员执法资格和执法证到期换证网络培训班，共培训5421人次。为10386名应急管理干部建立“一人一账号”，实现省级以上全覆盖。

完善考试管理。编修《特种作业目录》《特种作业人员实操考试手册》，强化特种作业实操考试管理，颁发考评员合格证书276张。实施安监煤监干部、涉煤央企考试共7批325人次。核发“三项岗位人员”新版证书135万张，21万人通过“国家安全生产考试”微信公众号申领电子证书。全国统一查询平台汇集有效证书数据2174万条，为政府和社会提供查询4810万次，有效解决了证书查验和跨域复审难题。

加强教研，编修教材。完成《高危央企主要负责人安全考核要点和题库》《陆上石油天然气企业安全考核题库》《金属非金属矿山安全考核题库》等编修任务，并增删替换27710道考题。完成《全国应急管理典型案例汇编》《应急管理干部培训教材》《安全生产执法资格培训大纲和考核标准》等10余部教材编修审校工作。

注重人才建设。参与起草《关于高危行业领域安全技能提升行动计划的实施意见》，撰写《应急管理领域专业人才资源现状及需求调研报告》。组织开展应急管理系统文化名家暨“四个一批”人才、国家“万人计划”哲学社会科学领军人才、“创新人才”推进计划等遴选工作，协助机关进行公务员、事业单位职员及工资统计，为应急管理人才战略和队伍建设提供了决策支持。

研究中心

2019年，研究中心围绕防范化解重大安全风险，为应急管理部、国家煤矿安监局提供重要支撑。开展课题研究共计144项，其中涉及应急管理与安全生产的80项，直接承担应急管理部项目22项。落实应急管理部重点工作部署，完成“化工（园区）和煤矿安全对比分析及对策建议”“高质量发展与应急管理关联作用研究”等，参与国务院安全生产专项整治督导。围绕防范化解重大安全风险，配合做好应急管理部政务服务和“互联网+监管”，参与安全生产委员会办公室对重庆、广州开展的建筑业安全督查检查工作。为煤矿安全监察提供重要支撑，开展“煤矿安全生产‘十四五’规划”前期研究，总结20年来我国煤矿安全生产工作成效，承担47处煤矿一级安全生产标准化现场考核，先后赴山西等省区入井检查556人次，排查各类问题和隐患6382条。加大政策法规研究力度，参与《煤矿安全条例》等十余项法规标准的制修订。承担“煤炭行业基础信息数据采集分析管理系统”和“研究中心区域（城市）安全风险综合管理系统”中央投资建设项目，打造支撑中心基础科研能力的重要平台。

服务地方政府，推动中央精神和部党委决策部署落地生根。全年为省级及以下地方应急管理部门开展相关研究39项，中心业务与应急管理部中心工作结合更加紧密。稳步推进创建安全发展示范城市，开展了湘潭、沈阳等安全发展城市创建工作，完成了北京石景山区、天津东疆保税港区等区域安全风险评估项目；帮助地方加强应急管理能力建设，开展了《六盘水市应急管理“十四五”规划》以及海口市应急预案修编等；协助海南省委、省政府出台《提高海南省自然灾害防治能力若干措施》；承担“十三五”重点专项“冬奥会公共安全综合风险评估技术研究”等。

开展高质量研究，助推煤炭行业改革发展。受国家能源局委托，承担了“煤炭工业发展‘十四五’规划”等10项重点课题研究；完成国家能源局委托的煤矿建设项目评估26项；与多家非煤企业合作，推动保险与安全生产工作有机结合。

通信信息中心

2019年，通信信息中心健全应急响应机制，快速提高指挥调度运行保障水平。严格落实网络运维24小时值班制度，组建音视频调度保障工作组，建立省级视频调度报备和追踪机制，确保在突发事件发生时技术人员及时到位。

完善运维保障标准规范。建立运维管理流程，规范日常巡检机制，制定节假日、重要活动期间网络安全保障方案，组织开展应急演练，及时发现并处置问题。

开展信息网络系统风险隐患排查和集中整治。组织对部信息化机房各系统存在的单点故障进行辨识、评估和分级，形成故障评估报告，提出整改措施。全年共处置64起部机关网络安全事件，未发生重大安全事件，在全系统发布网络安全预警通报10次。

全面完成应急管理科技信息化大会战、攻坚战有关任务。抽调业务骨干投入到部“两网”贯通等各攻坚战中，完成部指挥中心与全国3656个点的视频直通、全国3300多条线路的联通，实现指挥信息网和电子政务外网部、省、市、县100%贯通。

全力做好大震大灾应急通信保障攻坚工作。研究破解极端条件下应急通信保障难题，完成应对重点地区7级以上地震应急通信保障工作方案，形成极端条件应急保底通信能力。

深度参与应急管理信息化发展战略规划标准体系建设。按照统一的信息化总体框架和技术路线，组织力量支持部有关司局开展信息化发展战略规划、技术方案、标准规范编制工作；帮助地方应急管理部门编制信息化规划设计，确保上下统一。

持续提升部政府网站运维和网络舆情监测分析能力。组织完成部政府网站、国家煤矿安监局政府网站改版，建设了社会救援服务系统、网民留言系统。全年共采集入库舆情数据5亿条，分析数据9000余万条，制作舆情报告474份，上报舆情负面信息线索100余条，协助处置舆情事件10余起。

加快推进中心承担的部信息化项目建设组织实施工作。积极配合部有关司局做好16个部信息化项目的可研、初设、实施方案编制、技术审查、质量和进度控制等工作。

紧急救援促进中心

2019年，紧急救援促进中心积极开展社会应急力量能力分类分级测评工作。参考国际通行的救援队伍能力评价体系，首次在全国社会应急力量队伍中开展能力测评。组织专家完成《社会应急力量能力分类分级测评标准》和《社会应急力量能力分类分级测评工作规程》，并对来自应急系统和社会应急力量60余名业务骨干进行集训，初步形成了一支由参加过国际测评的30余名专家骨干为主体的测评专家队伍。分别选取广东、浙江两省作为试点开展测评工作。先后协调专家100余人次，参与测评文件的编制工作，整个测评工作严格按照专家培训、桌面推演、队伍自测、教练先行、实际测评5个环节开展，受测队伍在长时间连续不间断的演练中，均按照测评标准和规程中各自等级的要求完成了全部考核科目的演练，达到了城市搜救救援队的能力标准要求。对深圳市公益救援志愿者联合会、浙江省公羊会公益救援促进会按照管理、搜索、营救、医疗、保障5个方面，260余项具体考核指标全要素进行全流程全覆盖测评。经过专家认真评议，深圳市公益救援志愿者联合会通过城市搜救2级，浙江省公羊会公益救援促进会通过城市搜救3级的测评。

强化职业技能鉴定管理工作。组织修订《应急救援员国家职业技能标准》，以应急管理部名义会同人力资源社会保障部于2019年1月14日正式颁布。与人力资源社会保障部有关司局积极沟通协调，快速推进应急救援员纳入国家准入类职业资格目录清单工作。遴选近200名具有培训经验的一线救援骨干人员，举办两期师资和考评员培训班，为师资库和考评员库筛选出130余名骨干人员。加强制度体系建设。建立完善涵盖职业鉴定组织管理、考试考务和证书管理的制度体系。先后修订《应急救援员职业技能鉴定实施办法》《应急救援员国家职业技能鉴定工作规程》等12项职业鉴定相关文件，并积极开展地方鉴定所站建设准备工作。组织鉴定培训。按照《应急救援员职业技能鉴定实施办法》《应急救援员国家职业技能鉴定工作规程》要求开展职业鉴定。对鉴定申请机构软硬件条件、生源情况进行审核。全年共完成33期鉴定工作，鉴定人数达2073人，获证人员覆盖政府管理部门、企事业单位、社会组织和志愿者等不同人群。

中国安全生产科学研究院

2019年，中国安全生产科学研究院紧跟时代步伐，做好科研工作。牵头国家研发计划项目6项、课题25个。成功申报国家重点研发计划课题2个。承担中国工程院重大科研项目1项、一般项目1项；和省委部门开展联合研究，承担国家安全生产治理体系和能力现代化研究项目。开展国内外安全生产监管执法对比研究、我国应急体系和能力现代化研究，防范黑天鹅、灰犀牛事件研究等30多项理论研究项目。承担全国人大的“国家应急管理法律体系框架研究”工作。承担并完成国家科技预测（安全生产部分）、国家中长期科技发展规划（2021—2035）（安全生产部分）、国家“十四五”科技规划（安全生产部分）。承担部应急管理“十四五”规划、安全生产“十四五”规划、应急管理“十四五”科技规划等一批规划编制工作。劳氏基金资助项目“生产安全事故应急准备方法及其在中国的应用研究”取得阶段性成果；与挪威船级社合作的“哈法亚 HSE 关键能力评估和培训”项目顺利实施；成功举办首届中国国际城市安全发展研讨会；承担极地科考安全项目等。

围绕中心工作，做实技术支撑。承担《安全生产法》《突发事件应对法》《危险化学品安全法》《生产安全事故报告和调查处理条例》等法律法规的制修订工作，起草或参与制修订安全生产标准化、注册安全工程师、危险化学品安全监管、矿山安全监管、工业安全监管等法规和制度。完成《巴西“1·25”尾矿库溃坝事故分析报告》《墨西哥国家石油公司输油管道打孔盗油泄漏爆炸事故分析及对策建议》《国内外生产安全事故对比分析》《重特大自然灾害、生产安全事故衍生社会稳定风险研究报告》等工作任务。承担注册安全工程师考试、注册工作，完成 31 万人的考务工作。

有力支撑事故自然灾害应急救援工作。参与江苏响水“3·21”特别重大爆炸事故处置和同类事故防治工作，参加贵州水城“7·23”山体滑坡等现场救援行动 14 起、190 多人次。

做好安全应急信息平台技术支撑服务。开展安全生产监测预警系统规划设计，完成《煤矿感知数据接入规范》等多项标准编制工作；承担部尾矿库安全生产风险监测和预警系统建设。国家安全生产监管监察大数据平台建设进展顺利，已接入 1 亿多家各类单位数据。

为国家重大工程和活动提供技术支撑。完成庆祝新中国成立 70 周年活动期间“临时建设风险评估与控制”“非煤矿山风险评估与控制”“怀柔区公园内活动风险评估”“北京市危化品及重大危险源风险评估”等安全保障项目。完成 2022 年冬奥会部分市区应急管理体系策划，完成全国第二届青运会安全指导及技术支撑。开展自然灾害防治“九大工程”项目论证等。

化学品登记中心

2019 年，化学品登记中心全力做好危险化学品应急管理和安全技术支撑工作。全力做好应急管理部安排的各项任务，积极参与法规标准制修订工作，全年参与制修订法规标准 10 余项。

深化登记数据应用，推进安全监管信息化建设。组织召开了全国危险化学品登记工作会，每月初核实过期已关闭企业名单，核销企业 1600 余家。编制了全国危险化学品安全风险“一张图一张表”，建设完善国家化学品安全数据中心。

积极推动化学品鉴定与分类工作。完成化学品物理危险性鉴定分类技术委员会日常工作，全面推进化学品和货物危险性鉴定分类工作。鉴定危险货物等样品 10000 余个。

扎实推进安全生产标准化工作，提升企业安全管理水平。修订完成《危化品安全标准化评审标准》和《通用规范》，开展危险化学品企业安全标准化评审指导工作，组织 20 余期评审人员培训班，培训学员 2000 余名。

深入开展化学事故调查研究与应急响

应工作。参与应急管理部、地方政府等安排的事故现场调查、现场应急处置和事故督导等工作共 22 起，为事故处理提供强有力的技术支持。对新发生的典型事故编写专题报告，完成事故快讯 12 篇，事故手机报 105 期，事故周报 52 期，事故月报 12 期。共收集国内外化学品事故 3032 起，国家危险化学品事故应急咨询电话全年共接到咨询电话 15733 个，其中事故咨询电话 338 个。

全力推进全国危险化学品风险监测预警系统建设，基本实现全国涉及一二级重大危险源（罐区）危险化学品企业在线监测联网和风险预警。

危险化学品重大事故防控技术支撑基地项目顺利落地。获得国家发展改革委项目可行性研究报告的批复、概算批复，11 月完成施工及监理招投标工作，做好预算资金调整申请等工作；12 月取得施工许可证。

信息研究院

2019 年，信息研究院围绕中心重点开展工作。参加《关于全面加强危险化学品安全生产工作的意见》起草工作，研究提出防范化解危险化学品行业安全风险的政策建议。参与研究起草《煤矿机器人重点研发目录》《关于加快煤矿智能化发展的指导意见》等重要文件，加快推进煤矿智能化发展步伐。加强支撑新闻宣传工作，围绕习近平总书记向国家综合性消防救援队伍授旗致训词一周年、国家煤矿安全监察体制建立 20 年，制作两部向中央领导汇报的专题片、宣传片和宣传画册；完成应急管理工作会议、煤矿安全生产工作会议以及安全巡查、明察暗访等重要活动摄制工作。

积极承办重大活动。承办“一带一路”沿线国家应急管理法治建设论坛，筹办“为了人民的安全——应急管理系统先进典型代表中外记者见面会”，开展《家在奇乾》主题图书首发式。承办 2019 世界机器人大会煤矿机器人专题论坛和全国煤矿安全科技装备会议暨监控系统升级改造会，提出推进煤矿安全领域治理体系和治理能力现代化的重要任务。

开展应急管理与安全生产重大课题研究。加强应急管理前瞻性和关键性项目研究，开展了“高质量发展与新时代应急管理关联关系研究”“地方应急管理改革实践创新分析研究”“应急管理社会化力量建设研究”“应急指挥响应和指挥处置规程研究”“事故灾难和自然灾害分级响应工作规程”“自然灾害引发生产安全事故灾害链研究”“俄、日、美、英、法等国应急预案体系建设情况及对我国借鉴研究”“应急管理综合统计指标体系研究”等 11 项课题研究。强化安全生产源头治理，开展了“安全生产责任保险事故预防技术服务规范”“安全生产领域改革发展研究”“非煤矿山和工矿商贸企业现场重点执法依据”“安全生产执法程序指引”“安全监管执法尽职免责和容错机制实践探索研究”“生产安全事故统计分析及趋势预测技术研究”“两个百年之际安全生产目标研究”“2018 年重点行业领域安全生产形势综合分析”“生产安全事故统计报表制度”9 项课题研究。加强应急体系科技支撑，完成“国内外典型突发事件中装备需求”“先进应急装备目录”2 项课题研究。

开展煤矿安全基础理论研究。开展了“煤矿企业安全主体责任落实长效机制”“煤矿机器人推进政策、措施和分类标准研究”“煤矿高质量发展战略研究”3 项课题研究，为防范遏制煤矿重特大事故提供理论支撑。开展了“国外主要产煤国家监察体制”“2019年中国煤矿安全年度发展报告”“2011—2018年煤矿顶板事故规律分析”“煤矿事故统计及分析”4项课题研究，深入分析煤矿安全发展规律。研究上报了关于大力推进煤矿智能装备和机器人研发应用、加强煤矿闭坑管理、加强煤矿用工监督管理3方面意见建议。

上海消防研究所

2019年，上海消防研究所参与各级规划编制论证，提出11项科研立项、平台建设需求。参与工业和信息化部《工程类自然灾害防治技术装备规划》编制，提交《自然灾害防治技术装备项目建议书》。牵头或参与编制《应急管理装备发展战略规划》《应急管理部中长期科技发展规划》等规划，及《全国消防救援和森林消防人员编制配备方案》《消防救援局2020—2022科技计划项目规划》《消防救援局2020年科技计划项目指南》等规划指南。

服务救援队伍实战需求。派员赴地方总队、兄弟院所、高校企业以及江苏响水化工企业爆炸事故现场、四川甘孜金沙江白格堰塞湖现场等开展调研，提高科研工作针对性。受托为津、沪、赣、粤、浙、苏等地总队开展消防装备建设评估、消防车检查验收与事故调查、火因调查等工作。派员参与国庆彩车消防安保工作，为赴俄罗斯参加世界消防员运动会的选手编制体能训练方案，为全国首届“火焰蓝”消防救援技能对抗比武检验竞赛装备。

推进科技工作高效实施。牵头承担的“十三五”国家重点研发计划2016年度项目完成课题验收，2017年度项目通过中期检查，2018年度项目稳步推进，国家自然科学基金项目取得理论突破。全年完成科研项目40项，在消防救援装备、消防员防护装备和火灾基础研究等方面取得一批原创性科研成果；发布国家标准7项，授权专利35项，发表论文35篇。

保持检验物证稳步增长。全年受理产品检验任务14000余份，完成工厂检查任务1700余项。为消防救援队伍提供产品质量监督抽查检验服务2000余项、火灾物证鉴定服务490余次，承办“第五批全国火灾事故调查专业技术人才”培训工作。

天津消防研究所

2019年，天津消防研究所推进项目攻关，承担项目133项、验收21项；新立项国家级、省部级和局级科研计划项目15项，新立项基科费项目26项，新增消防标准规范制修订项目19项，2020年中央预算内投资计划“建筑消防设施智能监测及可靠性实验平台项目”获批复立项。研发“固定式、独立式避难系统及配套现场检测装置”“大流量压缩空气泡沫举高喷射消防车”“手持式有机液体危化品泄漏应急处置装置”“固定式压缩空气泡沫系统”“堆垛火灾高效灭火剂深位施加装置”“自行走式智能消防炮装备”和“环保高效泡沫灭火剂”，建立“扑救大型石化储罐火灾技术方案”。研发“火察”视频分析系统，为江苏响水化工企业爆炸事故火灾调查提供强力支撑。

服务实战作用明显。完成第二届“一带一路”国际合作高峰论坛、世界园艺博览会和亚洲文明对话大会重大活动安保任务。完成国庆彩车消防安保技术工作。完成火灾鉴定任务2430余项、火场勘验任务 110 余项。组织第五批“师傅带徒弟”火调骨干培训，为 9 个总队、近千名火调骨干开展培训。承担部局“警情与火灾统计”相关工作。

研究领域不断拓展，开展全球“全尺寸特高压换流变压器实体灭火试验”。承担应急管理部“承灾体消防安全措施属性调查”。编制雄安新区城市综合管廊设计导则和地下空间消防标准。

执行“放管服”要求，完成产品检验 5807 项、委托检验 3087 项、监督抽检 328 项、工厂检查 1634 家。降低检验费用 50%，缩短检验周期 686 天，实行“不合格项免费重检”，惠及企业超两千家。收到 20 余封表扬信、30 余面锦旗。向 379 家企业发放自愿性证书 1448 张。

合作交流水平提升，同地方总队等 10 余家单位签署战略（技术）合作协议。筹建“消防救援实战化模拟训练与装备测试评估基地”。作为主办方组织 ISO/TC21/SC6 年会，参加了 TC92、TC21 系列会议，以注册专家身份参加 ISO/TC21/SC8 会议。

沈阳消防研究所

2019 年，沈阳消防研究所开拓创新、锐意进取，取得了丰硕成果，40 项科研项目通过验收，5 项国家标准发布，取得专利 7 项、软件著作权 22 项，发表论文 30 余篇。获中国消防协会科学技术创新奖二等奖 3 项、优秀论文奖 8 项。获批国家发展改革委重大建设项目资金支持 2250 万元，建设消防监测预警科技创新平台。设在沈阳消防研究所的消防与应急救援国家工程实验室紧跟国家战略和产业发展布局，开展智慧消防研建、承载载体评估、化工园区救援、社会化消防安全服务、紧急医学救助等方面的研究、试验及工程化工作，充分发挥工程实验室产业联合、资源汇聚和协同创新作用。

服务实战成效显著。圆满完成全国消防信息化系统由公安网向政务外网的迁移工作。开展部局消防信息化系统日常巡检 365 次，完成局机关内勤保障任务 180 余次，总队定期抽检 64 次，受理并解决问题 38384 例。圆满完成“一带一路”国际合作高峰论坛、亚洲文明对话大会等重大活动电气防火检查工作，完成国庆彩车消防安全专项检查。派技术人员 20 余人次为火灾调查培训班授课，参加培训人数超 150 人次。

助力经济主动作为。响应国家“放管服”改革要求，国家消防电子产品质量监督检验中心制定并实施相应的政策与举措，全年共对 8600 余型号产品进行检验，完成工厂检查任务 1409 个，未发生检验责任事故和质量事故。

以科技助力经济发展。依托各研究室创新成果，与华为、格力、美的、大华等大型企业签订技术开发及技术转让服务合同 50 多项，有力推动了消防新技术产业化和成果应用，服务了国家重大工程，推动了科技成果转化。

四川消防研究所

2019 年，四川消防研究所开拓创新，增强服务消防一线和社会消防安全能力。紧扣综合应急、消防救援事业总体需求，结合建筑防火科研领域的优势，对标新要求，进一步优化并实施科研、检测中长期发展规划，聚焦主责主业，不断提升服务消防的科研能力。围绕灭火救援处置、防排烟、材料阻燃与结构高效防火保护，文物古建筑智慧消防、特高压换流站大尺度防火封堵等关键技术重点攻关，开展高速列车整体实体火灾实验、向家坝升船机实体火灾实验等大量的大型火灾实验，加强跨界合作和国际交流，为提升灭火救援效率、保障人员安全、促进行业发展提供重要技术支撑。联合申报的国家自然科学基金项目“四川地区有机质文物防火安全与‘病害’控制”成功立项；结构防火抗爆、材料阻燃技术领域的国家自然科学基金项目进展顺利。承担的“十三五”国家重点研发项目通过验收，联合研发28种新产品，取得标准成果12项。获中国消防协会科技创新二等奖在内的各类奖励6项，授权专利34项。积极协助部局做好国庆消防安保工作，多次配合消防总队开展重大活动消防安保任务，为消防火调人员举办147人次的火调专题培训。

直面改革，强化措施，加强检测认证服务能力。通过实地调研，强化服务，减免费用等多重举措，确保“放管服”政策的落地落实。全年完成1.2万余个消防产品的检验任务，配合开展消防执法监督、“3·15”专项监督检查、消防产品认证工厂检查等工作，加强交流合作，积极拓展业务，巩固了国家级检测机构的良好形象。

提升火灾物证鉴定水平，为火调工作提供技术服务。圆满完成消防部门送检的近700个火灾物证鉴定任务，派员赴火场协助开展现场勘验工作，参与国内重特大火灾事故的调查，开展公检法、社会团体和企业委托的司法鉴定任务，为火灾原因调查和认定提供有力技术支持。

消防产品合格评定中心

2019年，消防产品合格评定中心完成涉及国内外7047家企业、82647张强制性认证证书的政策转轨工作。连续采取粗化认证单元、“先证后查”以及采信企业自我声明、自我验证的减负措施，从源头上有效减轻企业负担。全年共为消防产品生产企业减负近2000万元，受到社会、企业的广泛好评。

顺应产业结构调整及事业单位改革发展的趋势要求，以强力推进新技术成果鉴定工作。防火防烟安全门窗技术鉴定取得突破。针对典型火灾事故烟气造成的重大伤害情况，瞄准国际先进标准，制定了《防火防烟安全户门技术要求》，在国内该领域首次明确了防火、防盗、防烟、环保等安全性能并重的标准化要求，积极推进防火防烟安全户门成果推广。在新能源火灾防控技术成果推广方面取得新突破。会同天津消防研究所、沈阳消防研究所等单位，制定颁布了新能源火灾防控装置的产品性能要求和试验方法，强力推进具有国际先进水平的新型动力电池火灾防控技术成果推广。

坚持科学有序开展消防产品合格评定工作。受理5141家企业的认证委托34389项，完成各类检查监督任务19870项，发放强制性产品认证证书12779张、技术鉴定证书109张，换发自愿性证书74450张。

顺利承接国际合作研究项目“中国PFOS物质管控与削减—消防行业子项目”，全面开展PFOS/F类灭火剂替代品/替代技术的研发、示范推广等工作，为我国履行《斯德哥尔摩公约》奠定坚实的技术基础。

应急总医院

2019年，应急总医院门急诊就诊人数573480人次；出院人数为12043人次；

病房手术量为 7162 例；病床使用率为 72.49%；病床周转次数为 28.62 次/床；出院患者平均住院日为 11.02 天；药占比（不含中药饮片）43.68%。对比 2018 年，2019 年手术量大幅增加（增加 11.26%），全年手术 7162 例，创建院历史以来最高。三、四类手术量比例不断增加，提高到 58%。周转次数提高 17.49%。平均住院日下降 0.41 天。药占比持续下降（下降 1.02%）。

全面加强能力建设，应急医疗救援水平大幅提升。一是加强应急医疗运行管理。组织编写了《跨国（境）救援队工作手册（医疗）》《应急医学救援中英文对照手册》及相关文件，共计 6.3 万字。开展应急灾害医学研究，编写《灾害医学与应急救援教程》，共计 50 万字。与中国网联合拍摄了“猝死黄金 4 分钟如何正确抢救”节目，直播点击量超过 330 万人次。二是强化培训提高素质。全年组织和参与了各类应急医疗救援能力培训 34 项、出国培训 3 项，共计培训 706 学时、308 人次。在红十字国际委员会、中国红十字总会、部国际合作和救援司的指导下，承办 IEC 测评医疗救援强化培训班、第 14 届矿山医疗救护培训班、灾害医学培训班（全程由红十字国际委员会国际专家授课）、第二届跨国（境）救援医疗培训班，培训消防救援、森林消防、各矿山医疗救护中心及本院学员共 224 人。

挖掘应急医疗优势，特色品牌学科取得新进展。一是整合专业优势，提高服务内涵。成立了气道烧伤治疗中心、创面修复中心、医学影像诊断中心。中国心衰治疗合作中心、北京市心源性卒中救治基地相继在医院成立。二是持续扩大品牌影响。成立了世界内镜医师协会呼吸内镜协会及中国抗癌协会肿瘤光动力治疗专业委员会、世界内镜协会，举办了第十二届全国呼吸内镜介入治疗新技术研讨会，网上观摩人数近 120 万人次。主办了国家级继续医学教育项目第五届全国区域化心电网络信息建设与应用会议、复杂髋关节置换高级研讨会、职业性肺部疾病诊疗新进展暨尘肺病诊断标准学习班等。三是积极开展新技术。多次电磁导航引导下的支气管镜外周肺结节的穿刺活检及局部消融治疗，低温等离子射频消融，在相关领域达到了技术领先，形成了特色。呼吸内科、肿瘤内科手术均超 1500 台次。四是科研教学成果丰硕。2019 年，共申报立项各类课题 21 项，发表中文论文 57 篇，SCI 论文 17 篇。举办继续教育项目 126 项，其中国家级 5 项，累计培训 15215 人次。

加强信息化建设，优化就诊流程。建设 APP、微信公众号、支付宝服务窗等多样化一站式就医服务平台，为患者提供智能导诊、预约挂号、排队叫号、诊间支付、报告单查询等互联网+就诊服务。增设门诊自助机，提高就医效率，改善患者就医体验。

华北科技学院

2019 年，华北科技学院加强党对学校工作的全面领导，制定《贯彻落实党委领导下的校长负责制实施办法》。扎实开展“不忘初心、牢记使命”主题教育，“为党育人、为国育才”的初心使命进一步增强。全面做好部党组巡视整改工作，党风政风校风教风学风得到较大转变。全方位构建“十大”育人体系，广大师生员工的思想政治意识得到强化。

学校改革发展稳步推进。加强支撑应急管理事业能力建设，完善学校服务应急管理事业转型升级改革发展方案，明确了

“三步走”战略、“三大高地”任务和“五大工程”。成立新增硕士学位授予单位工作领导小组，精心组织开展工作，各项核心指标达到申硕要求。引进博士等各类人才 43 人，师资队伍结构更加合理。

人才培养质量全面提升。安全工程专业入选国家级一流本科专业建设点，新增 3 个本科专业。获得河北省教育教学成果奖一等奖 1 项，二等奖、三等奖 4 项。3890 余名本科生毕业，初次就业率达 94.6%，467 人考取硕士研究生；30 名硕士研究生毕业，就业率达 100%。

科技支撑能力得到提高。获批国家自然基金面上项目 3 项、河北省自然基金等项目 36 项。获得中国煤炭工业协会、职业安全健康协会科学技术奖 15 项，河北省科技进步奖 3 项。牵头组织召开第三届全国安全科学与应急管理学术研讨会。

行业服务能力持续增强。完成应急管理部、国家煤矿安监局等委托的培训任务，累计举办培训班 32 期，培训学员 8606 人次。积极参与“全国应急管理系统干部大培训”工作方案制修订。承担国家煤矿安监局煤矿“三项岗位人员”题库开发修订、6 省 33 家煤矿一级安全生产标准化现场检查考核验收工作。履行教育部安全教指委和安全行指委秘书处职责，圆满完成年度工作任务。

煤炭工业职业技能鉴定指导中心

2019 年，煤炭工业职业技能鉴定指导中心构建行业职业技能评价工作新体系，全面推进行业职业能力水平评价工作。印发《关于开展煤炭行业能力水平评价试点工作的通知》，遴选出 111 个职业（工种）开展行业职业能力水平评价，开展首批试点。通过《关于在煤炭行业开展职业能力水平评价工作的决议》。发布《煤炭行业职业能力水平评价工作规则（试行）》。至 2019 年底，基本完成行业职业技能人才评价改革过渡时期职业资格鉴定的接续工作。

推进国家及行业职业技能标准编制工作。修订的《井下支护工》《矿山救护工》和《压缩机操作工》3 个国家职业技能标准获得批准颁布并施行。遴选 7 个职业（工种）向人力资源社会保障部申报开发国家标准。启动煤炭行业主体职业（工种）的技能标准的建设与修订工作，涉及行业相关的 24 个职业大类，约 130 多个职业工种岗位。

推进行业职业评价工作信息化建设，煤炭行业职业能力水平评价工作管理平台正式上线。培训先行，为行业技能人才评价全面开展奠定基础。开展评价考评人员、质量监督人员和管理人员“三支队伍”培训工作。举办煤炭行业职业能力水平评价系统操作人员培训班、煤炭行业职业能力水平评价高级考评员培训班、煤炭行业职业能力水平评价及职业技能鉴定质量督导员培训班。通过面授和云端培训学员 2067 人次。为 8.6 万人次进行职业能力水平评价，并核发证书，其中，技师 1676 人，高级技师 246 人。

举办行业职业技能竞赛活动，形成行业职工劳动竞赛体系，优化行业技能人才选拔平台。与中国煤炭教育协会联合举办 2019 全国职业院校技能大赛（行业特色赛项）暨第七届全国煤炭职业院校技能大赛，获国赛项目一、二等奖的选手经教育部和各地方教育部门核准，获得批准免试直升本科的资格。

开展工程技术人员行业技能大师命名活动，命名 148 名工程技术人员技能大师，占有效候选人总数的 37.19%。

推荐行业高技能人才获评国家及行业荣誉。向人力资源社会保障部推荐“全国技术能手”9 名。共有 171 名行业一线工人和 286 名院校在校生通过国家级和行业级竞赛获得嘉奖。

煤炭综合利用多种经营技术咨询中心

煤炭综合利用多种经营技术咨询中心是由中央机构编制委员会办公室批复的事业单位，于 1995 年成立。业务范围包括煤炭行业相关规划承接、煤炭行业咨询建议、煤炭综合利用调查研究、煤炭节能环保调查研究等。拥有煤炭、电力、节能、化工、环保、循环经济 6 个专家组，专家库专家 160 余人，先后承担过多家煤炭企业集团五年发展规划，煤炭、电力产业规划，国家矿产资源综合利用示范基地建设方案和规划，以及循环经济、综合利用、节能减排等专项规划编制工作。

2019 年，开展多个煤矿的生产系统技术评估，充分发挥自身优势，组织涵盖煤炭资源、开拓开采、机电运输、灾害治理等专业且具有丰富经验的专家队伍，深入煤矿现场，考察煤矿各生产系统，审阅相关图纸资料，并形成评估报告。报告提出了针对性强的问题和建议，大大促进了煤矿生产技术水平及安全水平的提高。

完成同煤集团“十三五”发展规划修编工作，编制了同煤集团发展规划（2019—2025 年）、物流发展规划，编制了大同国际陆港股权转让可研报告，煤炭贸易、参股煤化工项目等可研报告，涉及煤炭、电力、煤化工、煤机装备和建材、物流贸易、金融、节能环保等领域，有效地促进了煤炭企业健康发展。

参加国家发展改革委、生态环境部等用能“双控”行动调研活动，参与重点地区和重点城市煤炭消费减量替代检查工作；参加自然资源部矿产资源节约与综合利用先进实用技术、煤炭行业相关技术的遴选工作，在煤炭行业节能减排、矿产资源节约及综合利用方面贡献了一定力量。

中国消防救援学院

2019 年，中国消防救援学院办学治教卓有成效。成功申办“消防指挥”“消防工程”“飞行器控制与信息工程”“思想政治教育”4 个本科专业，取得法学、工学学士学位授予权，开展“抢险救援指挥与技术”新专业申报。采取专、兼、聘方式优化师资结构，组建各专业教学团队；制定开办专业人才培养方案和 84 门开设课程教学大纲。出台《学员学籍管理规定》等 11 项规章制度；协调争取学员待遇，纳入提前录取批次，完成 1295 名新生招录。夺得中国国际飞行器设计挑战总决赛一、二等奖。

科研工作推进有力。畅通科研渠道，申报课题 31 项，承担应急管理装备发展战略规划编制、先进应急技术装备现场测试、专业应急救援队伍体系建设等 8 项专项研究任务；设立专项资金，扶持大载重超视距无人机、森林灭火模拟训练等 11 个课题开展预先研究。创办“消防救援大讲堂”，成立北京市应急与防灾课题研究中心和应急救援应用技术研究中心，打造首都地区应急救援智库。

人才建设稳步发展。遴选确定 2 名工程院院士、1 名国务院参事、19 名行业领域专家作为客座教授参与学科建设。组织

87 名教员岗前培训，推荐 63 名干部教员报考中国政法大学等高校专业硕士。先后推荐安全评价检测检验技术支撑专家 8 人，百千万人才工程国家级人选 1 人，国外访问学者 1 人，1 名教员当选北京市科技新星，5 名教员入选北京市应急管理专家库成员。

融合办学初见成效。与北京市应急管理局开展广泛战略合作，挂牌成立北京市应急救援综合性实训基地、应急与防灾课题研究中心和应急救援应用技术研究中心，将学院无人机侦测分队和 200 人森林灭火应急队伍纳入首都地区应急救援力量体系。与中国科学技术大学、西安科技大学等高校签署合作办学协议，与北京市、山东省、江苏省消防救援总队建立战略合作关系。组织力量赴俄罗斯、白俄罗斯、阿联酋、新加坡等国家和中国香港等地区考察访问，承办中法森林消防作战指挥技术交流等 8 批次外事活动。

中国应急管理报社

2019 年，中国应急管理报社围绕服务应急管理工作中心和大局，以政治建设引领新闻舆论宣传工作，坚持“政治家办报”的总要求，坚持全面加强党的领导，以“办大报”为目标，以队伍建设为基础，以机制建设为抓手，以内容建设为着力点，以全媒体为发展方向，凝心聚力、砥砺前行，传播力、引导力、影响力、公信力进一步提升，社会效益和经济效益进一步增强，为推进应急管理事业改革发展和煤炭行业转型发展营造了良好舆论环境。

突出重点，强化引导力。全年以深入学习贯彻习近平新时代中国特色社会主义思想和庆祝新中国成立 70 周年为主题主线，在全国“两会”、党的十九届四中全会、习近平总书记向国家综合性消防救援队伍授旗并致训词一周年、应急管理工作会、部挂牌一周年、全国煤矿安全生产工作会等重要报道中，在有效应对处置超强台风“利奇马”等重大自然灾害和江苏响水天嘉宜化工有限公司“3·21”特别重大爆炸事故等报道中，严格遵守团结稳定鼓劲、正面宣传为主的新闻舆论工作方针，确保舆论导向正确，实现良好宣传效果。

坚持创新，强化影响力。《中国应急管理报》加强和规范时政报道，体现党媒属性；加大评论、言论策划组稿力度，树起报纸旗帜；推出故宫中队、“最美应急人”等典型报道，树立队伍标杆。《中国煤炭报》紧扣行业经济脉动，聚焦高质量发展，及时发出“煤炭声音”；开设“70 年煤海之变”专栏，展示时代风貌。《中国应急管理》杂志不断明晰定位、突出特色，在系统内已发展为“头部媒体”。创办《应急管理舆情内参》，为提高全系统舆情处置水平提供智力和能力支撑。

全媒体发展，强化传播力。加强“两微一端”新闻传播平台建设，发挥新媒体传播优势，创新理念、内容、体裁、形式、业态，推动传统媒体和新媒体融合发展。建立新媒体编辑编前会、策划会制度，在重大报道活动中新媒体编辑与纸媒力量统筹调度使用，稿件统筹刊发，提高议题设置和舆论引导水平，增强综合传播能力。

机关服务中心

2019 年，机关服务中心坚持服务宗旨，强化服务意识，改进服务方式，服务保障工作稳中有进。本部接待刷卡就餐

27.68 万人次，21 号办公区接待就餐 27.77 万人次，日均接待量分别达 759 人次和 1009 人次，较上年分别增加 107.07% 和 33.16%；文印部门共接收印制文件材料 6779 件，同比增长 25%；文电部门共完成机要交换收发文件 72209 件，同比增长 217.8%；公务车全年行驶 52.8 万公里；共承担会议服务 7596 场次，同比增长 104.36%，西郊宾馆接待全国应急管理工作会议、中国共产党应急管理部机关第一次代表大会、全国应急管理科技和信息化工作会议等全国应急管理系统重要会议，较好地完成了各项会议的服务保障任务，实现了政务接待专业化水平的稳步提升。

上半年服务质量考评，公务员满意度为 99.42%；下半年服务质量考评，公务员满意度为 99.77%；全年满意度达 99.59%。在部组织的多次重要活动中，机关服务中心各单位认真负责，互相配合，高标准、高质量完成了服务保障工作。

坚持科学管理，强化制度建设，规范工作流程，内部运行机制合规有序。以顶层设计为主线，规范财务管理，有效保障运行资金。研究上报并出台《机关办公楼物业服务费结算管理办法》和《机关委托事务服务费结算管理暂行办法》，进一步规范会议和内部公务接待用餐流程和收费标准，修订相关公费医疗管理及报销办法，增强了财务管理规范性，提升了财务管理水平。

以智慧后勤为目标，开展项目调研，实施立项招标，稳步推进信息化建设。为提高机关后勤服务保障能力，利用管理模式和技术的优化实现机关后勤服务保障能力的提升，实现机关运行保障智慧化、精细化、科学化管理。机关服务中心“智慧机关”系统项目获立项批复并实施运行。

档　案　馆

2019 年，档案馆全力保障档案安全，将确保档案安全作为政治任务贯穿业务工作始终。着力加强全系统档案安全保障能力建设，制定《档案安全风险评估台账》《档案室消防设施安全风险评估台账》，组织全系统自查排查安全隐患，全面提升档案安全保障能力。不断加强“三地”办公档案库房安全保障能力，更换防火防盗门、保密柜、红外线监测系统、通风、消防等设施设备，优化档案储存条件。开展馆藏电子档案数据转存工作，将馆内部分原 DVD 光盘存储的档案数据转存到档案级光盘中。严格落实安全保密工作责任，开展年度保密工作自查，加强涉密人员培训和管理，规范数字化外包项目管理，做好档案信息安全防范。

做好机关档案管理工作。坚持“应归尽归，应收尽收”原则，组织召开部机关文件材料归档工作培训会，全年收集归档各类文件材料 13000 余件，同比增长 53.9%。调研档案工作，服务指导各单位做好档案整理归档工作。制定《应急管理部档案利用管理办法》《档案数据载体标识制作样式》，全年提供档案利用 310 余人次，利用文件 1000 余件。

强化系统档案业务监督指导。开展应急管理档案管理制度建设，制定《煤矿安全监察执法档案管理办法》，积极参与《安全生产监管执法手册》中“文书制作与案卷归档”内容的修订工作。加大对系统档案工作培训指导力度，举办应急管理系统档案业务培训，对全系统 135 个单位的 138 名档案工作人员进行集中培训。

开展档案征集编研和宣传工作。利用

馆藏资源，全面梳理档案馆和档案工作自新中国成立以来发展史，出版《煤炭工业档案馆志》，该志被列入《中国煤炭工业志》企事业单位志系列丛书。组织召开 2019 年度中央和国家机关第七档案协作组会议，研讨《机关档案工作评价标准》，交流各部委档案工作情况，深入探讨档案工作高质量发展路径。

强化信息化基础工作。持续推进数字档案室建设，对馆藏档案持续开展数字化加工，完成 7.9 万卷（件）、57.8 万页档案的扫描和馆藏 73540 件历史档案的数字化工作。做好档案馆数据信息平台与部政务办公系统的需求对接工作，多次开展调研，提出电子文件归档功能需求，为数字档案室建设奠定良好基础。

第七篇

党的建设

综　　述

2019 年，应急管理部党组坚持以习近平新时代中国特色社会主义思想为指导，增强“四个意识”，坚定“四个自信”，坚决做到“两个维护”，以党的政治建设为统领，坚定扛起政治责任，深入学习贯彻党的十九大、十九届二中、三中、四中全会精神以及习近平总书记在中央和国家机关党的建设工作会议上的重要讲话精神，全面贯彻新时代党的建设总要求、党的组织路线，坚决贯彻落实党中央决策部署。以开展“不忘初心、牢记使命”主题教育为契机，狠抓学习教育培训，强化党员教育管理，坚持不懈做好干部职工思想政治工作，培育应急管理特色文化，打造对党忠诚、纪律严明、赴汤蹈火、竭诚为民的党员干部队伍。狠抓基层党组织建设，树立“党的一切工作到基层”的鲜明导向，严肃党内政治生活，提升党组织组织力，增强党的组织优势、组织功能、组织力量，发挥党组织战斗堡垒作用和党员先锋模范作用，推进党的各项建设高质量发展。狠抓作风建设，经常性开展纪律教育，抓好中央八项规定精神贯彻落实，持之以恒正风肃纪，推进党风廉政建设和反腐败斗争，推动全面从严治党持续向纵深发展，创建让党中央放心、让人民群众满意的模范机关，为防范化解重大安全风险、维护人民群众生命财产安全和社会稳定提供坚强保证。

第一章　思想政治建设

一、坚定扛起全面从严治党政治责任，落实管党治党各项任务

应急管理部党组坚持以党的政治建设为统领，坚定扛起全面从严治党政治责任，坚决贯彻落实党中央决策部署，培育应急管理特色文化，涵养风清气正的政治生态，扎实推进部系统党的建设，推动管党治党各项任务落实。

（一）坚决贯彻党中央决策部署，带头做到“两个维护”

深入学习领会习近平总书记关于加强党的政治建设的重要论述，认真贯彻落实《中共中央关于加强党的政治建设的意见》和《关于加强和改进中央和国家机关党的建设的意见》，通过下发通知、中心组学习、基层调研指导等方式，切实抓好党中央关于加强党的政治建设重点任务的贯彻落实。研究制定《应急管理部党组 2019 年党的建设工作要点》，明确 5 个方面 17 项重点工作任务，并逐条细化、明确分工。研究制定《应急管理部党组履行全面从严治党主体责任清单》，分别明确党组、党组书记、党组成员职责，确保责任落地、工作落实。

（二）多措并举严肃党内政治生活

将贯彻落实党的政治建设情况、学习贯彻执行党章和党内规章制度情况纳入部党组政治巡视、党建述职评议考核和支部建设的重要内容。深入开展党的政治纪律和政治规矩教育，规范党员干部政治言行，始终做到坚守政治信仰、站稳政治立场、把准政治方向。制定《严格党的组织生活制度实施办法》，认真贯彻落实“三会一课”、民主生活会、组织生活会、民主评议党员等党内组织生活制度。进一步规范党员领导干部双重组织生活制度，应急管理部党组书记黄明带头以普通党员身份参加所在支部组织生活、带头讲党课，充分发挥“头雁效应”，形成严实、积极的党内政治生活导向。

（三）培育积极健康机关文化氛围

坚持把习近平总书记关于“对党忠诚、纪律严明、赴汤蹈火、竭诚为民”的授旗训词精神作为应急管理机关文化建设的着力点，紧密结合应急管理“高负荷、高压力、高风险”的特点，大力加强应急文化建设，培育极端认真负责、甘于牺牲奉献、勇于担当作为、善于开拓创新的应急管理特色文化。注重将文化引领作为队伍融合、思想融合的有力武器，在 2019 年初召开的机关党的建设工作会议及历次党组织书记会议上，都明确要求深入挖掘、探索总结符合应急管理特色的价值取向和职业守则，以良好的政治文化涵养风清气正的政治生态。同时，充分利用部内尤其是国家综合性消防救援队伍的光荣历史和首都红色资源，在重要时间节点组织开展主题党日活动，加强党性锻炼，扎实推进对党忠诚和优良作风教育。

二、持续强化理论武装，在学懂弄通做实习近平新时代中国特色社会主义思想上作表率

把学习贯彻习近平新时代中国特色社

会主义思想作为长期的政治任务抓紧抓实抓好，认真对照习近平新时代中国特色社会主义思想中蕴涵的马克思主义立场观点方法，对照党的十九大提出的新任务新要求，检视思想上认识上的不足，找准实际工作中的短板，思考提高改进的办法举措，切实提高运用科学理论分析问题、研究问题、解决问题的能力，把学习成效转化为指导实践、推动工作的行动自觉。

（一）注重发挥各级党组织理论学习中心组示范引领作用

研究制定《中共应急管理部党组理论学习中心组 2019 年学习计划》。2019 年，应急管理部党组共组织开展集中学习研讨 44 次（其中集中学习 36 次、研讨交流 5 次、辅导报告会 2 次、观看警示教育片 1 次），党组同志认真学习指定书目，带头学习习近平新时代中国特色社会主义思想，精心准备发言提纲，积极开展研讨交流，以实际行动带动形成“崇学、尚文、乐研”的浓厚研学氛围。在应急管理部党组带动下，直属机关各单位充分发挥理论中心组领学促学作用，各级领导班子和领导干部学习研讨的质量和效果明显提升。

（二）加强理论学习指导

坚持每月印发直属机关理论学习重点内容和讨论题，不定期抽查各单位学习研讨情况，并在党组织书记会上进行通报。将学习习近平总书记关于安全生产、防灾减灾救灾和应急救援等应急管理重要论述作为学习重点，不断激发党员干部投身应急管理事业的责任感使命感。加强青年干部理论学习，印发《关于推进部青年干部深入学习习近平新时代中国特色社会主义思想的通知》，成立了 30 个青年理论学习小组，组织举办直属机关青年干部学习习近平新时代中国特色社会主义思想动员部署会暨专题辅导报告会，推动青年干部理论学习向纵深发展。印发大力使用中宣部“学习强国”学习平台的通知，持续用好工委“支部工作”APP，引导党员干部在学懂弄通做实习近平新时代中国特色社会主义思想上下功夫，不断强化政治意识和理论武装。

（三）多维度提升党建宣传报道力度

在应急管理部网站内部改版党建信息管理子网，及时反映应急管理系统党建动态和基层党建特色做法，改版以来共更新动态信息 315 条。把意识形态工作纳入经常性思想工作重要内容，不断加强微信、QQ 工作群和机关党建信息的发布管理，规范意识形态工作，进一步强化全体干部职工用习近平新时代中国特色社会主义思想武装头脑、指导实践、推动工作的政治自觉、思想自觉、行动自觉。做好党建工作信息的编辑、报送工作，编发《应急管理部党建工作简报》23 期（图 7-1-1），中央和国家机关工委选用应急管理部稿件

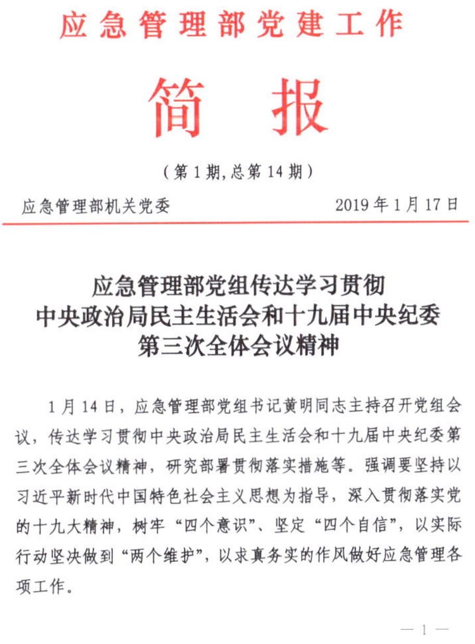

应急管理部党建工作

简　报

（第 1 期，总第 14 期）

应急管理部机关党委　　2019 年 1 月 17 日

应急管理部党组传达学习贯彻
中央政治局民主生活会和十九届中央纪委
第三次全体会议精神

1 月 14 日，应急管理部党组书记黄明同志主持召开党组会议，传达学习贯彻中央政治局民主生活会和十九届中央纪委第三次全体会议精神，研究部署贯彻落实措施等。强调要坚持以习近平新时代中国特色社会主义思想为指导，深入贯彻落实党的十九大精神，树牢“四个意识”、坚定“四个自信”，以实际行动坚决做到“两个维护”，以求真务实的作风做好应急管理各项工作。

— 1 —

图 7-1-1　《应急管理部党建工作简报》2019 年第 1 期

5 篇。

（四）坚持不懈做好干部职工思想政治工作

制定印发《应急管理部直属机关干部职工思想动态分析报告办法》。围绕贯彻落实中央部署要求，推进应急管理工作起步开局的实际，采取面对面听取意见、书面征集建议等形式，2019 年先后 11 次组织开展部机关和在京单位干部职工思想动态分析研判会，了解思想动态、听取意见建议，突出正面引领，加强教育引导，努力将干部职工的思想认识统一到党中央重大方针政策上来，凝聚到部党组关于应急管理的重要部署上来。积极协调解决干部职工反映的有关具体问题 26 条，不断增强思想政治工作的实效性和说服力。

第二章 组 织 建 设

从基层基础做起，健全机关党组织，强化党员教育管理，着力提升基层组织力，增强党的组织优势、组织功能、组织力量，推进党支部标准化规范化建设，推动直属机关基层党建工作全面提质增效。

一、健全机关党组织

注重加强自身建设，认真筹备并组织召开应急管理部机关第一次党代会，选举产生第一届应急管理部机关党委、机关纪委。研究起草应急管理部机关党委、机关纪委工作规则，召开机关党委委员全体会议3次、机关党委书记办公会议5次，及时传达学习上级重要工作部署，研究部机关贯彻落实措施。充分发挥应急管理部机关党组织书记的第一责任人作用，坚持“书记抓、抓书记”，7次组织召开部机关党组织书记会议，传达贯彻党中央及部党组部署要求，研究机关党建重点工作，推动基层党组织书记切实履行全面从严治党“第一责任人”责任。指导部机关22个司局组建基层党组织，完成14个基层党组织更名事宜，督促提醒10家单位党组织认真筹备换届改选。

截至2019年底，应急管理部机关司局和在京单位（含中国地震局直属机关、国家煤矿安监局机关、消防救援局机关和森林消防队伍）共有党员21750名，其中，在岗党员8776名，离退休党员2614名。党组织1677个，其中，党委330个，党总支46个，党支部1301个。

2019年应急管理部机关司局和在京单位党员分布如图7-2-1所示，党组织数量分布如图7-2-2所示。

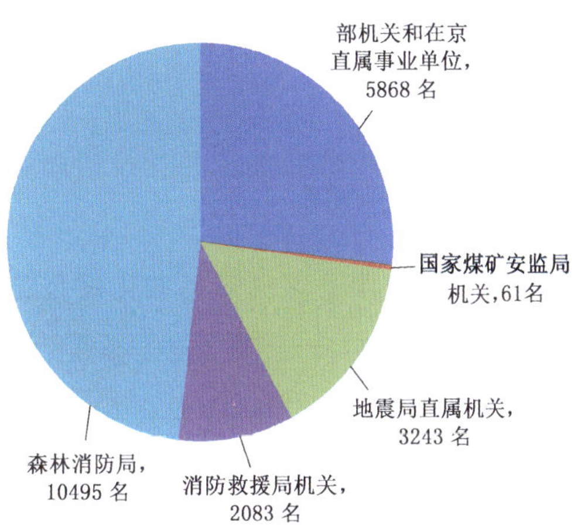

图7-2-1 2019年应急管理部机关司局和在京单位党员分布图

二、强化党员教育管理

认真落实《中国共产党党员教育管理工作条例》要求，针对应急管理部作为政治机关、实战型指挥机关的特点，始终把加强党员教育管理摆在更加突出的位置。针对应急救援、抢险救灾、事故调查、国际救援等突发事件多、在外时间长的实际情况，对临时党支部的组建和管理进行明确，确保党员到哪里，党的组织就延伸到哪里，党员教育管理就跟进到哪里。举办入党积极分子培训班，把好党员质量入口关。组织人员参加中央组织部2019年全国党务干部培训班3期17人次；参加工委举办的党支部书记培训班9期73人次，党小组长培训班15期80人

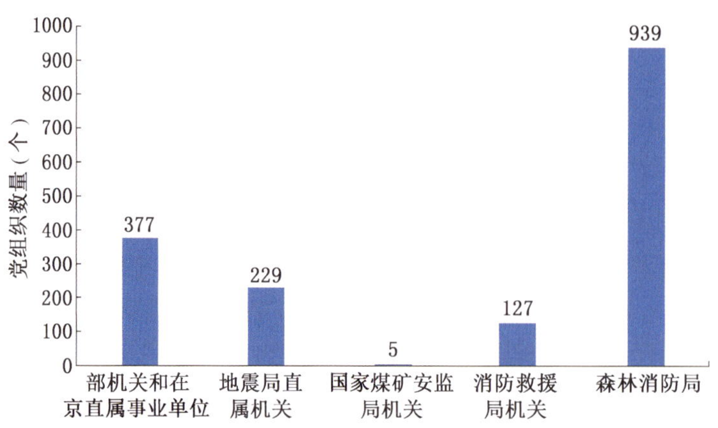

图 7-2-2　2019 年应急管理部机关司局和在京单位党组织数量分布图

次，推荐青年干部参加工委党校司局级班、处级班和青干班各 1 名。

三、大力推进党支部标准化规范化建设

深入贯彻新时代党的建设总要求和党的组织路线，牢固树立“党的一切工作到支部”的鲜明导向，切实加强应急管理部机关和在京直属单位党支部建设。组织开展直属机关党支部建设状况调研，通过走访座谈和问卷调查，进一步了解基层党支部建设状况，研究制定《应急管理部机关和在京直属单位党支部标准化规范化建设细则》《临时党支部管理办法》《党小组工作细则》等 5 个制度规定，加强长效机制建设，着力提高机关党建科学化水平。选定 5 个基层党支部作为标准化规范化建设试点单位，围绕“四强”党支部标准，初步形成组织建设、组织生活、制度规定、教育管理标准化规范化的支部建设格局，为全面推进部机关党支部标准化规范化建设提供了有益的经验和借鉴。

四、全方位展示党员干部新形象

注重发挥党组织战斗堡垒作用和党员先锋模范作用，评选表彰应急管理部直属机关 10 名优秀青年干部标兵和 40 名优秀青年干部，表彰 29 名优秀共产党员、15 名优秀党务工作者和 15 个先进党组织，进一步激励广大党员干部担当作为。举办部系统主题教育先进事迹报告会，切实用身边人、身边事带动形成学习先进、争当先进的新风尚。

五、支持群团组织创造性开展工作

印发《关于做好 2019 年应急管理部系统功勋荣誉表彰奖励获得者疗养工作的通知》，组织先进工作者、功臣模范、伤残官兵和烈士家属等共计 749 人进行疗养。根据全国总工会及中央和国家机关工会联合会有关规定，研究制定《应急管理部机关工会关心关爱干部职工工作办法（试行）》，对日常慰问和困难帮扶等关心关爱方式、申报和审批程序予以明确。组织开展走访慰问活动，为部直属机关 115 名在职困难干部职工发放补助金 67.6 万元；帮扶干部职工残疾重病子女 24 名，发放慰问金 5.9 万元。大力营造积极向上的机关文化活动氛围，组建了羽毛球、乒乓球、读书等 10 个机关文体协会，组织开展踢毽子、扑克牌比赛系列文体活动，

举办部机关首届乒乓球赛、“担当新使命、开启新征程”主题书画展和“我和我的祖国”手机摄影比赛。首次组织直属机关干部职工参加中央和国家机关职工运动会，并取得“两金一铜”的好成绩。组织开展“恒爱行动——百万家庭亲情一线牵”公益活动。推动选树女干部职工典型，积极做好“全国最美家庭”、全国巾帼建功标兵、全国三八红旗手等奖项的推选工作，并举办相关培训活动（图 7-2-3）。发挥青年干部生力军作用，引领青年建功新时代。北京市消防救援总队天安门支队故宫特勤中队等 8 个集体获得全国青年文明号荣誉。组建 5 支以青年干部为主体的调研队伍，围绕安全生产、地震、煤矿安全监察、消防救援、森林消防等工作深入开展调研活动，不断提高青年干部发现问题和破解难题的能力。

图 7-2-3 直属机关妇工委筹备组举办纪念“三八”国际妇女节培训活动

第三章　干部队伍建设

一、树立正确的选人用人导向

一是积极推进领导班子和干部队伍建设。坚持党管干部原则，突出政治标准，依事择人、按岗选人。先后补充调整 25 个领导班子 76 名司局级干部、58 名机关处级干部，补充调整国家综合性消防救援队伍 26 个总队级领导班子、51 名总队级领导干部。积极实施公务员职务与职级并行制度，晋升职级 275 人次、213 人。加大干部交流力度，从其他有关部委或行政机关交流、调入干部 43 名，新考录遴选选调公务员 46 名，为应急管理部机关输送了新鲜血液。加强年轻干部培养，印发《关于适应新时代要求大力发现培养选拔优秀年轻干部的实施意见》，提拔晋升 45 岁以下司局级干部 9 名，处级及以下职务职级干部 99 名，选派 7 名年轻干部援藏、援青、挂职锻炼，选拔 7 名国家综合性消防救援队伍主官到中西部地区任职和 1 名 45 岁以下总队级正职干部担任消防救援局处室领导。做好中国地震局、国家煤矿安监局有关干部报批备案审核工作，审核 48 个批次 139 名任免备案等相关事项。完成 10 名军转干部安置和 12 个事业单位 76 名工作人员公开招聘工作。

二是加强干部人事制度建设，提升干部工作科学化规范化水平。印发《选拔任用干部工作暂行办法》《干部选拔任用纪实工作实施办法》《干部人事档案任前审核办法》《应急管理部党组关于规范机关干部担任议事协调机构职务的意见》等 7 项制度规定，起草《职级公务员管理办法（稿）》等 4 项制度，印发《国家综合性消防救援队伍领导干部选拔任用工作规定（试行）》《国家综合性消防救援队伍管理指挥干部职级管理办法（试行）》和《国家综合性消防救援队伍专业技术干部职务等级管理办法（试行）》，不断健全完善选拔任用、干部监督、考核评价、挂职锻炼和公务员管理等制度机制。

二、强化干部日常教育监督管理

一是全力做好干部教育培训工作。印发应急管理部党组贯彻落实《2018—2022 年全国干部教育培训规划》实施意见，举办各类班次 44 期，培训 4820 人次，举办网上专题培训班 5 期，培训 1.7 万人次（图 7-3-1）。联合中组部在中央党校（国家行政学院）举办省部级干部提高自然灾害防治能力专题培训班和市地级领导干部应急管理与突发事件处置专题培训班，共培训 154 人次。组织 104 名司局级以上干部参加中央党校（国家行政学院）等“一校三院”调训和专题研修学习，组织举办 4 期国家综合性消防救援队伍总队级领导干部政治轮训班，培训 464 人；举办 3 期国家综合性消防救援队伍基层英模单位主官“牢记初心使命、践行训词精神”政治轮训示范班，180 人参加培训。

二是从严从实强化干部管理监督。组织全系统 12752 名领导干部报告个人有关

图 7-3-1 网上专题培训

事项，向中组部报送 34 批 2775 人次个人事项查核数据，分系统因个人有关事项报告核查，提醒 106 人，函询 134 人，诫勉 97 人。对 4 家直属事业单位开展了选人用人专项检查工作。严格履行干部日常监督职能，对机关和直属事业单位领导班子成员提醒谈话 4 人、诫勉 3 人。认真做好领导干部配偶、子女及其配偶经商办企业专项整治工作，完成 25 封举报件查核工作。根据《干部人事档案任前审核办法》，组织开展干部人事档案数字化信息化建设。

三、加快人才队伍建设

一是组织开展高层次人才培养选拔工作。做好百千万人才工程、“万人计划”、创新人才推进计划、文化名家暨“四个一批”人才等高层次人才选拔推荐工作，1 名同志入选中青年科技创新领军人才，3 名同志享受国务院政府特殊津贴。指导部通信信息中心博士后科研工作站、中国安全生产科学研究院博士后科研工作站完成博士后招生进站等相关工作。与国家留学基金委签订《合作备忘录》，支持首批 10 名人员公派出国留学深造。认真组织开展职称评审工作，完成 37 人的委托职称评审材料审核。

二是指导做好专业人才工作。组织开展全国高校应急管理类学科专业人才培养现状和应急管理领域专业人才资源现状及需求调研，深入分析应急管理系统对专业人才需求，研究提出加强应急管理人才建设培养框架方案。与陕西省人民政府共建西安科技大学，与教育部在北京师范大学合作共建减灾与应急管理学院。指导华北科技学院推进改革转型升级。制定《整合筹建部党校工作框架方案》，推进整合筹建部党校工作。

三是持续做好注册安全工程师工作。印发了《中级注册安全工程师职业资格考试大纲》等 3 个文件，组织开展 2019 年度中级注册安全工程师考试。全国共有 31.8 万人报名参考，公告 8 个批次 53491 名注安师。

四、抓好表彰奖励工作

积极推动建立应急管理表彰奖励制度，研究起草《应急管理系统奖励暂行规定（稿）》。积极协调，完成 6 个表彰项目变更、设立、保留工作。组织开展全国民族团结进步模范集体和模范个人推荐评选工作，兴安盟消防救援支队、新疆地震测绘研究院、南疆煤矿安全监察分局等单位被授予“全国民族团结进步模范集体”称号，拉萨市消防救援支队政治处主任罗桑念扎、那曲市森林消防大队大队长孔特特等人被授予“全国民族团结进步模范个人”称号。北京市消防救援总队天安门地区支队故宫特勤中队政治指导员蔡瑞被评为第九届全国“人民满意的公务员”，并受到习近平总书记的亲切接见。

五、重视离退休干部工作

2019年，应急管理系统离退休人员总数约2万人，其中，部机关746人，中国地震局约1.1万人，国家煤矿安监局约5100人，部直属单位约2600人。

完成4767万元财政拨款用款计划的上报，以及老年大学、活动站129万元运行经费的申领工作；共发放离退休费9890人次1523.07万元、离退休人员抚恤金686.39万元。完成离退休干部局固定资产盘点，共计773件，形成了固定资产管理年度报告。加强会计核算，将财务智能报销系统纳入部智慧机关建设项目。

印发《应急管理部机关离退休人员公费医疗管理办法》，开展多样化宣传讲解。发放大病帮扶救助资金和困难老同志救助金共计16万元；完成707名享受公费医疗离退休人员的注册工作。组织528名离退休人员进行体检，组织体检讲座10场次。探视住院老同志180余人次；协调解决变更医院、异地就医等需求350余人次；为18名年满75岁的老同志安装了“999一键通”居家养老呼叫系统。

离退休干部信息化服务管理系统上线运行，老同志基础信息采集完成率达90%以上，老同志或其近亲属“应急银辉”手机端安装率达80%以上；视频会议系统建成运行。“应急管理部老干部”微信公众号发布消息311篇，点击量达4万人次；部老年大学微信公众号全年推送信息71条，总阅读量超过10万次。在中组部离退休干部公众号等重要媒体发表信息33篇。

第四章 党风廉政建设

一、狠抓机关作风建设

结合“不忘初心、牢记使命”主题教育，在部系统组织开展查处违反中央八项规定精神等10项专项整治。认真贯彻落实中共中央办公厅《关于解决形式主义突出问题为基层减负的通知》要求，出台实施改进作风15条具体措施，对精文简会等作出严格要求。2019年，部机关印发文件、召开会议数量较2018年同期减少119件、148个，分别下降45.4%、33.2%；进一步精减优化2019年度省级政府安全生产与消防工作考核细则，考核指标和内容同比减少20%；清理规范要求下级或基层填表报数报材料等事项44件。出台10条服务群众服务企业服务社会，取消79项证明事项，大力推进政务事项“一网通办”，减少办证材料，着力解决证明材料多、审批程序多等问题。坚持从简从严、勤俭节约办事的原则，精打细算各项行政开支。2019年，部机关“三公”经费支出534.75万元，培训费支出1150.91万元，会议费支出383.77万元，均控制在预算内。从严从紧配置办公用房，严格执行中央和国家机关办公家具、设备配置标准，严禁超标准配置。

二、强化日常教育监督

充分利用“三会一课”、主题党日等形式和“学习强国”“支部工作”APP等阵地，加强理想信念和党纪党规教育。在春节、中秋、国庆等重要节点前夕，提前发通知、打招呼，督促各级党组织、纪检组织分别认真履行好主体责任、监督责任，严防党员干部触碰法纪红线。持续开展经常性纪律教育，组织党员干部观看警示教育片、参观廉政教育基地，不断提升廉洁自律意识和拒腐防变能力。严格党员入口，严格执行党员发展程序；畅通党员出口，对严重违纪违法的党员及时清出党员队伍，不断提升部系统党员队伍质量。坚持每月召开思想动态研判会，适时掌握党员干部思想动态，并有针对性地采取教育、帮扶等措施，及时解决党员干部学习、思想、工作、生活上的困惑或困难。严格执行党员领导干部过双重组织生活制度，部党组成员主动参加所在支部组织生活。严格执行党员领导干部个人事项年度报告和“凡提必核”制度，全年抽查核实个人事项报告2775人次，对31名漏报人员进行批评教育或提醒谈话。持续用好监督执纪“四种形态”，特别是第一种形态，要求41名受到约谈函询的司处级党员领导干部在民主生活会或组织生活会上作出说明。推动各级党组织认真开展民主评议党员，并充分用好评议结果。

三、从严查处违纪案件

畅通信访举报渠道，健全线上、线下信访办理机制，及时处理群众来信来电来访。全年共受理信访初次举报1123件，处置问题线索1186件，立案253件，给予党纪政纪处分287人次（图7-4-1）。始终保持惩治腐败的高压态势，全力支持纪检机构监督执纪问责，对违纪违法案件发现一起、严肃查处一起，绝不手软。特别是严肃查处了重庆煤矿安监局原党组书记、局长方佳军严重违纪案和浙江省消防救援总队党委常委、防火监督部部长周志忠严重违纪违法案等，起到了强大的震慑作用，基本达到了查处一件、教育一片的良好效果。

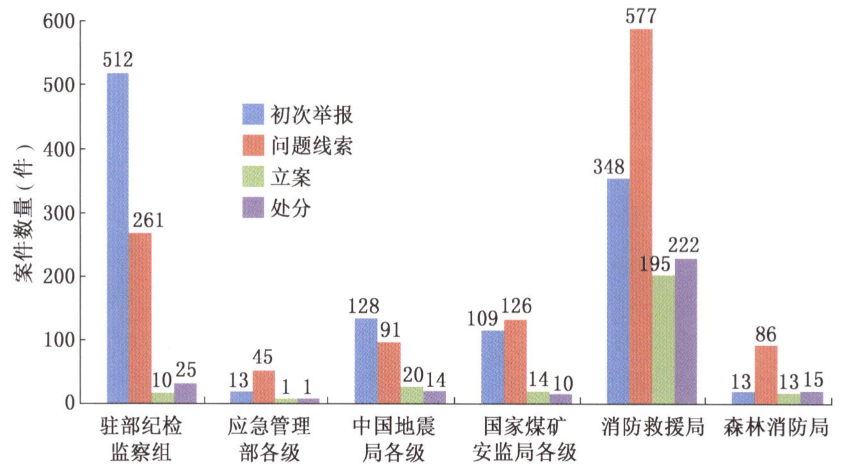

注：本数据来自驻部纪检监察组关于 2019 年监督执纪审查情况的通报。

图 7-4-1　2019 年应急管理系统监督执纪审查情况

四、深入开展内部巡视

深入学习贯彻习近平总书记关于巡视工作重要论述，着力深化政治巡视。制定实施《应急管理部党组 2019 年巡视工作计划》和巡视工作方案，分两轮对 9 个部属单位开展巡视，发现问题 495 个，移交问题线索 99 个。加强对巡视整改情况的跟踪督办，不断健全协作机制，及时督促 2018 年被巡视的 10 家单位落实巡视整改责任。

五、织密扎紧制度笼子

组织部直属机关全面开展廉政风险排查，找出风险点，标明风险等级，逐一制定防控措施，分别落实到人头、到岗位、到工作环节，确保权力运行到哪里，监督就跟进到哪里，在行政审批、执纪执法、事故调查和选人用人、物资分配、资金拨付等重点环节查找廉政风险点 927 个、制定防控措施 1108 条。制定明查暗访、考核巡查工作手册，出台实施行政执法公示办法、重大执法决定法制审核办法、行政执法规范用语指引；严格执行双人执法、持证上岗、岗位交流制度；大力推行执法环节网上流转、全程留痕、闭环管理，不断提高执法的规范性。同时，在江西南昌、赣州开展消防监督执法规范化建设试点。在研究出台加强部系统作风建设意见的基础上，先后配套出台和实施《部党组推进中央八项规定精神贯彻落实向纵深发展的实施办法》《应急管理系统重大事项请示报告规定》以及部机关《因公出国（境）管理规定》等 12 项内部管理制度，着力构建不敢腐、不能腐、不想腐的制度笼子。

第五章 “不忘初心、牢记使命”主 题 教 育

根据党中央统一部署，在中央主题教育领导小组及其办公室和中央第24指导组、第11巡回督导组精心指导督导下，应急管理部党组及所属92个单位，共1166个基层党组织、7201名党员，国家综合性消防救援队伍和中国消防救援学院、华北科技学院处级（支队级）以下单位，共4156个大队级以上建制单位、14895个基层党组织、11.64万名党员，先后参加了第一批、第二批“不忘初心、牢记使命”主题教育。

应急管理部党组聚焦深入学习贯彻习近平新时代中国特色社会主义思想根本任务，对标对表习近平总书记最新重要讲话和指示批示精神，全面把握“十二字”总要求，坚持“四个贯穿始终”，抓好“四个到位”，推动全系统主题教育有力有序开展，取得扎实成效。

一、提高政治站位，抢抓重大机遇

“不忘初心、牢记使命”主题教育，是应急管理部组建以来第一次党内集中教育，为解决新建部、刚起步遇到的各类矛盾困难，更好地适应新时代、激励新担当、履行新使命提供了有利契机。部党组坚持把开展好主题教育作为贯彻落实党中央决策部署、推进应急管理事业改革发展的重大机遇，作为培育守初心、担使命核心价值观，建设让党中央放心、让人民满意应急管理干部队伍的重大机遇，着力在“四个结合”上下功夫。

一是与培育应急人精气神紧密结合。针对应急工作牺牲奉献多、经受考验大、对干部队伍有特殊要求的实际，集中组织“为什么干应急”大讨论，举办部系统先进事迹报告会，举行“最美应急管理工作者”发布仪式，以理想信念坚定追求，以初心使命塑造精神，以榜样力量提振士气，着眼铸魂固本，培育应急文化。

二是与工作实际紧密结合。立足天天应急、常赴一线的工作常态，坚持集中学与分散学、个人学与专题学相结合，既保证随时应急，又确保教育质量。

三是与担负任务紧密结合。面对随时可能发生的灾害事故，紧盯安全生产、应急救援和新中国成立70周年安保等重大任务，坚持“两手抓、双促进”，有效应对了全国多地洪涝和四川长宁地震、贵州特大山体滑坡、超强台风“利奇马”等灾害事故，以保民平安、为民造福的实际行动践行初心使命。

四是与解决突出问题紧密结合。以正视问题的自觉和刀刃向内的勇气，深入查摆班子建设、队伍建设中存在的各种问题，把整治检查多、不务实、不深入和为基层服务不够等形式主义、官僚主义问题作为重点，努力推动解决深层次问题。

二、把握重点措施，一体推进落实

应急管理部党组坚持把“四项重点

措施”贯穿全过程，推动第一批与第二批“不忘初心、牢记使命”主题教育有机融合、前后衔接、上下贯通，确保规定动作抓扎实、自选动作有特色。

一是在抓实学习教育中筑牢思想根基。紧扣主题主线，用好基本教材，坚持读原著、学原文、悟原理，分期举办领导干部读书班，党组同志逐人谈认识体会、摆差距短板、讲对策措施；组织国家综合性消防救援队伍 464 名总队级领导干部政治轮训，举办英模单位主官政治轮训班，组织学习宣贯习近平总书记授旗训词精神一周年系列活动。通过中心组学习、研讨交流会、主题党日和专题党课等形式，及时跟进学习习近平总书记最新重要讲话和党史、新中国史，深入开展爱国主义教育。

二是在深入调研中寻求对策措施。组成由部党组同志和各级班子成员带队的工作组，采取“一竿子插到底”和深入解剖“麻雀”等方式，沉到一线与基层同志一道话改革、悟初心，集众智、寻对策（图 7-5-1）。党组主要负责同志 6 次主持召开座谈会，面对面听取基层同志的意见建议。各级发放调查问卷 26 万份，征集意见建议 66770 条，组织 656 次调研成果交流会，形成 5387 份有分析、有对策的调研报告，推动 23 项配套政策出台落地，研究提出一批破解难题的实招硬招。

三是在全面检视中立起问题靶向。按照“四个对照”“四个找一找”要求，围绕“十八个是否”，对标检视差距，深挖问题根源，部党组同志在对照党章党规找差距专题会和专题民主生活会上，勇于解剖自己，敢于揭短亮丑，坚决与问题积弊作斗争，达到了红脸出汗、排毒治病的效果。各级领导班子和领导干部坚持从自身严起查起，体现了自我革命的决心和立行立改的鲜明态度。全系统共召开对照党章党规找差距专题会 5661 次、专题民主生活会或组织生活会 16264 次，做到了不遮不掩、真查实纠。

图 7-5-1　2019 年 8 月 3—4 日，应急管理部党组书记黄明赴山西广灵、阳高调研定点扶贫工作

四是在整改落实中直击痛处难点。坚持边学边改、边查边改，切实把“问题清单”转化为“成效清单”。在全力推动落实中央8个专项整治的基础上，结合部系统实际，增加两个专项整治内容，拟定70项整治任务，实行清单式整改、项目化推进。第一批单位扎实开展整改“回头看”，第二批单位主动配合、承接落实，形成良性互动。部系统各单位逐级建立整改台账，明确目标任务、进度时限，共列出整改问题28802条，制定整改措施35970项，已整改销账20942条，整改率为72.7%。通过各类问题的有效整改，全系统做到“两个维护”的自觉性坚定性进一步增强，只争朝夕、奋发有为的干劲和越是艰险越向前的斗争精神持续提振。

三、解决突出问题，注重实际效果

始终坚持问题导向、目标导向、结果导向，针对第一批和第二批需要重点解决的问题，一开始就奔着问题去、针对问题抓、盯着问题改。

一是着力解决“三个短板、一个不足”的突出问题。对照初心使命和现实表现，针对梳理查摆的认知、能力、制度短板和革命精神不足问题，细化为政治站位不高、安全监管执法检查走形式、管党治党责任落实不力等16个方面39项具体表现，真改实改、应改尽改，正视过去不敢正视的问题，触及过去不敢触碰的矛盾。

二是着力解决转型中的思想认识问题。针对转制以来的各种“活思想”，剖析初心使命不牢、担当作为不够等现实表现，开展“牢记初心使命、践行训词精神”集中讨论，引导各级认清从哪里来、到哪里去，为什么人、担什么责的根本问题，坚定贯彻落实队伍建设“四句话方针”，筑牢为人民而生、为人民而战的思想根基。

三是着力解决长期积累的问题。结合巡视巡察，集中向消防执法“微腐败”、近亲属“违规涉消”、消防协会“明脱暗不脱”等问题开刀，抽查消防执法项目20余万个，核查干部近亲属涉消事项9万余人次，对相关人员进行诫勉谈话，责令限期整改。

四是着力解决群众最忧最急最盼的问题。针对基层群众反映监管责任不到位、执法检查不严格和简单化、一刀切等问题，部党组从源头抓起，深化消防执法和“放管服”改革，及时出台改进作风服务基层等25项措施，集中整治领导干部亲属违规经商办企业、形式主义、官僚主义等群众反映强烈的问题，出台便民利企措施3927项，切实让人民群众感受到主题教育带来的新变化新成效。

四、层层压实责任，跟踪督导问效

应急管理部党组坚决扛起主题教育的主体责任，带动部系统各级上行下效、压茬推进、走深走实。

一是加强领导，以上率下。紧跟中央部署，先后召开部系统动员部署会、第一批总结暨第二批部署会、主题教育推进会，为深入开展主题教育作了充分思想动员、扎实工作准备和有力行动示范。党组主要负责同志亲力亲为、率先垂范，先后15次主持召开部党组会议，传达学习中央要求，研究解决重大问题；6次主持修改党组检视剖析材料，反复推敲，数易其稿；坚持每两周听取情况汇报，跟进过问督导，体现了对事业极端认真负责的精神，履行了部党组第一责任人的职责。党组同志严格按照“一岗双责”要求，着力抓好分管领域主题教育，为广大党员干部作出了表率。

二是统筹协调，稳步推进。注重加强与中央主题教育领导小组办公室和第 24 指导组、第 11 巡回督导组的请示汇报，每周上报进展情况，中央主题教育简报 4 次报道应急管理部经验做法；部主题教育领导小组办公室构建“对上受领任务、对下具体指导、对内统筹协调、跟踪督导落实”的工作机制，定期召开工作例会、办公室会议和党组织书记座谈会，对主题教育重要事项、重点工作进行分析研判。

三是严督实导，纠偏正向。4 次下发关于推进主题教育的通知，26 次对重点工作作出提示，部署开展“回头看”，研发 APP 软件跟踪掌握情况，从严从实指导落实规定动作。成立 6 个指导组、2 个巡回指导组，与垂管单位指导组实行捆绑作业、融合办公，组织全覆盖、全过程的严督实导，发挥了指方向、教办法、校偏差的作用。

第八篇

英　雄　模　范

第一章 英 雄 烈 士

一、消防救援队伍烈士

刘磊，男，汉族，湖南常德人，1996年7月出生，2015年9月入伍，生前系江苏省苏州市消防救援支队盛泽中队一班副班长，四级消防士。2019年3月，被应急管理部批准为烈士。被应急管理部消防救援局追记一等功，被江苏省消防救援总队追认为中共党员，被共青团江苏省委追授为“江苏省优秀共青团员”，被苏州市人民政府追授为“苏州市十大杰出青年”，被共青团苏州市委追授为“苏州市优秀共青团员”被中央文明办评为“中国好人”，被苏州市文明委评为“苏州好人”。

入伍以来，刘磊勤学苦练，爱岗敬业，灭火战斗中冲锋在前，抢险救援勇挑重担。先后参加灭火救援战斗700余次，抢救120余人，两次获评优秀士兵。2019年3月19日9时33分，江苏省苏州市吴江区盛泽镇清溪河新东大桥一人要跳河。吴江消防大队接警后，立即调派盛泽中队1辆消防车、6名指战员赶赴现场处置。9时39分，中队到达现场。9时41分，轻生者跳下运河，盛泽中队两名消防员（刘磊、叶勇胜）随即下河营救。9时49分，跳河人员被成功营救上岸，刘磊不幸被水流卷入，壮烈牺牲。

孟鸣之，男，汉族，广西桂林人，1996年12月出生，2015年9月入伍，共青团员，生前系安徽省合肥市消防救援支队肥东中队特勤班副班长，四级消防士。2019年1月20日，被应急管理部批准为烈士。被应急管理部消防救援局追记一等功，被安徽省消防救援总队追认为中国共产党党员，被共青团安徽省委、安徽省青年联合会追授“安徽青年五四奖章”。

入伍以来，孟鸣之爱岗敬业，恪尽职守，始终牢记消防员的神圣职责，把人民群众的利益放在第一位。工作中吃苦耐劳，业务上刻苦钻研，灭火救援战斗中冲锋在前。先后参加灭火救援战斗1500余次，参与处置长城家具厂火灾、瑶海区汽配城火灾、肥东抗洪排涝、中盐红四方氨气泄漏、G3高速肥东段硝酸铵泄漏等重大灾害事故，成功救出被困人员50余名，先后荣获优秀士兵1次、优秀士官1次、嘉奖2次，多次参加支队比武集训队，在支队业务对抗赛中荣获大队个人总分第一名。2019年1月18日2时27分，安徽省合肥市肥东县庆超粮油贸易有限公司发生火灾，肥东消防中队先后出动2辆消防车、14名指战员前往处置。孟鸣之在烘干机顶部利用水枪向烘干机内部灌水清理阴燃时不幸滑落烘干机内，失去知觉。

经医院全力抢救无效，不幸壮烈牺牲。孟鸣之用实际行动践行了“对党忠诚、纪律严明、赴汤蹈火、竭诚为民”的铮铮誓言。

孙雷宇，男，汉族，安徽阜阳阜南人，1997 年 2 月出生，2014 年 9 月入伍，生前系安徽省蚌埠市消防救援支队淮上区大队沫河口中队战斗一班副班长，四级消防士。先后荣获嘉奖、先进个人等荣誉称号，2019 年 7 月，被应急管理部批准为烈士。被应急管理部消防救援局追记一等功，被安徽省消防救援总队追认为中共党员，被评为“安徽好人”和“阜阳好人”。

2019 年 6 月 28 日 18 时 3 分，安徽省蚌埠市淮上区沫河口镇华海化工有限公司厂区内有人员被困储罐内。接警后，孙雷宇作为第一出动力量迅速赶赴现场。到达现场后，孙雷宇立即展开侦察，了解到除一人在罐口已脱困外，还有两人被困罐中。情势危急，孙雷宇和战友立即掀开事故罐覆盖层，第一时间营救出受困于罐口的一名被困者。由于另一名被困者处在罐体内部，加之罐口狭小且有障碍物阻挡，营救非常困难。为快速打通救生通道，及时救助被困人员，孙雷宇英勇顽强，冲锋在前，不顾个人安危，始终奋战在救援第一线。18 时 25 分左右，现场忽然发生爆燃，孙雷宇身受重伤，被紧急送往医院救治。经医院全力抢救无效，孙雷宇于 6 月 29 日 11 时 15 分壮烈牺牲。

张伟杰，男，汉族，福建永春人，1993 年 4 月出生，2011 年 12 月入伍，中共党员，生前系福建省福州市消防救援支队特勤大队四站消防员，三级消防士。2019 年 11 月，被应急管理部批准为烈士。被应急管理部消防救援局追记一等功，被福建省总工会追授“福建省五一劳动奖章”，被共青团福建省委和福建省青年联合会追授“福建青年五四奖章”，被中共福建省消防救援总队委员会和中共福州市委追授“优秀共产党员”。

入伍以来，张伟杰始终牢记全心全意为人民服务的宗旨，凭着过硬的业务素质和顽强的拼搏精神，在多次急难险重任务中发挥关键作用，先后参与各类灭火救援行动 1200 余次，疏散和抢救群众 300 余人，荣获嘉奖 6 次，获评优秀士兵 1 次。2019 年 11 月 25 日，张伟杰在参与福建省福州市仓山区盖山镇叶下村民房火灾过程中，为保护被困群众，被坍塌房屋埋压，经抢救无效壮烈牺牲。

刘乃夫，男，汉族，四川乐山井研人，1994 年 2 月出生，2011 年 12 月入伍，生前系四川省阿坝州消防救援支队壤塘县大队壤塘中队战斗一班班长，三级消防士。2019 年 2 月，被应急管理部批准为烈士。被应急管理部消防救援局追记一等功，被四川省消防救援总队追认为中共党员。

入伍以来，刘乃夫先后参加了“4·20”芦山地震、“6·24”茂县山体高位垮塌、“8·8”九寨沟抗震救灾等灭火和抢险救援行动300多次，因工作成绩突出，两次荣立个人三等功，用实际行动诠释了自己担负的责任使命。2019年2月5日17时15分，四川省阿坝州壤塘县消防大队接到报警称该县茸木达乡一民房发生火灾，刘乃夫在中队干部的带领下驾车赶往现场进行处置。在翻越了海拔4000多米的尕卡岭后，接到县公安局指挥中心通知火已熄灭，中队随即组织返回归队。返回途中路况复杂危险，车辆行至距离县城壤柯镇3公里处的国道227线壤塘县尕卡岭路段时，经过一段10多公里的长下坡冰雪路，车辆失控，向路边左侧河道冲去。若不及时采取措施，整车将冲入尕古玛沟，甚至冲入人员密集的县城，极易造成重大人员伤亡。刘乃夫为保护战友生命安全，果断采取紧急避险措施，利用公路右侧山体减速。车辆撞上山体后，左倾侧翻，驾驶室严重变形，刘乃夫被卡在方向盘和座椅靠背的缝隙间身负重伤，经抢救无效壮烈牺牲。

张向博，男，汉族，陕西宝鸡人，1997年1月出生，2014年9月入伍，生前系陕西省杨凌示范区消防救援支队特勤中队四班副班长，四级消防士。2019年3月27日，被应急管理部批准为烈士。被陕西省消防救援总队追认为中共党员，并追记个人三等功；被共青团杨凌示范区工委追授为“杨凌示范区杰出青年”。

入伍以来，张向博始终严格要求自己，政治上坚定可靠，工作中勤奋敬业，作风上踏实严谨，训练中刻苦努力，战斗中冲锋在前。累计参加灭火战斗、抢险救援600余起，营救被困群众50余人，疏散受灾群众200余人。因表现突出，2016年被支队推荐参加总队驾驶员培训，并被评选为优秀义务兵；2018年，被中队确定为入党积极分子，列为2019年党员发展对象。2019年3月4日19时许，在处置连霍高速宝鸡至西安方向杨凌收费站主线匝道口处一小轿车灭火战斗中，一辆小型普通客车直接闯入警戒和救援区域，张向博发现险情后，在千钧一发的危急时刻，他一边向其他战友大声呼喊，一边一把推开了身边正在负责供水、丝毫没有意识到危险来临的战友，自己却因为小型普通客车车速太快、来不及再进行闪避被撞身负重伤。经过20天的全力抢救，最终因伤势过重抢救无效壮烈牺牲。

吕挺，男，汉族，浙江东阳人，1990年5月出生，2012年12月入伍，中共党员，生前系浙江省消防救援总队湖州市支队安吉中队中队长，二级指挥员。2019年8月17日，被应急管理部批准为烈士。被应急管理部消防救援局追记一等功，被共青团浙江省委、浙江省青年联合会追授“浙江青年五四奖章”，被评为2019“浙江骄傲”年度人物，被中央文明办评为“中国好人”。

2019年8月14日，浙江省湖州市安吉县鹤鹿溪村西苕溪水域两名群众落水。为解救受困人员，吕挺主动下水救援。他克服了湍急水流、暗流、漩涡等多重困难，成功将一名受困群众推上赶来增援的安吉县民安救援大队冲锋艇。随后，吕挺在继续搜寻另一名落水人员的过程中被急流冲走，壮烈牺牲。

二、四川木里“3·30”森林火灾烈士

赵万昆，男，汉族，四川冕宁人，1980年12月出生，2000年12月入伍，中共党员。生前系四川省森林消防总队凉山州森林消防支队西昌大队政治教导员，一级指挥员。2019年3月31日，在扑救四川省凉山州木里县雅砻江镇森林火灾中，因风力风向突变，突发林火爆燃，壮烈牺牲。2019年4月2日，被应急管理部批准为烈士并追记一等功。

蒋飞飞，男，汉族，四川南充人，1990年1月出生，2011年6月入伍，中共党员。生前系四川省森林消防总队凉山州森林消防支队西昌大队三中队中队长，三级指挥员。2019年3月31日，在扑救四川省凉山州木里县雅砻江镇森林火灾中，因风力风向突变，突发林火爆燃，壮烈牺牲。2019年4月2日，被应急管理部批准为烈士并追记一等功。

张浩，男，汉族，四川西昌人，1990年6月出生，2009年9月入伍，中共党员。生前系四川省森林消防总队凉山州森林消防支队西昌大队四中队中队长，三级指挥员。2019年3月31日，在扑救四川省凉山州木里县雅砻江镇森林火灾中，因风力风向突变，突发林火爆燃，壮烈牺牲。2019年4月2日，被应急管理部批准为烈士并追记一等功。

刘代旭，男，满族，黑龙江大兴安岭人，1996年10月出生，2015年9月入伍，中共党员。生前系四川省森林消防总队凉山州森林消防支队西昌大队三中队排长，四级指挥员。2019年3月31日，在扑救四川省凉山州木里县雅砻江镇森林火灾中，因风力风向突变，突发林火爆燃，壮烈牺牲。2019年4月2日，被应急管理部批准为烈士并追记一等功。

代晋恺，男，汉族，四川成都人，1995年9月出生，2015年9月入伍，中共党员。生前系四川省森林消防总队凉山州森林消防支队机关司令部警勤排消防员，四级消防士。2019年3月31日，在扑救四川省凉山州木里县雅砻江镇森林火灾中，因风力风向突变，突发林火爆燃，壮烈牺牲。2019年4月2日，被应急管理部批准为烈士并追记一等功。

幸更繁，男，汉族，云南曲靖人，1998年10月出生，2016年9月入伍。生前系四川省森林消防总队凉山州森林消防支队西昌大队大队部通信员，

四级消防士。2019 年 3 月 31 日，在扑救四川省凉山州木里县雅砻江镇森林火灾中，因风力风向突变，突发林火爆燃，壮烈牺牲。2019 年 4 月 2 日，被应急管理部批准为烈士并追记一等功，被应急管理部森林消防局追认为中共党员。

程方伟，男，汉族，重庆南川人，1997 年 1 月出生，2015 年 9 月入伍，中共党员。生前系四川省森林消防总队凉山州森林消防支队西昌大队三中队一班班长，四级消防士。2019 年 3 月 31 日，在扑救四川省凉山州木里县雅砻江镇森林火灾中，因风力风向突变，突发林火爆燃，壮烈牺牲。2019 年 4 月 2 日，被应急管理部批准为烈士并追记一等功。

陈益波，男，汉族，云南曲靖人，1998 年 12 月出生，2016 年 9 月入伍。生前系四川省森林消防总队凉山州森林消防支队西昌大队三中队一班副班长，四级消防士。2019 年 3 月 31 日，在扑救四川省凉山州木里县雅砻江镇森林火灾中，因风力风向突变，突发林火爆燃，壮烈牺牲。2019 年 4 月 2 日，被应急管理部批准为烈士并追记一等功。

赵耀东，男，汉族，甘肃定西人，1997 年 10 月出生，2017 年 9 月入伍。生前系四川省森林消防总队凉山州森林消防支队西昌大队三中队一班消防员，预备消防士。2019 年 3 月 31 日，在扑救四川省凉山州木里县雅砻江镇森林火灾中，因风力风向突变，突发林火爆燃，壮烈牺牲。2019 年 4 月 2 日，被应急管理部批准为烈士并追记一等功。

丁振军，男，汉族，江西赣州人，1997 年 4 月出生，2016 年 9 月入伍。生前系四川省森林消防总队凉山州森林消防支队西昌大队三中队一班消防员，四级消防士。2019 年 3 月 31 日，在扑救四川省凉山州木里县雅砻江镇森林火灾中，因风力风向突变，突发林火爆燃，壮烈牺牲。2019 年 4 月 2 日，被应急管理部批准为烈士并追记一等功，被应急管理部森林消防局追认为中共党员。

唐博英，男，黎族，海南陵水人，1993 年 7 月出生，2015 年 9 月入伍。生前系四川省森林消防总队凉山州森林消防支队西昌大队三中队二班副班长，三级消防士。2019 年 3 月 31 日，在扑救四川省凉山州木里县雅砻江镇森林火灾中，因风力风向突变，突发林火爆燃，壮烈牺牲。2019 年 4 月 2 日，被应急管理部批准为烈士并追记一等功，被应急管理部森林消防局追认为中共党员。

李灵宏，男，汉族，四川遂宁人，1997 年 11 月出生，2013 年 9 月入伍。生前系四川省森林消防总队凉山州森林消防支队西昌大队三中队二班消防员，三级消防士。2019 年 3 月 31 日，在扑救四川省凉山州木里县雅砻江镇森林火灾中，因风力风向突变，突发林火爆燃，壮烈牺牲。2019 年 4 月 2 日，被应急管理部批准为烈士并追记一等功。

孟兆星，男，汉族，甘肃金昌人，1999 年 3 月出生，2017 年 9 月入伍。生前系四川省森林消防总队凉山州森林消防支队西昌大队三中队二班消防员，预备消防士。2019 年 3 月 31 日，在扑救四川省凉山州木里县雅砻江镇森林火灾中，因风力风向突变，突发林火爆燃，壮烈牺牲。2019 年 4 月 2 日，被应急管理部批准为烈士并追记一等功，被应急管理部森林消防局追认为中共党员。

查卫光，男，彝族，云南大理人，1997 年 2 月出生，2016 年 9 月入伍。生前系四川省森林消防总队凉山州森林消防支队西昌大队三中队三班消防员，四级消防士。2019 年 3 月 31 日，在扑救四川省凉山州木里县雅砻江镇森林火灾中，因风力风向突变，突发林火爆燃，壮烈牺牲。2019 年 4 月 2 日，被应急管理部批准为烈士并追记一等功，被应急管理部森林消防局追认为中共党员。

郭启，男，汉族，甘肃陇南人，1999 年 6 月出生，2017 年 9 月入伍。生前系四川省森林消防总队凉山州森林消防支队西昌大队三中队三班消防员，预备消防士。2019 年 3 月 31 日，在扑救四川省凉山州木里县雅砻江镇森林火灾时，因风力风向突变，突发林火爆燃，壮烈牺牲。2019 年 4 月 2 日，被应急管理部批准为烈士并追记一等功，被应急管理部森林消防局追认为中共党员。

徐鹏龙，男，汉族，山东临沂人，2000 年 3 月出生，2017 年 9 月入伍。生前系四川省森林消防总队凉山州森林消防支队西昌大队三中队三班消防员，预备消防士。2019 年 3 月 31 日，在扑救四川省凉山州木里县雅砻江镇森林火灾中，因风力风向突变，突发林火爆燃，壮烈牺牲。2019 年 4 月 2 日，被应急管理部批准为烈士并追记一等功，被应急管理部森林消防局追认为中共党员。

周鹏，男，汉族，江西宜春人，1997 年 7 月出生，2016 年 9 月入伍。生前系四川省森林消防总队凉山州森林消

防支队西昌大队四中队一班副班长，四级消防士。2019 年 3 月 31 日，在扑救四川省凉山州木里县雅砻江镇森林火灾中，因风力风向突变，突发林火爆燃，壮烈牺牲。2019 年 4 月 2 日，被应急管理部批准为烈士并追记一等功，被应急管理部森林消防局追认为中共党员。

张成朋，男，汉族，山东滨州人，1999 年 2 月出生，2017 年 9 月入伍。生前系四川省森林消防总队凉山州森林消防支队西昌大队四中队一班消防员，预备消防士。2019 年 3 月 31 日，在扑救四川省凉山州木里县雅砻江镇森林火灾中，因风力风向突变，突发林火爆燃，壮烈牺牲。2019 年 4 月 2 日，被应急管理部批准为烈士并追记一等功，被应急管理部森林消防局追认为中共党员。

赵永一，男，汉族，山东临沂人，1999 年 12 月出生，2017 年 9 月入伍。生前系四川省森林消防总队凉山州森林消防支队西昌大队四中队一班消防员，预备消防士。2019 年 3 月 31 日，在扑救四川省凉山州木里县雅砻江镇森林火灾中，因风力风向突变，突发林火爆燃，壮烈牺牲。2019 年 4 月 2 日，被应急管理部批准为烈士并追记一等功，被应急管理部森林消防局追认为中共党员。

古剑辉，男，汉族，江西赣州人，1997 年 1 月出生，2016 年 9 月入伍。生前系四川省森林消防总队凉山州森林消防支队西昌大队四中队二班消防员，四级消防士。2019 年 3 月 31 日，在扑救四川省凉山州木里县雅砻江镇森林火灾中，因风力风向突变，突发林火爆燃，壮烈牺牲。2019 年 4 月 2 日，被应急管理部批准为烈士并追记一等功，被应急管理部森林消防局追认为中共党员。

张帅，男，汉族，山东临沂人，1999 年 6 月出生，2017 年 9 月入伍。生前系四川省森林消防总队凉山州森林消防支队西昌大队四中队二班消防员，预备消防士。2019 年 3 月 31 日，在扑救四川省凉山州木里县雅砻江镇森林火灾中，因风力风向突变，突发林火爆燃，壮烈牺牲。2019 年 4 月 2 日，被应急管理部批准为烈士并追记一等功；2020 年 1 月 14 日，被应急管理部森林消防局追认为中共党员。

王佛军，男，汉族，甘肃陇南人，2000 年 7 月出生，2017 年 9 月入伍。生前系四川省森林消防总队凉山州森林消防支队西昌大队四中队二班消防员，预备消防士。2019 年 3 月 31 日，在扑救四川省凉山州木里县雅砻江镇森林火灾中，因风力风向突变，突发林火爆燃，壮烈牺牲。2019 年 4 月 2 日，被应急管理部批准为烈士并追记一等功

理部批准为烈士并追记一等功。

高继垲，男，汉族，陕西汉中人，1993 年 8 月出生，2012 年 12 月入伍，中共党员。生前系四川省森林消防总队凉山州森林消防支队西昌大队四中队三班班长，三级消防士。2019 年 3 月 31 日，在扑救四川省凉山州木里县雅砻江镇森林火灾中，因风力风向突变，突发林火爆燃，壮烈牺牲。2019 年 4 月 2 日，被应急管理部批准为烈士并追记一等功。

汪耀峰，男，汉族，湖北孝感人，1993 年 9 月出生，2013 年 9 月入伍，中共党员。生前系四川省森林消防总队凉山州森林消防支队西昌大队四中队三班副班长，三级消防士。2019 年 3 月 31 日，在扑救四川省凉山州木里县雅砻江镇森林火灾中，因风力风向突变，突发林火爆燃，壮烈牺牲。2019 年 4 月 2 日，被应急管理部批准为烈士并追记一等功。

孔祥磊，男，彝族，云南红河人，1990 年 2 月出生，2007 年 12 月入伍，中共党员。生前系四川省森林消防总队凉山州森林消防支队西昌大队四中队三班消防员，二级消防士。2019 年 3 月 31 日，在扑救四川省凉山州木里县雅砻江镇森林火灾中，因风力风向突变，突发林火爆燃，壮烈牺牲。2019 年 4 月 2 日，被应急管理部批准为烈士并追记一等功。

杨瑞伦，男，畲族，贵州麻江人，1997 年 7 月出生，2017 年 9 月入伍。生前系四川省森林消防总队凉山州森林消防支队西昌大队四中队三班消防员，预备消防士。2019 年 3 月 31 日，在扑救四川省凉山州木里县雅砻江镇森林火灾中，因风力风向突变，突发林火爆燃，壮烈牺牲。2019 年 4 月 2 日，被应急管理部批准为烈士并追记一等功。

康荣臻，男，汉族，山东临沂人，1999 年 3 月出生，2017 年 9 月入伍。生前系四川省森林消防总队凉山州森林消防支队西昌大队四中队三班消防员，预备消防士。2019 年 3 月 31 日，在扑救四川省凉山州木里县雅砻江镇森林火灾中，因风力风向突变，突发林火爆燃，壮烈牺牲。2019 年 4 月 2 日，被应急管理部批准为烈士并追记一等功。

第二章 先 进 典 型

2019年，国家综合性消防救援队伍坚持以习近平新时代中国特色社会主义思想为指导，忠实践行习近平总书记重要授旗训词精神，认真贯彻落实应急管理部党委部署要求，守初心、担使命、抓落实。成功处置江苏响水天嘉宜化工有限公司“3·21”特别重大爆炸事故、四川长宁6.0级地震、贵州水城“7·23”特大山体滑坡、云南临沧凤庆高速公路隧道“11·26”涌水突泥事故、超强台风“利奇马”等重特大灾害事故，成功扑灭山西沁源、北京密云、陕西韩城、四川凉山、内蒙古金河、湖北孝感、广东佛山等森林火灾，圆满完成世界园艺博览会、亚洲文明对话大会、第七届世界军人运动会、第二届中国国际进口博览会、中日韩峰会等重大安保任务，有力有序推进队伍改革建设发展，涌现出一大批先进集体和个人。北京市消防救援总队、北京市天安门地区消防支队天安门特勤中队、北京市东城区消防支队金宝街中队、陕西省消防救援总队延安市支队宝塔区中队、内蒙古自治区森林消防总队大兴安岭支队莫尔道嘎大队奇乾中队5个集体荣立一等功，高友国、杨文超、康天宇、刘洪宇、王国宇、钟伟元、孙乐、赵亦茂8名个人荣立一等功，四川省森林消防总队凉山州支队西昌大队在扑救凉山木里县森林火灾中牺牲的27名指战员被追记一等功；13个集体、206名个人荣立二等功。

2019年6月25日，《中共中央组织部 中共中央宣传部关于表彰第九届全国“人民满意的公务员”和“人民满意的公务员集体”的决定》(中组发〔2019〕12号)(见二维码)，授予北京市消防救援总队天安门地区支队故宫特勤中队政治指导员蔡瑞全国“人民满意的公务员”称号。

2019年9月24日，《国务院关于表彰全国民族团结进步模范集体和模范个人的决定》(国发〔2019〕20号)(见二维码)，授予内蒙古自治区兴安盟消防救援支队、宁夏回族自治区石嘴山市消防救援支队大武口区大队特勤中队、新疆地震测绘研究院、南疆煤矿安全监察分局等单位“全国民族团结进步模范集体”称号，授予西藏自治区拉萨市消防救援支队政治处主任罗桑念扎、云南省德宏州盈江县那邦镇政府专职消防队队长岳成明、西藏那曲市森林消防大队大队长孔特特等人“全国民族团结进步模范个人”称号。

2019年4月27日，全国青联授予山西省长治市沁源县森林消防大队、四川省森林消防总队凉山州支队西昌大队第23届“中国青年五四奖章集体”(见二维码)。

2019年6月28日，中共应急管理部机关委员会对王世龙等29名部直属机关优秀共产党员、杨宁东等15名部直属机

关优秀党务工作者、办公厅党总支等 20 个部直属机关先进基层党组织予以表彰。

2019 年 4 月 28 日，应急管理部政治部对屈涬等 10 名部直属机关优秀青年干部标兵和商冉等 40 名部直属机关优秀青年干部予以表彰。

第九篇

地方应急管理

第一章　北京市应急管理工作

2019年，北京市应急管理系统坚持以习近平新时代中国特色社会主义思想为指导，扎实开展“不忘初心、牢记使命”主题教育，紧紧抓住安全生产工作基本盘，牢牢把握防灾减灾工作基本线，全力提升突发事件应对工作基本功，顺利完成全年的目标任务，应急管理工作能力和水平得到有效提升，实现了应急管理机构组建第一年“开好局、起好步”的目标。全年全市共发生各类生产安全死亡事故421起、死亡448人，同比分别下降11.6%和12.3%。未发生重特大生产安全死亡事故。全市生产安全死亡事故起数和死亡人数实现连续3年下降，安全生产形势持续稳定向好。

一、聚焦强化安全监管，全力夯实安全生产基本盘基本面

（一）压紧压实安全生产责任

研究出台《北京市党政领导干部安全生产责任制实施细则》《北京市生产经营单位安全生产主体责任规定》，全面压实党政领导干部安全生产监管责任和企业主体责任。市委、市政府督察组对全市6个区开展安全生产督察，并将消防工作纳入督察体系，对9个市级行业部门开展安全生产督察“回头看”。参加督察人员共112人次，延伸督察区行业部门及街乡镇63个，随机抽查生产经营单位205家。

（二）持续开展安全隐患排查治理

扎实推进城市安全隐患治理三年行动，聚焦10个重点行业领域，建立“动态排查挂账、全程监督治理、严格验收销账”工作机制，实施属地和部门隐患“双挂账”，组织专家对挂账隐患进行“回头看”。市财政投入隐患排查治理资金1.01亿元。挂账安全隐患12157项，整改12137项，整改率99.8%。指导4.3万家社会单位开展“三自主两公开一承诺”，自查自改火灾隐患2.6万处。组织开展重点场所专项整治。挂牌督办17家市级重大火灾隐患单位，攻坚整治存在突出隐患问题的100个居民小区和178个重点村。全市消防机构累计检查单位15万家次，督促整改火灾隐患逾20万处。

（三）强化重点行业领域安全监管

以燃气安全整治为重点，全面强化危险化学品、工业企业、消防、建筑施工、交通运输、大型商业综合体、电动自行车、文博建筑、矿山等各行业领域安全监管，遏制事故多发势头。完成133家危险化学品重点企业“体检式”安全筛查，推动大台煤矿安全退出。

（四）高标准完成重大活动服务保障

紧盯新中国成立70周年庆祝活动安全保障，组建市、区两级工作专班，统筹制定工作方案，精细做好国庆活动安全风险评估与控制，评估出的529种红线内风险和486种红线外风险全部落实一对一事故应急预案。始终保持执法高压态势，持续开展“护航·70”执法行动和“防风险、保平安、迎大庆”消防安全执法检

查专项行动。全年完成新中国成立 70 周年庆祝活动、第二届“一带一路”国际合作高峰论坛等 39 项重大活动，以及大兴国际机场、冬奥会场馆 2 项重大建设工程的安全保障任务。

二、聚焦系统应对综合防范，全力提升防灾减灾救灾能力

（一）健全防灾减灾救灾工作体系

牢固树立综合减灾理念，深入推进防灾减灾救灾体制机制改革，统筹推动自然灾害防治重点工程，统筹加强基层综合减灾能力建设。建立北京市自然灾害防治工作联席会议机制，推进落实自然灾害防治能力重点工程。建立灾害综合风险会商机制，每月召开自然灾害风险形势会商会。加强区级部门监测预警信息共享，持续做好预警信息发布工作。全年累计发布各类预警信息 209 条，提示短信息 6 亿人次。加强基层灾情管理工作督导，在全国范围内率先完成市、区、街道（乡镇）、社区（村）四级灾情管理工作体系组建，灾害信息员队伍达万余人。

（二）大力推进城市安全发展

研究制定《北京市关于推进城市安全发展的实施意见》，累计拨付资金 3500 万元，在 7 个区率先试点。印发城市安全风险评估三年工作方案，20173 家企业开展了风险评估工作，上报风险源 248415 项，其中重大安全风险源 414 项。加强安全社区与综合减灾示范社区融合，全面推进基层综合减灾能力建设。在 8 个高危行业领域强制推行安全生产责任保险，在其他行业领域全面推行。全年全市参保企业 65133 家，同比增长 14678 家，全市参保率达到 29.74%，为参保企业提供了超过 3860 亿元的风险保障。全年全市发生保险事故 2213 起，赔付结案 2034 件，支付赔款 2120.68 万元。

（三）全力做好森林防火和防汛抗旱工作

加强国家综合性森林消防队伍常态驻防，驻防人员由原 260 人增加至 580 人，驻防区域由 4 个区扩大至 8 个区。组织全市森林消防指挥员集训，着力提高指挥员的装备操作能力、火场指挥能力、心理承受能力、自救互救能力。构建“一级调度、扁平指挥、双岗保障”防汛工作新格局，推动设立水务防汛专项分指挥部，优化全市防汛指挥体系，充分利用“雨情、民情、实情、舆情”4 个指挥棒，全面加强汛期应急值守和指挥调度，确保全年安全度汛。

（四）强化应急物资统筹管理

印发《北京市市级救灾储备物资调拨机制（试行）》，明确市级救灾物资调拨的职责分工、工作流程。完成 20 个委办局、16 个区、21 个市级救援队、7 个社会救援队、9000 余家企业应急物资储备情况摸底。组织 182 万件次、2.9 亿元市级救灾物资和 16 万件次、4900 万元市级应急物资交接。

三、聚焦突发事件快速响应，全力提升应急救援能力

（一）精细抓好工作职能衔接

围绕统与分、防与救的职责关系，厘清防汛抗旱、城市防灭火、森林防灭火等方面职责，扎实做好 6 个部门人员整合、9 个部门职责划转，确定全市 21 个专项指挥部部门职责，调整市应急委、市安委会、市防汛抗旱指挥部、市森林防火指挥部的领导和成员名单。全力促进思想、职能、资源整合融合，在防汛、森林防火等工作衔接中做到“宁可抓重、不可抓漏”，确保机构运转高效顺畅。

（二）完善优化应急指挥体制

制定市突发事件应急指挥与处置管理办法、重大活动预警信息发布工作方案等规范性文件。制定印发核心区突发事件处置工作指导意见，规范城市火灾、森林火灾、道路交通事故等16类典型事故灾难和自然灾害类突发事件的应急响应流程，大力推进指挥处置预案体系规范发展。成功组织应急值守、潞城“3·8”火灾市区应急联动、平谷丫髻山“3·30”森林火灾应急等专项、综合演练。对潞城“3·8”火灾、平谷丫髻山“3·30”森林火灾等突发事件开展复盘分析。

（三）强化应急值守和信息报送

调配在编干部、组建市应急管理事务中心支撑保障应急值守工作。建立市应急指挥中心工作制度、季度形势分析会制度，统筹加强全系统应急值守、信息报送、预警信息发布工作。全年市应急指挥中心共接报处理各类突发情况1246起，其中突发事件892起，同比下降3.57%。

（四）全面加强应急救援队伍建设

强化市级应急救援力量和社会救援队伍统一指挥指导，统筹做好救灾物资和队伍装备配备。组建市航空应急救援队和市、区两级森林消防综合应急救援队，构建“联合预防、联合训练、联合指挥、联合作战、联合保障”的首都森林防灭火“五联”工作机制。截至2019年底，全市共有专业森林消防综合应急救援队伍50支，共1966人。精心组织消防员招录、消防学院招生工作，共招录消防员756名。发挥专职安全员、巡查员队伍作用，推动安全生产检查队规范化建设，全市乡镇街道（园区）安全生产检查队规范化建设达标率达到100%。

四、聚焦强基础固基层，全力提升应急管理基础能力

（一）大力推进依法治理

坚持科学立法、严格执法、精准普法三管齐下，加快应急管理领域法规制度研究。发布89项地方标准。认真贯彻“放管服”改革要求，创新服务模式、优化审批流程见实效。全年行政审批办结率100%、执法计划完成率100%、企业群众满意率100%，实现“政务服务零投诉、行政审批零差错”。推行行政执法公示制度、执法全过程记录制度、重大执法决定法制审核制度，不断完善执法程序、加强执法监督、提高执法效能，推动形成权责统一、权威高效的行政执法体系。完善《北京市消防安全责任制实施细则》，印发《关于规范转制过渡期间执法工作的通知》，出台《关于对部分消防安全违法行为实施行政处罚的裁量规定》，完善“双随机、一公开”消防监管模式。

（二）提升规划统筹发展能力

在深入开展本市应急管理、安全生产、防灾减灾救灾规划编制前瞻性研究的基础上，明确“1+N”的“十四五”时期应急管理事业规划编制思路（“1”为《北京市“十四五”时期应急管理事业发展规划》，“N”为应急救援力量建设、地质灾害防治、安全生产、消防救援等10个专项规划）。完成“十三五”安全生产规划终期评估，扎实推进北京城市副中心控制性详细规划贯彻实施。

（三）完善社会动员工作机制

建立应急管理新闻发布和网络舆情应对工作机制，组建专业新闻发言人队伍，举办新闻发言人专题培训。加强应急管理工作宣传，发挥“直击安全现场”“应急管理进行时”等传统媒体主阵地作用，

完成专版专栏 138 个（期）。全力落实“接诉即办”，全年全市共接到涉安全生产合理诉求 636 件，解决 631 件，响应率 100%、解决率 99.2%、满意率 99.5%。借助政府购买服务、“两微一端”（微博、微信、新闻客户端）平台、三大通信运营商，广泛开展消防安全宣传培训。市民消防常识知晓率同比提高 4.6%，电动自行车安全使用知晓率同比提高 11%。

（四）强化信息系统整合提升

编制《北京市应急管理信息化发展规划框架（2019—2022 年）》。推进全市水电气热、交通、公安、安全、消防、部队等 60 余类专网专线专电，以及 35 家单位的 71 个系统的接入和整合，提升视频调度保障能力。

（五）加强应急领域科技装备创新

聚焦城市运行安全保障，推进应急场景下新型科技应用研究，完成相关论文 32 篇，申请 35 个软件著作权，申报 6 项发明专利。推进应急安全科技产业的集聚发展，完成北京市应急领域全国安全产业园区申报工作。举办北京市首届应急科技装备展。加强应急移动单兵系统建设，组建市应急救援无人机侦测分队，开展森林灭火、处置重大突发事件等实战化训练，圆满完成先期侦测、火灾区域三维构建等任务。

（六）完善应急人才专家队伍管理

组建由 234 人组成的市应急委和应急管理局两级专家队伍，制定专家管理暂行办法，规范专家队伍管理。通过组织年度应急管理领域北京市科技新星和优秀青年工程师评选，开展应急管理领域学科带头人评定和安全工程专业高级工程师评价，设立北京市安全生产科学技术研究院博士后科研工作站，聘用海外留学人员等举措，在人才培养方面取得明显成效。加强“政学研”合作，与中国消防救援学院、北京师范大学、中国应急管理学会签署战略合作协议，建立全方位战略合作关系，实现资源共享、互学互鉴。

第二章　天津市应急管理工作

2019年，天津市应急管理系统以习近平新时代中国特色社会主义思想为指导，全面贯彻党的十九大和十九届二中、三中、四中全会精神，认真落实习近平总书记关于应急管理重要论述，按照市委、市政府部署要求，坚持以改革为动力，着力防控重大安全风险，系统推进应急管理事业全面发展。全市应急管理体系已经确立，新部门新机制新队伍的优势已经显现，安全生产呈现出稳定向好态势，全年全市未发生重大及以上生产安全事故。

一、高度重视，全面统揽应急管理工作大局

市委、市政府始终高度重视应急管理工作，多次召开市委常委会、市政府常务会、专项安全生产工作会议，听取安全生产和应急管理工作情况汇报，专题部署安全生产工作，部署隐患排查综合整治和危险化学品、消防、道路交通、森林防火等专项整治，以及天津港消防体制改革等工作，对历次整治行动狠抓开局、紧盯进度、协调问题，直至圆满收官。市委、市政府领导先后对安全生产和重大隐患问题整改等工作作出批示174次，并深入危险化学品企业、大型综合体等重点企业和场所暗查暗访，为全市安全生产形势保持稳定提供了有力支撑。

二、高频整治，全力排查消除安全事故隐患

坚持“三管三必须”原则，严格落实“隐患就是事故、事故就要处理”和“铁面、铁规、铁腕、铁心”要求，着力从根本上消除事故隐患。全年共组织开展3轮综合性排查整治，4次专项排查整治，围绕危险化学品、消防安全、交通运输、建筑施工、油气管线、特种设备、冶金、仓储物流等重点领域开展拉网式、地毯式、全覆盖安全隐患排查，检查单位45万多家次，督促整改事故隐患40.7万项，解决了河东区玉山里居民楼楼体倾斜等一大批多年来久拖不行、悬而未决的重大民生安全问题。督促整改火灾隐患17.5处，整改销案重大火灾隐患单位60家。按照国务院安委会统一部署开展的安全生产集中整治工作方案，成立由16个正局级领导干部带队的检查推动组，每组配备各领域专家10人、工作人员5人，重点开展了危险化学品、油气管线、瓶装液化气、综合商业体、森林和电气火灾、打通“生命通道”、电动自行车、尘肺病防治攻坚、公路水运工程、工程质量和施工安全等专项行动，做到专业排查、靶向整改、精准施治。通过采取一系列强有力措施，为庆祝新中国成立70周年、确保全市大局稳定营造了安全稳定的社会环境。

制定实施《关于加强安全生产行政执法工作的意见》，明确“四个一律”、案例通报等各项制度，推动规范执法。实施“双随机、一公开”监督检查模式，确保监管无盲区。强化安全诚信体系建设，全年公布处罚公示129件，对上报市场主体信用信息公示系统的522家受到行

政处罚的企业进行审核，对 101 家企业的风险等级进行调整，对 7 家企业实施联合惩戒。全年共立案处罚 6705 起、罚款 8258 万余元，关停企业 95 家，整改期停产停业 1052 家，公开曝光 9356 家，实施联合惩戒 36 家，问责 1490 人，拘留 512 人。对 9 起影响较大的事故实行挂牌督办，严厉追究相关责任人责任。针对海关发现的情况，开展天津港危险化学品非法运输专项打击行动，严厉查处、严厉打击私自夹带、隐匿偷运危险化学品违法犯罪行为，依法抓捕处理涉案人员 20 人，有力震慑了违法行为、遏制了非法偷运苗头。充分发挥群防群治作用，用好举报奖励制度，对武清区百川燃气管线隐患问题举报人给予 10 万元奖励，对相关单位负责人实行严肃追责，并对存在隐患进行全线排查整改。

三、健全机制，着力优化应急救援体系

落实国家机构改革要求，整合 11 个部门 13 项职责，组建市、区两级应急管理局并全面履行职责。调整市安委会、市消安委领导并更新成员单位，市政府主要负责领导任市安委会主任，市委常委、常务副市长任市安委会常务副主任和市消安委主任。适应机构改革需要，加强编制和人员保障，为市、区两级应急管理局增加编制 224 名，其中，在危险化学品、消防、电气、应急处置等重点领域充实专业人才 58 名；为全市消防系统增加政府专职消防员名额 1918 名，自 2020 年起，分三年招录到位。制定出台《天津市党政领导干部安全生产责任制规定实施细则》，压实各级党政领导干部安全生产责任。在 37 个市级政府部门和 9 个部门“三定”规定中明确规定安全生产职责，在 474 个区级政府部门、205 个党群部门“三定”规定中明确规定安全生产职责，并将安全生产责任落实情况纳入绩效考核。市政府与 16 个区、18 个市级部门签订《2019 年度安全生产责任书》，制定印发 2019 年安全生产考核细则，落实落细安全生产责任。市委制定出台《关于实行“战区制、主官上、权下放”推进党建引领基层治理体制机制创新的实施方案》，在各街道（乡镇）统一设置公共服务办公室、公共安全办公室等机构，强化安全生产基层组织建设。

四、强化保障，稳步提升防灾减灾救灾能力

签署《京津冀救灾物资协同保障协议》，制定实施《天津市自然灾害生活救助资金管理暂行办法》，协调市粮食和物资储备局完成 2019 年救灾物资采购，救灾物资规模达到 7 万人灾后所需。完成全市应急避难场所调研工作，全市 84 处应急避难场均进行挂牌管理。举行“2019 年山洪滑坡灾害应急演练”，指导有关技术单位开展突发地质灾害排查，对 233 处隐患点建立群测群防监测和专业监测相结合的监测体系。针对汛期 5 次较大范围强降雨和台风“利奇马”，第一时间启动防洪Ⅳ级、Ⅲ级应急响应，指导 16 个区提前转移安置高风险部位群众 9954 人，确保人民群众生命和财产安全。同时，市减灾委成员单位和各区政府紧密结合防灾减灾日主题，坚持以问题为导向，面向人员密集场所和重点部位开展灾害事故风险隐患排查和整改工作。应急管理、民政、教育、卫健、住建、交通、水务等部门分别针对危险化学品企业、养老机构、学校、医疗卫生机构、在建工程、交通运输、防汛工程等重点部位、重点环节开展防灾减灾专项检查，确保全市安全度汛。

五、强化支撑，加强应急管理基础能力建设

市应急管理局整合有关信息资源，建立统一应急调度指挥平台，与市公安、住建、卫健等16个市级相关部门和单位建立应急联动机制，签署《北京市天津市河北省应急救援协作框架协议》，建成危险化学品在线监测平台，接入1271家危险化学品企业5910个点位的视频监控，通过电子地图直观呈现危险化学品企业、重大危险源分布情况，实现了对危险化学品生产、储存、经营企业的全天候、全过程、全覆盖监控。建设市应急指挥中心，覆盖公安、水务、地震、消防等专业平台和16个区应急管理局、11个市专业救援队伍等235个点位，集监测预警、指挥调度、值班值守等多功能于一体，实现部、市、区三级联动。投入1亿元安全生产专项资金和9.46亿元消防专项资金，用于治理重大安全隐患、更新执法设备、补贴应急救援队伍和购置大跨度高喷车、灭火机器人、远程供水系统等专业、新型应急救援装备，财政投入力度为近年最大。组织修订市总体应急预案和12个市级专项应急预案，加强应急预案演练，围绕危险化学品泄漏、人员密集场所逃生、城镇燃气安全、用电安全等方面，组织应急演练2977场，23万余人次参与。制定实施《天津市应急救援队伍建设管理办法》，建立以市级综合救援队为骨干、16支部门救援力量和13支危化专业力量为支撑、8支志愿者队伍为补充的救援队伍体系。滨海新区等6个区补充区应急管理局人员共31名，有效增强了区级应急力量。

六、凝聚共识，不断提升全社会安全意识

把安全生产教育纳入市、区两级党校（行政学院）培训课程，开展全市安全生产大培训，各区、各部门和重点企业5000多名领导干部参加培训，市分管领导作开班动员并授课。组织全市244个乡镇（街道）、51个园区管委会、3500多家消防重点单位开展电气火灾大讲堂活动，邀请专家讲授电气火灾防控知识。开展全国防灾减灾日宣传周、“安全生产月”、森林防火宣传月等活动，全年全市共组织各类宣传活动4300多场，向企业发放防灾减灾、安全生产宣传挂图120万张、知识手册60万册，组织媒体跟队随访2486次，暗查暗访966次，开展专题采访339次。在天津电视台播放《安全天津360》专题节目，各级领导干部的安全法治意识、责任意识普遍增强，企业职工和市民的防灾减灾安全意识普遍提高。建成总队全媒体中心，自主研发“举报投诉智能云平台”和“96119人工智能机器人”。在公园、地铁、车站建设消防安全宣传阵地，与三大通信运营商、10家知名快递公司联合，每天发送消防安全提示、普及消防安全常识，提升市民消防安全意识。组织1200个社会团体、200万名志愿者和34万名保安员、快递员成立“天津消防公益联盟”，辐射带动社会各界共筑平安。充分发挥安全生产执法训练基地（生态城安全体验馆）教育培训作用，营造“关爱生命、关注安全”的良好氛围，为促进安全生产形势持续稳定打下坚实基础。

第三章　河北省应急管理工作

2019 年，河北省应急管理系统以强烈的担当、创新的思路和有力的举措推动应急管理事业平稳发展，应急管理、安全生产、防灾减灾救灾等各项工作取得明显成效。全年全省事故起数、死亡人数同比分别下降 15.6% 和 14.0%，其中，工矿商贸领域下降 40.2% 和 33.5%；平稳度过森林草原防火期、企业复工复产期和“七下八上”主汛期，成功应对超强台风“利奇马”，全省自然灾害形势平稳，未发生重大灾情，有力维护了人民群众生命财产安全和社会稳定。

一、应急管理机构改革

省应急管理厅整合 8 个部门、5 个指挥协调机构的职能。开展应急管理大调研和为全厅增光添彩活动，共制定省域顶层设计 35 项、改革举措 65 项，形成有价值的调研报告 86 份，高质量完成增光添彩项目 42 项。优化整合指挥体系，对省安委会、减灾委、抗震救灾指挥部、防汛抗旱指挥部、森林草原防灭火指挥部、地质灾害应急救援指挥部 6 个指挥协调机构，及其办公室的组织体制、职责职能、运行机制及各成员单位的责任进行重新调整和优化，形成了权威高效的应急指挥体系。制定出台《河北省安全生产风险管控与隐患治理规定》《河北省安全生产巡查工作规定》《关于切实做好防灾减灾救灾工作的意见》等规章制度、政策性文件 92 项，修改完善安全生产责任清单，进一步压实安全生产责任；建立自然灾害防治会商研判等联合工作机制，厘清自然灾害防抗救的部门职责边界。印发《关于深化消防执法改革的若干措施》，分行业开展专项整治，逐级约谈 3085 家大型商业综合体、高层建筑、危险化学品企业负责人。

二、安全生产监管

牢牢守住安全生产基本盘基本面，着力防范化解重大安全风险，确保不发生重大生产安全事故。重点开展了“五大行动”：一是持续开展大排查大整治攻坚行动。通过建立领导包联、“一个台账、四个清单”制度，持续加大工作力度，全省共排查治理一般隐患 65.9 万项，共约谈 5062 次，通报 1369 次，党政纪处分 285 人，在媒体公开曝光问题隐患 8700 余处；先后对衡水市、雄安新区发出了安全生产“整改令”。二是开展化工行业整治攻坚行动。实施“四个一批”（即关停取缔一批、搬迁入园一批、改造提升一批、做强做优一批），全省共完成 13560 家化工企业和所有化工园区“一企一档”“一园一档”建档工作和“四个一批”目标评估任务。全省列入“关停取缔”的化工企业 220 家，其中已停产 219 家，剩余 1 家企业依法有序关停。三是开展重点行业领域三年专项整治行动。对全省 41 处煤矿、2339 座尾矿库、11 个石油天然气采场、7 家高炉铸造企业进行了安全“体检”，对 397 座非煤矿山完成复产复工验收，建立全省 318 家冶金企业整治台账；排查消防单位8.7万余家、整改火灾隐患14.3万处。四是开展安全执法质量提升专项行动。全系统执法检查企业10.7万家次，查处隐患17万项，责令停产、停业、停工1600家，经济处罚入库2.2亿余元。国庆期间，派出11个督导执法组，组织开展“防风险、保安全、迎大庆”安全生产集中督导执法检查，工矿商贸实现“零事故”。五是开展“双控”机制建设推进行动。先后组织宣讲《河北省安全生产风险管控与隐患治理规定》421场次，受众达到16万余人次。组织22个省级有关部门制定发布分管行业领域风险分级管控和隐患排查治理工作指引，全省“双控”机制建设试点企业达3216家。对重点单位场所开展“会诊式”检查。加强夏季、冬春火灾防控，开展“防风险、保平安、迎大庆”消防安全执法检查专项行动和“双百日攻坚会战”，开展专项整治，累计检查单位20.5万家，督促整改火灾隐患33.1万处，省政府挂牌督办的18家重大火灾隐患单位整改销案15家。全省消防救援队伍11个支队级单位、198个执法单位全部上线运行“双随机、一公开”消防监管系统。

三、防灾减灾救灾

牢固树立灾害风险管理和综合减灾新理念，坚持以防为主、防抗救相结合，努力实现从注重灾后救助向注重灾前预防转变，从应对单一灾种向综合减灾转变，从减少灾害损失向减轻灾害风险转变，全面提升抵御自然灾害的综合防范能力。一是加强预警预报。与省气象局等部门建立信息共享机制，加强会商研判，共发布预警信息97次；建立重要时间节点安全提示制度，命名长城新媒体为“河北应急发布”、99.2交通广播为“河北应急广播”，共发布安全提示20次，受众人数达3200多万人次。二是全力做好重大灾害应对工作。会同省林草局圆满完成春季森林草原防灭火任务，全省没有发生大的火情。与省水利厅联合组成防汛工作专班，成功应对强降雨和强台风的影响，圆满完成防汛抗旱工作。认真开展地震、地质灾害应急救援预案桌面推演，增强预案的科学性和部门之间的协调性。争取国家救灾资金14830万元，森林草原防灭火装备经费2100万元，下拨省级以上救灾资金18430万元，把党和政府的关心及时送到人民群众手中。三是大力推进“七大工程”建设，防汛抗旱水利提升工程和地质灾害综合治理工程已全部启动，其余5项中，有2项已完成方案制定，2项已确定试点县区，1项已申报立项。

四、应急救援综合能力建设

一是抓队伍。着力优化整合应急救援队伍，初步构建以消防综合救援、安全生产应急救援、地震和抗洪抢险救援为骨干，社会救援力量为补充的全省应急救援队伍体系。二是抓装备。全面摸清全省应急救援装备底数，科学制定应急装备配备规划，进一步加大先进适用装备配备力度，有效提高专业化技术装备水平。三是抓机制。完善应对重大灾害现场指挥协调机制，建立京津冀协调联动机制，签署《京津冀毗邻市区救灾协同互助协议》，健全毗邻区灾情共享、救灾物资协同保障、救灾队伍互助等机制，救援工作的科学性、有序性进一步增强。四是抓联动。着力加强与驻军、武警部队及相关部门的沟通联系，实现消防、水利、地震、气象等6个部门信息网络的互联互通、重要灾情的会商研判、现场救援的协调联动。五是抓预案。注重加强应急预案建设，确定总体应急预案、专项应急预案、部门应急预案“1+31+42”的省级突发事件应急预案体系，各类应急预案的实用性和可操作性进一步提高。六是抓演练。加大应急救援演练力度，全省各级共组织各类应急演练 1.8 万余场次，高标准举办全省首届应急救援队伍体能技能综合竞赛和抗洪抢险应急救援演练，河北省 3 支救护队通过国家矿山救护队标准化达标考核验收，“全面提升京津冀协同应急救援综合能力”的做法在全国现场会上进行经验介绍。

五、应急管理基层基础

一是加强应急管理信息化建设。坚持以信息化推进应急管理现代化，始终把信息化建设作为一项事关应急管理事业长远发展的基础性、全局性、战略性重大任务，坚持系统化设计，一体化推进。科学编制《河北省应急管理信息化发展规划》，明确省、市、县信息化分级建设内容，规划时间表、路线图，促进系统互联互通、信息资源共享。研究制定《应急管理信息化综合应用平台建设方案》，开发研制监测预警等 30 多个业务系统，初步建立以自动化、网络化、移动化、智能化为特征的工作新模式。推进省、市应急信息化调度平台建设，实现省、市应急值班调度信息互联互通、实时视频和通话功能，实现与消防、气象、水利、森林防火、地震等部门视频会商。加快推进应急管理“一张图”建设，收录高危行业企业和规模以上工矿商贸企业 22385 家、重大危险源点 2416 处、地质灾害点 4211 处，收录应急预案（含政府、企业）4393 个，收录粮食物资、民政、水利、交通运输等 19 个部门 236 个应急物资、装备库的数据信息，收录 128 支专业救护队、316 支兼职救护队、6.1 万多台（套）应急物资、装备的基础信息。二是加强应急宣传。大力推进社会公益和科普文化宣传，创建省级以上安全文化示范企业 195 家，其中国家级 18 家，全省安全志愿者 41 万人。与河北广播电视台签订战略合作备忘录，与河北广播电视台共同打造全国首档公众知识竞技综艺节目《一路向前》，网络答题突破 1 亿人次，收视人群达 2 亿人次；联合人民网组织开展“开工第一课”“开学安全第一课”网络直播活动，收看人数均突破千万。联合河北日报报业集团、河北广播电视台、长城新媒体集团等主流媒体开展“点燃火焰蓝、奋进新征程”形象宣传月和“新闻媒体看消防”主题宣传报道活动，评选展播第五届“消防之星”。三是加大培训力度。认真开展企业“三项岗位人员”培训，共培训企业主要负责人和管理人员 12.5 万多人、特种作业人员 20.8 万多人。与省人社厅联合免费对全省 66 家冶金企业 2 万多名班组长开展了安全能力提升培训。四是加强标准制定推广工作。出台省地方标准 28 个、京津冀协同标准 14 个，把标准实施列入执法重要内容，确保标准落实落地。五是强化责任追究。坚持以责任落实推动各项工作落实，严查失职失责行为。进一步扩大企业诚信管理覆盖面，发布联合惩戒“黑名单”企业 88 家，诚信 A 级企业 402 家。加大事故查处和责任追究，对 10 起影响较大的事故实行挂牌督办，对 1 起事故提级调查，对 33 起一般事故开展跟踪督办，对 8 个事故多发市县进行约谈。

第四章　山西省应急管理工作

2019年，山西省应急管理系统坚持以习近平新时代中国特色社会主义思想为指导，贯彻落实党的十九大和十九届二中、三中、四中全会精神，贯彻落实党中央、国务院和山西省委、省政府决策部署，坚持边组建、边应急、边防范，把“改革创新、奋发有为”大讨论和“不忘初心、牢记使命”主题教育成果转化为推动工作落实的动力，努力在风险防范上出实招、在防灾减灾上下功夫、在应急救援上求突破，实现了全省应急管理工作的良好开局。全年全省共发生各类生产安全死亡事故640起、死亡762人，同比分别下降32.84%和28.79%。无特别重大以上事故，农林牧渔业无死亡事故。全省安全生产形势好于全国平均水平。

一、安全生产

（一）强化组织领导

省领导多次主持召开省委常委会、省政府常务会和专题会议，研究部署安全生产工作，推进高陡边坡隐患排查、护林防火专项督查、安全生产大检查“三个专项行动”。印发《山西省人民政府关于做好2019年安全生产工作的通知》，并召开4次省政府安委会全体（扩大）会议，推进重点任务落实。

（二）压实安全责任

各级党政一把手带头落实领导责任，11个市、110个县（市、区）政府落实任常委的副职分管安全工作的规定。省委、省政府调整和明确煤炭、铁路、电力等行业领域安全监管职责；省政府与各市、各部门签订年度安全生产和消防工作责任书，在各行业企业全面推行安全生产挂牌责任制，全省挂牌企业86万家。出台《山西省煤矿矿长安全生产考核记分办法》。

（三）防范化解安全风险

组织开展“三个专项行动”，在高陡边坡隐患排查中，共排查高陡边坡12534个，确定隐患点4016处，对其中155处隐患点进行了工程治理，对337处隐患点周边居民进行了搬迁。在护林防火专项督查中，全省共排查护林防火单位1.3万家，发现和整改隐患785项，处理相关责任人178人，刑事拘留肇事者41人。在安全生产大检查中，全省共排查发现重大隐患896项（已整改治理749项），责令停产停业整顿企业1694家，暂扣吊销有关证照489个，提请政府关闭取缔企业410家，行政罚款3.86亿多元。全省共检查社会单位24.2万家，督促整改火灾隐患35.2万处，挂牌督办重大火灾隐患单位164家。对高危行业企业进行安全“体检”。全省“体检”六类高风险煤矿252座，氯碱、合成氨、剧毒等危险化学品生产企业153家，尾矿库196座，钢铁铸造企业506家，建筑施工项目106个；年检蓄水水库224座。

（四）深化专项整治

煤矿：加强瓦斯等级鉴定，推进瓦斯“三区联动”立体化抽采，抽采量累计47亿立方米；制定并严格落实山西省煤矿防治水“三专两探一撤”规定；完成冲击倾向性煤矿鉴定工作。非煤矿山：开展地下矿山采空区排查治理，推进尾矿库在线监测四级联网，完成尾矿库湿排改干排 22 座；关闭不具备安全生产条件非煤矿山 35 座。危险化学品：对涉及硝化反应、易制爆、空分装置的企业进行全覆盖检查，推进全省 189 家危险化学品企业基本完成装卸车系统改造，推动 2 家人员密集区危险化学品生产企业搬迁。消防：出台防范“小火亡人”事故 7 项措施，对“小火亡人”多发地下发督办函；组织开展“防风险、保平安、迎大庆”、电动自行车、博物馆和文物建筑等 10 个专项整治；编制大型商业综合体消防安全管理导则，对有关火灾隐患单位进行诫勉约谈。督促有关部门深化道路交通、建筑施工等重点行业领域专项整治。从 9 月中旬至 11 月底，在全省组织开展商业综合体消防安全、建筑物外围附着物坠落、高空作业人员作业不系安全带和餐饮场所燃气安全专项整治。

（五）推进监管执法

全面推进执法公示、执法全过程记录、重大执法决定法制审核“三项制度”，严厉打击各类非法违法生产经营建设行为，查处吕梁交口铝厂赤泥库非法运行等案件。制定并严格执行安全监督检查计划，与突击检查、随机抽查相结合，严格执法工作。针对第二届全国青年运动会、国庆前后等重大活动和重要时段，强化执法检查。加快消防监督管理革新，推行“双随机、一公开”消防监管模式，推动地方立法，开展法制员培训，加强执法管理，规范执法行为。

二、防灾减灾救灾

2019 年，山西省遭受多年未遇的严重旱灾，同时，洪涝、风雹、低温冷冻、山体滑坡、病虫害等自然灾害在局部地区也较为严重。各类自然灾害共造成 11 市 109 个县（市、区）940.5 万人次受灾，因灾死亡 32 人，紧急转移安置 2562 人；农作物受灾面积 1421.6 千公顷；房屋倒塌 1962 间，其中严重损坏 1745 间；直接经济损失 120.8 亿元。面对灾情，省委、省政府高度重视，提出“强化监测预警，科学有序应对”的要求。启动省级四级救灾应急响应 2 次，三级救灾应急响应 1 次。建立省级救灾物资调拨机制，及时向灾区调拨救灾应急物资。8 次派出省级工作组深入重灾县核查灾情，5 次进行救助情况调研，指导灾区抗灾救灾。下拨资金支持灾区倒损住房恢复重建，争取国家抗旱资金 10200 万元，会同省财政厅下拨省级救灾资金 3400 万元，对受灾群众进行生活救助。

三、应急救援

2019 年，山西省累计派出 73 个工作组指导各地应急处置。成功处置太原呼延蓄水坝漏水，忻府区“3·10”、沁源“3·29”、阳城“5·22”森林火灾，乡宁“3·15”山体滑坡等突发事件。特别是在乡宁“3·15”山体滑坡救援和沁源“3·29”森林火灾扑救过程中，高度重视并坚决贯彻落实习近平总书记等中央领导的重要指示批示精神，主要领导第一时间到现场指挥抢险救援工作，每日视频调度救援行动，协调指挥各方力量投入救援，在救援过程中同步做好善后工作。

四、基础能力建设

（一）初步建立适应省情的应急管理体系

围绕建立“统”“分”结合的指挥体系、“防”“救”结合的衔接机制、“平”

"战"结合的运行模式，提请省政府成立省应急救援总指挥部和17个专项指挥部，统一领导协调山西省域内突发事件风险防范和应对处置工作，统筹指导本行业领域突发事件风险防范和应对处置工作。出台《关于推进应急管理体制机制建设的意见》，从3个方面提出20条建设举措，为推进应急管理体制机制建设提供遵循和依据。启动全省应急预案体系规划编制和省突发事件总体应急预案、专项应急预案修订工作。全省各级政府、部门、企业和其他社会单位共计编制应急预案16万个，其中，各级政府应急预案8243个、省级政府层面应急预案103个。建立省级应急预案专家库，成立应急指挥专班。建设完成安全监管执法、指挥救援信息系统和危险化学品风险预警系统，实现应急指挥骨干网络视频调度系统省、市、县三级贯通。

（二）基本形成覆盖全省全域的应急救援力量

制定《加强应急救援队伍建设的意见》，报请国家在山西省常驻森林消防队伍，全省共建成以综合性消防救援队伍为骨干力量的应急救援队伍1479支，指战员134843人。起草山西省航空救援体系建设方案，航空救援体系建设取得积极进展。基本构建国家综合性消防救援队伍为骨干，专业救援队伍为重点，社会救援队伍为补充的应急救援力量体系。加强实战化应急演练，协调组织以各级政府部门为主导的自然灾害、事故灾难应急演练360多场，企业、单位13700多场，提升应急救援能力。

（三）建立自然灾害监测预警制度，提升全省自然灾害防治能力

推进建立自然灾害监测预警制度，与省水利厅、消防救援总队、交管局、能源局、地震局等部门的监测监控系统实现互联互通、资源共享。建立防汛抗旱、抢险救灾、自然灾害防治工作厅（局）联席会议，组织召开主汛期气候趋势预测暨防汛形势分析、全省防汛抗旱工作等自然灾害类专题会商会议20余次，多次召开风险会商会、全省电视电话会议进行会商研判预警，安排部署重点时段灾害防治工作，保障全省安全度过汛期。建立自然灾害防治工作厅（局）际联席会议制度、自然灾害责任制度、监测预警制度、省级救灾物资调拨制度等制度，积极推进9项重点工程建设，提升全省自然灾害防治能力。

（四）加强安全生产基层基础，提升本质安全水平

一是加大宣传培训力度。制定印发《大力推行"举国救援不如全民预防"理念　扎实推进2019年安全生产宣传教育"七进"活动工作要点》，以"安全生产月"为载体，举办安全生产宣传咨询日、全国防灾减灾日、"三晋安全行"等系列宣传活动；加强对企业主要负责人、安全管理人员和特种作业人员"二项岗位人员"的培训考核，指导全省应急管理系统培训企业主要负责人和其他从业人员11.6万人次。策划推出多部消防宣传作品，微电影《我在》在全国消防救援队伍首届主题微电影评比中获一等奖。建立微博+微信+APP客户端+"抖音"新媒体矩阵，矩阵关注人数超1000万人。二是推进信息化建设和科技强安工作。编制并实施山西省应急管理信息化规划，积极沟通协调业务相关单位，推进与气象、林草、水利等相关厅（局）间业务系统共享共用。在重点行业领域开展"机械化换人、自动化减人"智能化作业，科技强安专项行动，推进煤矿"四化"建设，

实施“一优三减”。三是加强安全生产标准化建设。全省所有生产煤矿全部达到二级以上标准，其中 160 座达到国家一级标准。危险化学品生产企业全部达到三级标准，11 家达到二级标准。冶金工贸行业共有 1815 家企业达标，非煤矿山企业共有 563 家达标。

第五章 内蒙古自治区应急管理工作

2019年，内蒙古自治区应急管理系统深入学习贯彻党的十九大和十九届二中、三中、四中全会精神，全面贯彻落实习近平总书记关于应急管理重要论述和对内蒙古工作重要指示精神，紧扣“防风险、保安全、迎大庆”工作主线，积极推进应急管理体制机制建设，着力防范化解重大安全风险，高效处置各类突发事故灾害，有力保护人民群众生命财产安全和社会稳定，各项工作取得积极进展。全年全区共发生各类生产安全事故473起、死亡517人，同比分别下降19.3%和9.8%。自然灾害受灾人数、因灾死亡人数、倒塌房屋数量、直接经济损失比近三年平均值分别下降51%、58%、77%和56%，事故灾害形势总体保持平稳。

一、健全完善责任体系

自治区党委、政府始终高度重视安全生产、应急管理和防灾减灾救灾工作，召开7次党委常委会、4次政府常务会、4次政府专题会议、7次全区工作会议，及时传达学习习近平总书记重要指示精神，安排部署重点工作。自治区党政主要领导、分管领导带头落实责任，多次听取汇报、作出指示批示，深入一线督导事故灾害抢险救援和安全生产、防灾减灾救灾工作，推动解决金属非金属矿山企业经理管理能力提升、危险化学品安全评估、城镇燃气、历史遗留建设工程消防审验、应急救援装备保障等一批基础性、全局性重大问题。

各级分管领导全部调整为由本级党委常委担任，重点厅（局）安全生产和自然灾害防治职责均已纳入本部门“三定”规定。各级安委会、防汛抗旱、森林草原防灭火、防震减灾等议事指挥机构及时调整到位，制定工作规则和运行机制，全区应急管理指挥体制基本建立。12个盟市、103个旗县应急管理局全面组建到位，全区应急管理组织体系基本形成。自治区应急管理厅充分发挥各议事协调机构办公室综合优势，健全完善督查、巡查、考核、约谈、黑名单等制度措施，强有力推动安全生产和自然灾害属地领导责任、行业监督管理责任、企业主体责任执行到位。

二、强化安全专项整治

建立并推进覆盖全区的安全隐患排查治理、专项整治、从严监管执法、宣传教育培训、应急救援能力提升“五个常态化”机制。锡林郭勒盟西乌珠穆沁旗银漫矿业有限责任公司“2·23”井下车辆伤害重大生产安全事故后，自治区党委、政府召开安全生产大检查动员部署会议，在全区迅即组织开展为期一个月的安全生产大检查，12名省级领导两轮次带队全面督查，检查各类企业和单位8.41万家次，发现的8.89万项隐患问题得到有效整改。

自治区政府出台《金属非金属矿山企业经理管理规则（试行）》，监督139家大中型金属非金属矿山企业聘用专业经理，责令利用斜坡道运输人员的企业全部停产整顿。自治区应急管理厅对全区单班入井超过30人的所有地下矿山进行全覆盖专项执法，提请地方政府依法关闭144户不具备安全生产条件的非煤矿山。

东兴化工“4·24”较大事故后，自治区政府印发《关于认真做好全区危险化学品企业安全管理评估工作的通知》，各级累计投入专项评估经费3502.7万元，对315家危险化学品生产企业、3800家经营存储危险化学品企业安全状况全面评估，整改隐患问题4.07万项，评定等级红色12家、橙色128家、黄色等级1550家、蓝色等级2425家，“一企一策”实施精准治理。对8个自治区危化重点县开展2轮次专家指导服务，组织抽调16名安全管理技术人员作为重点县驻局专家，助力基层监管专业水平提升。

指导督促、协调配合有关部门深入开展煤矿、道路运输、人员密集场所消防等专项治理，煤矿百万吨死亡率0.009，首次降至“三零”水平。“两客一危”入网率达99.8%，建设公路安全生命防护工程4499公里，改造公路危桥274座。67785个消防网格全部纳入综治网格平台，13613家重点单位全部开展“三自主两公开一承诺”，解决6083个历史遗留建设工程消防审验问题。推行“双随机、一公开”消防监管模式，出台9项便民利企措施。全年各级各部门累计检查企业单位37万家次，排查整治隐患问题33万项，为新中国成立70周年大庆营造良好安全环境。

三、统筹加强自然灾害应对

自治区政府印发《关于提升全区自然灾害防治能力建设重点工程实施意见》，建立厅际协调工作机制，统筹推进自然灾害防治八大工程建设，编制自治区灾害风险综合普查总体方案和试点工作方案。制定《内蒙古自治区自然灾害监测预警会商制度》，组织有关涉灾部门每季度定期进行综合会商研判，重点时段进行专题会商，加强监测预警预报，提出防范意见。派出森林草原防灭火督查组1710个次、2.1万人次，排查整治火险隐患468处；组织驻地森林消防队伍和地方专业力量近2.5万人，租用航空护林飞机40余架在重点部位和高火险区实施靠前驻防，国家131个卫星监测热点做到100%及时核查和反馈。全年发生森林草原火灾265起，森林草原火灾当日灭火率99%，火灾受害率均低于国家控制指标。牵头成立黄河防凌前线指挥部，加强指挥调度，制定防凌预案，加密会商研判，严密凌情巡查，开展破冰除险演练，实现黄河封开河凌汛平稳。汛前落实并公布各盟市、旗县（市、区）119名防汛抗旱行政责任人名单，派出多个工作组深入重点区域、重点部位和重点企业开展督导检查，有效减轻洪涝干旱灾害损失。

修订《内蒙古自治区救灾物资使用管理办法》和《内蒙古自治区自然灾害查灾核灾工作规程》。投入5000万元经费加强基础救灾物资储备，组建“自治区、盟市、旗县、苏木乡镇、嘎查村”五级1.7万余名灾害信息员队伍，完善灾情管理工作机制，规范自然灾害救助全过程管理。15个社区被命名为全国综合减灾示范社区。下拨2019—2020年中央冬春救助资金1.5亿元、防汛抗旱资金8000万元，组织各地妥善转移安置受灾群众1084人，完成2253户因灾倒损民房的重建和维修，有力保障受灾群众生产生活和灾区社会安全稳定。

四、全力提升应急救援能力

制修订《内蒙古自治区森林草原防灭火指挥部森林草原火灾处置应急预案（暂行）》《内蒙古自治区防汛抗旱应急预案（2019 年修订版）》《内蒙古自治区地震应急预案（2019 年版）》。建立区域间、部门间、队伍间、军地间应急联动机制。投入 2.34 亿元经费为消防救援总队、森林消防总队和矿山救援队配备救援装备，支持建成高层、化工、地震、工程机械等 5 种类型 9 个专业救援大队、17 个应急救援专业队，打造 4 支森林草原灭火主战力量、2 支重大灾害跨区增援力量、2 支跨国境救援力量和 2 个特种救援大队。联合区内两家国有企业组建 200 人的自治区级抗洪抢险专业性队伍。落实社会救援力量，参加抢险救灾公路通行服务保障政策。制定并实施全区航空应急救援体系建设方案。全年 365 天、每天 24 小时应急值班值守，各类事故、灾情信息实现联网直报。

厅本级成立 4 个应急处置工作组，随时做好应急抢险救援准备工作，年内累计启动 6 次应急响应，派出 10 余个工作组赴地方指导协助开展救援救灾和事故处置工作，妥善处置锡林郭勒盟西乌珠穆沁旗银漫矿业有限责任公司“2・23”井下车辆伤害重大生产安全事故、东兴化工“4・24”较大事故、黄河封开河凌汛、呼伦贝尔陈巴尔虎旗“4・17”入境火、兴安盟五岔沟“4・30”森林火灾、大兴安岭秀山林场“6・19”森林火灾等一系列灾害事故，应急救援能力经受住考验。

五、着力夯实基础保障能力

编制并大力实施《内蒙古自治区应急管理信息化发展规划（2019—2022 年）》，自治区、盟市、旗县（市、区）与应急管理部应急指挥信息网实现互联互通，危险化学品安全生产风险监测预警系统全面应用，112 家涉及一级、二级重大危险源企业全部纳入线上监控。启动高危行业领域安全技能提升行动计划，累计培训考核“三项岗位人员”12 万人次。

与中央和区内主流媒体签订战略合作协议，自治区主流媒体公益宣传常态化机制更加完善，实现重要时段天天有声有影。组建“双百、双千、双万”应急管理宣传骨干队伍。将安全生产、防灾减灾知识宣传融入“乌兰牧骑”民族特色文艺活动。建立舆情监测、研判、预警、应对和反馈全流程工作机制。精心组织开展“安全生产月”、全国防灾减灾日等活动，持续推进安全宣传“七进”活动，全民防灾减灾意识不断提高。加快建设自治区、盟市两级全媒体中心、宣教中心，新建 3 个省级、15 个盟市级、50 个旗县级消防科普教育基地，100 座消防队站达到对外开放标准。将消防宣传融入“乌兰牧骑”“好来宝”等蒙古族特色民间艺术团体，组建 125 支“蒙汉双语”消防志愿服务队。累计发动 150 万名青年志愿者，开展以宣传普及消防知识、查改身边火灾隐患和消防安全救助为主要内容的消防志愿服务。

第六章　辽宁省应急管理工作

2019 年，辽宁省应急管理系统认真贯彻习近平新时代中国特色社会主义思想和党的十九大和十九届二中、三中、四中全会精神，坚决落实党中央、国务院关于加强安全生产和应急管理工作的各项决策部署，牢固树立安全发展理念，紧紧围绕辽宁振兴发展大局，健全完善安全生产责任体系，扎实开展重点行业领域专项整治，积极推进应急管理体系和应急救援能力建设，做好防灾减灾救灾工作，保持了全省安全生产和灾害防治形势的总体稳定。全年全省共发生生产安全事故 703 起、死亡 797 人，同比减少 225 起、293 人，分别下降 24.2% 和 26.9%，其中，较大事故 13 起、死亡 59 人，同比减少 14 起、50 人，分别下降 51.9% 和 45.9%，未发生重大以上事故。发生森林火灾 63 起，其中，重大森林火灾 2 起，较大森林火灾 26 起，一般森林火灾 35 起，过火面积 2023 公顷，受害森林面积 1441 公顷。森林火灾受害率 0.25‰，低于 0.9‰的国家控制指标。

一、安全生产

（一）强化安全生产工作部署

组织召开 6 次全省安全生产电视电话会议，省长领导分别出席会议并作安排部署。制定印发《辽宁省安全生产委员会 2019 年工作要点》《关于认真学习贯彻落实中央领导同志批示指示精神狠抓安全生产重点工作落实的通知》《关于督促落实下半年重点工作任务的通知》等文件，明确工作目标和任务分工。

（二）持续完善和落实安全生产责任制

印发《关于深刻吸取近期重特大事故教训切实加强安全生产工作的紧急通知》，对严格落实安全生产责任提出明确要求。印发《辽宁省委、省政府领导班子成员安全生产责任清单》，督促各地区、各相关部门参照制定班子成员的责任清单，逐级压实领导干部安全责任。对省安委会组成人员进行调整，由省长担任安委会主任，常务副省长任常务副主任，其他副省长均担任副主任，同时，将省委政法委、辽宁银保监局等单位纳入安委会成员，推动构建安全生产齐抓共管工作格局。对各市政府和省直各部门按计划开展年度目标考核，对 20 个省直部门开展安全生产巡查，年内完成 10 个省直部门的安全生产巡查工作，进一步压实部门监管责任。

（三）强化重点行业领域专项整治和重点时段监督检查

突出煤矿、非煤矿山、危险化学品、交通运输、建筑施工等重点行业领域，在全省部署开展安全生产“百日攻坚战”，共检查各类企业 16 万余家，排查并整改隐患 10 万余项。组织开展全省安全生产领域“保平安、迎大庆”维稳安保专项整治行动。开展消防安全执法专项行动，编写 13 类重点场所自查手册，联合开展博物馆、文物建筑、养老院等场所安全管理督察检查，推动行业部门落实消防安全管理责任。与省公安厅联合印发《关于进一步规范和加强全省公安派出所消防监督工作的通知》，督促各地公安派出所切实履行好第三级消防监督职责。组织开展全国“两会”、国庆期间安全生产综合督查，持续跟踪督办各地问题和隐患整改工作。

（四）加强危险化学品等行业领域安全监管

一是加强危险化学品安全监管。组织对全省危险化学品企业开展为期2个月的专项督查检查，共检查危险化学品企业1185家。对重点危险化学品企业，特别是省内9家涉及硝化工艺的企业进行全面督导检查，抽查企业82家，发现问题和隐患981项。制定下发《关于加强化工项目招商引资安全环保工作的通知》，严格安全、环保条件准入。制定《辽宁省危化品重点县专家指导服务工作方案》，对重点县开展深度检查和指导。二是加强非煤矿山安全监管。印发《辽宁省露天矿山综合整治实施方案》《关于加强铁矿开发项目核准的若干意见》等文件。关闭不具备安全生产条件的非煤矿山100座，完成231座废弃尾矿库闭库治理和125座无主尾矿库、“头顶库”、水源保护区内尾矿库综合治理任务。三是加强制造业企业安全监管。突出对钢铁煤气、金属冶炼、涉爆粉尘、有限空间作业等重点高风险领域开展专项治理，检查企业9587家，排查隐患和问题19012项。大力推进工贸行业领域双重预防机制建设，完成5226户工贸企业风险等级评定。四是加强铁路道口安全监管。对全省46处监护道口和4处排水涵洞进行专项检查，会同沈阳铁路局对沈丹线等28处监护道口开展昼检夜查。五是加强消防安全监管。省消防安全委员会组织11个省级部门召开6次联席会，指导开展部门消防安全大排查。全省消防控制室达标3302家，消防平安社区达标1182个，微型消防站达标5389个，社会单位消防安全“六个一”达标7321家。全年整改火灾隐患超过14万处，确立重大火灾隐患单位81家，督促整改销案40家，抽查消防产品600批次，办理行政处罚案件55起，约谈单位负责人2.9万名。

二、防灾减灾救灾

（一）全力做好森林草原火灾等自然灾害防治工作

推动调整省森林草原防灭火指挥部和防汛抗旱指挥部组成人员，制定印发《森林草原防灭火指挥部工作规则》等。逐级签订省、市、县、乡政府森林防火责任状。在全省开展为期6个月的森林草原火灾风险隐患排查整治工作，清明等重点时段组织督查检查。组织召开春季和秋冬季森林火险形势分析会商会，指导各地防火工作。会同省直有关部门组织开展洪涝灾害易发区和风险隐患部位摸底调查，梳理统计各级各类防汛应急资源。加强军地联动机制建设，完善规范紧急调兵规程。组成14个工作组，赴各市开展主汛期安全生产和抢险救灾督查工作。有效应对“8·10”“9·6”等强降雨过程。参与对大连等地地震危险区防震减灾工作的督导检查，会同省自然资源厅、地震局，建立地质灾害易发、历史地震发生等区域数据共享机制，并制作相应图表，为灾害救援提供参考。

（二）扎实做好风险监测和综合防灾减灾救灾工作

印发《关于切实加强自然灾害防治工作的实施意见》，建立辽宁省自然灾害防治工作联席会议，启动全省提升自然灾害防治能力 9 项重点工程建设。开展全省自然灾害情况调研，出台自然灾害预警信息报送规定，起草建立自然灾害预警制度的相关文件，组织开展灾害风险识别与评估。争取应急管理部、财政部支持，向辽宁省下拨中央自然灾害救灾资金 1 亿元，国家基础设施灾害补助资金和灾害救助资金 6300 万元。积极做好应急准备和灾后重建工作，下拨各市冬春生活救助资金 9200 万元，对全省 81.89 万名受灾群众口粮、衣被、取暖等困难给予救助。积极推进救灾物资储备能力建设，完成省级救灾物资的审计、移交，争取财政列支 2019 年省级救灾物资 600 万元。巩固农房保险受灾地区全覆盖成果，落实年度农房保险补助资金 1787.7 万元，全部拨付到位并与承保机构完成结算；全省全年在保农户 107.5 万户，投保总金额 2162 万元，理赔 1081 户，理赔金额 1023 万元。

三、应急救援

（一）积极推进应急管理体系建设

印发《突发事件现场协调应急处置工作实施方案》，出台《辽宁省应急管理厅突发事件应急处置内部联动工作机制》，制定《应急管理与气象监测预报预警服务联动工作机制框架协议》。部署开展应急预案编制修订和应急演练工作，组织修订总体应急预案和部门应急预案。建立抢险救援车辆绿色通行协同保障机制。推动建立高效顺畅的东北地区跨区域航空应急救援机制，强化军地应急体系对接，提升军地应急协同能力。

（二）组织协调突发事件应对处置

组织协调应对处置沈阳市“4·11”、大连市“5·29”、葫芦岛市“6·25”道路运输事故，中海油辽宁天然气有限公司海底输气管道天然气泄漏事故、大连市西岗区居民楼煤气泄漏爆炸事故，抚顺市“4·3”、沈阳棋盘山“4·17”、锦州市“5·8”森（山）林火灾等 40 余起突发事件。特别是在协调应对处置沈阳棋盘山“4·17”山林火灾救援工作中，协调省军区、自然资源厅、沈阳航空航天大学等单位快速联动响应，调集军用直升机、无人机等资源参与火源扑救、应急测绘、夜间火点侦测等工作，为成功扑灭山火赢得了宝贵时机。

四、基础能力建设

（一）不断加强应急管理法治建设

制定《关于法治辽宁建设实施纲要（2018—2020 年）实施方案》，提交《辽宁省安全生产条例》等法规规章的修订意见。组织修订《辽宁省安全生产约谈办法》《辽宁省安全生产巡查工作暂行办法》等制度。启动《辽宁省消防条例》修正工作，推动深化消防执法改革，推行自贸区承诺制，推进“双随机、一公开”消防监管模式，取消消防技术服务机构资质许可制度。出台行政执法“三项制度”系列文件，共出台相关制度、清单与流程图 16 项。开展执法监督检查和执法调研，推动系统行政执法工作。依法开展行政复议、应诉工作，全年 6 件行政复议案件全部依法办理，5 起行政诉讼全部胜诉。加强全省生产安全事故和行政执法统计直报工作，及时发布事故预警信息，编制完成 2018 年度全省生产安全事故统计分析报告。制定 2019 年度监督检查计划，报省政府批准后实施。制定省应急管理厅权力清单、责任清单和负面清单，并实行动态管理。初步确定行政许可 16 项、行政确认 7 项、行政奖励 5 项、行政检查 6 项、行政处罚 35 项、行政强制 4 项、其他行政权力 3 项，共计 76 项行政职权。向中国（辽宁）自贸试验区片区管委会下放职权 2 项，向沈抚新区管委会下放职权 7 项。

（二）积极推进应急管理规划体系建设

印发《中共辽宁省应急管理厅党组关于成立辽宁省应急管理厅网络信息化工作领导小组的通知》《辽宁省应急管理厅转发应急管理部关于加快编制地方应急管理信息化发展规划的通知》，出台《辽宁省应急管理信息化发展规划（2019—2022 年）》，统筹考虑全省各级应急管理信息化建设目标、建设任务和实施途径。制定《辽宁省征集推广应急管理先进技术与装备实施方案》，发布第一批《辽宁省应急管理先进技术与装备指导目录》。开展应急管理“十四五”规划编制工作，制定上报省应急体系建设、综合防灾减灾、应急管理信息化等 8 个“十四五”应急管理领域专项规划编制方案。

（三）加快推进科技信息化建设步伐

积极推进应急管理“一张图”建设，投入资金 1300 余万元，在原 11 个安全生产业务系统基础上，开发完成全省应急管理智慧云平台，实现与应急管理部、省直有关单位、各市、县局数据共享。推进应急指挥信息网建设，完成 10 万路视频监控信号的接入，实现与应急管理部、省消防救援总队、水利厅、政法委网络互通。编制完成《辽宁省应急指挥网建设方案》，争取国家、省信息化建设资金 3650 余万元。扎实推动危险化学品安全生产风险监测预警系统建设，稳步推进危险化学品安全生产风险监测预警系统建设工作，全省 78 家危险化学品企业的 266 个储存单元的一级、二级危险化学品重大危险源的重要实时监控视频图像和预警数据，已全部接入监测预警系统。完成全省 114 个市、县（区）视频调度指挥系统建设，实现国家、省、市、县四级全天候 24 小时在线视频指挥调度功能。

（四）不断加大新闻宣传力度

全年在国家、省级各类媒体发稿 2950 余篇，出版《辽宁应急管理》杂志 6 期，“辽宁应急管理”微信公众号累计更新各类应急管理、安全生产新闻、常识等信息 691 条，微信公众号粉丝量破万。“辽宁应急管理”微博共推送信息 61 条次。命名挂牌 131 个消防“科普教育基地”，在“抖音”发起“守护火焰蓝”主题报道，阅读量达 1.6 亿次。组织开展“安全生产月”、全国防灾减灾日活动。强化重要时期和重点时段的宣传报道工作，不断增强全社会安全生产意识。

第七章　吉林省应急管理工作

2019 年，吉林省应急管理系统坚持以习近平新时代中国特色社会主义思想为指导，深入贯彻党的十九大和十九届二中、三中、四中全会精神，边改革、边防范、边应急，积极推进应急管理体系和能力现代化，坚决遏制重特大事故，减少较大事故，切实保护人民群众生命财产安全，促进吉林全面振兴全方位振兴，新部门新队伍的优势日益显现，安全生产、防灾减灾救灾、应急救援等各项工作取得明显成效。全年全省共发生各类生产安全死亡事故 505 起、死亡 590 人、受伤 279 人，同比分别下降 18%、15.6% 和 12.5%，未发生重特大事故。

一、安全生产

（一）安全生产责任落实

省、市、县三级全部实行安委会党政主要领导“双主任”制，“党政同责、一岗双责、齐抓共管、失职追责”的安全生产责任体系更趋完善。省委常委会、省政府常务会、省政府党组会专题研究安全生产工作 14 次，省领导作出批示 37 次、检查 18 次。组织常态化明督暗查，与市、县、区 144 名党政领导开展“全覆盖”专题谈话，约谈地方政府 13 家。研究出台《部门安全生产主要责任清单》33 条具体职责和《企业安全生产主体责任“五个必须落实”》40 条刚性规定，进一步压实部门和企业安全生产责任。在国家安全生产和消防工作考核中，吉林省被评为“优秀”等次。

（二）安全生产监管执法

认真落实化工园区和危险化学品企业安全风险排查“两个导则”，全面摸排危险化学品领域安全状况，对 6 个化工园区开展专家指导服务。对道清煤矿等 8 处矿井开展专家会诊，逐矿制定问题清单、整改清单和责任清单。关闭非煤矿山 22 座。建立企业自查、行业检查、联合抽查、明督暗查“四位一体”模式，深入推行隐患整治清单式管理，全面落实“四个一律”“五个一批”惩治措施。累计检查企业 39.7 万家，排查隐患 22.9 万项，整改销号 22.2 万项；约谈企业 1.9 万家；处罚非法违法企业 5.9 万家，罚款 3435 万元，停产整顿 768 家，查封扣押 3368 家，关闭取缔 97 家，吊销证照 168 家，立案查处 2163 起。开展“防风险、保平安、迎大庆”消防安全执法检查、冬春火灾防控和大型商业综合体消防安全“回头看”等专项工作。全年检查社会单位 17.8 万家次，督促整改火灾隐患 13.7 万处。各级政府挂牌督办 51 家重大火灾隐患单位，省防火安全委员会挂牌督办 10 家单位。深化推进“三自主两公开一承诺”机制，分类制定单位消防安全管理标准，全省 4.7 万家重点场所落实管理标准。

（三）夏秋百日攻坚

7 月 1 日至 10 月 10 日，在全省范围内集中组织开展“夏秋百日攻坚”安全整治专项行动。省领导先后多次带队赴长春、辽源、四平等地，深入一线、深入企业督导调度和检查指导安全生产工作；多次调度听取专项行动进展情况，并就持续深入推动专项行动提出明确要求。省安委会成立10个明督暗查组不间断明督暗查。紧盯学校、托幼机构、医院、城市综合体等重点场所，聚焦矿山、危险化学品、道路运输、建筑施工等重点行业，锁定城市燃气、成品油管道、轨道交通等重点设施，有针对性开展各类专项整治，精准落实安全防范措施。针对岁末年初安全生产规律和特点，于2019年11月中旬至2020年5月中旬，在全省组织开展为期半年的冬春安全整治大会战。

（四）国庆安保攻坚战

9月11日至10月10日，部署开展“迎大庆、保安全、严监管、促平安”30天大决战，全面压实22个行业部门监管责任，组成10个明督暗查组，开展全方位督导检查。对所有重大风险、重大隐患逐一设点驻防、死看死守，发现在早、防范在先、处置在小。组织全省1.5万个安全网格，切实强化城乡接合部、“九小”场所等重点部位管控，确保不发生漏管失控问题。

二、防灾减灾救灾

2019年，吉林省59个县（市、区、开发区）、528个乡（镇、街）不同程度遭受风雹、地震、洪涝、台风等自然灾害。受灾人口181.6万人（次），倒塌和严重损毁房屋3288户、7575间，一般损坏房屋9503户、24791间，农作物受灾面积56.2万公顷，直接经济损失52.7亿元。

（一）自然灾害统计报送

制定出台《吉林省自然灾害灾情统计报送暂行规则》，明确教育、工信、交通等11个涉灾部门在重特大自然灾害发生后的灾情报告职责。对全省933个乡、9342个行政村逐一统计、明确基层灾害信息员，建立覆盖省、市、县、乡、村五级总数达1.4万人的灾害信息报送队伍，将反馈触角延伸至乡镇村屯的田间地头。在应对地震、台风及局部龙卷风等严重灾害过程中，一对一、点对点指导42个县（市、区）报灾核灾工作，累计接收、上报各地灾情272次，实现初报快速、续报及时、核报准确。

（二）救灾物资储备

坚持救灾与防灾并重，不断优化物资储备保障结构，确保快速反应、有力救助。省应急管理厅与省粮食和物资储备局建立救灾物资储备管理8项制度，厘清职责边界，确保改革过渡期省级救灾物资储备有序开展。实行分区域联储联动保障，科学划分东、中、西三大片区，分储省级救灾物资总量的60%，构建以省级救灾物资储备库为主题、9个地级市为支撑、6个县级库为辅助的区域性联储联动保障格局，实现就近储备、随时调用。制定吉林省救灾应急工作规程、自然灾害救助应急联动机制等相关规定，研究起草《吉林省救灾物资储备规划》。

（三）自然灾害救助

累计向地震和洪涝灾区调拨折叠式彩钢活动板房11套、棉帐篷230顶、棉被8300床、棉大衣3300件，支持灾区做好受灾群众转移安置和生活救助。应急、自然资源、交通等6个部门19名专家深入重灾区核查灾情。积极争取中央特大防汛防台补助费7000万元，先后下拨中央及省级救灾资金1.83亿元，用于水毁工程修复、受损房层修缮、农业设施恢复等工作。

三、应急救援

（一）应急队伍建设

开展全省各级各类应急救援力量摸底

调查，初步建立地方专业队伍和社会救援力量数据库，加强化工、矿山等 4 支省级应急救援队伍日常管理，将蓝天、援众等社会救援队伍作为补充力量，形成以国家队为主、专业队为辅、社会力量参与的多样性、全方位、立体化应急救援网络。

（二）应急指挥体系建设

组建集接报、会商、调度、指挥于一体的省、市、县三级应急指挥中心，制定指挥中心标准化、信息化建设规划，以省级为中心，市、县为支撑的全省应急指挥平台建设有序推进。制定《吉林省应急救援指挥工作方案》，将所有力量分为情况综合、力量协调、通讯协调、宣传报道、保障协调、核灾救灾、交通安保和医疗卫生 8 个组，有效形成全链条应急救援指挥体系。建立涵盖会商研判、预警响应、物资调集、应急联动、舆情应对等 10 个方面的协同联动机制和军地抢险救灾协调机制，确保责任无缝对接，工作高效运行。

（三）应急演练

编制 2019 年度省级应急演练计划 123 项，制定洪涝灾害、干旱灾害、森林草原火灾、自然灾害救助、安全事故 5 项应急联动机制。举办综合性实战演练，省、市、县三级组织开展各类演练 700 余次。全省煤矿、非煤矿山、危险化学品、烟花爆竹、建筑施工、城市燃气等工矿商贸行业及人员密集场所共举办各类应急演练 3.6 余万场，参演人员达 300 余万人次。

（四）应急处置

出台《自然灾害监测预警制度实施办法》。针对事故灾害特点和规律，组织超前会商研判 85 次，及时发布预警信息，有效落实防范措施，科学预置力量，先后派出 500 余个工作组深入一线指导救援救灾。成功阻截珲春中俄边境“3·18”和“11·5”俄方境外火，处置辽源东丰爆炸、长春万达广场爆炸、长春市绿园区居民小区燃气爆炸事故，松原 5.1 级地震、长春龙家堡煤矿冲击地压事故、白城农村商业银行保平分理处楼房坍塌等突发应急事件。

四、基础能力建设

（一）应急管理体制改革

进一步明确省防汛抗旱指挥部、森林草原防灭火指挥部、水利厅、应急管理厅、林草局等部门工作职责和分工。省应急管理厅与省水利厅、林草局部门协商建立防汛抗旱约定 8 项、应急联动机制 7 项。省森林草原防灭火指挥部办公室、防汛抗旱指挥部办公室、减灾委办公室等议事协调机构全部转隶到位；市、县两级应急管理部门全部完成组建。

（二）安全监管基础建设

推进行政审批改革，制定事中事后监管规定和深化“一站式”服务 27 项保障措施，对新兴产业安全生产 17 项轻微违法行为实施免罚，核减一般项目开工前审批时限，全面推行行政执法公示、执法全过程记录、重大执法决定法制审核 3 项制度。加强新业态领域安全监管，常态化开展会商研判，实施包容审慎监管，有效提升新形势下安全监管效能。在省政协对省直 52 个部门开展营商环境体验式评价中，省应急管理厅位列第 15 名。省消防救援总队出台《落实〈关于深化消防执法改革的意见〉16 项 45 条措施》。落实“双随机、一公开”工作要求，抽取行政许可、行政处罚、行政强制项目执法案卷 4520 本，梳理汇总发现问题 235 项。

（三）重点工程建设

建立由应急、发改、财政共同牵头的

自然灾害防治工作厅际联席会议制度。组织16个省直部门编制申报123个自然灾害防治工程项目。桦甸市、抚松县和延吉市被列为风险监测和重点隐患排查工程国家示范试点。延吉市被列为全国13个综合减灾示范试点创建单位之一。长白山森林防火应急指挥及通信系统和风灾区应急能力建设2个项目通过应急管理部专家评审。全省36个社区被命名为全国综合减灾示范社区。推进建设以省航空护林中心为主，长白山、汪清、丰满、辉南4个临时起降点为辅的“一主四副”应急救援航空网络，敦化基地和长白山起降场正式投入运行，汪清起降场主机体完工。编制应急管理信息化4年发展规划，危险化学品风险监测预警系统、应急指挥信息系统、自然灾害综合监测预警系统等8项建设任务全面启动。与长春工程学院联合建成吉林省应急管理学院。

（四）安全生产宣传教育

建立协调联动、新闻发布、舆情应对和警示教育4项机制，与中央和省内主流媒体开展全方位战略合作。“吉林应急管理”官方微信公众号关注人数逾10万人，在全国应急系统位居前5位。“抖音”宣传单条短视频点击量突破48万次。发布各类稿件960余篇次，及时向社会发布各类预警信息213次。举办“安全生产月”活动，为“身边隐患随手拍”优秀员工颁发“安全红绿灯”奖章，现场观摩“一口清”展示，参观“中车十二条禁令”、高速“六面体立体化安全教育模式”和应急演练。开展暑期消防安全专项行动、“消防安全进军训”“119消防宣传月”等主题活动，建立消防公益短信常态化发送机制。制作6集系列火灾案例警示片，曝光重大火灾隐患5121条次，录制电视专题节目26期。

第八章　黑龙江省应急管理工作

2019 年，黑龙江省应急管理系统坚持以习近平新时代中国特色社会主义思想为指导，认真贯彻落实党中央、国务院重大决策部署，按照应急管理部和省委、省政府要求，以改革为引领，把握规律、超前防范，积极担负安委会、减灾委、森林草原防灭火和防汛抗旱指挥部办公室等议事协调机构综合协调职责，紧紧抓住防范化解重大安全风险这条主线，全力推动灾害事故防控责任和重点工作任务落实，努力推动机构改革从“物理相加”向“化学反应”转变。全年全省安全生产形势总体稳定向好，共发生生产安全事故 531 起、死亡 458 人，分别下降 36.4% 和 27.4%，降幅大于全国平均水平 23.2 和 14.1 个百分点，事故起数、死亡人数创历史最低、降幅最大，年度未发生重大事故。煤矿事故起数、死亡人数、百万吨死亡率分别下降 70%、86% 和 85%，连续 27 个月杜绝重大事故，19 个月杜绝较大事故，创历史最好水平。发生 1 起森林火灾，起数和过火面积分别下降 85.7% 和 96.9%。

一、安全生产

（一）推动安全生产责任落实

制定出台《黑龙江省贯彻落实〈地方党政领导干部安全生产责任制规定〉实施细则》，压实党政领导干部“关键少数”责任。根据部门职能变化，在 26 个省直部门“三定”规定中明确安全生产行业管理职责，13 个市（地）参照落实。制定省安委会成员单位重点工作职责清单，压实部门安全监管责任。推动落实《黑龙江省生产经营单位安全生产主体责任规定》，开展企业安全生产承诺，对存在严重问题的行业、企业进行个别约谈、集体约谈，不断强化从业人员安全意识，压实企业主体责任。出台《黑龙江省人民政府办公厅关于深化消防执法改革的实施意见》，确定了 7 部分 20 条具体改革内容，在消防执法理念、制度、作风方面实施全方位、深层次变革。将年度安全生产、城乡消防、森林草原防灭火工作考核三考合一，通过严格考核扎实推动各地安全防范责任和重点工作落实。

（二）强化安全风险管控

及时开展安全生产形势分析，对事故单上升、双上升的市（地）和部门分别下达提示函、警示函，发现苗头性问题先打“预防针”。制定《四季安全生产工作指南》，推动风险管控和隐患排查治理双重预防机制建设，分片区、分行业召开现场会，切实把风险管控挺在隐患前头、把隐患排查治理挺在事故前头。深刻吸取江苏响水天嘉宜化工有限公司“3·21”特别重大爆炸事故教训，制定重点行业安全检查指引，组织危险化学品、非煤矿山和消防等行业领域大排查大整治“百日会战”和煤矿安全生产专项执法检查，组织专家服务团精准指导，集中整治各类风险隐患。为做好国庆消防安保工作，开展“防风险、保平安、迎大庆”消防安全执法检查专项行动，实施地下经营场所等

10类重点场所集中整治，出台51条检查标准。专项行动期间，约谈重大火灾隐患单位负责人57人，组织会商各级行业部门负责人761人，警示约谈重点单位负责人8622人。

（三）开展安全生产“四大”行动

深刻吸取黑河逊克“5·17”事故教训，认真研究推动企业主体责任落实的标本兼治举措，全面组织开展安全生产“四大”行动。“大体检”中，组织事故易发多发的重点行业领域企业“挂号、诊断、开方、治疗、康复”，11568户重点企业完成“体检”。“大执法”中，不断加大违法违规行为查处力度，累计检查企业30229家，整改隐患问题75463项，行政处罚5432万元，停产整顿161家，取缔关闭24家。加强日常消防执法，全省消防救援队伍共检查社会单位22.7万家，督促整改火灾隐患21.7万处，实施临时查封2366起，罚款3677.467万元，责令“三停”1539家。“大培训”中，重点提升企业从业人员的安全知识和管理技能，督促主要负责人对安全生产心存戒律、牢记责任，组织各类培训班19042场（次），培训人员79万人。“大曝光”中，借助媒体监督力量，勇于亮丑揭短，曝光企业2411家，杜绝零曝光、走过场、做虚功。紧紧围绕“防风险、保安全、迎大庆”主线，省安委会组织开展驻地督查，各地全面开展各类整治行动，有力保证国庆期间安全生产形势稳定。

（四）强化安全生产宣传

全省同步组织开展丰富多彩的“安全生产月”、全国防灾减灾日、“119消防宣传月”等系列宣教活动，不断加大安全文化宣传力度。在《黑龙江日报》开设“市委书记谈安全”“企业负责人谈安全”专栏，各市（地）委书记和重点企业主要负责人积极“发声”，引起社会高度关注。省应急管理厅与省消防救援、森林消防两个总队建立应急宣传工作融合机制，与省委宣传部联合开展“应急管理龙江行”活动，与省广播电视台签署合作框架协议，拓展应急宣传资源力量，全省134支消防安全宣讲团开展宣讲2万余场次，政务“抖音”“快手”平台总播放量17亿次。通过开展多形式、系统化、高频率的宣传，动员社会各界更加支持关注应急管理工作。

二、防灾减灾救灾

（一）全面加强森林草原防灭火工作

坚持早研判、早准备，提前半个月进入春季防火期。指导各地签订森林草原防灭火责任状，推动责任落实到基层单位和具体人员。召开30余次视频调度会议，进行17次形势分析，省、市两级共发布655期预警信息。编制《森林草原防灭火工作指南》，建立“危险时期”台账，指导各地明确高发时段、重点时段和最难时刻。地面、空中等各类救援队伍加强训练，靠前驻防，充分做好“打早、打小”扑救准备。加强防灭火工作指导，召开新闻发布会，联合省高级人民法院、人民检察院等部门加大“依法治火”力度，行政拘留18人、立案9件、批捕1人。举行以管护区内某重点林区发生火灾为演练背景的“龙威2019-1”森林扑灭火实兵演练，共出动384支灭火力量10000余人，在81处演练场地异地同步组织演练，动用直升机23架，特种装备车369台。

（二）全力防汛抗洪

省委、省政府高度重视防汛工作，省领导到省应急指挥中心调度全省防汛救灾情况，对防汛和森林防火多次进行指挥调度。严格落实以行政首长负责制为核心的防汛责任制，向社会公示各级防汛行政责任人。坚持防汛抗旱指挥部实体化运作，省防汛抗旱指挥部办公室成立 8 个工作组，密切配合，高效运转。强化预警预报，作出水情条件和实时洪水预报 178 次，汛情通报 97 次。坚持“水情汛情就是命令，一线就是岗位”，把确保受灾群众安全作为政治任务，及时派出工作组分赴抗洪抢险一线指导受灾群众转移安置，汛期共安全转移、妥善安置群众 13.19 万人，向灾区紧急调拨救灾物资 18 批次、3.87 万件、365.7 万元。2019 年，共争取国家、省救灾和恢复重建资金 13.8 亿元，支持灾区群众基本生活和灾后重建。

（三）加强防灾减灾救灾机制建设

与省卫健委、测绘地理信息局、广播电视台、红十字会签订合作框架协议和备忘录，共同建立防灾减灾救灾联动工作机制。与林草部门采取“协同调度、联合办公”模式，明确林草部门“主动防、及时救”和应急管理部门“综合防、全力救”责任。与水利部门按照“信息共享、协同防范、共同值守、联合作战”原则，共同应对汛情。建立自然灾害防治工作联席会议、综合监测预警等制度，建立涉及 37 个部门的防灾减灾救灾跨部门协同行动机制和军地抢险救灾协调联动、交通运输保障协同、救灾物资分区域保障和分储等机制，推动形成统一指挥、快速反应、高效联动、无缝对接、合力应对的防灾减灾救灾工作格局，为有效防范和快速应急救援提供有力保障。

三、应急救援

及时调整省防汛抗旱指挥部、森林草原防灭火指挥部等议事协调机构，森林草原防灭火指挥部成员单位由原来的 25 家增加到 30 家，机构职能更趋科学合理，组织领导进一步强化。建设省应急指挥中心，联通 4 套视频会商系统、5 套专网，接入 8 个转隶部门 24 个业务系统，接入 3 万余个监控视频点位，有力保障森林草原防灭火、防汛抗洪、安全生产的指挥调度。统筹应急管理地方性法规、规章立改废释工作，组织起草应急管理地方标准 12 项。开展省政府专项应急预案修订，对《黑龙江省森林防灭火应急预案》等 14 部专项应急预案进行审核。开展应急资源普查，进一步整合应急资源，提高应急协同能力。推动支持国家队和地方队、综合队和专业队建设，分两批顺利招录消防员 3430 人。依托森林消防总队组建黑龙江省综合应急救援队。制定促进社会应急救援力量健康发展实施意见，出台《黑龙江省应急志愿者管理暂行办法》，组建省、市、县三级应急志愿服务联盟，推动建设应急志愿者队伍。坚持科学施救、全力救援，成功营救黑河市逊克县翠宏山铁多金属矿“5·17”透水事故中 36 名矿工，龙煤集团双鸭山矿业公司东荣二矿“11·4”事故全部 7 名矿工。

四、基础能力建设

（一）强化支撑保障

开展应急管理信息化建设总体规划顶层设计并通过应急管理部批复。明确应急管理信息化建设原则和技术路线，加快应急指挥信息网、安全生产感知网、综合应用平台和应急指挥系统建设。统筹推进自然灾害防治工程，推动 8 个部门论证储备 66 个自然灾害防治能力提升项目。加快推动大庆国家东北区域应急救援中心、国家危险化学品应急救援七台河基地项目建设。推进综合减灾示范社区建设，命名 40 个全国综合减灾示范社区、52 个省综合减灾示范社区。组建省、市、县、乡、村五级灾害信息员队伍，培训骨干人员8000余人次。加强工作指导，进一步规范安全生产、自然灾害突发事件敏感信息报告和发布工作。开展“制度健全完善季”活动，整章建制，制定应急管理制度23项，修订完善内控制度75项。

（二）提高服务效能

把坚持深化机关作风整顿优化营商环境作为服务黑龙江振兴发展的重要抓手，深化“放管服”改革，精简许可申请要件11项，对9项行政事项优化审批流程，要件精简和时限压缩平均超过50%。把坚持“提前介入、跟踪指导、坚持标准、快审快验”原则作为践行为民宗旨的重要手段，开辟“百大项目”绿色服务通道，制定服务“百大项目”工作制度，指定服务专员主动对接，提供“保姆式”服务。

第九章　上海市应急管理工作

2019 年，上海市应急管理系统以习近平新时代中国特色社会主义思想为指导，全面贯彻落实党的十九大和十九届二中、三中、四中全会精神，坚持边应急、边建设、边提升，以改革为动力、以立法为保障，探索构建优化协同高效的应急管理体系，推动形成城市应急管理工作新格局。全年全市共发生生产安全死亡事故 427 起、死亡 452 人，同比分别下降 22.64% 和 26.26%。其中，工矿商贸死亡事故 185 起、死亡 200 人，同比分别下降 10.19% 和 9.09%；较大事故 3 起、死亡 6 人，同比分别下降 62.5% 和 80%；重大事故 1 起、死亡 12 人，未发生特大事故。

一、安全生产

（一）安全责任体系不断健全夯实

深化落实“管行业必须管安全、管业务必须管安全、管生产经营必须管安全”要求，坚持以法定形式明确职责，提请市委编办结合机构改革将安全监管职责写入全市各市级部门“三定”规定，以明晰职责职能界定打造无缝衔接的责任链条。健全责任制度，印发《关于学习贯彻上海市党政领导干部安全生产责任制实施细则的通知》，出台《上海市安全生产工作巡查办法》《上海市安全生产委员会安全生产约谈警示办法（试行）》等配套文件，以专题宣讲、签订责任书、专项督导检查、举办企业（集团）领导干部安全生产专题培训班等形式，推动各区、委办局和国企集团把守土有责、守土负责、守土尽责落到实处。改进完善考核方式，对区级政府和市安委会相关成员单位实施分类考核，在企业（集团）工作考核现场复核环节引入社会第三方安全生产专业服务机构评估方式，提高考核针对性、专业性和客观性。加大警示力度，联合市国资委、市住建委等部门，对事故频发的建筑施工、化工等行业单位开展集体警示约谈 3 次、通报 1 次，有效遏制事故多发的势头。强化责任追究，对 12 名生产安全事故单位主要负责人、10 家事故单位进行行政处罚，7 名事故责任人被追究刑事责任。

（二）排查整治重大安全风险隐患

以“防风险、保平安、迎大庆、护进博”安全专项行动为主线，坚持集中攻坚与常态化监管相结合，加大执法检查力度和频次。全市各级应急管理部门累计检查企业单位 16.4 万家次，行政处罚 2019 次；发现隐患 10.08 万项，督促完成整改 9.86 万项，整改率 97.82%。深入开展粉尘涉爆、涉氨制冷、有限空间等工贸行业以及加油气站、老旧仓库厂房、轨道交通、校园、玻璃幕墙等安全隐患专项治理，解决好人民群众“头顶”和“身边”的安全问题。运行重大安保前置驻防、网格巡查、实名看护等机制，保障全年 349 场次大型活动、重大警卫活动安保任务。深化风险隐患治理督办整改 201 处重大风险点和 20 家市级重大火患单位。统筹推进消防安全专项行动，累计督促整改火灾隐患 186.5 万处。推行“双随机、一公开”消防监管试点，先行先试开业检查告知承诺制，督促4.3万家单位完成“三自主两公开一承诺”，自查自改火灾隐患3.9万处。

（三）不断深化危险化学品安全精细管控

开展加油（气）站安全大排查大整治百日行动、危险化学品行业安全大检查以及涉及空气分离装置企业全覆盖排查。强力推进实施企业安全风险研判与承诺公告制度，督促全市381家危险化学品生产、储存企业全部落实承诺公告措施。推动督促全市72家涉及危险化学品重大危险源的企业全部建立健全安全监测监控体系，55家涉及重点监管危险化工工艺的企业全部落实自动化控制，委托第三方开展重大危险源企业安全生产现状深度检查和安全仪表系统的评估工作。持续实施仓储定制管理，继续推进电子标签试点，将企业范围扩大至上海化学工业区内危险化学品生产、储存、运输和相关使用企业以及联动发展区域部分企业。

二、防灾减灾救灾

（一）防灾减灾体系加快结构化融合

全面承接做好综合减灾统筹协调工作，建立与市防汛指挥部、抗震救灾指挥部以及军队、武警部队之间的工作协同机制，健全工作规程。以“一清单”（自然灾害防治工作清单）、“两建设”（乡镇街道基层防灾减灾能力标准化建设、村居应急避灾站点建设）为主要抓手，全面强化各级防灾减灾救灾主体责任。定期开展风险形势研判，编报安全生产、自然灾害分析报告各2期，为重大活动、重要时段安全保障提供有力决策。组织开展综合减灾示范社区创建工作，积极引导社区和社会组织协同开展灾害隐患排查、上报和处置，全市共有36个社区被命名为全国综合减灾示范社区，有力提升社区防灾减灾能力，居民防灾减灾意识得到显著增强。

（二）监测预警体系建设不断加强

会同市气象局加强市预警发布中心业务运行管理的指导，健全突发事件预警发布工作流程，积极支持推进预警工程二期项目落地。联合市气象局举行2019年长三角暴雨红色预警发布与响应演练，为汛期发布重大预警做好机制和技术准备。健全群测群防体系，会同气象、水务、海洋、自然资源、农业、地震等部门推进全流程速报预警业务体系建设，协调加强极端天气、汛情水情、海洋灾害、地质灾害监测预警。加强牵头协调，启动实施灾害防治9项重点工程。

三、应急救援

（一）应急处置机制有效提升

探索建立“1+1+2+1”值班值守模式，严格落实24小时值班值守和领导带班制度，值班力量和先期处置力量有效衔接，应急值守力量发挥和应急处置能力大幅增强。立足预警快、响应快、联动快、处置快，制定《上海市应急管理局值班工作手册》《关于进一步加强值班值守和突发事件信息报告工作通知》《突发事故（事件）应急处置通则（试行）》等制度规范，加强与各区应急管理部门以及市应急联动中心、市预警发布中心、市消防救援总队等单位的共享对接，初步形成“上下互通，横向互补”应急联动协作机制，有效应对“5·16”建筑坍塌、徐汇滨江基坑塌方、“11·9”蕰川路较大火灾、“11·21”缺氧窒息等多起重大突发事件处置救援工作。

（二）应急救援体系实现新提升

统筹推进全市应急预案体系化建设，

制定新一轮市级应急预案修编工作计划。指导推进实战化应急演练，组织开展轨道交通大客流紧急疏散、化工区应急处置、高桥石化火灾爆炸事故应急救援、国际邮轮大规模人员转移、崇明森林防火等17项大型综合演练。依托市消防救援总队，加强应急救援关键力量建设，组建国家水域救援上海大队和抗洪抢险跨区域救援队伍，打造覆盖地质灾害、高空救援、核生化救援、水域救援、重型机械工程救援的重特大灾害事故跨区域救援尖刀。优化社会应急救援队伍布局，向首批28支市级应急救援队伍授旗，举行应急拉动演练。

（三）高质量完成第二届中国国际进口博览会应急管理专项保障

建立完善“应急部门主导、行业部门联动、基层属地落实”工作模式，统一调配市、区、街镇三级部门资源和力量，集中实施危险化学品和易燃易爆物品安全管控措施，密集深入开展第二届中国国际进口博览会专项督导检查。创新建立“标准化管理+社会化风控+清单化管控”展会现场安全治理模式，制定实施《国家会展中心搭建设施安全管理标准》，引入安全生产责任保险激活展会各方群防共治。通过建设“上海市展会风险管控系统”信息化支撑，落地监管清单和监管黑名单的“双清单”监管，确保布撤展工作绝对安全。建立应急指挥联动机制，统一指挥协调医疗、电力、燃气、水务、气象、辐射等19支应急救援队伍，做好展会期间应急值守备勤和突发事件处置工作，为第二届中国国际进口博览会顺利举办营造了良好的安全环境。

四、基础能力建设

（一）机构职能融合初见成效

全面整合6个部门、7个议事协调机构的工作职责，对标对表、蹄疾步稳、全力推进机构职能的融合和重塑，推动市、区两级应急管理部门全面组建就位。按照有班子、有机制、有预案、有队伍、有物资、有演练要求，加强对街镇、园区等基层应急管理力量设立的指导，统筹推进上海市应急管理事务与化学品登记中心、应急管理宣传教育与信息中心组建工作，进一步充实强化应急管理支撑保障力量。

（二）城市运行安全制度标准“四梁八柱”初步形成

着眼“全灾种、大应急”，全面梳理更新相关法律、制度、规范400余部（其中新增、修订近300部），为保障城市安全运行提供有力的政策支撑。加强创新管理的系统化集成，牵头制定《上海市推进城市安全发展的工作措施》《关于进一步加强本市城市公共消防安全工作的意见》《上海市消防安全责任制实施办法》《上海市突发事件预警信息发布管理办法》等20余项制度文件，系统性理顺工作机制流程。强化业务管理的标准化规范，制定《上海市企业安全风险分级管控实施指南》等30余项业务指导规范，结构性提升工作管理服务水平。

（三）应急管理信息化体系建设全面启动

编制《上海市应急管理信息化发展规划（2019—2022年）》，并制定上海市应急管理信息化建设指导意见。加强基础网络建设，完成应急指挥信息网、政务外网贯通攻坚任务，开通应急管理视频会议系统，实现部、市、区三级视频会议、远程调度、业务部署“一张网”。深化危险化学品安全管理“一张图”1.0版建设，作为全市联勤联动重点应用纳入“城运云”系统，实时对接110警情、危险货物运输车辆GPS监控等数据，展现危险化学品企业和加油站的“一企一档”信息，关联其重大危险源和应急预案信息，实现一站式、全要素、多场景应用，为风险隐患双重预防、应急预案等应急管理业务提供强有力的支撑。全面对接深化“政务服务一网通办”工作要求，实现年度“双减半”工作目标，安全生产类行政审批承诺审批时间减少 54%，申请人提交的材料减少 62%。提升互联网+政务服务水平，归集存量危险化学品生产许可证等 10 类电子证照 23000 余张，实现新增纸质证照与电子证照同步制发。

（四）宣教训练体系取得新成效

积极推进“上海应急守护”政务新媒体建设，加大应急管理重点工作、重要活动、重要会议的新闻宣传报道力度。完善优化安全生产培训考核体系，强化特种作业考试流程和考试机构的监督规范，建成特种作业（危险化学品）培训考试点，填补特种作业（危险化学品）考核发证空白，实现各类安全生产培训发证 223917 人次。合作建设上海消防融媒体中心，开展“119 消防宣传月”“开学第一课”等活动，制作公益片 25 部，公布消防不良行为 152 条、曝光重大隐患 17 次；评选表彰一批消防宣传优秀单位和个人，分级分类培训约谈重点人群 13.5 万人。

第十章　江苏省应急管理工作

2019 年，江苏省应急管理系统坚持边组建、边应急，边防范、边建设，全力以赴履行安全生产、防灾减灾救灾和应急救援职责。全年全省共发生各类生产安全事故 6439 起、死亡 3377 人，事故起数、死亡人数同比分别下降 15.6% 和 18.1%；较大事故 18 起、死亡 82 人，同比减少 16 起、63 人，分别下降 47.1% 和 43.5%；特大事故 2 起、死亡 114 人；绝大多数重点行业领域和所有设区市实现事故起数、死亡人数“双下降”。全省受灾人口、因灾死亡人员、紧急转移安置人员、直接经济损失主要指标分别减少 58%、47%、50.5%、63%，自然灾害形势总体平稳。

一、安全生产

（一）全面压紧压实安全生产责任

严格落实党政领导责任，年初省政府与 13 个设区市、省有关部门签订年度安全生产目标责任书；年终对照考核细则严密组织考核。推动落实“三个必须”部门监管责任，制定出台省安委会成员单位安全生产工作职责任务清单；组织 21 家省级部门和单位深入摸排梳理重大安全风险隐患，编制《重点行业领域重大安全风险隐患及防控整改措施清单》，细化 137 条防控整改措施，并实行清单管理、动态更新、督促整改、闭环治理。强化警示约谈，针对事故多发地区，约谈 5 个市政府负责人和 11 个县区政府主要负责人；针对安全生产问题突出地区，配合省纪委监委对 3 个县区委发出纪律检查建议，对有关厅发出安全生产警示函。

（二）持续深化重点行业领域专项整治

省、市、县三级联动，按照问题见底、措施到底、整治彻底的要求，开展重点行业领域大排查大整治。危险化学品方面，根据红橙黄蓝安全风险等级，对化工企业实施分级分类监管；对具有爆炸危险性的生产装置以及高危工艺的生产企业进行专项治理；对新设立的化工企业和项目实施严格的源头监管；对化工企业主要负责人和安全管理人员开展安全管理知识再培训和法制教育；推动 16 个化工重点县全部聘用化工专家，协调中央企业 15 名安全专家对口帮扶苏北五市，提升危险化学品安全监管能力水平；强化源头管控，出台《本质安全诊断治理基本要求》，持续推动高风险生产和仓储企业全面开展诊断治理；常态化开展明察暗访。矿山方面，聚焦煤矿冲击地压、瓦斯、水、火、煤尘等重大灾害，逐矿开展安全“体检”，严格落实高风险煤矿安全“体检”分类处置措施；紧盯金属非金属地下矿山、尾矿库，强化基础管理、排查治理隐患、推进淘汰退出；围绕“查大系统、控大风险、除大隐患、治大灾害、防大事故”，开展煤矿安全生产条件审查、采深超千米冲击地压煤矿安全论证，组织非煤矿山专项执法检查、地下矿山和陆上石油天然气开采专项执法行动。冶金工贸方面，专项治理高温融熔金属、粉尘涉爆、涉氨制冷、有限空间作业“四个重点行业领域”的突出问题，强化企业复工复产、设备检维修、动火等高风险作业和外委项目“四个环节”的安全管理；组织开展金属冶炼、粉尘防爆等重点行业领域大排查大整治、钢铁企业煤气安全专项整治和重大危险源（煤气柜）专项诊断。积极协调、持续推动道路交通、建筑施工、城镇燃气、农业农村、特种设备、水利、旅游、民爆、电力、铁路等行业领域，开展专项整治和隐患排查治理。开展“防风险、保平安、迎大庆”专项行动，推进消防安全重大风险评估，实施靶向治理。发动18万家社会单位开展“三自主两公开一承诺”工作，组织两轮消防安全集中约谈。大力整治火灾隐患，共检查单位22.5万余家，督促整改隐患41.8万处，推动全省112家重大火灾隐患单位完成整改销案。省政府成立17个组专门开展明查暗访，总、支队两级机关下沉435名干部开展督导检查。

（三）严厉打击安全生产违规违法行为

采取联合执法、随机抽查、暗访暗查等方式，严厉打击违法违规行为。对不具备安全生产条件、风险隐患突出的企业，坚决实施“四个一律”措施；对2起较大事故实施提级调查，对10起较大事故调查处理实行挂牌督办，对8起较大责任事故单位进行联合惩戒，对2018年度13起挂牌督办较大事故责任追究和整改落实情况开展专项督查。修订完善《江苏省安全生产行政处罚自由裁量适用细则（2019版)》，有序推进行政执法管理系统建设。2019年，全省应急管理系统立案总数24409件、经济处罚总额7.5亿元，其中事前立案23555件，占立案总数的96.5%、同比增长28.5%；事前处罚5.5亿元，占罚款总额的73.3%、同比增长31.6%。年内，全省消防救援机构共检查单位40.21万家，督促整改火灾隐患69.69万处，下发行政处罚决定书2.06万份，责令“三停”3160家，临时查封8794家，拘留1324人。

二、防灾减灾救灾

（一）防汛防旱防台

强化部门联动，与农业农村、海事等部门建立“海、江、湖、河”应急救援合作机制，落实台风期紧急应对措施。与中国安能集团第二工程局第五公司、省水利建社有限公司签订应急抢险服务框架协议，成立江苏应急抢险队。强化防汛抢险能力历练，集结20支队伍500余名抢险队员，举办2019年度全省防汛应急抢险演练。全力做好汛期应对工作，严密跟踪台风和洪水动向，针对沂沭泗地区大洪水，提前预置800名消防队员赴一线巡堤查险，协调中国安能集团等专业力量全力做好工程抢险；指导成功处置东海县场西水库溢洪道滑坡、长江夹江镇江六圩埭段坍江等险情。

（二）综合减灾

研究建立自然灾害监测预警制度，加强自然灾害风险会商研判，形成《2019年汛期自然灾害风险分析报告》。扎实做好地震和地质灾害救援准备工作，制定地震灾害、突发地质灾害应急响应工作手册。建立健全应急联动合作机制，与省气象局签署合作框架协议，与省红十字会签署防灾减灾救灾联动工作机制合作协议，与省地质矿产勘查局签署地震和突发地质灾害应急救援服务框架协议，与省自然资源厅联合印发《关于切实加强地质灾害防治和应急工作的指导意见》。明确全省自然灾害防治9项重点工程建设任务分工。开展全国综合减灾示范社区创建，创建示范社区100个。

（三）森林防火

指导督促各成员单位规范信息报送机制，履行防火工作职责。强化重点时段和防火期森林火灾防控，在清明、秋冬季等重点时段，先后 11 次对全省森林防灭火工作开展专项检查，督促各地落实监管责任。2019 年，全省森林防灭火形势平稳，没有发生亡人火灾事故。

（四）救灾和物资保障

积极统筹调配物资装备，掌握物资储备情况，推动共用共享，指导各地明确应急管理体系下的救灾物资储备、调拨、配送、分发等工作要求。积极应对“7・6”风雹、超强台风“利奇马”等自然灾害，派出 4 个工作组赴灾区指导应急救灾工作，拨付救灾资金 8372 万元，调拨物资 1.2 万余件。依据灾情安全转移受灾群众，台风“利奇马”影响期间，累计安全撤退转移 17.9 万人，紧急召回水上作业船只 2 万余条。

三、应急救援

（一）应急指挥

强化协调联动指挥，健全完善上下贯通、左右连通的应急救援和事故处置体系，初步形成快速高效的应急指挥体系。规范预警信息发布，推动信息联动共享，全年共接收事故灾害信息 139 条，上报事故灾害信息 233 期，高效处置事故灾害，全年共处置较大以上和敏感事故灾害 40 余起。

（二）救援能力建设

推进预案体系建设，组织修编《江苏省突发事件总体应急预案》和各专项预案，推动各地开展应急演练。开展全省各类应急力量普查，推进以综合性消防救援队伍为主力军、各类专业应急救援队伍为骨干、社会救援力量为支撑的应急救援力量体系建设。推动国家级、省级应急救援基地建设。建立军地、社会力量抢险救援协调联动机制，积极构建区域应急救援协同合作机制。

（三）江苏响水天嘉宜化工有限公司“3・21”特别重大爆炸事故救援处置

第一时间启动响应，与省消防救援总队无缝对接，迅速开展抢险救援，协助省领导迅速建立应急指挥体系。根据现场指挥部要求，成立专项工作组，开展现场勘查，分析事故起因，研究处置措施。紧急调派徐矿集团救护大队、中煤大屯公司救护大队 2 支矿山救援队伍 41 名指战员开展排水转污作业。从省内外调集化工专家和专业技术人员 30 余批次 120 余人次，实地勘查、摸排处置。按照“高危优先”“一企一策”要求，制定危险物料处置“五项流程”，先后组织召开方案评审会 14 次，审定危险源转运方案 1020 个，累计清理和转运物料 6 万吨。转运期间做到企业人员、专家、消防监护力量“三个到场”，确保万无一失，整个处置转运过程没有发生二次事故，没有造成次生灾害。

四、基础能力建设

（一）有序推进机构改革

一是全面完成机构改革任务，省、市、县三级应急管理部门全部组建到位。加快理顺工作机制，加强与相关部门沟通衔接，注重发挥应急管理部门的综合优势和相关单位的专业优势，防汛防旱、自然灾害防治、森林防灭火、消防救援等方面形成新的工作机制。强化职能融合和重塑，构建防灾减灾救灾、指挥救援、监管执法和基础保障等分工清晰、互为衔接的内设机构职能体系。贯彻中央消防执法改革意见，结合江苏特点，研究制定具体工作方案，细化改革实施过程中的三个步骤和任务明细表，明确 19 大项工作任务。

持续深化“放管服”改革，创新消防监管模式，加强执法制度建设，加快构建现代消防监督管理体系。

（二）完善安全生产管理体制

加强制度建设，制定《关于进一步加强安全生产工作的意见》，从落实主体责任、夯实安全基础、完善体制机制等方面提出30条新要求、硬措施；出台《化工产业安全环保整治提升方案》，明确32项刚性措施。大幅提升安全生产在高质量发展考核中的权重，将年度安全生产专项考核结果作为综合考核正向指标，将生产安全事故作为减分项，并保留“一票否决”。充实安委会、安委办力量，调整省安委会组成人员和组织架构；实体化运作安委办，省级层面增设综合协调、巡查督查专业处室，承担安委办、巡查办、专治办日常工作。

（三）持续强化基层基础

完成危险化学品安全生产风险监测预警系统建设，全省247家一级、二级重大危险源企业的监测监控数据全部接入系统，推进安全生产领域问题处置监管平台建设。开展全国防灾减灾日、“安全生产月”等主题宣传活动，组织拍摄公益宣传片，在江苏卫视等新闻媒体持续滚动播出。协助省委、省政府组织召开响水天嘉宜化工有限公司“3·21”特别重大爆炸事故警示教育大会，举办应急管理工作专题研究班和“3·21”事故警示教育研讨班，树牢安全理念、推动安全发展。出台《关于高危行业领域安全技能提升行动计划的实施意见》。加强企业标准化建设，全省安全生产标准化达标企业90147家，充分发挥社会化服务体系和市场机制作用。消防救援总队、支队全媒体中心实体化运行，建成14家省级消防科普教育基地，打造4条消防地铁专列、13个主题公园，开展“119消防宣传月”“千万学生做消防作业”等主题宣传活动。制作13类场所消防安全培训课件，免费培训各类人员60万人次。

第十一章　浙江省应急管理工作

2019年，浙江省应急管理系统坚持以习近平新时代中国特色社会主义思想为指导，认真贯彻落实习近平总书记关于应急管理重要论述，谋划推进“构建体系、压实责任、安全治理、灾害防治、应急救援、减灾救灾、监管执法、基层基础、数字应急、锤炼铁军”应急十策，切实打好全面履职之年的开局战。全年全省共发生生产安全事故1463起、死亡1292人，同比分别下降35.7%和34.2%；发生火灾10453起、死亡46人，同比分别下降25%和23.3%。全省发生森林火灾30起、受害森林面积115.54公顷，同比分别下降33.33%和1.39%，24小时扑灭率100%。各类自然灾害共造成全省896万人次受灾，直接经济损失552亿元，年均因自然灾害直接经济损失占全省GDP的比例控制在1%以内。

一、安全生产

（一）危险化学品安全

一是深入开展安全生产大检查。全省共计发现危险化学品企业安全隐患和问题4.7万多条，其中重大隐患827项，停产停业248家，立案查处1166家。二是持续深化重点区域综合治理。全年共计完成656处油气管道高后果区安全风险评估及管控措施落实，完成8个重点化工园区“五个一体化”建设、33家城镇人口密集区危险化学品企业搬迁改造，全覆盖推进18个危险化学品重点县专家指导服务工作。三是全面落实风险防控大数据平台功能应用。实现市、县贯通，归集各类危险化学企业和单位超过7.1万家，全年累计监测各类生产性动态风险131万次，实施企业安全风险研判与承诺公告日志62万次，并落实线上监测预警与线下靶向执法。

（二）工矿商贸行业安全

开展重点行业领域整治，公布22家省级工矿商贸企业重大事故隐患名单，按期完成整治任务并销号；部署开展工贸行业小微企业整治，截至年底全省小微企业排摸32万家。开展矿山安全生产专项执法检查，共发现事故隐患1474项。加强危险化学品使用企业督促检查，全省工贸行业涉及危险化学品使用企业登记达3.8万家。推进安全标准化提质增效，组织对150家二、三级达标企业“回头看”，达标企业抽查合格率87.3%，比2018年提升20个百分点。做好城市安全发展工作，全省11个市出台城市安全发展实施意见。

（三）消防安全

推进消防执法改革的落实，印发《关于全面深化消防执法改革的实施意见》。开展“防风险、保平安、迎大庆”消防执法检查专项行动，以医院、学校、校外培训机构、博物馆、文物建筑等14类重点对象为基础，督促整改突出风险7.49万处；协调相关部门共同推进消防安全执法检查，保持重大活动期间社会面火灾形势和涉会场馆消防安全。推进消防安全三年翻身仗，全年全省消防救援机构共检查单位28.5万家，督促整改火灾隐患或违法行为27.9万处，下发临时查封决定书5842份，责令“三停”单位5962家，罚款8545万元，拘留4651人。完成98.9万户居住3~9人和所有10人以上的出租房排查整治；完成省政府民生实事511个老旧小区消防设施增配改造任务。强化单位消防安全管理和火灾事故责任追究，全年挂牌督办重大火灾隐患单位（区域）571家；督促39.3万家社会单位按要求落实“三自主两公开一承诺”；对43起亡人和有影响的火灾逐起实施责任追究。

（四）其他重点行业领域

部署各行业领域安全综合治理，以深入实施安全生产综合治理三年行动为主线，全面推进道路交通、消防、危险化学品、渔业船舶、建设施工、城市安全六大攻坚战和特种设备、旅游安全、校园安全三项整治，多轮推进整治措施落地。突出重大隐患挂牌督办，先后挂牌一批道路交通、消防、危险化学品、工矿商贸、海上安全、文物保护单位等行业重大隐患，并严格实施闭环销号管理。强化重点时段安全保障，制定“平安护航新中国成立70周年”公共安全治理攻坚战任务和计划，并组织11个暗访组全覆盖检查所有地市，检查企业（场所）231家，发现整改隐患722项。

二、防灾减灾救灾

（一）风险监测

建立会商研判机制，梅雨和台风期间，每日组织气象、水利、自然资源等部门和重点地区会商研判，重要节点加密会商并直接预警提示到县，第一时间指导受影响地区的灾害防御工作。推进监测预警机制，积极推进自然灾害监测预警信息化工程，与气象部门合作签署加强气象防灾减灾联动合作框架协议；与省气象局、杭州市气象局协商制定运用静止卫星开展林火监测实施方案；制定森林航空消防“两个全覆盖”（航护时段覆盖全年，巡护扑火范围全覆盖）目标建设方案。完善信息发布机制，构建预警信息发布“一个窗口”对外机制。2019年防台防汛期间，全省各级应急管理部门联合发布预警短信达1.53亿余条，其中以省防汛抗旱指挥部名义发布的应急短信有2900万余条。

（二）地震与地质灾害

与省自然资源部门和省地震部门对接协调，明确各自职责，形成联合工作机制。协调自然资源和地震部门继续做好地质灾害风险调查、隐患排查和地震易发区房屋设施加固工程摸底调查。及时应对灾情，在梅汛期、台风期共启动地质灾害应急响应7次，其中Ⅲ级2次、Ⅱ级1次；实地调查指导宁波海曙M2.8级地震；在“6·6”强降雨和超强台风“利奇马”等灾害发生后第一时间赶赴省内江山、临海和临安等地指导、处置地质灾害救援工作。

（三）防汛抗旱防台风

抓好机构调整，积极构建机构改革后的省、市、县三级防汛抗旱应急管理组织指挥体制。细化工作对接，与水利、气象、自然资源、农业农村等部门分别制定合作备忘录，建立完善监测预警预防、信息报送、会商系统运作等一系列工作机制。全年省防汛抗旱指挥部先后启动20次防汛防台应急响应。建立风险提示单制度，累计向各地发送提示风险点62条次，并做好限时整改、闭环管理。

（四）森林防灭火

完善省级议事协调机构，调整成立省

森林防灭火指挥部；与省林业局就森林防灭火工作建立协商机制，明确森林防灭火有关职责划分，并及时指导市、县两级应急管理部门和林业主管部门在森林防灭火工作中的职责划分。强化队伍建设，组织开展4期森林防灭火业务培训班；组织开展全省森林防灭火技能竞赛和实战演练，强化队伍应急处置能力。在全省范围内部署开展森林火灾风险隐患排查整治工作，共排查各类隐患点44121处，发现整改隐患2269项。

（五）减灾救灾

会同相关部门调拨9.88万件物资装备支援受灾地区抢险救灾，同步协调中央和省级财政下拨自然灾害生活救助资金4.6亿元。推进避灾工程规范化建设，将避灾安置场所规范化建设纳入2019年省政府民生实事项目，会同省财政部门专项安排3500万资金补助各地，全省完成3218个规范化避灾安置场所。会同相关部门推进40个国家综合减灾示范社区、60个省综合减灾示范社区创建。在台风“利奇马”影响期间，全省共开放避灾场所1.4万个，集中安置灾民59.7万人。

三、应急救援

（一）应急指挥系统建设

完成应急指挥平台建设指导意见编制，确定省、市、县、乡四级指挥平台的相关功能要求和信息化技术要求，为各地应急指挥平台建设提供有效指导。推进应急管理综合指挥平台一期工程建设，完成应急管理综合指挥平台项目一期建设可行性研究报告和项目建设方案编制，确定一期项目子工程建设内容。按照省政府数字化转型工作思路，设置“应急一张图、数据中心”2个应用专题和“防范防治、应急救援、减灾救灾”3个业务专题，重点完成13个子模块开发建设。实现相关数据和视频图像实时监测、共享，应急指挥系统接入浙江省水雨情信息展示系统、省水利厅实时卫星云图、省大型水库GPRS通讯水情自动报汛系统、电信全球眼防汛视频调度系统、森林防火监测系统、地质灾害管理信息系统和浙江气象防灾减灾决策服务云平台等相关部门的业务系统，进一步提升了系统的综合统筹能力。

（二）应急救援力量建设

出台省级安全生产应急救援专业骨干队伍建设和浙江省社会救援力量培育相关指导意见，协调省财政落实1000万元专项资金，分类分级、规范培育完成7支省级专业骨干队伍、103支社会救援力量（包括11支省级社会救援力量），培训5000名社会组织专业人员，打造立体化救援力量体系。开展跨区域消防救援拉练20余次，组织危险化学品生产安全事故应急演练和防汛防台、地质灾害、防灾减灾、森林灭火等专项预案演练，举办安全生产应急救援技能竞赛。出台各类救援队伍管理要求，规范应急救援力量有序高效地参与救援工作。

四、基础能力

（一）法治体系建设

全面梳理应急管理审批事项，完成3个核心业务、10个一级业务模块、34个二级业务事项、108个业务事项梳理；省本级97项事项“网上办理实现率”“跑零次实现率”均达到100%，办事时限压缩比达78.59%。制定出台行政执法系列制度，推进执法信息公示及时准确全面、执法过程留痕可溯有效、法制审核依法规范明确；全面推行“浙政钉·掌上执法”，梳理出18类执法监管事项主项、256类执法监管事项子项、1000余检查项目的 54 张检查表单，推进清单式、流程化检查执法。强化刚性执法，全年责令停产停业整顿生产经营单位 584 家，提请关闭生产经营单位 42 家，罚款收缴率 98.2%；开展执法“回头看”活动，对 2018 以来 35 起死亡 2 人及以上生产安全事故组织“回头看”；完成 2 起事故调查工作。

（二）科技信息化建设

加强全省应急管理数字化建设的顶层设计，组织开展《浙江省应急管理数字化工程总体规划（2019—2021）》编制工作，制定规划概要版并下发全省实施。完成 10 个一级业务模块，34 个二级业务模块，130 个业务事项数据的需求确认、共享模型和业务流程图设计。完成 25 项数据共 114 万余条数据汇聚，监管行为数据涉及的监管事项覆盖率达 60% 以上。

（三）宣传教育

加强新闻宣传阵地建设，与人民日报、新华社、浙江日报等重点媒体联动，刊发宣传报道 40 余篇。发挥微信公众号宣传作用，“浙江应急管理”微信公众号粉丝数量突破 15 万。组织主题宣教活动，扎实做好“安全生产月”、全国防灾减灾日等主题宣传活动。创新宣教模式，全省拍摄安全文化宣传教育片 100 余部，完成 215 家应急管理宣教体验馆建设。深入推进“消防安全宣传教育培训年”行动，组织开展第二届浙江 119 消防奖评选表彰和全民消防“大访谈”、消防常识“大宣传”等系列行动，浙江 2 个集体、3 名个人获评第四届全国 119 消防奖。全省建成 2 万余个消防科普教育体验场所，116 所省级消防安全教育示范学校，组织“体验式”火场逃生培训 1.13 万次，培训党政领导 2.8 万名、行业部门工作人员 3.8 万名、基层力量 11.25 万名、社会群众 3187 万名。

第十二章　安徽省应急管理工作

2019年，安徽省应急管理系统坚持以习近平新时代中国特色社会主义思想为指导，深入学习贯彻习近平总书记关于应急管理重要论述，认真落实省委、省政府决策部署，坚持边组建、边应急、边防范，着力推进安全生产“铸安”行动和风险管控“六项机制”建设，有效防范化解重大安全风险，有力应对各类突发自然灾害，全省安全生产和自然灾害形势总体稳定。全年全省共发生生产安全事故1451起、死亡1314人，事故起数、死亡人数同比分别下降15.9%和8.2%，未发生重特大生产安全事故，生产安全事故起数和死亡人数连续15年“双下降”，连续16年未发生特别重大事故。全省发生洪涝、干旱、台风等自然灾害11起，因灾死亡失踪15人，紧急转移安置4.6万人次，倒塌、损坏房屋1.7万间，直接经济损失84.4亿元，因灾死亡失踪人数、紧急转移安置人次、倒塌房屋数量和直接经济损失与近5年平均值相比分别下降32%、88%、85%和52%。

一、一以贯之抓牢安全生产

（一）构建责任体系

省委、省政府始终把安全生产摆在全局重要位置，纳入全省发展战略和年度重点工作任务，同步谋划、统筹部署、全面推进。省委常委会会议、省政府常务会议，省委、省政府专题会，省安委会全体会议等多次研究部署安全生产。健全完善省安委会工作机制，增加组织、宣传、机构编制等党委部门为省安委会成员单位。结合机构改革，在部门“三定”规定中明确安全生产职责。省安委会在危险化学品、道路交通等14个重点行业领域成立安全生产专项领导小组，由分管副省长担任组长。开展城市安全发展专项督查、安全生产领域改革发展和党政领导干部安全生产责任制专项巡查。省安委办对事故多发地区进行约谈，提出问责和整改要求。

（二）加强风险管控

深刻吸取江苏响水天嘉宜化工有限公司“3·21”特别重大爆炸事故教训，制定印发《安徽省开展“1+6+N”安全生产隐患集中排查治理专项行动的指导意见》和《关于开展危险化学品等重点行业领域安全生产专项执法检查的通知》等，开展“1+6+N”安全生产风险隐患集中排查治理和为期3个月的危险化学品等重点行业领域安全生产专项执法检查。围绕“保安全、保大庆、保稳定”，印发《生产安全事故防范行动实施方案》《自然灾害防灾减灾行动实施方案》，开展安全生产领域、自然灾害领域安全隐患排查治理，对危险化学品领域开展全覆盖暗查暗访。强化事故警示作用，严格挂牌督办，对26起较大事故或有较大社会影响事故、10处事故多发路段、72处道路交通安全隐患实施挂牌督办。编写生产安全事故调查处理指导手册，推进事故调查工作制度化规范化。开展事故整改措施落实效果评估工作自查抽查活动。部署“防风险、保平安、迎大庆”消防安全执法检查专项行动，定期带队检查消防安全。省、市、县三级政府挂牌督办、整改销案372处重大火灾隐患。

（三）强化执法监管

出台《安全生产监管执法监督办法》。推行行政执法公示、执法全过程记录、重大执法决定法制审核制度。开展安全监管执法案卷“四查”活动。出台《安全生产行政执法与刑事司法衔接实施办法》。加强安全生产领域诚信体系建设，严格联合惩戒对象管理和“黑名单”信息管理，将6家生产经营单位纳入联合惩戒对象。全省监督检查生产经营单位20068家、34583次，责令停产停业整顿191家，责令关闭或取缔企业18家，对非法违规行为实施罚款14529万元。

（四）开展指导服务

制定《安徽省危险化学品重点县专家指导服务工作的实施意见》，在全省确定4个重点县开展为期3年的省专家指导服务，要求各地分别确定市级重点县、县级重点企业同步开展专家指导服务。省级专家指导服务组完成年度省级4个危险化学品重点县两轮现场指导服务工作，指导服务危险化学品企业24家，查出、整改问题隐患1941项，开展专题业务培训19场，培训3000余人。印发《关于危险化学品重点县聘任化工专家工作的实施意见》，从4家大型化工企业中选取9名化工专业人员作为重点县聘任专家开展对口帮扶。

二、有力有效应对自然灾害

（一）完善体制机制

完善政府统一领导、部门分工负责、社会共同参与、属地管理为主的防灾减灾管理体制和协调机制。牵头制定并严格落实防范化解自然灾害重大风险工作方案，建立风险研判、监测预警、决策风险评估等机制和自然灾害防治工作厅际联席会议制度，确定水旱、地质等10项自然灾害重大风险任务，定期会商研判形势问题。组织台风“利奇马”灾害调查评估，客观全面评价防灾减灾和救援救助情况。

（二）加强防范应对

印发《关于进一步加强和规范灾情信息报送管理工作的通知》《关于进一步加强自然灾害灾情管理工作的通知》，建立四级灾情管理队伍，加强自然灾害预警信息和灾情管理。针对低温、雨雪、暴雨、台风灾害等，发布自然灾害和生产安全事故预警信息29次。启动省级应急响应5次，妥善应对长江超警水位以上洪水、台风“利奇马”、伏秋旱等灾害，派出40多个工作组指导抢险救援救灾。下拨省级救灾资金1900万元、中央防汛抗旱救灾补助资金2.11亿元，下达农业抗灾用电指标2.17亿千瓦时。印发《关于做好2019年度农村住房保险试点工作的通知》，推进农村住房保险，覆盖山区库区和淮河行蓄洪区300余万户农户，筹措保费资金5000余万元，截至2019年底，已决农房案件5810起，已决2985.6万元。

（三）强化应急准备

印发《关于做好救灾物资协议储备工作的指导意见》，指导各地采取协议储备的方式储备保质期短的救灾物资。印发《关于加快推进“十三五”期间救灾物资储备库项目建设的通知》，推进储备库建设。印发《关于进一步做好救灾物资储备管理工作的通知》，规范物资储备管理。制定《安徽省省级救灾物资计划调用管理暂行办法》，提出省级救灾物资计划调用管理的工作原则，确保救灾物资发挥最大使用效益。

（四）开展冬春救助

组织开展冬春受灾群众生活困难情况摸底调查工作，指导各地开展灾区困难群众冬春生活救助工作，对实施冬春救助后生活仍存在困难的受灾群众，会同有关部门将其纳入农村低保、临时救助等救助体系。2018 年 12 月至 2019 年 5 月底，下拨 2018—2019 年度冬春救助资金 3.1 亿元；2019 年 12 月，下拨 2019—2020 年度中央和省级冬春救助资金 4.2 亿元。

三、大力提升应急救援能力

（一）完善应急预案

组织修订省政府总体应急预案和自然灾害类、安全生产类省级专项应急预案。印发《关于深入开展 2019 年“安全生产月”应急演练活动的通知》，举办事故应急救援演练和淮河、长江（巢湖片区）防汛抗洪抢险综合演习。

（二）健全指挥机制

加强应急救援调度指挥，制定《安徽省应急管理厅应对自然灾害和安全生产事故工作机制建设任务分工及主要工作内容暂行规定》，建立监测预警、信息发布、会商研判、应急响应、灾后调查评估等制度，强化事故灾害应对处置。建立与有关部门和驻皖解放军、武警部队对接协调、应急联动机制。

（三）建强救援队伍

推进骨干队伍建设，提升骨干救援队伍装备能力，制定危险化学品应急救援队伍、非煤矿山救护队管理办法，规范建设、训练、救援服务等事项。积极支持并推进实施国家矿山应急救援淮南队装备配套项目和国家危化应急救援安庆基地项目建设。支持社会应急力量发展，开展应急力量调查，举办安徽省第三届危险化学品救援技术竞赛，选送队伍参加全国首届社会应急力量技能竞赛。

四、加强基础能力建设

（一）加强法治保障

健全行政权力运行制约和监督体系，修订完善重大行政决策合法性审查制度，规范重大行政决策程序，建立完善厅内工作规则，制定权力运行监管细则。动态调整权责清单，全面清理机构改革涉及的规章和规范性文件。依法开展行政复议和行政应诉，主动运用全国行政复议工作平台办理复议案件，全年办结 2 起复议案件，完成 2018 年复议案件录入平台工作；支持人民法院依法受理行政诉讼案件，全年共对 7 起行政诉讼案件进行应诉。深化“放管服”改革，创新行政审批工作，推行一网通办“不见面”，实现全流程网上受理、审批，规范服务流程，精简优化事项、材料、时限等，在安徽省直机关率先推行“一次不用跑”行政审批服务。出台《关于做好国家综合性消防救援队伍人员优待工作的通知》等优待政策性文件，明确各项保障措施。

（二）强化科技支撑

建成危险化学品领域安全防控监测信息系统，全省 10906 个危险化学品单位关键风险点信息实现实时监测、在线监控、可视化管理。制定实施应急管理信息化发展规划（2019—2022 年），组建省、市、县三级指挥信息网。完善应急管理信息化平台，建成一企一档、隐患排查、重大危险源等 14 个业务系统，实现安全生产风险管控和应急管理信息共享。

（三）促进能力提升

开展全系统培训，开设“应急管理

大讲堂”，开展防灾减灾救灾、应急管理信息化、执法人员教育、新媒体宣传等专题培训，提升履职能力、执法能力、应急能力、综合协调能力、宣传引导能力。

（四）构建共建共治格局

提升社会宣传广度，每季度召开新闻通气会，举办新闻宣传暨法治建设工作座谈会，加强新媒体宣传。增强宣传教育效度，做好“双微”宣传，深化“七进”活动，开展“安全生产月”、全国防灾减灾日宣传活动。举办全省应急管理普法宣传微信有奖竞答，积极组织参与全国应急管理普法竞赛，开展公益普法和法律咨询活动。强化共建共治力度，开展安全文化建设示范企业和综合减灾示范社区创建，全省有 6 家企业和 55 个社区分别被命名为 2019 年全国安全文化建设示范企业、全国综合减灾示范社区。推进安全风险网格化管理，建立灾害信息员队伍，开展针对性培训。发动全社会特别是企业一线职工举报安全生产隐患和安全生产违法违规行为，消除一大批安全生产隐患，查处一大批违法违规行为。省、市级媒体开设消防专栏 41 个，建立消防传播矩阵 5.9 万个，播发消防公益广告 27.6 万条次，开展消防宣传培训 2.2 万场次。

第十三章　福建省应急管理工作

2019 年，福建省应急管理系统坚持以习近平新时代中国特色社会主义思想为指导，全面贯彻落实党的十九大和十九届二中、三中、四中全会精神，增强“四个意识”、坚定“四个自信”、做到“两个维护”，深入贯彻落实习近平总书记关于应急管理重要论述，扎实推进应急管理体系和能力建设，强化隐患排查治理和安全风险管控，统筹加强自然灾害防治，有力维护人民群众生命财产安全。全年全省安全生产形势总体平稳，共发生各类生产安全事故 1420 起、死亡 850 人，同比分别下降 17.7% 和 9.5%，没有发生重大以上事故，新中国成立 70 周年大庆期间等重点时段全省安全生产形势平稳。

一、认真抓好安全生产工作，坚决防范遏制重特大事故

（一）省委、省政府高度重视

省委、省政府主要负责领导带头落实安全生产责任制，推动安全生产与经济社会发展同规划、同部署、同检查、同落实。省委常委会将安全生产工作列入 2019 年工作要点，省政府将安全生产工作纳入政府工作报告，省委常委会会议、省政府常务会议和专题会议共 20 多次研究部署加强安全生产工作。省政府主要负责领导担任安委会主任，省委和省政府其他班子成员按照“党政同责、一岗双责”要求，抓好分管行业领域安全生产工作，将安全生产工作与业务工作同时安排部署、同时组织实施、同时监督检查。

（二）积极防范化解重大安全风险隐患

2019 年 1 月至年底在全省部署开展安全生产隐患排查治理专项行动，2019 年 11 月底至 2020 年 3 月底在全省深入开展为期 4 个月的安全生产集中整治，2019 年 11 月至 2020 年底在全省组织开展铁路沿线安全综合治理专项行动，深入细致地排查治理安全风险隐患，确保新中国成立 70 周年大庆等重大活动、重点时段全省安全生产形势平稳。全年全省共治理安全隐患 45 万多项，开展安全生产约谈 1955 次、警示通报 575 次、重大隐患挂牌 306 家，责令停产停业整顿 1281 家，取缔关闭 573 家，实施联合惩戒 229 家、行政处罚 1.7 亿元。在庆祝新中国成立 70 周年期间，逐项细化方案分工、落实防护措施，圆满完成夜游闽江、焰火晚会等 8 项重大庆祝活动的消防安保任务，实现活动场所“零火情”，社会面火灾形势平稳。

（三）深化重点行业领域安全专项治理

深刻汲取江苏响水天嘉宜化工有限公司“3·21”特别重大爆炸等事故教训，突出危险化学品、煤矿、道路交通、房屋安全、消防安全、海上安全，开展重点行业领域安全专项治理。开展危险化学品安全综合治理和安全隐患集中排查整治、氟化工安全专项整治、“排险除患”专项行动，实施人口密集区危险化学品生产企业搬迁改造，对全省危险化学品生产储存企

业主要负责人组织全覆盖安全培训，对国家级、省级化工园区进行全覆盖督导，对硝化、硝酸铵企业进行全覆盖隐患排查，对涉及重点监管危险化学品、化工工艺和重大危险源的企业进行全覆盖执法检查，对11个省级危险化学品重点县开展全覆盖专家指导服务。开展道路交通安全综合治理三年专项行动，完成省委和省政府为民办实事项目的738处重点隐患路段整治，完成公路安全生命防护工程5751公里、危桥改造180座，建成农村交通安全劝导站10158个、配备劝导员3万余名。开展进一步规范煤矿生产建设秩序专项行动、“煤矿企业安全生产主体责任落实年”活动，全年公告退出煤矿45处，合计产能477万吨/年，9万吨/年以下煤矿全部退出；完成454座非煤矿山和尾矿库安全风险等级评定，36座“头顶库”采用销库、清库、闭库措施完成治理30座，实施清库治理6座。推进消防安全标准化管理，指导乡镇街道建立“分片包干、责任连带”机制。开展“防风险、保平安、迎大庆”消防安全执法检查专项行动，集中开展打通“生命通道”行动，深化大型商业综合体、电动自行车等消防安全专项整治，集中约谈消防重点单位10227家，督改火灾隐患8.1万处。开展房屋安全隐患排查整治，完成全省745.2万栋房屋安全排查工作，采取封房、加固、拆除等措施分类处置3.5万栋。开展建筑施工安全专项治理、房建和市政工程质量安全大检查、公路水运工程建设隐患排查治理专项行动、水利工程建设安全专项整治，共消除安全隐患5.5万项。开展采运砂船、内河船专项整治、“蓝剑2019”海上联合执法，共查处采运砂船和内河船654艘次、违规渔船1401艘次。开展铁路沿线安全综合治理专项行动，福建省境内高铁外部环境发现的1386处安全隐患问题2019年底已全部整治销号。民爆物品、渔业船舶、电动自行车、粉尘涉爆、冶金煤气、有限空间、旅游、学校等重点行业领域专项治理取得新的成效。

（四）加强安全生产基层基础建设

推进安全生产领域改革发展，明确各有关部门在“三定”规定中的安全生产职责，制定《福建省电梯安全管理条例》《福建省安全生产警示通报和约谈制度》等系列政策制度规范。推行消防技术审查与行政审批相分离，顺利完成建设工程消防设计审查验收职责移交。推进城市安全发展，排查梳理市政公用行业181个重大危险源，完成1353座城市桥梁检测。建成危险化学品风险分布信息系统和重大危险源监管、建筑市场综合监管等平台，全省“两客一危”、半挂牵引车辆及重型载货汽车100%安装卫星定位监控装置，为近6500艘大中型海洋渔船安装北斗示位仪（定位终端），提高在线监管水平。

二、加强防灾减灾救灾能力建设，有力应对自然灾害侵袭

（一）加强防灾减灾救灾能力建设

健全完善“纵向到底、横向到边”的应急预案体系和“预警到乡、预案到村、责任到人”的防灾应急机制。建立救灾物资快速调拨配送协调机制和地震防震减灾、抗震救灾工作协同联动等工作机制，开展避灾场所安全巡查、清查清点物资配置，采购救灾物资500万元。建成乡镇高清视频会商系统和19167个自然灾害避灾点、71个救灾物资储备库、1047处地震应急避难场所、438个全国综合减灾示范社区、54个国家级地震安全示范社区，下达2000万元补助资金提升建设

242个自然灾害避灾示范点。

（二）抓好防汛防台风工作

建立防御暴雨台风“三级风险应对”机制，立足最不利情况，落实预报警示到点、指挥调度到点、责任落实到点、宣传动员到点等措施，防抗8次强降雨过程、1次登陆台风、1次影响台风，共预置救援力量3.03万人次，出动抢险力量9.51万人次，转移群众42.49万人次，解救被困群众3295人；转下达中央救灾资金2.1亿元，下达省级救灾资金0.7亿元，调拨救灾物资3.98万件，有力保障受灾群众的基本生活和社会安全稳定。

（三）抓好森林防灭火工作

深入开展森林草原火灾风险隐患排查整治，加强森林火险预警和监测工作，加强森林防火宣传，严密火源管控。进一步完善省森林防灭火指挥体系，将“福建省森林防火指挥部”更名为“福建省森林防灭火指挥部”，调整充实组成单位和相应人员，明确省森林防灭火指挥部办公室设在省应急管理厅，明确各成员单位森林防灭火职责。

（四）抓好冬春救助和灾后农房重建工作

下拨2019—2020年冬春救助资金1703万元（其中中央补助资金956万元），向受灾严重地区调拨总价值600余万元的棉被、羽绒服等救助物资13.34万件，保障12.29万人温暖过冬。省级财政对2019年农房灾后重建的受灾户给予家用电器购买补贴，强化灾后农房重建工作，全省1142户重建户在2020年1月19日前搬入新居。

三、加强综合救援能力建设，不断提高应急救援水平

省消防救援总队、森林消防总队按照“全灾种、大应急”要求，对标国家综合性消防救援队伍标准，加强装备器材配备、强化练兵比武、战备拉动演练，分灾种制定灾害事故预案，着力补齐综合救援短板。省消防救援总队组建综合应急救援机动支队、省级抗洪抢险救援队和工程机械大队，分类打造地震、水域、山岳等专业救援队59支，全年共接警出动5.2万起，营救被困群众7211人，疏散遇险群众1.5万人。省森林消防总队成立特种救援大队，常态保持800人跨省区机动增援力量，全年共出动15852人次，担负森林灭火、防火勤务、抗洪抢险、防抗台风等任务共计230次。2019年，福建沿海共发生海上险情139次（其中一般险情137起、较大险情2起），共成功救助遇险人员1083人、救助成功率97%，成功救助遇险船舶100艘、救助成功率91%。

四、推进应急管理机构改革，加强应急管理基础能力建设

（一）应急管理机构改革平稳有序

坚决落实党中央、国务院决策部署，各级党委、政府对应急管理部门给予支持和倾斜，截至2019年底，核定全省应急管理系统的编制数比原安监系统增加40%，核定省应急管理厅编制数比原省安监局增加92%。福建省消防救援总队2019年12月22日正式挂牌，福建省森林消防总队2019年12月29日正式挂牌。制定《关于深化福建省消防执法改革的实施方案》及相关配套文件13份，推行“双随机、一公开”消防监管模式，并研发了手机移动执法APP。全省各级应急管理部门和消防机构边应急、边改革、边建设，做到思想不乱、工作不断、队伍不散、干劲不减，应急管理各项工作有序衔接、指令畅通、平稳过渡。

（二）加强应急管理信息化建设

编制《福建省应急管理信息化发展规划（2019—2022年）》，完成省级11个单位、15个系统的接入互联、应急资源汇聚、监测实时互联、视频监控调度等互联互通工作。建设上线应急管理综合应用平台（一期）、应急管理“一张网”应急云、高危行业（危险化学品）安全生产风险监测预警系统、应急救援指挥系统（一期）、安全监管移动执法系统等2019年重点工程项目。全省49家构成一级、二级危险化学品重大危险源企业的视频监控、监测预警信息全部与应急管理部信息系统实现互联互通。建成智能网格海洋预报业务系统、地质灾害气象风险自动化预警系统，建成地震预警信息发布终端10132处，全省累计移动客户端下载用户79944个。

（三）贴近群众开展宣传教育

组织开展习近平总书记授旗重要训词一周年系列学习宣贯、“最美应急人”典型宣传、“安全生产月”、全国防灾减灾日、应急管理普法知识竞赛、“防灾减灾家庭安全知识挑战赛”“119消防宣传月”、消防安全大宣传大培训大警示教育、中小学校消防安全教育“三年行动”等系列宣传活动。实施高危行业职业技能提升行动，推进应急管理科普宣教进教材、进学校、进机关、进企事业单位、进社区、进农村、进家庭、进公共场所，广泛宣传、大力普及防灾减灾、避灾逃生和安全常识。全省建设命名89个消防科普教育基地和15个消防主题公园。

第十四章　江西省应急管理工作

2019年，江西省应急管理系统深入学习贯彻习近平总书记关于应急管理重要论述，以防范化解重大安全风险为主线，顺应新体制，履行新职能，担当新使命，不断推进应急管理体系和能力现代化，全省安全形势保持总体稳定，新时代应急管理事业迈出坚实步伐。全年全省共发生各类生产安全事故2093起、死亡1316人，同比减少633起、减少296人，分别下降23.2%和18.4%，未发生重大以上事故。9个设区市事故起数和死亡人数“双下降”，3个行业领域事故死亡人数下降明显。

一、安全生产

（一）压实安全生产责任

省政府调整省安委会组成人员，新设能源安全专业委员会，分管省领导任第一主任；省政府分别与11个设区市政府和45家省安委会成员单位签订责任书，推动将安全生产职责写入22家省直单位新“三定”规定；全面推行企业安全生产履职情况“一报告、双签字”制度，开展企业落实主体责任情况明查暗访，督促1.6万余家企业报送履职报告。持续推进“五个一”活动和“双千示范”工程建设，全面对标梳理完善制度企业近5.8万家，组织培训5.9万余家，开展反“三违”行动4.3万余家、风险和隐患自查6万余家，创建完成标准化示范企业9783家、风险管控示范企业3920家，辨识管控37万余处风险点。大力推广使用江西省安全生产监管信息系统，上线注册企业1.7万余家，登记隐患63.5万项。

（二）实施专项整治行动

把安全生产十大专项整治继续作为覆盖全省、贯穿全年主抓手，分大动员、大排查、大整治、大提升4个阶段强力推进，深化煤矿、非煤矿山、烟花爆竹、危险化学品、城市运行、交通运输、建筑施工、消防、冶金、特种设备等重点行业领域突出问题专项治理。同时，突出问题导向、责任落实和风险管理，压茬开展全省“打非治违”百日行动，小微企业和“九小”场所、“两客一危”和工程运输等重点车辆及农村交通安全“三项整治”，安全生产集中整治等专项整治，共检查企业18.8万家次，治理隐患68.3万项。紧盯大型商业综合体、文博单位、养老院等场所，开展“防风险、保平安、迎大庆”消防安全执法检查专项行动，开展电动自行车、出租屋及校园周边消防安全检查等10个专项行动，检查单位23.6万家、督改隐患28.6万处，向社会公示一般火灾隐患8198家，挂牌督办重大隐患单位361家、销案摘牌313家，挂牌督办数、销案摘牌数同比上升67%、75%。

（三）加强安全监管执法

紧盯重点时段、行业和企业，扎实开展综合督查、随机抽查、暗查暗访和“双随机、一公开”检查。严格落实“四个一律”“五个一批”措施，约谈、通报曝光、行政处罚企业近2万家，关闭非法违法企业2600余家、刑事拘留1400余人。累计向应急管理部报送3批共18家企业作为失信联合惩戒对象，保持严管严治高压态势。出台《消防安全守信激励和失信惩戒暂行办法》，公布失信行为和黑名单逾2200起。制定《深化消防执法改革意见119项细化工作任务清单》，全面推行“双随机、一公开”消防监管模式。

（四）强化风险源头防控

全力推进落后产能淘汰，关闭小煤矿39处、退出产能183万吨，超额完成年度任务。严格落实多部门联审联批机制，坚决遏制小化工企业过快增长势头。抚州、上饶等地158家烟花爆竹生产企业签订退出协议。烟花爆竹、尾矿库和危险化学品企业风险预警与防控系统建设试点取得积极进展。

二、防灾减灾救灾

（一）不断完善体制机制

省委办公厅、省政府办公厅出台《江西省自然灾害防治能力建设工作方案》，紧密结合江西实际，全面部署自然灾害防治工作。建立省自然灾害防治工作联席会议制度，强化气象、水利、自然资源、林业、消防救援、水文等部门协作，及时调整省防汛抗旱指挥部和省森林防灭火指挥部，省防汛抗旱指挥部双领导制做法得到国务院领导高度肯定，并建立指挥、平台、值守、会商、调度“五个统一”机制，省森林防灭火指挥部工作规则印发实施。及时修订印发《江西省防汛抗旱应急预案》《江西省森林火灾应急预案》，推动《江西省实施〈自然灾害救助条例〉办法》颁布实施，联合省财政厅修订印发《江西省自然灾害生活救助资金管理办法》，联合省粮食和物资储备局制定《江西省省级救灾物资使用管理暂行办法》。

（二）全面排查风险隐患

省防汛抗旱指挥部开展2次防汛大检查，深入排查防洪安全隐患，以“一市一单”下发整改清单，督促问题整改和工程安全度汛措施落实，全省共派出1100个检查组、1.1万人次开展汛前检查。组织开展地质灾害巡查排查7.3万人次，排查隐患12.9万点次，将地质灾害调查成果新查明隐患点全面纳入群测群防体系，登记在册地质灾害隐患8万余处，落实群测群防员2.28万人。开展森林防火“平安春季行动”、森林火灾风险隐患排查整治“十查十看”活动、秋冬季森林防灭火工作专项检查暨森林火灾违法行为专项行动和野外违法违规用火专项打击行动。

（三）强化监测会商预警

省减灾委组织应急、气象、地震、水利、自然资源、林业等部门召开7次灾害风险形势会商会，综合分析研判灾害发展趋势，研究防范重点及应对措施，编制7期月度自然灾害风险分析报告，并组织9次救灾形势会商，编制有关专报20期。省防汛抗旱指挥部组织召开14次防汛抗旱趋势会商会，调度省调水库近200次，发挥工程防灾减灾综合效益，并根据降雨落区预报和旱情发展趋势，及时发布预警提醒，要求相关地区提前做好危险区群众转移安置等应对措施。省森林防灭火指挥部结合形势，及时发布森林火灾风险预警信息。发布灾害预警信息1.5万余条、地质灾害省级气象风险预警26次和市、县级气象风险预警2467次。

（四）灾后救助恢复重建

争取国家减灾委、应急管理部对江西省启动国家救灾防汛Ⅳ级应急响应3次，争取并及时下拨中央应急救灾资金5.51

亿元、冬春救助资金 5.398 亿元。争取国家下拨救灾物资棉被 2 万床、折叠床 1 万床、帐篷 2000 顶，有力保障受灾群众基本生活。全面完成 1122 户因灾倒房重建，竣工率 100%，推动农村住房保险工作全面铺开，全年收取保费 1214.3 万元，已决赔款 479.89 万元。投入综合治理及避险移民搬迁资金 5.42 亿元，对 292 处地质灾害隐患点进行治理，保护人员 2.1 万人，搬迁受地质灾害威胁群众 2903 人。

三、应急救援

（一）强化实战演练

6 月 20 日，应急管理部和江西省政府联合在九江市举行 2019 年长江中下游抗洪抢险联合演练，共调动 550 人、167 台套装备、填筑 2 万余立方米砂石料。9 月 20 日，省应急管理厅联合省消防救援总队在九江市举行全省化工应急救援跨区域联合作战演练，为江西近年来规模最大的一次石油化工灾害事故处置实战演练，全科目、全要素展示应急处置建设成果，涉及 20 余个部门和单位，参演人员 700 多名，动用车辆 80 多辆、直升机 2 架、消防战斗艇 1 艘和机器人 20 台。全省开展防汛抗旱实战演练 492 次，3 万余人参加；开展地质灾害避险演练 100 次，2.3 万余人参加。

（二）及时启动响应

面对汛旱急转的不利局面，省防汛抗旱指挥部先后启动防汛抗旱Ⅳ级和Ⅲ级应急响应 5 次，响应期间，省防汛抗旱指挥部 8 个应急工作组和有关成员单位 24 小时集中办公，共派出 90 余个工作组、督导组和专家组协助指导防汛抗旱和应急救援工作。累计派出 1852 批 6122 人次技术专家参与地质灾害应急处置，对接到报告的地质灾害灾险情开展应急调查、监测、排危除险等技术支撑。先后启动省级救灾Ⅳ级应急响应 4 次、Ⅲ级响应 3 次，紧急派出 18 个预警工作组、36 个救灾工作组，指导灾区各地灾害救助工作。

（三）全力抢险救援

全省共投入抗洪抢险力量 235 万人次、机械近 2.5 万套、救援艇 4411 艘、土石方 378.1 万立方米，有效处置险情 193 处，投入抗旱力量 236.4 万人次、机电井 4.8 万眼、泵站 1.1 万处、机动设备 39.95 万台套、运水车辆 4800 余辆，有效解决 79 万人、18 万头大牲畜饮水困难。

四、基础能力建设

（一）健全指挥体系

整合省级综合应急指挥平台和森林防火、防汛抗旱、防灾减灾、地质灾害、地震、安全生产 6 个专业应急指挥平台，并横向同气象、水利、林业、自然资源、消防救援、交通等部门相互连通，纵向实现省、市、县三级上下贯通，初步构建统一指挥、权责一致、权威高效的应急指挥体系。提出建设具有江西特色的应急救援航空体系，加快构建指挥、基础设施、低空空管、力量、保障、产业“六大体系”。

（二）加强队伍建设

出台推进全省消防救援事业高质量发展的意见，从人员招录、待遇保障、装备配备等方面建强建好综合性消防救援队伍。按照“一专多能”定位，建立以专业森林消防队伍为主体，矿山危化、水利水电、电力工程等专业救援队伍为补充的地方应急救援专业力量。全省有综合性消防救援队伍 1.2 万余人，省级矿山、危险化学品、油气输送管道等专业救援队伍 16 支 670 余人，兼职隧道施工应急救援队 19 支，市、县专业森林消防队 108 支 4400 余人，社会救援队伍 95 支。

（三）开展宣传教育

深入开展“安全生产月”“安全生产万里行”、全国防灾减灾日、“森林防火宣传月”等主题宣传教育活动，持续开展安全生产和防灾减灾救灾知识进企业、进农村、进社区、进学校、进家庭“五进”活动。加强与江西卫视、江西广播电台、新法制报等媒体合作，打造新时代应急宣传大格局，并建立完善网络舆情分析研判、应对处置制度。

（四）推进科技支撑

大力实施“科技兴安”战略，持续推进“机械化换人、自动化减人、智能化管控”专项行动，稳步推进省应急管理综合保障基地、省安全生产事故防范科技研发中心、风险监测预警与管控中心建设。组织编制全省应急管理信息化 2019—2022 年发展规划，统筹谋划布局，分阶段、分步骤推进省、市、县三级应急管理信息化建设。

（五）提升基层能力

扎实推进综合减灾示范社区、示范乡镇和示范县创建，获国家综合减灾示范社区命名 40 个，省综合减灾示范社区命名 110 个，综合减灾示范乡镇 25 个和综合减灾示范县 1 个。完善省、市、县、乡四级救灾物资储备体系建设，支持多灾易灾乡镇（街道）建设救灾物资储备点。

第十五章　山东省应急管理工作

2019 年，山东省应急管理工作全力打好防范化解重大安全风险攻坚战，守住安全生产基本盘，有效应对台风“利奇马”灾害，科学处置梁宝寺煤矿火灾事故，有力维护人民群众生命财产安全和社会稳定。全年全省共发生各类生产安全事故 1430 起、死亡 883 人，同比分别下降 41.1% 和 21.0%。发生较大生产安全事故 10 起、死亡 37 人，同比分别下降 50.0% 和 63.0%。发生重大事故 2 起、死亡 20 人。全省消防救援队伍狠抓治理、精准防控，检查单位 33.8 万家，整改火灾隐患 65.7 万处，有效防范各类火灾事故发生。

一、安全生产

深化安全生产领域改革，制定出台《山东省自然灾害风险防治办法》《山东省安全生产风险管控办法》，完成《山东省生产安全事故应急办法》起草工作，修订《山东省安全生产行政责任制规定》，发布实施《城市安全风险评估导则》等 16 个地方标准。配合省人大开展“一法一条例”执法检查和专题询问。配合省政协开展安全生产和应急管理视察工作。加强安全生产执法规范化建设，积极推进“双随机、一公开”监管执法，全年共出动执法人员 4 万人次，检查企业 38 万家，发现违法行为 83 万项。强化刑责治安，出台《山东省安全生产行政执法与刑事司法衔接工作实施办法》《山东省重点领域打击安全生产非法行为责任办法》等规定。出台关于落实深化消防执法改革的意见并举办专题讲座。加强事中事后监管，推行重点区域重点监管制度，对消防安全重点单位实施全覆盖监管。创新推行“火灾—倒查—问责”模式。取消消防技术服务机构资质审批。

探索构建与国家监察体制改革相适应的事故调查协调机制，出台《生产安全事故调查处理工作程序》，牵头对山东济南齐鲁天和惠世制药有限公司“4·15”重大着火中毒事故和威海“5·25”重大事故进行调查处理。建立安全生产违法行为信息库和执法信息公示平台，积极推进安全生产领域失信行为联合惩戒工作，向社会公布 12 家安全生产领域“黑名单”企业，并推送到“信用山东”平台。

充分发挥省政府安委会及专业委员会作用，着力推动“三个必须”责任落实，深入组织开展安全生产集中整治。开展迎接新中国成立 70 周年安全生产专项整治行动，全省共排查整治隐患 52 万条。统一组织专家开展对 15 个危险化学品重点县指导服务，提升重点县安全监管能力。开展“防风险、保平安、迎大庆”消防安全执法检查专项行动，组织 1200 余名消防监督人员、4600 余名专兼职派出所民警对 71.7 万家社会单位和“九小场所”开展集中核查；培训派出所民警、社区人员、网格员等 42 万人次。推动政府挂牌督办重大火灾隐患 89 处，规范 9 类风险隐患 71 项查改标准。推广微型消防站“一呼百应”、社区应急救援站联勤联防工作，提升社会应急力量“打早、灭小”能力；紧盯高层地下建筑、大型综合体，严查严控、交叉互查；对危化品企业，落实“一企一档”“一装一策”。

建成危险化学品重大危险源监测预警系统，实现对一级、二级重大危险源的在线监控预警。总结推广东营市经验做法，加强危险化学品运输车辆和运营过程信息化监管，逐步实现对危险化学品生产、储存环节的信息化监控。严把危险化学品安全准入门槛，严防落后产能异地落户、风险转移，防范化解化工园区安全风险。不断加强烟花爆竹安全监管，始终保持“打非”高压态势。狠抓非煤矿山等基础工作，开展基础数据调查摸底工作，建立40万家企业的安全监管工作数据库。

深入推进风险隐患双重预防体系建设，印发《全省工矿商贸企业双重预防体系建设工作方案》，建立调度、通报和考核三项制度，加强评估检查、网上巡查、执法检查三项重点工作，对非煤矿山、金属冶炼、涉氨制冷、涉爆粉尘等重点企业的双重预防体系开展评估，各类企业累计辨识管控风险点167.6万处，排查治理隐患96.3万项。深刻吸取国内外矿山事故教训，对全省运行的88座尾矿库开展安全现状评估，对地下矿山斜坡道运输车辆、立井和斜井人员提升系统开展执法检查。深化冶金等工贸领域安全生产标准化建设，促进标准化与双重预防体系相互融合。

加强安全生产培训考核工作，制定《关于切实加强和改进企业安全生产培训及考核工作的意见》，落实企业安全培训主体责任，规范培训机构从业行为。在全省组织开展企业全员安全生产法律法规和安全生产知识“大学习、大培训、大考试”专项行动，以考促培，以培固安。加强安全生产举报投诉工作，制定《山东省安全生产举报奖励办法》，全年受理举报222件。淄博、枣庄、东营、烟台、济宁、泰安、日照、临沂、滨州9市未发生较大以上生产安全事故。

二、防灾减灾救灾

制定落实中央财经委员会第三次会议主要任务工作方案，明确任务目标、落实举措和责任部门，全面部署实施自然灾害防治“九大工程”。建立自然灾害防治工作联席会议制度，切实发挥统筹协调作用。

积极推进灾害风险普查试点，12个县区入选全国试点，岚山区被确定为全国两个试点先行区之一。扎实开展综合减灾示范县和示范社区创建，在全国率先形成“3+2”联创联建模式，崂山区被确定为全国首批13个示范县创建试点之一。

加强灾害综合风险防范，组织开展季度和重要时段灾害风险会商评估5次。组织开展森林防火专项督查，强化预警监测，做好森林火灾应急处置。开展全省防汛大检查，1019名防汛抗旱防台风责任人全部落实到位。

建立省级救灾物资调拨机制，制定《省级自然灾害救灾物资储备规划》，加强灾害信息员队伍建设，认真做好冬春救助资金下拨发放等工作，全省106万余受灾困难群众得到及时救助。

三、应急救援

加强预案修编和演练，组织编制突发事件总体应急预案，成功开展防汛抗旱、森林火灾、地震救援、危险化学品事故救援、大型商业综合体消防等多次实战化大型综合演练。迅速建立“1+5+N”综合值守应急工作模式，健全预警信息发布机制，重要敏感信息获取能力进一步增强。

高起点定位、高标准建设省级应急指挥中心，加快推进 5 个区域性应急救援中心建设，取得阶段性成效。济南市围绕构建新型应急管理体系，在指挥流程优化、信息情报共享、应急预案编修、救援力量整合等方面积极探索创新，初步搭建起全市应急管理动态平台。淄博市不等不靠，积极作为，在全省率先建成市级应急指挥中心，实现综合运转枢纽、综合指挥保障、信息共享三大功能。大力推进航空应急救援体系建设，与省通用航空协会、上海金汇通航等社会力量签署战略协议，购买 2 架 H135 直升机提供应急救援服务，加快 276 个直升机起降点建设进度。潍坊、烟台等市通力协作，协同新建 8 个省级专业应急救援中心，积极引导社会应急救援力量发展。

加快消防救援队伍转型升级，注重从救援理念、组织指挥、联动机制、专业训练、保障能力等方面改革创新，深入开展全员大练兵大比武，调整优化执勤力量布防模式。全年共成功处置各类警情 5. 8 万余起，抢救人员 9425 人，抢救财产价值 7. 2 亿元。省政府出台加强森林消防专业队伍建设的意见，明确在森林防火重点市、县分别组建森林消防专业队伍。

坚决打赢台风“利奇马”抢险救援攻坚战，全力做好灾情调度、统计、上报工作，统筹调配各类救援力量参与抢险救援，利用航空救援力量参与应急救援，紧急转移安置 42. 36 万人次，调拨救灾物资 7. 9 万件，申请中央救灾储备物资 4. 8 万件、中央救灾资金 2. 8 亿元。全力以赴做好济宁梁宝寺煤矿“11 · 19”事故现场援救工作，11 名被困矿工全部获救。

四、基础能力建设

出台省级应急管理三年规划，加强顶层设计，进一步明确 2019—2021 年应急管理工作目标、重点任务和重大工程。强化应急管理组织体系建设，出台安委会工作规范和专业委员会工作规则，调整重构防汛抗旱指挥部、森林草原防灭火指挥部，理顺工作关系，压实部门责任。

与北部战区陆军、空军济南基地、省军区、省武警总队和省交通运输厅、自然资源厅、水利厅、气象局等部门建立协调联动机制，实现省、市、县应急指挥信息系统互联互通，初步建立纵横贯通的应急联动机制。

统筹规划应急管理信息化建设，编制 2019—2022 年信息化规划框架，持续推进“智慧应急”建设。制定出台安全发展示范城市评价细则和评价指南，支持东营市、烟台市率先创建全省安全发展示范城市。

推行灾害民生综合保险，省、市、县三级财政共投入保费 2. 9 亿元，为全省群众提供 52. 3 亿元的自然灾害和意外事故保障额度。积极推进安全生产责任保险试点工作，全省安全生产责任保险参保企业达 4. 53 万家，实现承保保费 2. 53 亿元，为参保企业提供 8742 亿元的保险保障。

制定非生产类伤亡事故重点任务分工方案，认真做好一氧化碳中毒防范工作。制定加强和改进企业安全生产培训及考核工作实施方案，培训考核“三类人员”36 万人。加强专家库建设，制定出台《山东省应急管理专家管理办法》等制度规定，充分发挥专家作用。

深入推动应急科普“七进”，组织开展第十八个“安全生产月”活动，在省级主流媒体和《中国应急管理报》刊发稿件 3225 篇。开展山东消防科普教育基地等级评定。承办全国消防宣传工作会议，组织山东省第二届 119 消防奖评选表彰活动。完成抗击台风“利奇马”系列宣传报道，做好四川凉山木里森林火灾牺牲消防员宣传工作。提请山东省政府新闻办召开新闻发布会。联合《齐鲁晚报》开设两个专版，曝光火灾隐患。

第十六章　河南省应急管理工作

2019 年，河南省应急管理系统以习近平新时代中国特色社会主义思想为引领，深入学习党的十九大和十九届二中、三中、四中全会精神以及习近平总书记视察河南时的重要讲话精神，严格落实省委十届八次、九次、十次全会工作要求，坚持边改革、边工作、边应急，围绕中心、服务大局，积极履职、锐意进取，狠抓防范化解重大安全风险不放松，强力推进应急管理事业发展不动摇，全省安全生产和自然灾害形势总体稳定。全年全省共发生各类生产安全事故 823 起、死亡 568 人，同比减少 254 起、188 人，分别下降 23.58% 和 24.87%，其中较大事故 15 起、死亡 59 人，同比减少 9 起、44 人，分别下降 37.50% 和 42.72%；重大事故 1 起、死亡 15 人。全省森林火灾受害率 0.0143‰，低于国家 0.9‰控制指标，自然灾害受灾人口 1222.7 万人、直接经济损失 42 亿元，分别下降 8.7% 和 34.6%。

一、实施综合治理，守好安全生产基本盘基本面

（一）围绕整体工作开展攻坚行动

2019 年上半年，全省组织开展生产安全事故隐患大暗访大排查大整治大执法攻坚行动，各地、各部门紧扣暗访、排查、整治、执法关键环节，精心组织，周密部署，创新思路，攻坚克难，各项工作取得明显成效。1—6 月，全省共检查单位场所 337594 家（次），排查整改重大事故隐患 754 处，停产整顿企业 1925 家，关闭取缔企业 993 家，暂扣吊销证照企业 452 家，行政处罚 7015 万元，曝光 2501 次、通报 1115 个、约谈 8549 人，党政纪处分 121 人；8—10 月，聚焦生产安全、度汛安全、消防安全、城市安全，组织开展“防风险、除隐患、保平安、迎大庆”专项行动，排查各类单位 103 万家次，整治一般隐患 126.4 万处、重大隐患 2039 处，停产整顿 5325 家，暂扣吊销证照 1554 家。强力推动消防安全责任制落实，在国庆期间，先后组织大型商业综合体、博物馆、文物建筑等 7 类专项整治、集中夜查 26 次，累计检查单位 60.2 万家，督促整改隐患 122.9 万处，按期整改销案重大火灾隐患 275 处。

（二）围绕重点领域、时段实施严管严治

对事故频发、隐患突出、问题严重的地区、行业和单位，组织约谈警示，开展专项整治，采取严厉措施整治，关闭取缔相关单位 1957 家，查封 1521 家，约谈 14551 家次，移送司法机关 3331 人。抽调监管人员驻地指导，对未整改到位的重大隐患采取关停查封措施，实行驻企监督、责任捆绑、严防死守。

（三）围绕长效机制开展双重预防

印发《河南省 2019 年推进安全生产风险隐患双重预防体系建设实施方案》《河南省 2019 年下半年安全生产风险隐患双重预防体系建设推进方案》。在全省举办双预防培训班 10 期，培训部门和企业人员 2 万人次；建成双重预防省级专家库

272人。选取81家园区、13984家企业单位重点培育，将风险隐患防控责任落实到岗位、到人头，重点行业规模以上企业和化工园区双重预防实现全覆盖。

（四）围绕本质安全加快改造提升

线上安全监管取得明显进展，全省416处危化重大危险源实现在线监测预警。煤矿智能化改造试点顺利，单班入井作业超800人矿井从15家减少到5家。

（五）围绕依法治安严格执法检查

修订《河南省安全生产条例》等法规规章，实施省、市、县执法计划三级对接，执法检查企业44620家。

二、立足实际工作，扎实做好防灾减灾救灾工作

（一）及时调整充实省减灾委员会成员单位和专家委员会成员

根据《中共中央　国务院关于推进防灾减灾救灾体制机制改革的意见》和河南省实施意见，在原有河南省减灾委的基础上，对原减灾委成员单位进行调整充实，由原有的36家成员单位扩充到42家，对减灾委成员单位的职能和分工进行具体明确，防灾减灾救灾人才队伍建设和科技支撑得到进一步加强。

（二）认真谋划河南省自然灾害防治重点工程

立足河南省现状和基础，起草《关于全面加强自然灾害防治能力的意见》。协调建立省自然灾害防治工作联席会议制度，与省发展改革委、水利厅、工信厅、科技厅、自然资源厅、地震局等部门加强沟通，谋划河南省自然灾害防治重点工程。

（三）深入推进安全发展示范城市和河南省综合减灾（安全）示范社区创建工作

积极谋划推进全省安全发展示范城市创建工作，利用省安委办《安全生产简报》刊发《安全发展示范城市创建专刊》，对各地工作开展情况进行通报和经验交流，指导各地扎实开展创建工作。印发《河南省综合减灾（安全）示范社区创建管理暂行办法》，指导各地进行基础设施改造升级，改善社区环境；加强安全防范教育和风险隐患排查，强化宣传教育，提升居民减灾意识和技能；开展风险监测预警提醒和防灾减灾活动提高整体灾害应对能力，全面提升社区综合减灾水平。

（四）做好抢险和救灾物资保障

争取中央抗旱资金1亿元，重点扶持4个区域性应急救援基地和7个基层抢险救援队伍。省、市、县三级全年组织举办防汛抗旱、地震地质和森林防灭火等各类应急管理培训458班次，举办防汛抢险等各类应急救援演练611次，全省未发生因水旱灾害致人死亡事故。全年下拨救灾和抗旱资金2.8亿元，救助困难群众159.5万人，受灾群众得到及时救助，基层防灾减灾能力不断提升。

三、严格履行职责，增强自然灾害应急处置能力

（一）充分做好防汛工作

在汛期到来之前组织对各级各有关部门及社会的应急物资、设备、队伍、专家等进行摸底调查统计，全面了解掌握应急救援力量的相关情况。按照“加强合作、高度融合，无缝对接、协同防汛”的总体思路，实行河南省防汛抗旱指挥部办公室统筹协调的工作机制。承办防汛抗旱行政首长县处级干部培训班、督促市县举办行政首长培训106班次、业务培训347班次，共培训2.84万人；协同河南黄河河务局举办河南黄河防汛行政首长培训暨防汛抢险技能竞赛；协同省水利厅举办南水北调沁河倒虹吸抢险演练；督促各市县积

极行动，累计开展各类防汛演练607次、参演人数4.7万人。汛期坚持24小时值班制度，密切关注天气、雨、水、汛情发展变化。与省水利厅密切配合，有效防范13次较大降雨过程和台风“利奇马”外围云系对河南省的影响，及时缓解旱情发展，全省无一人因洪灾死亡。

（二）全力做好旱情处置

密切关注全省旱情，开展旱情会商7次，适时启动Ⅳ级抗旱应急响应，加强水源调度，组织拉水送水及旱区灌溉。抗旱期间，全省共投入抗旱资金6.97亿元，累计抗旱灌溉5502万亩次，解决临时饮水困难人口24.71万人，牲畜2.05万头，高峰时日最高出动劳动力69.5万人、启动机电井31万眼、泵站619处、抗旱机动设备18.2万台套。累计引黄河水31.26亿立方米，本调水年度引南水北调水21.51亿立方米，生态补水0.67亿立方米，有效保障人民群众饮水安全、工农业生产和生态用水需求。

（三）扎实做好森林防灭火

按照《2018年度河南省森林火险隐患大排查活动实施方案》，各地对辖区森林火灾隐患开展拉网式排查，建立台账，限期整改。全省共排查出火险隐患673个，下发整改通知115份。在各地开展春防关键期森林消防安全大检查中，整改处置风险隐患2322项。在防火关键时段和敏感时期，结合森林防火形势和河南省实际，认真分析火情，通报火情形势，全省62支专业森林消防队到林区一线驻防，集中食宿，全天备勤，加强演练和巡护，遇有火情，迅速出击。

四、强化自身建设，提高应急队伍履职能力

（一）着眼事业发展，优化队伍机构

开展全省应急管理部门领导班子结构调研、年轻干部集中专题调研、应急管理队伍现状调研，充分掌握全省应急管理干部队伍、综合性消防救援队伍和专业救援队伍情况。根据机构改革和工作需要，科学调配处室和厅属单位领导班子和工作人员，做好军转干部录用、厅机关和事业单位遴选，选派3名优秀干部援疆和担任扶贫第一书记。严格按照中央编办“三定”规定和应急管理部统一部署，全面推动正式挂牌和落编定岗工作。深入贯彻《关于深化消防执法改革的意见》，圆满完成1160名消防员招录任务，强力推动家属随调、子女入学、交通出行、医疗保障等消防救援人员优待政策落实落地，全省17个地市出台消防救援人员职业保障机制。

（二）加强学习培训，提高队伍能力

坚持把学习放在突出位置，每月制定厅党组中心组学习计划，厅党组中心组落实31个专题学习内容。组织全厅党员干部到大别山干部学院集中学习，组织开展演讲、征文等形式多样的学习活动，营造浓厚学习氛围。依托省宣教中心、河南理工大学应急管理学院等加强干部培训基地建设。建立全省应急管理干部培训师资库，积极探索推行“互联网+应急管理培训”模式，依托国家应急管理大数据应用平台，筹建省级应急管理干部网络培训学院。分两批对省辖市应急管理局班子成员、县（市、区）分管应急管理和安全生产的副县（市、区）长进行应急管理素质能力提升专题培训。组织开展灾害信息上报、事故调查与统计、双重预防、新闻宣传等方面培训。

聚焦主力军、国家队职能定位，贴近实战开展岗位大练兵、业务大培训、常态大比武，设立地震、水域、山岳、道路救

援4个综合性救援技术培训中心，分批次组织指挥员、攻坚组队员等轮训82期、3500人次，举行全省防汛应急救援综合演习，分战区组织地震救援、抗洪抢险、危化品等大型演练7次，各级组织熟悉演练5.4万次，攻坚打赢能力持续提升。

（三）完善社会宣传动员机制

加强应急管理工作在主流媒体和新媒体的宣传，发布各类稿件1100余篇次。利用每月25日新闻曝光日，通过省级媒体曝光违法违规单位和重大隐患。开展安全减灾科普宣教，组织开展全国防灾减灾日宣传周广场日演练展示活动，在“安全生产月”期间开展警示教育周、应急演练周系列活动。突出抓好“火灾警示教育月”“119消防宣传月”等主题活动，累计曝光隐患单位6100家。建成消防宣传教育科普基地217个，开展消防宣传演练15.6万场次，培训“明白人”36.1万人次。

第十七章　湖北省应急管理工作

2019 年，湖北省应急管理部门全部组建并正式运行，核定行政编制总数 2646 人，市、县两级机关编制数均比原安监部门显著增加，应急管理组织体系基本形成。全省安全风险防控形势平稳，安全生产保持“一无两降”，全年全省共发生事故 1801 起、死亡 1395 人、受伤 949 人、直接经济损失 32481.23 万元，同比分别下降 13.9%、12.6%、22.9% 和 9.2%。全省共发生较大事故 15 起、死亡 51 人，同比减少 5 起、20 人，分别下降 25% 和 28.2%。无重大以上生产安全事故，矿山、危险化学品企业无较大事故，烟花爆竹企业持续无伤亡事故。

一、安全生产

（一）落实安全生产责任制

制定《湖北省地方党政领导干部安全生产责任制细则》，调整由省委常委、常务副省长分管安全生产工作。出台《湖北省安全生产领域举报奖励办法》，进一步加强安全生产工作的社会监督，鼓励举报重大事故隐患和安全生产非法违法行为。2019 年，全省各级应急管理部门共牵头调查 184 起生产安全责任事故，累计追究相关责任人员 161 人，其中，移送司法机关 17 人，党纪、政务和组织处理 148 人。

（二）危险化学品综合治理

启动全省涉及重点监管化工工艺的危险化学品生产企业安全设计诊断复核工作，完成对 10 家氯碱、氯乙烯生产企业，17 家涉氨、8 家涉液化烃的化工生产企业的安全设计诊断复核工作。其他涉及“两重点一重大”的化工企业也相继开展设计复核。督促化工园区开展整体性安全风险评估，59 个园区有 31 个园区完成评估。全省危险化学品一级、二级重大危险源（罐区）全部接入省级安全生产在线巡查平台，实现对重大风险信息和点位状况的实时监控、应急处置。

（三）安全生产隐患排查

全省各级共派出督查检查组 1157 个，检查企业（单位）23160 家，查处问题隐患 68513 条，向各地下达暗查暗访发现问题隐患督办单 256 份，责令停产停业停工 36 家，暂扣相关证照 2 家。修改印发《湖北省安全生产重大事故隐患挂牌督办办法》，5 月，对古德寺等 14 处重大安全隐患进行挂牌督办，并在《湖北日报》公告，督促地方政府、督办部门、整改单位按照“一隐患一专班、一隐患一方案”和责任“五落实”要求，切实消除安全隐患。

（四）重点行业领域整治

制定教育、城市及住建、交通运输等 15 个重大行业领域防范化解重大风险工作方案，对 29 项辨识的风险，提出有针对性的防范化解措施，落实责任单位，有效化解风险。开展非煤矿山安全“体检”行动和工贸企业摸家底工程，依法督促 82 家矿山关闭退出。继续将尾矿库综合治理纳入湖北长江大保护十大标志性战役，完成 46 家闭库治理，落实尾矿库五人包保责任制和“库长制”，明确库长 91 人。部署“防风险、保平护军运、迎大庆”专项行动，开展多个领域火灾隐患专项治理，评估全省59个化工园区消防安全形势，逐一排查3921家危险化学品企业、2670个仓储物流场所。14个省直部门对行业系统434处重大消防安全隐患进行督察整改。推进消防执法改革，移交建设工程消防设计审查验收职责。

（五）安全生产依法治理

立行立改国务院安委会考核巡查反馈意见问题，整改隐患问题28项。省安委会挂牌督办14项重大隐患已全部完成整改，带动各专委会挂牌督办重大隐患434项，完成整改229项。以巡查考核为契机，加强重点行业安全生产。全省各级应急管理部门严格监管执法，监督检查生产经营单位44947家，查处隐患134370项，责令停产停业整顿117家，处罚罚款5523.47万元，全力督促企业落实安全生产主体责任，实现了全省安全生产形势持续稳定。

二、防灾减灾救灾

（一）风险监测和综合减灾

上下联动推进防灾减灾救灾体制机制改革，建立全省自然灾害防治工作联席会议制度，统筹协调自然灾害防治工作。推荐公安县为全国综合减灾示范县。全面开展综合减灾示范社区创建。公示命名200个社区为2019年度全省综合减灾示范社区，推荐国家减灾委命名35个全国综合减灾示范社区。争取省财政安排3000万元预算支持防灾减灾工作，对每个综合减灾示范社区创建单位支持5万元，对市级防灾减灾宣教体验馆每个补助200万元、县级防灾减灾宣教体验馆每个补助100万元，对城市社区应急避难场所每个支持50万元。

（二）防汛抗旱

推动各级落实党政主要领导挂帅的防汛抗旱责任制，确定并公告重要堤段、重点水库、重点防洪城市防汛行政责任人、技术责任人。争取中央和省财政安排1.8亿元用于全省防汛抢险物料补助，各市配套落实近亿元，基层单位广泛联系有关砂石料场、仓储码头等，全省新增砂石料52.24万立方米。围绕防水汛、抢大险，统筹推进水利补短板工程，重点易涝地区泵站、五大湖泊堤防加固、14条入江重要支流治理、小型病险水库除险加固工程进展顺利，1480处水毁工程汛前完成全省修复任务。

（三）地质灾害防治

建立完善预案机制，牵头起草《湖北省防范化解自然灾害领域重大风险工作方案》《湖北省提高自然灾害防治能力工作方案》，修订湖北省地震、地质灾害应急预案。强化与地震、自然资源、地质、气象等部门信息共享互通。积极协调自然资源、地质、交通、水利、铁路等相关部门，采取远程指导和带队赶赴灾害一线相结合的方式，积极参与处置多起灾险情。

（四）森林防灭火

省森林防灭火指挥部向火灾频发的7个市下发督办函，严肃约谈阳新县委主要负责人，督促森林公安部门严肃查处典型火灾案件。17个森林防灭火指挥部成员单位，分别固定包联督导一个市州，每月督导一次。省厅先后派出30个批次工作组赴各地检查督导，直接调度处置18起森林火灾，推动落实山头责任包保制，举办全省森林防灭火指挥员培训班。

（五）救灾和物资保障

自然灾害应对有力有序。成功应对汛期9次强降水，“8·4”鹤峰、“8·6”郧阳突发山洪灾害，以及多年少见的夏秋连旱、非重点防火期森林火灾多发的严峻局面。营救遇险群众6858人，疏散被困群众3.8万人，发放救灾款物6.1575亿元，711.01万人纳入生活救助，因灾倒损房屋重建修缮有序进行。省减灾备灾中心常年储备物资价值1亿元。建立反应快速的灾情报送机制，加强灾害信息员队伍建设，落实救灾应急二线值守制度，建立汛期灾情零报告制度和每日会商机制。

三、应急救援

启动全省应急预案体系编修工作，完成全省突发事件总体应急预案、专项应急预案等14个应急预案的编制修订。开展全省救援队伍调查摸底，省应急指挥中心与41支专业救援队伍、33支社会救援队伍建立应急响应机制，明确响应流程图。选择中国安能集团武汉分公司救护队、湖北松宜矿山救护队等5支队伍，开展一专多能转型改革试点，纳入省级救援队伍管理，创建标杆队伍。国家危险化学品应急救援武汉基地完成建设任务。

加强应急演练，先后组织两次省级防汛综合演练和一次危险化学品道路运输事故应急处置演练。以吊挂抛投、紧急输送、特情处置为目标，运用直升机进行重大堤防险情演练。立足湖北省情，争取中央和省财政支持，及时补充储备砂石料等防汛抢险物料，协调省军区、中国安能集团保障冲锋舟、舟艇等重要装备。提升救灾物资输送能力，实现省内最迟8小时之内、省外最迟3天之内运达灾区。针对“8·4”鹤峰、“8·6”郧阳突发山洪灾害，省厅主要领导带工作组第一时间赶赴现场，协调军队、消防、武警、民兵、专业救援队800余人投入救援，成功营救被困群众101人，安全转移群众360余人。

四、基础能力建设

（一）应急管理责任体系建设

省政府发文对省应急委、省安委会、省减灾委、省防汛抗旱指挥部、省抗震救灾指挥部、省森林防灭火指挥部等议事协调指挥机构进行调整，推动建立健全省应急委总统筹，“二委”（安委会、减灾委）主协调，若干救援指挥部为支撑的应急管理体制框架。省政府发文明确应急管理部门与水利部门在防汛抗旱方面的职责划分。建立军地协同联动机制，完善各级指挥机构编成，初步实现“一张图一张表”管理。落实《地方党政领导干部安全生产责任制规定》，省、市、县三级政府均安排常委领导分管安全生产和应急管理工作。

（二）应急管理基础建设

积极争取省委、省政府和省财政厅支持，有力地保障各项工作的顺利开展。成立“十四五”规划工作领导小组及工作专班，在全省启动“十四五”规划编制工作。加强应急管理信息化建设，编制完成《湖北省应急管理信息化发展规划（2019—2022年）》，应急管理综合信息平台、非煤矿山安全监管信息系统、融合通信系统、蓝信系统4个信息化成果在全国推广。省应急指挥中心平台上线运行，实现省、市、县联通，具备值班值守、指挥调度、通信保障等基本功能。省应急管理厅与省政府办公厅、自然资源厅、交通运输厅等16个部门（单位）初步实现信息互联互通。规范行政处罚告知、法制审核等工作，修订处罚裁量标准，将消防领域首次轻微违法免责清单纳入行政处罚裁量基准内容。

扎实开展“安全生产月”“安全生产楚天行”和“安康杯”竞赛等活动。组织第九届湖北省安全生产知识网络竞赛。开通“湖北应急广播”，每天播放安全生产公益片花、警示提示，组织线上专家访谈和线下活动。联合省电视台推出“安全生产垄上行”文艺汇演，送安全文化进农村。在《湖北日报》开设安全生产行业版，在湖北电视台开设“聚焦安全生产”专栏，在湖北省政府门户网站、荆楚网、长江云开设湖北应急管理频道，专题报道全省应急管理工作。加强新形势下消防宣传工作，投入 2200 万元启动省级消防全媒体中心建设。

第十八章　湖南省应急管理工作

2019年，湖南省应急管理系统坚持以习近平新时代中国特色社会主义思想为指导，深入学习贯彻习近平总书记关于应急管理重要论述，牢牢把握防范化解重大安全风险这条工作主线，坚持边组建、边应急，一手抓机构改革、一手抓风险防范化解，有效维护人民群众生命财产安全。全年全省安全生产形势总体稳定向好，共发生生产安全事故554起、死亡595人，同比分别下降13.2%和8.6%，其中较大事故17起、死亡61人，同比分别下降34.6%和39.6%；但在防范遏制重特大事故上仍然存在差距，发生重大事故2起、死亡23人。

一、牢牢守住安全生产基本盘

狠抓安全生产前端隐患动态清零、中端严格监管执法、末端调查整改问责"三端闭环管理"，加强安全生产人、物、制度、时空环境"四要素"建设，突出重点行业领域，强化责任措施，狠抓督办落实，严防安全生产隐患转变成事故。

（一）围绕压实责任，持续推进安全生产领域改革

修订安全生产和消防工作考核办法，将安全生产和消防工作纳入省委、省政府绩效考核、平安创建和评先评优内容。及时调整省安委会成员，制定工作规则、职责规定，充分发挥各专业委员会及其成员单位的职能作用。结合安全生产和消防工作年度考核，对市州、县市区同步开展安全生产巡查。建立健全安全生产行政执法与刑事司法"两法衔接"工作机制，依法惩治安全生产违法犯罪行为。

（二）严格监管执法，始终保持打非治违高压态势

集中开展"落实企业安全生产主体责任年"活动、安全生产风险隐患"大排查大管控大整治"专项行动和"强执法防事故"专项行动。建立安全监管执法工作评价排名制度，坚持监管执法的制度性安排，对14个市州、9个行业部门安全监管执法情况定期调度和排名通报，安排2000万元省级专项资金对"一活动两行动"实施激励。2019年，全省共曝光典型安全隐患17480项，挂牌督办重大风险隐患5396项，查处违法违规企业45018家，公布联合惩戒"黑名单"452个，通报执法宽松软部门和人员1358个，问责领导干部428人。对较大事故一律挂牌督办，对发生较大事故的地区一律警示约谈，对责任单位、责任人一律严肃追责，对发生重大事故的市州、县市区一律实行"一票否决"。

（三）紧盯重点行业领域，切实提升本质安全水平

矿山方面：关闭退出煤矿48处，关闭不安全非煤矿山128家，超额完成国家下达湖南省指标任务。危险化学品、烟花爆竹方面：深刻汲取江苏响水天嘉宜化工有限公司"3·21"特别重大爆炸事故及湖南长沙浏阳碧溪烟花制造有限公司"12·4"重大爆炸事故教训，对全省危险化学品生产企业开展安全检查行动，对

全省烟花爆竹企业组织开展交叉执法检查，深化专项治理和“打非治违”；探索危险化学品风险点评估分级，推进危险化学品、烟花爆竹企业安全生产标准化、隐患排查治理和风险管控双重预防机制建设；协调推动有关部门切实加强油气管道高后果区完整性管理和危险化学品废弃处置的安全监管，督促企业全面辨识风险、绘制风险点分布图，推进危险化学品重大危险源监测监控和烟花爆竹风险预警防控系统建设。道路交通方面：组织查处交通违法 219.15 万起，办理危险驾驶案件 4435 起，刑事拘留 1037 人，行政拘留 3047 人，查处超限超载违法 7152 起；排查马路市场 3026 个，已取缔关闭 2524 个，完成率达 83.4%；清查未检验拖拉机 13.5 万台，报废 3.28 万台，注销牌证 5.38 万台。铁路方面：治理各类安全隐患 2978 处，拆除违法建（构）筑物 9.03 万平方米、彩钢瓦等硬质漂浮物 64.18 万平方米、塑料大棚等轻质漂浮物 28.8 万平方米。消防方面：部署开展“防风险、保平安、迎大庆”执法检查和消防安全“排雷行动”，全省消防救援机构共检查单位 20.85 万家，督促整改火灾隐患 27.08 万处；重大火灾隐患立案 1229 家，销案 1019 家，同比分别上升 175.6% 和 165.1%。建筑施工方面：突出危大工程、老危楼等，持续推进建设工程质量安全提升行动。同时，统筹推进特种设备、游乐设施、瓶装液化石油气、粉尘防爆、有限空间、农机、学生安全等行业领域专项整治和综合治理。

二、奋力开创综合防灾减灾救灾新局面

切实履行自然灾害“综合防、牵头救、统筹助”职责，充分发挥承上启下、综合协调、参谋助手和服务保障作用，整合各类防抗救资源和应急力量，全力减轻自然灾害风险，严防自然灾害风险转变为灾难。

调整 5 个议事协调机构成员，明确各单位职责，制定工作规程，初步建立适应部门职责调整变化的工作机制。与气象、地震、水文、自然资源等部门建立自然灾害综合监测预警预报联动工作机制。出台《湖南省提高自然灾害防治重点工程建设实施方案》（总方案 1+子方案 8），建立湖南省提高自然灾害防治能力联席会议制度。

从年初的低温雨雪冰冻灾害到 6、7 月 10 多轮强降雨，再到年底多发的森林火灾应对，省级及时启动防汛应急响应 3 次（Ⅳ级 2 次、Ⅲ级 1 次）、森林火灾应急响应 1 次（Ⅱ级）、自然灾害救助应急响应 4 次（Ⅳ级 3 次、Ⅲ级 1 次），累计转移和紧急救助 162 万人次，有效避免群死群伤事件，应急救援能力经受住考验。

防汛、防地质灾害方面，加强分析研判预警，重点督导巡查防守、抢险救灾等工作落实，特别是在 7 月上中旬抗洪抢险关键时期，紧急调拨防汛装备 62 台套及一大批抢险救灾物资，协调出动抢险救援力量 5650 人，没有发生因堤防决口导致的人员伤亡事件。全面部署森林防灭火各项防控措施，春节、清明和国庆期间先后 6 次召开森林防灭火工作会商，加强调度、传导压力。持续开展森林火灾风险隐患排查整治工作，确保未发生重特大森林火灾和人员伤亡情况。娄底市双峰县“6·29”地震发生后，立即成立联合工作组赶赴震区开展调查指导，召开专题会议分析应对措施，协调相关部门对潜在危险区开展拉网式排查，对重要隐患点、岩溶塌陷区域、人口密集区加密巡查，严防

次生灾害发生。

根据灾情及时启动相应灾害救助应急响应，汛期到来之前，省本级储备价值 3000 万元的各类救灾物资，与相关部门建立应急物资协议、定点储备、调拨和紧急配送机制。灾情发生后，中央和省级救灾资金均在 10 个工作日内下拨，救灾物资均在 12 小时内运抵灾区。灾情稳定后，迅速印发《湖南省 2019 年受灾困难群众生活救助和因灾倒损农村居民住房恢复重建实施方案》。全年累计争取中央下拨资金 9 亿多元、调运生活物资 5.2 万余床（件），救助受灾群众 420 万人次，恢复重建因灾倒损住房 13695 户。

三、大力提升应急救援能力

按照能抗大灾、抢大险、打胜仗的要求，着力建设“统一领导、权责一致、权威高效”的应急能力体系。

（一）加强队伍建设

统筹推进应急救援队伍建设，全省现有各类应急救援队伍 658 支，应急救援人员 22638 名。其中，建立 330 人的综合应急救援机动支队 1 支，与有关企业合作建立重型工程救援队 2 支、工程抢险救援队和水域救援队各 1 支；组织社会救援力量参加全国技术比武。

（二）加强预案演练

修订完善《湖南省突发事件总体应急预案》，同时指导相关部门起草省专项应急预案。联合市州和有关部门组织开展危险化学品综合应急演练、军民融合应急通信保障演练和模拟重大化工危险品爆炸事故卫生应急演练，取得良好的效果。

（三）加强物资保障

积极拓宽储备渠道，探索应急物资协议、定点储备、调拨和紧急配送新机制，新增应急救援物资、装备资金 3.2 亿元，统筹投入 8000 万元加强救援装备建设。在开展全省救援资源调研和普查基础上，编制全省应急救援“一张图”，汇总全省现有的应急救援队伍、专家、救援重点装备等信息，确保紧急需要时，应急资源能快速找得到、调得动、用得上。

（四）加强应急备勤

实行“1+1+2+N”应急值班模式，即在平时值班模式（每天 1 名厅领导带班，1 名处级干部、2 名指挥中心工作人员值班）的基础上，根据防范、处置突发事故或自然灾害的需要，增加厅领导、业务处室、专业人员参与值班。加强与南部战区、省军区和省武警总队等单位沟通协调，健全完善军地协同抢险救援工作机制，累计调派应急救援队伍 8 支 1390 人次、特种装备 1200 台套、直升机 6 架次实施现场救援；协调调动武警官兵 620 人次、民兵预备役 200 人次，执行重大救援行动。

四、切实加强基层基础能力建设

持续加强应急管理基层基础能力建设，大力实施应急管理“双十”实事，为推进全省应急管理体系和治理能力现代化筑牢坚实基础。

（一）机构改革整体完成

3 月 1 日，湖南省应急管理厅“三定”规定经省委、省政府批准印发，整合承接 8 个省直部门和 5 个省级议事协调机构的相关职责。4 月 2 日，厅机关 22 个内设机构组建完成、201 名转隶人员到岗履职。截至年底，14 个市级、122 个县级应急管理部门组建工作已全部完成。

（二）法规制度更加健全

出台《湖南省实施〈自然灾害救助条例〉办法》，印发《关于印发〈湖南省救灾物资使用管理联动机制〉的通知》。深化“放管服”改革，将8项行政许可事项委托下放或直接下放市级应急管理机关实施。

（三）科技支撑更加有力

编制《湖南省应急管理信息化发展规划（2019—2022）》，投入近5000万元加紧推进应急指挥中心融合升级改造，投入1200万元启动应急管理综合应用平台建设。投入300万元启动网真会议室项目建设，协调各职能部门，接入10多万路视频监控资源，实现重大危险源浓度、液位、温度、压力等关键信息的自动预警。建成数字化矿山1座，危险化工工艺装置全部实现自动化控制，危险化学品安全生产风险预警系统建设成效明显，一级、二级危险化学品重大危险源关键环节视频和重要工艺控制参数全面接入国家和省级信息平台。

（四）宣传教育力度更大

以宣传教育“七进”为主线，不断加大宣传力度，以春节、“两会”、节后复产复工、高温汛期、冰雪灾害等重点时段、重要节点，在主流媒体开辟专栏以及电视现场连线、飞字幕等组织集中宣传，举办全国防灾减灾日集中宣传和“安全生产月”活动，增强社会公众安全意识。全省建成143个应急消防科普教育基地，接待群众162万人次。持续推进示范创建，新增省综合减灾示范社区127个、国家综合减灾示范社区35个，新增省级安全生产示范县1个、示范乡镇37个。

第十九章　广东省应急管理工作

2019 年，广东省应急管理系统坚持以习近平新时代中国特色社会主义思想为指导，全面贯彻党的十九大和十九届二中、三中、四中全会精神，深入贯彻落实习近平总书记在主持中央政治局第十九次集体学习时的重要讲话精神，强化理论武装，提高政治站位，不忘初心、牢记使命，把中央和省委对应急管理改革的部署要求落实落细落具体，应急管理工作体系更加顺畅，改革整体效应不断凸显，应急管理部门的权威性、协调性、战斗力不断增强。全年全省共发生生产安全事故 5860 起、死亡 3157 人、受伤 4613 人、直接经济损失 44381.8 万元，同比事故起数、死亡人数、受伤人数分别下降 4.8%、5.9%和 8.7%，直接经济损失上升 13.7%；发生较大事故 33 起、死亡 126 人，同比分别下降 8.3%和 20.3%；未发生重大及以上生产安全事故。

一、安全生产监督管理

（一）安全生产责任制落实

省委常委会议 4 次、省政府常务会议 7 次专题部署研究安全生产工作，省委书记审定安全生产和消防工作责任书，省长与各地、省有关部门签订责任书。大力推行安委会“双主任”制度，全省 21 个地市和 121 个县（市、区）已全部实现党委、政府主要领导同时担任安委会主任，严格落实安全生产责任制。制定安全生产责任制考核方案，实现安全生产、消防工作考核“二合一”，整合考核内容，统一考核机制。

（二）风险隐患排查治理

坚持问题导向、目标导向和结果导向，深入排查治理安全风险隐患，确保风险隐患排查不留死角、整改落实不挂空挡。推动排查治理标准化，制定危险化学品、尾矿库、非煤矿山、道路交通、消防、粉尘涉爆、有限空间、冶金等重点行业领域风险隐患排查指引，明确和规范排查治理工作。推动排查治理精准化，定期研判分析风险隐患，对重大风险隐患挂牌警示、挂牌督办。对全省 61 座尾矿库实行“一库一建档、一库一套”对策，实现重大风险隐患精准治理、精准管控。推动风险防控标准化，全省共排查出各类风险 4.5 万处，其中风险等级较高的红色风险近 600 处、橙色风险 3800 多处。向社会公布 126 处重大风险及管控情况。强力挂牌督办重大事故隐患，省安委会和各部门直接挂牌督办重大事故隐患 38 项，各地市挂牌督办重大事故隐患 145 项。

（三）重点行业安全专项整治

持续推进重点行业领域专项三年整治，加强道路交通、水上交通、建筑施工、消防、危险化学品和烟花爆竹、大型群众性活动、旅游七类重点行业领域安全生产专项整治，全面加强矿山、有限空间、粉尘涉爆等领域安全监管，严防各类事故发生。紧紧盯住危险化学品等重点行业领域，深入开展多轮安全防范重点攻坚行动和安全生产集中整治行动，突出重点问题、关键环节，出重拳、下猛药、抓源头。认真落实化工园区和危险化学品企业安全风险排查“两个导则”，迅速完成全省化工园区安全风险评估，清理退出园区定位23个。注重信息化手段，有效提高危险品动态监管能力。

（四）安全生产监管执法

抓好企业主体责任落实，对重大风险隐患、严重违法违规行为，一盯到底、盯住不放。紧盯企业主要负责人，推进安全监管执法工作“向重点检查企业负责人履责情况转变，向事前防范化解安全生产风险转变，向主观查不足转变”，实行“安全三问”考核，对违法企业主要负责人“出重拳、动真格、零容忍”。紧盯事故隐患整改，建立健全事故企业整改核查工作机制，全面落实事故“四不放过”要求。加大安全生产联合惩戒力度，将71家企业纳入全国安全生产联合惩戒“黑名单”。紧盯严格监管执法，实行清单化管理、菜单式执法，着力破解执法随意性问题；主动邀请纪检监察部门、主流新闻媒体全程参与执法检查，加大执法曝光力度，强化安全执法监督。

（五）消防执法检查

出台消防执法改革实施意见，提出15方面、36项改革创新措施。全面完成消防行政许可职责取消和移交工作。广州南沙、深圳蛇口和珠海横琴自贸试验区全面实行公众聚集场所投入使用、营业消防安全告知承诺制，其他地区公众聚集场所投入使用、营业前消防安全检查时限压缩至5个工作日。全力构建“双随机、一公开”监管、重点监管、信用监管、“互联网+监管”和火灾事故责任调查处理“五位一体”的新型消防监管机制。建设社会消防安全管理平台，接入各类社会单位18000余家，7万余名单位消防安全管理人员应用平台开展消防安全自我监管。严格规范消防执法行为和健全消防执法队伍管理机制，全面加强消防执法能力建设。全年全省各级消防救援机构检查单位37.8万家，整改火灾隐患27.6万处，查封3653家，责令“三停”2717家，罚款9393.6万元，提请各级政府挂牌整治332个火灾高风险区域、659个重大火灾隐患单位。

二、防灾减灾救灾

（一）自然灾害防治

2019年，广东省先后遭受低温冷冻、风雹、洪涝、台风、干旱等自然灾害，受灾人口105.25万人，因灾死亡失踪人员、倒塌房屋间数同比分别增加106%和84%，受灾人口、紧急转移安置人口、紧急生活救助人口、农作物受灾面积和直接经济损失同比分别减少84%、94%、95%、73%和78%。

省防总共启动Ⅳ级应急响应5次，启动Ⅲ级应急响应3次，有序组织全省开展防汛防风各项工作。省防总有关成员单位派出骨干在省防总参与联合值守调度，及时分析处置突发情况。气象、水文、海洋、自然资源等监测预报单位认真细致做好水情、雨情、旱情、风情、风暴潮及地质灾害隐患点等的监测预报预警工作。应急管理、水利、自然资源、住建、海事、电力、通信等行业职能部门及时组织本行业（系统）落实相关防御和应急处置措施。发展改革、工信、财政、交通、公安等综合保障部门全力保障三防指挥体系顺畅运转、维护灾区正常秩序。军区、武警、消防和各类抢险救援队伍、社会力量有效开展突发险情、灾情及受困人员的紧急抢护和救援等工作。全省共应对险情705起，投入抢险救援人员77755人次，紧急转移安置群众约 3 万人次，减少直接经济损失 4400 万元。

（二）森林防灭火

2019 年，广东省共发生森林火灾 126 起，森林火灾次数同比下降 59.7%。广东省在机构改革后第一时间启动调整省森林防灭火指挥部工作，指导督促全省市、县（市、区）森林防灭火指挥机构在 10 月底前全部调整成立。联合相关单位组成督导组多次深入镇村一线，开展森林防灭火工作检查。严格火源管理，指导各地及时发布禁火令，设立临时检查站 2 万多个，3 万余名护林员上岗巡查。加密隐患排查，开展排查，消除隐患 4982 项，查处违法用火 510 起，刑事拘留 38 人、行政处罚 378 人次，劝阻违规用火 654 起。

三、应急救援

（一）应急救援队伍建设

全省防汛抢险应急救援队伍共有 200 余支，约 1.4 万人。全省地质灾害应急救援实行“省市结合、以省为主”的管理体系，共有 47 支队伍，约 1600 人。森林防火应急救援队伍由专业和半专业相结合组建，有 7000 余支，约 16 万人。全省危险化学品应急救援队伍有约 120 支，2700 余人。全省矿山应急救援队伍共 4 支 186 人。海上搜救燃气抢险、建筑施工、隧道施工、油气输送管道、电力抢险、民用运输机场等专业应急救援队伍基本覆盖重点行业领域。民政注册社会应急力量共 96 支。

（二）突发事件应急处置

坚持以人民为中心的思想做好突发事件应急处置工作，接到灾情后，迅速行动，制定方案，科学处置。圆满处置了“1·2”广乐高速公路危险化学品运输车侧翻事故等突发情况，切实做到了处置前有预案、处置过程有方案、处置过后有评估，实现应急处置快速、安全、科学，未发生次生灾害和意外。

（三）突发事件应急演练

开展县级以上自然灾害、生产安全事故应急演练 1271 场次。其中，抗洪抢险演练 197 场次、台风演练 146 场次、地震演练 48 场次、地质灾害演练 69 场次、森林火灾演练 83 场次、火灾演练 331 场次、危险化学品事故演练 254 场次、工矿事故演练 143 场次。

四、基础能力建设

（一）全面落实全国全省“一盘棋”应急响应机制

针对国内外重特大危险化学品事故、道路交通事故、火灾事故，全面落实全国全省“一盘棋”应急响应机制，发出紧急通知，协调有关部门部署开展针对性的安全生产大检查。启动全国全省“一盘棋”应急响应机制 41 次，在应对自然灾害和突发事件中发挥十分关键的作用。全面加强重点时段安全生产防范措施，组织开展“防风险、保安全、迎大庆”安全生产综合检查和专项督导。深入开展消防安全执法检查专项行动、消防安全“敲门行动”、“消防安全家园”创建等 15 个专项行动，严要求、高标准有力保障庆祝新中国成立 70 周年、澳门回归祖国 20 周年等系列活动。

（二）健全完善应急处置“四个一”机制

实行“一个指挥中心、一个前方指挥部、一套工作机制、一个窗口发布”，统一发布预警和灾情信息，统一指挥协调应急救援队伍，统一调拨救灾物资，统一发布 15 种应急响应。建立现场指挥协调机制，出台《广东省应对重特大灾害现场指挥部工作规则》。建立“全灾种”值守机制，按照平时分、急时统的原则，在启动全省应急响应时，实施联合值班值守制度，集中会商值守。建立应急协同联动机制，加强区域应急协同联动，与相邻省开展视频系统对接。建立健全军地抢险救灾协调机制，出台《广东省抢险救灾军地协调联动机制》。

（三）强化科技支撑，完善应急指挥平台建设

积极推进应急指挥平台建设，整合16个部门40个方面信息资源，新建台风、危险化学品、非煤矿山、工矿商贸专题等系统；接入视频监控系统10个，涵盖水利、交通、自然资源、农业农村、林业、公安、消防等部门视频信号29.5万路；接入业务信息系统22个，包括气象、水文、水利、自然资源等应用平台，实时掌握水情、雨情、地质灾害风险等情况。开发“广东省自然灾害应急指挥系统”，按照天空地一体监测的要求，高度集约卫星云图、雷达回波图、预警信号、水库水位、河流水位、风雨影响、视频监控等相关动态数据。通过大数据技术实时分析不同时段的累积强降水分布对重点区域逐小时通报相关乡镇，提醒做好防御工作，在台风防御过程中发挥决策支撑作用。

（四）加强宣传，全面提升防灾减灾

与南方报业传媒集团、广东广播电视台建立紧密的战略合作，在南方+客户端建立“广东应急管理”南方号矩阵，设立“广东应急广播”，构筑应急管理宣传新阵地。利用各种媒体和手段，滚动发布灾害预警信息，加强舆情引导。着力推进基层综合防灾减灾标准化建设，186个社区开展综合减灾示范社区创建工作，其中，城市社区70个、农村社区116个。加强消防应急宣传机制建设，在全国率先打造省、市、县、镇四级消防科普教育基地和社会单位消防安全体验室2569处，建立四级消防培训“讲师团”，为群众提供面对面消防安全培训2万余场次。

第二十章　广西壮族自治区应急管理工作

2019 年，广西壮族自治区应急管理系统以习近平新时代中国特色社会主义思想为指导，紧紧围绕“一年打基础、两年有变化、三年上台阶”的工作思路，应急管理、安全生产、防灾减灾救灾各项工作取得了明显实效。全年全区共发生各类生产安全事故 3889 起、死亡 2140 人、受伤 3393 人，同比事故起数、死亡人数、受伤人数分别减少 211 起、170 人和 211 人，分别下降 5.1%、7.4%和 5.9%。发生较大事故 30 起、死亡 113 人、受伤 172 人，同比事故起数、死亡人数、受伤人数分别增加 4 起、11 人和 56 人，分别上升 15.4%、10.8%和 48.3%。没有发生重特大生产安全事故，全区安全生产形势持续稳定向好。

一、安全生产

（一）突出安全风险防控和隐患排查治理

做好重点行业领域安全生产专项行动和专项整治。开展非煤矿山行业专项执法检查、危险化学品企业安全风险专项整治、陆上天然气开采专项执法检查、钢铁企业煤气安全专项治理、道路运输安全隐患大排查大整治百日攻坚、建筑施工安全专项治理和消防安全整治等活动。危险化学品方面：共检查 5416 家危险化学品烟花爆竹企业，共发现问题隐患 7525 项（其中重大隐患 309 项）；责令改正、限期整改、停止违法行为 2198 起，责令停产、停业、停止建设企业 57 家，暂扣或吊销有关许可证 57 家，公开曝光存在严重违法违规行为企业 34 家，共处罚款 270.5 万元。非煤矿山方面：对全区 63 家地下矿山企业安全生产状况进行专家“会诊”，对采石场“一面墙”进行排查整治，对尾矿库安全进行专项整治，查出隐患 1381 项，整改 1303 项，整治采石场 83 座，销号尾矿库 6 座，关闭露天矿山 44 座。挂牌督办 18 项重点隐患整改，完成国务院安委办挂牌督办来宾市博物馆重大火灾隐患整改验收工作，印发 9 期《安全生产隐患和事故情况通报》。开展为期 3 个月的全区安全生产大排查大整治和安全生产集中整治。部署开展消防专项整治行动，加强对 10 类场所、5 类重点区域和 10 类风险问题的排查整治。突出电动自行车消防安全管理工作，对全区 1.7 万个电动车停放和充电场所进行整改；推动柳州、桂林市投入 2.09 亿元经费开展村寨防火改造巩固提升工程，督促 112 家规模以上石化企业落实火灾防控措施。监督全区 158 家重大火灾隐患单位按期完成整改。全区共检查单位 32.3 万家，督促整改火灾隐患 49 万处，行政处罚单位 5501 家，临时查封单位 3255 家，责令“三停”2391 家，行政拘留 244 人。

（二）狠抓安全生产责任落实

贯彻落实《地方党政领导干部安全

生产责任制规定》和自治区实施细则。提请自治区党委常委会、政府常务会、政府专题会研究安全生产工作12次，自治区领导作出指示批示55次、检查25次，将安全生产职责写入25个区直单位“三定”规定。自治区、市、县三级全部实行政府主要领导担任安委会主任制度，“党政同责、一岗双责、齐抓共管、失职追责”的安全生产责任体系更趋完善。严格安全生产失信行为联合惩戒制度，将9家生产经营单位及其有关人员纳入安全生产失信联合惩戒管理。

（三）推进安全生产领域改革发展

持续推动落实《中共中央 国务院关于推进安全生产领域改革发展的意见》，7项重点工作任务已基本完成。进一步完善各类开发区、工业园区、港区、风景区等功能区安全生产监管体制，全面推进乡镇国土、规建、环保、安监“四所合一”改革工作。加强基层安全生产网格化管理工作。出台《广西深化消防执法改革实施方案》，细化41项改革措施，明确20项重点事项。按时完成建设工程消防设计审查验收职责移交，在全区全面推行“双随机、一公开”消防监管，自贸区全面试行公众聚集场所告知承诺制。

（四）规范执法建设加大监管力度

推行行政执法公示制度、执法全过程记录制度和重大执法决定法制审核制度，提高执法规范化水平。开展“强监管、严执法”等一系列安全生产专项行动，及时消除一大批安全隐患，依法惩治一批不良企业违法违规行为。全区实施监督处罚2553次，实施行政罚款14165.72万元，同比上升28.28%，其中日常监督罚款6575.03万元，同比上升94.08%；责令停产整顿生产经营单位177个，提请关闭生产经营单位12个。强化事故挂牌督办，对13起较大事故进行挂牌督办，加强对各市事故调查报告指导督促力度。

二、防灾减灾救灾

（一）科学开展防汛工作

落实全区重点防洪城市（县）防汛行政责任人和大中型水库、重点防洪堤防汛责任人，总结推行“一线工作法”（即坚持做到预报预警信息传递到一线、高位研判调度落实到一线、隐患排查整治深入到一线、工作指导督促落实到一线、救援力量资源落实到一线、防灾宣传培训落实到一线、防汛责任逐级压实到一线），实现4次强降雨天气和3次台风影响过程洪涝灾害“零伤亡”。强化督导转移避险，自治区防指累计发布防御通知80次、防御警报51次，先后启动应急响应10次，其中洪涝灾害Ⅳ级响应5次、Ⅲ级响应3次；防御台风Ⅳ级3次、Ⅲ级响应2次。派出工作指导组16次，指导各地做好防汛防台风和抢险救灾工作。

（二）多措并举抗击旱情

加强监测预警，充分利用气象决策服务中心、旱情监测预警综合平台、农业自然灾害预警监测系统等对各地旱情进行在线监测预警，采取防范措施应对旱情。加强应急水源管理，督促各级水利部门做好水利工程水量的统一管理、计划调度和有效保护，指导旱区做好城乡水源和供水管理工作。适时开展人工降雨，协调指挥河池、百色、南宁和贵港4个市的12个县（区）开展地面人工增雨作业17次。积极争取抗旱资金，争取应急管理部和财政部支持抗旱救灾资金3000万元。

（三）扎实做好森林防火

制定《广西壮族自治区森林防灭火指挥部工作规则（试行）》等4项制度，全面规范机构改革期森林防灭火指挥部及其办公室、森防指成员单位、市、县森林防灭火职责任务。开展为期 4 个多月的森林火灾风险隐患排查整治工作，排查森林火灾风险隐患 6900 余处，发现风险隐患数量 420 余处。向全区 14 个市发出森林防火红色预警 26 次。开展航空护林，调用航空护林飞机 18 批次、调集专业森林消防队伍 820 多人次，确保火灾的及时处置和有效扑救。

（四）加强救灾物资保障

协调自治区财政厅，落实 2019 年自治区本级自然灾害救济事业费预算 5000 万元。积极争取中央自然灾害生活救助资金 1.5 亿元，下拨中央和自治区自然灾害生活救助资金 2.03 亿元，向灾区紧急调拨自治区救灾物资共 3.92 万件（套、顶），应急救助近 20 万人，完成全区 2018—2019 年度冬春生活救助工作，配合自治区财政厅下拨自治区本级冬春救助资金 2235 万元，共救助受灾困难群众 37.25 万人次。

三、应急救援

（一）加强应急管理指挥部建设

加强自治区森林防灭火指挥部力量，增补分管林业的政府副主席和副秘书长为副指挥长，增补自治区党委宣传部、自治区民政厅等单位为成员单位。及时充实并调整防汛抗旱指挥部力量，新增自治区民政厅、消防救援总队为成员单位，成员单位达到 35 个。明确抗震救灾指挥部职责分工。

（二）加强救援队伍建设

推动综合消防救援队伍向“全灾种”救援转型升级，成立 212 人的综合应急救援机动支队，组建水利、高层、石油化工等 89 支专业救援队伍并实体化运行。做好地方专职消防队伍、森林灭火专业消防队伍、地震地质灾害专业队伍、安全生产救援队伍 4 类专业应急救援队伍的登记造册工作。与柳工机械股份有限公司、中国铁路南宁局集团有限公司等企业签订应急救援战略合作协议，组建 252 支“八桂应急先锋”社区响应队，初步建立地方专业队伍和社会救援力量数据库，形成以国家队为主、专业队为辅、社会力量参与的多样性、全方位、立体化应急救援网络。

（三）健全自治区预案体系

与自治区各相关部门联合修制订自治区应急突发事件总体预案和 6 个安全生产类、7 个自然灾害类专项应急预案。

（四）积极应对突发事件

落实全天 24 小时在岗值班、节假日领导在岗带班制度要求，成功处置柳州市融安县“2・5”火灾事故、南宁市西乡塘区“4・26”施工事故、桂林市雁山区“5・5”火灾事故、百色市“5・20”建筑坍塌事故、梧州市岑溪市“7・13”坍塌事故、玉林市陆川县“10・15”爆炸事故、河池市南丹庆达惜缘矿业公司“10・28”坍塌事故等多起较大突发事件。

四、基础能力建设

（一）稳步推进重点工程

建立由应急、发改、财政等部门共同牵头的自然灾害防治工作联席会议制度。组织编制申报一批自然灾害防治工程项目。加快推进北部湾救援基地项目和广西矿山抢险排水救灾中心建设。积极开展 6 个县（市）综合风险普查试点工作。

（二）基础保障全面加强

建立行政执法公示、全过程记录、法制审核 3 项制度。推进行政审批改革，制定事中事后监管规定和深化政务服务

“八统一”保障措施。

（三）加强信息化建设

印发《广西应急管理信息化发展规划（2019—2022年）》，完成应急指挥视频调度系统建设，实现自治区、市、县三级扁平化会商调度。加快自然灾害感知网络建设，启动“应急管理一张图”一期工程，实现与气象、水利、地震等部门的应急指挥骨干网、基础数据库以及救援一线音视频接入、互联互通。开发安全生产在线监测预警信息系统，实现16家危险化学品企业一级、二级重大危险源的远程实时监管。

（四）舆论宣传扎实推进

建立协调联动、新闻发布、舆情应对和警示教育4项机制，与中央和区内主流媒体开展全方位战略合作。精心组织“安全生产月”、国家防灾减灾日等系列社会宣传教育活动。加强对外交流合作，推动自治区人民政府与应急管理部共同举办2020年中国——东盟应急管理国际合作论坛。建立完善消防宣传培训协作区工作机制，指导各级依托消防宣传车、消防科普教育馆开展消防宣传“八进”工作，筹划“千屏万幕”“百车千镇万村”等宣传活动，打造了“山歌唱消防”“消防采茶戏”等特色民俗宣传节目，培树了“刘三姐”女子志愿消防队等先进典型，工作做法在全国119消防奖培树座谈会上获推广。

第二十一章　海南省应急管理工作

2019 年，海南省应急管理系统牢固树立以人民为中心的思想，把防范化解重大安全风险作为决胜全面小康社会的首要任务，作为深入贯彻落实习近平总书记重要指示精神，服务海南自贸区（港）建设的重要抓手，通过健全风险防控体系，压实风险防控责任，强化应急救援能力建设。全年全省顺利实现生产安全事故起数、死亡人数和较大以上事故起数持续“三下降”，防风防汛“不死人，少损失”的目标，为海南自贸区（港）建设提供可靠的安全保障。

一、全面从严防控生产安全事故

（一）压实安全生产责任

省委、省政府高度重视安全生产工作，省委常委会专题听取安全生产工作情况汇报，将党政领导干部安全生产责任落实情况纳入省委巡视和重大政策措施落实跟踪审计的内容。党委、政府主要负责人逐级签订安全生产责任目标书，严格贯彻落实安全生产“一票否决”，各级党政领导干部“促一方发展、保一方平安”的责任意识进一步强化。“党政同责、一岗双责、齐抓共管、失职追责”和“管行业必须管安全、管业务必须管安全、管生产经营必须管安全”的安全生产责任体系有效落实。

（二）突出重点行业整治

紧盯抓牢重点行业领域生产安全事故防控，深入开展专项整治。着眼自贸区（港）建设，海南油气产业发展前景，厅领导带队组团深入上海实地学习借鉴化工园区先进管理经验，全面推进东方、老城和洋浦三大园区风险评估，深入排查整改各类隐患。扎实开展“海南危险化学品企业‘排险除患’专项行动”，大力宣贯实施化工园区和危险化学品企业安全风险排查“两个导则”，规范危险化学品企业安全管理。持续开展全省道路交通安全专项整治三年攻坚战，全面实施车辆严管、路面严查等六大工程，道路交通事故起数和死亡人数同比分别下降 6.1% 和 13.5%；万车死亡率同比减少 0.46 人/万辆。开展非煤矿山企业安全生产专项整治，排查整改隐患 664 项，收回安全生产许可证 3 份，暂扣安全生产许可证 2 份，停产停业整顿 11 家，关闭 1 家。开展消防安全排查整治，全省共检查单位 6.3 万余家，整改火灾隐患 6.2 万余处，临时查封 321 家，责令“三停”285 家，罚款 1158.6 万元，行政拘留 32 人，对 48 家重大火灾隐患单位挂牌督办、曝光。

（三）强化隐患排查治理

坚持把风险隐患当成事故来对待，着力从源头上管控风险、消除隐患，突出重点时段和场所安全隐患排查治理。春节、“两会”、博鳌亚洲论坛年会和国庆等重大节日、重要会议活动期间，组织督查组深入三亚、琼海等市、县及部分重点企业蹲点督导，深入开展安全生产隐患整治百日行动，严防死守保平安，推行隐患整改“清单管理、挂图作战”，政府相关部门定期会商的风险防控工作模式，探索创新重大活动安全防控工作机制，确保重大活动、重点时段零事故。深入开展“防风险、保平安、迎大庆”消防安全执法检查，针对11类重点场所、9类突出问题，明确6类32项措施，实行清单式隐患整改跟踪管理，指导12.2万家社会单位落实消防安全自查自评自改，整改消除各类隐患近10万处。大力开展高铁环境安全隐患集中整治工作，对排查发现的701处隐患问题分解责任，明确标准，狠抓整改落实，严防高铁事故发生。

（四）做好安全生产宣传和事故整改评估

着眼提高全民安全素质和避险逃生能力，深入开展安全生产宣传教育“七进”“安全生产月”“安全生产万里行”以及全国防灾减灾日、国际减灾日活动，采取多种形式广泛宣传事故灾害防治知识和应对灾难自救互救常识，持续提升社会公众的安全防范意识。精心组织开展“119消防宣传月”“消防安全进万家”系列活动，组织召开全省中小学校消防安全教育工作现场会，向89万名中小学生发放消防安全学习读本。创作消防主题的琼剧、儋州调声、临高木偶戏等地方特色曲艺。全面梳理2018年以来造成人员死亡的责任事故，督促相关市、县和单位对事故调查处理情况进行评估，确保责任追究和整改措施落实到位，党纪政纪处分14人，移送司法机关处理48人，行政处罚企业81家，罚款1205.3万元。

二、严密做好防灾减灾救灾工作

紧贴海岛自然灾害特征，制定出台《关于提高自然灾害防治能力若干措施》，统筹加强自然灾害防治。高效防御“木恩”“杨柳”等6个台风，完成“8·20”三亚市4.2级地震和“8·29”龙卷风的应急处置工作，最大限度减少了人民群众财产损失。

（一）抓实台风防御

省领导多次对防风防汛工作作出批示指示；省委、省政府多次召开省委常委会、省政府常务会研究“三防”工作。入汛期前，全省20个市、县，202个乡镇“三防”工作机构组建到位履职，涉灾部门和驻琼军警、气象灾害预警与响应联动、水库防洪会商调度、渔船渔民防风避险、军地联合抗风抢险联动机制全方位建立，责任到边到底的“三防”组织指挥体系和多部门协调联动的灾害防控处置工作机制全面构建。坚持关口前移，靠前指挥，省“三防”总指挥部先后派出23个工作组深入防风防汛工作一线进行工作指导，对重点乡镇、重点部位和行政村台风防御工作进行检查督导。充分借鉴ICS事故指挥系统、NOSA风险管理理念，组织编制《值班值守操作手册》《防汛防风应急操作手册》，确保应急值班值守、防风防汛应急响应灵敏高效，有力有效处置受“剑鱼”台风影响屯昌鸡咀岭水库发生的坝体滑坡险情，第一时间控制了险情，有序转移群众3024人，有效维护了人民群众生命安全。

（二）抓实森林火灾防控

充分履行省森林防灭火指挥部牵头抓总职责，强化同指挥部各成员单位的协作配合，编牢织密森林火灾防控工作网。逐级签订森林防火责任状，构建森林防火政府负全责的领导机制，全面压实森林防火工作责任。突出抓好重点时段、自然保护区、旅游景点景区周边林区的火源管控，组织开展全省森林火灾隐患排查和森林消防安全大检查大整治。实现森林火灾受害率控制在0.3‰以内，森林火灾当日扑灭率100%，全省没有发生重大森林火灾和人员伤亡事故的目标。

（三）抓实海洋和地质灾害防治

着眼适应海南自贸区（港）建设新形势新要求，科学谋划海洋救灾工作。有序推进陵水县海洋灾害风险评估和区划及风暴潮重点防御区划定项目建设，完成海洋预警报能力升级改造项目终验工作。组织开展地震灾害风险调查和重点隐患排查，协助省地震局开展地震灾害风险调查和重点隐患排查、地震活动断层探察、海洋地震风险基础探测、全民防震减灾素质提升等工作。

三、大力提升应急救援能力

（一）抓实应急救援演练

坚持把应急预案演练作为检验应急管理工作机制的基础性、常态化手段，先后组织开展琼州海峡大雾锁航应急演练、森林防火应急预案演练、防灾减灾救援军地联合演练、危险化学品事故应急演练、大面积停电应急演练，锻炼了一批应急救援队伍，提升处置自然灾害、安全生产灾害事故的能力。

（二）完善协调联动机制

加强与驻琼军警对接协调，同海南省军区联合印发《关于全省基干民兵应急力量和应急装备纳入政府应急管理体系建设的意见》，全面提高基干民兵应急处突能力，推动民兵应急力量建设。努力推动与南部战区海军航空兵制定出台《军地抢险救灾应急联动工作机制》，就海上综合抢险救援、应急救援物资海陆运送、空中投送，应急救援军地联演联训等事项建立联动长效机制。

（三）培育社会救援力量

完善社会力量参与应急救援工作机制，与省红十字会签订《防灾减灾救灾联动工作机制合作协议》，将海南蓝天救援队、金汇通航公司、海航集团海南区域航空应急救援服务中心等纳入省综合救援体系建设，组织社会应急力量积极参加军地联合演练，搭建政府与社会应急力量互动交流平台，积极培育社会救援力量发展，引导社会救援力量规范有序参与应急救援行动。

（四）做好灾情报送和救灾物资保障

建立完善省、市、县、乡四级灾害信息员工作网络，扎实做好灾情统计、核查和上报工作。印发《海南省省级救灾物资调拨程序》《关于做好省级防汛抗旱物资调用工作的通知》，规范救灾物资管理、调拨。储备防汛物资和救灾物资1046 万元，占计划储备物资 814 万元的128%。及时足额发放中央自然灾害生活补助资金，为受灾困难群众发放救助资金1512 万元，救助群众 42889 户 114066 人。

四、大力加强基础能力建设

（一）全面推进依法行政

对标海南推行高水平的贸易和投资自由化便利化政策要求，努力建设法治机关，提高依法行政水平。全面启动《海南省自然灾害防治条例》《海南省铁路安全条例》《海南省消防条例》立法立项工作，为依法应急进一步奠定法制基础。省委深改会、省政府专题会研究深化消防执法改革意见，顺利完成消防审验移交工作，全面实行公众聚集场所消防安全告知承诺制，积极推广政务服务“一网通办”。进一步深化行政审批制度改革，实现所有审批事项 100% 网上全程办理“不见面审批”，进一步简化审批材料，优化审批流程，提高审批效率。制定出台《安全生产监管执法工作指南》，全面落实“双随机、一公开”监管执法，提高安全生产领域执法规范化、正规化和专业化水平。

（二）完善规划预案体系

全面贯彻“全灾种大应急”的风险防控理念，精心组织力量开展自然灾害和安全生产风险大调查，编制《海南省重大风险防控规划纲要（自然灾害和事故灾难篇）》，长远规划全省自然灾害和事故灾难重大风险防控，全面提升抵御事故灾难的综合防范能力。聚集实战准备，制定印发《海南省应急管理厅预案管理手册》，为下步各类应急预案拟制打下基础。

（三）强化应急科技支撑

科学编制《海南省应急管理信息化发展规划（2019—2022年）》，系统规划灾害事故监测感知、评估研判、预测预警、综合防控信息建设的目标、路径。持续推进应急指挥场所信息化改造，实现与应急管理部和省内涉灾部门应急管理信息的互联互通。稳步推进全省应急“一张图”项目建设，构建应急管理数据资源池，强化安全风险管控信息化支撑。

第二十二章　重庆市应急管理工作

2019 年，重庆市应急管理系统以习近平新时代中国特色社会主义思想为指导，深入贯彻落实习近平总书记关于安全生产和防灾减灾救灾重要论述，深入贯彻落实党中央、国务院决策部署，以“控大事故、防大灾害”为核心目标，以大排查大整治大执法为工作主线，以应急管理四大体系建设为抓手，“边改革、边应急”，推动改革元年应急管理工作上新台阶创新境界。全年全市共发生各类生产安全死亡事故 993 起、死亡 1047 人，同比减少 5 起、减少 44 人，分别下降 0.5% 和 4.0%；发生较大事故 7 起、死亡 25 人，同比减少 11 起、减少 42 人，分别下降 61.1% 和 62.7%；未发生重特大事故。

一、安全生产

（一）强化责任落实

抓住改革机遇，加快构建应急管理“党政同责、一岗双责”责任体系，明确各级党委、政府主要负责人为应急管理第一责任人，班子其他成员履行“一岗双责”责任。出台《重庆市党政领导干部安全生产责任制实施细则》，对党政领导班子和部门领导“两个层面、十类职位”安全生产职责予以具体明确，并配套相关工作机制。市领导多次作出指示批示，召开市委常委会 4 次、市政府常务会 8 次，专题听取应急工作汇报。市政府出台《重庆市消防安全督办约谈实施办法》，全市各区（县）消防安全委员会负责人均由主要领导担任。

（二）强化安全监管执法

把严格执法作为部门履职尽责的重要评价标准，检查诊断、行政处罚、整改复查“三部曲”执法闭环，对执法检查强度、问题查找强度、执法处罚强度实行月通报、月排名、月考核。创新标准化与安全监管“一体化”执法，构建企业安全生产职责清单，推行企业照单落实、中介照单服务、政府照单执法。2019 年，共查处各类生产安全事故 71 起、实施行政处罚 5850.25 万元，暂扣（吊销）证照 2990 个，责令停产停业 3169 家，关闭取缔 949 家；全年移送司法机关追究刑事责任 89 人，党纪政纪处分 29 人，诫勉谈话等其他问责 38 人。开展“防风险、保平安、迎大庆”消防安全执法检查等专项行动，推进夏季和冬春火灾防控工作。全市消防部门共检查单位 14.6 万家，发现并督促整改火灾隐患 22.4 万处，政府挂牌督办重大火灾隐患单位 77 家。

（三）深化专项治理

加快构建风险隐患双重防控体系，严格企业安全生产班组日排查、部门（车间）周排查、厂长（经理）月排查的“日周月”隐患排查机制。道路交通围绕突出违法行为开展“四项整治”，实现全市旅客运输 87 个月、农村连续 15 年无重特大事故发生，旅客运输、高速公路运输、农用拖拉机实现零死亡。建设施工实施“五个建安行动”全年无较大事故。吸取江苏响水天嘉宜化工有限公司“3·21”特别重大爆炸事故教训，实施危险综合整治三年提升计划，危化领域连续11年未发生较大及以上事故。

（四）改善安全基础

加快淘汰落后产能，关闭煤矿3座、非煤矿山335座，淘汰产能145万吨，绕城高速公路以内354家烟花爆竹零售点整体退出。严禁在长江、嘉陵江和乌江干流岸线1公里范围内新建或扩建危险化学品生产项目，5公里范围内严禁新布局工业园区；推进危化入园集约化发展，完成化工园区评估7个，危险化学品生产企业减少59%、经营企业减少30%。印发《重庆市提升道路交通安全防范能力的工作实施方案》，整体提升道路交通安全防范能力。升级改造61座城市桥梁护栏，完成13959辆公交车驾驶区域防护隔离安装；改造老旧居住建筑消防设施1453栋；新安装防撞护栏1926公里、累计近3万公里，累计挽救1.2万人生命。

（五）强化宣传教育

扎实开展“安全生产月”等主题宣传活动，开展安全宣传咨询日41场、“安全知识大篷车”巡演宣传20场、安全文艺演出189场次、安全知识竞赛135场，累计发放资料100余万份。新建运营《重庆应急》“抖音”公众号，粉丝数量13.1万人，发布作品167个，阅读量2亿次。推进消防宣传系列活动，在主流媒体开设消防专栏，在主城区打造消防文化主题公园；建设消防体验设施，设立消防文化体验示范场所；累计培训党政干部、行业部门和重点企业负责人25万人次。

二、防灾减灾救灾

（一）完善防范化解重大风险机制

坚持系统防范、源头化解、动态管控、综合治理，建立完善风险研判、重大风险归集、风险分级管控、隐患排查治理、突出问题上报、重大隐患挂牌督办6项机制。严格自然灾害重点防范期村（社区）日巡查、乡镇周抽查、区县部门月检查的双“日周月”隐患排查机制，确保隐患管控更全更深更细。

（二）加强综合监测预警

加强风险早期识别和预报预警，坚持常态定期与突发及时相结合，以“年度综合+汛期综合+汛期月综合+每周专项+临灾实时”方式，创新建立灾害防治综合会商研判机制；以“市+区（县）+乡镇（街道）+村（社区）+企业”方式，及时研判风险，强化重点管控，加强应对处置。全年开展灾害趋势会商28次，发布预警信息1.63万条。

（三）强化各阶段风险管控

一季度抓早，在高温汛期来临前，抓紧修复因灾受损的水利设施，集中开展河道行洪隐患和病险塘库整治，开展汛前地质灾害隐患排查，加强既有地质灾害风险点监测，强化森林防火巡山守卡，严控野外用火，补短板、强弱项、消隐患、打基础；二季度抓实，全面研判、主动排查、超前预防、夯实基础，备战高温汛期。三季度抓严，狠抓重大突出问题解决，严防死守、严密管控，决战决胜高温汛期。四季度抓细，全面排查地质灾害新生点、库坝塘堰隐患、森林防火风险点，及时修复防护设施，实施工程治理，保全年目标。实施防洪不达标区县、乡镇街道工程治理，消除威胁学校安全地质灾害隐患点81处，完成深度贫困乡镇地质灾害隐患点综合治理16处、地质灾害综合防治体系建设项目工程治理25处。

（四）抓好救灾和物资保障

下拨救灾应急资金2400万元，紧急调拨3.3万床棉被、1.5万件棉大衣、1.3万张折叠床等物资，切实保障受灾群众的基本生活。下拨补助资金1800万元，支持区县做好倒房恢复重建工作，完成倒房重建901户、2619间，倒房恢复重建开工率100%，竣工率85%，修复率96%。下拨中央和市级冬春救助资金5700万元及3.5万床棉被、1.2万件棉大衣等物资，支持区县做好受灾困难群众冬春期间基本生活保障工作。组成4个检查组，对区县冬春救助资金管理使用情况进行检查，发现通报重点突出问题21个，促进救灾资金规范化管理。开展灾害信息员业务培训班2期、培训220人，灾情报送初报及时率78%，核报率80%，规范率达66%。

三、应急救援

（一）强化信息灵通

强化应急指挥中心力量配置、制度建设和能力提高，落实24小时应急值守，整合信息接报资源，提升信息处置效率，12350系统发布工作提醒信息689条、提醒88.5万人次，发布工作通知357条。

（二）加紧实战实练

完善应急预案，组织5次全市性综合性实战演练，开展地空紧急拉动演练5次、多灾种救援桌面推演5次，推动不同性质、不同隶属应急力量从条块分割、分头管理、各自为政的局面向统一指挥、反应灵敏、协同有序格局转变。

（三）加紧应急备勤

全市专业救援队伍高温汛期实行24小时战备值班，重点时段实施专业备勤，“西洽会”“智博会”等重大活动实施重点备勤。强化航空应急救援总队应急准备，全年巡护飞行88架次、180小时，巡护里程2万公里、面积27万平方公里。

（四）加紧基地建设和物资储备

实行政企合作，租用高精尖应急装备1600件；购置现场侦测装备390台、通信装备618台，投入1794万元为区县配备应急装备。统筹“4+N”航空救援基地布局（龙兴、万州、黔江、永川），推进29个中央资金支持的救灾物资储备库建设，储备帐篷、棉被等各类救灾物资22个品种70万件。

四、基础能力建设

（一）重构组织指挥体系

市政府安委会更名为市安委会。重组市安委会、市减灾委，新设道路交通、水上交通、轨道交通、矿山、危险化学品、建设施工、旅游、消防、城市运行安全9个专项办公室，重设森林草原、防汛抗旱、地震地质、气象4个防灾指挥部，加强“两委九办四指”对全市安全生产与自然灾害防治工作的统揽协调。

（二）重构行政管理体系

明确应急管理部门安全生产综合监管、自然灾害防治综合统筹职责和行业主管部门安全生产直接监管、自然灾害防治具体负责职责，以及各级政府属地责任，完善行政管理体系，纵向形成市、区（县）、乡镇（街道）、村（社区）、村（居）民小组“三级体系、五级网络”，横向实现市、区（县）各行业领域主管部门安全生产、自然灾害防治内设机构全覆盖，实现安全生产与自然灾害防治工作一体化推进。

（三）重构应急救援体系

按照资源整合、军民融合、专常群结合，加快建设应急救援指挥队伍、救援战斗队伍和救援保障队伍，形成市、区县、乡镇、基层单位应急救援新格局。全市组建防洪、地质灾害、灭火、危险化学品、矿山、水上、气象和航空8个方面27支市级专业抢险队伍。

（四）重构制度管理体系

探索安全生产综合监管、自然灾害防治综合统筹制度，制定安全生产与自然灾害防治巡查制度。完善安全生产工作制度。重构自然灾害制度体系，形成“3+8”制度体系，围绕监测预警、值班调度、处置救援3个方面，重构排查监测、研判预警、信息接报、力量调动、指挥部建设、现场处置、调查评估、救灾工作8个制度框架、54个制度细则，应急管理建设深度拓展。实施“双随机、一公开”和“互联网+监管”模式，将消防安全纳入城市社会信用体系；研发应用消防信用管理系统，将消防严重失信单位和个人列入信用黑名单。发动6.7万家社会单位开展“三自主两公开一承诺”并完成自查报备，推进重点单位、火灾高危单位消防安全标准化管理。

（五）推进科技兴安保安全

完成区县应急管理部门电子政务外网接入和升级改造，打造应急“快通道”。接入水利、气象、煤监等11家单位31个信息系统。绘制“风险电子地图”，完成防汛、地质灾害、森林火灾、煤矿、非煤矿山、危险化学品和工贸7类风险的信息集成。开展涪陵区应急管理信息化先行试点，启动推进执法系统、风险隐患排查系统、视频监控系统建设。推进“机械化换人、自动化减人”，加速推动工业机器人、智能装备在危险工序和环节上的广泛运用。

第二十三章　四川省应急管理工作

2019 年，四川省应急管理系统直面新考验、新挑战、新机遇，坚持以习近平新时代中国特色社会主义思想为指导，坚决贯彻落实党中央、国务院和省委、省政府及应急管理部关于应急管理工作的系列决策部署，坚持在狠抓监管中筑牢底线、在应急抢险中锤炼队伍、在正风肃纪中纠风除弊，整治清除了一批安全隐患问题，推动提升重大风险防控能力，高效有序处置系列灾害事故，应急管理部门的综合优势充分显现。全年全省共发生各类生产安全事故 1314 起、死亡 1335 人、受伤 670 人，事故起数、死亡人数、受伤人数同比减少 490 起、345 人、494 人，分别下降 27. 20%、20. 50% 和 42. 40%，未发生重特大生产安全事故；全年共发生各类自然灾害 121 次，灾情较近 10 年平均水平下降 81. 30%。

一、安全生产

全省应急管理系统坚持源头防控安全风险，全力抓好安全生产各项工作，坚决稳住基本盘。全面推行清单制管理，认真落实《四川省党政领导干部安全生产责任制实施细则》，在全省 16 个部门 31 个重点行业（领域）开展安全生产清单制管理试点，以清单的形式把工作任务、要求和责任明确到具体的责任单位、责任个人，层层推动安全生产企业主体责任、地方属地责任、行业监管责任落地落实。

扎实开展安全生产大检查和十大专项整治行动以及安全生产集中整治，以煤矿采掘、机电运输、通风、顶板、瓦斯防治、水害防治等为重点强化监管。推进煤矿分类处置工作，关闭退出煤矿 25 处，化解产能 294 万吨；关闭不具备安全生产条件的非煤矿山 53 座；有序推进危险化学品安全综合治理和化工危险化学品行业领域安全生产明查明访、和谐共治专项行动，完成 25 家位于人口密集区的危险化学品生产企业搬迁改造；牵头开展为期 30 天的游乐设施安全专项执法检查。会同相关行业监管部门狠抓交通运输、建筑施工、消防、旅游、水利、农业机械、渔业船舶等领域安全监管，坚决遏制重特大生产安全事故。

在重点时段、重点行业（领域）持续开展专项整治，全面排查整治风险隐患。对历次监督检查发现的问题，均向所在地方政府一对一发出督办函，并将行业系统的问题归类分析抄送省级行业部门，督促按期整改到位。按照“1+2+N”（1 指监察执法人员，2 指业务处室人员和专家，N 指危化、矿山救护队、宣传等人员）和异地组队、专业对口的模式，组织开展为期 6 个月的全省应急“2019 保平安”监管执法专项行动。先后查处一系列重大安全隐患和严重非法违法行为。全省安全生产监察执法队伍共监督检查 67383 次，发现隐患 110172 项，罚款 2. 81 亿元，同比增长 12. 13%。同时，依法依规对生产安全事故进行调查处理，严肃追究相关责任单位和人员责任，在全省形成强力震慑。

提请司法厅启动《四川省消防条例》《四川省公共消防设施条例》等地方性法规、规章的修正修订工作。制定出台“放管服”改革15条措施，全面上线运行“双随机、一公开”消防监管系统。深入开展“防风险、保平安、迎大庆”系列专项行动，投入860余万元专项资金，配齐全省现场勘验基础装备，分片区列装三维全景照相机等高精尖装备，圆满完成新中国成立70周年、世界警察和消防员运动会、中日韩领导人会议安保、科博会等多个重大消防安保工作，形成一整套较为成熟的四川消防安保经验和机制。统筹开展冬春火灾防控、文博单位和宗教活动场所“三定三禁”（确定消防安全责任人、管理人，定期组织开展防火巡查检查，定期组织开展消防安全培训和灭火演练；严禁违规用火用电用气，严禁违规开展经营性活动，严禁违规存放使用易燃易爆物品）消防规范化管理、出租屋及校园周边经营场所消防安全管理、养老服务设施消防安全隐患大排查、化工企业消防安全大检查等专项治理。召开全省消防宣传现场会，推进全媒体中心建设，建成22个应急宣传保障分队，在全国市县级率先成立实体化运行的宣教中心，研发改装了全国首台应急宣传车。建成集声光电技术、实景实物体验于一体的省级消防科普体验馆。推动与新闻媒体单位、媒体矩阵联络，在中央、省级媒体刊发新闻报道6000条次，拍摄的微电影《归来》荣获部局一等奖，《普通英雄》荣获部局二等奖。四川消防政务新媒体连续3年稳居全国消防系统前十。

二、防灾减灾救灾

持续推进防灾减灾救灾体制机制改革，积极构建政府统一领导，部门分工负责，属地管理为主，社会力量和市场广泛参与的管理体系和协调机制。切实加强组织领导，优化调整省减灾委组成人员，完善成员单位防灾减灾领导机构和运行机制，推动地震、地质灾害等自然灾害应急预案修订工作。成立由省应急管理厅、发展改革委、财政厅牵头，经济和信息化厅、科技厅、公安厅等24个部门（单位）参加的四川省自然灾害防治工作厅际联席会议制度，统筹推进自然灾害综合防治等工作。

充分发挥省减灾委办公室统筹协调作用，切实加强应急、气象、水利、自然资源、地震、林草等部门的协作联动和资源信息共享，建立军地灾情互通和行动协同机制。打通与消防救援、森林消防两支队伍信息互通平台，与西部战区、省军区、省武警总队等驻地军队畅通应急联络渠道，形成军地和部门联防联控合力。

建立健全自然灾害监测预警制度，定期组织开展自然灾害风险形势会商研判，印发全省自然灾害风险形势报告10期，发布灾情预警信息825条。始终坚持24小时值班制度，制发《值班工作手册》《值班工作规则》等相关文件，建立“厅级领导带班、处级干部参与、指挥中心综合处置”的“三级”应急值守体系，并逐一明确值班厅领导、值班处长、值班指挥长、值班长、值班员层级职责清单。坚持“以防为主、防治结合”原则，集中开展地质灾害、山洪泥石流灾害隐患专项排查，发现地质灾害隐患1127处、防汛隐患5941处，逐点落实防范措施，既加强监测和主动避让，又抓紧实施工程治理。省防火监测中心发布高火险警报19期，专题警报6期，下达火灾隐患整改通知书4963份，有效消除火灾风险。

进一步修订完善各类应急预案，分片区、分层级组织开展突发事件应急演练，不断提高组织指挥能力和快速反应能力。成功应对木里“3·30”森林火灾、冕宁森林火灾、长宁 6.0 级地震、甘洛山体垮塌、“8·20”强降雨特大山洪泥石流等一系列自然灾害，安全转移群众 35 万余人，成功避险 107 起，6042 人免遭伤亡；高效处置川煤集团杉木树煤矿“12·14”透水事故，鏖战 88 小时，13 名被困矿工全部成功脱险。

全力做好受灾群众救助工作，先后启动四川省自然灾害救助应急响应 4 次，全年下拨中央和省级自然灾害救助资金 6.4 亿元，下拨中央地质灾害救灾资金 2.89 亿元。调拨中央和省级救灾帐篷 7600 顶、棉被 53000 床、折叠床 14000 张。扎实做好冬春救助和受灾群众温暖过冬相关工作，筹集棉被 11 万床、棉大衣 3 万件、棉衣裤 2 万套等御寒物资发往全省各地。

三、应急救援

整合 9 个部门 4 个综合协调机构的 13 项职能职责，推动应急管理职能融合和机构重塑。积极指导推进基层应急管理机构改革，全省县以上应急管理部门均完成机构改革任务，初步形成自上而下、有序有效的应急管理组织体系。健全完善省应急委、安委会、减灾委体制机制，充分发挥好“三委”办公室“防救治”牵头作用，形成应急合力。逐一明确与同级自然资源、水利、林草等部门（单位）间的职责划分，基本形成横向到边、纵向到底，“防”“救”结合、高度协同职责体系。四川省应急管理厅制定《四川省应急管理厅灾害事故应急响应工作手册（试行）》，完善灾害事故分级响应条件、内部各责任主体职责定位，提升应急处置效率和实战水平。全年全厅共启动应急响应 25 次。

全面提升应急救援能力，推动出台《四川省应急救援能力提升行动计划（2019—2021 年）》，从夯实基层基础、补齐能力短板、增强应急救援针对性和实效性等方面，明确 10 项重点任务、14 个重点工程，促成国家区域性应急救援（西南）中心落地四川。建强专业应急救援队伍，组建矿山救援队 35 支 1583 人，危化救援队 20 支 1362 人。开展 2019 年省级抗震救灾综合演练，设立化工厂危险化学品泄漏及爆燃救援、矿井坍塌救援等演练科目，应急处置能力不断提升。按照就近调配、快速行动、有序救援的原则，加快推进国家西南区域应急救援中心建设。牵头组织自然灾害防治工程建设，协调解决自然灾害防治工程项目论证和实施中的重大问题。

全面加强应急力量建设，完成国家综合性消防救援队伍招录工作，两批次共招录消防员 2331 人；积极推进国家综合性消防救援队伍改革发展，向 49 支社会应急救援队伍授旗，整合组建矿山救援队、危化救援队，全省可调用应急救援核心力量 7.50 万人。推动出台《四川省国家综合性消防救援队伍职业保障实施细则》，建立职业荣誉、社会优待、经费保障等保障机制，最大限度激发广大消防指战员干事创业活力。全面提高应急保障水平，高起点规划设计、高标准推动实施“智慧大应急”指挥平台建设，纵向向上接入应急指挥骨干网，向下建立省、市、县三级视频调度系统，横向与省级各职能部门互联互通。组建 6 支应急通信保障骨干队伍，建设 16 支市级和 80 支县级通信保障队伍，确保通信保障全覆盖。

四、基础能力建设

深入推进“放管服”改革，取消 18 个行政许可事项、下放 9 个行政许可事项，承担的 17 大类行政许可的 95 个子项均编制办事指南，所有行政审批项目办结时限比法定时限缩短 50% 以上。全年共办结行政许可 38313 件，行政审批工作实现三个“百分百”（按时办结率 100%、现场办结率 100%、群众满意率 100%），政务效能被省政府办公厅考核为一等奖。

强化基层治理，深入推进国家安全发展示范城市、省级安全社区、国家综合减灾示范社区等示范工程创建工作，以省委办公厅、省政府办公厅名义印发《关于深入推进城市安全发展的实施意见》，推进成都市、巴中市国家安全发展示范城市创建，强化城市大型综合体安全管理、城市风险防范和地下管道建设，保障城市安全运行。持续推进安全社区建设，累计建成省级安全社区 757 个，安全体验中心（馆）54 个，圆满完成年度目标任务。扎实开展应急管理宣教培训，推动宣传教育进企业、进农村、进社区、进学校、进家庭，营造良好社会氛围。着力加强新闻发言人、新闻通讯员、网络评论员队伍建设，推出深度典型报道 700 余条、辟谣报道 100 余条。

狠抓理论武装，常态化开展全省应急管理系统“大学习、大培训、大练兵”，全年共组织举办各级各类培训 32 期，累计培训 4366 人次。狠抓机关党建，出台《落实党建工作责任制实施办法（试行）》《落实党风廉政建设工作责任制实施办法（试行）》《机关基层党组织工作细则（试行）》《党组中心组理论学习制度》等 8 项制度，基本搭建应急管理厅党建工作制度体系。

第二十四章　贵州省应急管理工作

2019 年，贵州省应急管理系统坚持以习近平新时代中国特色社会主义思想为指导，坚持边改革、边应急、边建设，全面履行组建到位第一年的职责和使命，实现新时代应急管理工作良好开局。全年全省共发生生产安全事故 1232 起、死亡 956 人，同比分别下降 9.1% 和 14.5%。烟花爆竹、农业机械、水上运输、渔业船舶和航空运输等领域保持“零死亡”。自然灾害因灾死亡失踪人数、农作物绝收面积、倒塌房屋数量、直接经济损失较前 5 年均值分别减少 7%、55%、40% 和 56%。

一、安全生产

（一）安全责任体系

完善和落实安全生产责任和管理制度，严格落实党政领导责任、部门监管责任、企业安全生产主体责任。9 个市（州）均由担任党委常委政府领导干部分管安全生产工作。制定安委会成员单位职责分工，压实部门监管责任。9 个市（州）及 81 个县（市、区）、特殊功能区完成安委会成员单位职责任务修订。制定《贵州省安委会关于安全综合监管工作的意见》《贵州省安委会关于煤矿安全综合监管工作的意见》《加强城市和园区安全生产工作的意见》。印发《关于全面落实企业安全生产主体责任的通知》等文件。通过考核巡查、督查督办、约谈警示、监管执法、事故查处等方式督促责任的落实。健全消防安全责任体系，将消防安全工作列入各级职能部门“三定”规定，培树行业消防安全标准化管理样板逾 200 个。

（二）安全生产风险隐患大排查大整治

持续深入开展 4 次安全生产风险隐患大排查大整治活动，统筹推进安全生产集中整治行动和冬春安全风险防范大排查大整治大演练行动，组织开展煤矿、危险化学品、道路交通、建筑施工等十大行业领域 20 余项专项整治。加快各行业领域安全风险分级管控和事故隐患排查治理（双控）体系建设，推行风险隐患排查整治清单式管理。全省组织检查组 153317 组次、组织检查人员 483004 人次，检查企业、场所 280840 家次，排查出一般隐患 200788 项。下达整改意见 91452 条，整改率 97.79%。停产停业整顿 988 家，查封关闭企业 173 家。对排查出的隐患分级分类挂牌督办，实行闭环管理。对 139 家重大火灾隐患单位挂牌督办并整改销案。

（三）监管执法和事故查处

实施“双随机、一公开”监管，依法加大执法检查和处罚力度。应急管理部门实施行政处罚 1206 次，对生产经营单位主要负责人实施行政处罚 223 次，责令停产整顿生产经营单位 204 家，处罚 3873 万元，纳入联合惩戒“黑名单”管理 25 家，因生产安全事故问责 221 人，火灾事故免职 9 名县级政府领导干部，公安机关查处 8 名犯罪嫌疑人。制定《贵州省较大生产安全事故查处挂牌督办暂行办法》《贵州省应急管理厅较大生产安全事故调查处理挂牌督办工作程序规定》《关于对重大隐患进行挂牌督办的通知》等文件，挂牌督办21起较大事故。对发生事故的7个县（市、区）政府和8家企业进行约谈，对3个县政府和2家企业进行警示教育。

（四）本质安全提升

企业风险管控和隐患排查治理“双控”体系纳入行业的企业11084家，累计报备风险管控清单79524余个，开展风险巡查559万余次，发现隐患3.8万余条，整改3.7万余条，整改率98.26%。煤矿领域，326处实施辅助系统智能化升级，129处实施综合机械化改造，22处实施采掘工作面智能化升级。公告关闭煤矿180处，关闭煤矿81处。危险化学品领域，完成10家城镇人口密集区域危险化学品生产企业搬迁、转产或关闭。37家涉及一级、二级重大危险源的企业纳入线上监控。消防领域，自主创新研发农村消防综合管控系统平台，将50个重点村寨农村消防综合管控系统平台纳入省政府民生重点工作予以保障，478个重点村寨建成电气火灾监控系统，完成321个重点村寨水改、电改和微型消防站建设。烟花爆竹领域，生产企业全部达到三级以上标准化企业，“三库”建设按要求100%达标。其他行业领域均按照要求，结合自身实际，积极加大基层基础基本投入，提升本质安全水平。

二、防灾减灾救灾

（一）自然灾害防治体系

健全完善科学规范的规划体系。将自然灾害防治纳入国民经济和社会发展总体规划，强化城乡自然灾害防治规划统筹，组织编制气象、水旱灾害等防灾减灾专项规划。开展《自然灾害防治条例》立法试点，修订《贵州省应急管理条例》《贵州省应急救援条例》等地方性法规标准和制度。及时调整充实省减灾委组成人员，细化明确50余家省减灾委成员单位工作职责。健全完善反应灵敏的应急预案体系。制修订自然灾害总体应急预案和应急救灾、防汛抗旱、地震和地质灾害、森林草原火灾、气象灾害等专项应急预案。分灾种分等级编制起草地质灾害、自然灾害救助、水旱灾害应急响应机制、行动方案、工作手册和保障措施。健全完善群防群治的基层治理体系。实行灾害事故风险网格化管理，提升防灾备灾保障能力。

（二）监测预警

健全完善分工合理、职责清晰的自然灾害监测预报预警体系。开展自然灾害风险与减灾能力调查，建立风险研判、决策风险评估、风险防控协同和风险防控责任机制。建立应急值班值守会商制度，密切关注大风寒潮、降雪冰冻、地震、地质灾害等各类自然灾害变化。运用贵州省地质灾害实时监测预警系统密切跟踪全省1万余个地质灾害隐患点的变化情况。运用防汛抗旱监测预警系统，加强对全省重点干支流和局域水文变化情况的监测。“一窗口”主动发布灾情和预警提示600余次，启动4次省Ⅳ级自然灾害预警响应、1次省Ⅳ级救灾应急响应、10次Ⅳ级防汛应急响应，组织应急会商400余次。

（三）救灾救助

下拨自然灾害应急救助资金13150万元（其中，中央资金1亿元、省级资金3150万元），市、县两级共投入自然灾害应急生活救助资金4200余万元，投入生活类救灾物资折款3500余万元，受灾群众基本生活得到有效保障。分配下拨

2019—2020 年度中央和省级冬春救助补助资金 37080 万元（其中，中央资金 30430 万元、省级资金 6650 万元）。争取中央和省级下拨各类自然灾害救灾资金 6. 9267 亿元。

三、应急救援

（一）应急救援体系

成立由省长担任总指挥长的省应急救援总指挥部，由分管副省长担任指挥长的 23 个专项应急指挥部，制定《贵州省应急救援总指挥部办公室关于建立省应急救援总指挥部办公室联席会议制度的通知》。成立省级应急救援中心，狠抓应急指挥中心标准化建设，提升精准发布预警、处置信息、辅助决策、抢险救援、保障救援五项能力。“全省应急救援一张图”采集录入 20 个类别 5 万余条数据。建立军地协调联动机制，与 40 家单位、企业、救援队伍签订应急协同联动合作协议，向 20 个行业领域的 66 名专家颁发证书。与南部战区、省军区、省武警总队、中国安能集团驻贵阳工程处等签订协同联动机制，与四川省应急管理厅联合制定《跨区域应急协同联动工作方案》，与省消防救援总队共同研究拟制省、市、县应急信息共享机制。依托贵州省应急管理综合应用平台，推动全面实现横向党政军企近 100 个单位，纵向省、市、县三级应急管理部门和乡镇党委、政府平台系统互联互通、应急管理资源共享共用。

（二）应急处置工作

围绕事故减缓、准备、响应、重建环节，组织修订全省各级总体应急预案、专项应急预案、部门应急预案，分事故分等级编制起草煤矿、危化等应急响应机制、行动方案、工作手册和保障措施，制修订重特大事故应急处置工作指南。出台《支持综合性消防救援队伍建设实施方案》。立足“全灾种、大应急”的职能定位，结合贵州省灾害事故特点，高质量建成航空、山岳、水域、地震、高层、化工、隧道、搜救等 10 支灭火救援专业队和 13 支典型灾害事故处置专业队，统筹推进开磷、林东等危险化学品应急救援基地项目，全省专业救援队伍增至 702 支 9600 余人。强化日常联训联演，举办第十二届省矿山救援技术竞赛。组织各类应急演练 7000 余场次，检验各层级应急预案、磨合联动机制、锻炼应急救援队伍。制定《重特大安全生产事故应急处置工作指南》《重特大自然灾害应急处置工作指南》，有效应对水城“7・23”特大山体滑坡、主汛期 13 轮强降雨导致的暴雨洪涝、沿河县“10・2”地震等自然灾害。

四、基础能力建设

（一）应急管理改革

推动职能融合和机构重塑，县以上应急管理部门均完成机构改革任务，应急管理组织体系初步形成。调整完善省安委会等 5 个议事协调机构及其办公室职责，成立省应急救援总指挥部及 23 个专项应急指挥部，明确工作机制、议事规则。制定《应急管理事业三年发展综合规划（2019—2022 年）》，深入推进“放管服”改革，公布权责清单 101 项，出台支持促进民营企业安全发展 15 条工作措施。全面推行“双随机、一公开”“双公示”等事中事后监管。开展“证照分离”、权责清单动态调整、工程审批制度等改革，清理公开公共服务事项 15 项，审批事项全部网上办理，100%一次办结。

（二）基层基础基本建设

启动应急资源和重要（战略）设施普查，印发《关于加强应急管理基层基础基本建设的意见》。实行灾害事故风险网格化管理，巩固乡镇网络报灾基础，完善灾情管理工作机制，规范自然灾害救助全过程管理。推动实施煤矿、危化、道路交通生命防护工程。争取1500万装备费、277万运维费支持六枝工矿集团矿山救护大队，帮助推动国家矿山救援六枝基地和林东国家级区域（西南）装备库建设。与媒体建立立体化协作机制，围绕“安全生产月”、全国防灾减灾日多层次、宽领域、广覆盖开展安全生产宣传教育活动，在行业媒体及省主流媒体上共发表文章1308篇。开通新媒体平台26个，建成5个消防科普教育馆和127个消防宣传科普基地。

（三）智慧应急

编制贵州省应急管理信息化总体规划（2019—2022）和大数据三年行动计划、信息化实施指南及第一批地市建设任务书，全面启动应急管理云建设。完成国家应急指挥信息网贵阳骨干网节点安装调试运行。整合接入16个部门24个方面应急信息资源，实现应急资源“一张图”，初步形成全省“一盘棋”整体信息化工作格局。成功举办全国“数据融合·智慧应急”论坛。建立应急管理科学研究院，实施立项应急救援人员防护研究等7项重大课题。

第二十五章　云南省应急管理工作

2019年，云南省安全生产形势持续稳定好转，共发生各类生产安全事故992起、死亡995人、受伤503人，同比减少161起、138人、290人，分别下降13.96%、12.2%和36.6%。其中，较大事故22起、死亡83人，同比减少8起、34人，下降26.7%和29.1%；重大事故1起、死亡12人，同比增加1起、12人。

一、安全生产

（一）安全生产责任体系

省委、省政府高度重视安全生产工作，召开4次省委常委会会议、8次省政府常务会议研究部署安全生产工作，省领导多次对安全生产工作作出批示，部署安排，深入一线调研，推动工作的力度持续加大。在省委、省政府统揽全局、高效指挥下，各级党政领导抓安全生产工作的责任意识明显增强，组织领导更加有力。

（二）重点行业领域专项整治

按照省政府安全工程三年行动计划，持续开展煤矿、非煤矿山、危险化学品、道路交通、建筑施工、烟花爆竹、金属冶炼等重点行业领域安全生产专项整治。关闭9万吨以下煤矿39处，占总目标的68.4%；关闭非煤矿山296座，占总目标的59.2%；治理非煤矿山采空区8294.7万立方米，占全省矿山采空区总量的27.9%；13座尾矿库“病库”和列入治理任务的25座“头顶库”全部完成治理；5182户高危企业全部实现安全风险分级管控；关闭危险化学品企业67户，占总目标的69.8%；坚决关闭取缔“两关闭”范围内的烟花爆竹零售店，全省烟花爆竹长期零售店数量由2018年初的9096户压缩至6359户，减少30%；停产整顿1户钢铁企业，淘汰关闭2座高炉；涉氨制冷企业由356户减少到340户，液氨设计储量10吨以上构成重大危险源的企业由15户减少到11户；组织专家对180户工贸行业进行高风险源点辨识和隐患排查，形成“一报告、两清单、两分布图”。

（三）重点时段督查检查

针对重大节日、重要活动等重点时段工作规律，省应急管理厅紧紧围绕综合监管职能职责，组织全省各级各部门以超常规的措施狠抓安全防范措施落实。牢牢盯住薄弱环节、重点领域和重点场所，全力查风险、找问题、补短板、堵漏洞、除隐患，对存在重大事故隐患的实施严格关闭整顿措施。加强重大活动现场驻守盯防，确保发生险情第一时间响应、第一时间应对处置，最大限度减少损失影响。开展“防风险、保平安、迎大庆”消防安全执法检查等系列专项行动，全年累计排查大型商业综合体141个、高层建筑6089栋、文保单位1235家，督促整改火灾隐患4900余处，集中挂牌重大火灾隐患单位141家。

（四）安全生产执法

全省共检查企业35763家（次），同比下降14.67%；立案1324起，同比下降10.24%；罚款10000.65万元，同比上升

5.61%；责令停产停业405家，同比下降44.14%；暂扣安全生产许可证58个，同比下降59.44%；吊销安全生产许可证38个，同比下降65.45%；暂停安全生产有关资格资质22个，吊销安全生产有关资格资质2个。

（五）安全生产宣传教育

运用传统媒体和新媒体平台，策划推出系列重点报道、新闻发布、网络访谈和新媒体产品，及时充分反映工作进展成效。深入开展全国防灾减灾日、“安全生产月”、“12·4”宪法宣传日、“119消防宣传月”“安康杯”“青安岗”等主题宣教活动。落实季度例行新闻发布和重大事项及时发布制度，共组织新闻发布5次。

二、防灾减灾救灾

（一）自然灾害应急管理机制

成立省自然灾害应急管理委员会，委员会下设抗震救灾、防汛抗旱、地质灾害和森林草原防灭火4个专项指挥部，统筹指挥协调自然灾害应对处置工作。与地震、气象、自然资源、水利等部门建立信息共享、灾情会商和应急联动机制，共同应对各种突发自然灾害。与驻滇部队和省消防救援总队、森林消防总队建立救援力量申请、调动机制，完善平时联络、信息沟通机制，确保重大灾害发生后能快速反应、高效救援。联合省民政厅出台《关于进一步加强衔接配合做好受灾群众基本生活保障工作的意见》。

（二）防震减灾

修订印发《云南省特别重大地震灾害应急处置工作方案》《云南省应急管理厅应对处置地震灾害工作方案》。组织开展两次防震应急准备工作检查，深入地震重点危险区对救灾物资储备、预案修订、应急值守、灾害信息员队伍建设、救灾款物使用管理等工作进行检查，督促各地牢固树立底线思维，强化防大震、救大灾的思想意识，做实做细防震备灾各项工作。组织开展两次省级重特大地震应急处置模拟演练。

（三）灾情管理

制定出台《云南省应急管理厅关于建立健全自然灾害监测预警制度的实施意见》《云南省自然灾害应急管理委员会办公室关于规范自然灾害信息报送工作的通知》，加强灾情管理工作。定期组织省自然资源厅、农业农村厅、水利厅、地震局、气象局等部门参加灾情会商会，开展灾害趋势预测会商研判，核定季度灾情报省委、省政府和应急管理部。

（四）综合防灾减灾

联合昆明市人民政府举办以“提高灾害防治能力，构筑生命安全防线”为主题的防灾减灾日宣传活动。联合省财政厅下拨1.94亿元防灾减灾救灾专项资金用于实施预防和处置地震灾害能力建设重点工程。联合省地震局、气象局开展全国综合减灾示范社区创建活动，截至2019年底，创建全国综合减灾示范社区231个。

（五）应急救灾和物资保障机制

与省财政厅、省粮食和物资储备局修订《云南省省级救灾物资管理办法》，制定物资调动工作流程，建立救灾物资快速调拨和紧急配送制度机制。从省级防灾减灾救灾经费中安排2000万元专项资金用于采购补充救灾物资。下拨中央和省级救灾资金6.691亿元（其中，中央资金4.346亿元），因灾调拨使用省级救灾物资1.3万件，有效保障受灾群众基本生活。

三、应急救援

（一）突发事件处置

统筹协调处置昭通威信“4·2”在

建宜毕高速扎西隧道爆炸、红河泸西“4·25”煤矿事故、昆明安宁“5·13”森林火灾、红河金平“6·24”山洪泥石流、大理市“6·11”火灾、丽江永胜“7·21”地震、昭通巧家“9·5”山体滑坡、昭通盐津“9·30”山洪泥石流等灾害事故，做到第一时间核报信息、第一时间调度应急队伍、第一时间跟踪事件进展、第一时间派出人员赶赴现场、第一时间贯彻落实领导指示批示。

（二）应急值班

出台《云南省应急管理厅值班工作制度（试行）》，规范应急值班管理工作。节假日期间，严格执行三级值班带班要求，在森林防火、防汛等重要时段，加派业务处室人员参与值班。制定印发《进一步加强突发事件信息报告的通知》，每周进行一次值班视频调度工作，加大对州市应急管理局的指导力度。

（三）信息报送

及时报送应急管理情况专报，向省政府总值班室和应急管理部指挥中心报送较大以上自然灾害和事故灾难信息 290 期。发布重要天气预报、山洪灾害气象预警等信息 18 次。推动云南省安全生产应急救援指挥系统正式投入使用，提升市县应急管理部门突发事件报送信息化水平。编写《云南省应急管理厅值班要情》，汇总较大以上自然灾害、生产安全事故信息和国内突发事件舆情。

（四）应急准备

与驻滇部队初步建立军地抢险救灾 5 项机制。与省水利厅、自然资源厅、林草局、地震局、气象局建立会商研判、灾情通报等机制。以省安委办名义组织开展硝化反应釜燃爆事故、道路交通事故、煤气泄漏、澜沧江原油管道油品泄漏 4 个省级应急演练。

四、基础能力建设

（一）法治体系建设

积极推进行政执法公开公示、全程记录和重大行政执法决定法制审核“三项制度”落地。扎实抓好安全生产诚信建设，强化联合惩戒“黑名单”制度管理。积极推进“一网通办”“一部手机办事通”，梳理 11 类 466 项政务服务事项，119 项上线事项实现“十二同要素填写”100%、“完善实施清单事项数”100%、“最多跑一次”100%、“一网通办”标准化政务服务事项 5 类 129 项。精简行政许可事项，积极推进“证照分离”，全系统 6 项涉改许可审批时限再次压缩一半以上，所有审查办件用时提速 96%。

（二）规划体系建设

积极推进“十四五”规划编制前期工作，按照“1+2”的规划编制方案（即 1 个应急管理规划+安全生产规划、综合防灾减灾救灾规划），初步形成各项规划编制方案和总体思路。完成《云南省安全生产“十三五”规划中期情况评估报告》，印发《云南省安全生产委员会关于印发调整云南省安全生产“十三五”规划的通知》。

（三）科技信息化建设

完成《云南省应急管理信息化建设规划》《云南省应急管理信息化项目建设建议书》，向省政府办公厅报送《云南省应急管理厅关于开展应急管理信息化建设的请示》，实现省应急管理厅与水利厅、消防救援总队、森林消防总队、地震局、南方航空护林总站网络互通和音视频系统融合，初步建成国家、省、州市、县四级语音图像资源上下贯通的指挥系统。完成应用支撑服务平台、统一用户管理系统、数据管理平台、应用集成管理、电子签章系统、数据交换共享服务的建设，并对现有应用系统进行集成。

（四）宣传体系建设

建立云南省突发生产安全事故和自然灾害应对新闻处置工作联席会议制度，明确信息共享、联合会商、联动处置的工作机制，定期会商策划应急管理宣传工作，分析研究突发事件新闻舆论引导工作。以门户网站为基础，以“云南应急”APP为支撑，以微信、手机报为补充，构建“一主题、多终端、全覆盖”新媒体宣传矩阵。主流媒体设立消防宣传专栏，刊播稿件4868篇（条）、消防公益广告120余万条次。通过自媒体和短信平台开展消防安全警示、提示，集中印制和张贴54余万份防范重大消防安全风险加强消防安全管理通告和消防宣传挂图，发动消防监督员、网格员、消防志愿者深入辖区高风险场所“点对点”“面对面”讲解宣传，全面普及消防安全知识。

第二十六章　西藏自治区应急管理工作

2019 年，西藏自治区应急管理系统认真学习党的十九大和十九届二中、三中、四中全会精神，以习近平新时代中国特色社会主义思想为指导，认真贯彻落实习近平总书记在中央政治局第十九次集体学习时重要讲话精神，凝心聚力，锐意进取，团结奉献，扎实工作，努力当好雪域高原人民安全的守护者和守夜人，扎实推进应急管理体系和能力现代化，有力保障人民群众生命财产安全和社会安定团结，最大限度减少社会经济损失，为保障西藏边疆稳定、民族团结、长足发展、长期稳定作出重要贡献。全年全区较大事故起数、死亡人数同比分别下降 40% 和 42.9%，连续 4 年未发生重大及以上事故，安全生产形势持续稳定好转；全区自然灾害受灾人口同比减少 56.3%，直接经济损失减少 96.6%，未发生重大自然灾害。

一、始终坚守安全生产基本盘基本面

（一）高度重视和精心部署安全生产工作

先后 7 次召开全区安全生产电视电话会议及 3 次安全生产专题会议，对全区特殊敏感时段、重点时期安全生产工作进行安排部署，研究解决安全生产工作中重要事项。

（二）派出督导检查组排除隐患，强化检查落实

对 7 地（市）和 17 家区直单位安全生产和消防重点工作进行考核考评，向地（市）和区直相关部门反馈问题 238 个。配合国务院安委会考核巡查组进驻自治区开展考核巡查，督促整改反馈 4 方面 22 项问题。组织开展全区“防风险、保安全、迎大庆”专项督导检查工作，派出 4 个督导组分赴 7 地（市）及自治区安委会成员单位开展安全生产专项整治和自然灾害风险防控化解专项督导，全力确保重点敏感时段全区安全稳定。督导落实重点行业领域安全防范措施，对道路交通安全、人员密集场所、旅游安全、非煤矿山、工矿商贸和危化、建设领域、防汛、校车安全、饮食安全等重点行业领域安全防范工作进行督导检查。对危险化学品等重点行业领域安全生产进行专项执法检查，对危险化学品生产储备企业进行重点督导检查和指导服务。联合公安、商务、市场监管、消防等部门出动执法人员 2840 人次，对全区危险化学品从业单位进行隐患排查整治。

（三）加强重点行业领域安全监管工作

强化重点行业领域综合监管，组织开展道路交通、建设工程、市政设施、电力、特种设备、食品安全等行业领域安全生产集中整治和专项治理。进一步强化工矿商贸和危险化学品行业安全监管工作，专题部署工矿商贸和危险化学品安全监管年度重点工作，召集重点高危企业部署安全防范工作。组织专家对涉氨制冷、粉尘防爆、有限空间进行隐患排查，对发现的隐患及时进行督办。

开展为期一年的非煤矿山（含尾矿库）和工贸行业有限空间、粉尘防爆、涉氨制冷安全专项整治。统筹部署非煤矿山复产复工验收、地下矿山执法检查，严厉打击非法违法违规生产经营建设行为。加大培训力度，举办全区工矿商贸和危险化学品安全监管暨业务培训班，强化高危企业负责人、安全管理人员和特种作业人员培训考核工作，提高人员素养，提升监管能力。出台《西藏自治区重大火灾隐患政府挂牌督办工作办法》，挂牌督办区域性重大隐患 42 处，整改销案 2 处重大火灾隐患。摸排 478 个自治区级以上文物保护单位，检查单位场所 4.7 万家次，督改火灾隐患 5.9 万处，投入专项经费 2.1 亿元整改长期存在的火灾隐患。摄制文物建筑消防安全示范片、公益短片 12 部，整合传统应用和新兴媒体，集中曝光火灾隐患单位 288 家，播发公益广告和安全提示 600 万次，发送消防提示短信 2160 万条。

（四）狠抓整改落实，确保安全形势稳定

大检查及专项检查、整治期间，全区检查生产经营企业（单位）2723 家，执法检查 2873 次，排查一般隐患 5621 条，整改 4780 条，整改率 85%；排查重大隐患 35 条，整改 32 条，整改率 91%；挂牌督办重大隐患 2 条，停止作业 3 处，停产停业整顿 17 家，罚款 14.5 万元。

二、着力加强综合防灾减灾救灾工作

（一）建立健全部门联动机制

自治区应急管理厅组织区农业农村厅、水利厅、自然资源厅、气象局、地震局以及区水文水资源勘测局、地质环境监测总站、消防救援总队、森林消防总队等相关部门定期召开西藏自然灾害风险会商研判，对重大自然灾害风险开展多部门联合会商和协同防控、重大灾害信息发布和舆情应对等工作机制。建立健全应对重大灾害指挥部联络员工作机制，落实联络员工作会议、重大灾害会商等联动措施，确保应急处置救援工作有序有效实施。建立由 23 个部门组成的自治区自然灾害防治联席会议制度，制定联席会议工作制度，对联席会议成员单位职责、工作规则等进行明确。先后 4 次召开自然灾害防治联席会议，推动地质灾害相关工作落实。

（二）积极推进自然灾害防治“九大工程”建设

以自然灾害防治和应急救援能力提升为重点，全力推进自然灾害防治“九大工程”。委托有关部门及时编制《西藏自治区应急救援中心建设工程方案》、《西藏自治区自然灾害装备现代化提升工程建设方案》（初稿），及时起草《西藏自治区自然灾害防治“九项工程”实施方案》，为自然灾害防治“九大工程”顺利推进创造条件。

（三）组织做好自然灾害风险普查

进行防汛抗旱综合督导检查、水库管理督导检查和汛期地质灾害风险隐患专项督导检查。切实加强全区漫溢湖安全隐患排查，对 7 地（市）开展漫溢湖隐患排查和应急处置工作进行部署。起草《西藏自治区灾害风险调查和重点隐患排查工程实施方案》，明确工作目标、基本原则、总体任务、方法步骤、技术要求、成果应用、实施方式、进度安排等内容。对做好地震趋势和防震减灾工作、冻融期水文地质灾害防范救援工作、加快地震易发区房屋设施加固工程、地质灾害综合治理和避险移民搬迁工程前期等工作进行周密部署，全面做好地质灾害防范工作。在充分调研基础上，确定林芝市工布江达县、米林县为全国自然灾害风险调查和重点隐患排查工程试点县。

（四）加强联合会商，用好会商成果，健全预警防范视频调度会议制度

建立全区汛期安全生产与自然灾害风险常态会商和应急联动会商研判机制，及时分析研判各类安全生产和自然灾害防御应急处置工作，及时消除各类隐患，为自治区防灾减灾应急准备和指挥决策提供科学依据。不断强化自然灾害预测预警，加强与自然资源厅、水利厅、地震局、气象局、中科院青藏高原研究所等行业部门的衔接沟通，加强对自然灾害预测预警信息共享，不断优化应急救援和灾害预警能力。制定风险监测预警联席会议制度，力争实现灾害预测预警会商制度化和信息共防共享。

（五）认真做好自然灾害报告和应急准备

严格执行自然灾害报告制度，做好地震、地质、火灾、洪水、冰雪灾害应急处置准备工作。积极落实自然灾害防治相关措施，完善防治应急预案，组织拟订重特大突发地质灾害、地震灾害抢险救援方案和应急响应工作手册，加强监督检查和隐患排查，编制重要安全风险提示。

（六）及时做好自然灾害事件应急处置，确保救灾和物资保障到位

及时落实受灾群众生活救助、民房恢复重建补助、抢险救灾等资金 1.3 亿元；区应急管理厅会同财政厅下达 2018—2019 年度受灾群众冬春生活救助资金 8806 万元，积极部署 2019—2020 年度受灾群众冬春生活救助工作。制定《西藏自治区级应急救灾物资调拨规定（试行）》，统筹救灾物资保障体系建设。积极做好因灾倒损民房恢复重建工作，协调做好防汛抗旱应急抢险物资储备，落实防汛抗旱储备物资中央级物资储备总价值 571 万元，自治区级物资储备总价值 1440 万元。

三、着力加强应急管理体系和队伍建设

（一）应急管理体系基本形成

根据《中共西藏自治区委员会　西藏自治区人民政府关于西藏自治区机构改革的实施意见》，将原来分散在区安全监管局、公安厅、民政厅、国土厅、水利厅、农牧厅、林业厅、地震局 8 个部门全部或部分职能及安委会、减灾委、抗震救灾、防汛抗旱、森林草原防灭火等指挥协调机构的办事机构职责，集中到新组建的区应急管理厅，实现综合防灾减灾职能整合。全区应急管理系统坚决贯彻区党委、政府关于机构改革的重大决策部署，区应急管理厅职能划转、人员转隶、机构设置、职责确定等机构改革任务全面完成，构建防灾、减灾、救灾、指挥、救援监管、执法、保障等分工清晰、互为衔接的职能体系。全区 7 个地（市）、74 个县（区）应急管理部门全部完成挂牌和领导班子配备等工作，全系统机构改革基本完成。

（二）应急预案体系初步建立

起草《西藏自治区应急总体预案》，着眼西藏应急救援工作，重在压实各级党委、政府、指挥机构及各有关部门责任，进一步规范事件分类分级和应急响应分级，明确自治区层面应急响应和组织指挥体系，细化完善风险防控、信息报告、指挥协调和现场指挥、应急保障等，着力提升应急预案的针对性和可操作性。成立自治区应急总指挥部，第一总指挥长、总指挥长由自治区主要领导当任，常务副总指挥长和副总指挥长由自治区相关领导担任，成员单位为自治区相关单位，负责重

特大事故灾难、自然灾害、公共卫生事件应对组织指挥，下设22个专项应急指挥部。

（三）加强应急管理系统干部队伍建设

选派3人分别前往德国、日本、俄罗斯学习应急管理相关知识，组织17人参加中央党校、自治区党校培训。举办170人次的地（市）、县（区）分管领导应急管理业务培训班，邀请各涉灾部门领域专家，开展防灾减灾救灾系列知识讲座，有效提升应急管理系统干部业务水平。制定西藏消防员招录工作实施通则、细则和风险评估及预案，完成两批570名消防员招录工作。举办2019年全区安全生产领域防灾减灾应急管理培训班和全区救灾和物资保障暨灾害信息员业务培训班，地（市）、县（区）共计190余人参加培训。组织西藏蓝天救援中心、西藏999紧急救援中心等经验较丰富和专业知识较强的社会机构，对自治区人民政府后勤服务中心的后勤保障和浪卡子县“应急志愿者队伍”消防安全、自然灾害自救和互救的常识进行业务指导培训。综合应急救援机动支队和国家高山救援大队挂牌组建，蓝天救援队、999救援队纳入自治区统一调配管理。

四、不断加快应急管理基础能力建设

（一）加强应急管理法规制度体系建设

制定《西藏自治区党政领导干部安全生产责任制规定实施细则》《关于推进城市安全发展的实施意见》，起草《关于加强新形势下应急管理工作的意见》。强化“双随机、一公开”工作，动态调整2019年度检查人员、检查对象名录库和随机抽查事项清单，明确抽查主体、依据、对象、内容、比例、方式、频次等事前公开的内容。出台《行政执法公示制度》《行政执法全过程记录制度》《重大行政执法决定法制审核制度》，进一步规范安全监管行政执法行为。

（二）加强科技与信息化建设

完成《西藏自治区应急管理信息化发展规划（2019—2022）》编制，启动2019年信息化地方建设任务书11个项目的可研前期工作。积极推进防汛抗旱预警平台建设项目，实现态势分析及雨情、水情动态展示，切实提高雨情、水情和旱情等实时监测预警能力。启动危险化学品风险监测预警系统建设，协调相关危险化学品企业做好联网联控系统对接工作，年内实现一级、二级重大危险源接入应急管理部联网监控平台。完成视频会商系统应急指挥网的部署工作，全国应急骨干网络西藏节点建设完成。

（三）加强“十四五”规划编制和计财保障工作

积极开展“十四五”应急管理规划总体思路、基本原则和重大项目等前期调研，积极推进《2019—2025年西藏自治区应急管理事业发展总体规划》编制工作，对西藏未来五年应急管理发展趋势、战略目标和重大举措拟定规划框架。制定“十三五”安全监管能力装备建设项目工作推动方案，实施完成2018年度3948万元的装备配备和后续保障工作；完成2019年度1.17亿元安全监管能力和装备招投标工作。下达40个乡级救灾物资储备库项目计划及资金5136万元。积极推进“十三五”期间105个全区各级救灾物资储备库建设。

第二十七章 陕西省应急管理工作

2019年，陕西省应急管理系统深入学习贯彻习近平新时代中国特色社会主义思想和关于应急管理重要论述，认真落实应急管理部、省委和省政府的决策部署，立足新职能，担负新使命，努力新作为，树立新形象，应急管理体制改革基本完成，安全生产形势持续稳定好转，自然灾害防治工作取得进展，应急保障能力和队伍建设得到提升，实现全省应急管理事业良好开局。全年全省共发生各类生产安全事故750起、死亡582人，同比减少265起、98人，分别下降26.1%和14.4%。没有发生重特大火灾事故。

一、应急管理体制改革基本完成

全省应急管理系统“边组建、边应急、边提升”，机构改革和应急管理工作两手抓、两不误，新机构新队伍新体制展现出新的优势和活力。省、市、县各级应急管理部门全部组建完成，应急管理机构改革和人员转隶基本到位。省防灾减灾救灾委、省防汛抗旱总指挥部、省森林草原防灭火指挥部实现体制转换，全省应急管理系统的技术、力量进一步加强，应急管理新的机制开始形成，各项工作运转基本顺利，优势日益显现。全省应急管理队伍精神面貌焕然一新，使命意识显著增强，战斗力、凝聚力、向心力明显提升。

二、安全生产形势持续稳定

（一）安全生产“五项攻坚”行动成效明显

累计排查隐患3.9万余项，整改近3.7万项。全省85处高风险煤矿全部完成“体检”，煤矿九类问题、矿井566项隐患已完成整改517项，全省关闭退出煤矿13处。完成全省106户精细化工小化工企业、31个化工园区安全评估，聘任24名化工专家对12个危险化学品重点县开展指导服务。全省没有发生重特大火灾事故。

（二）突出问题得到纠正

国务院安委会考核巡查反馈的55个隐患全部完成治理，省级挂牌督办的59项重大隐患完成治理53项。开展各行业领域安全专项治理26项，一些久拖未决的突出问题和顽瘴痼疾得到整治。

（三）重点时段安全管控有力

紧盯春节、“两会”“五一”及岁末年初等重点时段，逐节点抓落实。国庆期间全省事故起数、死亡人数同比分别下降38.9%和23.1%。宝鸡、咸阳等市国庆期间未发生生产安全事故。组织开展全省百日安全生产整治行动，切实维护岁末年初安全稳定。围绕国庆消防安保工作，开展冬春火灾防控、博物馆和文物建筑、商业综合体、城市消防安全攻坚，以及“防风险、保平安、迎大庆”消防安全执法检查专项行动，共出动监督检查人员137.4万人次，检查社会单位63.4万家，督促整改隐患195.3万处。

（四）监管执法更加严格

组织开展为期3个月的安全生产集中执法行动和重点行业、重点环节安全生产专项执法。共纠正违法行为188136起，立案查处9901起，罚款8400万元。加大事故调查处理和群众举报核查督办。对神木市政府等2市及陕煤集团等4个企业集团进行安全生产约谈。发布社会单位消防安全不良行为，将重大火灾隐患单位纳入安全生产黑名单，强化联合惩戒力度；推行“双随机、一公开”消防监管模式，录入检查对象单位名录14.8万家，完成检查任务1.7万项；提升消防监督执法水平，开展消防监督工作创先评优活动，落实消防政务服务事项“好差评”评价，执法回访单位776家，定期开展执法干部公开述职述廉。

（五）安全生产责任得到加强

印发省委、省政府领导“三个责任清单”。省政府成立16个安全生产专业委员会，分工负责重点行业领域安全生产工作。28个省级负有安全生产监督、管理、支持保障的部门安全生产工作职责写入“三定”规定。制定实施全口径统计、安全承诺、举报奖励和安全生产责任保险制度。延安等市组建多个行业安全生产专业委员会，制定市委、市政府领导安全生产责任清单；汉中市制定出台《企业安全生产基本措施三十条》及《检查考评办法》，进一步夯实各级各方安全责任。印发《关于进一步落实行业部门消防安全责任制的通知》，推行“三自主两公开一承诺”，发出任务清单，督促指导1.6万家社会单位自查自改消防隐患。

三、防灾减灾救灾工作扎实开展

全省发生各类自然灾害318次，509.3万人次受灾，47人因灾死亡和失踪，紧急转移安置5万人次，直接经济损失60.4亿元。全省各级应急管理部门不等不靠、主动担当，加强各种灾害风险防控，千方百计减少人身伤亡及灾害损失。

（一）综合减灾取得进展

制定印发《陕西省提高自然灾害防治能力三年行动计划》，确定灞桥区、神木市和白河县作为申报全国自然灾害风险调查和隐患排查试点县。创建20个国家综合减灾示范社区、100个省综合减灾示范社区，灞桥区被列为全国首批综合减灾示范创建试点县。

（二）防汛抗旱成效显著

省防汛抗旱总指挥部办公室加强安排部署，通报督促落实，组织现场督导，及时启动应急响应，确保全省20次大范围强降雨和61条监测河流89站出现的912次洪水过程及汉江、渭河流域发生最大秋汛洪水期间无人员死亡。安康等市防汛应对工作有力有效。

（三）有效应对处置地质灾害

及时妥善处置宁强县向家沟、子洲县大堡岔等地质灾害突发事件。全省紧急疏散安置受威胁群众872余人，申请地质灾害应急抢险救援专项资金9450万元。

（四）森林草原防灭火工作扎实有效

发布森林火险等级预报65万余条，应对处置包括咸阳旬邑、延安黄陵、商洛商州牧护关、韩城雷寺庄等森林火灾202起。调用直升机226架次吊桶洒水灭火，为控制雷寺庄火灾蔓延发挥了重要作用。安康、汉中全年未发生森林火灾。

（五）救灾保障及时到位

加强灾情管理员队伍建设，摸清全省救灾应急物资储备底数，确保生活类救灾物资满足紧急救助需要。协调省级应急救助资金4300万元。拨付冬春救助资金2.4亿元，省级调拨棉大衣30121件、棉被19521床和棉衣裤3784套，保障受灾群众温暖过冬过节。

四、应急保障能力水平提升

摸清应急队伍底数，对省级救援队 25 支 3650 人，市、县级救援队及保障队 209 支 9490 人，进行梳理归类，汇编成册。咸阳市建成矿山应急救援中心。应急演练有效开展，启动总体应急预案修订工作。组织省级非煤矿山、防汛和地震应急救援综合演练，全省开展演练 1000 余场次。应急准备得到加强，制定应急响应流程，建立值班值守和信息报告制度，与省军区、武警部队、消防救援总队建立信息共享和救援力量调用机制。值班备勤不断加强，严格执行领导在岗带班和 24 小时应急值守。采取视频点名、明查暗访、电话抽查、通报讲评等方式，强化值守责任，规范值守秩序。强化节假日及重要敏感时段应急值守和视频调度，共组织视频点名 39 次，实地暗访 174 次。突发事件及时应对，省应急管理厅全年共接报事故灾害信息 171 起，发布预警信息 43 次，编发安全预警提示函 14 次。厅领导赴现场参与事故灾害处置 24 次，及时现场处置“1・12”榆林李家沟煤矿重大煤尘爆炸、“10・27”延安延长试验装置爆炸等突发事件。

五、队伍建设和基础工作扎实推进

深入开展“不忘初心、牢记使命”主题教育，把“守初心、担使命，找差距、抓落实”贯穿主题教育全过程，压实领导责任，切实解决自身存在问题，为应急管理事业发展和队伍建设打下良好基础。

加强干部队伍建设，认真落实“一岗双责”，切实加强机关党的建设和党风廉政建设，全省应急系统各级党组织的凝聚力、战斗力不断增强。通过招录、遴选、调任等方式，及时补充专业人才，优化干部队伍结构。

全面加强教育培训，举办市县局长能力培训班、应急管理实务培训班、安全生产执法培训班等培训 31 个班次。组织参加应急管理部 4 个网上专题培训。西安市与应急管理部研究中心、省“一带一路”研究院共建“丝绸之路”城市安全与应急管理研究院。

加强新闻宣传工作，与各级各类媒体建立协作关系，在陕西广播电视台开设《应急管理 365》专题节目，在其他媒体开设专题、专栏，邀请主流媒体深入基层一线采访报道，共发布稿件 9176 篇。开展“我和我的祖国”主题征文、书法绘画摄影大赛。编制安全生产典型事故警示材料。

推进科技信息化建设，编制《陕西省应急管理信息化发展规划》和建设方案，实现应急管理部指挥信息专网与省、市、县三级联通。完成危险化学品安全生产风险监测预警系统建设任务，81 家企业数据和视频信息接入应急管理部监测预警系统。与西安交通大学、西安建筑科技大学、西安电子科技大学签订战略合作协议。打造报纸、电视、网络、微信、微博、“抖音”为一体的全媒体消防宣传矩阵，举行全媒体联席会，与 49 家中央、省级媒体建立消防宣传协作机制，陕西消防官方微博排名陕西省政务微博前三，获评全国十大应急管理微博和全国十大消防微博。

第二十八章　甘肃省应急管理工作

2019年，甘肃省安全生产形势持续向好，安全生产四项指标全面下降，全省共发生各类生产安全事故843起、死亡709人、受伤617人，直接经济损失1.64亿元，同比分别下降11.73%、8.63%、13.22%和14.64%；未发生重大及以上生产安全事故，同比下降100%。全省共发生消防火灾7972起、死亡11人、受伤6人，直接财产损失3551.76万元，森林草原火灾25起，过火面积134.29公顷，受害森林面积102.83公顷，未发生较大以上火灾事故。

一、安全生产

（一）安全生产责任体系进一步健全

先后召开5次省安委会全体会议，省领导先后出席并讲话，就安全生产、防灾减灾救灾和应急管理工作提出明确要求，针对安全生产责任落实、应急值守、事故处置、危险化学品安全综合治理等工作作出批示。省安委会与全省14个市州政府、34个行业部门签订安全生产、防灾减灾、应急救援“三位一体”目标责任书，按照“三管三必须”要求，全方位落实安全生产监管责任。省委、省政府修订出台《关于进一步加强安全生产工作的意见》，省安委办先后对事故多发的庆阳市、兰州新区及庆城县、合水县政府进行安全生产约谈，对7起典型较大事故进行挂牌督办，对建筑施工事故多发地区发出预警通知，对国务院安委会安全生产和消防考核反馈的问题，逐级建立台账，严格挂牌督办，强化跟踪检查，确保整改到位。

（二）重点领域专项整治成效显著

深刻汲取江苏响水天嘉宜化工有限公司“3·21”特别重大爆炸事故教训，全力确保新中国成立70周年大庆期间安全稳定，持续推进危化、矿山、道路交通、建筑施工等领域专项整治，组织开展安全生产大排查大整治大提升、防风险查隐患保安全等专项整治行动。危化领域，持续推进危险化学品安全综合治理，对国务院安委会和省安委会查出的471条问题逐项登记建档，跟踪整改到位，对危险化学品重点县区（园区）开展专家指导服务。矿山领域，开展金属非金属地下矿山和陆上石油天然气开采专项执法行动，排查整改各类问题隐患204条，淘汰关闭不具备安全生产条件的非煤矿山30座；对高风险煤矿开展“体检”，查处一般隐患446项、重大隐患1项，实施行政罚款555万元。道路交通领域，强力推动源头隐患清零，查处各类交通违法行为845万余起、营运客车交通违法行为4.8万起；开展公交车行驶安全和桥梁防护专项行动，对2704辆公交车安装司机安全防护栏，对2621辆“两客一危”车辆安装智能视频监控报警装置。旅游领域，开展旅游包车专项整治行动，加强高空、高速、水上、低空飞行等高风险旅游项目安全管理，发布省级旅游安全预警信息65条。特种设备领域，开展气瓶、电梯、大型游乐设施、锅炉等安全专项整治，责令停产停业39家，查封扣押设备266台（套），实施经济处罚87.55万元。建筑等其他重点行业领域也全力开展隐患排查整治，有效遏制生产安全事故发生。

（三）专业化隐患排查治理体系建设取得突破

出台《专业化生产安全事故隐患排查治理体系建设指导意见》，修订《安全生产专家库管理办法》，确定分级分类，建立省、市、县安全生产专家库，采取政府购买服务方式，聘请专家对问题隐患突出、安全生产基础薄弱、危险系数高的行业领域和生产经营单位开展专业化隐患排查。建立省级重点行业领域安全生产专家库，并向市、县两级延伸。省安委办聘请63名专家成立全省化工园区及危险化学品重点县安全咨询专家组，为全省15个化工园区、7个危险化学品重点县提供技术咨询和支持。按照省级不少于300万元、市级不少于50万元、县级不少于10万元的标准，保障安全隐患排查治理工作经费。建立常态化、专业化的安全隐患排查机制，组织专家采取定期排查、随机抽查和重点排查等方式排查企业作业现场、工艺、技术、设备等方面的安全隐患，实行“双重交办、双重督办”（向生产经营单位交办的同时，向属地行业监管部门交办；督办生产经营单位整改安全隐患的同时，督办行业监管部门监管责任落实情况），实现闭环管理，促进企业安全水平的提升。

（四）企业本质安全体系建设全面启动

出台《关于加强企业本质安全体系建设的指导意见》，分别召开全省危化、矿山领域企业本质安全体系建设现场培训会，启动危化、矿山领域企业本质安全体系建设。矿山领域突出“一提双优”（提升机械化、自动化、信息化、智能化水平，优化生产系统、优化通风系统）为核心的“硬件”建设和“五位一体”（自主管理文化塑造、综合素质提升、安全标准化、风险分级管控、隐患排查治理）为核心的“软件”建设，选取4家试点单位，以点带面、示范引领。危化领域选取4家单位开展试点，细化危化企业本质安全体系建设标准要求，起草《甘肃省危险化学品企业本质安全管理体系指导手册》，并逐步向冶金、有色、交通、建筑施工等其他行业领域推开。

（五）推进消防执法改革和隐患综合治理

印发《关于深化全省消防执法改革的实施意见》，推行“双随机、一公开”消防监管模式，制定配套实施方案和抽查细则。部署新中国成立70周年庆祝活动消防安保工作，分领域开展消防安全交叉互查。将消防安全纳入诚信管理，实施消防信息联合信用惩戒。建立奖惩办法和考核评价机制，全省实现消防网格化管理全覆盖。省消防安全委员会挂牌督办重大火灾隐患单位，约谈1.3万名行业部门负责人和重点单位消防安全责任人、管理人。部署开展消防安全管理示范创建活动，制定16类创建标准和验收细则，纳入社会单位“三自主两公开一承诺”等内容。建成甘肃省消防物联网监测平台，推行消防设施维护保养配套物联网监测服务模式。各级消防部门保持隐患整治高压态势，主要执法指标同比大幅上升。

二、防灾减灾救灾

2019年，全省各类灾害多发频发，先后遭受低温冷冻、风雹、洪涝、泥石流、滑坡、地震、山体崩塌、干旱、雪灾等多种自然灾害，共造成408.22万人次受灾，因灾死亡失踪21人，房屋倒损

2.07 万间，农作物受灾 27.19 万公顷，直接经济损失 39.25 亿元，全年因灾死亡失踪人数同比下降 74.07%。

（一）自然灾害监测预警更加及时

着眼有效防御强降雨引发的自然灾害，加强与水利、自然资源、气象等部门联合会商、分析研判，建立预警信息联合发布机制。充分发挥甘肃省预警发布中心作用，分级发布暴雨预警，联合发布地质灾害预警，指导各地部署开展防范救援工作。入夏以来，酒泉市肃州区、敦煌市、甘南州迭部县先后出现暴雨天气，日降雨量超记录极值，在应对强降雨过程中，当地乡镇应急管理所通过多种方式及时发布预警信息，提前组织受威胁群众避险转移，有效避免人员伤亡。

（二）部门协作联动更加顺畅

与省交通厅建立应急救援车辆执行抢险救灾任务快速通行协同保障机制；与省水利厅积极探索协作联动新模式，建立信息资源共享、重点工作会商、预警信息发布、防汛隐患共查、应急救援联动五项机制，有效应对严峻汛情和抢险救援任务。

（三）应急救援处置更加得力

组织各方力量全力开展抢险救援，下拨各类救灾资金 8520 万元，及时核查上报灾情，紧急转移安置群众，配发救援预警装备，组织灾后基础设施修复等工作，最大程度减轻灾害损失。有效应对舟曲县东山镇山体滑坡、迭部县达拉乡次哇村山洪灾害、甘南夏河 5.7 级地震等自然灾害，全省因灾死亡人数较 2018 年同期下降 77%。

三、应急救援

（一）应急队伍力量逐步加强

完成第一批消防员招录 1047 名，充实两支专职消防队伍的人员力量，15 个省直部门出台甘肃省消防救援队伍优抚优待工作文件，提升综合性消防队伍凝聚力。加大 18 支矿山危化专业救援队培训力度，推进专业化救援队伍“一专多能”建设。与清华大学、应急管理部信息研究院、省公航旅，蓝天、方舟、厚天等企事业单位、社会救援力量签订协议，强化技术支撑，优化队伍结构。

（二）应急装备设施持续改善

争取国家和省级资金 1.2 亿元，购买各类救援装备物资 2.43 万台（套），有效缓解各救援基地装备老化、匮乏等问题。采取省、市、县三级联动，政府、园区、企业三方共建，加强专兼职救援队伍建设。

（三）应急演练不断强化

举办全国救援协调和预案管理工作现场会，开展甘肃省 2019 年地震灾害应急救援演练、2019 年灾害事故救援联合应急演练。矿山、危化、地震、消防、森林、武警、民兵预备役、社会救援队以及行业部门应急力量演练 300 多场次。指导全省各级开展各类应急演练 1000 余场次。

四、基础能力建设

（一）新型应急管理体系基本建立

出台《关于全面加强自然灾害防治能力建设的意见》《关于加快建设全省新型应急管理体系的意见》，为全省应急管理部门履行职责任务、深化改革创新提供基本遵循。制定出台构建“六大体系”的 6 个指导意见和省应急管理厅牵头的 4 项防灾工程实施方案，明确目标任务、实施措施和责任单位等，并结合编制“十四五”规划和 2020 年度重点工作谋划提出具体要求。按照“大应急”方向，推进应急管理机构改革，省、市、县应急部门挂牌成立，613 个乡镇整合相关应急管理职能和人员机构组建乡镇应急管理所，村组建应急管理室，初步建立贯通省、市、县、乡、村五级的应急体系。

（二）应急管理体制机制初步理顺

完成省减灾委、消委会、防汛抗旱、森林草原防灭火、抗震救灾、防震减灾、地质灾害应急等省级指挥机构成员单位及人员调整。不断健全应急指挥体系，确保省委、省政府各项决策部署上下贯通，重大事故灾害发生后能够迅速有效开展应急救援。实现安全生产、消防管理、森林防火 3 个应急指挥平台的联通，基本实现应急管理部门与水利、自然资源、林草、气象等部门信息系统的互联互通，并开展应急管理数据中心迁移整合，提升效能。

（三）安全防灾宣传教育务实有效

出台《全民性安全防灾教育体系建设指导意见》，实施全民防灾减灾能力素质提升工程。强化宣教阵地建设，依托兰州资源环境职业技术学院，成立甘肃应急管理学院。省应急管理厅与甘肃广播电视总台签订战略合作协议，开设公共应急频道。加大融媒体宣传力度，在新华社、中国应急管理报等中央媒体刊发甘肃省相关稿件 325 篇，省级主流媒体刊稿 1734 篇（条），开设电视、广播、网站应急管理专题栏目。组织开展“安全生产月”活动，在森林草原高火险期，甘肃卫视频道高频次刊播森林草原防火提示。制作下发防汛预警、安全生产警示等教育片，多层次、全方位开展宣传教育，增强全民安全防范意识和能力。

第二十九章　青海省应急管理工作

2019年，青海省应急管理系统坚持以习近平新时代中国特色社会主义思想为指导，坚决贯彻习近平总书记关于做好应急管理工作的重大要求，党中央、国务院及省委、省政府的各项决策部署，积极适应新体制新要求，坚持边组建、边应急、边防范，全力防范化解安全生产和自然灾害重大风险，有力应对灾害事故，有效维护人民群众生命财产安全和社会大局稳定，实现新时代青海省应急管理工作的良好开局。全年全省生产经营性事故起数和死亡人数继续实现“双下降”，分别下降0.5%和2.68%，连续110个月未发生重大及以上生产安全事故，连续33年未发生重大及以上森林草原火灾。

一、牢守红线，全力维护安全稳定环境

以“一个遏制、四个下降”为目标，紧盯“风险防控、隐患排查、综合监管、责任落实、问题整改”五个关键环节，围绕庆祝新中国成立70周年、青海解放70周年这条主线，结合省委、省政府“大走访、大排查、大调研”“百日攻坚”“会战黄金季”等专项部署，扎实开展安全生产大检查、专项检查、考核巡查、督查督办、安全生产集中整治、化工企业专家督导服务等工作，突出矿山、危险化学品、道路交通、建筑施工、消防、旅游、特种设备、水利、工商贸等重点行业领域，深入排查治理安全隐患，牢守安全生产基本盘基本面，有力保证全年和重点时段、重大活动期间的安全稳定形势。

组织协调召开全省安全生产电视电话会议，安排部署安全生产监管重点工作。全省共派出督查检查组1600余个，检查企业、单位及场所4万余家，排查治理隐患7万余项，打击违法违规行为16.05万起，淘汰退出落后产能煤矿2处、关闭不具备安全生产条件非煤矿山28家，查缴非法烟花爆竹9000余件，安全生产违法事前立案318起，处罚金额1080万元。

开展冬春火灾防控和“防风险、保平安、迎大庆”专项行动，紧盯物流仓储、易燃易爆、消防产品、电动自行车、文博建筑、大型商业综合体等10个风险领域，加强排查整治，消除安全隐患。全年全省消防救援队伍共接警出动2857起，出动车辆5113辆次、警力2.68万人次，营救和疏散被困人员787人，抢救财产价值6021万元。检查单位6.4万家，督促整改火灾隐患9.7万处，各级政府挂牌督办重大火灾隐患96家，整改销案78家。

严格执行安全生产约谈、督查和联合惩戒制度，联合省政府督查室开展督查，加强信用体系建设。共约谈地区、单位和个人500余次，通报地区和单位25家，向“信用中国”平台推送2条失信企业信息，进一步压实地区党委、政府、部门和企业安全生产责任。积极创新执法方式，规范执法程序。起草印发《安全生产重大行政处罚案件集体讨论工作规则》《全面推行行政执法公示制度执法全过程记录制度重大执法决定法制审核制度实施

方案》等法律法规，推进执法公示、全过程记录、重大案件法制审核“三项制度”落实，采取“说理式执法”“执法闭环管理”“专家辅助执法”等执法方式，推行“启动会+现场执法检查+总结会”“企业主要负责人+安全管理人员+岗位操作员工全过程在场”“执法+专家”执法方式规范执法检查程序，及时召开行业安全警示会议，做到“检查一家企业，规范一个行业”，落实“谁执法谁普法”工作职责，向企业提供普法服务，创造公平公正规范透明的执法环境。

加快推进消防执法改革工作，修订完善《青海省消防条例》《消防安全责任规定》《公路隧道消防安全管理办法》等法律法规，建立健全各项工作机制，依法按时移交建设工程消防设计审查验收职责，高危场所全面实行“双随机、一公开”消防监管，将消防安全纳入基层政权建设和社区治理内容，明确公安派出所的消防监管职责，织密监管“末端”网络。推行重点单位“三自主两公开一承诺”责任制，联合 25 部门签订合作备忘录，加强消防失信行为协同监管，督促社会单位落实主体责任。

认真落实“放管服”改革措施，推行“互联网+”行政审批模式，优化流程，12 个审批事项累计压缩办理时限 240 个工作日，精简 47 项申报材料，办事效率明显提高，得到服务对象认可。

立足新机构、新起点，切实提高政治站位，以正面宣传为主导，重点做好全省应急管理改革发展的亮点、特色和突出经验的系列宣传。建成全省一体化消防全媒体中心和 12 个消防科普教育主题广场、主题街道。制作电视专题片《守望》，开通“抖音”“今日头条”等手机应用软件官方账号，发布“抖音”微视频系列《家的味道》，通过群众喜闻乐见的形式传播安全和消防知识，增强从业人员和群众的安全及消防意识。厅官方网站共发布信息 1400 余条；微信发稿 700 余条，阅读总数达 60 余万次；官方微博发出博文 300 余条，阅读总量过万次，全省公众消防常识知晓率提高 8.45%。

二、攻坚克难，全力做好抢险救灾防灾准备

2019 年，青海省部分地区遭受历史罕见的雪灾以及地震、低温冷冻、滑坡、洪涝、风雹、山体崩塌等自然灾害，造成 8 个市（州）、38 个县（市、区）、247 个乡镇 87.5 万人受灾。省委、省政府领导 7 次组织召开专题会议安排部署防灾减灾、安全生产、抗击青南雪灾等工作，190 余次对应急管理工作作出要求，多次带队调研防灾减灾、安全生产等工作，多次深入灾害现场和企业一线察看灾情、检查指导工作。

青海省应急管理厅将应对处置灾害作为提升应急能力的实践抓手，与相关部门、单位建立会商研判、协同响应、军地应急救援等多项联动机制，先后启动省级救灾应急响应 3 次，组织开展会商 40 余次，派出工作组 50 余个，及时指导和协助地方有力有效应对青南雪灾、茫崖地震、果洛玛沁滑坡、海北门源雪灾、黄河干流贵德至民和段超标准洪水等各类自然灾害和险情，完成可可西里盐湖引流疏导应急工程建设，最大限度减轻了灾害损失，初步形成救援处置扁平化组织指挥模式。

会同省地震局及省气象局联合深入开展创建全国综合减灾示范社区工作，共创建全国综合减灾示范社区 150 个，进一步提高城乡社区防灾减灾能力，切实增强居民防灾减灾意识和避灾自救能力。

通过开展培训进一步规范基层灾情信息报送及救灾物资储备库管理工作，切实提高应急保障能力，建成五级救灾物资储备库79库，各类救灾物资储备布局更加科学合理。持续推进农房保险工作，全省农房保险保额累计74.64亿元，承保户数28.42万户，赔款金额共计661.92万元，赔付率达到93.4%。全年累计紧急转移安置人口1.3万人次，分配下达中央自然灾害生活补助资金1.14亿元，争取中央紧急救灾资金1亿元、防汛资金1亿元。

三、枕戈待旦，时刻做好应急救援准备

严格执行领导带班和24小时在岗值班制度，节假日和特殊时期，坚持领导在岗带班，指导处置突发事件。通过视频调度，加强对各地区、各部门的值班值守情况督查检查，确保遇到突发情况，响应及时，处置有力。着力加强应急救援队伍建设，积极掌握了解全省应急救援力量。全省已建成包括国家级、省级区域、重点行业企业、航空、水域、医疗、专家咨询等各类救援队伍80余支共3000余人，基本建成以综合消防救援队为主力军、省级区域性救援队伍为骨干、行业企业专职救援队伍为基础、社会应急救援力量为补充的应急救援体系，集水、陆、空全域救援力量为一体的应急救援体系已初具规模。省应急管理厅与省红十字会、4家空中应急救援队和11家社会救援队签署战略合作协议，并授予“青海省航空应急救援队”和“青海省社会应急救援队”队牌，进一步深化与社会救援力量的合作，开启青海省全领域联动救援模式。组织开展“2019年矿山事故”“青海省2019年抗洪抢险”“国家应急救援队跨区域、高海拔适应性应急救援”“玉树地震”等综合实战演练。信息化应用和空地一体化指挥联动得到实践检验，各行业、企业组织各类演练1300余场，救援水平得到明显提升。各级综合消防救援队伍结合辖区实际，强化技战术训练，充实各类保障物资，确保发生灾害事故能够快速到位、有效处置。

四、夯实基础，压茬推进应急能力建设

新组建综合性消防救援队伍，全面组建8个市（州）、45个县（市、区、行委）应急管理局，成立和调整应急委、安委会、减灾委、防汛抗旱指挥部、森林草原防灭火指挥部等议事协调机构，进一步明确民政、工信、能源、林草、水利、自然资源等部门的应急管理职责，全省应急管理机构改革基本完成，“大应急”格局初步形成。

着力深化体制机制改革，建立健全“政府统一领导，部门分工负责，分类分级管理，属地管理为主”的灾害管理体制，健全青海省自然灾害防治工作联席会议制度，形成省、州、县三级防灾减灾救灾综合协调组织体系。

着力加强应急队伍建设，认真学习习近平总书记关于应急管理和安全生产工作的重要论述，通过举办大讲堂、讲专题党课、研讨交流等形式，在学懂弄通做实上下功夫，切实打牢守初心担使命的思想根基。

修订完善多项防灾减灾方案和应急预案，形成相对完善的防灾减灾救灾政策和标准体系。举办省级专题业务培训班15期，着力提升系统内干部履职能力。研究制定自然灾害防治实施方案，实施自然灾害防治工程。大力推动信息化建设，灾情险情报送、应急指挥调度等信息平台基本建成，提前15个月完成危险化学品安全

生产风险监测预警系统建设任务，配备视频会议终端，实现从应急管理部到全省应急管理系统和重点企业的五级视频统一调度。

夯实基础，完善覆盖各类自然灾害监测预警体系，全面落实灾情监测和预警响应机制。“高原减灾与应急管理研究中心”挂牌成立，为青海省应急管理工作提供强力技术和智力支撑。

借助新媒体，把握宣传重点节点，开展形式多样的防灾减灾科普宣传和教育工作，大力提升全民防灾减灾意识和自救互救能力，通过设置横幅标语、主题展板、安全寄语墙、发放宣传品、提供专家咨询、安全体验交流、集体承诺宣誓、主题文艺演出等形式，进一步扩大防灾减灾、安全生产和应急管理知识群众知晓率，树立群众防灾避灾的自我保护意识。针对海西州生产经营企业多的特点，开展“安全生产海西行”系列活动，深入企业开展主题宣讲、安全研讨交流、媒体跟踪报道、安全警示教育和科普宣传等活动，有力推动地方政府和重点企业落实安全生产责任。

第三十章　宁夏回族自治区应急管理工作

2019年，宁夏回族自治区应急管理系统以习近平新时代中国特色社会主义思想为指导，深入学习贯彻习近平总书记关于应急管理的重要论述，立足新起点、履行新职能、展现新作为，突出防控重大风险、遏制重大事故、应对重大灾害，坚持源头治理、系统治理、综合治理，成功应对诸多困难和挑战，在探索实践中应急管理各项工作实现良好开局。全年全区共发生生产安全事故222起、死亡172人，同比分别下降8.3%和8.5%，未发生重大及以上事故。

一、安全生产形势稳定向好

自治区党委和政府站在增强“四个意识”、坚定“四个自信”、做到“两个维护”的高度，深刻认识抓好安全生产工作的重要意义，精准把握安全生产工作面临的形势，切实把安全生产工作摆在经济社会发展的重要位置。自治区党委常委会5次、政府常务会议11次专题学习习近平总书记关于安全生产、防灾减灾救灾、应急救援等应急管理的重要论述。自治区党委和政府主要领导定期听取汇报、及时作出批示，凡重要会议和基层调研必强调安全生产。自治区政府主要领导担任安委会主任，7次督导调研安全生产、51次作出批示，副主席担任自治区安委会副主任，经常性组织分管领域安全生产形势研判、问题会商，逢重大活动、重要时段深入一线指导检查。自治区人大、政协主动加强执法监督和民主监督，开展《安全生产法》《宁夏回族自治区安全生产条例》实施情况监督检查，提出加强安全防范工作的建议提案，为落实安全生产任务提供有力支持。自治区安委会每季度由政府主要领导或分管领导主持，至少召开一次全体会议，自治区安委办定期召开会商研判、协调对接等会议，研判安全生产形势、研究解决重大问题、安排部署具体工作。

狠抓关键节点，围绕新中国成立70周年大庆、中阿博览会等重大节日，扎实开展“防风险、除隐患、遏事故、保大庆”、排险除患、集中整治等行动。交通部门投资2.73亿元进行危桥改造和公路安全隐患治理，住建部门处理违法违规施工项目55项，煤监、应急管理部门开展高风险煤矿安全“体检”，查治隐患190项，公安部门开展五大专项行动，严管严控道路运输风险。自治区安委办组成6个督查组，下沉一线、紧盯整改，督促消除一大批问题隐患。出台《关于深化消防执法改革的实施意见》，推行“双随机、一公开”消防监管模式。部署开展行业领域消防安全专项检查，全年全区共检查单位场所19.9万家次，督促整改火灾隐患10.4万处，完成新中国成立70周年庆祝活动、第四届中国—阿拉伯国家博览会等重大活动消防安保任务。

狠抓系统整治，出台推进企业安全生产标准化建设的实施意见，明确“十条”支持保障措施，激励企业强化安全管理，安全生产标准化的“宁夏版本”在全国推广。对全区1300余家危化企业进行专家指导服务“四个全覆盖”（全区行政区域全覆盖，危险化学品生产经营单位全覆盖，危险化学品企业风险隐患排查全覆盖，全区应急管理部门危险化学品安全监管干部、抽调骨干专家和危险化学品企业主要负责人培训全覆盖），开展高风险煤矿安全“体检”、钢铁企业煤气安全专项治理、粉尘防爆专项整治和水泥行业淘汰落后产能专项行动，查治重大隐患532项，责令停产整顿企业19家，提请关闭企业34家。狠抓责任落实，认真履行综合协调、督导检查职能，出台《危险化学品安全管理办法》，编制6个层级的安全生产责任体系，综合运用预警警示、巡查考核、联合惩戒等措施，力促“三个责任”落实，累计约谈34人次，召开现场警示会5次，发出事故预警14次。推动解决公共消防设施建设、消防经费保障、职业保障机制建设等难题70余项，挂牌督办重大火灾隐患单位21家。全区1980家消防安全重点单位落实“三自主两公开一承诺”等措施。

二、防灾减灾救灾成效显著

出台自治区防灾减灾责任规定，实现防灾减灾救灾责任法定化。重点工程推进有序，出台《关于落实提高自然灾害防治能力建设重点工程的实施方案》，将8项重点工程，30项任务细化分解到27家责任单位，强化跟踪评估，有序推动落实。

把舆论宣传和社会监督作为推动工作的有力抓手，扎实推进全国防灾减灾日、安全生产“五进”活动，以“安全生产月”、《安全生产法》宣传周、“119消防宣传日”、“安康杯”竞赛等活动为载体，引导社会力量广泛参与，深入宣传安全生产、消防和森林草原防火知识，公众安全防范意识不断增强。

灾情应对及时有力，加强火情监控和火源管理，开展森林草原防火专项检查。强化汛前检查，密切关注雨情、汛情、水情，督促落实防范措施，成功处置圆疙瘩湖溃口险情和多起森林草原火灾。针对春节、清明、“五一”等重点时段，在重点林区、高火险地区投入6500余人次设卡布点、巡查巡护、严管火源。与自治区气象服务中心合作，利用天气预报播出预警信息，发布草原火险等级预报，向全区草原防火指挥部各成员单位和重点乡、村随时提供火险气象和火险等级服务信息，有效防范发生重大火情。

落实“以奖代补”资金保障机制，推进综合减灾示范社区创建，10个社区（行政村）被评为全国减灾示范社区，中卫市沙坡头区被列为全国综合减灾示范试点县区。

加强物资保障，有序推进13个救灾物资储备库建设，会同粮储局完成1000万元救灾物资采购，基本形成以自治区级救灾物资储备为中心、市级储备为支撑、县级储备为依托的救灾物资储备体系，全区共储备1.08亿元救灾物资，可紧急转移安置12万余人次。灾害救助精准有效，争取中央救灾资金6093万元，落实自治区配套资金2000万元，发放救灾物资224万元，帮助1419户群众恢复重建因灾倒损房屋，累计救助66.5万人次。

三、应急救援能力稳步提升

始终把党的政治建设摆在首位，以

党的建设统领应急管理工作，着力打造政治机关和纪律队伍。抓教育固根本，扎实开展“不忘初心、牢记使命”主题教育，广泛开展“重温训词精神践行初心使命”“履行新使命　当好守夜人”“宪法宣誓”等主题实践活动，教育引导党员干部牢记“社会主义是干出来的”伟大号召，把真抓实干作为勤勉从政的本分，把干事创业作为履职尽责的基石。抓培训提能力，分层分级开展“大学习、大调研、大比武”，强基础、查短板、促提高。

实施“百千万”培训工程，突出靶向教育，加强工矿商贸、应急救援、火灾防治、防汛抗旱等业务知识培训，全面提升应急管理干部能力素质。强化纪律执行，严格执行“1+5+N”值班制度，保持良好的备勤备战状态。加强救援力量，“盘活”“用活”各种应急资源，制定《宁夏回族自治区社会救援力量参加抢险救灾车辆公路通行服务保障办法》。挂牌授旗自治区防汛抗旱应急抢险救援队、综合性常备应急救援队、航空应急救援队等9类23支专业应急抢险救援队伍，组建化工火灾事故救援等8个专业大队和应急通信保障队伍。推动综治部门将消防安全网格化管理纳入综治服务管理体系，推动全区193个乡镇政府、47个街道办事处建立消防安全组织。依托公安派出所建立83支有库室、有车辆、有器材、有人员、有战斗力的乡镇政府专职消防队伍，建成37家企业专职消防队和8支森林消防专业队伍。争取中央资金2200万元，实施森林草原火灾防治能力建设项目。

常态化开展应急演练或联合演练，检验应急救援预案，磨合应急救援机制，确保一旦发生突发事件，科学、有序、高效地组织应对和处置，累计组织开展自治区和市级实地演练26次，县（区）级实地演练1533次，开展多部门联合演练27次。累计处置火灾及各类灾害事故7867次，疏散抢救被困人员1.5万人，综合应急管理能力和整体作战能力显著提升。

四、基础能力建设不断加强

按照“转理念、调职责、优结构”的思路，本着“优化、协同、高效”的原则，全面完成机构改革。5个地级市、22个县（区）应急管理局全部挂牌成立，如期完成人员转隶、“三定”规定制定等工作，初步构建起分工清晰、运转有序的应急管理部门履职体系。提请调整自治区安委会，整合自治区减灾委、防汛抗旱指挥部、森林草原防灭火指挥部职能，成立自治区应急管理指挥部，基本形成统一指挥、互为衔接的应急管理指挥体系。与相关厅（局）建立每周汇总分析、每月综合研判、每季会商通报、每年总结评估“四个一”工作机制，建立防汛抗旱、森林草原防火会商和预警发布机制，救灾物资储备、调拨机制，舆情研判、应对机制，基本理顺事前防范和灾后应对机制。

着眼应急管理综合能力提升，多措并举夯实保障基础。加强顶层设计，出台《防灾减灾救灾体制机制改革实施意见》《关于推进城市安全发展的实施意见》等政策，积极推进《安全生产风险分级管控体系建设指南》《宁夏回族自治区自然灾害救助办法》等9项地方标准制修订工作，为加强安全风险隐患管控提供有力制度保障。

加强技术支撑，争取资金600万元购置10类169种应急装备器材，完成危险化学品监测预警系统和应急指挥信息测试网建设，组建全区应急管理专家委员会。完成危险化学品监测预警系统建设，一级、二级重大危险源全部纳入视频监控，新建化工装置和“两重点一重大”装置全部配备自动化控制系统。落实一家企业一个执法主体要求，推行分级分类监管，创新开展融入式、情境式、案例式、订单式执法，有效提升执法监管精准度。完善服务承诺、首问负责、限时办结、容缺受理等制度，优化 20 项高频事项审批流程，把安全生产领域的 52.5% 审批事项纳入即时办理，把 12 项高频事项纳入“我的宁夏”手机 APP 办理，“掌上”可办率由 19.7% 提升至 37.7%，审批流程同比压减 23.3%。

宣贯新修订的《中华人民共和国消防法》，进行集中培训，打造 5 个消防主题公园，建成覆盖全区 22 个县级行政区域的 34 个消防科普教育基地，开设《宁夏消防》《平安 119》《消防在线》《消防微课堂》等品牌宣传栏目，受教育群众达 230 万人次。

第三十一章 新疆维吾尔自治区应急管理工作

2019年，新疆维吾尔自治区应急管理系统坚持以习近平新时代中国特色社会主义思想为指导，贯彻落实习近平总书记重要指示精神，贯彻落实新时代党的治疆方略特别是新疆社会稳定和长治久安总目标，边组建、边应急，完善法规制度，健全责任体系，强化风险管控，严格隐患治理，坚决防范和遏制重特大生产安全事故，有力有序有效应对各类自然灾害。全年全区各类生产安全事故起数和死亡人数同比分别下降17.3%和30.3%，较大事故起数和死亡人数同比分别下降66.7%和68.9%，连续4年未发生一次死亡10人以上重特大生产安全事故；全区自然灾害受灾人数和直接经济损失同比分别下降69%和24.9%，洪涝灾害直接经济损失同比下降85.7%，地质灾害起数和直接经济损失同比分别下降3.7%和75.5%，森林火灾起数、过火面积和受害面积同比分别下降45.2%、41.3%和13.5%。

一、安全生产

（一）开展持续不间断安全生产检查

以“防风险、除隐患、保平安、迎大庆”为主线，突出重点时段、重点地区、重点环节，组织开展持续不间断安全生产检查，依法严厉查处企业违法违规行为。2019年，全区各级各地检查企业47.99万家次，排查隐患969万余项，整改率99.79%，停产整顿企业3813家，经济处罚12.71亿元，追究刑事责任778人，保持安全生产高压严管态势。严肃查处生产安全事故，强化事故查处督办指导，定期跟踪各地事故调查结案进度。全区生产安全事故结案25起，处罚事故单位40家。开展事故结案“回头看”，组织各地对2018年事故结案情况进行专项检查。针对事故研判发现的问题，对水利厅等8家单位进行约谈和提醒警示。

（二）深入开展安全生产专项治理

重点对公交车行驶安全和桥梁防护等10个领域开展专项治理，定期调度并通报各地各行业领域专项治理情况，提出校准治理措施和要求。住建、交通运输等部门研究制定《自治区关于推进城市安全发展的实施意见》《关于加强公交车行驶安全和桥梁防护工作的实施方案》，提出系统治理措施。深刻汲取内蒙古自治区锡林郭勒盟西乌珠穆沁旗银漫矿业有限责任公司“2·23”井下车辆伤害重大生产安全事故教训，自治区应急管理厅开展金属非金属地下矿山专项执法行动，检查390家次，排查治理问题隐患2608条，整改率100%；开展针对煤气安全管理、煤气设备设施、煤气作业等专项治理，排查治理隐患225项，整改率100%；开展地下矿山隐患专项治理、尾矿库重大生产安全事故隐患专项治理和陆上石油天然气安全生产专项执法检查，发现隐患214条，其中，重大隐患 23 条，挂牌督办 2 家企业。建立涉企信用信息共享机制，将企业消防行政许可、行政处罚和联合惩戒信息纳入国家企业信用信息公示系统，2.6 万家单位完成“三自主两公开一承诺”。

（三）大力推进安全隐患排查治理

召开全国油气增储扩能安全生产风险分析研判及防控情况现场会，研究部署防范安全风险，组织开展专项执法 4 次。组织公安、交警、旅游、道路交通、消防等重点行业主管部门分析重点时期安全风险，印发《国庆期间防范重点领域安全风险的提示》《国庆期间气象灾害形势分析》，提出风险管控具体要求。严格落实安全生产重大隐患挂牌督办制度，提请自治区人民政府挂牌督办 20 项，已全部完成整改。制定《自治区危险化学品重点县（市、区）专家指导服务工作方案》，组织对全区 21 个重点县开展专家指导服务工作。配合国务院安委办危险化学品重点县专家指导组对库车县、奎独经济技术开发区 8 家危险化学品企业开展指导服务工作，排查治理问题 543 项，整改率 89.5%。持续强化烟花爆竹和非药品类易制毒化学品安全监管，查扣违规销售爆竹 2600 件，拘留 5 人。持续整顿关闭不符合安全生产条件的矿山，关闭矿山企业 8 家。开展冬春火灾防控、“防风险、保平安、迎大庆”消防安全专项执法检查专项行动、大型商业综合体“回头看”等消防安全治理行动，累计排查单位 30 万家次，督改火灾隐患 32 万处，整改销案重大火灾隐患单位 121 家。

二、防灾减灾救灾

（一）实施自然灾害防治体系顶层设计

印发《关于进一步提高全区自然灾害防治能力切实加强自然灾害防治工作的意见》，明确任务分工，从顶层设计加强全区自然灾害防治能力建设。认真组织开展应急管理“十四五”规划，申报并组织开展应急管理体系、防灾减灾和安全生产 3 个重点专项规划和 11 个子规划工作。确定《实施灾害风险调查和重点隐患排查工程》等 15 个“十四五”重点项目，完成“十四五”规划重大项目储备申报工作。

（二）加强灾害会商研判和监测预警

初步建立涉灾部门联动工作机制框架，进一步健全应对各类自然灾害响应程序、标准和要求。开展“两会”、夏汛等节点地质灾害风险分析 5 次，印发《关于做好近期升温融雪可能引发地质灾害防范应急工作的紧急通知》，部署风险防范和应急准备工作。会同自治区水利、气象等部门先后 3 次对全区洪旱形势分析研判，并将会商报告印发有关地州、部门落实。加强极端天气灾害监测预警，落实信息共享机制，发送预警信息 92 次、3.7 万余条。加强森林草原火灾防控工作，充分依托人员巡护、视频监控、地面瞭望、飞机航护等多种手段，全天候监测火情。全年累计飞行 372 余小时完成阿克苏春季、伊犁、阿勒泰、天山中东部（昌吉）航空巡护工作；开展卫星热点核查 32 次。

（三）加快推进应急管理信息化建设

会同自治区发展改革委、财政厅制定《自治区灾害风险监测预警信息化建设工作方案》，组织编制《自治区应急管理系统信息化战略规划（2019—2022 年）》。自治区应急救援信息系统建设项目、“一张网”安监云工程项目通过验收。争取应急管理部补助专项资金 400 万元，在准东和奎屯—独山子经济技术开发区开展园区安全风险监测预警系统试点。

（四）加快推进常态化防灾减灾救灾机制建设

建立自治区自然灾害防治工作联席会议制度，协调解决自然灾害防治八大工程项目论证和实施中的重大问题。建立应急、水利、气象等部门洪旱形势分析会商机制，先后召开15次洪旱形势及重要天气过程分析会商会，印发《关于切实做好近期局地洪水及地质灾害防范工作的通知》等系列文件，提出应对措施和建议。与武警交通四大队建立应急协作机制，促进信息共享、资源共用，增强军地应急救援协助联动及应急运输保障工作合力。

（五）加强冬春救助和救灾物资保障

积极协调自治区财政，拨付各地中央冬春救助资金4.592亿元，先后4次下发文件通报各地资金拨付进度。开展自治区级物资储备库物资储备管理调研，摸清自治区级救灾物资底数。启动2019年度自治区级生活类救灾物资专项资金1800万元。会商粮食和物资储备局在多灾易灾地区设立自治区级救灾物资代储点，为快速调拨救灾物资奠定基础。

三、应急救援

（一）加强应急预案修订编制和演练

对《自治区突发事件总体应急预案》和12个自治区级专项应急预案、部门应急预案进行修订编制。举办2019年自治区地震应急预案演练，指导森林消防总队和中国电信新疆公司开展“天翼神剑·平安新疆”应急通信暨森林灭火综合演练。组织开展以“提高灾害防治能力，构筑生命安全防线”为主题的防灾减灾应急演练。开展应对地震、森林草原火灾、水旱、地质灾害等桌面推演3次。

（二）加强各类应急救援队伍建设

严格审核把关国家综合性消防救援队伍消防员招录工作，分批次招录消防员1660名。开展森林消防“百车千人万里行”大练兵，依托森林消防救援总队筹建综合救援机动大队。依托消防救援总队、森林消防总队和武警交通第二支队第四大队，加强自治区地震地质灾害应急救援队伍能力建设。加强企业救援队伍指导培训，开展2期非煤矿山救护队员培训，举办1期企业安全生产应急业务培训。年初以来，自治区金属非金属矿山、危险化学品应急救援队伍开展基础训练2096次，专业战术训练609次。组织全区社会救援力量参加全国首届社会救援力量技能竞赛并获得组织奖。

（三）加强灾害事故应对处置和应急准备

严格落实值班值守制度，坚持厅领导班子成员带领工作人员24小时在岗值班值守，严阵以待。制定自治区应急管理厅应急响应赴现场工作方案，明确各类突发事件应急处置中赴现场工作的基本原则、主要职责等，提升应急指挥调度及救援的科学高效能力。派出10余批次工作组赴现场指导做好且末县喀拉米兰河堰塞湖、乌鲁木齐县山崩及户外登山遇险等应急救援和善后处理。

四、基础能力建设

（一）加快推动配套法规标准体系建设

推进修订《新疆维吾尔自治区安全生产条例》草案。组织完成安全生产责任保险、社会救援力量征用和补偿、防汛抗旱水量应急调度3个办法立法调研、起草及报送工作。推进修正《新疆维吾尔自治区实施〈自然灾害救助条例〉办法》，向政府报送办法修正建议稿。提请印发《新疆维吾尔自治区安全生产举报奖励办法》，推动出台《新疆维吾尔自治区国家综合性消防救援力量调动审批工作实施办法》，组织制定 10 项安全生产标准。自治区出台《关于深化消防执法改革的意见》实施细则，启动《新疆消防条例》修订工作。

（二）严格安全生产行政许可审批

深化行政许可“放管服”工作，大力推进自治区一体化在线政务服务平台建设，安全生产行政许可事项 100% 网上办理，安全设施设计审查纳入投资项目在线审批平台实现并联审批。严格规范各类行政许可程序，落实便民化服务制度。发放安全生产许可证 186 家，对 155 家非煤矿山、危化新建项目安全设施设计进行备案审查，对不符合国家产业政策和安全条件的 25 家企业不予办理建设相关手续。

（三）加大教育宣传力度

召开自治区应急救援安全生产防灾减灾工作新闻发布会，及时通报全区防灾减灾救灾和自然灾害防治情况，加强社会舆论引导。紧抓“安全生产月”、全国防灾减灾日宣传等活动契机，通过新疆人民广播电台 961 新闻频道安全生产政策解读栏目、天山网全时段、《新疆日报》安全生产专题等，多角度全方位开展防灾减灾救灾和安全生产知识宣传教育，营造社会各界共同关心参与应急管理的浓厚氛围。启动消防救援总队、支队级全媒体中心建设，配备专（兼）职消防宣传人员 501 人。全区累计建成应急消防科普教育基地 124 个，县级行政区域应急消防科普教育基地覆盖率 100%。省、市主流媒体开展区域性、季节性专题宣传，依托微博、“抖音”新媒体宣传阵地高密度播放消防宣传视频。

第三十二章　新疆生产建设兵团应急管理工作

2019年，兵团各级坚持以习近平新时代中国特色社会主义思想为指导，认真学习贯彻习近平总书记关于应急管理重要论述精神，坚持把防控重大安全风险、遏制各类事故发生作为重点，不断健全完善安全生产责任体系，持续开展安全生产巡查暗访，深化重点行业领域专项整治，加强安全生产基础保障，确保安全生产形势持续稳定向好。全年兵团工矿商贸行业领域共发生事故20起、死亡22人，同比增加1起、3人，分别上升5.3%和15.8%；其中，发生较大事故1起、死亡3人。

一、安全生产

（一）强化组织领导

召开5次党委常委会、4次行政常务会，4次安委会全体委员会议，6次安全生产电视电话会议，传达学习习近平总书记关于安全生产重要指示精神，研究解决安全生产重大问题、安排部署安全生产工作。根据兵团安全生产工作特点，兵团办公厅、兵团安委会、兵团安委会办公室下发各类生产安全事故通报、专项行动、紧急通知50余份，狠抓重点行业领域专项整治，确保兵团“两节”“两会”“五一”“十一”“三秋”等重点时段安全生产形势稳定。

（二）健全完善安全生产责任体系

贯彻落实《新疆生产建设兵团党政领导干部安全生产责任制实施细则》（简称《细则》），14个师市党委常委会、行政常务会专题组织学习《细则》，组织培训各级党政干部5000余人次。各级党委、行政部门认真履行“促一方发展、保一方平安”的政治责任，兵团领导与14个师市、兵团安委会成员单位、直属机构主要负责人签订安全生产责任书和消防工作责任书。师市各级逐级签订安全生产责任书。根据《兵团安全生产委员会2019年工作要点责任分工方案》《2019年度兵团安全生产目标管理考核细则》要求，合并安全生产和消防工作考核，将安全生产和消防责任分解落实到各师市和重点行业领域，纳入各单位各部门年度政绩业绩考核。严格落实安全生产“一票否决”，推动各级党政领导责任、部门监管责任、属地管理责任落实。兵团党委办公厅、兵团办公厅印发《关于深化消防执法改革的实施意见》，明确按照党中央“不立不破，先立后破”的原则和兵团要求，仍保持现有消防体制，由公安局承担相应职责，待兵团国家综合性消防救援队伍成立后，及时承接相关职能；应急管理局及有关部门加强沟通衔接和配合，实现无缝对接。

（三）严格安全生产监管执法

兵团工矿商贸行业发生生产安全事故20起，共计罚款947.74万元，处理相关责任人员175人（其中，移送司法14人，建议给予党政纪处分46人），对发生事故的企业严格按照安全生产失信联合惩戒制度予以公开曝光，切实起到“查处一起、震慑一片”的效果。对事故多发的师市、部门、企业开展安全生产约谈和警示教育，约谈各级领导干部、企业主要负责人 400 余人次，督促相关单位深刻汲取事故教训，进一步强化安全发展理念，切实落实问题隐患整改，堵塞安全管理漏洞。按照“基层减负年”“放管服”相关要求，进一步加大联合执法、集中执法力度，坚持普法式、说理式、解剖式、分析式执法，在精准监管上发力，有效解决安全生产“一刀切”问题，打通安全监管最后一公里。

（四）开展安全生产巡查暗访

针对近年事故特点，加大重点行业、重要节点、关键部位安全监管力度，制定《2019 年度兵团安全生产巡查暗访工作实施方案》，进一步完善现场检查、落实整改措施、反馈检查情况的工作机制。安委会成员单位派出巡查暗访组 65 个，检查生产经营单位 1043 家，查处问题隐患 2621 项，带动师市开展巡查暗访 6000 余次，查处问题隐患 2 万余项。盯着隐患问题挂牌督办，狠抓问题整改，有效预防遏制各类事故发生。

（五）深化重点行业领域集中整治

围绕危险化学品、煤矿、建筑施工、消防、道路交通、特种设备、教育、卫生健康等重点行业领域，深刻吸取江苏响水天嘉宜化工有限公司“3・21”特别重大爆炸等事故教训，加强安全风险管控和企业风险研判，建立健全风险分级管控和隐患排查治理双重预防机制，开展全面风险排查，剖析深层次问题根源，提出“一企一策”具体措施，狠抓安全生产业务培训班，大力开展服务式安全执法检查专项行动，确保兵团安全形势持续稳定。开展“防风险、保平安、迎大庆”等安全专项行动，督促整改隐患。全年兵团公安消防部门累计出动警力 38679 人次，车辆 13181 台次，检查单位 91098 家次，发现火灾隐患 24347 处，督促整改隐患 7029 处，立即整改 12494 处，下发责令限期改正通知书 4535 份，临时查封场所 288 家，停业整改单位 16 家，罚款 51.35 万元，行政处罚 118 家，依法传唤单位负责人 84 人次，投入整改资金 1396 余万元。

（六）加强安全生产基础保障

推进企业安全生产标准化和双重预防机制建设，举办煤矿安全生产标准化培训班 4 期、危险化学品集中培训 4 期、冶金等工贸集中培训 1 期，累计培训各师市安全监管人员、企业主要负责人、安全管理人员 1500 余人次。积极引导各类安全基础相对较好的企业开展安全生产标准化建设，系统排查企业安全风险，绘制“红橙黄蓝”四色风险分布图，逐一落实管控责任，推动企业以标准化规范内部管理，有效管控安全风险。推动安全生产信息化建设，在原有安全生产信息平台的基础上继续完善与煤矿、危险化学品等高危生产企业风险监测预警系统联网工作，完成兵团 21 家煤矿、12 家危险化学品企业、5 个师市安全生产监测监控系统互通互联工作。积极推动“两客一危”车辆安装主动安全智能防控系统，进一步明确兵团道路运输车辆动态监控社会化服务的平台运营企业备案流程，推动 10 家平台运营企业通过流程。

二、防灾减灾救灾

（一）自然灾害情况

2019 年，全兵团共发生风雹、洪涝、低温冷冻、泥石流等各类自然灾害 90 起，受灾区域覆盖 13 个师，84 个团场，造成

147366人受灾，其中144人需要紧急安置转移；各类农作物受灾面积共171576公顷，其中绝收面积10815公顷；倒塌房屋14间，损毁房屋863间；部分水利、交通、通信等基础设施遭到破坏；全年自然灾害共造成经济损失123945万元。其中，一师受灾较为严重，全年共发生10起风雹灾害，受灾群众近4万人，各类农作物受灾面积5.6万公顷，经济损失达3.3亿元。

（二）重大灾害事件及应对

5月3—6日，一师阿拉尔市所辖二、三、七、九、十、十二、十三团共66个连队和十一师托管的五团7个连队，先后遭受不同程度暴雨和冰雹天气灾害，造成棉花、苹果、梨树等农作物和林果不同程度受灾，共造成农作物受灾面积58.76万亩。灾害发生后，兵团应急管理局及时启动救灾应急Ⅳ级响应，联合农业农村局派出工作组协助开展抗灾救灾工作。

8月15日，一师阿拉尔市六团发生特大大风、沙尘灾害，造成苹果、香梨、红枣、棉花、水稻等农作物受损严重，受灾面积4.86万亩，直接经济损失1.42亿元，1783户4372人受灾。灾害发生后，兵团党委、兵团高度重视，派出应急管理局、农业农村局、财政局、民政局组成联合工作组，协助做好救灾工作，并拨付救灾资金315万元用于救助受灾职工群众。

8月23日，七师123团、126团、127团、128团、129团5个团场相继遭受大风、冰雹灾害，造成棉花、葡萄、苹果等农作物严重受灾，受灾面积25.72万亩，经济损失达2.52亿元。灾害发生后，兵团党委、兵团高度重视，派出应急管理、农业农村、民政、财政等部门组成的联合工作组，协助做好救灾工作，并拨付483万元用于救助受灾职工群众。

三、应急救援

组织各煤矿救护队参与各类事故应急抢险79余次，开展各类演习180余次。经国家应急救援指挥中心批准，更名第二师金川矿业集团矿山救援队为国家矿山应急救援兵团队。兵团2支救护队建设达到一级标准化，2支救护队达到二级标准化。

2019年5月18日0时55分，在五家渠经济技术开发区经二路与纬六路十字路口处，1辆运有33吨粗苯的危险化学品罐车与1辆普通货车相撞，造成危险化学品罐车后部罐体出现裂口，危险化学品粗苯发生泄漏。经兵团应急管理局与六师有关部门、单位通力协作、连夜奋战，于18时30分泄漏点及附近路面的粗苯得到有效处置，涉事车辆被拖离现场，应急救援工作结束。19时，环境监测结果显示，所有监测点位的苯、甲苯、二甲苯均处于国家大气综合排放标准值以内，未造成人员伤亡。

四、基础能力建设

全力做好火灾、自然灾害（地震、防汛抗旱等）应急值班备勤、信息报送、预警信息发布和统计分析工作，认真履行应急救援综合协调职责。更新修订兵团防汛抗旱应急预案，完善应急值班值守手册，规范安全生产、自然灾害分级响应机制，起草《兵团深化消防执法改革实施意见》《兵团森林草原防灭火指挥部工作规则》和《兵团突发事件总体应急预案》，印发《2019年度兵团安全生产和消防工作目标管理考核细则》，初步形成国家、兵团和师市三级互通互联的应急指挥体系和工作规则。严格落实24小时值班值守制度，对师市实施调度30次，接报、处置各类事故灾害信息 225 余条，上报国家信息专报 11 期，发布极端天气预警信息 10 次，兵师开展专项应急演练 200 余次，确保重大节日和特殊时段安全稳定。加大日常培训力度，派人参加上级组织的各类培训，组织培训各级各类监管人员、企业主要负责人和安全管理人员 1000 余人次，着力提高应急管理队伍能力素质。强化应急预案管理工作，修订印发兵团防汛抗旱应急预案，明确应急和水利部门职责分工，确保“防”与“救”责任链条无缝对接。持续加大消防、森林防火、防汛抗旱、地震等应急救援队伍、资源、装备整合力度。

大力开展安全生产宣传教育，开展多种形式安全生产宣传，通过《兵团日报》、兵团广播电视台、“胡杨网”等媒体宣传习近平总书记关于安全生产的重要论述，宣传安全生产及消防法律法规、安全常识，推广安全生产工作的典型经验做法，在各级媒体刊载稿件 500 余篇。扎实开展“安全生产月”“119 消防宣传月”活动，围绕“防风险、除隐患、遏事故”主题开展启动仪式、咨询日签名、演讲、安全知识竞赛、安全生产知识“七进”等活动，共计发放各类安全生产宣传单 30 余万份，组织安全生产主题宣讲和警示教育 400 余场。

第十篇

典型事故案例

案例一　陕西榆林神木百吉矿业有限责任公司“1·12”重大煤尘爆炸事故

2019年1月12日16时20分，陕西省榆林市神木市百吉矿业有限责任公司（简称百吉矿业）发生重大煤尘爆炸事故，造成21人死亡，直接经济损失3788万元。

一、事故经过

2019年1月12日8时30分，连采队队长张××主持召开班前会，连采队当班出勤26人，当班任务是在506连采工作面三支巷回采3个采硐，并进行运输、放顶、支护等工作，然后在二区掘进。

16时24分，主平硐驱动机房带式输送机司机杭××发现主平硐口有黑烟喷出，电话汇报值班调度员王×。王×立即查看，发现安全监测监控系统和通信联络系统中506连采工作面信号中断，立即通知张××查明情况。张××安排蔡××驾车入井查看，蔡××约16时40分从副平硐入井，沿506回风巷向工作面前行，在506回风巷约700米处，追上驾驶C09号运煤车的余×，二人均感到巷道内粉尘大、能见度极差，呼吸困难。二人停车熄火，弃车升井。

16时25分，井下带班矿领导杨××发现507综采工作面风流逆转、粉尘较大，电话汇报调度室后，到506连采工作面查看情况，发现506回风巷有2处密闭墙损坏，烟尘较大，于17时18分将情况汇报调度室。

17时35分，总工程师屠××到506连采工作面进风巷查看情况后汇报调度室：506连采工作面进风巷烟尘大、无法进入、情况不明。

17时40分，矿调度室请示矿长胡××后，通知井下所有作业人员撤离。

经核对，全矿当班入井87人，66人安全升井，连采队有21人被困井下。

二、应急处置情况

18时25分，百吉矿业向神木市能源局电话报告了事故。接到报告后，神木市、榆林市相继启动煤矿重大事故抢险救灾应急预案，指挥神木市矿山救护队立即出动。随后，陕西省政府立即启动二级应急响应，调动国家矿山应急救援神华神东救护消防大队、神南救护大队前往救援。截至1月13日12时35分，21名遇难者全部升井，抢险救援工作结束。

三、事故原因及性质

（一）直接原因

百吉矿业506连采工作面和附近老空区顶板大面积垮落，老空区气体压入与之连通的巷道，扬起巷道内沉积的煤尘，并达到爆炸浓度。506连采工作面三支巷中部处于怠速状态下的运煤车产生火花，点燃煤尘发生爆炸，造成人员伤亡。

（二）间接原因

（1）违法组织开采采空区保安煤柱。超出回采方案和作业规程设计范围，违规开采采空区保安煤柱。

（2）违规使用国家明令禁止的设备和工艺。506 连采工作面使用非防爆柴油无轨胶轮车运输。采用国家禁止的巷道式采煤工艺，以掘代采、以探代采、串联通风。

（3）违规承包分包采掘工程。违规将井下采掘工程承包给山东鲁泰控股集团和榆林市炜源建设工程有限公司，且榆林市炜源建设工程有限公司不具备安全生产条件和相应施工资质。承包单位和发包单位职责、人员相互交叉，管理混乱。

（4）资料造假，蓄意隐瞒违法违规行为。煤矿采用假图纸等手段逃避监管，未将巷道开采情况填绘在采掘工程平面图上，对“会诊”检查出的重大问题未落实整改。

（5）安全投入不足，职工培训不到位。506 连采工作面未配备钻探设备和防爆运输车辆。安全教育培训不到位，职工安全意识差，有入井人员携带烟火现象。

（6）对隐蔽致灾因素没有进行治理。对于已经探明的碳窑沟老空存在的大面积悬顶等安全隐患未进行治理。

（7）地方政府及煤矿安全监管部门监督管理存在漏洞。违规批复 5-1 煤南翼连采区域进行回采，对该矿长期违法进入老空回采保安煤柱、采用国家明令禁止的采煤工艺、违规串联通风、违法承包等问题失察。

（三）事故性质

经调查认定，陕西榆林神木百吉矿业有限责任公司“1・12”重大煤尘爆炸事故是一起重大生产安全责任事故。

四、处理建议

对百吉矿业法定代表人、供应部部长等 9 人，公安机关已采取强制措施。建议对百吉矿业地测副总工程师、神木市能源局驻百吉矿业安监员、神木市店塔中心煤管所包矿人员等 5 人移送司法机关追究刑事责任。建议对百吉矿业安全副总工程师、陕西鲁泰总经理、陕煤集团神南产业发展公司副总经理、煤科院有限公司业务主管等 10 人及榆林市能源局局长等 12 人给予党纪政务处分。

责成陕煤集团神南产业发展公司向陕北矿业公司作出书面检查。对神木市委、市政府予以通报，向榆林市委、市政府作出书面检查。责成榆林市政府向陕西省人民政府作出书面检查。

五、事故防范和整改措施建议

一是牢固树立安全发展理念，明确煤矿安全红线标准。二是开展专项整治行动，落实红线安全标准。三是提高政治意识，强化作风建设，落实责任，切实做好煤矿安全监管工作。四是加强对煤矿企业“关键人”的教育。五是中介机构依法依规服务煤矿企业。六是落实煤矿企业主体责任。

案例二　内蒙古锡林郭勒盟西乌珠穆沁旗银漫矿业有限责任公司“2·23”井下车辆伤害重大生产安全事故

2019年2月23日8时20分许，内蒙古自治区锡林郭勒盟西乌珠穆沁旗银漫矿业有限责任公司（简称银漫公司）发生井下车辆伤害重大生产安全事故，造成22人死亡、28人受伤。

一、事故经过

2019年2月23日7时许，温州建设集团矿山工程有限公司西乌珠穆沁旗分公司（简称温建西乌分公司）当班工人在主斜井口派班室召开班前安全生产例会。7时30分许，司机张×在温建西乌分公司分管设备副总经理齐××的安排下，驾驶事故车辆从维修车间出发运送当班工人入井作业。7时33分许，事故车辆到达主斜井口的派班室等待工人上车；7时46分许，待工人上车后，驶离派班室，驶回维修车间；7时48分许，到达维修车间，于7时52分许搭载工人后驶向辅助斜坡道井口；其间，途经主斜井口派班室附近，有人员上下车；8时14分许，事故车辆行驶到措施斜坡道井口处停车，等待入口电子门开启。17秒后，事故车辆起步驶入措施斜坡道，行驶过程中，车辆失控，与措施斜坡道左右侧帮多次剐蹭后，正面碰撞在巷道第19个躲避硐室的侧壁上，造成事故发生。碰撞瞬间速度约66公里/小时。

2月23日8时20分许，银漫公司安环处六大系统值班员王×接到事故车辆乘车人员李××拨打的内线求助电话，得知井下运送工人的车辆发生了事故。接报后，王×立即电话报告银漫公司副经理和温建西乌分公司副经理。温建西乌分公司、银漫公司均未在法定时限内向属地政府及监管部门报告事故情况，属迟报事故。

二、应急处置情况

事故发生后，银漫公司、温建西乌分公司立即组织员工、车辆及物资开展现场救援。参与救援的员工近200人，调动公司及员工私人车辆约40辆，从宿舍、仓库向事故井口运送被褥、担架等救援物资，将伤员救出后分别送往锡林郭勒盟医院和锡林郭勒盟蒙医医院进行救治。

9时2分许，吉仁高勒镇巴彦高勒卫生院派出两名医护人员乘坐公共卫生流动服务车赶赴现场参与救援；10时30分许，旗应急管理局组织人员、车辆赶赴现场组织救援；11时40分许，旗政府组织公安、医疗部门以及15名医护人员、3辆救护车赶赴现场组织救援。12时11分许，旗政府宣布启动应急预案并上报有关情况。13时20分许，锡林郭勒盟行署有关负责人、盟应急管理局及公安局等部门赶到事故现场指挥救援。

锡林郭勒盟迅速成立了事故应急处置指挥部，积极妥善做好救治、善后处置工作。详细制定遇难者抚恤赔偿方案，督促银漫矿业公司设立事故抚恤金专户，确定 27 个相关部门 117 名工作人员成立一对一工作小组，对遇难者和伤者家属进行思想安抚及善后处置。

三、事故原因及性质

（一）直接原因

温建西乌分公司违规使用未取得金属非金属矿山矿用产品安全标识、采用干式制动器的报废车辆向井下运送作业人员。事故车辆驾驶人不具备大型客运车辆驾驶资质；驾驶事故车辆在措施斜坡道向下行驶过程中，制动系统发生机械故障，制动时促动管路漏气，导致车辆制动性能显著下降。驾驶人遇制动不良突发状况处置不当，误操作将挡位挂入三挡，车辆失控引发事故。事故车辆私自改装车厢内座椅、未设置扶手及安全带，超员运输，加重了事故的损害后果。

（二）间接原因

银漫公司和温建西乌分公司不落实安全生产主体责任，安全管理极其混乱，主要负责人及安全管理人员安全管理责任严重落实不到位；温建矿山公司对安全生产工作只收管理费不进行管理，对其分公司安全生产工作失管失控；银漫公司对外包工程单位以包代管、包而不管；兴业矿业公司对下级银漫公司安全生产工作监督管理不到位；属地政府及监管部门贯彻落实国家安全生产法律法规不力，对企业安全监管缺位等。

（三）事故性质

经调查认定，内蒙古锡林郭勒盟西乌珠穆沁旗银漫矿业有限责任公司“2·23”井下车辆伤害事故是一起重大生产安全责任事故。

四、处理建议

建议对在事故中死亡的温建西乌分公司事故车辆驾驶人等 3 人免于追责。建议对温建西乌分公司、温建矿山公司、银漫公司及参与非法销售事故车辆有关人员等 22 人移送司法机关追究刑事责任。建议对银漫公司、兴业矿业公司、安邦公司、安顺咨询公司等公司共 14 人给予行政处罚。西乌珠穆沁旗政府分管领导、西乌珠穆沁旗应急管理部门等 5 人已接受纪委监委纪律审查和监察调查。建议对锡林郭勒盟行署领导、锡林郭勒盟应急管理部门、西乌珠穆沁旗委及政府领导、西乌珠穆沁旗应急管理部门等 19 人给予党纪政务处分或组织处理。

建议对事故有关责任单位和责任人员给予不同程度的罚款或吊销、暂扣资质证照等行政处罚。

五、事故防范和整改措施建议

一是严格落实企业安全生产主体责任。二是切实加强承包单位施工安全管理。三是大力淘汰落后设备和推广先进装备及工艺。四是切实加强安全生产教育培训。五是切实强化安全技术服务机构安全监管。六是加强安全生产举报投诉查处。七是严格落实部门安全监管责任。八是强化落实党委、政府安全生产属地管理责任。

案例三　江苏响水天嘉宜化工有限公司“3·21”特别重大爆炸事故

2019年3月21日14时48分许，位于江苏省盐城市响水县生态化工园区的天嘉宜化工有限公司（简称天嘉宜公司）发生特别重大爆炸事故，造成78人死亡、76人重伤，640人住院治疗，直接经济损失19.86亿元。

一、事故经过

2019年3月21日14时45分35秒，天嘉宜公司旧固废库房顶中部冒出淡白烟。14时45分56秒，有烟气从旧固废库南门内由东向西向外扩散，并逐渐蔓延扩大。14时46分57秒，新固废库内作业人员发现火情，手提两个灭火器从仓库北门向南门跑去试图灭火。14时47分3秒，旧固废库房顶南侧冒出较浓的黑烟。14时47分11秒，旧固废库房顶中部被烧穿有明火出现，火势迅速扩大。14时48分44秒发生爆炸。从旧固废库房顶中部冒出淡白烟至发生爆炸历时3分9秒。

二、应急处置情况

事故发生后，应急管理部会同江苏省立即启动应急响应，迅速调集综合性消防救援队伍和危险化学品专业救援队伍开展救援。至3月22日5时许，天嘉宜公司的储罐和其他企业等8处明火被全部扑灭，未发生次生事故；至3月24日24时，失联人员全部找到，救出86人，搜寻到遇难者78人。江苏省和国家卫健委全力组织救治伤员，至4月15日，危重伤员、重症伤员经救治全部脱险。生态环境部门对爆炸核心区水体、土壤、大气环境密切监测，实施堵、控、引等措施，未发生次生污染。至8月25日，除残留在装置内的物料外，生态化工园区内的危险物料全部转运完毕。

三、事故原因及性质

（一）直接原因

天嘉宜公司旧固废库房内长期违法贮存的硝化废料持续积热升温导致自燃，燃烧引发爆炸。

（二）间接原因

（1）天嘉宜公司无视国家环境保护和安全生产法律法规，刻意瞒报、违法贮存、违法处置硝化废料，安全环保管理混乱，日常检查弄虚作假，固废仓库等工程未批先建。

（2）相关环境评价、安全评价等中介服务机构严重违法违规，出具虚假失实评价报告。江苏省各级应急管理部门履行安全生产综合监管职责不到位，生态环境部门未认真履行危险废物监管职责，工信、市场监管、规划、住建和消防等部门也不同程度存在违规行为。

（3）响水县和生态化工园区招商引资安全环保把关不严，对天嘉宜公司长期存在的重大风险隐患视而不见，复产把关流于形式。江苏省、盐城市未认真落实地方党政领导干部安全生产责任制，重大安全风险排查管控不全面、不深入、不扎实。

（三）事故性质

经调查认定，江苏响水天嘉宜化工有限公司“3·21”特别重大爆炸事故是一起特别重大生产安全责任事故。

四、处理建议

对在事故中死亡的 3 名天嘉宜公司负责人免予追究责任。建议对天嘉宜公司等企业及其相关人员等 44 人移送司法机关提起诉讼，依法从严从重予以惩处。对相关公职人员的党政纪处分和有关单位的处理意见，由中央纪委国家监委提出；涉嫌刑事犯罪人员，由中央纪委国家监委移交司法机关处理。

对天嘉宜公司、苏州科太环境技术有限公司、江苏省环境科学研究院、盐城市海西环保科技有限公司、江苏省环科院环境科技有限责任公司、盐城市环境监测中心站及江苏天工大成安全技术有限公司没收违法所得并处以不同程度的罚款，吊销相应许可证、资质或禁止准入等行政处罚。

五、事故防范和整改措施建议

坚决贯彻落实习近平总书记关于安全生产一系列重要指示精神，深刻吸取事故教训，举一反三，切实把防范化解危险化学品系统性的重大安全风险摆在更加突出的位置。坚持底线思维和红线意识，牢固树立新发展理念，把加强危险化学品安全工作作为大事来抓。强化危险废物监管，严格落实企业主体责任，推动化工行业转型升级。加快制修订相关法律法规和标准，提升危险化学品安全监管能力，有效防范遏制重特大事故发生，切实维护人民群众生命财产安全。

案例四　山东济南齐鲁天和惠世制药有限公司“4·15”重大着火中毒事故

2019年4月15日15时10分左右，位于山东省济南市历城区董家镇的齐鲁天和惠世制药有限公司（简称天和公司）四车间地下室，在冷媒系统管道改造过程中发生重大着火中毒事故，造成10人死亡、12人受伤，直接经济损失1867万元。

一、事故经过

2019年4月15日，天和公司安排对四车间地下室-15℃冷媒管道系统进行改造。9时30分左右，签署动火票后，施工人员开始进行拆卸法兰、切割管道等作业。15时左右，自动化控制工程师刘××到地下室了解改造施工情况，7名施工人员在内室作业，四车间施工作业监护人孙××在场，四车间维修班高××、王××在内室循环水箱南侧进行引风机风道维护作业，四车间操作工赵××在内室门口附近清理地面积水。随后，施工负责人姬××来到作业现场。15时10分左右，刘××和姬××在转身离开地下室内室时，听见作业区域有异常声音，看到堆放冷媒增效剂的位置上方冒出火光，随即产生爆燃，黄色烟雾迅速弥漫。刘××、赵××、姬××三人因现场烟雾大、气味呛，跑出地下室。刘××跑出地下室后，立即打电话向四车间副主任王××报告，企业立即组织应急救援。

二、应急处置情况

接到事故报告后，济南市政府立即启动应急预案，成立事故处置领导小组，下设医疗救护、环境监测、善后处置、舆情引导等7个专项工作组，做好事故处置各项工作。应急管理部相关司局领导及时赶赴事故现场，协调指导事故救援和调查工作。

此次事故应急救援共投入公安干警、医护人员等340余人，调动车辆60余台，出动救护车10车次、消防车3辆。被陆续搜救出的10人中，8人当场死亡，2人送医院抢救无效死亡。12名搜救人员因烟雾熏呛受伤送医院治疗，截至4月22日全部康复出院。经环保部门连续7天监测，事故对周边环境未造成影响，4月22日后停止监测。

三、事故原因及性质

（一）直接原因

天和公司四车间地下室管道改造作业过程中，违规进行动火作业，电焊或切割产生的焊渣或火花引燃现场堆放的冷媒增效剂（主要成分为氧化剂亚硝酸钠和有机物苯并三氮唑、苯甲酸钠），瞬间产生爆燃，释放出大量氮氧化物等有毒气体，造成现场施工和监护人员中毒窒息死亡。

（二）间接原因

天和公司未深刻吸取之前事故教训，未落实安全生产主体责任；风险辨识及管控措施不到位；对特殊作业安全管理不到位；对改造项目管理不规范；对外包施工队伍管理不到位；事故应急处置能力不足；事故防范和整改措施落实不到位。信邦公司安全生产主体责任不落实。光达公司非法生产、销售危险化学品。地方政府及相关部门未依法认真履行安全生产属地监管职责、危险化学品安全生产监管职责、工业行业主管部门职责，对信邦公司外派项目部管理严重缺位、安全教育培训不到位、安全生产责任制不健全等问题监管失察。

（三）事故性质

经调查认定，山东济南齐鲁天和惠世制药有限公司“4·15”着火中毒事故是一起重大生产安全责任事故。

四、处理建议

对在事故中死亡的 1 人免予追究责任。天和公司四车间安全员、信邦公司项目现场负责人、光达公司研发中心冷媒组负责人等 11 人已被司法机关采取措施。建议对光达公司总经理等 3 人移送司法机关依法追究刑事责任。建议对济南市历城区应急管理局监管二科副主任科员等 16 人给予党纪政务处分或组织处理。

对天和公司、信邦公司、光达公司及相关人员进行不同程度的罚款或吊销相应许可证等行政处罚。

建议责成济南市历城区委、区政府向济南市委、市政府作出深刻检查。责成济南市应急管理局、济南市工业和信息化局分别向济南市委、市政府作出深刻检查。责成济南市委、市政府向山东省委、省政府作出深刻检查。责成泰安市住房和城乡建设局向泰安市委、市政府作出深刻检查。

五、事故防范和整改措施建议

一是严格落实企业安全生产主体责任。二是强化动火、受限空间等特殊作业安全监管。三是严格承包商和外来施工人员安全管理。四是认真落实化学品“一书一签”要求。五是切实提高企业应急处置能力。六是深入开展危险化学品安全风险隐患集中排查整治。七是凝聚形成齐抓共管危险化学品安全工作合力。

案例五　河北衡水市翡翠华庭“4·25”施工升降机轿厢坠落重大事故

2019年4月25日7时20分左右，河北省衡水市翡翠华庭项目1号楼建筑工地发生施工升降机轿厢（吊笼）坠落重大事故，造成11人死亡、2人受伤，直接经济损失约1800万元。

一、事故经过

2019年4月25日6时36分，广厦建筑公司施工人员陆续到达翡翠华庭项目工地，做上班前的准备工作。步××等11人陆续进入施工升降机东侧轿厢（吊笼），准备到1号楼十六层搭设脚手架。6时59分，施工升降机操作人员解××启动轿厢，升至二层时添载1名施工人员后继续上升。7时6分，轿厢（吊笼）上升到九层卸料平台（高度24米）时，施工升降机导轨架第16、17节标准节连接处断裂，第3道附墙架断裂，轿厢（吊笼）连同顶部第17~22节标准节坠落在施工升降机地面围栏东北侧地下室顶板（地面）码放的砌块上，造成11人死亡、2人受伤。

二、应急处置情况

事故发生后，现场人员先后拨打120、119和110电话，救援人员先后赶到事故现场开展应急处置。衡水市政府立即启动应急响应，成立事故应急救援指挥部，组织医疗救护人员、救援队伍和警力赶赴现场救援处置。至10时37分左右，共搜救出10名遇难人员、3名受伤人员（其中1人经抢救无效死亡），现场处置基本结束。

三、事故原因及性质

（一）直接原因

事故施工升降机第16、17节标准节连接位置西侧的两条螺栓未安装，加节与附着后未按规定进行自检，未进行验收即违规使用，是造成事故的直接原因。

（二）间接原因

（1）老程塔机公司对安全生产工作不重视，安全生产管理混乱。

（2）广厦建筑公司对安全生产工作不重视，未落实企业安全生产主体责任，对二分公司疏于管理，对翡翠华庭项目安全检查缺失。

（3）恒远管理公司安全监理责任落实不到位，未按规定设置项目监理机构人员。

（4）友和地产公司未对广厦建筑公司、恒远管理公司的安全生产工作进行统一协调管理，未定期进行安全检查，未对两个公司存在的问题进行及时纠正。

（5）衡水市建材办负责区域内建筑起重机械设备日常监督管理工作，对区域内建筑起重机械设备监督组织领导不力，监督检查执行不力。

（6）衡水市建设工程安全监督站负责全市建设工程安全生产监督管理，对区域内建筑工程安全生产监督不到位。

（7）衡水市住房和城乡建设局作为全市建筑工程安全生产监督管理行业主管部门，对全市建筑工程安全隐患排查、安全生产检查工作组织领导不力，监督检查不到位。

（8）衡水市委、市政府对建筑行业安全生产工作重视程度不够，汲取以往事故教训不深刻，贯彻落实省委、省政府建筑安全生产工作安排部署不到位。

（三）事故性质

经调查认定，河北衡水市翡翠华庭“4·25”施工升降机轿厢坠落事故是一起重大生产安全责任事故。

四、处理建议

对在事故中死亡的 1 人免予追究责任。对广厦建筑公司安全科长、恒远管理公司监理员、老程塔机公司总经理及衡水市住房和城乡建设局节能办职员等 14 人已移送司法机关采取刑事强制措施。建议对友和地产公司工程部经理许××、恒远管理公司副总经理姬××按内部规定给予其撤职处理。建议对衡水市人民政府副市长，衡水市住房和城乡建设局党组书记、局长等 9 人给予党纪政纪处分。

对事故单位及相关人员进行不同程度的罚款、暂扣或吊销相应许可证等行政处罚。

建议衡水市住房和城乡建设局向衡水市委、市政府作出深刻书面检查。建议衡水市委、市政府向河北省委、省政府作出深刻书面检查。

五、事故防范和整改措施建议

一是进一步筑牢安全发展理念。二是深入开展建筑领域专项整治。三是严格落实建设单位安全责任。四是严格落实总承包单位施工现场安全生产总责。五是切实落实监理单位安全监理责任。六是切实加强建筑起重机械安全管控。七是切实抓好安全生产教育培训。八是夯实政府及部门监管责任。

案例六 上海长宁昭化路148号厂房"5·16"坍塌重大事故

2019年5月16日11时10分左右，上海市长宁区昭化路148号①幢厂房发生局部坍塌，造成12人死亡、10人重伤、3人轻伤，坍塌面积约1000平方米，直接经济损失约3430万元。

一、事故经过

2019年5月16日11时10分左右，昭化路148号①幢厂房内，15人在二层东南侧就餐，4人在二层东南侧临时办公室商谈工作，6人分别在二层（A-3轴）扎钢筋、一层柱子（A-4轴）底部周围挖掘、二层楼梯间拆除楼板。此时厂房东南角一层（南北向A0-B轴，东西向3-7轴）突然发生局部坍塌，引发二层（南北向A0-D轴，东西向1-7轴）连锁坍塌，将以上25人埋压。

事故造成12名作业人员死亡，10名作业人员重伤，2名管理人员和1名作业人员轻伤，①幢厂房局部坍塌。

二、应急处置情况

16日11时14分，上海市应急联动中心接到长宁区昭化路148号厂房坍塌、多人被埋的报警，立即组织调度公安、消防、卫生健康、住建、应急、供电、供气等联动单位先期到场处置。11时17分，上海市消防救援总队调派21个中队的41辆消防车、10台重型救援设备、300余名指战员和搜救犬队，市医疗急救中心调派14辆救护车，紧急赶赴现场，并于11时24分到场进行救援处置。

事故发生后，上海市政府立即成立事故处置工作现场指挥部，下设现场救援、医疗救治、新闻发布、事故调查、善后处置和综合保障等工作组，调派7台大型工程车辆进场，消防救援、医疗急救、供电、供气等各部门通力配合，全力开展抢险。截至5月17日1时45分，现场共救出25名被埋人员，经反复确认无其他被埋人员后，搜救工作结束。

三、事故原因及性质

（一）直接原因

昭化路148号①幢厂房一层承重砖墙（柱）本身承载力不足，施工过程中未采取维持墙体稳定措施，南侧承重墙在改造施工过程中承载力和稳定性进一步降低，施工时承重砖墙（柱）瞬间失稳后部分厂房结构连锁坍塌，生活区设在施工区内，导致群死群伤。

（二）间接原因

（1）琛含公司未尽到建设方主体责任。

（2）隆耀公司未尽到承包方主体责任。

（3）上汽资产公司未尽到对出租场所统一协调、管理责任。

（4）上汽进出口公司作为产权方，未完全尽到产权人的管理责任。

（5）华阳路街道未完全履行属地管理责任。

（6）区建设行业管理部门（区建管委、区建管中心）未完全履行建设行业管理责任。

（7）区规划资源局未完全尽到土地管理责任。

（8）同丰公司内部管理不严。

（三）事故性质

经调查认定，上海长宁昭化路 148 号厂房“5·16”坍塌重大事故是一起重大生产安全责任事故。

四、处理建议

建议对琛含公司执行董事兼总经理、隆耀公司实际控制人等 8 人移交司法机关。建议对上汽集团公司副总裁，长宁区委副书记、副区长等 16 人给予党纪政务处理。建议对 2 名责任人员由所在单位给予处理。建议对 3 家事故相关企业及相关负责人的违法违规行为给予行政处罚。

建议对琛含公司、隆耀公司、上汽资产公司及相关人员进行不同程度的罚款或吊销相应许可证等行政处罚。

建议区建管委、华阳路街道、区规划资源局向长宁区委、区政府作出深刻检查。建议上汽集团公司对上汽进出口公司、上汽资产公司予以通报批评。建议市国资委、市应急管理局对上汽集团公司进行约见警示谈话。建议上海市安全生产委员会办公室对长宁区政府进行约见警示谈话。建议长宁区政府向上海市政府作出书面检查。

五、事故防范和整改措施建议

一是进一步健全安全生产责任体系，牢固树立安全发展理念。二是进一步深化隐患排查和风险管控，履行安全监管职责。三是进一步夯实安全生产基础工作，履行安全生产主体责任。四是进一步优化安全监管方式，提升建筑施工现场本质安全水平。五是全面排查装饰装修工程的违规行为，强化参建主体动态监管。六是充分发挥舆论监督、群众监督等社会监督的作用，形成全社会共治安全的良好格局。

案例七 山东威海荣成市福建海运“金海翔”号货轮“5·25”重大中毒窒息事故

2019年5月25日15时6分，福建省海运集团有限责任公司“金海翔”号货轮在威海荣成市山东西霞口修船有限责任公司船坞维修期间，因意外开启船用二氧化碳灭火系统，致使大量二氧化碳气体瞬间释放进货船机舱内，造成现场维修人员和船员10人中毒窒息死亡、19人受伤，直接经济损失1903万元。

一、事故经过

福建省海运集团有限责任公司申请将“金海翔”号货轮由国际航行船舶变更为国内航行船舶。为做好“金海翔”号货轮初次入级检验及初次法定检验准备工作，2019年5月25日上午，中国船级社青岛分社威海办事处要求福建海运集团有限责任公司船技部提供“金海翔”号货轮消防栓和水龙带数量、二氧化碳钢瓶水压试验压力值、二氧化碳钢瓶铭牌及二氧化碳钢瓶数量等信息情况。“金海翔”号货轮船长郑××安排船上三副李××查看二氧化碳间钢瓶铭牌有关参数等情况。

14时42分，李××到二氧化碳间查看钢瓶顶部铭牌。由于钢瓶顶部距离二氧化碳间甲板187.5厘米，李××看不清楚钢瓶铭牌（李××身高170厘米），于是脚踏钢瓶支架，手扳钢瓶顶部，攀附在钢瓶上进行查看。在此过程中，李××触碰到瓶头阀的开启压柄，意外开启了瓶头阀，导致钢瓶中的二氧化碳气体进入集流管，并发出气体释放声响。李××见状后将瓶头阀关闭（因其不了解瓶头阀结构，实际并未关闭）。

14时43分至15时6分，李××两次与南通市海鸥救生防护用品有限公司陈××微信通话联系，咨询处置措施。陈××告诉李××，要用扳手将增压阀上两个驱动管（与集流管相通）拆掉，将进入集流管的二氧化碳气体排出。李××在操作过程中，误抓了增压阀上的压柄，将增压阀打开，导致集流管内的二氧化碳气体进入驱动管路，瞬间将84个二氧化碳钢瓶的瓶头阀及通往机舱的总阀开启（另外16个二氧化碳钢瓶没有打开），大量二氧化碳气体排放至机舱内。

由于非正常启动二氧化碳灭火系统，没有事先预警和通知人员疏散（正常启动二氧化碳灭火系统有30秒声光报警），导致机舱内人员瞬间中毒窒息。因机舱内的甲板梯狭窄（宽60厘米），现场没有人员进行统一指挥和协调，造成抢救现场混乱，甲板梯多次发生堵塞，延长了机舱维修人员和施救人员在机舱内的时间。多数救援人员未佩戴有效防护装备进入机舱，扩大了中毒窒息死亡和受伤人员数量。

二、应急处置情况

15 时 6 分，船长郑××听到警报后立即手提便携式灭火器到达二氧化碳间查看。听到机舱内有人求救，同船上人员王×打开机舱舱门，组织人员施救，分别拨打了 120 急救电话和 119 报警电话。15 时 11 分，船上人员进入机舱施救，因未佩戴任何有效防护装备未果。15 时 13 分，第一名被困人员被救出（位于最上面锅炉层）。15 时 16—22 分，船上人员佩戴紧急逃生呼吸装置进入机舱，第二名伤员被救出，同时将第三名伤员转移至锅炉层一侧通风处。15 时 23 分，大量救援人员涌入，救出 6 名受伤较重人员，另有 4 名救援人员未佩戴有效防护装备进入机舱，造成受伤人数扩大。

15 时 13 分，120 指挥中心接到急救电话。15 时 22 分，荣成市消防 119 指挥中心接到报警电话。15 时 40 分左右，荣成市消防救援队伍到达现场，接管事故船舶的应急救援工作。15 时 48 分，消防队员佩戴呼吸器进入机舱，布设临时应急管道对机舱底部进行通风。15 时 48 分至 16 时 20 分，消防队员共救出被困人员 14 名。救援过程中，发现 8 人当场死亡，2 人经医院抢救无效死亡，19 名受伤人员第一时间被送往医院救治。16 时 30 分左右，经消防队伍确认，现场搜救工作基本结束。

三、事故原因及性质

（一）直接原因

三副李××在攀附二氧化碳钢瓶查看相关参数时，意外碰触打开钢瓶瓶头阀，导致钢瓶内二氧化碳气体进入管道系统。为防止管道内二氧化碳气体进入机舱，李××在不熟悉意外释放应急处置措施情况下，按照陈××电话指导，试图将二氧化碳气体泄放掉。李××在拆卸过程中，因慌乱误抓打开了增压阀，由于南通市海鸥救生设备有限公司检修人员在船用二氧化碳灭火系统检修过程未结束的情况下，将二氧化碳气瓶接入到机舱总管路，致使 84 个钢瓶中的二氧化碳气体被释放入机舱，造成人员中毒窒息。

（二）间接原因

（1）福建省海运集团有限责任公司落实安全生产主体责任不到位。

（2）南通市海鸥救生防护用品有限公司落实安全生产主体责任不到位。

（3）山东西霞口修船有限责任公司落实安全生产主体责任不到位。

（4）福建省有关职能部门、单位履行对福建省海运集团有限责任公司的安全生产监管职责不到位。

（5）江苏省有关职能部门、单位履行对南通市海鸥救生防护用品有限公司的安全生产监管职责不到位。

（6）中国船级社青岛分社威海检验处履行船舶检验职责不到位。

（7）荣成市工业和信息化局履行船舶工业安全生产监督检查职责不到位。

（8）地方党委、政府落实安全生产属地监管职责不到位。

（三）事故性质

经调查认定，山东威海荣成市福建海运“金海翔”号货轮“5·25”中毒窒息事故是一起重大生产安全责任事故。

四、处理建议

建议对福建省海运集团有限责任公司“金海翔”号货轮三副、江苏省南通市海鸥救生防护用品有限公司工程部主管等 6 人移送司法机关追究刑事责任。建议对中国船级社青岛分社威海检验处验船师，荣成市工业和信息化局党组书记、局长，荣成市成山镇党委副书记、镇长，荣成市委常委、好运角旅游度假区党工委书记、管委会主任等 9 人给予党纪、政务或组织处理。

建议对福建省、江苏省及山东省有关单位和人员进行不同程度的罚款、暂扣或吊销相关证照等行政处罚。

责成荣成市委、市政府分别向威海市委、市政府作出深刻书面检查；责成威海市委、市政府分别向山东省委、省政府作出深刻书面检查。

五、事故防范和整改措施建议

一是着力防范和化解造修船重大安全风险。二是督促造修船企业落实安全生产主体责任。三是切实加强造修船企业生产安全事故应急救援体系建设。四是深刻吸取事故教训，深入开展安全专项整治行动。五是夯实安全基础，实现本质安全。

案例八　河南三门峡河南省煤气（集团）有限责任公司义马气化厂“7·19”重大爆炸事故

2019年7月19日17时45分左右，河南省三门峡市河南省煤气（集团）有限责任公司义马气化厂（简称义马气化厂）C套空气分离装置发生爆炸事故，造成15人死亡、16人重伤，直接经济损失8170.008万元。

一、事故经过

2019年6月26日，义马气化厂C套空分装置冷箱保温层在常规分析中，检测到内部氧含量上升。7月7日，密封气压力上升至800~900帕（正常值为400~500帕），氧含量达到58%（正常值应小于5%），冷箱顶部西侧、北侧出现外部结霜情况。7月12日，冷箱四层北侧出现250毫米的裂纹，并有冷气冒出，密封气压力为800~900帕。7月19日，冷箱内泄漏液体积累到一定程度，体积迅速膨胀，导致冷箱超压变形开裂，17时43分发生珠光砂外喷。冷箱构件发生低温脆断，在自重作用下失稳坍塌，拉动塔器倾斜，冷箱及铝质设备倒向东偏北方向，砸裂东侧8.5米处500立方米液氧贮槽，大量液氧迅速外泄到周边区域，在冲击能的作用下，氧气与铝材及其他可燃物接触发生爆炸。

二、应急处置情况

爆炸发生后，义马气化厂立即启动应急预案，成立现场应急指挥部，开展自救互救。义马市消防大队听到爆炸声后，立即前往事故现场，并报告三门峡市消防支队；三门峡消防支队迅速调派所辖8个中队和29部消防车、265名消防指战员赶赴现场处置。

17时59分，义马市、三门峡市政府相继启动生产安全应急预案，成立事故前线指挥部，做好各项抢险救援工作。

18时8分，河南省应急管理厅接到报告后，立即上报河南省委、省政府和应急管理部，启动重大事故应急响应机制。

事故前线指挥部共调派48辆消防救援车、340名消防指战员开展现场救援；调集500余名警力对事故现场周围实施封闭，对通往现场的道路实行交通管制，并开展反恐调查、刑侦勘验、物证提取等工作；调集生态环境监测人员70余人，布设空气监测点位4个、地表水监测点位10个，开展环境监测；调集应急发电车、通信保障车、气象指挥车等，保障救援行动顺利开展。同时，三门峡军分区、民兵预备役，以及心安救援队、神鹰救援队、红星救援队等民间救援队积极参加现场救援。截至20日12时30分，现场搜救工作结束，共搜救人员31人，疏散群众1500多人。

三、事故原因及性质

（一）直接原因

义马气化厂 C 套空分装置发生泄漏没有及时处置（时间长达 23 天），富氧液体泄漏至珠光砂中，使碳钢冷箱构件发生低温脆断。同时由于冷箱压力增高发生砂暴，导致冷箱失稳坍塌，拉动塔器倾斜，冷箱及铝质设备倒向东偏北方向，砸裂东侧 500 立方米液氧贮槽，大量液氧迅速外泄到周边区域，氧气（助燃气体、氧化剂），槽车高温发动机、正在运行的液氧充车泵及电控箱产生的电弧火花、坠落物机械冲击（激发能），机油、柴油、铝质材料（可燃物、还原剂）共同造成第一次爆炸。第一次爆炸产生的能量作为激发能，使处于富氧环境中的填料（厚度 0.15 毫米）、筛板、板翅式换热器等等铝制材料发生第二次爆炸。

（二）间接原因

义马气化厂不执行企业技术操作规程，发现隐患没有及时处置；设备管理不规范，备用设备不能随时启动切换；层层请示汇报，该决策不决策；未按规定履行隐患排查责任，安全管理制度不落实。河南省煤气（集团）有限责任公司未督促义马气化厂及时停车检修，检修和停车制度不落实；未落实监督监察主体责任，错误下达指令；督促落实安全管理制度不力。河南能源化工集团有限公司安全防范意识不强，制度建设有重大缺陷，安全管理存在重大漏洞，组织落实安全管理制度不力。地方政府及相关部门贯彻落实安全生产责任体系不力，贯彻执行党和国家安全生产工作方针政策和决策部署不力，履行属地安全监管职责和安全生产工作监督管理不到位。

（三）事故性质

经调查认定，河南三门峡河南省煤气（集团）有限责任公司义马气化厂“7·19”重大爆炸事故是一起重大生产安全责任事故。

四、处理建议

已被公安机关采取措施的 6 人移送司法机关，依法追究其刑事责任，其中为中共党员或监察对象的由当地纪检监察机关或有管辖权的单位给予相应的党纪政务处分。对有关公职人员的党纪政务处分和有关单位的处理意见，由省纪委监委提出；涉嫌刑事犯罪人员由省纪委监委依法移交司法机关处理。

建议对河南省煤气（集团）有限责任公司及主要负责人进行不同程度的罚款或吊销相应许可证等行政处罚。

五、事故防范和整改措施建议

一是严格落实企业安全生产主体责任。二是进一步加强空分装置安全管控。三是加强危险化学品安全监管能力建设。四是强化属地监管责任。

案例九　湖南湘潭花石镇“9·22”重大道路交通事故

2019 年 9 月 22 日 8 时 42 分许，湖南省湘潭县花石镇发生重大道路交通事故，造成 10 人死亡、16 人受伤，直接经济损失 1255 万元。

一、事故发生经过

2019 年 9 月 22 日 6 时许，湘潭县花石镇驾驶人欧××驾驶湘 A20816 号自卸低速货车从花石镇日华村自家出发到衡山聚龙物流有限责任公司装沙子。7 时 17 分许，欧××驾驶该车从聚龙物流装载沙子 10410 千克驶出。8 时许，在衡山县岭坡乡岭坡街水泥涵管厂装了 5 根水泥涵管（重 300 千克）。8 时 42 分许，当车辆行驶至县道 X018 线花石镇日华村下坡路段时（坡长 377.83 米，坡度为 6.8%，坡底是日华村马路市场，当天赶集），因车辆严重超载，在下坡过程中动能巨大，欧××为减速连续踩踏制动踏板，使储气筒内高压空气从已龟裂破损的前轮制动软管和左后轮制动泵皮碗破损处泄漏，制动效能逐渐下降，导致制动失效，货车失控碰撞、碾压正在赶集的群众。

二、应急处置情况

事故发生后，湘潭市及湖南省政府主要领导立即率领应急、公安、交警、交通、卫生健康、消防等部门人员赶赴现场调度处置。应急管理部、公安部、交通运输部相关司局负责人赶赴现场指导事故处置。现场救援处置于 9 月 22 日 15 时许结束，现场交通管制解除，恢复交通。9 月 24 日，省政府成立湘潭县花石镇“9·22”重大道路交通事故调查组对事故进行调查。

三、事故原因及性质

（一）直接原因

驾驶人驾驶严重超载且安全技术状况不符合标准的机动车上路行驶，车辆制动系统失效。驾驶人临危操作不当、措施不力，加之事发当日公路上赶集人员众多，扩大了事故危害后果。

（二）间接原因

衡山县聚龙物流公司等 6 家企业未落实主体责任，湘潭、衡阳、长沙三地交通、交警、市场监管、商务等 14 个部门未落实行业监管责任，湘潭县花石镇人民政府、湘潭县人民政府、衡山县人民政府、衡山市人民政府未落实主导责任。

（三）事故性质

经调查认定，湖南湘潭县花石镇“9·22”重大道路交通事故是一起重大生产安全责任事故。

四、处理建议

对货车驾驶人欧××、聚龙物流法定代表人等 15 人移送司法机关，依法追究其刑事责任。对北汽福田长沙汽车厂、衡山县聚龙物流公司等企业和人员违法违规行为，已建议有关地方主管部门依法予以行政处罚；涉嫌刑事犯罪的人员，移送司法机关处理。

对在事故调查过程中发现的各级党委、政府及有关部门公职人员履职方面的问题材料，已移交湖南省纪委省监委湘潭县花石镇“9·22”重大道路交通事故责任追究审查调查组。

五、事故防范和整改措施建议

一是认真落实十九届四中全会精神，全面加强政府治理能力建设。二是依法健全联合治超机制，落实治超源头主体责任。三是加强马路市场隐患治理，净化公路通行环境。四是强化对车辆生产、销售、检测登记闭环管理，严把车辆源头关。五是加强交通安全宣传教育，提升驾驶人自律意识。

案例十 长深高速江苏无锡“9·28”特别重大道路交通事故

2019 年 9 月 28 日 7 时许，长深高速公路江苏无锡段发生大客车碰撞重型半挂汽车列车的特别重大道路交通事故，造成 36 人死亡、36 人受伤，直接经济损失 7100 余万元。

一、事故经过

2019 年 9 月 28 日 5 时 8 分，驾驶人李××驾驶河南国立旅游汽车客运有限公司（简称国立公司）号牌为豫 A5072V 大型普通客车，核载 69 人，实载 71 人（含 4 名免票儿童，未超员）。从浙江省绍兴市柯桥区杨汛桥镇发车，驶往安徽省阜阳市临泉县，行驶途中未上下客。经沪昆高速、杭州绕城高速、长深高速，于 6 时 42 分经过长深高速父子岭收费站驶入江苏省境内。7 时 0 分 40 秒，当该车行驶至长深高速江苏省无锡市宜兴市境内 2154 公里 616 米处时（车速约 127 公里/小时），左前轮爆胎，车辆失控，两次碰撞中央隔离护栏，越过中央隔离带冲入对向车道。在 2154 公里 356 米处，与对向安××正常驾驶的徐州三联运输有限公司号牌为苏 CF3658/苏 C12F1 挂重型半挂汽车列车（载 2 名驾驶员）相撞，两车前部严重变形，造成 36 人死亡、36 人受伤，另有 1 名儿童未受伤。

二、应急处置情况

事故发生后，应急管理部、公安部、交通运输部、全国总工会等单位有关负责同志迅速率领工作组赶赴现场，指导事故应急救援、伤员救治、事故调查和善后处置等工作。

无锡市及宜兴市公安、交通运输、应急管理、卫生健康部门及宜兴市 120 急救中心、蓝天救援队等单位人员赶到现场开展事故处置和救援。事故现场共投入 80 余辆抢险救援车辆，350 余名抢险救援人员。至 16 时事故现场清理完毕，道路恢复通行。

江苏省立即启动应急响应，省委、省政府相关负责同志带领省直有关部门及高速公路管理企业主要负责人赶到事故现场，指导事故救援处置等各项工作。无锡市、宜兴市相关负责人及有关部门人员赶到现场开展救援工作。江苏省成立现场应急处置指挥部，设置 9 个工作组有序开展工作。

国家卫生健康委和江苏省、无锡市抽调 20 名医疗专家、460 名医护人员，对受伤人员开展一对一医疗救治，为每位伤员制定专门救治方案，救治过程中无一人死亡。无锡市、宜兴市政府抽调 385 名工作人员成立善后工作小组，按照一对一原则认真做好事故伤亡人员家属接待及安抚工作、遇难者身份确认和赔偿等工作。

三、事故原因及性质

（一）直接原因

驾驶人李××驾驶豫A5072V大客车在高速行驶过程中左前轮轮胎发生爆破，导致车辆失控，两次与中央隔离护栏碰撞，冲入对向车道，与对向正常行驶的大货车相撞。经专业机构检验检测和专家综合分析论证，认为轮胎爆破与轮胎气压过高、车辆高速行驶、车辆重载引起轮胎气密层与内衬层脱层有关。排除大客车左前轮轮胎爆破系碰撞碾压路面异物所致。大客车上大部分乘员未系安全带，在事故发生时脱离座椅，被挤压或甩出车外，加重了事故伤亡后果。

（二）间接原因

事故企业河南国立旅游汽车客运有限公司未申请道路运输经营许可，所属车辆使用伪造的道路运输经营许可证、道路运输证、包车客运标志牌，非法从事道路客运经营活动。公司未建立安全生产管理相关规章制度，企业安全投入、安全管理人员配备、驾驶员安全培训、车辆维修保养、动态监控等日常安全管理关键环节严重缺失。

安徽省阜阳市和临泉县、浙江省绍兴市和柯桥区有关交通运输部门打击大客车非法从事道路客运经营工作不力，临泉县、柯桥区公安交警部门未对包括事故大客车在内的车辆违法违规行为进行有效查处。河南省郑州市交通运输部门打击企业和大客车非法从事道路客运经营行为不力，公安交警部门开展道路运输重点企业、重点车辆安全监管工作不力。安徽省阜阳市临泉县、浙江省绍兴市柯桥区、河南省郑州市人民政府未严格按照属地原则加强道路交通安全监管工作的领导，未按照“管行业必须管安全、管业务必须管安全、管生产经营必须管安全”的总体要求，有效督促指导有关部门依法履行道路运输安全监管职责。

（三）事故性质

经调查认定，长深高速江苏无锡“9·28”特别重大道路交通事故是一起重大生产安全责任事故。

四、处理建议

对王××等14名涉嫌犯罪的有关责任人，公安机关已依法采取刑事强制措施。

对于在事故调查过程发现的地方政府及有关部门公职人员履职方面的问题线索及相关材料，已移交中央纪委国家监委。对有关人员的党政纪处分和有关单位的处理意见，由中央纪委国家监委提出；涉嫌刑事犯罪人员，由中央纪委国家监委移交司法机关处理。

建议河南省有关部门依法吊销国立公司及其相关分公司营业执照，并处罚款，企业主要负责人终身不得担任道路运输行业生产经营单位的主要负责人。

五、事故防范和整改措施建议

一是深入贯彻习近平总书记重要指示精神，切实提高政治站位。二是切实加强道路客运企业及车辆的源头治理。三是创新完善道路客运安全管理常态化工作机制。四是切实加大道路客运执法查处力度。五是进一步提升道路客运本质安全水平。

案例十一　浙江宁波锐奇日用品有限公司“9·29”重大火灾事故

2019年9月29日13时10分许，浙江省宁海县梅林南路195号宁波锐奇日用品有限公司（简称锐奇公司）厂房发生烷烃爆燃事故，造成19人死亡、3人受伤，过火面积约1100平方米，直接经济损失约2380.4万元。

一、事故发生经过

2019年9月29日7时20分许，锐奇公司员工孙××进入西楼一层车间。7时25分许，孙××开始在西楼一层车间自南向北第三跨东半间配制加工物料，共配制了6个塑料桶的物料。7时49分许，将第一桶物料倒入金属桶内，并放置在位于第三跨靠东墙处的电磁炉上加热熬制，结束后倒回塑料桶。13时9分许，孙××对加热完的第三桶物料进行搅拌。13时10分许，孙××端起金属桶将物料倒回塑料桶后，将金属桶向下倾斜搁置在塑料桶上，可见桶口有白色蒸气升腾。孙××放手转身的过程中，在金属桶口出现一团火光，然后火焰变大。发现起火后，孙××仅使用桶盖盖、扇等方式扑救，但未就近取用灭火器灭火，耗时4分多钟未成功扑救。一层钢棚下泡壳（吸塑）车间员工黄××看到孙××在救火，在此期间甚至走到灌装车间门口，停留片刻后又返回自己的工位，未参与扑救；一层吸塑车间另外两名员工李××、黄××也发现了火光，但只顾继续手头工作，未报警也未参与扑救。塑料桶被烧融后，引燃周边易燃可燃物，该车间迅速进入全面燃烧状态并发生了数次爆炸；一层生产车间内大量香水物料及塑料筐等可燃物均参与燃烧，产生大量一氧化碳等有毒物质和高温烟气，向周边区域蔓延扩大。火势和高温有毒烟气在一层空间蔓延的同时，迅速通过楼梯向上蔓延，引燃二楼半成品包装车间、三楼成品包装车间可燃物，随后短时间内形成整个厂房的立体燃烧状态。

二、应急处置情况

13时14分，宁海县消防救援大队接到报警后，第一时间调集力量赶赴现场处置。宁波市、宁海县人民政府接到报告后，迅速启动应急预案，主要负责同志立即赶赴现场，调动消防、公安、应急管理等有关单位参加应急救援，共出动消防车25辆、消防救援人员115人。现场明火于15时许被扑灭。

因西侧建筑随时可能发生爆炸，且建筑物燃烧导致楼板坍塌或变形，随时可能形成二次坍塌。经建筑结构专家安全评估，不宜立即采取内攻搜救。风险排除后，9月30日凌晨3时20分许，搜救人员进入西侧建筑三层包装车间，在西南角发现18名遇难人员；4时10分许，在西侧建筑一层灌装车间南侧发现1名遇难人员，事故遇难的19人均被发现。截至9月30日傍晚，事故现场残存化学品储存罐体已全部处置完毕，由宁波市北仑环保固废有限公司运往北仑区进行专业处置。

三、事故原因及性质

（一）直接原因

经调查认定，事故的直接原因是锐奇公司员工孙××将加热后的异构烷烃混合物倒入塑料桶时，因静电放电引起可燃气起火并蔓延成灾。

（二）间接原因

锐奇公司安全生产主体责任不落实。宁海县裕亮文具厂违法建设、非法出租。地方政府安全生产监管职责落实不力。负有安全生产、消防监管职责部门履职不到位。其他有关部门对安全相关工作监管、指导、督促不到位。中介技术机构服务流于形式。

（三）事故性质

经调查认定，浙江宁波锐奇日用品有限公司“9·29”重大火灾事故是一起重大生产安全责任事故。

四、处理建议

锐奇公司法定代表人、实际控制人和对事故发生负有直接责任的员工孙××等3人，因在事故中死亡，对其免于追究责任。建议对股东葛××及裕亮文具厂法定代表人移送司法机关追究刑事责任。建议对宁波杭州湾新区党工委副书记、管委会主任等21人给予党纪政务处分。

责成宁波市政府向省政府作出深刻检查，并抄报省纪委监委、省应急管理厅。

五、事故防范和整改措施建议

一是全面厘清重点行业领域监管职责。二是持续推进安全生产综合整治和风险隐患排查。三是切实加强基层安全监管和应急能力建设。四是积极推动齐抓共管的长效机制建设。

案例十二　广西河池南丹庆达惜缘矿业投资有限公司“10·28”矿山坍塌重大事故

2019 年 10 月 28 日 18 时 30 分许，广西壮族自治区河池市南丹庆达惜缘矿业投资有限公司（简称庆达公司）大坪村矿区锌银铅锑锡铜矿 2 号斜井井下通往相邻铜坑矿已封闭垮落带区域发生坍塌事故，造成 2 人死亡，11 人失联，直接经济损失 1337.91 万元。

一、事故经过

2019 年 10 月 28 日 16 时左右，洪锌矿业理事长陆××、施工队包工头段××，包工头韦桂×、技术员杨××和工人覃××，带领 4 名有投资意向的投资人和 2 名新招募的工人，由大坪矿 2 号斜井下井，到越界违法区域的五中段东二面斜井下的工作面实地考察。洪锌矿业理事长韦宏×和施工队包工头唐×、作业班长牙××3 人，由庆达公司大坪矿 2 号斜井下井，到准备采矿的越界违法区域五中段东二面 445 米平巷作业面查看作业环境。

韦宏×、唐×和牙××3 人到五中段东二面 445 米平巷作业面查看了 10 分钟左右后，由于环境温度较高，退回到来时巷道边上的斜巷休息。牙××为了不打扰韦宏×等人，一个人往外走。牙××刚走出十多米，突然被一股强大夹着石头和沙子的气流冲出七八米远，头上的矿灯、矿帽都被吹走。巷道里的灯全部熄灭。慌乱中牙××抱住一根用作支护的铁轨才停下来。身后传来一阵阵隆隆的响声，牙××判断是里面塌方了。

10 月 28 日 19 时许，井下带班副矿长王××根据幸存者牙××的描述，估计有十几人被困，立即安排安全员吴××组织工人查看，并用井下直通电话向井上的副矿长卢××、安全科长莫××报告。

卢××、莫××等人先后带领十多名工人到井下参与施救。10 月 29 日 7 时左右，遇到下井救援的广西矿山救援大队华锡中队。此后，现场救援工作由专业救援队接管。经事后清点人数确认，1 人逃出，2 人死亡，11 人失联。

二、应急处置情况

接到事故报告后，南丹县启动三级应急响应，成立事故救援现场指挥部；河池市启动三级应急响应，成立救援指挥部。应急管理部工作组，自治区应急管理厅、自然资源厅分管领导，河池市委、市政府主要领导，南丹县委、县政府主要领导赶赴现场，组织指挥市县应急、公安、自然资源、卫健、武警、消防等部门力量 200 多人，广西矿山救援大队华锡中队 11 人、河池中队 10 人等在矿区现场 30 多名矿工的配合下开展救援。

10 月 29 日 14 时，两个救援队人数增至46人，另有4个救援小队共40人随时待命。10月30日，广西百矿集团应急救援大队14名救援人员携带设备到达现场支援，随后广西矿山救援大队南宁中队、合山中队共20名救援人员到达现场支援。11月7日，经专业救援队和救援专家组综合分析研判，在高温、有毒有害气体超标等不利条件下，井下被困人员已不具备生命存活条件。现场救援指挥部决定，11月7日19时后终止救援。

三、事故原因及性质

（一）直接原因

铜坑矿已封闭的采空区垮落带范围内的445米水平二盘区北面的V号盲空区顶板岩体发生大面积冒落、坍塌，导致从庆达公司大坪矿2号斜井进入越界违法区域的人员受到冲击波伤害以及石块掩埋。

（二）间接原因

（1）庆达公司长期越界盗采。

（2）庆达公司违法违规发包井下施工。

（3）庆达公司民用爆破物品管理、安全生产管理混乱。

（4）市县政府有关部门监管工作不力。

（5）南丹县委、县政府安全生产领导责任落实有差距。

（三）事性性质

经调查认定，广西河池南丹庆达惜缘矿业投资有限公司“10·28”矿山坍塌事故是一起重大生产安全责任事故。

四、处理建议

对事故负有直接责任的韦宏×、陆××在事故中死亡，免于追究责任。

庆达公司及其相关人员11人涉嫌严重刑事犯罪，造成的损失重大、后果严重、社会影响恶劣，已由司法机关依法提起公诉。

建议给予庆达公司、洪锌矿业、中矿南宁分公司3家事故责任单位行政处罚。

对于在事故调查过程中发现的地方党委、政府及有关部门的公职人员履职方面的问题线索及相关材料，已由自治区纪委监委事故责任追究组收集。对有关责任单位、责任人员的处理意见，由自治区纪委监委提出；如涉嫌刑事犯罪，由纪检监察机关移交司法机关处理。

五、事故防范和整改措施建议

一是提高政治站位树牢安全发展理念。二是严肃整顿矿产资源管理秩序。三是强化矿产资源开发利用监管。四是从严落实安全监管工作职责。五是充分发挥社会监督作用。

案例十三 云南临沧凤庆高速公路隧道“11·26”涌水突泥事故

2019 年 11 月 26 日 17 时 21 分许，云南省临沧市凤庆县在建云凤高速公路安石隧道发生涌水突泥重大生产安全事故，造成 12 人死亡、10 人受伤，直接经济损失 2525.01 万元。

一、事故经过

2019 年 11 月 26 日事故当班，在安石隧道右洞出口端内共有 15 人。17 时 21 分许，在安石隧道出口端右洞距掌子面 5 米左右隧道右上方突发涌水突泥，造成距掌子面 42 米处在仰拱作业区的 5 名人员被埋，1 名施工人员被卡在防水板台车端头，9 名施工人员跑出洞外。因 1 名施工人员被卡在防水板台车端头，其父、其兄和当班工友自发组织现场救援。18 时 22 分许，在第一次涌水突泥口处，发生第二次涌水突泥，造成自发参与救援的 7 人和第一次涌水突泥被卡在防水板台车端头的施工人员遇险失联，9 人被冲出洞外（受伤）、3 人跑出洞外。两次涌水突泥共造成 12 人死亡、10 人受伤。

二、应急处置情况

事故发生后，临沧市凤庆县消防救援大队立即出动 3 辆消防车、12 名指战员赶赴事故现场救援。凤庆县、临沧市、云南省相继启动应急预案，成立事故处置工作指挥部，全面展开事故救援和善后处置工作。

应急管理部、交通运输部有关领导和专家及时赶赴事故现场指导督促应急救援处置工作，成立统筹现场应急抢险救援联合指挥部，下辖专家指导、灾害救援、医疗卫生、善后处置、事故调查等 9 个组，全面统筹调度抢险救援力量，合力开展应急救援工作。

针对现场复杂的地质环境及救援中出现的左、右隧道初支变形、开裂等不确定因素，按照“积极稳妥、科学有效，不发生次生灾害”的要求，经专家组反复研究论证，确定 3 个阶段救援工作方案。累计 1000 余人、13 辆救护车辆、39 名医护人员、18 辆施工机械、1 套应急通信基站、2 头搜救犬参与救援。截至 12 月 4 日 15 时，共搜寻、搜救出 13 名遇险失联人员（其中生还 1 人，12 人遇难），现场救援工作结束。

三、事故原因及性质

（一）直接原因

（1）安石隧道右洞 K42+955 右上方存在一隐伏含水破碎带，该破碎带呈不规则风化囊形态，体积约 1.53 万立方米，该风化囊底部距隧道拱顶约 3 米，按现行公路建设勘察、施工标准难以发现。

（2）掌子面通过该风化囊时，由于隧道拱顶石英片岩处于相对完好状态，没有明显的涌水突泥前兆。但随着时间推移和隧道施工扰动产生的裂缝逐步贯通、渗流通道扩张，当隧道拱顶围岩强度达到极限临界状态时，突发第一次涌水突泥。第一次涌水突泥后，大量物源迅速淤积在局部堵塞点，涌水突泥暂时终止，随着补给水的不断涌入汇聚，其势能急剧增高，压力增大，造成第二次涌水突泥。

（3）第一次涌水突泥后，现场施工人员自发盲目实施救援，事故现场失去控制，导致伤亡人员进一步扩大。

（二）间接原因

（1）中交公路规划设计院有限公司，违法违规将工程勘察分包。

（2）贵州省公路工程集团有限公司制定的涌水突泥专项应急预案缺乏针对性和可操作性，未开展涌水突泥专项应急演练。

（3）重庆锦程工程咨询有限公司未严格履行项目安全生产监理主体责任，对施工组织设计审核把关不严格。

（4）招商局重庆交通科研设计院有限公司第三方检测主体责任落实不到位，监控量测及超前预报工作不到位。

（5）重庆江北地质工程勘察院物探勘测分包工作未经发包方同意。

（6）贵州百易工程劳务有限公司，用工管理不规范。

（7）临沧市高速公路开发投资有限责任公司安全生产管理责任落实不到位。

（8）云南凤云高速公路有限公司（指挥部）监督管理责任落实不到位。

（9）临沧市交通运输局，安全生产行业监管主体责任落实不到位。

（三）事故性质

经调查认定，云南临沧凤庆云凤高速公路隧道“11·26”涌水突泥事故是一起重大生产安全责任事故。

四、处理建议

建议对中交公路规划设计院有限公司云南分公司总经理、贵州省公路工程集团有限公司云凤高速公路二合同段总承包部项目经理、临沧市人民政府常务副市长等26人给予党纪政务处分或行政处罚。

建议对贵州省公路工程集团有限公司、贵州百易工程劳务有限公司、中交公路规划设计院有限公司、重庆锦程工程咨询有限公司等8家涉事企业作出行政处罚。

建议责成临沧市交通运输局向临沧市委、市人民政府作出深刻检查。建议责成临沧市委、市人民政府向省委、省人民政府作出深刻检查。建议责成省交通运输厅向省委、省人民政府作出深刻检查。

五、事故防范和整改措施建议

是切实加强复杂地质条件下隧道施工安全风险防范。二是切实加强隧道施工超前地质预报和监控量测管理。三是进一步强化安全风险评估和动态管理。四是全面落实施工企业安全生产主体责任。五是切实履行行业安全监管职责，严查严处工程建设领域各类非法违法行为。六是切实督促参建各方做好事故隧道复工前各项工作。

案例十四　湖南长沙浏阳市碧溪烟花制造有限公司“12·4”重大爆炸事故

2019 年 12 月 4 日 7 时 32 分，湖南省长沙市浏阳市澄潭江镇达坪村碧溪烟花制造有限公司（简称碧溪公司）石下工区发生重大爆炸事故，造成 13 人死亡、13 人受伤，直接经济损失 1944.6 万元。

一、事故经过

2019 年 12 月 4 日凌晨 5 时 20 分许，碧溪公司石下工区 28 名员工陆续进入 1.3 级生产区，从事“彩雷”“拉线烟雾手雷”产品的转运、包装（褙皮、装盒、成箱等）作业。7 时 32 分，13 号包装工房 21 号工位的曾××在将装有一个“彩雷”药饼的实底塑料筐搬出工房外的瞬间，药饼起火爆炸，引燃门外其他药饼后，相继引爆 13 号、12 号工房内半成品和成品。7 时 35 分许，11 号工房被引爆；7 时 43 分许，燃烧爆炸飞溅物引爆 16 号半成品中转库。爆炸造成石下工区 5 栋工房全部损毁，另有工区内 19 栋工房和厂外周边 323 间（栋）建筑物不同程度受损。

二、应急处置情况

事故发生后，碧溪公司、石下工区和当地村民迅速调集工程机械开展了现场救援，搜救出 6 名遇难者遗体，并将 6 名受伤员工送医院救治。8 时 59 分，浏阳市消防救援大队调集大瑶中队 21 名指战员和专业装备赶到事故现场。9 时 17 分，澄潭江镇森林消防大队组织 8 人到达事故现场；消防队员随即开展火情侦察、灭火和现场搜救。9 时 30 分，澄潭江镇党委、政府成立现场应急指挥部。11 时 29 分，火情得到基本控制。浏阳市委、市政府和应急、公安、卫健等部门，长沙市应急、公安部门负责人先后到达现场指导救援。11 时 23 分，湖南省应急管理厅接到湖南省消防救援总队事故信息后，主要领导高度重视，派出工作组于 14 时 37 分到达事故现场指导救援工作。至 17 时 30 分，现场搜救工作基本结束。

三、事故原因及性质

（一）直接原因

13 号工房员工曾××将一个装有“彩雷”药饼的实底塑料筐搬出工房时，因药饼与筐内残留药物摩擦起火，引燃药饼引火线和尾药后，引爆筐内“彩雷”药饼和门周边药饼。造成人员伤亡扩大的原因，一是事发工房成品和半成品药量超量；二是事发工房成品半成品堵塞通道，周边违规搭建的建筑物妨碍员工逃生疏散；三是大部分员工年龄过大，爆炸发生后，缺乏逃生技能，逃生动作较迟缓。

（二）间接原因

碧溪公司安全生产主体责任不落实。波兰 JORGE 有限责任公司等公司未严格审查承接单企业碧溪公司及石下工区生产许可范围，违规下单。长沙市安全生产协会对事故单位安全生产三级标准化创建审查把关不严。相关地方党委、政府谎报生产安全事故，对烟花爆竹企业违法违规生产查处不力，属地安全监管责任不落实；地方有关部门执行安全生产法律法规不到位，对属地监管工作督促指导不力。

（三）事故性质

经调查认定，湖南长沙浏阳市碧溪烟花制造有限公司“12・4”重大爆炸事故是一起重大生产安全责任事故。

四、处理建议

对在事故中死亡的 1 人免予追究责任。对碧溪公司实际控制人杨××等 10 人由司法机关依法追究其刑事责任。

由浏阳市应急管理局对碧溪公司予以行政处罚，并由湖南省应急管理厅吊销其安全生产许可证。长沙市安全生产协会公开作出深刻检查，依法依规对相关人员作出处理。

对有关公职人员的党政纪处分和有关单位的处理意见，由湖南省纪委省监委提出并公布；涉嫌刑事犯罪人员，由湖南省纪委省监委移交司法机关处理。

五、事故防范和整改措施建议

一是强化“促一方发展、保一方平安”的安全生产政治责任。二是烟花爆竹相关企业全面依法履行安全生产主体责任。三是各有关部门要严格依法依规加强对烟花爆竹行业的安全监管，防止类似事故再次发生。四是严格落实突发事件信息报送规定。

案例十五　贵州黔西南州安龙县广隆煤矿“12·16”重大煤与瓦斯突出事故

2019 年 12 月 16 日 23 时 10 分，贵州省黔西南州安龙县戈塘镇广隆煤矿（简称广隆煤矿）21202 运输巷掘进工作面发生一起煤与瓦斯突出事故，造成 16 人死亡、1 人受伤，直接经济损失约 2311 万元。

一、事故经过

2019 年 12 月 16 日，调度会安排白班 21202 运输巷打排放孔和锚网支护，夜班正常掘进。夜班由安全副矿长支×带班，矿长彭××在井口调度室值班。入井前未开班前会，作业人员 19 时 30 分左右陆续入井，带班矿长支×20 时 30 分入井。当班入井共计 23 人。

20 时 40 分许，21202 运输巷传出开带式输送机信号，综掘机开始掘进割煤。20 时 44 分，21202 开切眼掘进工作面回风流甲烷传感器发出超限报警信号，监测最大瓦斯浓度值为 2.76%。20 时 54 分，瓦检员杨×元打电话到监控室汇报 21202 开切眼掘进工作面回风流甲烷传感器显示甲烷浓度为百分之三点几，怀疑传感器故障，准备处理。21 时 24 分，杨×元打电话到监控室汇报传感器已处理好。

23 时 10 分，正在二部带式输送机机头操作的司机杨×科突然感觉有风吹来，巷道里粉尘变大。在二采区带式输送机下山带式输送机机头操作的司机杨×生被风流冲倒，风流持续约 10 分钟后停止。23 时 14 分，韦××发现水泵房、变电所、主水仓入口处甲烷传感器发出报警信号并闻到有焦臭味，韦××将 3 个甲烷传感器传输线拔掉并沿带式输送机运输线路往二采区方向查看情况。23 时 30 分许，韦××到达二采区运输下山斜巷刮板输送机处先后遇到田××和被冲倒后从二采区带式输送机下山走上来的杨×生。韦××随即打电话给彭××报告。彭××接到井下汇报电话后，随即拨打 21202 运输巷及回风巷和开切眼的电话，电话均接通但无人接听，直至杨×生等 4 人升井方确认发生了煤与瓦斯突出事故。

二、应急处置情况

事故发生后，17 日 0 时 30 分左右，煤矿开始自行组织人员入井救援。经清点，事故当班 23 人入井，有 7 人脱险升井。

12 月 17 日 3 时 10 分，黔西南州矿山救护队接到事故救援电话，于 4 时 50 分到达广隆煤矿并开展抢险救援。六枝救护大队和盘江救护大队接令后于 7 时 50 分左右先后到达煤矿参与抢险救援。至 12 月 18 日 5 时 15 分，救护队员在 21202 运输巷回风口以里 372 米处和 380 米处，先后发现第 15 名和第 16 名遇难人员；9 时 7 分，最后一名遇难人员运送出井，抢险救援结束。事故当班未升井的 16 人全部遇难。

接事故报告后，在国家煤矿安监局和省有关领导的指导下，黔西南州人民政府按规定启动《应急救援预案》，组织有关部门和安龙县政府有序开展抢险救援工作。安龙县政府组织对伤亡矿工的善后事宜进行妥善处置。

三、事故原因及性质

（一）直接原因

21202 运输巷掘进工作面全程构造煤发育、煤层松软，突出点附近煤层变厚，煤层具有煤与瓦斯突出危险；工作面掘进未按规定采取有针对性的防突措施消除煤层突出危险；综掘机割煤扰动诱导煤与瓦斯突出。

（二）间接原因

（1）广隆煤矿安全生产主体责任不落实。

（2）同煤公司安全管理不到位。

（3）中介机构出具的评估报告结论失真。

（4）安龙县工科局监管工作不到位。

（5）安龙县委、县政府落实煤矿安全生产工作存在差距。

（6）黔西南州能源局监管工作弱化。

（三）事故性质

经调查认定，贵州黔西南州安龙县广隆煤矿“12·16”重大煤与瓦斯突出事故是一起重大生产安全责任事故。

四、处理建议

对广隆煤矿掘进队负责人等 9 人提出移送司法机关立案调查处理建议。对 10 名相关企业及中介机构人员提出警告、罚款等处理建议。对 14 名相关公职人员提出政务记过、政务降级、政务警告等处理建议。

建议吊销广隆煤矿安全生产许可证，关闭广隆煤矿或给予罚款。建议吊销同煤公司安全生产许可证。建议对华北科技学院没收违法所得，给予违法所得 2 倍的行政罚款，撤销其煤与瓦斯突出危险性鉴定资质。

建议责成黔西南州能源局向黔西南州政府作出深刻书面检查。建议责成安龙县委、县政府分别向黔西南州委、州政府作出深刻书面检查。建议责成黔西南州委、州政府分别向贵州省委、省政府作出深刻书面检查。

五、事故防范和整改措施建议

一是提高法制意识，严格落实安全生产主体责任。二是严格瓦斯管理特别是防突管理工作。三是强化安全监控系统管理。四是着力解决责任悬空的问题。五是坚持问题导向，抓好省政府“开小灶”各项措施的落实。六是强化红线意识，着力消除煤矿安全生产系统性风险。

第十一篇

附　　录

大　事　记

1月

1月3日　应急管理部党组书记黄明主持召开部党组会议、部长办公会议，学习贯彻中央农村工作会议精神，分析总结2018年安全生产和自然灾害防治情况，研究部署2019年应急管理重点工作。

同日　四川省宜宾市珙县（北纬28.20度，东经104.86度）发生5.3级地震，震源深度15公里，造成1人受伤，直接经济损失0.61亿元。应急管理部迅速启动应急响应，部党组书记黄明到部指挥中心与现场连线、会商视频调度，部署抢险救灾和应急处置工作，派出工作组赶赴现场指导抢险救灾工作。副部长郑国光参加调度。

1月4日　国务院防震减灾工作联席会议在京召开，总结2018年防震减灾工作，分析面临的新形势新挑战新要求，研究部署2019年重点任务。

1月6—12日　国务院安委会办公室启动第一批危险化学品重点县专家指导服务工作，分别对10个重点市县开展为期一周的指导服务。

1月8日　国务院安委会召开全体会议，总结2018年安全生产工作，审议2018年度省级政府安全生产和消防工作考核方案，研究部署2019年重点任务。

同日　应急管理部上海消防研究所牵头申报的“应急救援现场感知与协同指挥关键装备技术研究及应用”科研成果在2018年度国家科学技术奖励大会上荣获国家科学技术进步二等奖。

1月9日　国务院召开全国安全生产电视电话会议，总结、部署年度重点工作。中共中央政治局常委、国务院总理李克强作出重要批示。国务委员、国务院安委会副主任王勇出席会议并讲话，国务委员、国务院安委会副主任赵克志主持会议。国务院安委会副主任、应急管理部党组书记黄明通报2018年全国安全生产情况和2019年重点工作安排建议，付建华、孙华山、黄玉治、叶建春、王浩水等部领导参加会议。

1月12日　陕西省榆林市神木市百吉矿业公司李家沟煤矿发生煤尘爆炸事故，造成21人死亡。应急管理部党组书记黄明立即到部指挥中心与现场连线、视频调度，指挥抢险救援工作，派出由副部长、国家煤矿安全监察局局长黄玉治带队的工作组赶赴现场，指导救援和事故调查处置工作。副部长叶建春参加调度。国务院安委会对该事故查处实行挂牌督办。

1月15日　应急管理部党组书记黄明主持召开部机关和在京单位党组织书记座谈会，研究部署部机关和在京单位党组织全面从严治党工作，提升基层党建工作质量和水平。政治部主任许尔锋出席会议。

1月17—18日　全国应急管理工作会议在京召开。会议要求，全国应急管理系统要坚持以习近平新时代中国特色社会主义思想为指导，认真贯彻落实党的十九届三中全会精神、中央经济工作会议精神和党中央、国务院关于应急管理工作决策部署，扎实推进安全生产形势持续稳定，统筹加强自然灾害防治，全力防范化解重大安全风险，全面建设中国特色大国应急体系，打造忠诚干净担当经得起各种考验的过硬队伍，全力保护人民群众生命财产安全和维护社会稳定。应急管理部党组书记黄明作工作报告，部党组成员出席会议，中央有关部门代表应邀出席会议。

1 月 20 日 应急管理部政治部批准安徽省合肥市消防救援支队肥东中队副班长、四级消防士孟鸣之同志为烈士。

1 月 21 日 应急管理部印发《关于海洋石油安全监管机构更名有关事项的通知》，原海洋石油作业安全办公室更名为海洋石油安全生产监督管理办公室，原海洋安办各分部和地区监督处也相应更名。

1 月 22—25 日 应急管理部发布《关于国家综合性消防救援队伍面向社会招录消防员的公告》，正式启动国家综合性消防救援队伍首次面向社会公开招录消防员工作。

1 月 25 日 应急管理部、人力资源社会保障部印发《注册安全工程师职业资格制度规定》和《注册安全工程师职业资格考试实施办法》。

1 月 28 日 应急管理部党组书记黄明主持召开部党组会议、部长办公会议，学习贯彻习近平总书记在省部级主要领导干部专题研讨班开班式上的重要讲话精神，分析全国安全生产形势，研究部署有关重点工作。

1 月 30 日 应急管理部党组书记黄明主持召开部党组民主生活会。在京部党组成员出席会议。

1 月 31 日 国务院安委会办公室、应急管理部召开 2019 年春节前后安全防范工作视频会议。国务院安委会副主任、应急管理部党组书记黄明主持会议并讲话。在京部党组成员出席会议。

同日 国家减灾委员会、应急管理部等印发通知，命名北京市东城区安定门街道国子监社区等 1487 个社区为 2018 年度全国综合减灾示范社区。

2 月

2 月 4 日 应急管理部党组书记黄明在北京市慰问除夕值班值守的首都一线消防救援队员。副部长付建华、政治部主任许尔锋参加。

2 月 5 日 应急管理部政治部批准四川省阿坝州消防救援支队壤塘县中队战斗一班班长、三级消防士刘乃夫同志为烈士。

2 月 12 日 应急管理部党组书记黄明会见中国安能建设总公司临时党委书记周国平一行，并围绕其参与应急救援的具体方式、队伍建设等方面进行了座谈交流。副部长孙华山参加会见。

2 月 13 日 应急管理部召开全国应急管理系统党风廉政建设工作视频会议，应急管理部党组书记黄明出席会议并讲话。政治部主任许尔锋、驻部纪检监察组组长艾俊涛出席会议。

2 月 14 日 应急管理部党组书记黄明赴中国红十字会总会，与全国人大常委会副委员长、中国红十字会会长陈竺，常务副会长梁惠玲座谈。副部长郑国光参加座谈。

2 月 15 日 应急管理部党组书记黄明赴中国气象局调研，与中国气象局局长刘雅鸣就深化双方合作进行深入交流。副部长郑国光参加调研。

同日 应急管理部党组召开巡视工作领导小组会议，部党组书记黄明主持会议，听取 2018 年第二轮巡视工作情况汇报，研究整改工作。政治部主任许尔锋、驻部纪检监察组组长艾俊涛出席会议。

2月16日 福建省福州市仓山区一民房坍塌，造成17人被困。应急管理部党组书记黄明立即到部指挥中心与现场连线、视频调度，指挥抢险救援工作，同时派出工作组赶赴现场，指导救援和事故调查处置工作。副部长郑国光参加调度。经近16小时持续救援，搜救出全部被困人员，其中3人死亡、14人生还。

2月17日 中共中央政治局常委、国务院总理李克强签署708号国务院令，公布《生产安全事故应急条例》，自2019年4月1日起施行。

2月18日 应急管理部党组书记黄明主持召开研究推进自然灾害防治“九项重点工程”专题会议。副部长孙华山、郑国光、尚勇参加会议。

同日 国家减灾委员会、应急管理部针对青海玉树等地雪灾造成的严重影响，紧急启动国家Ⅳ级救灾应急响应，派出工作组赶赴灾区，指导地方做好救灾工作。3月13日，财政部、应急管理部向青海省下拨中央自然灾害救灾资金1亿元，主要用于支持做好青海玉树等地严重雪灾受灾群众救助工作。

2月19日 应急管理部党组书记黄明先后2次主持召开元宵节保安全护稳定工作视频调度会，连线北京等6个省级应急管理厅（局），以及北京故宫博物院等重点活动执勤现场消防力量，部署应对处置工作。郑国光、黄玉治、王浩水等部领导参加调度会。

同日 应急管理部印发组织国家综合性消防救援队伍开展“学训词、铸忠诚、创新业、立新功”主题教育活动的通知。

2月21日 应急管理部党组书记黄明主持召开年轻干部座谈会，就推进应急管理事业改革发展等与年轻干部交流。政治部主任许尔锋出席会议。

同日 应急管理部党组印发履行全面从严治党主体责任清单。

2月22日 应急管理部召开灭火救援专家聘任仪式暨工作年会。应急管理部党组书记、消防救援总监黄明出席会议并讲话。

2月23日 内蒙古自治区西乌珠穆沁旗银漫矿业有限责任公司发生井下运输安全事故，造成22人死亡、28人受伤。应急管理部党组书记黄明立即到部指挥中心与现场连线、视频调度，指挥抢险救援工作，派出副部长付建华带领的工作组赶赴现场，指导救援和事故调查处置工作。副部长孙华山、黄玉治参加调度。国务院安委会对该起事故查处实行挂牌督办。

2月24—25日 四川省荣县相继发生4.7级、4.3级和4.9级3次地震，共造成2人死亡、14人受伤，直接经济损失1.8亿元。应急管理部党组书记黄明立即到部指挥中心与现场连线、会商视频调度，部署抢险救灾和应急处置工作，派出工作组赴现场指导抢险救灾工作。副部长郑国光参加调度。

2月25日 应急管理部党组书记黄明主持召开部党组会议、部长办公会议，学习贯彻习近平总书记在中央政治局第十三次集体学习上的重要讲话精神，研究部署有关重点工作。

同日 应急管理部党组书记黄明主持召开专题会议，研究部署推进国家综合性消防救援队伍首次招录消防员和队伍改革转制有关重点工作。政治部主任许尔锋出席会议。

2月27日 国务院安委会办公室、应急管理部召开全国“两会”期间安全防范工作视频会议。国务院安委会副主任、应急管理部党组书记黄明出席会议并讲话，在京部党组成员出席会议。

3月

3 月 1 日 应急管理部党组印发《关于适应新时代要求大力发现培养选拔优秀年轻干部的实施意见》。

同日 应急管理部党组书记黄明在京会见四川省委书记彭清华、省长尹力一行，双方就深化省部合作、完善应急管理体制机制等进行了深入交流。副部长付建华、郑国光参加会谈。

同日 国务院新闻办公室召开国务院政策例行吹风会，应急管理部副部长孙华山介绍《生产安全事故应急条例》出台背景、主要内容和重要意义等，并答记者问。

3 月 2 日 中共中央政治局常委、国务院总理李克强签署 709 号国务院令，公布《国务院关于修改部分行政法规的决定》，自公布之日起施行。其中包括对《自然灾害救助条例》《地震安全性评价管理条例》进行修改。

3 月 4 日 应急管理部党组书记黄明主持召开部党组会议、部长办公会议，学习贯彻中共中央《关于加强和改进中央和国家机关党的建设的意见》，研究部署有关重点工作。

3 月 8 日 应急管理部党组书记黄明主持召开部党组会议、部长办公会议，学习贯彻 2019 年《政府工作报告》，研究部署有关重点工作。

同日 国务院召开自然灾害防治会议，应急管理部党组书记黄明，副部长郑国光参加会议。

3 月 11 日 应急管理部党组书记黄明在京会见青海省委书记王建军、省长刘宁一行，双方就深化省部合作、加强应急管理工作等进行了深入交流。副部长郑国光、尚勇参加会见。

3 月 14 日 应急管理部党组印发 2019 年党的建设工作要点。

3 月 15 日 山西省临汾市乡宁县枣岭乡卫生院北侧发生山体滑坡，造成 33 人被埋压。应急管理部党组书记黄明立即到部指挥中心与现场连线，组织多部门会商视频调度，指挥抢险救灾和应急处置工作，同时启动地质灾害Ⅳ级应急响应，派出由副部长付建华带队的工作组赶赴现场指导抢险救灾工作。郑国光、许尔锋、尚勇等部领导参加调度。经现场 524 名消防救援队员 138 小时艰苦奋战，搜救出全部被埋压人员，其中 13 人生还。

同日 应急管理部召开应急管理系统学习贯彻全国“两会”精神视频会议，就学习贯彻全国“两会”精神，有效防范化解重大安全风险，坚决遏制重特大事故作出部署。党组书记黄明出席会议并讲话，在京部党组成员出席会议。

3 月 18—27 日 第二届联合国南南合作高级别会议“灾害管理及响应”边会在阿根廷举办。应急管理部政治部主任许尔锋出席，并访问阿根廷、巴西和西班牙。

3 月 19 日 中共中央总书记、国家主席、中央军委主席、中央全面深化改革委员会主任习近平主持召开中央全面深化改革委员会第七次会议并发表重要讲话。会议审议通过《关于深化消防执法改革的意见》等文件。会议强调，深化消防执法改革，要创新监管方式，强化源头治理，深化简政放权，坚决破除各种不合理的门槛和限制，加强事中事后监管，规范执法行为，推行消防执法事项全部向社会公开，构建消防监督管理体系，确保消防安全形势持续稳定向好。

同日　国家防汛抗旱总指挥部召开全体会议，总结2018年防汛抗旱工作，研究部署2019年工作。国务委员、国家防汛抗旱总指挥部总指挥王勇出席会议并讲话。国家防汛抗旱总指挥部副总指挥、应急管理部党组书记黄明通报有关工作，指挥部成员单位负责人参加会议。

3月20日　应急管理部发布《安全评价检测检验机构管理办法》（应急管理部令第1号），自2019年5月1日起实施。

同日　应急管理部政治部批准江苏省苏州市消防救援支队吴江区大队盛泽中队副班长、四级消防士刘磊同志为烈士。

3月21日　国家森林草原防灭火指挥部第一次全体会议在京召开，总结2018年森林草原防灭火工作，研究部署2019年工作。

同日　江苏省盐城市响水县生态化工园区天嘉宜化工有限公司发生爆炸事故，造成78人死亡、640人受伤，直接经济损失198635.07万元。事故发生后，正赴国外访问途中的习近平总书记作出重要指示，李克强总理等作出批示。应急管理部党组书记黄明立即率工作组赴现场指导抢险救援工作。22日，国务院决定成立江苏响水天嘉宜化工有限公司“3·21”特别重大爆炸事故调查组，黄明同志任调查组组长，副部长孙华山，部党组成员、总工程师王浩水任副组长。23日，事故调查组召开第一次全体会议。

3月22—23日　受习近平总书记、李克强总理委派，国务委员王勇赴江苏响水指导天嘉宜化工有限公司“3·21”特别重大爆炸事故应急救援工作，看望遇难者家属和受伤群众，慰问抢险救援队伍。应急管理部党组书记黄明等陪同。

3月24日　经党中央、国务院批准，应急管理部派出由65名队员组成的中国救援队，携带搜救、通信、医疗和后勤准备物资共计20吨，前往受到强热带气旋“伊代”袭击并造成重大人员伤亡和财产损失的非洲国家莫桑比克，开展国际人道主义救援行动。副部长尚勇出席中国救援队出征仪式。

3月25日　应急管理部党组书记黄明主持召开部党组会议、部长办公会议，深入学习贯彻习近平总书记对江苏响水天嘉宜化工有限公司“3·21”特别重大爆炸事故重要指示精神和李克强总理等领导同志批示要求，研究部署有关重点工作。

3月27日　国务院安委会办公室、应急管理部召开进一步加强安全生产工作视频会议，学习贯彻落实习近平总书记重要指示精神和李克强总理等领导同志批示要求，通报江苏响水天嘉宜化工有限公司“3·21”特别重大爆炸事故情况，要求各地区、各单位深刻吸取事故教训，切实抓好安全生产工作。国务院安委会副主任、部党组书记黄明出席会议并讲话。郑国光、黄玉治、尚勇、艾俊涛等部领导出席会议。

同日　国务院安委会办公室、应急管理部印发《关于开展危险化学品等重点行业领域安全生产专项执法检查的通知》。

同日　应急管理部政治部批准陕西省杨凌示范区消防救援支队特勤中队副班长、四级消防士张向博同志为烈士。

3月28日　国务院召开全国森林草原防灭火和防汛抗旱工作电视电话会议。中共中央政治局常委、国务院总理李克强作出重要批示。国务委员、国家森林草原防灭火指挥部总指挥、国家防汛抗旱总指挥部总指挥王勇出席会议并讲话。国家森林草原防灭火指挥部副总指挥、国家防汛抗旱总指挥部副总指挥、应急管理部党组书记黄明通报森林草原防灭火、防汛抗旱工作情况和下一步重点工作建议，应急管理部副部长郑国光、叶建春参加会议。

同日 全国人大常委会副委员长、中国红十字会会长陈竺一行赴应急总医院调研。应急管理部党组书记黄明，副部长郑国光等陪同。

同日 青海省海西州茫崖市（北纬38.28度，东经90.89度）发生5.0级地震，震源深度9公里，造成5500余人受灾，直接经济损失6.7亿元。应急管理部党组书记黄明立即到部指挥中心视频调度，部署抢险救灾和应急处置工作。副部长郑国光参加调度。

3月29日 国务院同意建立由应急管理部、国家发展改革委、财政部共同牵头的自然灾害防治工作部际联席会议制度。

同日 应急管理部党组举办理论学习中心组（扩大）学习全国“两会”精神专题视频报告会，邀请国务院研究室副主任郭玮作专题辅导报告。郑国光、黄玉治、尚勇、艾俊涛等部党组成员出席。会前，应急管理部党组书记黄明会见郭玮同志。

同日 山西省长治市沁源县王陶乡王陶村因架空铝绞线在大风条件下碰撞打火引发森林火灾，危及附近25个村庄安全。应急管理部党组书记黄明立即到部指挥中心与现场连线、视频调度，部署抢险救灾和应急处置工作，派出工作组赶赴现场指导处置工作。先后调集1300名森林消防队员参与火灾扑救，明火于4月5日10时30分被全部扑灭。副部长郑国光，部党组成员、总工程师王浩水参加调度。

3月30日 四川省凉山州木里县发生森林火灾，造成27名森林消防队员和3名地方干部群众牺牲。应急管理部党组书记黄明立即到部指挥中心指导抢险救援工作，并派副部长付建华、森林消防局政委戴建国带领工作组赶赴现场指导处置。

4月

4月2日 应急管理部政治部批准在扑救四川省凉山州木里县“3·30”森林火灾中牺牲的四川省森林消防总队凉山州支队赵万昆等27名同志为烈士。

4月3日 应急管理部党组书记、消防救援总监黄明赴四川省凉山州木里县处理森林火灾牺牲烈士善后工作，并与四川省委书记彭清华前往四川省森林消防总队凉山州支队西昌市大队，看望慰问参加木里森林大火扑救工作的森林消防队员。部政治部主任许尔锋等陪同。

4月4日 应急管理部、四川省委省政府在凉山州西昌市举行悼念活动，哀悼在四川木里森林火灾扑救中牺牲的烈士。中共中央总书记、国家主席、中央军委主席习近平，中共中央政治局常委、国务院总理李克强，中共中央政治局常委、副总理韩正等党和国家领导人向30名烈士敬献花圈。国务委员王勇代表党中央、国务院参加悼念活动，并慰问在四川木里森林火灾扑救中牺牲的森林消防员家属代表，应急管理部党组书记、消防救援总监黄明，四川省委书记彭清华，副部长付建华、政治部主任许尔锋等出席。同时，悼念活动在应急管理部机关同步举行。

同日 中国救援队完成赴莫桑比克人道主义救援任务回国，应急管理部举行欢迎仪式。副部长郑国光、尚勇出席仪式。

4月5日 国务院安委会印发《关于危险化学品重点县聘任化工专家工作的指导意见》。

4月5—30日 应急管理部党组书记黄明先后在部指挥中心视频调度陕西省渭南市韩城市“4·5”森林火灾、四川省凉山州冕宁县“4·7”森林火灾、云南省大理州鹤庆县“4·12”森林火灾、云南省丽江市宁蒗县“4·12”森林火灾、辽宁省沈阳市棋盘山“4·17”森林火灾、内蒙古自治区兴安盟阿尔山市五岔沟好森沟林场“4·30”森林火灾。副部长付建华和有关带班部领导参加调度。

4月8日 第七届中美安全生产对话在京举办。应急管理部副部长孙华山出席并致辞。

4月9—10日 国家防汛抗旱总指挥部秘书长、应急管理部副部长叶建春赴广西开展国家防汛抗旱总指挥部珠江流域防汛抗旱防台风检查。

4月9—29日 国务院江苏响水天嘉宜化工有限公司“3·21”特别重大爆炸事故调查组组长、应急管理部党组书记黄明先后3次主持研究事故调查组工作，事故调查组副组长、副部长孙华山，事故调查组副组长、部党组成员王浩水等参加。

4月10日 国务院安委会在京召开2018年度省级政府安全生产和消防工作考核巡查动员会，国务委员王勇出席会议并讲话。国务院安委会副主任、应急管理部党组书记黄明主持会议，应急管理部副部长付建华、孙华山及教育部等12部门有关负责人参加动员会。此次考核将安全生产、消防、森林防火三项工作整合考核，并与安全生产巡查同步实施，同时设立危险化学品安全专项巡查小组。

同日 国务院安委会办公室印发《关于挂牌督办博物馆和文物建筑重大火灾隐患单位的通知》，对各地上报的33家博物馆和文物建筑重大火灾隐患单位实施挂牌督办。

4月11—12日 国务委员、国家防汛抗旱总指挥部总指挥王勇在湖南、湖北两省调研防汛工作，检查长江防汛准备，进一步部署防汛抗洪工作。国家防汛抗旱总指挥部副总指挥、应急管理部党组书记黄明，国家防汛抗旱总指挥部秘书长、应急管理部副部长叶建春陪同调研。

4月12日 自然灾害防治工作部际联席会议办公室召开会议。联席会议办公室主任、应急管理部副部长郑国光出席会议并讲话。

4月15日 国务院安委会办公室在京召开消防安全执法检查专项行动视频部署会。国务院安委会办公室副主任、应急管理部副部长付建华出席会议并讲话。

同日 山东省济南市历城区董家镇齐鲁天和惠世制药有限公司发生着火中毒事故，造成10人死亡、12人受伤。应急管理部党组书记黄明立即到部指挥中心与现场连线，指导救援处置，并派出工作组赶赴现场。副部长付建华、孙华山参加调度。19日，国务院安委会对该起事故查处实行挂牌督办。

4月16日 应急管理部在京召开国家综合性消防救援队伍新任总队级单位主官集体谈话会。部党组书记、消防救援总监黄明出席会议并讲话，付建华、许尔锋、艾俊涛等部领导出席会议。

同日 应急管理部、公安部、最高人民法院、最高人民检察院联合印发《安全生产行政执法与刑事司法衔接工作办法》。

4月18日 应急管理部与新华社在北京举行战略合作备忘录签署仪式和中国应急信息网上线仪式。应急管理部党组书记黄明，新华社社长蔡名照出席仪式并致辞。应急管理部副部长尚勇等出席仪式。

同日 应急管理部在京召开应急管理体系和能力现代化专家座谈会。应急管理部党组书记黄明主持会议并讲话，副部长郑国光出席会议。

4 月 19 日 自然灾害防治工作部际联席会议第一次全体会议在京召开。联席会议召集人、应急管理部党组书记黄明出席会议并讲话，联席会议办公室主任、副部长郑国光等联席会议成员单位负责人参加会议。

4 月 19—20 日 应急管理部党组书记黄明在河北省石家庄市调研应急管理工作。

4 月 22—26 日 中央组织部、应急管理部、中央党校（国家行政学院）联合举办省部级干部提高自然灾害防治能力专题培训班。国务委员王勇出席培训班座谈会并讲话。应急管理部党组书记黄明出席开班式并作辅导报告，郑国光、许尔锋等部领导出席。

4 月 23 日 十三届全国人大常委会第十次会议通过修改《中华人民共和国消防法》的决定，自公布之日起实施。

4 月 24 日 西藏自治区林芝市墨脱县（北纬 28.40 度，东经 94.61 度）发生 6.3 级地震，震源深度 10 公里，无人员伤亡。应急管理部党组书记黄明立即到部指挥中心部署抢险救灾和应急处置工作。副部长郑国光、尚勇参加。

同日 应急管理部、工业和信息化部在京召开座谈会，研究推动工业互联网在危险化学品企业安全风险监测预警中的应用。应急管理部副部长尚勇，部党组成员、总工程师王浩水等出席会议。

同日 应急管理部党组书记黄明主持召开防风险保稳定工作视频会议，分析解决危险化学品安全生产问题。付建华、郑国光、许尔锋、艾俊涛、王浩水等部领导出席会议。

4 月 25 日 河北省衡水市桃城区翡翠华庭项目 1 号楼建筑工地外挂施工升降机发生倾覆事故，造成 11 人死亡、2 人受伤。应急管理部党组书记黄明立即到部指挥中心指挥救援工作，派出工作组赶赴现场，指导救援和事故调查处置工作。国务院安委会对该起事故查处实行挂牌督办。

4 月 26 日 《应急管理部特别重大灾害应急响应工作手册（总册）》修订印发。5—9 月先后 4 次印发洪涝灾害等 20 个分册。

同日 第二届“一带一路”国际合作高峰论坛在京开幕。应急管理部副部长郑国光出席有关活动。

4 月 27 日 应急管理部党组书记黄明会见国际劳工组织总干事盖·莱德一行，并签署《在“一带一路”框架下开展安全生产领域南南合作谅解备忘录》。副部长尚勇参加会见。

4 月 29 日 应急管理部党组书记黄明主持召开部务会议，分析全国安全生产形势，研究部署“五一”节日期间安全风险防范工作。

4 月 30 日 应急管理部召开直属机关优秀青年干部表彰大会，对 10 名优秀青年干部标兵和 40 名优秀青年干部进行表彰。部党组书记黄明出席会议并讲话。黄玉治、许尔锋、尚勇、艾俊涛、王浩水等部领导出席会议。

5月

5 月 1—4 日 应急管理部党组书记黄明每天在部指挥中心视频调度，部署全国“五一”假期应急管理工作。付建华、孙华山、郑国光等部领导先后参加调度。

5 月 6 日 应急管理部召开巡视工作会议暨 2019 年第一轮巡视工作动员部署会。部党组书记、巡视工作领导小组组长黄明出席会议并讲话。在京部党组成员出席会议。

5月7日　应急管理部、民政部、共青团中央和重庆市政府共同举办的全国首届社会应急力量技能竞赛全国集中竞赛在国家（重庆）陆地搜寻与救护基地正式开赛。10日竞赛闭幕式暨综合演练在重庆市举行，应急管理部副部长孙华山等出席活动并讲话。

5月8日　交通运输部、国家发展改革委、财政部、应急管理部等联合印发《关于保障国家综合性消防救援队伍人员交通出行优待权益有关事项的通知》，明确消防救援人员交通出行优待政策。

5月8—14日　国务院江苏响水天嘉宜化工有限公司"3·21"特别重大爆炸事故调查组组长、应急管理部党组书记黄明先后4次主持研究事故调查工作，事故调查组副组长、副部长孙华山，事故调查组副组长、部党组成员王浩水参加。

5月10日　国家减灾委员会专家委主办、应急管理部国家减灾中心承办的第十届国家综合防灾减灾与可持续发展论坛在京开幕。应急管理部副部长郑国光出席。

5月12日　全国防灾减灾日主题宣传活动在京举行。应急管理部副部长郑国光出席。

5月13日　应急管理部党组书记黄明主持召开部党组会议、部务会议，学习贯彻中央和国家机关解决形式主义突出问题为基层减负工作推进会精神，研究部署有关重点工作。

5月13—17日　第六届全球减灾平台大会在瑞士日内瓦召开。应急管理部副部长付建华率中国代表团出席会议。

5月16日　上海市长宁区昭化路148号光之里二期改造建筑工程发生坍塌事故，造成25人被埋压。应急管理部党组书记黄明立即到部指挥中心与现场连线、视频调度，指挥抢险救援工作，派出工作组赶赴现场，指导救援和事故调查处置工作。政治部主任许尔锋参加调度。经300余名消防救援队员14小时全力救援，搜救出全部被埋压人员，其中12人死亡、13人生还。国务院安委会对该起事故查处实行挂牌督办。

5月16—17日　中国共产党应急管理部机关第一次代表大会在京召开，会议选举产生了第一届部机关党委、机关纪委，审议了《应急管理部机关基层党支部标准化规范化建设细则》。应急管理部党组书记黄明，中央和国家机关工委副书记、纪工委书记侯凯出席会议并讲话。在京部党组成员出席会议。

5月18日　吉林省松原市宁江区（北纬45.30度，东经124.75度）发生5.1级地震，震源深度10公里，造成5600余人受灾，直接经济损失0.52亿元。应急管理部党组书记黄明立即到部指挥中心与现场连线、会商视频调度，部署抢险救灾和应急处置工作，派出工作组赶赴现场指导抢险救灾工作。副部长尚勇参加调度。

5月20日　广西壮族自治区百色市右江区东州大道0776酒吧发生楼顶坍塌事故，69名人员被困。应急管理部党组书记黄明立即到部指挥中心与现场连线、视频调度，指挥抢险救援工作，派出工作组赶赴现场，指导救援和事故调查处置工作。孙华山、许尔锋、王浩水等部领导参加调度。经过245名消防救援队员39小时全力救援，搜救出全部被困人员，其中6人遇难。

同日　应急管理部党组书记黄明主持召开部党组会议、部务会议，学习贯彻《中国共产党党员教育管理工作条例》，研究部署有关重点工作。

5 月 21 日 应急管理部、国务院国资委在京召开中央企业安全生产工作视频会议。应急管理部副部长孙华山等出席会议并讲话。

5 月 23 日 贵州省黔西南州贞丰县鲁容乡板绕村一艘自用船在北盘江发生倾覆，造成 13 人死亡。应急管理部党组书记黄明立即到部指挥中心与现场连线、视频调度，部署抢险救援工作，派出工作组赶赴现场，指导救援和事故调查处置工作。副部长付建华参加调度。

同日 应急管理部在京召开全国应急管理科技和信息化工作会议。应急管理部党组书记黄明出席会议并讲话，副部长黄玉治、尚勇出席会议。

5 月 24 日 国务院江苏响水天嘉宜化工有限公司“3·21”特别重大爆炸事故调查组召开第二次全体会议。事故调查组组长、应急管理部党组书记黄明主持会议，事故调查组副组长、副部长孙华山，事故调查组副组长、部党组成员王浩水出席会议。

5 月 25 日 福建省海运集团有限责任公司“金海翔”号货轮在山东省威海市荣成市西霞口修船有限责任公司船坞维修期间，发生二氧化碳中毒窒息事故，造成 10 人死亡、19 人受伤。应急管理部党组书记黄明立即部署救援和事故处置工作。国务院安委会对该起事故查处实行挂牌督办。

5 月 29 日 共青团中央、应急管理部在京联合启动 2019 年度全国青年安全生产示范岗创建工作。

同日 国家减灾委员会、应急管理部针对广西壮族自治区桂林市、崇左市等地严重暴雨洪涝灾情，紧急启动国家Ⅳ级救灾应急响应，并派工作组赶赴灾区，指导地方做好抗洪救灾工作。

5 月 30 日 国务院安委会办公室、应急管理部举办的全国“安全生产月”和“安全生产万里行”活动在京启动。国务院安委会副主任、应急管理部党组书记黄明出席并讲话，孙华山、尚勇、王浩水等部领导出席。

同日 应急管理部副部长尚勇会见国际移民组织总干事维托里诺一行，并签署双方合作谅解备忘录。

同日 自然灾害防治工作部际联席会议联络员会议在京召开。联席会议办公室主任、应急管理部副部长郑国光出席会议。

6 月

6 月 2 日 应急管理部党组书记黄明主持召开部党组会议暨部党组理论学习中心组学习会议，学习贯彻习近平总书记在“不忘初心、牢记使命”主题教育工作会议上的重要讲话精神，研究部党组开展主题教育实施方案等工作。

6 月 2—4 日 国务委员、国家森林草原防灭火指挥部总指挥王勇在内蒙古自治区、黑龙江省调研考察森林草原防灭火工作。国家森林草原防灭火指挥部副总指挥、应急管理部党组书记黄明参加调研。

6 月 5 日 国务院常务会议听取国家防汛抗旱总指挥部关于防汛抗旱工作情况的汇报，国家防汛抗旱总指挥部副总指挥、应急管理部党组书记黄明作汇报。

6 月 6 日 应急管理部系统召开“不忘初心、牢记使命”主题教育动员部署会议。部党组书记黄明、主题教育中央第二十四指导组组长宋秀岩出席会议并讲话。在京部党组成员出席。

同日 赣东北、赣中等地出现强降雨，局地特大暴雨，部分河流发生超警戒洪水，引发严重洪涝灾害。9 日，国家减灾委员会、应急管理部紧急启动国家Ⅳ级救灾应急响应，并派出工作组赶赴灾区，实地查看灾情，指导地方做好抗洪救灾工作。

6 月 7—9 日　应急管理部党组书记黄明每天在部指挥中心调度端午节假期全国应急管理工作情况，部署受灾重点地区救援救灾工作。郑国光、黄玉治、许尔锋等部领导分别参加调度。

6 月 9 日　应急管理部党组印发开展“不忘初心、牢记使命”主题教育实施方案。

6 月 11 日　应急管理部在京召开《关于深化消防执法改革的意见》宣贯视频会议，应急管理部党组书记黄明出席会议并讲话，副部长尚勇出席会议。

同日　国务院新闻办公室举行国务院政策例行吹风会，国家防汛抗旱总指挥部秘书长、应急管理部副部长叶建春出席吹风会，介绍防汛抗旱情况并答记者问。

同日　“一带一路”地震减灾协调人会议在京召开。应急管理部副部长、中国地震局局长郑国光出席会议并讲话。

6 月 12 日　应急管理部与中国红十字会总会签署防灾减灾救灾联动工作机制合作协议。

6 月 13 日　国家防汛抗旱总指挥部副总指挥、应急管理部党组书记黄明主持召开重点地区防汛抗洪抢险救援视频调度会，传达贯彻中央领导同志批示精神，组织水利部等单位有关负责同志分析研判雨情水情汛情灾情，与江西、湖南、广东、广西等省（自治区）视频连线，对防汛抗洪救援工作进行再部署，并派出多个工作组赴地方指导开展救援救灾工作。副部长郑国光、尚勇参加。

同日　应急管理部在国务院新闻办公室举行“安全生产月”专题新闻发布会。国务院安委会办公室副主任、应急管理部副部长孙华山出席发布会并答记者问。

6 月 14 日　应急管理部党组书记黄明主持召开党组理论学习中心组“不忘初心、牢记使命”主题教育第一次、第二次集中学习研讨会议。在京部党组成员出席。

同日　国家减灾委、应急管理部针对广东省河源、梅州等地严重暴雨洪涝灾情，紧急启动国家Ⅳ级救灾应急响应，派出工作组赶赴灾区，实地查看灾情，指导地方做好抗洪救灾工作。

6 月 16 日　国家防汛抗旱总指挥部副总指挥、应急管理部党组书记黄明主持召开重点地区防汛抗洪抢险救援视频调度会，组织水利部等单位有关负责同志分析研判雨情水情汛情灾情，与贵州等 11 个省（自治区）应急管理厅视频连线，对防汛抗洪救援工作进行再部署。副部长郑国光，部党组成员、总工程师王浩水参加调度会。

同日　国务院安委会办公室、应急管理部在京举办全国“安全宣传咨询日”主场活动。应急管理部副部长孙华山、尚勇出席活动。

6 月 17 日　四川省宜宾市长宁县（北纬 28.34 度，东经 104.90 度）发生 6.0 级地震，震源深度 16 公里，宜宾市珙县（北纬 28.43 度，东经 104.77 度）发生 5.1 级地震；18 日，长宁县（北纬 28.37 度，东经 104.89 度）发生 5.3 级余震。共造成 13 人死亡、302 人受伤，直接经济损失 56.2 亿元。应急管理部迅速启动应急响应，部党组书记黄明先后多次到部指挥中心与现场连线、会商视频调度，部署抢险救灾和应急处置工作，派出工作组赶赴现场指导抢险救灾工作。副部长孙华山、郑国光参加调度。

同日 应急管理部党组召开理论学习中心组“不忘初心、牢记使命”主题教育集中学习研讨会。部党组书记黄明主持会议并作总结讲话，主题教育中央第二十四指导组组长宋秀岩到会指导。在京部党组成员出席。

同日 “不忘初心、牢记使命”主题教育中央第二十四指导组分别与应急管理部党组书记黄明等在京部党组成员进行工作交流。

6 月 18 日 应急管理部党组书记黄明主持召开部领导干部“不忘初心、牢记使命”主题教育读书班开班式并讲话。在京部党组成员分别参加所在的“不忘初心、牢记使命”主题教育读书班集中学习。

6 月 18—24 日 应急管理部党组书记黄明先后在部指挥中心视频调度四川省宜宾市长宁县 6.0 级地震抢险救援和内蒙古自治区大兴安岭金河“6·19”森林火灾、北京市平谷区“6·24”森林火灾扑火工作。副部长付建华、孙华山、郑国光分别参加调度。

6 月 19 日 财政部、应急管理部向四川省预拨中央自然灾害救灾资金 1 亿元，用于支持做好四川长宁 6.0 级地震救灾工作，帮助地方保障受灾群众基本生活。

6 月 19—21 日 国务委员、国家防汛抗旱总指挥部总指挥王勇在安徽、江西两省调研考察防汛工作，并在江西省南昌市召开全国重点地区防汛抗旱工作会议。国家防汛抗旱总指挥部副总指挥、应急管理部党组书记黄明，国家防汛抗旱总指挥部秘书长、副部长叶建春参加调研。

6 月 20 日 应急管理部在江西省九江市召开抗洪抢险应急准备工作推进会，并与江西省人民政府在长江九江东升堤段举行 2019 年长江中下游抗洪抢险实战演练，副部长孙华山出席，副部长郑国光在部指挥中心同步视频观摩。

6 月 22 日 四川省宜宾市珙县发生 5.4 级地震（北纬 28.34 度，东经 104.77 度），震源深度 10 公里。应急管理部党组书记黄明立即到部指挥中心与现场连线、会商视频调度，部署抢险救灾和应急处置工作，派出工作组赶赴现场指导抢险救灾工作。副部长付建华参加调度。

同日 应急管理部党组书记黄明主持召开视频调度会，与在内蒙古大兴安岭林区金河林业局秀山火场前线的内蒙古自治区政府、部森林消防局有关负责人视频连线，调度火场情况，对扑救工作作出部署安排。副部长付建华、郑国光参加调度。

同日 国家防汛抗旱总指挥部副总指挥、应急管理部党组书记黄明主持召开防汛抗洪救援工作调度会商会议，传达习近平总书记重要指示精神和李克强总理重要批示要求，落实全国重点地区防汛抗旱工作会议部署，对进一步做好防汛抗洪救援工作进行再部署。副部长付建华、郑国光参加会议。

6 月 24 日 应急管理部党组书记黄明主持召开部党组会议、部务会议，学习贯彻习近平总书记重要指示精神和李克强总理等中央领导同志对抗震救灾、防汛抢险工作批示要求，研究部署有关重点工作。

同日 财政部、应急管理部向江西、广东、广西紧急下拨中央自然灾害救灾资金 3.6 亿元，主要用于 3 省（自治区）严重暴雨洪涝灾害救灾工作。

同日 应急管理部印发《关于建立健全自然灾害监测预警制度的意见》。

6 月 27 日 财政部、应急管理部紧急下拨中央防汛抗旱补助资金 11.6 亿元，用于内蒙古等 12 省（自治区、直辖市）暴雨洪涝灾害或旱灾救灾工作。同时下拨中央自然灾害救灾资金 1.6 亿元，重点支持四川长宁地震灾区地质灾害应急处置工作。

6 月 30 日 市场监管总局印发专门文件，新增消防救援“XF”和减灾救灾与综合性应急管理“YJ”两类行业标准代号，明确应急管理部为主管部门。

7 月

7 月 1 日 应急管理部在京召开直属机关“两优一先”表彰大会，表彰部直属机关 29 名优秀共产党员、15 名优秀党务工作者、20 个先进基层党组织。部党组书记黄明出席会议并讲话，党组副书记、副部长付建华，政治部主任、机关党委书记许尔锋出席会议。

同日 应急管理部党组书记黄明主持召开部党组会议、部务会议，学习贯彻习近平总书记在中央政治局第十五次集体学习时的重要讲话精神，分析上半年灾害事故形势，研究部署有关重点工作。

同日 应急管理部党组书记黄明会见第九届全国“人民满意的公务员”、北京市消防救援总队天安门地区支队故宫特勤中队政治指导员蔡瑞。副部长付建华、政治部主任许尔锋参加会见。

同日 应急管理部政治部批准安徽省蚌埠市消防救援支队淮上区大队沫河口中队副班长、四级消防士孙雷宇同志为烈士。

7 月 2 日 国家综合性消防救援队伍总队级领导干部政治轮训班在中国消防救援学院开班，受应急管理部党组书记、消防救援总监黄明委托，部党组副书记、副部长付建华作开班第一课辅导报告，政治部主任许尔锋主持开班仪式。

7 月 3 日 第 4 号台风“木恩”在海南省万宁市和乐镇沿海登陆，这是 2019 年在我国登陆的首个台风。国家防汛抗旱总指挥部副总指挥、应急管理部党组书记黄明提前到部指挥中心与现场连线，组织多部门会商视频调度，部署做好台风防御工作。

同日 应急管理部机关党委召开第二次全体委员会议，审议《中共应急管理部机关委员会工作规则（试行）》《应急管理部机关和在京直属单位党支部标准化规范化建设细则（试行）》《临时党支部管理办法（试行）》。政治部主任、机关党委书记许尔锋出席会议并讲话。

7 月 4 日 应急管理部举办“不忘初心、牢记使命”主题教育专题党课报告会。部党组书记、主题教育领导小组组长黄明讲专题党课。主题教育中央第二十四指导组有关同志，在京部党组成员参加。

同日 四川省宜宾市珙县发生 5.6 级地震（北纬 28.41 度，东经 104.74 度），震源深度 8 公里。应急管理部党组书记黄明立即到部指挥中心与现场连线、会商视频调度，指导抢险救灾和应急处置工作，派出工作组赶赴现场指导抢险救灾工作。副部长郑国光参加调度。

7 月 6 日 应急管理部党组书记、消防救援总监黄明与国家综合性消防救援队伍第一期总队级领导干部政治轮训班学员集体座谈。政治部主任许尔锋参加座谈会。

7 月 7 日 应急管理部印发《应急管理标准化工作管理办法》。

7 月 8 日 应急管理部党组书记黄明主持召开部党组会议、部务会议，学习贯彻习近平总书记在深化党和国家机构改革总结会议上的重要讲话精神，听取全国安全生产情况和执法检查工作汇报，研究部署有关重点工作。

7 月 9 日 国务委员王勇在中南海会见马来西亚副总理兼妇女、家庭及社会发展部长旺·阿兹莎一行，双方就深化“一带一路”合作、加强防灾减灾救灾等领域合作交换意见。应急管理部副部长、中国地震局局长郑国光参加会见。

同日 国家防汛抗旱总指挥部副总指挥、应急管理部党组书记黄明主持召开防汛抗洪抢险救援调度会，与浙江等 5 省（自治区）消防救援总队视频连线，调度了解当地汛情灾情，进一步部署防灾救援工作，并派出多个工作组赴地方指导开展救援救灾工作。副部长郑国光、尚勇参加调度。

7 月 10—11 日 应急管理部党组书记、消防救援总监黄明到北京市消防救援总队培训基地、北京市应急管理局调研。

7 月 11 日 应急管理部召开“不忘初心、牢记使命”主题教育专题座谈会。应急管理部党组书记、主题教育领导小组组长黄明出席会议并讲话，在京部党组成员出席。

同日 国家防汛抗旱总指挥部副总指挥、应急管理部党组书记黄明主持召开防汛救援工作调度会议，与福建等 7 省（自治区）应急管理厅视频连线，调度了解当地汛情灾情。副部长付建华、孙华山、黄玉治、尚勇参加。

同日 应急管理部公布《关于修改〈生产安全事故应急预案管理办法〉的决定》，自 2019 年 9 月 1 日起施行。

7 月 15 日 国家防汛抗旱总指挥部副总指挥、应急管理部党组书记黄明与湖南省委书记杜家毫在长沙座谈，双方就完善应急管理体制机制、进一步加强防汛抗洪和抢险救灾工作深入交换意见。副部长叶建春参加座谈。

7 月 15—16 日 国务委员、国家防汛抗旱总指挥部总指挥王勇在湖南省株洲市考察指导防汛抗洪抢险救灾工作。国家防汛抗旱总指挥部副总指挥、应急管理部党组书记黄明，国家防汛抗旱总指挥部秘书长、应急管理部副部长叶建春等陪同。

7 月 16 日 应急管理部党组书记黄明主持召开部党组会议、部务会议，学习贯彻习近平总书记在中央和国家机关党的建设工作会议上的重要讲话精神，分析安全生产形势，研究部署有关重点工作。

7 月 19 日 中共中央政治局常委、国务院总理李克强到应急管理部考察并主持召开防汛抗旱工作会议，听取应急管理部开展“不忘初心、牢记使命”主题教育情况汇报；在部指挥中心调研了解安全生产、自然灾害特别是洪涝灾害等情况，慰问应急值守工作人员。胡春华、王勇、肖捷、何立峰等领导同志出席。部党组书记黄明等国家防汛抗旱总指挥部成员单位主要负责人、在京部党组成员参加。

同日 河南省三门峡市河南省煤气（集团）有限责任公司义马气化厂空气分离车间发生爆炸事故，造成 15 人死亡、16 人重伤。应急管理部党组书记黄明立即到部指挥中心与现场连线、视频调度，指挥抢险救援工作，派出工作组赶赴现场，指导救援和事故调查处置工作。政治部主任许尔锋参加调度。27 日，国务院安委会对事故查处实行挂牌督办。

同日 应急管理部党组制定出台改进作风服务基层若干措施。

7 月 20 日 应急管理部党组书记黄明与部第九批援藏和第四批援青干部座谈。政治部主任许尔锋参加座谈。

7 月 21 日 应急管理部党组书记黄明主持召开部党组会议，学习贯彻李克强总理到应急管理部考察并主持召开防汛抗旱工作会议时的讲话精神，研究部署防汛抗旱、安全生产和“不忘初心、牢记使命”主题教育工作。

同日 江西省宜春市靖安县吕阳洞山区突降暴雨引发山洪，造成283名“驴友”被困。险情发生后，应急管理部党组书记黄明，部党组成员、总工程师王浩水在部指挥中心调度指导抢险救援工作。先后调集100余名救援队员37批次进山搜救，采取无人机巡航定位、绳索搭桥等多种救援方式，搜救出全部被困“驴友”。

7月22—23日 国务委员、国家防汛抗旱总指挥部总指挥王勇在河南省调研防汛抗旱抢险救灾工作，并在郑州市主持召开黄河海河流域防汛抗旱工作会议。国家防汛抗旱总指挥部副总指挥、应急管理部党组书记黄明等参加调研。

7月23日 贵州省六盘水市水城县鸡场镇坪地村岔沟组发生特大山体滑坡灾害，造成43人死亡、9人失踪。中共中央总书记习近平作出重要指示，中共中央政治局常委、国务院总理李克强等领导同志作出批示。应急管理部党组书记黄明立即到部指挥中心与现场连线，组织多部门会商视频调度，指挥抢险救灾和应急处置工作，同时启动地质灾害Ⅳ级应急响应。副部长孙华山参加调度。24—25日，黄明同志率联合工作组赶赴灾害现场，查看救援情况，指导救援处置工作，并到医院看望慰问受灾群众。副部长郑国光参加。财政部、应急管理部先后向贵州省紧急下拨中央财政自然灾害救灾资金9200万元，用于抢险救援工作。

同日 财政部、应急管理部向四川省下拨中央自然灾害救灾资金3.5亿元，主要用于四川长宁6.0级地震救灾工作。

7月24日 受应急管理部党组书记、巡视工作领导小组组长黄明委托，部党组副书记、巡视工作领导小组副组长付建华主持召开巡视工作会议。政治部主任许尔锋、驻部纪检监察组组长艾俊涛出席会议。

7月26日 国务院安委会召开全国安全生产电视电话会议。中共中央政治局常委、国务院总理李克强作出重要批示。国务院副总理、国务院安委会主任刘鹤出席会议并讲话，国务委员、国务院安委会副主任王勇主持会议。国务院安委会副主任、应急管理部党组书记黄明通报工作情况，副部长付建华、孙华山、黄玉治、叶建春、尚勇参加会议。

7月27日 应急管理部党组书记、主题教育领导小组组长黄明主持召开“不忘初心、牢记使命”主题教育调查研究成果交流会。主题教育中央第二十四指导组组长宋秀岩到会指导。在京部党组成员出席。

7月28日 国务院安委会印发2018年度省级政府安全生产和消防工作考核巡查情况通报。

7月29日 应急管理部党组书记黄明主持召开部党组会议、部务会议，研究部署全面从严治党、加强党风廉政建设等工作。

同日 应急管理部在国务院新闻办公室新闻发布厅举行新闻发布会，解读《关于深化消防执法改革的意见》。应急管理部副部长尚勇出席发布会并答记者问。

同日 四川省凉山州甘洛县阿兹觉乡和新市坝镇因暴雨引发山洪泥石流，造成11人死亡、3人失踪。应急管理部党组书记黄明部署抢险救灾和应急处置工作，派出工作组赶赴现场指导抢险救灾工作。

7月30日 自然灾害防治工作部际

联席会议联络员会议在京召开。联席会议办公室主任、应急管理部副部长郑国光出席会议并讲话。

同日 财政部、应急管理部向湖南等5省（自治区）下拨中央自然灾害救灾资金8.3亿元，主要用于严重洪涝灾害救灾工作。

7月31日至8月1日 国务委员、国家防汛抗旱总指挥部总指挥王勇在黑龙江省调研防汛抗旱抢险救灾工作，并主持召开松辽流域防汛抗旱工作会议。国家防汛抗旱总指挥部副总指挥、应急管理部党组书记黄明，国家防汛抗旱总指挥部秘书长、应急管理部副部长叶建春参加调研。

8月

8月2日 应急管理系统“不忘初心、牢记使命”主题教育先进事迹报告会在京举行。应急管理部党组书记、主题教育领导小组组长黄明出席会议并讲话。在京部党组成员出席会议。

8月3—4日 应急管理部党组书记黄明赴山西省大同市广灵县、阳高县调研定点扶贫工作并出席定点扶贫工作座谈会。

8月5日 国家防汛抗旱总指挥部副总指挥、应急管理部党组书记黄明主持召开防汛防台风工作会商会议，视频连线湖北恩施躲避峡山洪灾害现场，调度抢险救援工作，对防汛救援和暑期安全工作进行再部署。副部长郑国光参加会议。

8月6日 应急管理部党组书记黄明专题组织研究国家应急救援航空体系建设工作。副部长孙华山、郑国光、尚勇参加。

8月8日 第十八届世界警察和消防员运动会在四川省成都市举办。中国消防代表队斩获15金10银11铜。

同日 应急管理部党组书记黄明专题组织研究完善危险化学品管理体系建设工作。副部长孙华山，部党组成员、总工程师王浩水参加。

8月8—14日 国家防汛抗旱总指挥部副总指挥、应急管理部党组书记黄明先后8次主持召开第9号台风“利奇马”视频调度会，与多部门连线会商、分析研判，部署抢险救援和应急处置工作。付建华、孙华山、郑国光、许尔锋、尚勇等部领导分别参加调度会。

8月9日 财政部、应急管理部向江西、湖南、重庆、贵州、云南下拨中央自然灾害救灾资金3.78亿元，用于5省市群发性地质灾害救灾工作。

8月10日 应急管理部会同财政部向浙江省紧急预拨3000万元中央自然灾害救灾资金，主要用于防范应对第9号台风“利奇马”有关工作。

8月12日 应急管理部党组书记黄明主持召开部党组会议、部务会议，学习贯彻习近平总书记关于防汛防台风重要指示精神和李克强总理重要批示要求，听取全国安全生产情况和执法检查工作汇报，研究部署有关重点工作。

同日 财政部、应急管理部向浙江等3省紧急下拨中央防汛防台风补助资金3亿元，主要用于第9号台风“利奇马”救灾工作。

同日 应急管理部印发《化工园区安全风险排查治理导则（试行）》和《危险化学品企业安全风险隐患排查治理导则》。

8月13日 应急管理部会同国家粮食和物资储备局，向安徽省紧急组织调拨1000张折叠床、7000床棉被等中央救灾物资，支持地方做好受灾群众转移安置和生活救助等工作。

8月14日 四川省凉山州甘洛县苏

雄乡埃岱村成昆铁路2号隧道口因强降雨导致山体滑坡，造成12人死亡、5人失踪。应急管理部党组书记黄明到部指挥中心与现场连线，组织多部门会商视频调度，指挥抢险救灾和应急处置工作，派出工作组赶赴现场指导抢险救灾工作。副部长黄玉治参加调度。

8月16日 应急管理部党组召开理论学习中心组集中学习研讨暨对照党章党规找差距和检视问题专题会议。应急管理部党组书记黄明主持会议并讲话。中央第二十四指导组组长宋秀岩到会指导。在京部党组成员参加。

同日 财政部、应急管理部向河北等4省紧急下拨中央防汛防台风补助资金3.2亿元，向山西等11省（自治区）紧急下拨中央防汛抗旱补助资金6亿元，分别用于防汛防台风工作和抗洪抢险、抗旱减灾等工作。

8月17日 应急管理部政治部批准浙江省湖州市消防救援支队安吉大队安吉中队中队长吕挺同志为烈士。

8月20日 应急管理部召开消防救援队伍新任总队级主官集体谈话会，部党组书记、消防救援总监黄明出席会议并讲话。付建华、许尔锋、艾俊涛等部领导出席会议。

同日 四川省阿坝州汶川县发生山洪泥石流灾害，造成龙潭水电站大坝发生漫坝险情，大坝上游119人被困。应急管理部党组书记黄明先后多次到部指挥中心与多部门会商连线，分析研判险情，部署抢险救援和应急处置工作，紧急启动国家Ⅳ级救灾应急响应并第一时间派出工作组赶赴现场，全过程指导处置。副部长付建华、郑国光参加调度。23日，全部被困人员获救。9月3日，龙潭水电站险情解除。

8月21日 国家防汛抗旱总指挥部副总指挥、应急管理部党组书记黄明主持召开全国防汛抗洪与灾害隐患排查防范视频会议。副部长郑国光、叶建春出席会议。

同日 2019世界机器人大会煤矿机器人专题论坛在京召开。应急管理部副部长、国家煤矿安全监察局局长黄玉治出席论坛并作主旨演讲。

同日 应急管理部在京召开全国灾害综合风险普查试点工作启动会。副部长郑国光出席会议并讲话。

8月23—25日 国家防汛抗旱总指挥部副总指挥、应急管理部党组书记黄明先后2次主持召开第11号台风“白鹿”视频调度会，与多部门连线会商、分析研判，部署抢险救援和应急处置工作。郑国光、许尔锋、叶建春等部领导分别参加调度会。

8月27日 应急管理部党组召开“不忘初心、牢记使命”专题民主生活会。部党组书记、主题教育领导小组组长黄明主持会议并讲话。主题教育中央第二十四指导组组长宋秀岩到会指导。在京部党组成员出席会议。

同日 应急管理部党组书记黄明在部指挥中心调度部署国航“8·27”飞机货舱地面起火事故抢险救援工作。副部长黄玉治、政治部主任许尔锋参加调度。

8月28日 国家防汛抗旱总指挥部副总指挥、应急管理部党组书记黄明主持召开国家防汛抗旱总指挥部防御第12号台风“杨柳”视频调度会，与多部门连线会商、分析研判，部署各项防范工作。副部长郑国光、尚勇参加调度会。

同日 应急管理部党组书记黄明与福建省委书记于伟国、省长唐登杰一行进行工作会谈。副部长孙华山、郑国光参加会谈。

9月

9 月 1—10 日 应急管理部副部长、国家煤矿安全监察局局长黄玉治率团访问德国、乌克兰、蒙古国，就煤矿安全生产监管和应急响应等工作与三国有关部门负责人进行交流。

9 月 2 日 应急管理部党组书记黄明主持召开部务会议，围绕“防风险、保安全、迎大庆”，分析全国灾害事故形势，部署进一步强化安全防范工作。

9 月 2—5 日 全国人大常委会副委员长艾力更·依明巴海赴河北省调研《防震减灾法》实施情况和各级政府落实全国人大常委会 2018 年执法检查意见情况。

9 月 3 日 国家减灾委、应急管理部针对山西省临汾、长治、忻州等地严重旱灾启动国家Ⅳ级救灾应急响应，派出工作组赶往灾区，指导和协助地方做好抗旱救灾和受灾群众生活救助等工作。

9 月 4 日 应急管理部在京召开防范化解安全风险专项执法检查暨信访问题下访调研部署会议。副部长孙华山出席会议并讲话。

9 月 5—6 日 二十国集团安全生产执法工具研讨会在山东省青岛市举行。应急管理部副部长孙华山出席会议。

9 月 6 日 全国秋冬季森林草原防灭火工作电视电话会议在京召开。中共中央政治局常委、国务院总理李克强作出重要批示。国务委员、国家森林草原防灭火指挥部总指挥王勇出席会议并讲话。国家森林草原防灭火指挥部副总指挥、应急管理部党组书记黄明，副部长付建华、郑国光参加会议。

同日 国务院安全生产委员会、应急管理部在京召开全国安全防范工作视频会议。部党组书记黄明出席会议并讲话。付建华、孙华山、郑国光、许尔锋、尚勇等部领导出席会议。

同日 应急管理部党组书记黄明主持召开防御第 13 号台风“玲玲”视频调度会，与多部门连线会商、分析研判态势，部署安排各项防范工作。副部长郑国光参加调度。

同日 应急管理部印发《应急救援航空体系建设方案》。

9 月 8 日 应急管理部系统召开“不忘初心、牢记使命”主题教育第一批总结暨第二批部署会议。部党组书记、主题教育领导小组组长黄明出席会议并讲话。在京部党组成员出席会议。

同日 四川省内江市威远县发生 5.4 级地震（北纬 29.55 度，东经 104.79 度），震源深度 10 公里，造成 1 人死亡、82 人受伤，直接经济损失 5.8 亿元。应急管理部党组书记黄明立即到部指挥中心与现场连线、会商视频调度，部署抢险救灾和应急处置工作，派出工作组赶赴现场指导抢险救灾工作。副部长付建华、郑国光参加调度。

9 月 8—16 日 第十五届世界消防救援锦标赛在俄罗斯萨拉托夫举行，应急管理部消防救援局组队参加。

9 月 9—10 日 国务委员王勇在山西调研安全生产和应急管理工作。应急管理部党组书记黄明等参加调研。

9 月 11—13 日 联合国利用天基技术减轻灾害风险国际会议、联合国外空司灾害管理与应急反应天基信息平台年会在京召开。应急管理部副部长郑国光出席会议。

9 月 13—15 日 应急管理部党组书记黄明每天在部指挥中心主持召开视频调度会商会，调度部署全国中秋假期安全防范工作。许尔锋、尚勇、王浩水等部领导分别参加调度。

9月16日　应急管理部党组书记黄明主持召开部党组会议、部务会议，研究加强和规范安全生产事中事后监管，分析全国安全生产形势，研究部署有关重点工作。

同日　甘肃省张掖市甘州区发生5.0级地震（北纬38.60度，东经100.35度），震源深度11公里，造成800余人受灾，直接经济损失约0.48万元。应急管理部党组书记黄明立即到部指挥中心与现场连线、会商视频调度，部署抢险救灾和应急处置工作。

同日　财政部、应急管理部向辽宁、浙江、山东、湖北下拨中央自然灾害救灾资金6.65亿元，用于支持4省做好台风和旱灾受灾群众生活救助工作。

9月17日　应急管理部党组书记黄明会见来访的多米尼加总统府部部长蒙塔尔沃、经济部部长胡安一行并交流有关工作。副部长尚勇参加会谈。

9月18日　应急管理部党组书记黄明赴北京工人体育场彩车村调研指导庆祝新中国成立70周年安保工作，实地检查国庆彩车消防安全工作。

同日　应急管理部在国务院新闻办公室举行“新时代应急管理事业改革发展情况”新闻发布会。副部长孙华山、郑国光出席发布会并答记者问。

9月19日　应急管理部副部长郑国光在部会见来访的亚洲备灾中心执行主任汉斯·格特曼一行并交流有关工作。

同日　财政部、应急管理部向四川省下拨中央自然灾害救灾资金9100万元，主要用于阿坝州等地严重洪涝和地质灾害受灾群众生活救助等工作。

9月22日　湖南省湘潭县花石镇发生一起道路交通事故，造成10人死亡、16人受伤。应急管理部党组书记黄明立即到部指挥中心与现场连线、视频调度，部署抢险救援工作，派出工作组赶赴现场，指导救援和事故调查处置工作。国务院安委会对该起事故查处实行挂牌督办。

同日　应急管理部党组书记黄明主持召开防御第17号台风“塔巴”视频调度会，与多部门连线会商、分析研判态势，安排部署安全防范工作。

同日　应急管理部制定出台服务群众服务企业服务社会若干措施及任务分工。

9月23日　应急管理部党组书记黄明主持召开部务会议，传达学习习近平总书记在中央政协工作会议暨庆祝中国人民政治协商会议成立70周年大会上的重要讲话精神，分析全国安全生产形势，部署进一步做好大庆安保工作。

同日　森林消防队伍首届“火焰蓝”专业技能尖子比武总结表彰大会在云南省安宁市举行。应急管理部副部长付建华出席。

9月24日　应急管理部党组书记黄明会见来访的俄罗斯驻华大使杰尼索夫一行并交流有关工作。

9月26日　第二批“不忘初心、牢记使命”主题教育推进会在京召开。中央政治局委员、中央主题教育领导小组常务副组长陈希出席会议并讲话。应急管理部党组书记黄明参加会议并作会议发言。

9月26—27日　应急管理部举行“庆祝中华人民共和国成立70周年”纪念章颁发仪式。部党组书记黄明出席仪式并讲话，付建华、郑国光、艾俊涛等部领导出席仪式。

9月27日　应急管理部在中国安能建设集团有限公司举行自然灾害工程应急救援中心挂牌仪式。国务委员王勇出席仪式并讲话。国资委主任郝鹏，应急管理部党组书记黄明，应急管理部副部长孙华山参加仪式。

同日 应急管理部党组书记黄明在部指挥中心与多部门视频会商，调度了解湖南省衡阳市衡东县杨桥镇森林火灾，分析研判趋势，部署扑救工作。副部长付建华、孙华山、尚勇参加调度。

同日 应急管理部会同财政部下发通知，部署开展2019—2020年度全国受灾困难群众冬春期间基本生活救助工作。

9月28日 长深高速公路江苏无锡段发生一起交通事故，造成36人死亡、36人受伤。应急管理部党组书记黄明立即到部指挥中心与现场连线、视频调度，指挥抢险救援工作，派出副部长孙华山带队的工作组赶赴现场，指导救援和事故调查处置工作。副部长郑国光参加调度。国务院安委会对该起事故查处实行挂牌督办。

9月29日 应急管理部召开国庆节假期安全防范视频会议，对国庆节假期安全防范工作进行再部署再落实。部党组书记黄明出席会议并讲话，在京部党组成员出席会议。

同日 浙江省宁波市宁海县宁波锐奇日用品有限公司发生火灾，造成19人死亡、3人受伤。应急管理部党组书记黄明立即到部指挥中心与现场连线、视频调度，指挥抢险救援工作，派出工作组赶赴现场，指导救援和事故调查处置工作。副部长付建华、郑国光、尚勇分别参加调度。国务院安委会对该起事故查处实行挂牌督办。

同日 针对2019年第18号台风“米娜”对浙江、福建、上海、江苏造成的影响，国家防汛抗旱总指挥部副总指挥、部党组书记黄明专门部署台风防御工作，启动防台风Ⅳ级应急响应，派出工作组赶赴浙江、福建防台一线指导防范工作。副部长郑国光参加。

9月30日 庆祝中华人民共和国成立70周年、国家煤矿安全监察体制建立20周年成就展在京开幕。

10月

10月1日 应急管理部党组书记黄明召开视频调度会，就防御2019年第18号台风“米娜”与多部门连线会商、分析研判态势，并检查有关省（市）值班值守和安全防范措施落实情况。副部长孙华山、郑国光参加调度。

同日 湖北省孝感市孝昌县丰山镇祝河村发生森林火灾。应急管理部党组书记黄明在部指挥中心调度指挥，指导火灾扑救工作，并派出工作组赶赴一线。副部长孙华山参加调度。2日，现场火灾被扑灭。

10月3日 宁洛高速安徽蚌埠段发生多车追尾相撞事故，造成11人死亡。应急管理部党组书记黄明立即部署抢险救援和事故调查工作。

10月3—7日 应急管理部党组书记黄明率团赴莫斯科访问，就应急管理工作与俄罗斯紧急情况部部长济尼切夫进行交流。双方共同举行了中俄预防和消除紧急情况合作联合委员会第一次会议，并签署了联委会章程和会议纪要。

10月7日 应急管理部、民政部、国务院扶贫办印发《关于防灾减灾救灾助力脱贫攻坚的意见》。

10月8日 应急管理部党组书记黄明主持召开部党组会议，分析国庆节期间和前三季度灾害事故形势，研究部署有关重点工作。

10月10日 应急管理部党组召开2019年第二轮巡视动员部署会，部党组书记、巡视工作领导小组组长黄明出席会议并讲话，付建华、许尔锋、艾俊涛等部领导出席会议。

同日　应急管理部党组书记、党建工作领导小组组长黄明主持召开部党建工作领导小组会议，深入学习贯彻习近平总书记在中央和国家机关党的建设工作会议上的重要讲话精神，研究进一步加强和改进部机关党的建设工作措施。部党组副书记、副部长付建华，政治部主任许尔锋出席会议。

同日　应急管理部党组书记黄明在部指挥中心调度指导江苏省无锡市 321 国道跨桥桥面侧翻事故救援处置工作。部党组成员、总工程师王浩水参加调度。

10 月 10—19 日　第十届中欧安全生产对话在卢森堡举行，应急管理部副部长孙华山出席并访问希腊和土耳其。

10 月 11 日　应急管理部党组书记黄明主持研究应急管理部应对重点地区 7.0 级以上地震预案。副部长郑国光参加。

10 月 12 日　应急管理部党组书记、消防救援总监黄明出席国家综合性消防救援队伍第一期基层英模单位主官“牢记初心使命、践行训词精神”政治轮训示范班学员座谈会并讲话。政治部主任许尔锋参加座谈。

同日　广西壮族自治区玉林市北流市发生 5.2 级地震（北纬 22.18 度，东经 110.51 度），震源深度 10 公里，造成 3300 余人受灾，直接经济损失 0.3 亿元。应急管理部党组书记黄明立即到部指挥中心与现场连线、会商视频调度，指导抢险救灾和应急处置工作。政治部主任许尔锋参加调度。

10 月 13 日　应急管理部党组书记黄明率队到北京展览馆参观“伟大历程 辉煌成就——庆祝中华人民共和国成立 70 周年大型成就展”。在京部党组成员参加。

同日　绿色发展与综合灾害风险防范暨联合国减灾 30 年国际研讨会在广东省深圳市举办。应急管理部副部长郑国光出席开幕式并致辞。

10 月 14 日　应急管理部党组书记黄明主持召开部党组会议暨理论学习中心组学习会议、部务会议，重温习近平总书记在中华人民共和国成立 70 周年大会、国家勋章和国家荣誉称号颁授仪式和中央政治局第十七次集体学习时的重要讲话精神，研究部署有关重点工作。

同日　财政部、应急管理部向山西省下拨中央自然灾害救灾资金 7200 万元，主要用于支持帮助山西省做好严重旱灾受灾群众生活救助工作。

10 月 15—16 日　应急管理部在福建省福州市召开全国非煤矿山和工贸行业安全生产基础工作会议。副部长付建华出席会议并讲话。

10 月 16 日　应急管理部、陕西省人民政府共建西安科技大学签约仪式在该校临潼校区举行。应急管理部政治部主任许尔锋等出席。

10 月 21 日　国家减灾委、应急管理部针对安徽省、江西省严重旱灾，分别紧急启动国家Ⅳ级救灾应急响应，派出工作组赶赴灾区查看旱情，指导和协助地方做好抗旱救灾工作。

10 月 23 日　中国救援队和中国国际救援队成功通过联合国国际重型救援队测评和复测，中国成为亚洲首个拥有两支获得联合国认证的国际重型救援队的国家。应急管理部党组书记黄明与两支队伍代表进行座谈，副部长郑国光、尚勇参加。

同日　应急管理部系统纪检监察机构负责人座谈会在湖南省长沙市召开，驻部纪检监察组组长艾俊涛出席会议并讲话。

10 月 25 日 应急管理部党组召开第二批“不忘初心、牢记使命”主题教育视频推进会，解决推进过程中存在的突出问题。部党组书记、主题教育领导小组组长黄明出席并讲话。在京部党组成员出席会议。

10 月 27 日 新疆阿克苏地区乌什县发生 5.0 级地震（北纬 41.21 度，东经 78.82 度），震源深度 11 公里；随后发生 4.5 级地震（北纬 41.18 度，东经 78.83 度），震源深度 9 公里。应急管理部党组书记黄明立即部署抢险救灾和应急处置工作。副部长郑国光赶到部指挥中心，调度了解灾情。

10 月 28 日 甘肃省甘南州夏河县发生 5.7 级地震（北纬 35.10 度，东经 102.69 度），震源深度 10 公里，造成 7 人受伤。应急管理部党组书记黄明立即到部指挥中心与现场连线、会商视频调度，指导抢险救灾和应急处置工作，派出工作组赶赴现场指导抢险救灾工作。副部长郑国光参加调度。

同日 广西壮族自治区河池市南丹县庆达惜缘矿业投资有限公司大坪村矿区发生坍塌事故，造成 13 人死亡。应急管理部党组书记黄明立即到部指挥中心与现场连线、视频调度，指挥抢险救援工作，同时派出工作组赶赴现场，指导救援和事故调查处置工作。副部长付建华、孙华山参加调度。国务院安委会对该起事故查处实行挂牌督办。

同日 应急管理部办公厅印发《国家区域应急救援中心建设指导意见》。

10 月 28—31 日 中国共产党第十九届中央委员会第四次全体会议在京召开，通过《中共中央关于坚持和完善中国特色社会主义制度 推进国家治理体系和治理能力现代化若干重大问题的决定》。《决定》提出，健全公共安全体制机制。完善和落实安全生产责任和管理制度，建立公共安全隐患排查和安全预防控制体系。构建统一指挥、专常兼备、反应灵敏、上下联动的应急管理体制，优化国家应急管理能力体系建设，提高防灾减灾救灾能力。

10 月 31 日 应急管理部党组书记黄明与湖南省省长许达哲一行进行工作会谈。副部长郑国光参加会谈。

11 月

11 月 1 日 应急管理部党组书记黄明主持召开部党组会议，传达学习党的十九届四中全会精神，研究部署有关重点工作。

同日 应急管理部党组书记黄明主持召开全系统传达学习贯彻党的十九届四中全会精神动员部署会。在京部党组成员出席会议。

11 月 4 日 应急管理部党组书记黄明主持召开部党组会议、部务会议，深入学习贯彻党的十九届四中全会精神，研究部署推进机关党建高质量发展和安全生产、灾害防治等重点工作。

同日 中央宣传部、应急管理部在京向全社会公开发布 2019 年“最美应急管理工作者”先进事迹。应急管理部副部长尚勇等出席。

11 月 5 日 中央政治局常委、国务院副总理韩正，国务委员王勇在应急管理部出席深入学习贯彻习近平总书记为国家综合性消防救援队伍授旗训词精神座谈会并讲话，参观国家综合性消防救援队伍学习贯彻习近平总书记授旗训词精神图片展。应急管理部党组书记黄明作工作汇报，在京部党组成员参加。

同日 中央编办批复同意将中国地震

局地壳应力研究所划入应急管理部，更名为应急管理部国家自然灾害防治研究院。

11 月 6—15 日　第十次上海合作组织成员国紧急救灾部门领导人会议在印度举行。副部长郑国光出席并对印度、尼泊尔和孟加拉国进行访问。

11 月 7 日　财政部、应急管理部向山西、安徽、江西、湖北、湖南、广西、重庆下拨中央救灾资金 4.18 亿元，用于支持 7 省（自治区、直辖市）抗旱减灾和受灾群众生活救助工作。

11 月 8 日　国务院安委会印发《国家安全发展示范城市评价与管理办法》。

11 月 11—12 日　应急管理部、司法部、全国普法办在广东省深圳市举办 2019 年全国应急管理普法知识竞赛总决赛。应急管理部副部长尚勇出席。

11 月 12 日　应急管理部党组书记黄明主持召开党组专题会议，研究健全安全生产体制机制等工作。在京部党组成员出席会议。

11 月 13 日　中共中央政治局常委、国务院总理李克强主持召开国务院常务会议，听取江苏响水天嘉宜化工有限公司“3・21”特别重大爆炸事故调查情况汇报和责任追究审查调查工作情况通报，部署对安全生产尤其是危险化学品生产管理等问题开展专项整治工作。国务院江苏响水天嘉宜化工有限公司“3・21”特别重大爆炸事故调查组组长、应急管理部党组书记黄明汇报有关情况，事故调查组副组长、部党组成员王浩水列席会议。

同日　应急管理部、民政部印发《关于进一步加强衔接配合做好受灾群众基本生活保障工作的意见》。

11 月 14 日　应急管理部分别召开宣布消防救援局、森林消防局领导干部任职命令大会。应急管理部党组书记、消防救援总监黄明分别出席会议并讲话。副部长付建华、政治部主任许尔锋出席会议。

11 月 15 日　应急管理部党组书记黄明专题研究全国安全生产专项整治工作。付建华、孙华山、王浩水等部领导参加。

11 月 16 日　国务院江苏安全生产专项整治督导组组长、应急管理部党组书记黄明专题研究整治督导组工作。督导组常务副组长、副部长孙华山，副组长、部党组成员王浩水参加。

11 月 17 日　浙江省衢州市开化县、江西省南昌市进贤县发生森林火灾。应急管理部党组书记黄明在部指挥中心调度指挥，指导火灾扑救工作。副部长付建华，部党组成员、总工程师王浩水参加调度。

11 月 18 日　应急管理部党组书记黄明主持召开部党组会议暨理论学习中心组学习会议、部务会议，深入学习贯彻党的十九届四中全会精神，研究部署有关重点工作。

同日　山西省晋中市平遥县峰岩煤焦集团二亩沟煤矿发生瓦斯爆炸事故，造成 15 人死亡、9 人受伤。应急管理部党组书记黄明立即到部指挥中心与现场连线、视频调度，指挥抢险救援工作，派出工作组赶赴现场，指导救援和事故调查处置工作。副部长黄玉治参加调度。

11 月 20 日　山东能源肥城矿业集团位于济宁市嘉祥县境内的梁宝寺煤矿发生火灾事故，造成 11 人被困。应急管理部党组书记黄明立即到部指挥中心与现场连线、视频调度，部署抢险救援工作，派出工作组赶赴现场，指导救援和事故调查处置工作。副部长付建华、黄玉治参加。经过现场连续下井不间断施救，21 日 11 名被困人员全部安全升井。

11 月 21 日　财政部、应急管理部向黑龙江、广东、海南、陕西、四川、甘肃、青海、广西下拨中央救灾资金5.44亿元，支持帮助8省（自治区）做好防汛防台风和地质灾害救灾工作。

同日 国家发展改革委、财政部、应急管理部印发《关于做好特别重大自然灾害灾后恢复重建工作的指导意见》。

11月22日 国务院安委会召开全国安全生产电视电话会议。中共中央政治局常委、国务院总理李克强作出重要批示。国务院副总理、国务院安委会主任刘鹤出席会议并讲话。国务委员、国务院安委会副主任王勇主持会议。国务院安委会副主任、应急管理部党组书记黄明就全国安全生产集中整治工作方案作说明，孙华山、黄玉治、许尔锋等部领导参加会议。

11月23日 国务院安委会印发《全国安全生产集中整治工作方案》，在全国范围内对危险化学品等重点行业领域开展为期3个月的安全生产集中整治。

11月25日 经国务院批准，成立国务院江苏安全生产专项整治督导组。督导组组长、应急管理部党组书记黄明在京主持召开整治督导组全体会议，督导组常务副组长、副部长孙华山，副组长、部党组成员王浩水出席会议。

同日 广西壮族自治区百色市靖西市湖润镇发生5.2级地震（北纬22.89度，东经106.65度），震源深度10公里，造成1人死亡、5人受伤。应急管理部党组书记黄明立即部署抢险救灾和应急处置工作，派出工作组赶赴现场指导抢险救灾工作。副部长付建华、郑国光分别在部指挥中心、中国地震局指挥大厅与现场视频连线，指导抗震救灾工作。

11月26日 国务院江苏安全生产专项整治督导组进驻江苏省，督导工作动员会在南京市召开。国务院江苏安全生产专项整治督导组组长、应急管理部党组书记黄明出席会议并讲话，督导组常务副组长、副部长孙华山出席会议。

同日 江苏省安全生产工作座谈会在南京市举行。国务院江苏安全生产专项整治督导组组长、应急管理部党组书记黄明出席会议并讲话，督导组常务副组长、副部长孙华山等出席会议。

同日 云南省临沧市凤庆县境内云凤高速在建安石隧道发生突泥涌水，造成12人死亡、10人受伤。应急管理部党组书记黄明立即作出部署抢险救援和事故调查处置工作，派出工作组赶赴现场。国务院安委会对该起事故查处实行挂牌督办。

同日 应急管理部批准福建省福州市消防救援支队特勤大队四中队消防员、三级消防士张伟杰同志为烈士。

11月28日 国务院安委会办公室印发《国家安全发展示范城市评价细则（2019版）》。

11月29日 中共中央政治局就我国应急管理体系和能力建设进行第十九次集体学习。中共中央总书记习近平主持学习并发表了重要讲话，强调应急管理是国家治理体系和治理能力的重要组成部分，承担防范化解重大安全风险、及时应对处置各类灾害事故的重要职责，担负保护人民群众生命财产安全和维护社会稳定的重要使命。要发挥我国应急管理体系的特色和优势，借鉴国外应急管理有益做法，积极推进我国应急管理体系和能力现代化。应急管理部党组书记黄明，副部长郑国光、黄玉治等列席。

12月

12月1日 应急管理部党组书记黄明主持召开部党组（扩大）会议，传达学习贯彻习近平总书记在主持中央政治局第十九次集体学习时的重要讲话精神，研究制定贯彻落实措施，分析全国安全生产形势，研究部署有关重点工作。

12月2日 国务院江苏安全生产专项整治督导组组长、应急管理部党组书记黄明为江苏省委理论学习中心组作专题辅导报告。督导组常务副组长、副部长孙华山，副组长、部党组成员王浩水参加。

同日 国务院江苏安全生产专项整治督导组组长、应急管理部党组书记黄明在南京听取国务院江苏安全生产专项整治督导各工作组情况汇报。

同日 辽宁省沈阳市浑南新区SR新城102号楼A座（高层建筑）发生火灾，大量人员被困。经过400余名消防救援队员2小时艰苦奋战，成功扑灭大火，搜救和疏散出284名居民，无人员伤亡。

12月3日 应急管理部召开直属机关青年干部学习习近平新时代中国特色社会主义思想动员部署会暨专题辅导报告会。中央党校教授陈曙光作专题报告。政治部主任许尔锋出席报告会。

同日 浙江省嘉兴市海宁市许村镇荡湾工业园区内海宁市龙洲印染有限责任公司发生污水罐体坍塌事故，造成10人死亡、12人受伤。应急管理部党组书记黄明立即到部指挥中心与现场连线、视频调度，指导抢险救援工作，派出工作组赶赴现场，指导救援和事故调查处置工作。副部长付建华参加调度。国务院安委会对该起事故查处实行挂牌督办。

12月4日 应急管理部举行国家工作人员宪法宣誓仪式。部党组书记黄明监誓，付建华、郑国光、许尔锋等部领导参加宣誓仪式。

同日 湖南省长沙市浏阳市澄潭江镇碧溪烟花制造有限公司发生爆炸事故，造成13人死亡、13人受伤。应急管理部党组书记黄明立即到部指挥中心与现场连线、视频调度，指导救援工作，派出工作组赶赴现场，指导救援和事故调查处置工作。副部长叶建春参加调度。国务院安委会对该起事故查处实行挂牌督办。

12月4—6日 第六届中日韩灾害管理部长级会议在韩国首尔举行。应急管理部副部长尚勇出席并访问韩国。

12月5日 河北省唐山市丰南区发生4.5级地震（北纬39.31度，东经118.04度），震源深度10公里。应急管理部党组书记黄明立即到部指挥中心与现场连线、会商视频调度，指导抢险救灾和会商研判工作，派出工作组赶赴现场指导抢险救灾工作。副部长付建华、郑国光参加调度。

同日 广东省佛山市高明区荷城街道凌云山发生森林火灾，过火面积约667公顷。应急管理部党组书记黄明立即到部指挥中心与现场连线、视频调度，指挥火灾扑救工作，派出工作组赶赴现场。付建华、郑国光、许尔锋等部领导参加调度。8日，火灾被扑灭。

12月6日 应急管理部党组书记黄明会见新加坡内政部长兼律政部长尚穆根一行，双方就加强应急管理特别是城市灾害管理等领域务实合作进行交流。副部长郑国光参加会见。

同日 应急管理部召开森林消防队伍新任总队级干部集体谈话会。部党组书记、消防救援总监黄明出席会议并讲话，政治部主任许尔锋、驻部纪检监察组组长蒲宇飞出席。

同日 国家减灾委员会办公室印发《全国灾害综合风险普查总体方案》，指导各省、自治区、直辖市做好灾害综合风险普查工作。

12月7日 应急管理部党组书记黄明赴北京市消防救援总队调研。政治部主任许尔锋参加调研。

12月9日 应急管理部党组书记黄明主持召开部党组会议、部务会议，集体学习《2019—2023年全国党政领导班子建设规划纲要》，听取部系统第二批“不忘初心、牢记使命”主题教育进展情况汇报，分析全国安全生产形势，研究部署有关重点工作。

12月10日 应急管理部会同民政部、财政部联合召开全国受灾群众基本生活保障工作电视电话会议，应急管理部副部长郑国光出席会议并讲话。12日，财政部、应急管理部安排下拨2019—2020年度中央冬春救灾资金52.44亿元，保障受灾群众基本生活。

12月12—13日 首届中国国际城市安全发展研讨会在浙江省杭州市举行。应急管理部副部长孙华山等出席会议并讲话。

12月13日 应急管理部党组书记黄明主持召开部党组会议、部务会议，传达学习贯彻中央经济工作会议精神，研究部署有关重点工作。

12月14日 四川芙蓉集团实业有限责任公司杉木树煤矿发生透水事故，造成18人被困。应急管理部党组书记黄明连续4天多次到部指挥中心与现场连线、视频调度，指挥抢险救援工作，派出由副部长、国家煤矿安全监察局局长黄玉治带队的工作组赶赴现场，指导救援和事故调查处置工作。副部长付建华、尚勇参加调度。经现场13支救援队伍256人连续88小时的全力施救，搜救出13名被困人员，5人遇难。

12月17日 贵州省黔西南州安龙县广隆煤矿发生煤与瓦斯突出事故，造成16人死亡。应急管理部党组书记黄明立即到部指挥中心与现场连线、视频调度，指挥救援工作，派出工作组赶赴现场，指导救援和事故调查处置工作。副部长付建华、尚勇参加调度。国务院安委会对该起事故查处实行挂牌督办。

12月18日 应急管理部党组书记、巡视工作领导小组组长黄明主持召开部党组巡视工作领导小组会议，听取2019年第二轮巡视工作情况汇报，研究制定问题整改措施。付建华、许尔锋、蒲宇飞等部领导出席会议。

同日 四川内江市资中县发生5.2级地震（北纬29.59度，东经104.82度），震源深度14公里，造成5人重伤、13人轻伤。应急管理部党组书记黄明立即到部指挥中心与现场连线、会商视频调度，指导抢险救灾和应急处置工作。副部长郑国光参加调度。

12月19日 应急管理部党组书记黄明主持召开部党组理论学习中心组（扩大）学习视频报告会，邀请中央宣讲团成员、全国人大常委会法工委主任沈春耀作深入学习贯彻党的十九届四中全会精神宣讲报告。会后，黄明同志陪同沈春耀同志到部指挥中心参观调研。在京部党组成员参加。

12月20日 国务院安委会办公室、应急管理部召开全国安全防范暨专项督查工作视频会议，深入分析安全生产形势，全面部署做好安全生产集中整治和国务院安委会安全生产专项督查工作。国务院安委会副主任、应急管理部党组书记黄明出席会议并讲话。国务院安委会办公室副主任、副部长付建华、孙华山、黄玉治出席会议。

同日 应急管理部党组印发应急管理部机关司局及直属事业单位领导班子和领

导干部年度考核实施办法、平时考核实施办法。

12 月 23 日　应急管理部党组书记黄明主持召开部党组会议，学习贯彻中央农村工作会议精神，研究部署抓好农村安全生产、防灾减灾、对口扶贫和创建“让党中央放心、让人民群众满意的模范机关”实施方案等重点工作。

12 月 25 日　针对近两年贵州全省煤矿事故多发频发问题，国务院安委会办公室对贵州省人民政府进行安全生产约谈。国务院安委会办公室副主任、应急管理部副部长、国家煤矿安全监察局局长黄玉治主约谈。

12 月 28 日　十三届全国人大常委会第十五次会议表决通过新修订的《中华人民共和国森林法》，明确国家综合性消防救援队伍承担国家规定的森林火灾扑救任务和预防相关工作。

12 月 30 日　应急管理部和中国科学院在京召开国家自然灾害防治研究院成立启动会，签署联合共建协议和战略合作协议，国家自然灾害防治研究院正式挂牌。应急管理部党组书记黄明，郑国光、许尔锋、尚勇等部领导参加。

同日　国家减灾委员会、应急管理部等印发通知，命名北京市东城区龙潭街道新家园社区等 976 个社区为 2019 年度全国综合减灾示范社区。

12 月 31 日　应急管理部党组书记黄明主持 2019 年部党组会议暨理论学习中心组学习会议、部务会议，深入学习贯彻党的十九届四中全会精神、中央经济工作会议精神和习近平总书记在中央政治局第十九次集体学习时重要讲话精神，研究部署有关重点工作。

同日　应急管理部党组书记黄明在部指挥中心召开元旦安全防范视频调度会议，调度检查重点地区、重大活动安全措施落实情况，会商研判突出风险问题，对做好跨年夜暨元旦假期安全防范工作作出部署。副部长付建华参加调度。

图书在版编目（CIP）数据

中国应急管理年鉴.2019 年卷 / 中华人民共和国应急管理部编.--北京：应急管理出版社，2021

ISBN 978-7-5020-8307-6

Ⅰ.①中… Ⅱ.①中… Ⅲ.①突发事件—公共管理—中国—2019—年鉴 Ⅳ.①D63-54

中国版本图书馆 CIP 数据核字(2020)第 179676 号

中国应急管理年鉴（2019 年卷）

编　　者　中华人民共和国应急管理部

出版发行　应急管理出版社（北京市朝阳区芍药居 35 号　100029）
电　　话　010-84657898（总编室）　010-84657880（读者服务部）
网　　址　www.cciph.com.cn
印　　刷　北京盛通印刷股份有限公司
经　　销　全国新华书店

开　　本　787mm×1092mm 1/16　印张　31 1/4　字数　725 千字
版　　次　2021 年 1 月第 1 版　2021 年 1 月第 1 次印刷
书　　号　ISBN 978-7-5020-8307-6
社内编号　20201360　定价　298.00 元